[MIRROR]

i

理想国译丛

Imaginist

047

想象另一种可能

理想国
imaginist

理想国译丛序

"如果没有翻译，"批评家乔治·斯坦纳（George Steiner）曾写道，"我们无异于住在彼此沉默、言语不通的省份。"而作家安东尼·伯吉斯（Anthony Burgess）回应说："翻译不仅仅是言词之事，它让整个文化变得可以理解。"

这两句话或许比任何复杂的阐述都更清晰地定义了理想国译丛的初衷。

自从严复与林琴南缔造中国近代翻译传统以来，译介就被两种趋势支配。

它是开放的，中国必须向外部学习；它又有某种封闭性，被一种强烈的功利主义所影响。严复期望赫伯特·斯宾塞、孟德斯鸠的思想能帮助中国获得富强之道，林琴南则希望茶花女的故事能改变国人的情感世界。他人的思想与故事，必须以我们期待的视角来呈现。

在很大程度上，这套译丛仍延续着这个传统。此刻的中国与一个世纪前不同，但她仍面临诸多崭新的挑战。我们迫切需要他人的经验来帮助我们应对难题，保持思想的开放性是面对复杂与高速变化的时代的唯一方案。但更重要的是，我们希望保持一种非功利的兴趣：对世界的丰富性、复杂性本身充满兴趣，真诚地渴望理解他人的经验。

理想国译丛主编

梁文道　刘瑜　熊培云　许知远

[英] 亚当·图兹 著　　伍秋玉 译

崩盘：

全球金融危机如何重塑世界

ADAM TOOZE

CRASHED:

HOW A DECADE OF FINANCIAL CRISES

CHANGED THE WORLD

上海三联书店

本书中文版根据美国维京出版社（Viking）2018 年出版之版本翻译而成，中文版略有节略。

著作权合同登记图字：09-2020-1076

图书在版编目（CIP）数据

崩盘：全球金融危机如何重塑世界 /（英）亚当·图兹（Adam Tooze）著；
伍秋玉译 . 一上海：上海三联书店，2021.6（2023.12 重印）

ISBN 978-7-5426-7310-7

Ⅰ . ①崩… Ⅱ . ①亚… ②伍… Ⅲ . ①金融危机—研究—世界
Ⅳ . ① F831.59

中国版本图书馆 CIP 数据核字 (2020) 第 268153 号

崩盘：全球金融危机如何重塑世界

[英] 亚当·图兹 著　　伍秋玉 译

责任编辑 / 宋寅悦

特约编辑 / 黄旭东

装帧设计 / 陆智昌

内文制作 / 陈基胜

责任校对 / 张大伟

责任印制 / 姚　军

出版发行 / 上海三联书店

　　　　（200030）上海市漕溪北路331号A座6楼

邮购电话 / 021-22895540

印　　刷 / 山东临沂新华印刷物流集团有限责任公司

版　　次 / 2021 年 6 月第 1 版

印　　次 / 2023 年 12 月第 4 次印刷

开　　本 / 965mm×635mm　1/16

字　　数 / 640千字

印　　张 / 49.25

书　　号 / ISBN 978-7-5426-7310-7 /F・829

定　　价 / 148.00元

如发现印装质量问题，影响阅读，请与印刷厂联系：0539-2925659

谨以此书献给达娜

目　录

第三部分　欧元区

第四部分　余　震

全球化时代的第一场危机

2008 年 9 月 16 日，星期二，"雷曼兄弟破产后的第一天"。这一天，全球货币市场停止了运行。这一天，华盛顿的美国联邦储备委员会正在制订紧急计划，要将数千亿美元注入世界各国的中央银行。在华尔街，所有人的目光都注视着美国国际集团，这个全球保险行业的巨头能挺过这一天吗？还是会步雷曼兄弟的后尘陨落？冲击向美国之外蔓延，短短数周内就波及世界各地的工厂车间、码头、金融市场和商品交易所。与此同时，第 63 届联合国大会会议在曼哈顿中城拉开了帷幕。

联合国总部大楼位于 42 街东，并非纽约市的金融中心。在 9 月 23 日上午的分会上，发言人们并未探讨银行危机的技术问题，他们坚持认为讨论危机在更广泛层面的意义更为重要。首先发言的政府首脑是巴西总统卢拉（Luiz Inácio Lula da Silva），他激动地抨击了人们的自私和由其投机所造成的混乱，认为这场危机正是由此而来。[1] 紧接着，美国总统乔治·布什（George Walker Bush）上台讲话，与卢拉形成鲜明对比。与其说布什是即将卸任的软弱总统，不如说他是与现实脱节、在八年的任期内被繁忙的日程摧残的普通人。[2] 他在发言的前半部分紧紧抓着全球恐怖主义的阴魂不放，接着在民主的进步中感受到了一些欣慰，这是他最喜欢的新保守主义话题，而乌克兰和格鲁吉亚的"颜色革命"是民主进步最成功的体现。但是这些已经是 2003 年和 2004 年的事情了。在咫尺之遥的华尔街上疯狂肆虐的金融危机，却只在布什的演讲稿中占据了最后的短短两段。布什认为，所谓的金融危机不过是一些"动荡"，是美国的挑战，美国政府自己会处理，不劳他国费心。

其他人却不这么认为。菲律宾总统阿罗约（Gloria Macapagal Arroyo）称，美国的金融危机释放了不确定性的"恐怖飓风"，它正在全球肆虐，"而不仅仅是在曼哈顿岛上"。2007 年金融市场经历了第一次震颤后，世界不断自我安慰说"最坏的已经过去"。但是事实一次又一次证明，"隧道尽头的光亮"其实是"迎面疾驰而来的车，将给全球金融体系带来新的冲击"。[3] 不管美国如何努力维持市场稳定，始终收效甚微。

联合国大会的发言人依次上台，纷纷将金融危机与全球治理联系起来，最终把矛头指向美国在世界的主导地位。阿根廷总统克里斯蒂娜（Cristina Fernandez de Kirchner）代表自己刚刚从灾难般的金融危机中挺过来的国家发言，丝毫没有打算掩饰自己的幸灾乐祸。这一次，金融危机的爆发不是外围国家惹的祸，而是"源自世界的最大经济体"。数十年来，拉丁美洲一直被教导说"市场将解决一切"。现在，华尔街大厦将倾，布什承诺财政部将提供援助。但是美国这样做真的合适吗？克里斯蒂娜说，"现在的干预措施"不仅在"规模上史无前例"，而且采取措施的"国家现在的贸易和财政赤字已经庞大得令人难以置信"。[4] 如果美国这样的做法都能够被接受，那么约束众多新兴经济体的"华盛顿共识"（Washington Consensus）中的财政和货币规则显然已经失效。她说，"借此机会，美国应该重新审视自身行为和政策"。不仅拉丁美洲国家心怀怨念，欧洲也一样。时任欧洲理事会主席的法国总统尼古拉·萨科齐（Nicolas Sarkozy）说："世界不再属于一个超级大国，也不是东方和西方的两极世界。现在，世界已经成为多极世界。"[5] 他还指出，"21世纪的世界"将不会"被20世纪的体系治理"。联合国安全理事会和G8集团需要扩大，世界需要新的架构，也就是G13或G14集团。[6]

新世纪以来，对全球治理和美国在全球治理中所扮演角色的讨论在联合国多次上演。法国总统萨科齐在联合国发言反对美国单边主义时，谁都无法忽视2003年伊拉克战争的回声和余波，以及围绕那场灾难性战争的艰苦挣扎。那一时刻毫不留情地分裂了欧洲和美国，也分裂了政府和人民。[7] 它无情地揭露了两个大陆令人警醒的政治文化鸿沟。有思想的21世纪世界公民难以接受布什和他的共和党右翼支持者的想法。[8] 他们大谈民主的不断进步，但甚至难以确定他们是否真正赢得了2000年的美国大选，这次选举让他们首次掌权。他们与托尼·布莱尔（Tony Blair）合谋，在大规模杀伤性武器方面误导了世界。他们不知羞耻地寻求神的启示，以十字军东征一般的激情炫耀自己对于现代性的不屑一顾，而这种现代性正是欧洲和联合国最喜欢的装饰——开明、透明、自由和世界性的。的确，这些装饰不过是另一种粉饰和政治符号罢了。但是，符号也有重要意义，是构建意义和霸权的关键要素。

2008年，布什政府在伊拉克战争中彻底失败，金融危机给人留下了灾难的印象，这完完全全是历史性的结果。短短五年，全球最强大的国家美国，其外交和经济方面的政策精英就纷纷遭受了耻辱的失败。不仅如此，似乎是为了加剧去合法化的进程，2008年8月，美国民主让自己成了一个笑话。当全世界面临全球性金融危机时，共和党却选择了萨拉·佩林（Sarah Palin）担任约翰·麦凯恩（John McCain）的竞选副手。萨拉·佩林是阿拉斯加州州长，她显然根本没有竞选资格。不仅如此，萨拉·佩林对国际事务的不成熟看法让自己也成了全球的笑柄。更糟糕的是，很大一部分美国选民不但不懂得这件事的可笑之处，反而很喜欢萨拉·佩林。[9] 多年来，美国一直扬言推翻阿拉伯独裁统治，如今，全世界的人们开始思考，到底是谁的政权即将改变。随着小布什离开舞台中心，由他父亲老布什建立起来的冷战后世界秩序也随之崩塌。

联合国大会在纽约召开前几周，全球的人们就看到了多极世界已成为现实的两个证明。一方面，中国奥运会的惊人表现令西方从前的一切相形见绌，尤其是因极右狂热分子导演的爆炸案蒙上阴影的 1996 年亚特兰大奥运会，那一届奥运会也因此糟糕透顶。[10] 如果小恩小惠是大众合法性的基础，那么中国政府得益于经济的蓬勃发展，正上演着真正的精彩表现。当烟花在北京的夜空中绚丽绽放时，俄罗斯军队开赴格鲁吉亚，严厉地惩罚了这个意图加入北约的小国。[11] 萨科齐前往纽约参加联合国大会之前，刚刚离开欧洲东部边界的停火谈判桌。格鲁吉亚只是一个开端，当俄罗斯武力分解同样意图加入北约的乌克兰，又被怀疑操纵了 2016 年美国大选时，俄罗斯与西方世界的一系列半公开冲突达到了巅峰。

同时，2008 年金融危机的爆发是美国丧失主导地位的另一个预兆。在十年后的今天，与萨拉·佩林颇为相似的唐纳德·特朗普（Donald Trump）当选美国总统不过两年，此时回顾那场金融危机，人们很容易就能证实美国霸主地位的衰落。忽视 2017 年 1 月 20 日特朗普来势汹汹的就职演说，就很难读懂 2008 年联合国大会上的各方发言，以及他们对美国单边主义的抨击。那一天是星期五，阴云密布，第 45 任总统特朗普站在国会山的台阶上，描述着危机中的美国，描述着美国混乱的城市和逐渐衰退的国际地位。他说，这场"大屠杀"必须终结。怎样终结？特朗普以低沉的嗓音给出答案：他和他的追随者将在这一天发出一项"指令，让每座城市，每个国家的首都，每个权力所在之地认真听清。从这一天开始，我们的土地将获得新的愿景。从这一天起，美国优先，美国优先……"[12] 如果美国真的面临着深重的危机，如果美国不再是超级大国，如果美国需要"再次伟大"（显然特朗普认为这些都是显而易见的），那么美国至少应该自行"制定"游戏规则。这就是美国右翼政治家对 21 世纪挑战的回答。

毋庸置疑，2003 年、2008 年和 2017 年的事件是近来国际历史的决定性时刻。但是它们之间有何联系呢？ 2008 年经济危机与 2003 年地缘政治灾难、2016 年 11 月大选之后的美国政治危机之间有何联系？这三个事件凸显了怎样的历史转变？这个变化对欧洲和亚洲又意味着什么？与英国从伊拉克战争到 2008 年伦敦危机，再到 2016 年公投脱欧的影响略小却同样惊人的过程又有着怎样的联系？

本书的论点认为，2008 年 9 月联合国大会的各位发言人是对的。要理解今时今日世界的变化，必须理解金融危机和各国采取的经济、政治和地缘政治应对政策。要理解它们的重要性，首先要做到两点。首先，我们需要把银行业危机置于更广阔的政治和地缘政治背景中看待。其次，我们必须审视危机的内部机制。2008 年 9 月的联合国大会未能做到，我们必须去做。我们需要解决金融体系的经济学问题。金融体系具有很强的技术性，有时甚至是冷酷无情的。本书用到的大部分材料都令人望而生畏，这是有意为之。跟踪了解达沃斯模式的内部运行机制，并非理解权力和货币在危机中如何运转的唯一方法。我们也可以尝试从它们影响所及的踪迹，或者它们塑造的墨守成规、自相矛盾的以市场为导向的文化，重建它们的逻辑。[13] 但是，这些做法更侧重感性，因此必须辅之以确实的记录，也即本书的宗旨，尽可能地从内部呈现权力和货币的运行机制，当然也包括失效的机制。这是一个独特的黑匣子，值得我们去打开它，因为，正如本书将要展示的：2008 年，人们普遍单纯地认为这场危机只是美国自己的危机，至多只是英语国家的危机，因此是美国单极霸权终结的关键时刻，所有这些单纯的想法其实大错特错。

不论美国还是其他国家的评论员都急切地使用"全美危机"的说法，这掩盖了危机内部深刻的相互联系。[14] 这样一来，批评和愤怒也被转移了方向。事实上，这场危机并不是美国自己的危机，而是全球危机，北大西洋是其真正的源头。这场危机以一种富有争议而且疑虑重重的方式，将美国推到了世界金融经济的中心，因为在这场源于美国的危机中，美国是唯一有能力应对的国家。[15] 美国应对危机的能力来自结构的影响——美国是唯一生产美元的国家。但是它也同样关乎行动或政策决策——美国做出了积极决策，而欧洲的决策则是消极且具有灾难性的。我们必须明确相互依赖的程度和全球金融体系对美元的终极依赖，其重要性不仅在于让我们正确地理解历史，还在于让我们从新的角度了解，唐纳德·特朗普政府宣布美国脱离相互联系的多极世界的举措，将把美国置于怎样的危险境地。

一

人们很容易把 2008 年的经济危机看作美国自己的事情，因为美国的确是这场危机的源头。世界各地的人们也乐于相信，作为世界的超级大国，美国这次是罪有应得。伦敦金融城随后爆发的危机让这个时刻显得更加"美好"。欧洲可以轻易地把责任转移给英国，再从英国转移到大西洋对面的美国。事实上，很多人最初就是这样打算的。正如我们将在本书第一部分中看到的，美国内外的经济学家，包括这个时代的许多著名宏观经济学家都在批评布什政府，他们已经为灾难提前准备好了剧本：经济危机源于美国的双赤字，即预算赤字和贸易赤字，而双赤字导致美国对外债的依赖。布什政府推高的政府债务就是定时炸弹，早晚要爆炸。另一种说法认为2008年金融危机是英语国家的危机，18个月后，欧洲遭受的危机间接证明了这个说法。由于欧元区的政治与体制与美国不同，欧洲危机的发展路线也与美国不同。因此，历史叙事的逻辑似乎已经很清楚了，那就是欧洲危机紧接着美国危机爆发，两者各自有着独特的经济和政治逻辑。

但是，本书认为，如果仅以2008年金融危机对美国的影响为标准评价这场危机及其后续事件，将从根本上误解和低估其经济和历史两方面的重要性。毋庸置疑，整场危机的爆炸原点是美国的房地产市场。数百万美国家庭最先受到冲击，损失也最严重。但是2008年之前，人们普遍预料的危机并非真正的危机，而是美国政府及其公共金融的危机。许多人担忧的中美关系破裂反而得到了抑制。相反，2008年真正的危机是美国单调乏味的房地产市场引发金融危机，进而威胁整个世界经济。危机远远超出美国的范围，动摇了伦敦金融城，东亚、东欧以及俄罗斯等多个发达经济体的金融体系，而且其影响仍在继续。与大西洋两岸的主流叙事相反，欧元区危机不是一次独立的、独特的事件，而是由2008年金融危机直接引发的。把欧元区危机重述为欧洲内部危机，将矛头集中指向公共债务的政治博弈，这本身就是政治行为。2010年之后的几年里，这种叙事几乎演变为经济政策方面的跨大西洋文化之争，成了这一时期历史叙事必须小心处理的雷区。

本书的第一个挑战，是描述这种错误认知的发展过程，绘制全球金融危机从北大西洋爆发中心开始向外扩展的路线，呈现2008年到2012年一系列事件的连续性。第二个挑战，是说明各国在应对危机时采取和未采取的各种措施。危机对各国的影响虽程度不同，但是没有一个国家能置身事外，新兴市场国家的政府凭借积极的应对措施，以令人瞩目的方式证明多极化格局已经形成。20世纪90年代，新兴市场爆发了多次危机，1995年的墨西哥，1997年的韩国、泰国和印度尼西亚，还有1998年的俄罗斯和2001年的阿根廷。这些危机证明了国家主权是多么容易丧失。这些经济体已经从中吸取了教训。2008年，这些90年代危机的受害者经过十余年坚定不屈的"自力更生"，已经变得强大起来，没有一个被迫向国际货币基金组织寻求援助。面对来自西方的金融危机，中国做出了具有历史意义的世界性重大贡献，极大地加速了全球经济活动的重心向东亚地区转移。

人们很可能忍不住得出结论，认为全球化的危机再次证实了国家政府的关键角色和新型国家资本主义的出现。在危机爆发后的几年内，随着政治方面的抵制愈加激烈，这种论点也越来越有力。[16]但是，如果我们把目光从危机的外缘移开，仔细审视危机的核心，很明显，这种论调充其量是片面的。在新兴市场中，俄罗斯和韩国在2008年的危机中处境最为糟糕。两者的共同点除了蓬勃发展的出口，还有与欧洲和美国之间的深度金融融合，事实证明这才是关键。俄罗斯和韩国不仅遭遇出口崩溃，更面临着银行领域融资的"急停"。[17]因此，拥有贸易顺差和巨额货币储备的国家出现了严重的货币危机，而货币储备是国家经济自力更生的关键。不仅如此，分处大西洋两岸的欧洲和美国出现了同样的情况。隐藏得更深未被发现且几乎未被公开讨论的是，在2008年危机中给北大西洋经济稳定造成严重威胁的，是欧洲超大型银行出现美元严重短缺。在这里，我们所说的可不是几百亿或者几千亿美元，而是数万亿美元。现实情况与人们的预测完全相反。美元没有过剩，而是极度缺乏，没有贬值，反而升值。

要想真正理解这场预料之外的风暴是如何发展的，就必须脱离我们习以为常的、继承自20世纪初的宏观经济学认知框架。两次世界大战后，关于国际经济的宏观经济学观点是以国家、国家生产体系和由此产生的贸易不平衡为中心。[18]这是一种始终以经济学家约翰·梅纳德·凯恩斯（John Maynard Keynes）为代表的经济学观点。可以预见，2008 年危机的爆发让人们想起了 20 世纪 30 年代的大萧条，引发了人们对于"大师"回归的呼声。[19]要想理解消费和投资是如何崩溃的，失业率如何飙升以及 2009 年之后对货币和财政政策的选择，凯恩斯经济学不可或缺。[20]但是在全球化深入发展的时代分析金融危机的爆发，标准宏观经济方法有其自身的局限。目前，在对国际贸易的讨论中，国家经济不再重要已成共识。推动全球贸易的不再是国家经济体之间的关系，而是在运营着庞大"价值链"的跨国公司。[21]全球货币业务领域亦如是。要想理解在 2008 年爆炸的全球金融体系内部的张力，需要脱离凯恩斯主义宏观经济学及其为人熟知的国家经济统计学体系。申铉松（Hyun Song Shin）是国际清算银行首席经济学家，也是新的"宏观金融"理论最主要的思想家之一，他指出，分析全球经济时，不能采用国际经济交流的"孤岛模式"，也就从一个国家经济体到另一个国家经济体逐一分析，而必须采用企业财务报表的"互锁矩阵"模式，也就从一个银行到另一个银行进行分析。[22]正如 2007 年至 2009 年全球金融危机和 2010 年后的欧元区危机证明的，政府赤字和经常账户不平衡并不能有效预测现代金融危机的力量和速度。[23]要想真正理解这一点，就必须聚焦于可能在财务账目的互锁矩阵中发生的惊人调整。尽管经典的"宏观经济不平衡"，即预算和贸易不平衡，能够产生巨大的压力，但是现代全球银行挤兑牵涉的货币金额要庞大得多，速度也快得多。[24]

欧洲和美国、俄罗斯、韩国在 2008 年经历的，还有欧洲在 2010 年后再次遭遇的，是银行间信用的崩溃。只要金融领域的占比较为合理，充足的国家货币储备能够帮助国家渡过难关。俄罗斯就是这样度过危机的。但是韩国陷入了困境，而欧洲不仅没有外汇储备，甚至因为银行及其以美元计价的业务规模如此庞大，根本无法依靠自己的力量实现稳定。没有任何一个主要中央银行提前意识到风险。谁也没有预料到全球化的金融可能与美国次级抵押贷款繁荣产生错综复杂的联系。美国联邦储备委员会和财政部误判了 9 月 15 日雷曼破产带来的冲击的规模。在那之前，就连 20 世纪 30 年代的大萧条时期，也从未有过这样庞大而相互联系的体系如此接近全面崩溃。但是当风险的规模变得显而易见，美国政府紧急行动起来。在本书的第 2 章可以看到，欧洲和美国不仅在国家层面救助了陷入困境的银行，美联储也做出了真正令人惊叹的创新。美联储将自己打造为流动性的提供者，为全球银行体系提供最后的支持。美联储向所有来到纽约寻求帮助的银行提供美元，不论它们是美国银行还是外国银行。通过所谓的流动性互换协议，美联储授权一些精心挑选的核心央行按需发行美元信贷。这些银行以欧洲中央银行为首，在庞大的跨大西洋行动中为欧洲银行体系注入了数万亿美元。

救市措施之所以令人意外，不仅因为其规模庞大，而且因为它与 20 世纪 70 年代以来的传统经济叙事相悖。在危机爆发前的数十年间，"市场革命"的思想和国家干预主义的退却始终占据主导地位。[25] 政府和监管仍然存在，但是被放权给了"独立"机构，也被象征性地称为"独立央行"，其任务就是确保纪律、规则和可预测性。政治和自由裁量行为是善治的敌人。力量的平衡被写入新的全球化通胀紧缩机制常态化的基因里，本·伯南克（Ben Bernanke）曾委婉地称其为"大缓和"*。[26] 对于"新自由主义"来说，悬而未决的问题是，相同的规则是否人人适用，还是有人应遵守规则，有人可

---

* "大缓和"（great moderation）起初被用来描述从 20 世纪 80 年代起美国宏观经济波动趋于平缓的现象，进而用来指代经济波动平缓的整个时期。它的主要特点是物价稳定、投资和消费强劲与金融市场繁荣。——编注

以蔑视规则。[27] 在 20 世纪 90 年代的新兴市场危机和 21 世纪初期的互联网危机中，美国进行了选择式干预，继而引发了上述疑虑，而 2008 年的危机则有力地证明了这种疑虑。其实，新自由主义的克制和约束机制有一些附带条件。当威胁"系统性"利益的重大金融危机发生时，人们才发现这个时代并非有限政府的时代，而是大政府的时代，是大规模实施行政措施的时代，也是干预主义的时代，与其说是依法治理，更像是军事行动或紧急医疗救助。这揭示了一个基本却又令人不安的事实，对这个事实的压制影响了 20 世纪 70 年代以来的经济政策的整个发展。现代货币体系的基础具有无法简化的政治属性。

毫无疑问，所有商品都离不开政治。但与球鞋、智能手机和一桶桶石油不同，货币、信贷和构建于其上的金融结构，是由政治力量、社会传统和法律以特有的方式塑造的。位于现代货币金字塔顶端的是法定货币。[28] 它由政府规定产生，同时受到政府的限制，除了作为法定货币的身份，其本身并没有任何实物"支撑"。1971 年至 1973 年，随着布雷顿森林体系的解体，这一不可思议的事实第一次变成了现实。根据 1944 年达成的"布雷顿森林协定"，美元与黄金挂钩，是全球货币体系的锚货币。当然，这本身只是一个约定。"布雷顿森林协定"要求美国通货紧缩，当美国逐渐无法承受的时候，1971 年 8 月 15 日，美国总统尼克松即将其废除。这是一次历史性的休止符。自货币诞生以来，世界上首次不再有任何一种货币与贵金属挂钩。这意味着，货币政策从此以后获得解放，货币和信用将以前所未有的方式监管。但是，摆脱了"黄金束缚"，政策制定者将真正获得多少自由呢？让黄金挂钩难以为继的社会和经济力量如此之强，连美国都无法与之抗衡——在美国国内，社会日益富裕，人们都在争抢收入份额；在国外，离岸美元交易自由化于 20 世纪 60 年代在伦敦实现。20 世纪 70 年代，货币锚取消，这些力量被释放出来，结果是发达经济体的通货膨胀率激增到 20%，这是和平年代未曾发生过的事情。但是，各国并没有放弃自由化，相反，到了80 年代初，各国取消了对全球资本流动的全部限制。正是为了驯服金属货币终结造成的无序情况，市场革命和新的新自由"纪律逻辑"形成了。[29] 到了 80 年代中期，美联储委员会主席保罗·沃尔克（Paul Volcker）戏剧性地提高利率，控制了通胀。在大缓和时期，只有股票和房地产的价格升高了。2008 年，泡沫破裂，世界面对的不是通胀，而是紧缩，各大央行抛掉了自己戴上的镣铐。它们愿意采取一切措施阻止信贷市场崩溃。它们愿意付出一切保持金融体系稳定。而且，由于现代银行体系既是全球性的，又是以美元为基础的，也就意味着美国政府需采取前所未有的大规模跨国措施。

美联储提供的流动性令人惊叹，具有历史性的长远意义。美联储提出了互换额度（Swap lines），借此向世界各经济体输出美元，技术专家普遍认为，这可能是这场危机中最具决定性的创新。[30] 但是在公共讨论中，这些行动还远未得到关注。取而代之的是围绕对单个银行的救市行动和后来名为量化宽松的央行干预措施的争论。例如，就连在本·伯南克的回忆录中，美国国际集团收购案的政治风云和抵押信贷减免都被大谈特谈，而 2008 年的跨大西洋的流动性措施却仅被一笔带过。[31]

美联储行动不为人知，技术和行政方面的复杂性自然是原因之一。但是政治不仅如此。2008 年的银行救市措施引发了长期而尖锐的指责，这当然有充分的理由。为了拯救贪婪的银行，政府动用了数千亿的纳税人资金。有些干预措施取得了回报，当然也有一些打了水漂。救市过程中的许多决策颇有争议。在美国，这些决策会加深共和党的内部分歧，继而在八年之后产生了出人意料的后果。但是问题并非局限于单个的决策和党派政治，更涉及人们如何思考和谈论现代经济结构。的确，这直接回到了重构国际经济学的分析议程上，经济危机迫使我们这样做，宏观金融方法的倡导者对它做了阐述。在人们熟知的 20 世纪国际经济互动孤岛模式中，国家经济体作为基本单位，彼此交易，出现贸易顺差或逆差，积累国家债权和债务。经济学家通过失业率、通胀率和国内生产总值（GDP）等数据，使其成为基于经验的日常现实，并围绕它们构建了国家政治的整个概念。[32] 好的经济政策必须有利于 GDP 增长。分配问题，即"由谁分配给谁"的政治问题，可以根据人们对"增大的蛋糕"的利益来权衡。相反，新的宏观金融经济学无比重视企业财报的"互锁矩阵"，无情地揭穿了一切安慰人的委婉说法。国家经济总量不再是中心，取而代之的是对企业资产负债表的重视，因为后者才是金融系统的真正活动场所。这一点非常富有启发性，给经济政策带来了更强大的抓力。但是它也暴露了政治中非常难以理解的事实——金融体系并不包括"国家货币流动"，也不是由大量籍籍无名的小微企业构成；这些微小企业是"完美竞争"的典范和个体公民的经济代名词。绝大部分私人信贷是通过紧密联系的企业寡头完成的，这些企业寡头正是申铉松的互锁矩阵理论中的重要单元。从全球层面上看，重要银行不过二三十家，加上各国层面的重要银行，差不多有一百个大型金融机构。如何识别和监督这些所谓的系统重要性金融机构（SIFI），也被称为宏观审慎监管，是危机时期及危机之后在政府层面的重要创新。这些银行和银行管理者是本书的主角之一。

对于本·伯南克"历史性"的全球流动性支持政策来说，赤裸裸的真相是，它把数万亿美元的贷款交给了银行、银行股东和薪酬高得令人愤怒的高管们。确实，正如我们将要看到的，我们可以详细地列出谁得到了什么。更加尴尬的是，尽管美联储是美国的中央银行，却有至少一半的流动性支持给了总部不在美国的银行，其中绝大部分是欧洲银行。从学术角度来说，这场危机是宏观经济学危

机，从实际角度来说，这场危机是传统货币政策工具的危机，因此
也是现代政治的重大危机。不管美联储采取的措施多么史无前例和
富有成效，但是哪怕是对始终支持全球化的政治家来说，其实际意
义也难以言说。尽管人们知道商业寡头主导着我们生活的世界，但
是在危机期间及之后，这一现实及其对于政府首要任务的影响暴露
无遗。在大西洋两岸，民主政治都因这一令人不悦的爆炸性事实而
喘不过气来。

二

可以预料，鉴于前述，欧洲人只会无比乐意忘却自己的全球银
行在跨大西洋金融危机中的纠缠。2008 年，英国面临着自己的国家
灾难。在法国和德国带领下的欧元区，2008 年的金融危机被 2010
年及之后的"主权债务危机"淹没，消失在记忆的深洞中。[33] 没有
人愿意承认对美联储的依赖，也几乎没有责任感或顺从的意愿。在
这一方面，美国同样失去了自己的权威。欧洲人很容易把美国应对
2008 年至 2009 年金融危机的努力，说成毫无准备和任意妄为的又
一次表现，而正是这两点让世界陷入最初的危机。这成了关于经济
政策的跨大洋文化之争的第一阶段，而这场战争在对欧元区危机的
激烈争论中达到顶峰。本书第三部分将着重讲述欧元区危机。

2008 年金融危机与 2010 年的欧元区危机在本质上是相互联系
的，如第二部分所述，前者规模更大，发展速度更快，应对措施也
较为有效；如第三部分所述，后者却不断恶化，令人感到十分痛苦。
围绕希腊债务，欧洲人用自己的叙事构建了自身的危机，其核心是
主权债务的政治博弈。但是，正如欧盟高级经济官员后来公开承认
的，这一切并没有经济学依据。[34] 长期而言，公共债务的可持续性
可能演变成一个问题。希腊因此破产了。但是过高的公共债务并不

能解释更广泛的欧元区危机。欧洲各经济体的共同特点是金融体系的过度杠杆化，因而过于脆弱，过于依赖短期市场融资。欧元区危机是 2008 年北大西洋金融危机大地震的余震，只不过被欧盟迷宫般复杂的政治框架延迟罢了。[35] 一位与欧盟救市计划密切相关的著名欧盟专家指出："如果我们（在 2008 年）已经把银行纳入中央监管之下，就能一下子解决这个问题。"[36] 相反，欧元区危机扩散为私人信贷和公共信贷的恶性循环，也成了欧洲计划本身的危机。

　　从 2008 年的债权人危机，到 2010 年之后的债务人危机，我们如何理解这一奇怪的转变呢？很难不去怀疑有人在耍花招。欧洲的纳税人被百般折磨，银行和其他债权人却从涌入被救国家的资金中获取薪酬。结论显而易见，2010 年之后欧元区危机的隐藏逻辑是 2008 年银行救市行为的重现，只不过换了行头。有人尖锐地形容其为历史上最严重的"诱导转向"策略。[37] 但是问题在于，如果事实的确如此，如果欧元区危机是 2008 年金融危机的重现，那么至少应该出现美国式结果。正如故事的主角已经深知，美国应对危机的措施展现了严重的不公平。[38] 靠福利救济生存的人们节衣缩食，银行家却继续过着惬意的生活。尽管成本和收益的分配令人震惊，但是至少美国的危机应对措施发挥了作用。2009 年起，美国经济开始持续增长，至少按照官方统计制定的标准来说，美国经济正在接近全面就业。欧元区却相反，通过任性的政策选择，数千万民众被推向堪比大萧条时期的衰退深渊。这是有史以来最严重的自作自受的经济灾难。经济体量占欧盟 GDP 的 1%—1.5% 的小国希腊，成为欧元区经济危机的关键，把欧洲历史扭曲成了一幅苦涩的讽刺画。

　　这一景象应该引发人们的愤怒。数百万人毫无理由地受到折磨。但是无论我们怎样愤慨，都应该给予重视。最重要的是"毫无理由"。[39] 在应对 2008 年至 2009 年金融危机时，行动逻辑是非常清晰的。这是一个阶级逻辑，也就是说，"首先保护华尔街，然后再担忧老百姓"。但是这种逻辑至少有原理可循，而且是以宏大的规模执行的。要把同样的逻辑应用于欧元区的危机应对措施中，未免太过信任欧洲领导人。这里讲述的并不是成功的政治魔术，欧盟的精英巧妙地掩盖了他们保护欧洲大型企业利益的努力。这里要描述的，是一列脱轨的火车，是相互冲突幻象的废墟，是一场令人沮丧的闹剧，是错失机会、领导不力和集体行动的失败。如果说有群体从中受益，比如获得报酬的债券持有者，或者逃脱重组厄运的银行，也只是很少的一部分人，与庞大的损失相比不值一提。这并不是说，这场闹剧中的单个演员，德国、法国和国际货币基金组织没有逻辑。但是他们不得不共同行动，而最终的结果是一场灾难。欧盟可能永远无法从他们造成的社会和政治伤害中恢复。但是在由此产生的愤怒之中，我们很容易忘却另一个长期后果。面对紧接着2008年至2009年全球金融危机发生的欧元区危机，应对措施的失败不仅伤害了数百万欧洲民众，也给欧洲的企业带来严重影响，不论情愿与否，欧洲民众的工作和薪酬正依赖于这些企业。

　　企业没有从欧盟的危机应对措施中获利，反而沦为受害者，欧洲各银行尤其如此。2008年之后，改变全球企业层级的不仅仅是亚洲的崛起，还有欧洲的衰落。[40]听惯了德国贸易顺差的欧洲人可能觉得这种观点难以接受。但是，德国最为深谋远虑的经济学家指出，德国的贸易顺差不仅来自蓬勃发展的出口，同样也来自被抑制的进口。[41]所有人都看到了欧洲在全球排名中不可阻挡的滑落。尽管不是我们希望看到的，但是运行世界经济的却是几千个大型企业而非中小型企业，它们交叉持有的股份又掌握在少数资产管理者手中。在企业竞争的战场上，2008年至2013年的危机给欧洲资本带来了历史性的失败。毫无疑问，造成这种结果的原因有很多，但最重要的是欧洲自身经济的状况。出口很重要，但是正如中国和美国证明的，没有什么可以取代盈利的国内市场。如果我们悲观地看，认为欧元区的基本任务不是为自己的民众服务，而是给欧洲资本提供一个有利可图的国内财富积累领域，那么必然将得出这样的结论：2010 年到 2013 年间，欧盟一败涂地。最主要的原因，不是欧元区制度体系的缺失，而是商业领袖、教条的央行行长和保守的政治家共同做出的选择。

当然，我们可能不会喜欢这样构建而成的世界。欧盟委员会作为消费者的代言人，挑战谷歌等全球垄断企业，质疑苹果公司的偷税漏税，欧洲人可能会对此热烈欢迎。[42] 但是施加于硅谷公司的罚款只不过是这些公司现金储备的一小部分。2016 年，当整个金融界屏息以待，想要知道美国司法部将就抵押贷款欺诈一案对德意志银行开出的和解协议的规模时，一种对力量平衡的不同看法出现了。德意志银行的金融状况非常脆弱，命运完全掌握在美国政府手中。[43] 一个多世纪以来，德意志银行始终是德国公司的发动机，现在却要听凭美国发落。在危机后，德意志银行是最后一家仍然保持着国际地位的欧洲投资银行。

欧洲人或许希望退出争夺企业主导权的全球战争，甚至希望因此获得更大程度的民主政治自由。但是风险在于，他们越来越依赖其他国家的技术，欧元区经济的相对停滞，以及随之而来的依赖于向外出口的增长模式，将让他们引以为傲的所谓自治变得空洞。与成为自主的行为体相比，欧洲恐怕将成为他人资本主义的合作主义的目标。的确，就国际金融而言，一切都已尘埃落定。在经历了双重危机之后，欧洲已经掉队。未来将在美国的危机幸存者和业洲的新兴力量间决定。[44] 他们可能选择落户于伦敦金融城，但是英国脱欧之后就不好说了。华尔街，香港和上海都可能超越欧洲。

如果这只是欧洲自己造成的创伤，那也足够糟糕了。但是把欧元区危机简单地定性为欧洲自己的危机，就和把 2008 年金融危机定性为美国自己的危机一样具有误导性。事实上，欧元区危机一再

向外蔓延。欧元区主权债务危机很明显有可能吸收数万亿美元的公
共债务，2010年春天、2011年秋天和2012年夏天，欧元区至少有
三次几乎就要在一片混乱中解体了。如果认为德国或者任何其他国
家能够全身而退，未免愚蠢。战争前线的局势瞬间翻转。2008年，
精于世故的欧洲人公开要求迟钝脱节的布什政府接受全球化的现
实。仅仅十八个月之后，面对柏林和法兰克福保守派满不在乎和顽
强固执的反抗，奥巴马（Barack Obama）政府的中间派自由主义者
为欧元区求情，呼吁稳定欧元区的金融体系。2010年4月，二十国
集团的其他成员和更多国家就已经认为，欧元区的危机太过危险，
欧洲人太无能，不能让他们自行处理自己的事务。为了防止希腊成
为"另一个雷曼兄弟"，美国政府动员国际货币基金组织采取行动，
让这个20世纪中期全球主义的杰作拯救21世纪的欧洲。2010年5
月的救助计划阻止了危机进一步恶化，但是也把欧洲、国际货币基
金组织连带着美国一同锁进了纠缠不清的噩梦，七年已经过去，时
至今日，他们仍然没能从中解脱。救助计划也没能终止债券市场的
恐慌。直到2012年夏天，美国和世界经济的其他参与者依然在担
忧发生严重的欧洲主权债务危机。2012年7月，在华盛顿*和二十
国集团其他成员坚持不懈的敦促下，欧洲终于通过姗姗来迟的欧洲
央行"美国化"逐步稳定下来。[45]

三

　　如果把时间定格在2012年秋天，一切将会与四年前的纽约迥
然不同。尽管开始时并不尽如人意，但是也不能否认奥巴马政府所
代表的美国企业自由主义再次占据了上风。实际上，即便今日，只

---

*　作者多用一国首都代指其政府，用布鲁塞尔、法兰克福分别代指欧盟和欧洲央行。——编注

有回顾 2012 年秋天时，我们才能感觉到金融危机已经结束，感到在并不遥远的过去的某一时刻，常态已经得以重建。在那一时刻，全面危机的尖锐威胁消失了。常态得以重建，一个证据就是美国并没有被赶下神坛。2012 年 11 月，奥巴马的连任让美国保住了宝座。佩林的势头已经被终止。在国际方面，新兴市场日益繁荣，也得益于美联储慷慨供应的美元。欧盟正在努力追赶。2008 年，奥巴马采取了谦虚、谨慎的论调，把自己与布什—切尼的时代区分开来，但是 2012 年，奥巴马重新拾起了经典的例外论叙事。美国是"不可或缺的"，这个克林顿时期创造出来的形容词再次焕发新生。[46] 全局外交政策思想再次兴起。新的前线是跨大西洋贸易与投资伙伴协定和跨太平伙伴关系协定等"贸易"条约，事实上则是庞大的商业、金融、科技、法律与地缘政治意图相整合的庞大计划。在这一方面，奥巴马的第一任期令人失望，这或许可以归咎于保守主义的反对。这令人沮丧，但是在意料之中。现代性和为其贡献了强大动力的全球资本主义是要求苛刻的领先者；保守主义者一定会拖后腿。但是最后历史的车轮还是滚滚向前。即便是欧洲，实用的管理主义最终也战胜了保守主义的陈规教条。

如果要历史地认识过去的十年，就需要认真对待重新高涨起来的沾沾自喜。鉴于后来发生的事件，我们的事后回顾很容易受交织在一起的怒火、愤慨和恐惧影响。但是当时，重新建立起来的自信如此真实，甚至留下了智识的遗产。正是在那时，关于经济危机的第一批全面评述已开始撰写了。最乐观的看法是《金融体系好了》（*The System Worked*）。[47] 也有人宣布 2008 年金融危机变成了《配额危机》（*The Status Quo Crisis*）。[48] 更悲观的看法称我们生活在《镜子走廊》（*Hall of Mirrors*）中。[49] 正是因为危机在很早的时候就得到有效控制，才产生了稳定性的幻觉。相应的，这也削弱了推行根本性改革所需的热情。这意味着，有可能再次发生严重的危机。但是又一次危机不等于危机的延续或延伸。不论是乐观还是悲观，所有叙事都理所当然地认为 2008 年至 2012 年金融危机已经结束。本书也正是以此为基础展开的，意在对已经结束的危机做一次周年回顾。2013 年，这一任务显得较为紧迫：解释华尔街和欧元区错综复杂的历史；展现危机对东欧、西欧和亚洲的影响，证明危机本质上是一场全球性危机；凸显美国在领导应对危机努力中不可或缺的重要地位，以及美联储使用的创新工具；描绘欧洲应对危机的艰难和长时间的不当；将一段激烈却未得到足够重视的跨大西洋金融外交历史公之于众。以上各个方面仍然值得研究，但是现在一切不但具有新的、预示性的意义，又蒙上了不祥的阴影。只有真正理解了基于美元的金融体系的内部运行机制及其脆弱性，才能理解 2017 年蠢蠢欲动的危机。如果说特朗普当选美国总统标志着美国政治权威跌落到了历史最低点，那么鉴于 2008 年金融危机和 2010 年欧元区危机证明世界对美国的功能性依赖如此深刻，现实就更加令人担忧了。

　　现在，我们必须认识到，与人们对 2012 年至 2013 年间的基本设想相反，危机其实并没有真正结束。在人们面前的并不是危机的重复发生，而是突变和扩散。就像本书第四部分将要描绘的，2007 年至 2012 年金融和经济危机，在 2013 年至 2017 年变形成了后冷战世界秩序全方位的政治和地缘政治危机。而且，我们不应回避由此产生的明显的政治含义。在应对危机时采取保守主义固然是灾难性的，但是 2012 年以来的种种事件表明，中间派自由主义的胜利也并不真实。[50] 美国收入差距讨论的激烈升级残忍地证明，中间派自由主义者很难对现代资本主义民主的痼疾开出令人信服的药方。日益加剧的收入差距和对公民选举权的剥夺早已存在，危机只不过令其更加严重了，而 2008 年之后的一系列宏大的危机应对措施，尽管短期内取得了成效，却又都产生了负面影响。在这一方面，保守主义者倒是正确的。与此同时，由全球化的成功发展，而非中东地区的混乱或"斯拉夫"地区的落后引起的地缘政治挑战并没有结束，反而更加紧张了。尽管"西方同盟"仍然存在，却越来越不协调。2014年，日本骤然转向，与中国对抗。欧盟这个"不参与地缘政治"的巨人却"梦游"一般地就乌克兰与俄罗斯发生冲突。同时，在欧元区危机处理不善之后，欧洲又经历了左翼和右翼的大规模动员。但是，后危机时期的新政治没有被视为欧洲民主面对悲惨的政府失败时焕发出的生机活力的体现，尽管这样的表述在某些情况下令人无法赞同，反而被妖魔化为"民粹主义"，或被拿来与20世纪30年代相提并论，或被归咎于俄罗斯的恶劣影响。在欧元集团中积聚的维持现状的力量，旨在遏制和打压2015年于希腊和葡萄牙当选的左翼政府。在新增权力的支持下，欧洲央行全面行动，这无疑保障了欧元区的稳定性。更加紧迫的问题则是欧洲民主的局限和不平衡。与左翼交手时，攻击其政策的合理性，这种野蛮的遏制策略发挥了作用。对付右翼时，就像英国脱欧、波兰和匈牙利所证明的那样，这种策略并没有发挥作用。

四

历史学家喜欢说，时间如同美酒，让人拥有一种脱离感，一种视角，这往往被吹捧为这门学科的美德。但是这取决于时间会把你带向何处。历史书写并不能脱离它试图重现的历史本身。更重要的问题不是要过多长时间才能书写历史，而是这段时间里发生了什么，以及在书写历史的此时此刻，即将发生什么。正如本书，如果它完成的时间更贴近最开始的事件，撰写可能更容易，结论也可能更清晰。从现在起，十年后写一本这样的书也许更容易，但是鉴于当前诸多事件的发展，十年后的本书很可能过于乐观。距离2008年危机爆发已然十年，对于情感受英国、德国、"曼哈顿岛"和欧盟影响的左翼自由主义历史学家而言更为困难。但是，情况也可能更糟。如果撰写1929年经济萧条的十周年纪念，岂不是要发表在1939年。我们的情况还没那么糟糕，至少现在还没有。但是毫无疑问，此时比危机爆发前预想的更令人惊慌失措和不安。

唐纳德·特朗普当选美国总统后，众多不安和危机的迹象困扰着我们，包括他本人代表的异常粗鲁的多种后事实政治。他不说真话，他不可理喻，他自相矛盾。权力似乎脱离了理性、逻辑一致性和事实证据这些基本价值。是什么造成了这种堕落？人们可以举出各种复杂的原因。当然，寡廉鲜耻的政治谣言与煽动，大众文化的日益低俗，有线电视和社交媒体的自我封闭，这些因素和特朗普本人的个性一样，都是问题的一部分。但是，如果把当前的后事实状态归咎于特朗普及其支持者，那就代表着屈服于更糟糕的幻想。[51]正如本书将要展示的，危机的整个过程证明，"实事求是地"应对当前形势，有着根深蒂固和持久的困难。不仅是被抨击为民粹主义者的人难以面对事实。这一情况更为广泛，影响更为深刻，同样影响着中间派和主流政治的边缘。不必提起伊拉克战争中臭名昭著的误导和前后不一的叙事，也不必提当时阿谀奉承的媒体报道。正是现任欧盟委员会主席让—克洛德·容克（Jean-Claude Juncker）＊在2011年春天宣布："事态变得严重时，不得不说谎。"[52]有人会说，至少他知道自己在做什么。如果我们相信他，那么资本主义治理当前需要的就是以后真相途径处理公共话语。

公信力的丧失是明目张胆的，是普遍的。这一损害尤深。自由主义者应该像大萧条时期的歌曲所唱的，直接"振作起来，抖落风尘，从头再来"；如果认为美国一旦失败，就应该把领导权交给拥

＊　容克欧盟委员会主席任期已于2019年11月结束。——编注

有全新面孔的法国总统，或者坚韧可靠的德国总理——这种想法要么是头脑简单，要么就是虚伪狡猾。这不能全面反映2008年以来灾难的庞大规模，欧洲和美国普遍存在的一边倒政治有效应对危机的失败。这也没有准确反映我们的政治僵局的严重程度，中间派和右翼已经失败，左翼则受到外部和内部的重重阻碍。这也不是承认有些损失无法挽回，有时恰当的回应不只是继续努力，相反，是短暂停留一会儿，仔细考察我们的信念和期望的废墟，清点已经破碎的身份认同和幻灭。在努力重建的过程中，有一定的固定性。但是，即使我们回顾这段历史，我们仍可以依赖全球资本主义永不停息的活力推动我们前进。这已经在牵引我们了。正如本书最后一章所述，新的经济挑战和危机已经到来，不在美国，也不在欧洲，而是在亚洲和新兴市场。往回看并不代表拒绝行动。这只是努力与过去达成和解，找到走上错误道路的根源。为此，我们只能深挖金融机器的运行机制。在那里，我们将找到撕裂世界的机制，以及崩溃的到来如此出人意料的原因。

第一部分

山雨欲来

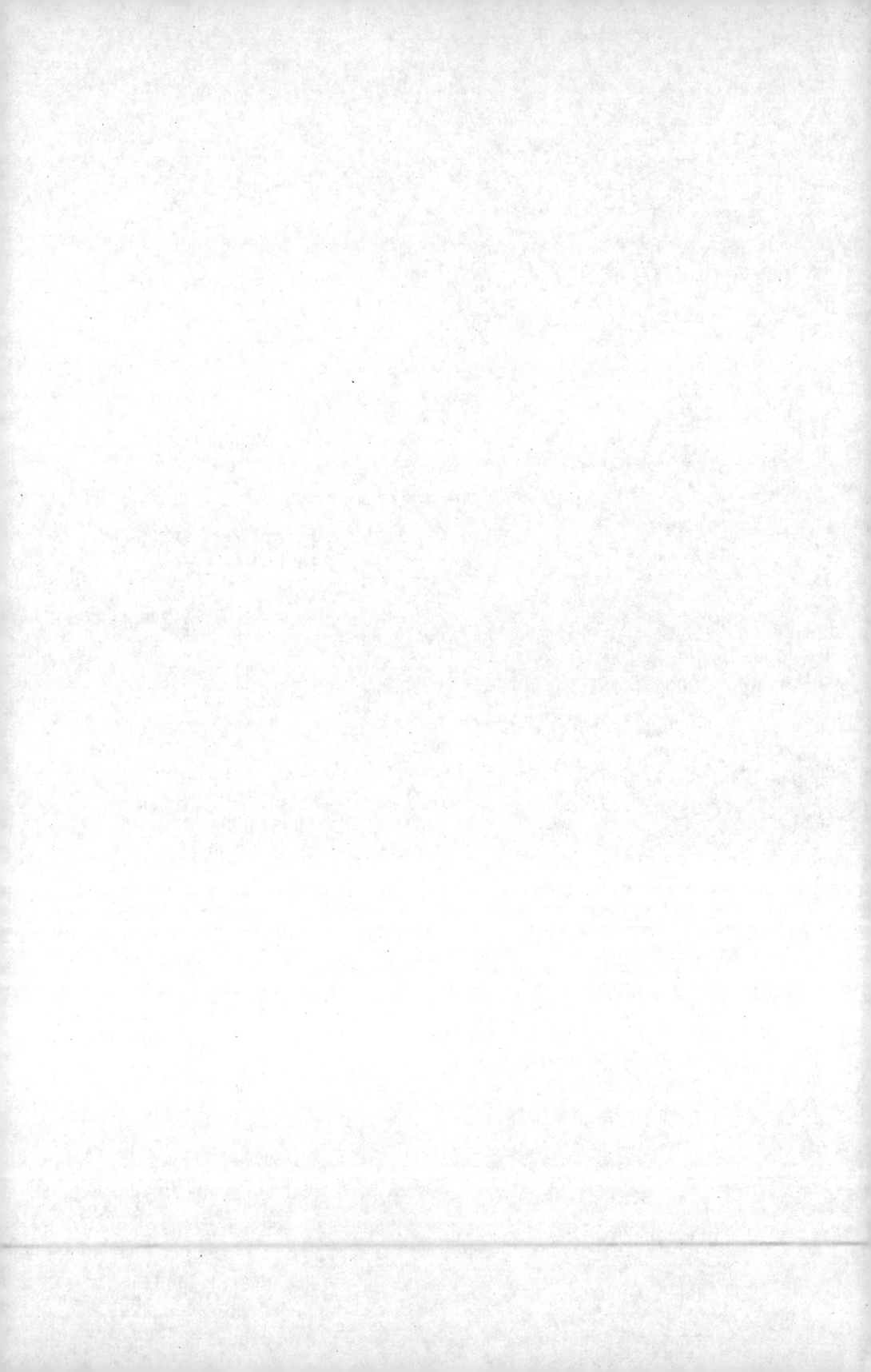

第1章

"错误的危机"

2006年4月5日，来自伊利诺伊州的贝拉克·奥巴马仍是一位资历尚浅的参议员，他在参加国会山一项关于印度核贸易的讨论期间，抽身来到布鲁金斯参加了一个新智库项目的开幕式。[1]布鲁金斯学会被公认为全球最具影响力的社会科学研究中心。奥巴马在布鲁金斯的这次活动，可以看作他后来担任美国总统的一次试演。[2]在开幕式上，奥巴马的主题演讲主要围绕着一个名为"汉密尔顿项目"（Hamilton Project）的新提议展开，而项目的发起人罗伯特·鲁宾（Robert Rubin）是民主党内握有生杀予夺之权的重要人物。20世纪90年代，民主党内中间派人士和全球的有识银行家建立了紧密联系，这种联系曾经改写了美国的经济政策议程，鲁宾是这种联系的典型代表和化身。1993年，鲁宾卸任高盛集团的联合主席一职，离开了华尔街的顶峰，跨入政坛，成为美国国家经济委员会的首任主任。美国国家经济委员会是由比尔·克林顿（Bill Clinton）召集成立的，与美国国家安全委员会相辅相成。1995年，鲁宾被任命为美国财政部部长。与鲁宾共同主持2006年4月布鲁金斯会议的是

年轻的经济学家彼得·奥尔扎克（Peter Orszag），他也是克林顿政
府的资深成员，之后将在奥巴马任职期间担任财政预算主管。可以
说，2008 年奥巴马组建的整个经济学家团队成员几乎都来自鲁宾执
掌的财政部。2007 年，距离金融危机爆发还有一年，距离奥巴马就
任美国总统还有两年半，汉密尔顿项目的启动展示了奥巴马政府最
具影响力的顾问们的世界观缩影。他们的高瞻远瞩，他们的疏忽与
遗漏，都一目了然。

一

　　1999 年，鲁宾重回商界，心思却在为华盛顿而担忧。20 世纪
90 年代，全球化已经成为时代的首要挑战。在新世纪里更是如此。
然而，小布什总统第二任期的第二年，共和党政府的政策正在一步
一步将美国置于危险境地。政府没有采取措施缓和全球竞争压力，
恰恰相反，它正在分裂美国社会。这样下去，可能引起民众对全球
化进程的强烈反对，甚至导致灾难性的金融危机，危机一旦发生，
美国的货币稳定性和美元的全球地位将遭到动摇。
　　在全球化时代，鲁宾和他的朋友们依然在商界风生水起。鲁宾
离开财政部后进入花旗集团，担任董事会非执行主席，虽是一个闲
职却颇有影响力。奥尔扎克遍历学术圈、政府机构和咨询领域，最
终也将在花旗集团落脚。但是对于普通美国民众来说，又是另一番
景象了。美好的时刻当然也有。克林顿时代的老人们继续歌颂 20
世纪 90 年代科技与金融的双繁荣。但是 20 世纪 70 年代以后，工
资上涨始终没有跟上生产力的进步。在汉密尔顿项目的精英们看来，
罪魁祸首显而易见。美国的学校教育无法教给年轻人在竞争中占得
先机所需要的技能。汉密尔顿项目发布的第一批报告中就有加强师
资力量和充分利用暑假的提议。[3] 彼时，经济政策讨论的主要内容

往往是一些基本要点，"以事实为基础"，旨在提高生产力的非意识形态方式。但是，其目的的政治性非常突出。正如奥巴马在当时的主题演讲中所说：

> 投资于教育、医保，提高工薪阶层民众的福利，这有利于社会经济的每个层面……如果询问一下在座的各位，我相信大部分人都是自由贸易的强烈支持者，大部分人都相信市场的力量。在过去将近一年的时间里，鲁宾和我一直在讨论一个问题：我们应该为在全球化经济中失利的人们做些什么？若是以前，我们会说，好吧，你看，我们必须把蛋糕做大，给需要再培训的人提供机会。但是事实上，这一群体从来没有得到应得的重视……不要忘记……在伊利诺伊州的迪凯特和盖尔斯堡，很多人失去了工作。他们没了医保，没了退休金……在他们看来，这或许是史上第一次，自己的后代将比自己生活得还要糟糕。[4]

美国梦相信阶层上升永无止境，然而现实却与之相反，这可能引起强烈的政治反对。正如奥巴马所说："其中一些最终将以本土主义、保护主义和反移民情绪等形式表现出来，我们现在正在讨论这些问题。我们的所作所为将产生实实在在的影响。这注定不会是一个兵不血刃的过程。"[5]

2006年，对全球化的恐惧和民粹主义抬头的风险已经非常明显，奥巴马勇敢地指出了另外一个风险，即经济民族主义。奥巴马说："如果能够保持低赤字，不让其他国家控制美国的债务，那么我们就都是赢家。"除了全球竞争性，汉密尔顿项目的成员们最为关注的话题就是债务问题。

鲁宾担任克林顿政府财政部部长期间，最显赫的成就便是扭转了里根时代的财政赤字，实现了充足的预算盈余。之后共和党上台，开始带领美国朝错误的方向快速前进。2001 年 6 月，在互联网危机和颇有争议的大选之后，布什政府颁布了减税政策，预计将在之后十年减少约 1.35 万亿美元的联邦政府收入。[6] 这一政策赢得了关键选区支持，却把鲁宾积累起来的财政盈余消耗殆尽，并且是有意为之。共和党自欺欺人，称财政盈余容易让政府花钱大手大脚。他们的解决办法正好相反，正是里根时代最早提出的"让野兽挨饿"策略。[7] 通过加大减税力度来招致财政危机，让人最终不得不削减开支，导致社会福利的减少和政府影响力的紧缩势在必行。

问题在于，用减税政策来削减政府支出的目的却未能实现。2001 年 9 月 11 日发生的恐怖袭击迫使美国不得不进入战备状态。布什政府大幅增加国防和安全支出。与越南战争如出一辙，美国陷入了伊拉克战争的泥潭。2006 年，当汉密尔顿项目的成员聚在一起时，伊拉克正处在血腥的教派内战的边缘。现在的关键是怎样才能从战争中脱身。伊拉克不仅令人沮丧，而且让人深感耻辱。战争的代价也是巨大的。布什政府尽一切努力将战争支出排除出经常预算。因此，民主党的财政专家只能自己动手从其他渠道计算战争支出。到 2008 年为止，仅用于阿富汗和伊拉克的支出保守估计就高达 9040 亿美元，略微激进些的估计则高达 3 万亿美元，绝对远高于美国在二战之后任何一场战争中的支出。[8]

当然，美国本该负担得起。[9] 美国毕竟比珍珠港时期富有多了。但是布什政府不仅无意取消减税政策，反而在 2003 年 5 月推出了新一轮减税政策，进一步增强减税力度。既然不能打军费预算的主意，而其他可酌情裁定的项目数额不大，难以产生实质性影响，共和党于是提议，利用极其不平等的福利"权利"削减措施，以缩小收支差距。然而，参议院否定了这一提案。共和党虽然在参议院中占据大部分席位，两党之间的差距却几乎可以忽略不计，并且"温和派"掌握着决定权。正是在这种僵局下，2000 年鲁宾时期的 864

美国的双赤字

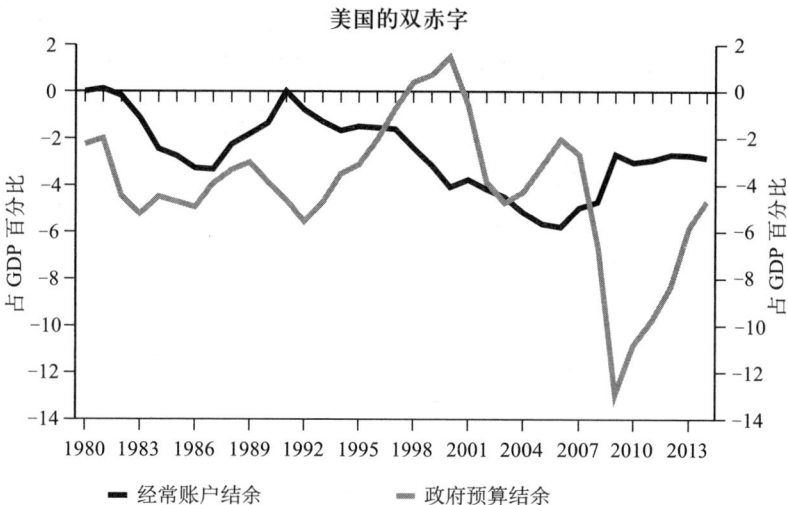

资料来源：美国白宫预算管理办公室和经济分析局。

亿美元预算盈余变成了 2004 年的 5680 亿美元预算赤字，创造了历史最高纪录，而且前路漫漫，没有最糟，只有更糟。[10]

汉密尔顿项目源于奥尔扎克和鲁宾在 2004 年共同撰写的一篇警示文章。[11] 文章指出，最初，小布什政府的财政赤字将推高利率，挤压私人投资；随时间推移，可能出现更严重的情况。"预计今后会出现巨大的财政赤字，可能导致市场预期发生根本性转变，从而使国内外都丧失信心。"鲁宾和奥尔扎克冷酷地指出："在对预算赤字的传统分析中，可能发生的不利动态影响完全或者在很大程度上被排除在外。这种做法对于规模较小的短期赤字来说可以理解，也较为合理；但是当财政赤字庞大且长期时，这种做法越来越经不起推敲。持续的巨额赤字会对市场预期和投资信心产生严重的不利影响，继而产生基础财政赤字、金融市场和实体经济三者不断自我强化的恶性循环。"简言之，传统分析不够让人警醒，没有"严肃指出"美国可能正滑向"财政或金融混乱"。

提到"基础财政赤字、金融市场和实体经济"三者之间的"恶性循环",曾在克林顿政府工作的人都了解其中深意。在他们看来,这正是他们从高支出的里根政府和老布什政府手中接过来的。1993年,面对债券市场抛售,克林顿政府搁置了宏大的经济刺激计划。[12]在鲁宾和美联储委员会主席艾伦·格林斯潘(Alan Greenspan)的游说和鼓励下,克林顿政府总是将减少财政赤字挂在嘴边。当时的首席政治顾问詹姆士·卡维尔(James Carville)曾经认真思考说:"如果真的有来生,以前我希望转世成为美国总统、主教,或者击中率四成的棒球手。现在,我希望来生成为债券市场,所有人都害怕我。"[13]

20世纪八九十年代,所谓的债券义勇军也曾经光鲜亮丽。十年后,市场上依然有着他们的身影。实际上,债券资金达到了前所未有的规模。但是,正如奥巴马暗示的,最令鲁宾派人士担心的并不是国内投资者,而是外国投资者。布什政府财政赤字的最主要支柱是外国投资者购买的债券。奥尔扎克和鲁宾的文章指出,美国国债仍被视为世界上最安全的投资,不可能发生违约或通胀破裂的情况。"但是一旦这种预期改变,投资者认为未来政策无法避免极端措施,产生的后果将比以往所预计的情况严重得多。"忧心于此的不止克林顿及其同僚。2003年,无党派的美国国会预算办公室认为,应当提醒人们,外国投资者停止购买美国债券、美元暴跌、利率和通胀猛涨的极端情况均有发生的可能。"随着预期利润降低、通胀和利率升高等情况,股票市场可能崩盘,消费者可能突然减少消费。不仅如此,美国的经济问题可能波及世界其他地区,并严重削弱美国贸易伙伴的经济状况。"[14]

美国财政赤字的规模如此之大,使其在债券市场的压力面前不堪一击。外国投资者可能突然抛售美国国债,从而使美国失衡的预算突然失去外来资金的支持,这将是一场噩梦。但是,真正让人恐惧的却是外国投资者的身份。20 世纪 80 年代以前，欧洲人一直是美国最重要的外国投资者。后来，日本凭借庞大的贸易顺差取而代之，并且在新世纪仍然是美国最大的债权人之一。但是在 20 世纪 90 年代，日元升值，房地产泡沫破灭，日本国民经济遭到了毁灭性打击，日本的竞争力已经降低。新世纪伊始，亚洲面孔出现在全球化舞台上。奥巴马在 2006 年 4 月的演讲中提到"不让其他国家控制美国的债务"，人人都知道他指的是中国。

二

　　20 世纪 70 年代以来，中国一直是美国地缘政治的基础。尼克松和基辛格把中国从苏联的怀抱中拉了出来，瓦解了冷战的前线。现在苏联已经成为历史，冷战时期的欧洲也归于平静。太平洋地区成为美国力量的新着眼点，而中国是其未来的对手。这是二战以来，美国第一次面对这样一个大国，它既是美国地缘政治潜在的竞争者，是对美不友好的政权类型，却又同时是资本主义经济的成功典范。奥巴马当初从与印度的核贸易谈判中抽身参加布鲁金斯的会议，这很能说明问题。美国正在亚洲寻找新盟友。但是，经济比核武器更重要，至少汉密尔顿项目的成员认为如此。

　　克林顿政府是中国参加全球化的中间人。1995 年 11 月，华盛顿鼓励北京申请加入新成立的世界贸易组织。当然，美国也曾在 1945 年后这样鼓励西欧，在五六十年代这样鼓励日本和东亚其他国家，又在 90 年代鼓励过东欧。打开各国市场有利于美国企业、美国投资者和美国消费者。美国的经济利益如此广泛，可以说它就是全球资本主义。[15] 20 世纪 90 年代中期以后，华盛顿不再就人权、法治和民主等问题与中国政府做任何正面对抗。相反，民主党和共和党内的全球化主义者相信，商业融合带来的不以人的意志为转移的强大力量，最终将使中国成为世界秩序中的顺从和意气相投的"利益相关者"。[16]

中国的发展令世人瞩目。它将给美国投资者创造巨大利润。通用集团等美国制造商将把自己的未来押在中国。[17] 经过 1995 年至 1996 年台湾海峡的短暂风波后，中美外交关系归于平静。但是中国的巨大体量使其被美国视为竞争者。1989 年后，中国共产党表明不会改变党领导的体制。从那以后，中国共产党开始广泛宣传一种既是民族主义，也是共产主义的意识形态。[18] 如果说美国政府寄希望于以国际贸易和全球化逐渐"西化"中国，那么中国共产党看到的则是双刃剑的另一面。[19] 中国共产党的领导人相信，其执政地位不仅不会随中国的飞速发展而削弱，反而会作为民族复兴的伟大舵手而更加牢固。北京充分利用了贸易机遇，但是从未承诺会完全开放市场。中国政府决定着投资方以及投资条件，控制着资金流动。这种做法让中国人民银行得以固定汇率，自 1994 年以来，人民币一直与美元挂钩。

中国不是唯一一个选择法定货币与美元挂钩的国家。尽管市场自由化占据着舆论高地，金融世界却并非一马平川。全球货币体系是分等级的，美元作为重要货币高居金字塔顶端。[20] 21 世纪初，与美元挂钩的货币占全球经济的约 65%（按 GDP 计算）。[21] 未与美元挂钩的货币大部分与欧元挂钩。一般来说，挂钩是弱势的表现。在许多情况下，汇率往往设定得较为理想，也较为高估。这会产生短期优势，进口较为便宜，国内寡头能以优惠的价格抢购外国房产。但是其中也蕴藏着巨大风险。货币挂钩随时可能破裂，而且往往来得突然。固定汇率较为稳定，有利于鼓励大量外国资本流入，刺激国内经济活动，产生有外国资本支撑的贸易逆差。银行作为外国资本通道呈现一片繁荣景象，危机则随之而来。[22] 一旦国际投资者丧失信心，投资将突然停止，由此产生毁灭性后果。中央银行外汇储备将会耗尽，除了让货币脱钩别无选择。汇率的稳定性将被货币贬值取而代之。唯有及时撤出的人才幸免于难，借入外币的人则只能破产。

20世纪90年代，这种情景一再上演：1994年在墨西哥，1997年在马来西亚、韩国、印度尼西亚和泰国，1998年在俄罗斯，1999年是巴西。正是在应对重重危机的过程中，美联储委员会主席艾伦·格林斯潘、财政部部长鲁宾、鲁宾的副手拉里·萨默斯（Larry Summers）被誉为"拯救世界委员会"。[23] 2001年，当这几位美国超级英雄早已离场时候，过往发生的事才显露出来。布什政府完全忙于应对"9·11"恐怖袭击，针对阿根廷的金融投机逐渐抬头。阿根廷从国际货币基金组织获得了220亿美元贷款，但是没有美国的支持，阿根廷变得岌岌可危；在阿根廷，有80%的个人债务是以美元标价的，然而整个经济中仅有25%是以出口为导向的。[24] 2001年12月，随着美元逃离阿根廷，阿根廷政府决定冻结银行账户。随着24人在暴乱中丧生，阿根廷政府倒台。2001年12月24日，阿根廷宣布暂停支付高达1440亿美元的公共债务，其中包括930亿美元外债。阿根廷的货币比索兑美元的汇率从1∶1暴跌到3∶1，背负美元债务的负债者纷纷破产。阿根廷经济倒退回了20世纪80年代初期之前。21世纪伊始，阿根廷总人口中超过半数跌落到贫困线以下。[25]

中国既不愿遭受外来投资突然停止的打击，也不愿向美国寻求帮助。[26] 为了抵御风险，北京在选择挂钩美元时，汇率没有定得过高，反而很低。这与20世纪五六十年代的日本和德国的做法如出一辙。[27] 这种选择有利于出口导向型增长，但是也有自身的问题。对人民币估值过低，将使进口价格过高，降低中国人的生活水平。当中国对美国形成贸易顺差，购买美国政府债券时，资本正从贫穷的中国流入富裕的美国，资助美国人购买中国国内新的大工厂生产的产品。不仅如此，要维持人为制定的低汇率，这本身就是一场战争。从 2000 年到 2009 年，中国对美国的贸易顺差从 830 亿美元猛增至 2270 亿美元，为保持人民币对美元的低汇率，中国人民银行必须不断购买美元和出售人民币。为此只能增印人民币。在正常情况下，这可能导致国内通胀，失去竞争优势，甚至引发社会不稳定。因此，为了"消除"人为干预市场的不良影响，中国人民银行要求中国的所有银行持有大规模的、不断增加的防御性储备金，从而有效地降低了流通中的货币量。这种应对方式只有凭借中国政府和商业精英之间相当紧密的关系才能维持，这种关系建立在商业精英对中国政府的依靠、后者对其的领导以及双方共赢的基础上。中国企业家及其所有者，从以出口为主导的蓬勃发展热潮中获得了巨大利益。[28]中国的农民和工人向往着美好繁华的城市生活。与此同时，政府手中持有庞大的外汇储备，即使经济危机爆发，依然足以在充满不确定性的全球经济中为其提供有力保证，使中国主权免受侵犯。

多种货币以固定汇率挂钩美元，因此无法通过货币贬值或升值调整出口竞争力，难怪世界经济会分化为出口顺差国家和进口逆差国家。仅 2005 年 1 月至 3 月，美国的经常账户赤字就高达近 2000 亿美元，可以简单理解为对外支付的货物和服务金额超过国外对内投资的金额。到 2005 年底，这一数值达到了 7920 亿美元，并且有迹象表明，这一状况将在 2006 年继续恶化。在"全球不平衡"中，主权财富基金（SWF）成为出口顺差国家巨大的资本储存池。据美国华盛顿彼得森国际经济研究所估算，到 2007 年，新兴市场国家的主权财富基金持有至少 2 万亿美元的资产，而且其国家央行还另外持有数万亿的美元储备。[29]沙特阿拉伯货币管理局现金无数，挪威和新加坡的主权财富基金亦如是。有些国家的主权财富基金进行了股票风险投资。中国国家外汇管理局注重安全和可预测的回报，因此主要购买美国的长期国债和美国政府担保的证券。

中国外汇储备的增长（单位：10亿美元）

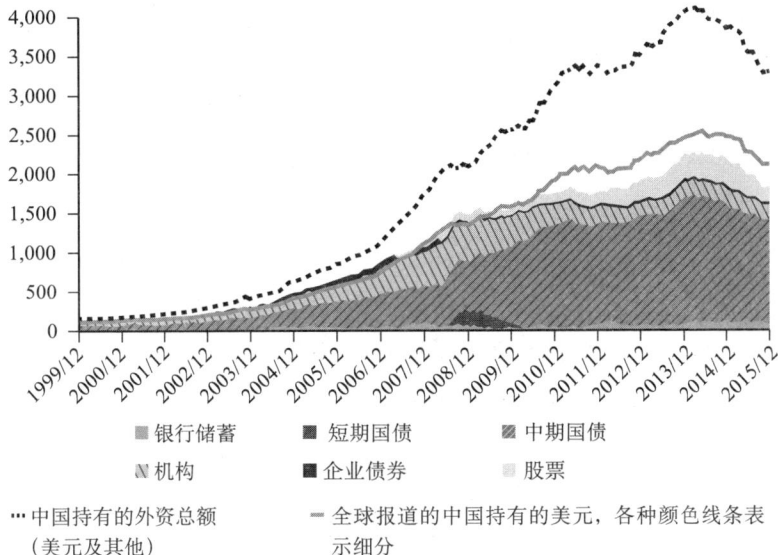

图例：
- 银行储蓄
- 短期国债
- 中期国债
- 机构
- 企业债券
- 股票

… 中国持有的外资总额（美元及其他）

— 全球报道的中国持有的美元，各种颜色线条表示细分

注：估计数据按比利时控股和英国的流动有所调整。

资料来源：Brad Setser, "How Many Treasuries Does China Still Own?" *Follow the Money* (blog), Council on Foreign Relations, June 9, 2016, https://www.cfr.org/blog/how-many-treasuries-does-china-still-own.

　　这种失衡令人担忧，但是至少就顺差国家来说情况不算太糟，政府承诺即使脱钩，首当其冲的也是进口逆差国家。美国是全球最大的赤字经济体，一旦外国投资者抛弃美国资产，美国将第一个受到货币贬值和利率飙升的冲击。这正是奥尔扎克、鲁宾和时任参议员的奥巴马所担心的情况。除了他们几个，还有其他人忧心忡忡。美国对外关系委员会*主席、彼得森国际经济研究所及黑石集团总裁彼得·彼得森（Peter G. Peterson）在对外关系委员会著名的内部刊物《外交事务》（*Foreign Affairs*）中指出，美国应对自己的双赤

───────────

*　美国著名非营利性智库，主要研究美国的外交政策和国际事务。——编注

字保持警觉。[30] 经济学家鲁里埃尔·罗比尼（Nouriel Roubini）和
布拉德·塞策（Brad Setser）警告说，一旦投资者失去信心，美国
将面临美元暴跌和利率飙升的困境。[31] 这可能将导致第二次世界大
战之后最严重的经济衰退。[32] 美国不仅会遭受打击，甚至会沦落到
对亚洲新兴力量低声下气的地步。当然，如果美国遭遇危机，中国
也会受到伤害。[33] 尼尔·弗格森（Niall Ferguson）和莫里茨·舒
拉里克（Moritz Schularick）提出了一个新词，"Chimerica"，意思
是中美共同体，或者中美国，用以描述中美经济综合体。[34] 卸任
财政部部长、开启命运多舛的哈佛校长任期的拉里·萨默斯，因
时局回想起冷战时期的相互保证毁灭。他告诉华盛顿的听众，世
界经济的中心在于"金融恐怖平衡"。[35] 不同的是，在冷战时期，
经济是美国的强项，而现在，美国只能寄希望于美国经济体量之
庞大，大到中国无法袖手旁观让美国失败。这个结论实在难以令
人安心。

三

　　要缓解失衡现状，最显而易见的办法就是汉密尔顿项目提出的
财政紧缩。减少政府赤字，缩减国内需求，减少中国商品和人民币
的流入。但是布什政府似乎毫不在意。2004 年，两年前从内阁解职
的前财政部部长保罗·奥尼尔（Paul O'Neill）披露了布什政府初
期的内情，包括困扰经济政策圈有价值的信息。2002 年 11 月，奥
尼尔曾试图警告副总统迪克·切尼（Dick Cheney），激增的"预算
赤字对经济的威胁"。然而，切尼没等他说完就打断说，"你懂的，
里根政府已经证明赤字并不重要"。共和党人赢得了国会中期选举，
减税是共和党应当完成的"任务"。就在当月，奥尼尔被解职。[36]
从鲁宾等民主党人的角度来看，此举不仅缺乏经济常识，还是一场

政治丑闻。老布什政府过后，他们多年以来费尽心力才解决了里根政府的赤字。如果切尼的那种共和主义想法盛行，美国两党轮流执政体系的基础将被削弱。如果共和党只把国家经济看作维护其特权支持者利益的养料，民主党又怎能施行负责任的"国家"经济政策呢？克林顿政府财政部经济政策副助理部长布拉德·德隆（Brad DeLong）伤感地说："为了提高经济增长率，鲁宾和我们其他人尽了一切努力重建美国政府的财政平衡。但是最后，我们所做的一切……却让小布什发动了右翼阶层战争：他的举措促使税后收入更加不平等了。"[37]

在 2006 年 11 月重要的中期选举后，众议院和参议院的控制权易手，问题因此更加紧迫。或许冥冥之中自有定数，当美国资本主义面对 20 世纪 30 年代以来最严重的危机时，将会由民主党执掌国会。但那是以后要担心的事了。2006 年的关键在于民主党作为国会山的新力量，会不会再一次以降低赤字为己任。很多民主党人，特别是左派人士，对此犹豫不决。[38]正如一位中间人士所说："财政重任就像跳探戈，需要两方共同努力，现在看来共和党不想跳舞，民主党单方面承担不了全部责任。"[39]或许，要想阻止共和党国会再次发起"财富两极分化进攻"，最好的办法是大规模投资公共事业、福利和创造就业等方面，迫使共和党无法进一步减税。德隆无奈地说："如果接任克林顿政府的是正常人，由罗伯特·鲁宾和他克林顿政府的同事们制定的创造盈余的财政政策会对美国非常有利。但是如果无法保证共和党继任者会'正常'，未来的民主党政府要采取的正确财政政策该是怎样的？"[40]

鉴于这样的两难境地，奥尔扎克和鲁宾警示的灾难有了不同含义。这意味着不仅要在党外竞争方面赢过共和党，也要把握民主党内部的方向。在与赤字的斗争中，如果说所面对的危险境地不过是这里或那里的经济增长的几个百分点，那么民主党为什么不能把自己的利益放在首位？但是如果面对的危险是魏玛共和国式的灾难，那么民主党的左派人士自然会加入战线，把削减预算放在首位。

面对财政政策方面的僵局和美国经济的明显失衡，另外可能采取行动的，是美联储委员会里的强大守护者。先是保罗·沃尔克，随后是艾伦·格林斯潘，在他们的带领下，这个美国的中央银行的权威达到前所未有的高度。就其在美国政府架构内的专家权威和不容置疑的地位而言，美联储都足以与美国的安全部门相提并论。[41]然而，讽刺的是，随着美联储声誉和权威的提高，其关键政策工具却似乎开始失效。美联储规定的短期利率似乎不能像以前一样为其他经济领域的发展设定节奏。

互联网危机后，格林斯潘将利率降低到了3.5%。"9·11"恐怖袭击后，利率进一步降低，2003年夏季降至1%。从2004年起，美联储开始提高利率。面对美国的贸易赤字和国内经济的快速发展，这些是标准的应对办法。美联储应当增加个人储蓄并限制投资。[42]但是让美联储感到沮丧的是，这些措施并没有发挥明显作用。最让人震惊的是，尽管短期利率迅速提高，长期债券市场的利率却没有发生相应变化。长期债券的大量买家导致价格升高，收益降低。这其实在意料之中。[43]美国的许多贸易伙伴将本国货币与美元挂钩，他们不仅想要避免美元贬值，因为美元贬值会增强美国的竞争力，还想避免美元升值，而美元升值通常因利率提高而起。实际上，在这种固定汇率下，利率上升不会减少信贷供给，因此无助于提高美国对外资的吸引力，吸收更多的外国基金。

美联储发现自己处于两难境地：中国决定将人民币与美元挂钩，而国会不同意降低美国的预算赤字。中国选择了不平衡的发展途径，产生了大量需要向外投资的储蓄。美国国债评级为AAA级别，正是外汇储备的最佳选择。作为新任命的美联储委员会成员，普林斯顿大学经济学家本·伯南克对政策讨论做出了第一个贡献，用"全球储蓄过剩"的概念来描述美联储的主要政策工具对经济杠杆作用的失灵。[44]源源不断的外资使美联储提高利率的努力毫无作用，并且让国会没有了收紧财政政策的压力。随着资本蜂拥而至，美国利率进一步降低，刺激了国内经济的回升，吸入进口商品，尤其是从中国的进口。但是除非国会改变主意，或者外汇汇率全面自由化，否则美联储也无计可施。2006 年 2 月 1 日伯南克赴任美联储主席时，就面临着这样扑朔迷离的局面。

个子不高、性情温和的伯南克很快就将在全球经济史上占据重要地位。他将成为与众不同但是极其重要的代表，证明"从历史中吸取教训"的可能性。米尔顿·弗里德曼（Milton Friedman）和安娜·施瓦茨（Anna Schwartz）合著的《美国货币史》（*Monetary History of the United States*），被奉为货币主义的圣经。2002 年 11 月，在两位作家的生日宴会上，伯南克承诺："我想对米尔顿和安娜说，你们关于大萧条的观点是对的，这是我们的错。我们深感抱歉。但是谢谢你们，我们不会再犯同样的错误了。"[45]鉴于 20 世纪 70 年代货币主义和抗击通胀的关系，人们很容易混淆伯南克的承诺和传统央行领导人保持价格稳定的承诺。事实上，伯南克确实承诺保持价格稳定，但他指的是防止紧缩，而不是通胀。20 世纪 30 年代留下的教训告诉我们，美联储必须快速反应，不仅要防止货币供应扩张过大，还要防止银行破产造成货币崩溃。[46]伯南克的任期内不会发生紧缩。新任美联储主席展现的这个决心，也存在于美国政策制定层，它将决定应对危机的货币政策。在这个过程中，伯南克将重新定义央行作为现代政府机构所能发挥的作用。当人们面对他后来发挥的重要作用时，很容易忘记他的任命在当时是多么平淡无奇。他行事稳健、得力，又十分内敛，是可靠的中间派共和党人。他最著名的政策是认为，如果想要让大缓和时代延续下去，这一时期失业率和通胀率比此前任何时候都低，最好的方式是基于规则去制定政策，他称其为"受约束的相机抉择"（constrained discretion）。[47]

作为潜心研究 20 世纪二三十年代金汇兑本位制灾难性历史的经济学家，伯南克深知不平衡的固定汇率体系带来的危险。他对中国的货币政策提出了深刻批评。[48]但是各国央行领导人的关系是客气的。美联储不能对中国的货币政策指手画脚。但是美国财政部或国会就不同了。21 世纪初，美国国会收到数十项议案，指责中国操纵货币，违反世界贸易组织规则，要求制裁中国。这些提案引起了类似汉密尔顿项目这类圈子对"民粹保护主义"的担忧。2005 年 7 月，为减轻对美国经济的压力，中国开始允许人民币缓慢升值。假以时日，人民币的升值幅度将达到 23%，但是这个过程漫长得令人痛苦。

为加快人民币升值，华盛顿的一些人支持发挥国际货币基金组织的作用。为什么全球货币体系的监督机构不呼吁中国解决其收支失衡问题？2005 年 9 月，美国财政部副部长蒂姆·亚当斯（Tim Adams）在一次被广泛报道的演讲中强调，国际货币基金组织似乎在"开车时睡着了"。[49]但是，让国际货币基金组织担任调解员会产生严重后果。中国在国际货币基金组织理事会尚未获得与其经济体量相匹配的地位，在此之前，中国恐怕不会接受国际货币基金组织的建议。再者说，中国政府将督促国际货币基金组织对美国实行同样的监督。这不可能对共和党执掌的美国政府有吸引力。[50]市场驱动调节和国际监管都走不通，就只能用冷战时期那种高层外交处理"金融恐怖"平衡了。因此，总统布什选择汉克·保尔森（Hank Paulson）担任最后一届财政部部长就并非巧合。与鲁宾一样，保尔森入主财政部之前曾是高盛集团首席执行官。但是除了在投资银行的资历，保尔森能够成为财政部部长的另一个原因是他非常熟悉中国。他常常自豪地说，自 20 世纪 80 年代末以来，他已访问中国 70 次。[51] 保尔森对国际货币基金组织等多边机构不怎么热情，反而更倾向于双边对话，有人称其为 "G2" 形式。[52] 保尔森首先采取的措施之一就是发起中美战略经济对话，并亲自担任美方负责人。[53]

四

2007 年秋季，危机已山雨欲来，但是世界的注意力仍然集中在美元身上。《经济学人》（The Economist）警告说 "美元恐慌" 即将到来。[54] 德国的《明镜》周刊（Spiegel）称其为 "没有战争的珍珠港"。有传言说证券交易巨头太平洋投资管理公司的重要人物比尔·格罗斯（Bill Gross）正在出售美元资产，亿万富翁沃伦·巴菲特（Warren Buffett）也是如此。2007 年 11 月，彭博社报道称，全球出场费最高的巴西超模吉赛尔·邦辰（Gisele Bündchen）在为宝洁公司宣传潘婷品牌时，要求宝洁用欧元支付代言费。吉赛尔·邦辰的净身价超过 3 亿美元，不可能不重视货币市场的变化。同时，美国嘻哈明星 Jay Z 在 MTV 中数着成沓的欧元。

如果说欧元才是新宠，那么美元真的要退出舞台了吗？ 2007 年夏天，保罗·克鲁格曼（Paul Krugman）获得诺贝尔奖前一年，他简要描述了他称之为 "歪心狼时刻"（Wile E. Coyote moment）的逻辑，也就是说，外国投资者会突然意识到，除了自己不断购买美元，没有实在的东西支持着美元的价值。[55] 就像快速奔跑的卡通形象仅凭飞速旋转的双腿悬浮在半空中一样，美元已命悬一线。克鲁格曼安慰读者说，好在美国的大部分债务都是用美元计算的，所以美元崩溃的冲击会得到缓冲。美国不会是另一个阿根廷。但是如果美联储不得不突然大幅度提高利率，美国将面临严重紧缩。克鲁格曼总结说，"这种经历不会好过的"。

美国经济政策制定者中最优秀、最聪明的人士担心中美经济关系的失衡，他们的担心是正确的。一旦失衡情况破裂，将会引发一场灾难。十年过去，世界经济仍然处于这样的阴影中。危机的威胁在 2008 年得到遏制，是因为双方有很深的利益关系，而且华盛顿和北京也都把此次危机视为头等大事。从一开始，中美金融关系就明显地带有政治色彩，被看作大国外交事件。没有人会天真地认为这是一种单纯的市场关系或普通的商业关系。保尔森担心中国抛售美元，他知道该联系北京的什么人。拉里·萨默斯把时局与冷战相类比，事实证明这比他自己意识到的还要贴切。金融恐怖平衡仍在持续。[56] 但是与此同时，愈加明显的是，正如布拉德·德隆所说，美国政策制定精英们把注意力集中在了"错误的危机"上。[57] 将永远与 2008 年联系起来的这场危机，不是由中国抛售美元引起的美国主权债务危机，而是西方资本主义固有的危机，有毒的证券化的次级抵押贷款毁掉了华尔街，并且有可能把欧洲一起推向深渊。

第2章

次级抵押贷款

在联想到汉密尔顿项目警示的灾难时，经济学家们担心的是政府债务过多、学校教育表现不佳和中国抛售美国国债。但是，他们没有对美国经济的基本运作，即其银行和金融市场提出质疑。美国的问题在于它的民众、社会和政治，而不是经济本身。然而，到了2006年，如果从正确的角度进行审视，很明显，一些问题已经非常严重。从21世纪初开始，美国经济不仅受到巨额财政赤字的提振，还受到房价持续上涨的刺激。现在，美国的一些社区面临严重挑战，数以万计刚刚申请到房贷的家庭无力偿还贷款。在边缘化的少数族裔地区，例如辛辛那提、克利夫兰以及南部阳光州呈带状延伸的地方，都出现了大量房贷违约现象。美国房地产市场的牛市即将戛然而止。当这一切真的来临时，它将引发一场全球危机。

对数千万美国人来说，这场危机正打到了他们的痛处，即住房。但是，与全球经济失衡和中美关系等大范围的事件相比，美国房贷金融机制只不过是一个小范围的事件。这场美国大戏是如何撼动全球金融体系并引发全球危机的呢？简单地说，房地产或许并不复杂，公寓也可能平平无奇，但是它们在全球可销售的财富中占了很大比例。据估算，美国房地产占全球财富的比例达到了 20%。[1] 美国家庭占全球家庭总数的 9%。危机爆发时，70% 的美国家庭拥有自己的住房，这样的家庭总共超过 8000 万。这些家庭同时也是世界经济需求的最大来源。2007 年，美国消费者购买了大约 16% 的全球产出，没有什么比飙升的房价更让他们开心了。截至 2006 年，美国房价在十年内几乎翻了一番，推动家庭财富增长了 6.5 万亿美元，极大地刺激了美国及全球经济的发展。[2] 随着美国的消费支出飙升至 10 万亿美元，2000 年至 2007 年，全球需求增加了 9370 亿美元。[3]

如此巨大的波动显然有助于解释 2007 年的周期性经济低迷。但是，为了解释这是如何引发金融危机，并伴随着由银行倒闭造成的全球恐慌蔓延和信贷紧缩，还有重要的一点需要补充：房地产不仅仅是占比最大的财富形式，同时也是最重要的一种借款抵押品。[4] 抵押贷款不仅扩大了更广泛的经济周期，还把房价周期与金融危机联系在一起。[5] 从 20 世纪 90 年代到 2007 年金融危机爆发期间，美国住房金融因为四项改革，变成了一股动态且不稳定的力量，这四项改革是：抵押贷款证券化*，将抵押贷款纳入其中的高风险的银行增长战略，增加新的融资渠道，以及实施国际化流通。这四项改革可以追溯至 70 年代末 80 年代初布雷顿森林体系崩溃后世界经济事务的转变。

---

* 抵押贷款证券化，是指金融机构（主要是商业银行）把自己所持有的流动性较差、但具有未来现金收入流的抵押贷款汇聚重组为抵押贷款群组。由证券化机构以现金方式购入，经过担保或信用增级后以证券的形式出售给投资者的融资过程。这一过程将原先不易被出售给投资者的缺乏流动性、但能够产生可预见性现金流入的资产，转换成可以在市场上流动的证券。——译注

一

　　1979 年 10 月 6 日，美联储关键的利率制定委员会——联邦公开市场委员会召开了一次计划外会议，美联储主席保罗·沃尔克宣布，美联储今后将试图加强对银行储备金的监管，而且利率可能会上升。[6] 这是美联储对威胁到国内稳定、美国的全球地位和美元地位的通货膨胀浪潮做出的反应。自从尼克松让美元与黄金脱钩以来，世界各国的货币均在没有金本位的情况下相互浮动。只有政治纪律才能阻止无限制地印钞。与一些人的担忧相反，当时的通货膨胀并没有失控。然而，随着 1979 年物价的年增长率达到 14%，沃尔克和美联储认为，是时候踩刹车了。那是现代美联储的权力诞生的时刻，利率就是它的武器。就像直言不讳的德国总理赫尔穆特·施密特（Helmut Schmidt）所说，沃尔克把实际利率（经通货膨胀调整的利率）推到了"自耶稣诞生以来"从未见过的水平。[7] 他没有夸张。1981 年 6 月，优惠贷款利率达到了 21%。

　　结果就是美国和全球经济出现了剧烈震动。美元大幅升值，失业率也大幅上升。通胀率从 1980 年 3 月的 14.8% 猛降到 1983 年的 3%。在英国，这是撒切尔政府刚上台时遇到的危机。在德国，这导致施密特下台，赫尔穆特·科尔（Helmut Kohl）的保守派政府取而代之。[8] 在法国，总统弗朗索瓦·密特朗（François Mitterrand）执掌的社会党政府终于在 1983 年被迫跟着美联储的政策走。沃尔克造成的冲击为本·伯南克后来所称的"大缓和"备好了舞台。[9] 这不仅终结了通货膨胀，也终结了西方经济体的大部分制造业基础，还终结了工会讨价还价的能力。他们再也不能使工资与物价同步上涨了。此外，在美国的战后政治经济中，另有一个方面没能经受住 20 世纪 80 年代通货膨胀的冲击：那就是罗斯福新政时期出现的独特的住房金融体系。

自 20 世纪 30 年代以来，美国的住房金融体系一直以商业银行和地方储蓄银行（也就是所谓的储贷银行）为基础，它们提供长期固定利率贷款。到了 60 年代后期，三十年期的固定利率贷款已经成为常态，而且首付低到只需支付 5%。[10] 资金由存款机构提供，这些机构提供有存款利率上限的、由政府担保的储蓄账户。正是在这个基础上，到了 70 年代，拥有住房的家庭比例扩大到了将近 66%。对于持有长期固定利率贷款的房主来说，后布雷顿森林体系时代的通货膨胀是一笔意外之财。因为在利率保持不变的情况下，他们要付的贷款实际上变少了。但对贷款给他们的银行来说，这是一场灾难。在通货膨胀和利率波动的时代，由于银行延续 50 年代的存款利率上限，银行无法留住储户，更不用说吸引新储户了。为了从货币市场借款或发行债券，它们现在面临着美联储制定的极低的存款利率。与此同时，随着新贷款利率的飙升，它们的固定利率贷款组合也贬值了。[11] 到了 80 年代初，仍在运营的近 4000 家储贷银行中，绝大多数已经资不抵债。考虑到这些银行的清算成本，以及里根时代盛行的自由市场意识形态，阻力最小的方法就是放松监管，降低资本标准，以期这些银行能够自行摆脱困境。商业银行经受住了这次考验，储贷银行则没有。一千多家银行破产，其余的大部分就只能接受救助、被收购或合并。以 90 年代的币值计算，这个解决方案花了纳税人大约 1240 亿美元。[12]

到了 20 世纪 80 年代末，宏观经济形势趋于稳定。通货膨胀率下降，利率也在下降。尽管大多数债券投资者在新时代收益良好，但任何持有抵押贷款的人都不得不考虑另一种风险。美国抵押贷款的借款人有权以较低的利率提前还款和再融资。此举可以促进经济发展，因为这样做降低了借款人的还款金额，而且作为借款人，他们的消费倾向往往比放款机构要高。[13] 但是，对放款机构而言，这意味着美国抵押贷款合同是极度一边倒的。在利率上升的时期，它们的固定利率贷款会贬值。在货币政策放松的时期，当利率下降时，借款人会进行再融资。只有在 1945 年至 1971 年由于实行布雷顿森林体系而普遍存在的稳定条件下,三十年期固定利率贷款才是一门可行的生意。在实行浮动货币安排的新时代,这种一边倒的做法是危险的,尤其是如果风险集中在自有资金来源有限的小型抵押贷款机构的时候。解决办法是扩大规模,采用一种新的以市场为基础的融资模式,并将政府机构置于金融体系的中心。

在储贷银行大范围崩溃后,政府资助企业(government-sponsored enterprise,GSE)成了美国抵押贷款体系的中流砥柱。[14]其中规模最大的是房利美,它成立于 1938 年,旨在为放款机构创建一个二级市场,这些放款机构愿意发行受罗斯福新政推动的、由联邦住房管理局担保的抵押贷款。房利美并没有发行抵押贷款。它主要从美国各地的商业银行买进抵押贷款,这些银行专门发行由联邦住房管理局担保的抵押贷款。作为担保人,房利美降低了贷款成本,并为放款机构和"优质"借款人设定了一个国家标准。它通过抵押贷款帮助统一了美国的标准。房利美之所以能够以低廉的成本购买这些标准化抵押贷款,是因为它的信用评级使其被认为是一家不可能倒闭的、有政府托底的机构。所谓的机构债务相当于财政部的债务。出于同样的原因,房利美的债务也出现在联邦政府的资产负债表上。在越南战争期间的财政紧张时期,为了摆脱这些债务,房利美在 1968 年进行了私有化。仍致力向公务员和退伍军人提供贷款的部门被拆分,成了吉利美。"新房利美"被获允购买任何符合特定品质标准的抵押贷款,即所谓的合格贷款,无论是否有政府担保。到了 1970 年,国会颁布立法,成立了第三家机构,也就是联邦住房贷款抵押公司,又称为房地美,通过购买由储贷银行发行的抵押贷款来进行公平竞争。

尽管有政府担保,但由于拥有大量的固定利率贷款,在 20 世纪 80 年代早期的沃尔克冲击中,政府资助企业遭受了重创。房利美几

近破产，但它挺了过来。随着房地产市场在 90 年代复苏，政府资助
企业也获得蓬勃发展。由于与联邦政府还有些关系，政府资助企业
继续享受着融资成本的大幅折扣。到了 20 世纪末，房利美和房地美
总共担保了全美 50% 的抵押贷款。创造合格贷款，即符合政府资助
企业担保的贷款，是美国住房贷款业务的基础。深具讽刺意味的是，
在人们普遍认为美国引领着世界市场革命的时代，美国的住房市场
却变得依赖于从罗斯福新政时期延续下来的政府资助的抵押贷款机
器。这也是美国抵押贷款问题深度政治化且无法简化的根源。

　　自美国内战以来，美国的住房政策和抵押贷款发放一直都在系
统性地支持白人多数群体的房屋所有权。[15] 到了 20 世纪 90 年代，
推动低收入和"社会服务匮乏"的少数族裔社区拥有住房成为国会
的一个优先事项。1992 年出台的《联邦住房企业金融安全和稳健法
案》呼吁为政府资助企业设定贷款目标。1995 年 12 月，政府公布
了针对社会服务匮乏地区和低收入人群的住房目标。在 20 世纪 90
年代和 21 世纪初，许多新房主都是少数族裔家庭，根据罗斯福新
政的住房政策划定的"红线"*，几十年来，他们在申请抵押贷款时一
直遭到拒绝。从这个角度看，房地产的繁荣部分归因于非洲裔和拉
丁裔中产阶级的崛起，而民主党在很大程度上依赖这些族裔。[16] 凭
借对民主党的影响力，政府资助企业在华盛顿建立了一个最有影响
力的游说团体。它们发挥了巨大的政治影响力。出于同样的原因，
政府资助企业的抵押贷款制度总是引起美国右翼的愤怒。在大多数
自由市场支持者的内心深处，他们都相信，政府资助企业的干预是
导致这场在 2006 年开始初露端倪的灾难的罪魁祸首。改革派为政
府资助企业设定了政治使命，将资金注入社会服务匮乏的社区。由

---

* 这个政策其实就是一套分级系统，它把城市的社区分成四类，并在地图上以不同的颜色来
　标注，然后根据不同分类采取不同的房贷政策，类型越差房贷利率越高，甚至不发放房贷。
　最差的类型是 D 级社区，以红色标示，多为黑人和少数族裔聚集区。——译注

于依附于联邦政府，这些企业拥有扭曲市场的资金优势。当你扭曲市场时，危机就不可避免了。[17] 保守派对政府资助企业进行了批评，这种批评塑造了共和党人在 2008 年危机达到白热化时做出的反应。国会中的许多人认为，救助计划顾及的不仅仅是银行（它们至少是试图赚钱的私人企业）。它还不顾一切地让纳税人为救助房地产福利机构买单，这些机构由民主党控制，旨在服务养尊处优的少数族裔。

对共和党的基本盘来说，这种强有力的言辞产生了动员效果。但是，作为对 2006 年的危机正在酝酿中的一种解释，这种政治批评有些离谱。房利美和房地美为它们将购买的贷款的品质设定了很高的门槛。政府资助企业不支持低品质的次级贷款，这些贷款在 2005 年至 2006 年开始成批违约。这些有毒贷款是私人放贷机构推动的新抵押贷款体系的产物，该体系在 21 世纪初全面实行。尽管政府资助企业达到了政府规定的放贷额度，但是，在向资源匮乏的社区放贷时，追求利润的私人贷款机构要大胆得多。[18] 在这个意义上，政府资助企业并没有制造危机。不过，它们所做的两项创新助长了这场危机，如果没有这两项创新，即放款－分销抵押贷款发放体系和证券化，很难想象会有这场危机。

自 20 世纪 30 年代成立以来，政府资助企业的补贴模式就把最初的抵押贷款与最终的融资分离开来。最初向美国家庭发放贷款的商业银行把抵押贷款卖给房利美，与此同时，这些银行得到清偿。这样一来，它们就可以发放更多贷款。这是政府资助企业发行的债务，用于给资产负债表上的抵押贷款提供资金，最终为贷款提供资金。这就是所谓的"放款－分销"的基本结构。抵押贷款的放款机构无须在资产负债表上持有抵押贷款，它们变成收取服务费的经纪人。政府担保的政府资助企业的信贷评级支撑着整个体系。

从 20 世纪 70 年代开始，面对利率的不稳定及其对美国抵押贷款模式的破坏性影响，政府资助企业采取了进一步的关键举措。在投资银行的帮助下，它们率先将抵押贷款证券化。[19] 它们不是将这些地方产生的抵押贷款保留在账上，也不是通过发行债券来融资，而是直接向投资者出售抵押贷款。为了做到这一点，它们将抵押贷款包装成一个集合体，并在其中销售它们的份额，也就是证券。个人贷款的特有风险将被集中起来。希望持有房地产的投资者可以购买一个风险广泛分散的投资组合，而不需要建立一个分支网络（要想在美国广阔的经济领域内发放贷款，就必须建立这个网络）。他们充分意识到利率波动带来的风险和回报。证券化将让市场讨价还价的整体过程决定融资成本，而不是让小型储贷银行押注于可行的贷款。

1970 年，吉利美进行了第一次证券化。这是一个简单的模式，也就是所谓的"转付抵押贷款证券"。根据这个模式，来自抵押贷款集合体的收入通过政府资助企业转付给投资者。让人不满意的地方是，这应该仍然是一种政府垄断。1977 年，刘易斯·拉涅利（Lewis Ranieri）和他在干劲十足的投资银行所罗门兄弟的团队为美国银行设计了第一套抵押贷款私人证券化产品。[20] 但是，当时需要一个勇敢的投资者购买一篮子的固定利率抵押贷款。直到 20 世纪 80 年代初的利率冲击之后，证券化才开始涌现。抵押贷款的放款机构受困于低利率的抵押贷款组合，转而向市场求助，通过对其进行证券化并销售出去，以收回它们可能产生的价值。从 80 年代起，政府资助企业与投资银行合作，不仅创造了抵押贷款担保证券（mortgage-backed securities, MBS），还创造了所谓的担保抵押贷款凭证（collateralized mortgage obligations, CMO），允许将一组担保抵押贷款凭证切分成各种风险等级的证券，这就是所谓的结构化融资的起源。那些拥有第一优先受偿顺位的证券，其违约和提前还款的风险都很低。受偿顺位较后的分级证券可以卖给寻求较高风险投资的投资者。除非发生可能性极低的大规模集体违约，具有优先受偿顺位的分级证券都将得到偿付。那些受偿顺位最先的分级证券，即使是基于高收益、高风险的债务组合，也可以被认定为是低风险的，评级机构有义务将它们归类为 AAA 评级（在大多数证券化产品中，有 80% 被指定为具有优先受偿顺位，并给予 AAA 评级）。

　　由于给予抵押贷款担保证券非常高的评级，评级机构的角色后来变得极具争议，这并不令人意外。到了 20 世纪 90 年代，穆迪投资者服务公司和标准普尔占据了全球 80% 的债务评级业务。[21] 惠誉获得了 15% 的市场份额。它们没有通过随意给出最高的 AAA 评级来控制全球市场。2008 年，只有 6 家公司获得 AAA 评级，而获得这个评级的国家不超过 12 个。尽管自 80 年代以来，实际上付钱请评级机构来进行评级的是债券发行机构，而不是评级资讯服务的订阅者。发行机构付费的做法产生了利益冲突。如果评级机构让人觉得它们是在收费的基础上给予较高评级，那么它们将会遭遇严重的声誉损失；如果它们对债券发行机构一点儿也不偏倚，那么它们将会获得相对较少的收益。然而，抵押贷款证券化业务改变了这种算法。抵押贷款担保证券的发行量庞大，涉及数以万计的分级证券，再加上大部分证券集中在少数发行机构的手中，这让评级机构有了巨大的动力去为发行机构"提供帮助"。[22] 不过，更重要的是抵押贷款担保证券的本质。抵押贷款担保证券的评级之所以不同，是因为其标的资产并非由一家面临不可预测的全球竞争力量的公司发行的债券。抵押贷款担保证券捆绑了数千种被认为是可以预测的资产——定期国内抵押贷款。评级机构不必根据一家公司的业务前景，或多或少地通过主观评估来计算违约风险。它们也不需要对一个国家的财政政策做出判断。相反，它们可以假设很多抵押贷款的统计属性已知，然后应用标准化的金融数学来计算风险。如果你知道违约率，并能对它们之间的相关性做出假设，那么一旦你集合了足够多的抵押贷款，且对其进行了切分，那么具有优先受偿顺位的抵押贷款无法偿还的可能性就微乎其微。数以万计的资产担保证券（asset-backed securities, ABS）因此获得了超级安全的 AAA 评级。至于受偿顺位较后的分级证券，那就完全是另一回事了。虽然这些分级证券的违约风险比单纯持有抵押贷款集合体要高得多，但是如果收益率合适，它们也会找到买家。

　　在储贷银行的灾难之后，这个想法把风险从那些直接参与放款的抵押贷款的放贷机构中分散出去，并通过将抵押贷款转换为可提供多种收益风险组合的证券来吸引投资者。这种做法成功了。1980年，67% 的美国抵押贷款直接记在储蓄银行的资产负债表上。到了20 世纪 90 年代末，美国长期固定利率、轻松的等额本息还款按揭所涉及的风险通过证券化，蔓延到了金融体系中更广的领域，这些领域比 1979 年沃尔克发表令人震惊的声明时要广泛得多。政府资助企业会持有这些证券化产品，银行也会持有，就连养老基金和保险基金也一样。[23]

　　与储贷银行的模式相比，证券化在分散风险方面发挥了作用。但是，它是否同样减弱了谨慎监管标的贷款的动机？通过分离贷款资金的来源和发放，新体系是否消除了对贷款进行审慎监管的动机？以前，地方放款机构需要在三十年的期限内完全持有抵押贷款，它们有充分理由非常谨慎地监控客户，但到了 20 世纪 90 年代，在卖给投资者之前，美国的抵押贷款至少要经过五个不同的机构——抵押贷款的原始放贷机构、打包组合抵押贷款的批发商、评估风险的承销商、政府资助企业和管理利息收入的服务商。沿着这个供应链，对于这些工作的正确完成，投资者有怎样的信心？在这条供应链上的每一个步骤，参与者主要关心的都是成交量和费用。谁对维持贷款质量感兴趣？也许不是政府的补贴，而是这些反常的诱因导致了不良贷款的激增和 2007 年至 2008 年的危机。[24]

　　如果 20 世纪 90 年代以政府资助企业为中心的抵押贷款融资模

式在21世纪初仍占主导地位，那么这种理论表面上似乎具有合理性。但事实上，在 21 世纪初，当次贷危机开始爆发时，这个行业又发生了变化。证券化比以往任何时候都更占优势。政府资助企业仍负责购买具有优先受偿顺位的合格抵押贷款，并将其证券化。然而，随着一系列新的参与机构进入抵押贷款市场，它们往往很有动力去扩展自己的事业，其主要商业模式不再是拆解和分散风险，而是整合流程的每一个步骤，包括在自己的资产负债表上持有大量证券。[25]正是这种基于集合而非分散的增长模式，导致整个体系崩溃。

二

导致 21 世纪初私人抵押贷款行业迅猛发展的道路是曲折的，但这也可以追溯到 20 世纪 70 年代布雷顿森林体系的崩溃，以及随后对货币、物价、利率和资本流动的松绑。不仅仅是储贷银行，整个金融业都被迫重新思考其商业模式，华尔街的投资银行和商业银行也是如此。

毫不夸张地说，解除了国内和国际金融管制的新世界是为投资银行打造的。[26]通过代表客户进行交易、发行债券和其他证券，它们享有市场上其他参与者都没有的"优势"。[27]1975 年，华尔街经纪人对股票交易收取固定佣金的做法被废除，这导致了激烈的竞争，使较小的公司破产，并迫使交易、研究和投资银行业务进行整合。在 20 世纪 80 年代，随着利率的下降和债券行情开始处于长期牛市，交易所谓的固定收益证券（而不是股票）变得越来越重要。德崇证券开启了高收益公司债券（也就是垃圾债券）市场。此外，所罗门兄弟帮助政府资助企业设计了证券化模式，并发行每一批新的抵押贷款担保证券。对于其他客户，投资银行家们正在努力研究如何抵御汇率和利率的波动。例如，他们开发了掉期合约，允许客户在货币风险敞口较高的情况下进行交易。他们创造了一些工具，让某些客户承担利率波动的风险，让另一些客户选择固定利率。20世纪90年代，摩根大通的一个团队设计出了信用违约掉期（credit default swap，CDS）*，它提供了针对违约风险的保护，并允许放贷机构调整放贷风险。[28] 与此同时，投资银行逐步增加了自己的交易活动。他们发现可以通过成交量和杠杆赚取利润，回报率非常高。在80年代早期，美国的投资银行精英们的股本回报率超过了50%。

但是，在达到交易规模的同时也引发了融资问题。投资银行没有存款。在批发融资†市场上，它们向其他银行或机构资金借钱放贷。在20世纪70年代末、80年代初的通货膨胀和利率冲击之后，它们处在了一个有利的位置。投资银行没有储户。在通货膨胀之后，合适的存款人不再想把钱存在银行里，他们选择了货币市场共同基金（money market mutual funds, MMF），这是新时代特有的金融机构。[29] 对于那些寻求回报比银行存款利率更高的富裕家庭来说，这些基金极具吸引力。货币市场共同基金提供可立即使用的账户，而无须政府的官方担保，并承诺，每投资1美元至少可返还1美元，此外还有极具吸引力的利率。于是，避开了破产的储贷银行，绕过了苦苦挣扎的商业银行，现金存款被投进了规模庞大、由专业人士管理的现金池，以期在华尔街获得良好的收益。

货币市场共同基金并不是唯一的现金池。企业也开始更加专业地管理自己的现金池。从20世纪70年代开始，越来越多的超级富豪将拥有的数十亿美元交给基金和家族理财室管理。到了90

---

* 国外债券市场中最常见的信用衍生产品。在信用违约掉期交易中，违约掉期购买者将定期向违约掉期出售者支付一定费用（称为信用违约掉期点差），而一旦出现信用类事件（主要指债券主体无法偿付），违约掉期购买者将有权利将债券以面值递送给违约掉期出售者，从而有效规避信用风险。——译注

† 指由货币市场基金、养老基金等机构投资者提供的短期的、游离于存款保险制度之外的融资。——译注

年代末，这些机构的现金池中可能已经积累了高达 1 万亿美元的财富，这些财富正在寻找绝对安全或接近绝对安全的高流动性、产生利息的投资机会。[30] 抵押证券以进行贷款，或者购买知名投资银行的商业票据，正是现金池的经理人想要的那种安全的短期资产。这些基金的银行业务，也就是所谓的主经纪商业务，是投资银行的理想业务。

这些机构的现金池以及它们为批发融资市场带来的流动性，是现代投资银行崛起的助推器。它们调动的资源越多，无论是通过在批发市场借款还是通过存款，交易量越大，利润就越高。在 20 世纪 80 年代之前，投资银行都是合伙企业，业务量较小，在华尔街和伦敦金融城颇有盛名并受人尊敬，但没有达到家喻户晓的地步。新型衍生工具激发了人们对风险管理能力的信心，加上能够利用机构的现金池，使得它们能够扩大规模，创造出"新华尔街"。[31] 高盛、摩根士丹利和美林等公司从默默无闻的小公司变成了明星。它们最初是作为合伙企业成立的，交易活动和衍生品业务的大规模扩张意味着它们需要发行股票并上市。早在 1971 年，美林就这样做了。贝尔斯登在 1985 年上市，摩根士丹利在 1986 年上市。高盛是最迟的一个，它在 1999 年 5 月才进行首次公开募股。[32] 罗伯特·鲁宾是这个新华尔街的典型拥护者。投资银行甚至在政府中都有自己的人，于是，高盛开始获得"高盛政府"的绰号。

自 20 世纪 80 年代以来，投资银行就在驾驭不确定性的基础上发展业务。随着资产市场的繁荣，它们增加了杠杆。[33] 然而，有时候不确定性也会反咬一口。全球化的美国银行从 1994 年在墨西哥到 1998 年在俄罗斯面临着一系列重大危机。1998 年 9 月，源自俄罗斯的不确定性蔓延，引发了美国长期资本管理公司的内爆，要不是华尔街的大型公司采取了一致行动，这种内爆可能会拖垮整个对冲基金业。[34] 紧随其后的是 1998 年至 2001 年互联网的繁荣与萧条，这是由新华尔街和硅谷创造的产物。最后，安然爆出了惊人的会计丑闻，一举击垮了提供会计和管理咨询服务的传奇公司安达信。到了 21 世纪初，在经历了二十年的迅猛增长后，华尔街面临政治和监管方面的反弹，迫切需要"下一个大事件"。鉴于投资银行在债券交易方面的专业知识，以及它们代表政府资助企业在证券化抵押贷款领域所发挥的作用，不难预见雷曼和贝尔斯登等斗志旺盛的投资银行下一步会采取什么行动。

　　对于商业银行而言，后沃尔克时代更加艰难。它们失去了存款，失去了抵押贷款业务。它们会重蹈储贷银行的覆辙吗？[35] 为了在 20 世纪 90 年代重建盈利能力，美国的商业银行经历了惊人的合并。从 1990 年到 2000 年，前十大银行的资产占银行业总资产的比重从 10% 上升到了 50%。此外，它们还在寻找一种新的商业模式。[36] 它们不再认为应与客户及其社区保持终身的关系，而是将自己重新定位为收取费用的服务提供者。它们一直在发放抵押贷款，但是通常都卖给了政府资助企业。如今，它们承受着巨大的压力，抵押贷款市场有着多层次的放款、证券化、销售和服务，这似乎是把熟悉的商业银行业务和对高端金融的渴望连接起来的天然桥梁。但是，要想参与这些全方位的活动，它们需要的是监管松绑。必须废除罗斯福新政时期将零售银行业务与投资银行业务分开的规定＊。克林顿时期的财政部（鲁宾和萨默斯先后担任财政部部长）给了它们所需要的东西。到了 1999 年，30 年代与银行业监管有关的最后残余被清除。花旗集团和美国银行迅速开辟了美国全能银行的新时代。从商业街到华尔街，这个欧洲大陆更为熟悉的模式，现在来到了美国。

　　早在 20 世纪 90 年代，21 世纪初抵押贷款热潮的第三批参与者

＊　1933 年，美国出台了《1933 年银行法》。该法案将严格划分投资银行业务和商业银行业务，确保商业银行避免证券业的风险。从那以后，银行要么是只能做储蓄贷款业务的商业银行，要么是只能做投资业务的投资银行。——译注

就已进入了这个行业。它们是华盛顿互惠银行等在储贷危机中幸存下来的银行，以及美国国家金融服务公司等专业的抵押贷款放款机构。[37]作为政府资助企业的供应者，它们被限制发放抵押贷款。然而，为什么要限制它们的野心呢？为什么不整合整个供应链呢？到了20世纪90年代末和21世纪初，投资银行、商业银行和抵押贷款的放贷机构这三类银行都遵循着这一逻辑：它们没有围绕政府资助企业组织它们的抵押贷款业务，而是着手建立整合的抵押贷款证券化业务。美国国家金融服务公司从放款业务发展到证券化业务。像花旗这样的大银行则把自己定位为全方位的供应商，其服务涉及抵押贷款担保证券的放款、证券化、销售、持有和交易的各个阶段。更值得注意的是雷曼和贝尔斯登等投资银行的演变，在过去它们通常与普通零售客户保持距离。然而，在90年代，贝尔斯登将抵押贷款的放款机构和服务商EMC公司纳入自己的投资组合，而雷曼则将四家小型抵押贷款机构并入其投资银行。

到了21世纪初，以私人抵押贷款证券化为核心的公司战略已经全面就绪。但是，由于融资优势，房利美和房地美仍在市场上占据主导地位。另一场利率冲击和政府资助企业的一个小问题，给了私人抵押贷款证券化一个机会。[38]

在互联网泡沫之后，美国又遭受了"9·11"恐怖袭击，美联储将利率降低到1%。正如艾伦·格林斯潘明确希望的那样，这引发了借款人争相以更低的利率为尽可能多的长期抵押贷款再融资。从原始放款机构的角度来看，这是痛苦的。但是，它即刻引发了一波消费支出，并且对抵押贷款行业来说，它导致了服务费用的大幅飙升。这个行业出现了前所未有的翻腾。与2001年发行1万亿美元的新抵押贷款相比，2003年抵押贷款的发放飙升到了3.8万亿美元，其中2.53万亿美元用于再融资。在这样的巨大繁荣中，政府资助企业仍然是主要的参与者。它们继续垄断优质抵押贷款市场。

2003 年，它们的市场份额达到 57% 的最高点，自此便开始停滞了。在 21 世纪初的业务激增时期，政府资助企业的一切并非都是光明正大的，会计和监管违规行为层出不穷。由于担心再次发生安然事件，监管机构先是对房地美，然后又对房利美征收了资本附加费。它们不得不或是筹集新资本，或是收缩资产负债表。为了确保它们采取后一种做法，监管机构对它们的资产负债表的规模设置了上限。[39]由此为私人发行机构打开了大门。

2000 年至 2003 年，在格林斯潘引起的再融资热潮期间，忙碌的不只是政府资助企业。发行量的激增，意味着有大量非传统的、"不合格"的产品。但是，决定性的事件发生在 2004 年初，当时利率已跌至谷底，再融资的热潮已经结束，政府资助企业的发展步伐也被叫停。随着抵押贷款的渠道已经准备就绪并等待投入使用，私人抵押贷款行业接管了市场。它们抛弃了 20 世纪 90 年代以政府资助企业为中心的模式，没有优先考虑合格抵押贷款，而是选择了"非传统的"贷款，也就是次级贷款、稍好一点的次优级贷款和超大规模的巨额贷款。

私人发行机构发现，如果对传统抵押贷款进行审查是有利可图的，那么次级抵押贷款的获利会更可观。[40]金融工程越复杂精细，这些机构可以就服务收取的费用就越多。现在，推销固定收益产品的投资银行家的本领得到了充分发挥。不合格的私人抵押贷款担保证券在与结构性产品相结合后，仍可能获得 AAA 评级，这一比例甚至高得惊人。为了管理风险，信用违约掉期一旦由投资银行专属定制，其生产便可以实现产业化。像美国国际集团这样的主流保险公司就为外国的证券化产品提供信用违约掉期保险。考虑到标的抵押贷款的质量，并不是所有分级证券都是好的，但这仍刺激了投资银行扩大担保债务凭证（collateralized debt obligation，CDO）业务。担保债务凭证是以其他证券化抵押贷款的中间夹心层为基础重新打包的衍生品。通过将它们打包和分层，你可以用大量信用评级为 BBB 的资产，生产出 AAA 级证券的分级证券。一旦你做到了这一点，你就可以更进一步。你可以将评级较低的担保债务凭证的夹心层切割出来，然后再次将它们集合起来并分层，由此创造出双层担保债务凭证。由于遵循着独立风险的逻辑，以及评级机构的青睐有加，这些证券中的一部分也可以得到 AAA 评级。

三

到了 21 世纪初，私人抵押贷款行业已经在翘首以待。它拥有新的原材料——证券化抵押贷款。它有自己的机制，并且它的工程师也已经准备就绪。2003 年传统抵押贷款再融资热潮的结束，引发了非传统贷款的兴起。为了让热潮达到最后阶段，它还需要最后一个要素。必须有人有兴趣购买正在制造出的数千亿美元的证券。如果有供给却没有需求，那么抵押贷款担保证券的价格可能会下跌，收益率就会飙升，从而导致借款利率上升，并抑制抵押贷款的繁荣。这种情况不仅没有发生，而且长期利率保持不变，息差（不合格抵押贷款的借款人必须支付的溢价）也下降了。这就指向了第三次历史性转变，正是这次转变使 21 世纪初的繁荣成为可能，这一转变不是在供给方面，而是在需求方面：这导致对安全资产的需求激增，并使机构的现金池转向抵押贷款融资。[41] 正是在这个时候，抵押贷款银行业务的技术机制重新与几个宏大议题联系起来，包括中国和新兴市场的崛起、西方世界日益加剧的不平等和财富两极化。

为了理解这种联系，最好回顾与抵押贷款担保证券有关的最有争议的事情——它们的信用评级。AAA 评级很重要，因为它将这些证券归入国债一类的资产，吸引了寻求安全资产的投资者。[42] AAA 是品质的象征，而且就像证书一样，它表明如果你寻找的是安全资产，那你就找对了。在不稳定的资本主义经济中，这类资产的构成提供了一个接近中立国那样的安全头寸＊。对于一些特别厌恶风险、缺乏独立研究或评估能力的基金（养老基金、现金基金和保险基金等）的投资者来说，它们很受欢迎，在某些情况下，这类投资者会根据法律要求购买此类资产。正如该领域中的一位重要经济学家所说："几乎整个人类历史，都可以被描述成在寻找和生产不同形式的安全资产。"[43] 这种说法也许是对的，但它回避了一个问题：20 世纪 90 年代末和 21 世纪初发生了什么，促使对安全资产需求的大幅飙升？

　　答案的第一部分关乎新兴市场经济体自 20 世纪 90 年代以来的发展。由于它们的贸易顺差，以及它们希望自我保护，以防 1994 年至 1998 年危机的重演，它们期望持有可以在紧急情况下变现的储备资产。最符合这个描述的资产是长期和短期美国国债。21 世纪初，中国和其他新兴市场的主权国家购买了所有美国国债，即使第一届布什政府可能产生令人吃惊的预算赤字。宏观经济学家担心，这将使经常账户失衡，并可能导致灾难性的突然赎买。他们没有注意到的是，新兴市场基金的涌入可能对金融市场产生的影响，因为他们没有同流合污地参与诸如抵押贷款担保证券的技术研发。新兴市场的投资者首先买进美国国债，然后是政府资助企业发行的机构债券。这让其他机构投资者不得不寻找替代产品。填补这个缺口的是金融工程。如果说养老基金、人寿保险公司、盈利企业和超级富豪积累的巨额现金池的经理人都需要安全资产，那么 AAA 级证券就是美国抵押贷款机器知道如何合成的一种产品。

　　不过，我们依然要保持谨慎。全球对以美元计价的安全资产需

＊　简言之，"头寸"就是款项的意思，指投资者拥有或借用的资金数量。金融界和商业界用语，
　　多见于证券、股票和期货交易中。——译注

外国储备和机构投资者竞相持有美国短期安全资产（单位：10亿美元）

流通在外的证券总额	2005	2006	2007	2008	2009	2010
短期国债证券 [1]	1,146	1,173	1,192	1,909	2,558	2,487
短期机构证券 [2]	568	489	560	903	844	618
合计	1,714	1,662	1,752	2,812	3,402	3,105
外国政府持有						
短期国债证券	216	193	181	273	562	na
短期机构证券	112	110	80	130	34	na
合计	328	303	261	403	596	na
机构现金池的需求						
机构现金池（根据已有数据）	1,771	2,120	2,216	1,834	2,041	1,911
机构现金池（估计总量）	3,120	3,735	3,852	3,467	3,596	3,432
平均	2,445	2,927	3,034	2,650	2,818	2,672
= 安全、流动、短期产品的赤字	(1,059)	(1,568)	(1,543)	(241)	(12)	na

1　包括短期国债和一年以内到期的国债证券。
2　包括机构贴现票据。

资料来源：Source: Zoltan Pozsar, "Institutional Cash Pools and the Triffin Dilemma of the US Banking System," *Financial Markets, Institutions & Instruments* 22, no. 5 (2013): 283–318, figure 5.

求的调整，有助于解释为什么抵押贷款渠道没有导致 AAA 级证券供应过剩。但是，就实际出售给投资者的私人资产担保的证券而言，人们对它们知之甚少。当市场情况变糟时，它们会被计入资产负债表的非流动性项目，因此不再被视为安全资产。如果投资银行故意重新包装不安全的抵押贷款，那么它们会面临起诉。当然，这些损失将对投资配置和数百万养老金领取者的支出决策产生影响。然而，这并不会造成金融危机，也不会让银行倒闭波及全球。将此拿来与互联网泡沫进行比较具有启发意义。互联网泡沫创造了一个巨大的财富激增，随后崩溃。虽然它引发了严重的经济衰退，但并没有导致银行业危机。相比之下，21 世纪初的次贷繁荣导致了金融危机，因为与证券化自称的逻辑相反，数千亿美元的私人抵押贷款担保证券并没有蔓延到银行体系之外，而是堆积在抵押贷款的放款机构和证券化产品的发行机构的资产负债表上。[44]

为什么证券化产品的发行机构会最终持有自己的产品？在某种程度上，这是生产体系本身的问题。证券化产生了一些有吸引力的分级证券和一些不那么有吸引力的分级证券。不那么有吸引力的分级证券必定会被挡在市场的门外。此外，经营抵押贷款渠道的银行也有自己的商业主张。以当前的融资成本衡量，持有抵押贷款担保证券是非常有利可图的。在抵押贷款的供应链中，银行是利润的来源。那么，为什么不也分一杯羹呢？这只是银行的个人选择，并不是每家银行都这样做。冒险这样做的是大型抵押贷款发放机构和扩张最积极的商业银行（花旗集团、美国银行和华盛顿互惠银行），以及规模最小、斗志最旺盛的两家投资银行（雷曼和贝尔斯登）。相比之下，摩根大通早在 2006 年就开始限制其抵押贷款渠道，并在信用违约掉期市场买进尽可能多的契约以作为保护。高盛持有大量对冲基金，并下了大赌注押注房地产市场即将崩溃。[45]

考虑到次级贷款涉及的业务类型，很容易说明为什么银行这么小心谨慎。但是，这也反映出了银行业更基本的考虑因素。在资产负债表上建立一个庞大的抵押贷款担保证券项目，这不仅仅涉及资产方面的风险，它还涉及扩大银行在融资方面的负债。这让我们看到了 2007 年至 2008 年危机的真正核心。如果抵押贷款的生产线在自己的资产负债表上持有数千亿美元的私人抵押贷款担保证券和资产担保证券，那么这些证券是如何融资的？对于此，投资银行的新模式给出了答案。如果像美国国家金融服务公司这样的新兴抵押贷款的放贷机构没有储户，那么雷曼也会一样。雷曼通过利用现金池在批发融资市场获得了资金，包括雷曼在内的新抵押贷款的放贷机构也是如此。这就是危机核心部分的真正致命机制。来自货币市场现金池的资金被用于融资，以便在资产负债表上持有大量抵押贷款担保证券。

抵押贷款的最大融资机制是资产担保商业票据（asset-backed commercial paper, ABCP）。[46] 美国前三大资产担保商业票据的发行机构是美国银行、花旗集团和摩根大通。管理这项业务的工具是所谓的结构性投资工具（structured investment vehicles, SIV），也就是由其"保荐人"提供最低资本的法人实体，但在其他方面，结构性投资工具与母行的资产负债表是分开的。母行剥离大量抵押债券、证券化汽车贷款、信用卡债务或学生债务，放进这些结构性投资工具。结构性投资工具将使用通过发行资产担保商业票据所筹集的资金向母行支付这些证券。这些证券都是三个月期票据，由结构性投资工具的资产和母行的良好声誉作为担保。尽管结构性投资工具没有过往记录，但由于所持证券的价值，以及人们认为它得到了保荐人的支持，它可以以具有竞争力的利率发行商业票据。值得注意的是，根据直到 21 世纪初都一直占主导地位的银行监管规定，对于结构性投资工具的资产负债表外的资产，可以利用资产负债表上所需资本的一小部分为其背书。资产负债表的膨胀会产生风险，但它提高了资本回报率。利用长期回报与短期融资成本之间的差价进行交易，可以获得进一步的利润。通常情况下，资产担保商业票据工具持有期限为三至五年的证券投资组合，并通过销售几天至三个月不等的商业票据来为这些证券提供资金。对于现金池的经理人来说，商业票据比标的证券更具吸引力，因为它的期限非常短，由一家评级最高的商业银行担保。对于母行来说，结构性投资工具持有高风险的资产组合所带来的高收益，与高评级的资产担保商业票据所支付的低利率，二者之间的利差相当可观。

如果结构性投资工具与资产担保商业票据的模式涉及一定程度

的期限错配*，那么投资银行就是把这个模式推向了极端。投资银行的整个业务模式都建立在批发融资的基础上。最具弹性的工具是所谓的回购协议。在回购交易中，银行会买进一种证券，然后通过立刻转售该等证券来支付购买价款，并承诺在短至一晚、长至三个月的期限内按照特定价格回购这些证券。这实际上是一个担保短期融资协议。投资银行买进1亿美元的证券，然后与共同基金或另一家投资银行签订回购协议，正回购方将向逆回购方†支付一小笔利息。投资银行也接受估值折扣。在交易1亿美元的美国国债时，投资银行不会得到全部价值，而是只得到了9800万美元的现金，并且未来将以9800万美元的价格回购这些债券。与此同时，"估值折扣"决定了这家投资银行必须拿出多少自有资金来持有这些证券，从而决定了这笔交易的杠杆率。[47] 2%的估值折扣意味着，如果要购买1亿美元的证券并获得这些证券的利息，那么银行需要200万美元的自有资金。其余的资金可以从回购交易中获得。利用这个机制，少量资本就可以支撑一个大得多的资产负债表，当然，前提是回购协议可以反复"续约"，而且估值折扣不会突然增加。

到了21世纪初，纽约回购市场上的抵押品达到了每天数万亿美元。它被分为两个市场——双边回购市场和三方回购市场。这两个市场都是柜台交易的专业市场，仅受到央行或监管机构的松散监管。我们拥有的最佳数据是三方回购市场，交易由摩根大通或纽约梅隆银行等第三方管理，它们在回购交易期间持有抵押品。[48] 在三方回购交易中，所使用的抵押品具有最高品质——几

---

* 指为了满足投资人偏爱短期投资的喜好，往往将长期融资项目拆成短期，以达到实现快速融资的目的。期限错配表面上增强了流动性，实现了快速融资，但它背后的风险不容小觑。首先，一旦资金链断裂，投资人的钱就可能拿不回来。其次，期限错配从本质上来说十分接近庞氏骗局。——译注

† 正回购方是指在回购交易中卖出证券的一方，逆回购方指在回购交易中融出资金、享有证券质权的一方。——译注

乎都是美国国债或政府资助机构发行的抵押贷款担保证券。由于具有额外的保护，三方回购交易是诸如货币市场共同基金等机构现金池采用的回购模式。三方回购交易并没有被用于为私人抵押贷款担保证券提供资金。此类证券是在双边回购市场上获得融资的。现有的最佳数据表明，双边回购市场的规模是三方回购市场的三倍。[49]因为双边回购市场的参与者往往是投资银行和对冲基金，可作为抵押品的资产种类比较广泛。正是在这里，与资产担保商业票据以及各种类型的银行间和无担保贷款一样，投资银行为其持有的私人抵押贷款担保证券和担保债务凭证的投资组合提供了融资。由于抵押品的种类繁多，2007 年春，双边回购市场的估值折扣达到了从0.25%（适用于美国国债）到 10% 或以上（适用于质量较差的资产担保贷款）。

　　与商业票据一样，回购交易面临严重的融资风险。对方可能不会与你续约。具体来说，风险是，如果像雷曼或贝尔斯登的这样的投资银行，被认为其投资组合的很大部分遭受了重大损失，无论这些投资组合是由商业票据、双边回购交易还是其他类型的银行间借款提供资金，人们普遍会对这家投资银行失去信心。然后，它将不再被认为有资格作为三方市场的交易方，并发现自己得不到必要的融资。潜在风险的规模是巨大的。在 2007 财年结束时，在雷曼的资产负债表上的 6910 亿美元中，有 50% 是通过回购交易融资的。对于高盛、美林和摩根士丹利来说，这个比例达到了40%。[50]如果这些投资银行中的任何一家失去了进入回购市场的机会，那么它的商业模式将会崩溃，它的整个资产负债表——不仅仅是抵押贷款担保证券业务，还有它的衍生品、货币和利息掉期——也会随之垮塌。

四

　　由于涉及太多的利益，在繁荣的最后一波浪潮中，美国抵押贷款的类型出现了惊人的扩大，这也就没什么好奇怪的了。从1999年到2003年，在美国新发行的抵押贷款中，有70%仍然是符合政府资助企业规定标准的传统合格抵押贷款。随着再融资热潮的结束，这种平衡发生了变化。到了2006年，70%的新抵押贷款是次级抵押贷款或其他非传统贷款，这些贷款不是由政府资助企业进行证券化，而是用来产生私人抵押贷款担保证券。在2005年和2006年，非传统抵押贷款的发放数额均为1万亿美元，而在2001年，这个数字仅为1000亿美元。房利美和房地美争相跟进，购买了3000亿美元非政府资助机构发行的证券化抵押贷款，将其放在自己的投资组合中。政府资助企业被推着往前走，而不是推动浪头的手。它们正在跟美国国家金融服务公司这样的后起之秀竞争。2006年，美国国家金融服务公司发放了全美20%的抵押贷款。[51]它们也在与雷曼等整合了整个渠道并且分工精细的投资银行竞争。2005年，雷曼发行了1330亿美元的抵押贷款担保证券和担保债务凭证，有三分之二的抵押贷款来自其自身的次级贷款发放机构。华尔街的顶级公司正在刮擦信贷市场的根基。

　　通过这个食物链传递的信息很简单：我们希望加工更多的抵押贷款债务，质量越差越好。由于独立概率事件的魔力，进入分级和集合过程的债务质量越差，效果就越显著。大量没有文件证明、低评级、高收益的债券都摇身变成AAA级债券。任何繁荣时期都不乏不负责任、近乎犯罪或完全欺诈的行为。但是，抵押贷款证券化机制却系统性地造成了在抵押贷款的品质上进行这种"比烂竞赛"。抵押品组合中的标的证券具有高收益，而向购买AAA级资产担保证券的投资者支付的利息很低，二者之差就产生了利润。从2004

1996年至2008年美国次级贷款的起伏（单位：10亿美元）

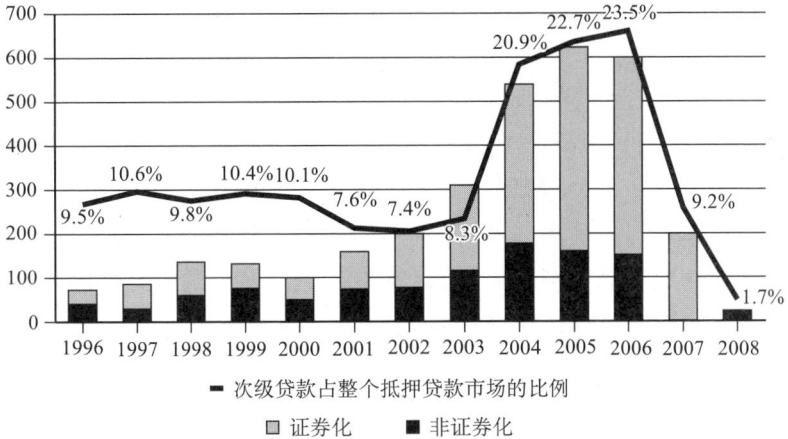

注：证券化比例指特定年度内发行的次级抵押贷款证券除以放款金额。2007 年发行的证券超过了放款金额。

资料来源：Inside Mortgage Finance.

年起，进入这个系统的次级抵押贷款有整整一半没有文件证明或文件证明不完整，有 30% 是只还利息的贷款，贷给了那些没有希望偿还本金的人。[52]

随后，评级机构面临一个尖锐问题，即它们是不是这个过程的共谋。尽管银行付钱请它们对债券进行评级，纵然三大评级机构相互竞争，以便以最快捷、最便宜的方式提供 AAA 评级，但是，这也无法为它们开脱。在辩护中，它们辩称，它们所使用的是经过检验的公式，得到了美国最聪明的经济学家的认可。然而，它们是根据评级结果收取报酬。惠誉采用了一种风险评估模型，这种模型只让较少的证券获得令人垂涎的 AAA 评级。于是，惠誉发现自己在很大程度上无缘参与次级证券的评级。[53] 后来的国会调查显示，穆迪和标准普尔等评级机构的员工清楚地意识到他们创造的怪物。一位评级专家在 2006 年 12 月的一封电子邮件中对另一位评级专家说："希望在纸牌屋倒塌之前，我们都已经变成了有钱人，并退休了。:o)"[54]

当然，一些人赚得盆满钵满。在 20 世纪 80 年代和 90 年代末，投资银行业的利润一直不错。现在，每个人都在赚钱。21 世纪初，在美国经济实现的所有利润中，有 35% 来自金融领域，而且高层的分红让人目眩神迷。虽然在 90 年代，华尔街的公司转变为向投资者出售股票的上市公司，但它们仍以合伙企业的形式有效运作。它们所采用的规则是，在扣除利息成本后，净收入的一半要留作员工薪酬，另一半要支付给股东。2006 财年，纽约的金融从业人员获得了 600 亿美元的分红，2007 年，分红数额达到了 660 亿美元。[55]对于投资银行的高级职员来说，这意味着每人将得到数千万美元的报酬。理查德·富尔德（Richard Fuld）从 1994 年开始担任首席执行官，推动了雷曼的迅猛成长，从 2000 年至 2008 年，他总共获得了 4.848 亿美元的薪酬和分红。这已经足够让人震惊了，但要了解那些运作这个系统的人的心理，你必须明白，即使是顶级的投资银行家也知道，他们并不是真正的金钱游戏之王。与在主要经纪业务、回购和资产担保商业票据市场和他们交易的对冲基金的经理人相比，他们的薪酬相形见绌。在对冲基金和私人股本集团，一个人每年可以赚数亿美元，甚至数十亿美元。2007 年，前 6 位对冲基金经理人的薪酬至少达到了 10 亿美元。

贪婪并不局限在食物链的顶端。毫无疑问，许多抵押贷款的借款人都是这个过程（这个过程系统地误导了他们）的受害者，而且他们也有兴趣追求财富。但是，一旦房地产市场从均衡状态转向繁荣，那么不管愿不愿意，每个人都将成为投机者。在预期资本会升值的情况下，住宅所有权的含义也发生了变化。无论是否喜欢，房主们都采取了投机的立场。在食物链的底端，那些通过获得浮动利

2007年第二季度流通在外的美国私人资产担保证券和企业债券的融资情况（单位：10亿美元）

	私人资产支持证券		企业债券	
	金额	%	金额	%
流通在外的总额	5,213	100%	5,591	100%
短期融资				
资产担保商业票据	1,173	23%		
直接持有				
货币市场共同基金	243	5%	179	3%
证券的放款机构	502	10%	369	7%
回购交易				
货币市场共同基金	31	1%	42	1%
证券的放款机构	165	3%	121	2%
短期证券总额	**2,113**	**41%**	**711**	**13%**

资料来源：Arvind Krishnamurthy, Stefan Nagel and Dmitry Orlov, "Sizing Up Repo," *Journal of Finance* 69, no. 6 (2014): 2381–2417, table II.

率、低信用评级的抵押贷款爬上房地产阶梯的人也是在投机，他们认为房产将会大幅升值，这样他们的资产就足以按照更好的条件进行再融资。那些在阶梯更上一层的人则加入了炒房的狂欢之中。2006 年，在美国新发放的抵押贷款中，有三分之一是为了买入第二套房、第三套房甚至是第四套房。在后来被称为"泡沫州"的佛罗里达、亚利桑那和加利福尼亚三州，这个比例高达 45%。[56] 显然，这不是在华尔街或康涅狄格州的黄金海岸赚到的财富，但炒房已成为一项全民运动。

如果我们把注意力集中在这个真正产生泡沫的市场上，到了2007 年夏天，总计已经发行了 5.213 万亿美元的私人资产担保证券——也就是由非传统抵押贷款产生的抵押贷款担保证券、信用卡、学生贷款和汽车贷款。其中，最危险的抵押贷款部分，也就是次级抵押贷款的抵押贷款担保证券，达到了 1.3 万亿美元。尽管这"仅仅"占美国抵押贷款市场总额的 12%，但是，这 1.3 万亿美元是在自 2003 年以来的一次激增中产生的。在 5.13 万亿美元的总额中，超过 3 万亿美元是由长期投资者持有，7000 亿美元直接由投资基金或投资银行持有。然而，有 1.173 万亿美元由银行持有，这些银行通过发行资产担保商业票据来进行资产负债表外的融资。结果就是，对于寻求将现金放在三个月内到期的投资产品的投资者来说，资产担保商业票据已经成为最大的短期货币市场工具。资产担保商业票据的市场规模甚至超过了美国政府为管理其现金流而发行的短期美国国债。如果有一个渠道可以让房地产危机向外扩散，从而引发全球金融危机，那就是资产担保商业票据，这是私人抵押贷款担保证券取得批发融资的地方。

五

每年 8 月，央行和货币经济学领域的精英都会齐聚怀俄明州杰克逊霍尔的一个度假胜地。2005 年 8 月，会议的主题不是美国房地产市场正在酝酿的危机，而是欢送即将离任的美联储主席艾伦·格林斯潘。大多数演讲都相当乐观，但也有人发出了不同声音。这个人是拉格拉迈·拉詹（Raghuram G. Rajan）。他是印度人，但却是不折不扣的美国经济学精英。他是芝加哥大学布斯商学院的教授，也是国际货币基金组织的首席经济学家。他的论文有个非常异端的标题《金融发展让世界变得更危险了吗？》（"Has Financial Development Made the World Riskier?"）。[57] 拉詹担心，现代金融中介机构的急剧扩张正在形成一种新的危险的风险偏好。在格林斯潘的欢送宴会上，这个信息并不受欢迎。拉里·萨默斯严厉批评了

拉詹。萨默斯充分利用自己作为前财政部部长的权威,声称自己"从
艾伦·格林斯潘那里学到了很多这方面的知识……而且……他发现
这篇论文的基本前提有点卢德主义*,在很大程度上具有误导性"。[58]
在一个复杂的现代金融体系中,如果像拉詹那样不分场合地强调风
险,就会引发"限制"和其他"误导政策的冲动行为"。这就像因
为害怕坠机而放弃乘飞机旅行一样。

　　萨默斯警告说,即使是讨论系统内部的风险,也会激起危险的
政治反应,相当于是在抵制技术进步。他的这种回应折射出四十年
来去监管化的态度。真正决定性的早期举措要追溯到 20 世纪 60 年
代全球资本市场的再度出现、布雷顿森林体系的崩溃、利率管制松
绑和 80 年代初的资本流动。[59]正是这些举措引发了货币不稳定,
加速了沃尔克的利率冲击。正是这种动荡推动了房地产市场的创新,
催生了极度活跃的新一代华尔街投资银行。由此释放出来的竞争性
资本流动,推动了随后发生的一切。鲁宾和萨默斯还亲自参与制定
1999 年的《金融服务现代化法案》,该法案解除了限制商业银行与
投资银行合并的最终条款。在离开财政部几个月后,鲁宾重返银行
界,回到了花旗集团。萨默斯花了稍长一点的时间才加入华尔街,
但在杰克逊霍尔与拉詹发生冲突后不到一年,他加入了对冲基金德
劭基金(D. E. Shaw),担任兼职董事总经理。

　　萨默斯对拉詹的反应更能说明问题,因为世界经济出现压力
的迹象已经如此明显。在宏观经济政策层面,萨默斯也愿意发出警
告,他提到了金融恐怖平衡。一直以来,都有人建议收紧财政政策,
这个做法可能会有所帮助,但这却偏离了金融体系中真正的压力
源头。事实上,从金融稳定性的角度来看,如果在流通的 AAA 级

---

* 在 19 世纪初英国工业革命期间受机械化冲击而仇视、破坏机器,进而反对工业革命的人
被称为卢德分子,后引申为仇视一切新奇的发明乃至科技进步的人。——译注

证券中，有更多是真正的美国政府债券，而不是金融工程的产物，那么情况或许会好些。归根结底，在宏观经济总量的层面上进行论证是很方便的。要求一位共和党总统改变路线也是特别容易的。但是，质疑房价暴涨和构建于其上的庞大的华尔街体系，就让人感觉不太舒服了。

支持者的人数远远超过了警示者的数量，而且这种情况不仅仅发生在杰克逊霍尔。抵押贷款行业的游说团体发挥了作用。大卫·雷瑞（David Lereah）是全国房地产商协会的首席经济学家，他在著作《为什么房地产繁荣不会崩溃》（*Why the Real Estate Boom Will Not Bust*）中，打赌房地产会一直繁荣下去。[60], [61] 像《国家评论》（*National Review*）杂志的编辑拉里·库德洛（Larry Kudlow）这样的保守派权威人士责骂道："所有预期拉斯维加斯或佛罗里达那不勒斯的房价崩盘的笨蛋只是想要搞垮消费者、经济的其他部分和整个股市。"[62] 库德洛不需要为此担心，因为当局对于限制房地产繁荣几乎没有任何紧迫感。

简言之，在安然事件之后，有人发出了加强监管的呼声。曾有人讨论应当要求母行（这些母行将结构性投资工具移到资产负债表外）拿出更多资金给予支持。仅这一威胁就足以让资产担保商业票据行业停止增长。穆迪警告投资者，银行可能很快就会面临最容易的一个融资来源出现关闭的情况。但在 2004 年 7 月，当次级抵押贷款真正开始热火朝天地发展时，监管机构同意提供一项永久性豁免，也就是当资产记在银行的资产负债表上时，允许结构性投资工具中持有的资产仅由所需资本的 10% 作为担保。这对花旗集团和美国银行等大型商业银行尤其有吸引力，因为它们受到相对严格的资本监管，相对于监管较松的投资银行，它们处于极大的劣势。在监管发生转变之后，资产担保商业票据市场从 6500 亿美元激增到超过 1 万亿美元。[63] 到 2007 年夏天，仅花旗集团一家就担保了 927

亿美元的资产担保商业票据，足以赔掉其全部一级资本*。

除了采取放松监管的大动作（例如出台 1999 年的法案），这种明显的小规模监管改革推动了影子银行†的自由发展。回购交易市场也是如此。传统上，回购交易一直受到限制。因为在破产的情况下，被排除在自动终止程序‡外的资产类别仅包括美国政府和机构证券、银行存单和银行承兑汇票。如果这些类别的证券在回购交易中被用作抵押品，那么一旦破产，它们可以立即被没收，用来弥补任何损失。2005 年，《防止破产滥用和消费者保护法》针对违约借款人，为债权人提供了的更强有力的保护，具有讽刺意味的是，这提高了债权人的放贷意愿。但是，它也扩大了提供特别保护的回购抵押品的范围，将抵押贷款和抵押贷款相关证券包括在内。不出所料，在该法案出台后，以非标准资产担保的双边回购交易猛增。[64]

美联储能够通过更严格的利率政策遏制泡沫吗？格林斯潘在21 世纪初的降息引发了放款热潮。实际上，格林斯潘的意图很明显，那就是掀起一股再融资热潮，帮助美国经济从互联网泡沫破灭和"9·11"事件的冲击中恢复。但是，美联储没有意识到的是，再融资热潮将引发抵押贷款机器出现结构性变化。诚然，到了 2004年，加息的时机已经明显到来。美联储分 17 次小幅加息，将利率从 2004 年 6 月的 1% 提高到 2006 年 6 月的 5.25%。这是微调，不是震慑人的举动。抵押贷款的热潮持续进行，全球对美国安全资产

---

* 一级资本（Tier 1 capital），衡量银行资本充足状况的指标。一级资本是核心资本，包括权益资本和公开储备。——译注

† 指游离于银行监管体系之外、可能引发系统性风险和监管套利等问题的信用中介体系（包括各类相关机构和业务活动）。影子银行引发系统性风险的因素主要包括四个方面：期限错配、流动性转换、信用转换和高杠杆。——译注

‡ 指根据《破产法典》提出破产申请后，所有要求债务人或以债务人的破产财产还债的司法或非司法的行为、程序均立即中止。自动中止无须法院签署任何命令，只需向法院书记官提出破产申请并附有支持其申请的文件即可。确立自动中止制度的目的是在确定债权人的权利及管理债务人的财产期间不受债权人的干扰。——译注

的需求以及影子银行业的扩张也在持续。令许多评论人士感到震惊的是，到了2006年春，美国出现了收益率曲线倒挂。长期利率低于美联储设定的短期利率，这通常是出问题的一个信号。这意味着，正常的银行融资模式——借短债放长贷——不再合理。

在适当的时候，收益率曲线倒挂本身就可能导致衰退。但是，并不是格林斯潘或伯南克扼杀了抵押贷款的繁荣，它是自己结束的。迟至2005年，低品质的抵押贷款债务已经明显成了一颗定时炸弹。许多次级抵押贷款采用的是气球贷 *，两三年后，这种抵押贷款的利率将迅速增加。2007年，受美国低收入借款人青睐的浮动利率抵押贷款的年利率从7%至8%调整到了10%至10.5%。[65] 正如德意志银行的格雷格·李普曼（Greg Lippmann）等交易员所意识到的，从2006年8月至2009年8月，有7380亿美元的抵押贷款将经历"还款冲击"。[66] 随着利息支付的增加，违约浪潮基本上无法避免。一旦违约浪潮开始，那么房价停止上涨、市场转向就只是时间问题。到那时，数百万炒房投资项目将会变得很糟糕，许多家庭将失去他们的房屋，成千上万的抵押贷款担保证券将会违约，而且持有保险的人将会变得富有。在李普曼要求德意志银行做空抵押贷款担保证券的大量文件中，没有一处提到美联储正在采取的收紧措施。次级抵押贷款的机制中有一个内置的自动收紧定时器。除非房价继续以创纪录的速度上涨，否则这个定时器将无情地启动，并阻止热潮。

这是第一轮收紧，从2006年起，美国各地压力最大的社区开始感受到了收紧的气氛。违约率在上升。不久后，人们开始质疑品质最低的担保债务凭证的AAA评级。为了取得优势，越来越多的反向投资者开始建立"大空头"头寸，这让他们名声大噪。参与的

---

* 也称"大额尾付贷款"，一种比较特殊的贷款，它的贷款期限一般是几年的短期，但它的每期还金额却按照一二十年的长期贷款来计算。因此月还款数额较小，尤其是前期，但越接近还款期限就越大。——译注

玩家包括德意志银行的李普曼、摩根大通和高盛，以及一批对冲基金。为了建立头寸，他们买进信用违约掉期，这些衍生品旨在提供违约保护。由于预料到会遭遇海难，持有大空头的人提前预订了救生艇。他们要么继续持有保险，直到债券违约和付款到期，要么以高额利润把他们持有的头寸卖给那些迫切需要违约保护的放款机构。问题在于时机，还有资金。当多数人仍在推高市场时，在信用违约掉期市场做多是一种代价昂贵且让人精神紧张的做法。此时，你相当于站在了最后一轮资产担保商业票据和回购交易激增浪潮的对立面。2007 年夏天，花旗集团的首席执行官查克·普林斯（Chuck Prince）仍然告诉记者："只要音乐还在播放，你就得站起来跳舞，而我们还在跳舞。"[67] 问题是音乐停止时将会发生什么。

第3章

跨大西洋金融

美国人认为美国的问题是他们自己的问题，其他国家的人乐于袖手旁观。2007年到2008年，当抵押贷款危机像致命病毒一样在美国各大城市蔓延时，欧洲评论家接受了美国国家危机这种观点。有毒的英裔美国人在现代性方面发生了变异，就像发动伊拉克战争和否认气候变化一样，"野蛮"金融资本主义也是这种变异的一部分。[1]当2008年金融风暴发生时，欧洲政治家们的幸灾乐祸显而易见，尽管他们表面上在联合国礼貌地交谈。2008年9月1日，华尔街大厦将倾，德国言辞尖锐的德国社会民主党（社民党）财政部部长佩尔·施泰因布吕克（Peer Steinbrück）走到德国的国会大厦前，宣称全球金融体系正面临一场源自美国的危机，但到目前为止德国尚未受到波及。后来，他对德国的议会议员说，美国在次贷危机中采取的"自由放任主义（laissez-faire）既简单又危险"。他自信地认为，美国很快就会丧失金融超级大国的地位。[2]法国总统萨科齐随之附和。9月25日，曾被认为是大西洋资本主义忠实信徒的萨科齐从纽约回国，他在法国东部的土伦对人群说："认为市场永远是正确的，这种想法太疯狂了。自由放任主义已经走到了尽头。无所不知的全能市场已经结束了。"[3] 要是有人想知道这种疯狂的想法从何而来，那么可以从朱利奥·特雷蒙蒂（Giulio Tremonti）的吹嘘中窥见一斑。特雷蒙蒂是意大利总理西尔维奥·贝卢斯科尼（Silvio Berlusconi）口无遮拦的财政部部长。他夸耀说，意大利的银行体系不会有问题，因为"它不会说英语"。[4] 俏皮话易说，可惜这是在自欺欺人。美国的证券化抵押贷款体系最开始的目的就是要吸引外国资金进入美国金融市场，而且外国银行很快就看到了这个机会。

一

自 20 世纪 80 年代以来，美国人已经习惯了这种想法：美国政府债券的持有人来自亚洲，先是日本人，现在是中国人。这就是困扰汉密尔顿项目的难题所在。他们没有想到的是，外国人也拥有很大一部分美国房产。到 2008 年，大约四分之一的证券化抵押贷款由外国投资者持有。房利美和房地美通过向外国人出售证券，为其投资组合中 5.4 万亿美元的抵押贷款担保证券融资 1.7 万亿美元。到目前为止，中国是这些"机构债券"的最大外国投资者，持有的债券估计达到 5000 亿至 6000 亿美元。[5] 但是，在证券化抵押贷款业务中风险较高的领域，持有债券最多的是欧洲人，而不是亚洲人。[6]

对于那些不受房利美或房地美担保的不合格的高风险抵押贷款担保证券，欧洲投资者持有的比例大约为 29%。[7] 2006 年，在美国抵押贷款证券化热潮的巅峰时期，在新发行的私人抵押贷款担保证券中，有三分之一是由英国或欧洲银行担保的。[8] 在证券化链条中，欧洲银行占据了真正至关重要的部位，也是这个链条中最薄弱的部位，即资产担保商业票据。2007 年夏天，尽管持有最大风险敞口的表外结构性投资工具的是花旗集团，但主导市场的却是欧洲银行。

总的来说，三分之二的商业票据由欧洲的发起机构发行，包括 57%
的以美元计价的商业票据。在评级机构的评价中，欧洲银行享有良
好信誉，但它们没有足够以美元计价的储户基础。如果它们想在抵
押贷款担保证券的热潮中分一杯羹，那么它们就必须进入批发融资
市场。

在欧洲的贷款发起机构中，德国的金融机构尤为突出，而值得
注意的是参与其中的德国银行。德国的巨擘德意志银行是华尔街的
头号玩家。在迈克尔·刘易斯（Michael Lewis）描述此次危机的畅
销书《大空头》（*The Big Short*）以及随后的参议院调查中，它特
别引人注目，这并非没有原因。[9] 德国的第二大银行德累斯顿银行
也深度参与了美国市场。不过，一门心思参与美国的冒险活动的，
却是德国规模较小的州立银行。21 世纪初，在布鲁塞尔的坚持下，
地方政府不再对州立银行进行担保，这些担保可以降低它们的融资
成本。它们对此的应对是在冒险的金融工程上赌一把。来自德国前
工业腹地的银行，例如萨克森储蓄银行、西德意志银行和杜塞尔多
夫的德国工业银行，都在美国的房地产投资上押下了重注。至少有
四家德国发起机构——萨克森储蓄银行、西德意志银行、德国工业
银行和德累斯顿银行——在资产担保商业票据上具有很大的风险敞
口，其规模之大足以赔光它们几倍的股本资产。

欧洲银行的活动并不限于证券交易。欧洲人入乡随俗，加入了
美国同行的行列，整合了供应链，以便自己控制抵押贷款的发放。
毕竟，如果华尔街的投资银行能够做到这一点，那么在零售银行业
拥有一定经验的欧洲银行为什么不能呢？从 20 世纪 90 年代中期开
始，诸如英国汇丰银行等银行就大举进入了美国抵押贷款市场。到
了 2005 年，汇丰银行可以自夸已经发放了 45 万笔抵押贷款，总计
700 亿美元。[10] 瑞士信贷成立了美国抵押贷款服务部门，为 21 世
纪初最大的资产担保证券的担保债务凭证业务提供资金。[11] 德意志

资产担保商业票据发起机构的所在国和融资金额（单位：100万美元）

所在国 ＼ 货币	美元	欧元	日元	其他	总额
比利时	30,473	4,729	0	0	35,202
丹麦	1,796	0	0	0	1,796
法国	51,237	23,670	228	557	75,692
德国	139,068	62,885	0	2,566	204,519
意大利	1,365	0	0	0	1,365
日本	18,107	0	22,713	0	40,820
荷兰	56,790	65,859	0	3,116	125,765
瑞典	1,719	0	0	0	1,719
瑞士	13,082	0	0	0	13,082
英国	92,842	62,298	0	3,209	158,349
美国	302,054	0	0	2,996	305,050
总计	714,871	219,441	22,941	12,444	969,697

资料来源：Viral V. Acharya and Philipp Schnabl, "Do Global Banks Spread Global Imbalances? Asset-Backed Commercial Paper During the Financial Crisis of 2007–2009", *IMF Economic Review* 58, no. (2010): 37–73, figure 15. 基于穆迪的数据。

银行与美国国家金融服务公司和美利凯斯特等大型抵押贷款机构关系密切。2006 年，这家德国银行收购了次级抵押贷款的专业机构房地产投资信托公司和查普尔融资公司。德意志银行在一份新闻稿中表现出了喜悦，因为拥有处在美国信贷金字塔底部的此类业务，将"提供重要的竞争优势，例如获得稳定的产品来源，以便在抵押贷款资本市场进行销售"。[12] 从产生高收益担保债务凭证的角度来看，最有吸引力的恰恰是抵押贷款金字塔的底部。

二

这怎么可能呢？要了解中国如何获得美国的债权是件很容易的事情。中国拥有巨额贸易顺差，中国的金融当局把这些顺差产生的美元收益投资于美国国债，这导致了拉里·萨默斯所说的"金融恐怖平衡"。但是，那些担心全球宏观经济失衡的人却很少提到欧洲。与中国相比，欧盟对美国的经常账户盈余是适度的。就全世界而言，欧洲的经常账户存在适度的逆差。欧洲人没有让他们的货币盯住美元。在布鲁塞尔，没有任何机构为了稳定货币而积累外国资产，也没有德国主权财富基金。那么，欧洲银行最终是如何拥有如此庞大的美国抵押贷款债务的呢？

答案是，欧洲银行和热爱冒险的美国同行采用了相同的经营模式。它们借入美元，再用美元进行放贷。如果我们不考虑进出美国的资本净流量（流入量减去流出量），也就是与同行的贸易顺差或逆差，而是考虑总流量（它记录了各个方向的资产买卖数量），那么这项业务的规模就会显现出来。总流量的数据显示，到目前为止，美国资产的最大买家以及危机前借钱给美国的最大外国放款机构，并不是亚洲人，而是欧洲人。事实上，在 2007 年，从英国流向美国的资金大约是从中国流向美国的两倍。

在 2008 年之前，从亚洲流入美国的净资金可以被合理地解释为美国对亚洲贸易逆差的金融对等物。相比之下，欧洲和美国之间的资金流动构成了一个完全独立于两地贸易关系的金融循环系统。从亚洲到美国，横跨太平洋的资金是单向流动的。但是，在北大西洋金融体系中，资金流动是双向的，既会流进美国，也会流出美国。这是基于市场的银行业模式的逻辑。欧洲银行并没有在美国各地开设分支机构，像雷曼这样的华尔街公司也没有。这就是以市场为主导的银行业模式的美妙之处。你可以从华尔街借入美元，再用这些美元持有美国各地的抵押贷款。

资产担保商业票据市场是这个跨大西洋金融体系的一个展示窗口。资产担保商业票据的融资渠道管理着来自美国和欧洲的大批证券化资产。[13] 它们把这些证券作为抵押品，随后发行短期商业票据，

各地区流入美国的总资本（占美国GDP的百分比）

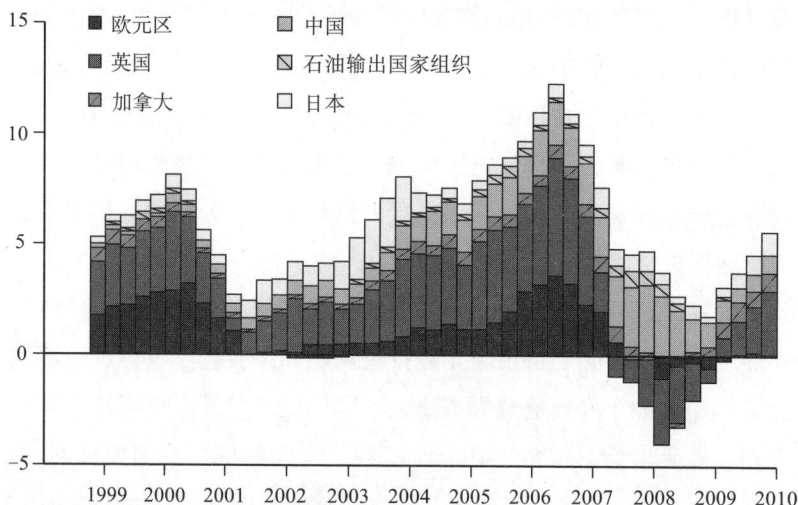

资料来源：Claudio Boria and Piti Disyatat, "Global Imbalances and the Financial Crisis: Link or No Link?" BIS Working Paper 346 (2011), graph 6.

出售给美国现金池的经理人。2008 年，美国主要的非政府货币市场基金有一半被投资于欧洲银行及其投资工具所发行的债务和商业票据，数额达到 1 万亿美元。[14] 对于其中的很大一部分投资来说，这相当于把钱从华尔街的一个办公室搬到了另一个办公室，只不过一个的地址挂着欧洲银行的名头。但是，数千亿美元采取了更为迂回的移动路线。它们从位于纽约的外国银行分支机构流出美国，流向欧洲银行的总部，再回到美国投资，有时还要在柏林或开曼群岛等离岸避税天堂中转。[15] 正是这条横跨大西洋的金融轴心的旋转运动，推动了 21 世纪初金融全球化的浪潮。

在管理这些资金流动时，欧洲银行的多币种资产负债表发挥了至关重要的作用。为了理解这些流动的本质，我们以一家德国银行为例。这家银行渴望参与利润丰厚的美国抵押贷款业务。这家银行目前没有美元储户，它现有的负债——存款、发行的债券和短期借款——都是以欧元计价的。这意味着，如果这家德国银行想要以美元放贷，那么它将存在融资问题。不过，在这方面，它与华尔街的投资银行没有什么不同。为了参与有利可图的美国证券化浪潮，欧洲银行可以把部分欧元兑换成美元（选项1），或者持有美元多头头寸或利用互换协议进行对冲（选项2），还可以直接在美国借钱（选项3），例如从一家美国货币市场基金借钱，该基金渴望获得比美国国债（中国正在买进的就是这类国债）略高的回报。结果就是，这家德国银行的资产负债表的债务和资产具有不同到期日，并且以多种货币计价。它的交易伙伴可能是一家使用美元兑换欧元的银行或其他企业（如果它选择选项1或选项2来进行融资），或者一家美国货币市场基金，该基金持有一家德国银行发行的以美元计价的债券（如果它选择选项3来进行融资）。在对一个国家的国际收支进行统计时，人们将在同一家银行的账目上同时看到对美国的借款和放款。人们可以计算出净流出资金是多少，从而确定有多少资金朝哪个方向流动，但这不能使双方的规模一目了然。这种情况好比两头大象站在马戏团的跷跷板的两端以保持平衡，但却不知道两头大象的重量是多少。理论上来说是这样，然而，这没能很好地描述实际上参与其中的各种力量。

中国的崛起主导了当代人对21世纪早期全球化的看法。最受关注的是中国和美国之间的不平衡。对地缘政治的担忧（例如拉里·萨默斯的"金融恐怖平衡"、本·伯南克的"储蓄过剩"）全都指向了这个方向。但是，如果我们不是绘制年度资金流量，而是绘制跨境银行的债权，那么这进一步证明中美关系导致了危机产生的观点是多么偏颇。世界金融的中心不是亚洲和美国之间的金融，而是欧洲和美国之间的金融。事实上，就跨境银行的债权网络而言，在最重要的6个双边联系中，有5个都与欧洲有关。

欧洲银行对美国的债权在整个金融体系内规模最大，然后是亚

围绕欧洲演化的金融全球化：跨境银行债权（单位：10亿美元）

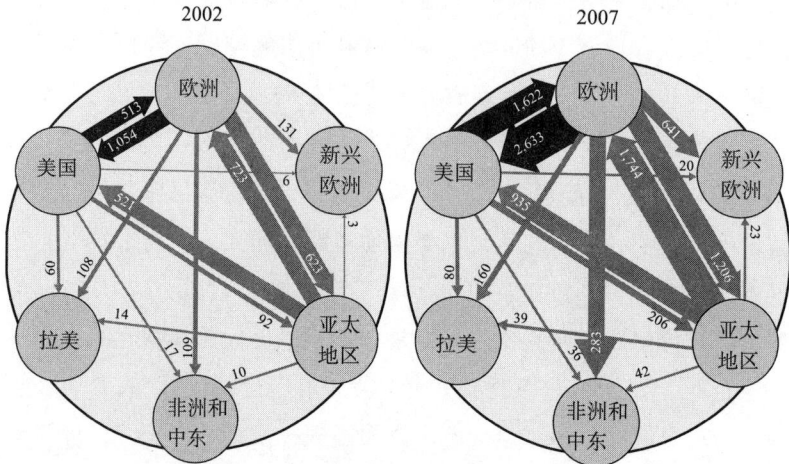

2002 (左图)：欧洲、新兴欧洲、美国、拉美、亚太地区、非洲和中东节点，债权数值包括 513、1,054、131、723、6、572、60、108、621、14、92、60、17、10、3 等。

2007 (右图)：1,622、2,633、641、1,744、20、935、80、160、1,206、23、206、39、283、36、42 等。

资料来源：Stefan Avdjiev, Robert N. McCauley and Hyun Song Shin, "Breaking Free of the Triple Coincidence in International Finance," *Economic Policy* 31, no. 87(2016): 409–451, graph 6.

洲对欧洲的债权和美国对欧洲的债权。欧洲对亚洲的债权超过了很多评论家认为的亚洲对美国的债权。事实上，仅西欧对新兴东欧市场的债权就达到了美国对亚洲债权的三倍以上。同样值得注意的是，石油和天然气资源丰富的中东投资者更愿意通过欧洲转移资金，而不是直接把资金投向美国。这个模式早在20世纪70年代就已确立，而布什"反恐战争"的激进政治更是强化了这种模式。欧洲金融中心提供了一个安全的渠道，来自亚洲和中东的资金通过这个渠道流入美国的投机性投资项目。中国更愿意通过比利时来持有对美国的债权，这不是没有原因的。用美联储分析师的话说，在这个过程中，欧洲金融体系开始作为一个"全球对冲基金"发挥作用，借入短债，发放长贷。[16]

　　这将我们的讨论向前推进了关键的一步。在构建我们的金融全球化图景时，如果围绕中美贸易平衡的做法是一种误导，那么把它想象成以美国证券化为中心，而外部人士被"吸进去"的观点则没有抓住重点。事实上，在 21 世纪初，整个国际银行业的结构就是横跨大西洋的。新华尔街的地理位置并不局限在曼哈顿的南端，而是一个北大西洋系统。第二个重要节点是伦敦金融城，虽然它在地理位置上远离纽约，但它与纽约密不可分。[17] 早在 19 世纪，在实行金本位和大英帝国统治的时代，伦敦就凭借自己的实力成了全球金融之都。从 20 世纪 50 年代起，伦敦金融城开始扮演新的角色，成为全球美元离岸融资的主要枢纽。

三

在第二次世界大战结束后，布雷顿森林货币体系曾试图限制投机资本流动。这向美国财政部和美联储赋予了控制权。它们的目标是将货币不稳定降到最低，并控制全球美元短缺。但是，这意味着美国政府必须实行一系列管制措施，而现在我们总是将这类措施与中国相联系。这将束缚私人银行业务。从 20 世纪 50 年代起，在英国政府的默许下，伦敦金融城发展成为一个避开这些限制的金融中心。[18] 不仅英国、美国，欧洲和亚洲的银行也开始将伦敦作为不受监管的美元存贷中心。第一批利用这些"欧洲美元"账户的是一些共产主义国家，它们希望保护自己的出口收入不受美国财政部的干预。它们引领了一种潮流。到了 60 年代，伦敦的欧洲美元账户为基本上不受监管的全球金融市场提供了一个基本框架。因此，我们今天所知道的美国金融霸权其实有着复杂的地理因素。就像不能把 iPhone 的生产商简化为硅谷一样，我们也不能简单地把美国的金融霸权与华尔街画等号。美元霸权是通过一个网络实现的。借助伦敦这个中转站，美元实现了全球化。[19]

在逐利的驱动下，借助银行杠杆的推动，离岸美元从一开始就是一股颠覆性力量。在布雷顿森林体系下，美元的官方价值没有得到足够重视，由此产生的压力导致与黄金挂钩越来越难以维系。1973 年，布雷顿森林体系崩溃，与此同时，石油输出国组织（OPEC，欧佩克）的美元收入激增，离岸资金如洪水般通过伦敦的欧洲美元账户涌入。到了 80 年代初，英国和美国都废除了针对资本流动的所有限制，随后在 1986 年 10 月，撒切尔推出了"金融大爆炸"*来解除监管。伦敦金融城向外部投资敞开了大门，牺牲了几个世纪以来对打造真正的全球金融中心至关重要的公会结构。不到十年，英国的投资银行就被美国和欧洲的竞争对手吞并了。[20]美国、亚洲和欧洲的资本涌入伦敦。这不仅涉及监管改革和巨额资金流动，还涉及对伦敦金融城中心的中世纪建筑进行重建。为了安置全球银行所需的巨型新办公室和电子交易平台，加拿大的房地产大亨们在废弃的后工业时代的金丝雀码头（Canary Wharf）建造了一座巨大的新型办公大楼。2004 年 4 月，英国财政大臣戈登·布朗（Gordon Brown）在伦敦银行街 25 号隆重地为雷曼兄弟的新办事处剪彩。[21]与此同时，新兴的对冲基金行业在梅菲尔区找到了一个舒适的新家，美国保险公司美国国际集团声名狼藉的金融产品部门后来也落户于此。

对于许多快节奏的全球交易来说，交易的地点首选伦敦，而不是华尔街。到了 2007 年，全球外汇交易额的 35% 是在伦敦金融城的计算机系统之间进行的，平均每天的处理量高达 1 万亿美元。[22]欧洲银行是这项业务的最大参与者。伦敦也是柜台交易利率衍生品业务的中心，这是一种对冲利率波动风险的手段，也是回购交易的

---

* 指在 1986 年由撒切尔政府领导的伦敦金融业政策变革。该变革旨在大幅度减少监管。改革后，外国财团被允许购买英国上市企业。——译注

重要补充。利率衍生品的年交易额超过 600 万亿美元，其中伦敦占了 43%，纽约占了 24%。[23]

在撒切尔推出"金融大爆炸"的十年后，英国本土银行业面临着巨大的竞争压力，托尼·布莱尔领导的新工党*政府着手进一步简化伦敦金融城的监管体系。[24]九个专业监管机构合并成一个机构——金融服务管理局。它为金融监管设置了一个新的低门槛。托尼·布莱尔的财政大臣戈登·布朗夸口说，金融服务管理局提供的"不仅是宽松的监管，而且是有限的监管"。[25]金融服务管理局受命以"最高效和最有效的方式"实现其目标。"不损害英国的竞争地位"是它的首要任务。[26]英国政府要求金融服务管理局对其干预措施进行成本效益分析，并参照其他国家的措施。[27]鉴于这样的要求，英国金融服务管理局的职员人数只是美国同行的一小部分，也就不会令人感到意外了。正如金融服务管理局的第一任主席霍华德·戴维斯（Howard Davies）用当时盛行的自由主义言论所说："从成立金融服务管理局的那一刻开始，我就说过，它的理念就是'已达法定年龄的成年人私下进行的活动是他们自己的事情'。"[28]这就是说有些事情在伦敦是可以做的，但在纽约就不可以做了，比如"抵押品再质押"（collateral rehypothecation）。

回购交易是投资银行的灵活资金的主要来源，其他充当"经纪－交易商"†的银行将证券作为抵押品以换取现金。它们将如何处置自己高库存的抵押品？为什么它们不为了自身利益，把这些抵押品用作进一步回购交易贷款的抵押品，也就是所谓的逆回购交易？在美国，根据可以追溯至 1934 年的规定，抵押品的再质押受到严格限

---

* 指从 20 世纪 90 年代中期至 2010 年由托尼·布莱尔和戈登·布朗领导的工党。在此期间，工党刚修改了党章的第四条，接纳了市场经济。——译注

† 从事证券交易业务的个人或公司，身兼经纪商和经销商两种身份，扮演哪一种身份，视交易而定。——译注

制，不得超过所持抵押品价值的 140%。相比之下，英国没有对再质押施加任何限制。因此，根据国际货币基金组织的一个分析师团队的调查,伦敦金融城开始充当"美国无法提供的更高杠杆的平台"。这项交易活动的规模是巨大的。按照国际货币基金组织的分析师团队的说法，欧洲和美国的主要银行进出伦敦的交易使抵押品的价值凭空增加了 400%，相当于凭空增加了大约 4.5 万亿美元的融资。[29]

英国的自由化不仅开放了英国的市场，而且起到了消除全球监管的作用。跨大西洋的反馈回路推动了两岸监管的放松。[30] 在 20 世纪 90 年代末，克林顿政府做出的人尽皆知的放松监管的决定，并非凭空而来。这些决定推翻了罗斯福新政时代仅存的金融限制。1999 年出台的法律被称为《金融服务现代化法案》并不是没有原因的。美国金融业追逐的是一种独特的现代金融愿景，这个愿景是由全球竞争定义的，尤其是由伦敦金融城。在推动这项立法的过程中，参议员查尔斯·舒默（Charles Schumer，纽约的民主党议员）坚持认为"美国作为世界金融中心的主导地位"已经岌岌可危。如果国会不通过这项法案，那么伦敦、法兰克福或上海将会取而代之。[31] 法案的通过肯定会让纽约受益，但这不应误导人们以夜郎自大的方式考虑问题。在把伦敦塑造成全球市场方面，没有人比美籍银行家更积极了，他们离开美国，到华尔街主要公司的驻伦敦办事处工作。而华尔街想要的是允许其把伦敦的冒险行为（这种冒险行为是在"已达法定年龄的成年人"的理念中发展起来的）带回美国。

不仅是身在伦敦的美国人，就连欧洲的政治家和文化评论家可能也对自由放任的"盎格鲁—撒克逊式"*的金融持怀疑态度。但是，这低估了欧洲人共同构建全球金融体系的程度。从 20 世纪 80 年代

---

* 又称"新美国模式"，以市场经济为导向，以个人主义和自由主义为基本理论依托，尤其突出自由竞争；强调劳动力市场的流动性，劳动者享受有限的法定劳动所得和社会福利；公司注重短期目标的实现，证券市场在公司投融资中起着举足轻重的作用。——译注

开始，瑞士、德国、法国和荷兰的银行就开始通过积极并购来大举进入伦敦金融城。这往往是它们进军美国市场的跳板。1989 年，德意志银行收购摩根建富集团，随后在 1999 年收购了美国的信孚银行，并在 2002 年将美国资产管理公司斯卡德投资公司收入囊中。此后不久，德国的主要银行宣布英语为其官方工作语言。瑞士信贷在 1990 年收购第一波士顿银行之后，于 1996 年至 1997 年将其重组为瑞士信贷第一波士顿银行，这是一件不同寻常的事情。同年，瑞士信贷从巴克莱银行的手中收购了位于伦敦的巴克莱证券。1995年，德国的德累斯顿银行收购了佳信投资银行，然后在 2001 年又收购纽约投资银行华瑟史坦佩雷拉集团，这家银行虽然规模小，但具有很大的影响力。20 世纪 80 年代，伦敦金融城内的浩威证券先是被卖给了太平洋证券银行，之后被扩张的荷兰银行收购。荷兰银行后来成为欧洲领先的资产担保商业票据的发行机构，之后被一家泛欧洲财团收购并分拆。瑞士的瑞银集团于 1995 年在伦敦收购了华宝银行。紧接着，它于 1997 年收购了纽约的投资银行德威公司。1999 年，在与美林的合并谈判破裂后，瑞银收购了资产管理公司普惠。随着固定收益和外汇业务的蓬勃发展，2004 年 6 月，瑞银的首席执行官马塞尔·奥斯佩尔（Marcel Ospel）宣布，他的抱负是让这家瑞士银行不仅成为首屈一指的财富管理公司，而且成为全球领先的投资银行。[32] 瑞银从未实现这个目标，但其位于康涅狄格州的北美总部的大型办公室确实成功地将其打造成了仅次于美林和花旗第三大私人发行机构，发行基于私人抵押贷款担保证券的担保债务凭证，并成为风险最高的夹层产品资产担保证券的行业领袖。

　　2007 年，伦敦金融城总共有 250 家外国银行和银行分支机构，是纽约的两倍。[33] 但是，欧洲人在华尔街留下了相当多的足迹。在纽约排名前 20 位的经纪-交易商中，有 12 家是由外国人所有且持有 50% 的资产。[34] 这还只是最高层面竞争的情况。然而，从事冒

险生意的欧洲金融机构以各种形式和规模袭来，而且并不局限在伦
敦金融城和华尔街这个轴心。自 20 世纪 80 年代起，都柏林开始将
自己建设成为一个低税收、低监管的司法管辖区，吸引了来自欧洲
和北美的银行家。德国的德普发银行就是一个恰当的例子。在 1922
年的魏玛共和国时期，普鲁士政府为了补贴住房贷款成立了德普发。
2002 年，为了利用爱尔兰的税收优惠政策，德普发搬到了都柏林的
国际金融服务中心。不久后，德普发便成为全球闻名的为基础设施
提供融资的冒险金融机构，它为西班牙的赫雷斯市提供信贷，向雅
典提供金融咨询，并为都柏林的一个会议中心以及蒂华纳和圣地亚
哥之间的收费公路提供融资。这家位于爱尔兰的德国银行不仅投资
了威斯康星州教师的退休基金，还为温哥华的"金穗大桥"（Golden
Ears Bridge）项目提供融资。到危机发生时，根据信用评级机构穆
迪的报告，德普发的总资产已膨胀至 2180 亿美元，是雷曼资产规
模的三分之一。[35] 这种惊人的扩张并非来自德普发自己的资源。它
一开始拥有的资源本来就很少。德普发所走的路，正是其他市场驱
动的现代银行所选择的道路——借钱放贷，这样做可以获得非常可
观的利润。事实上，德普发赚得盆满钵满，以至于引起了总部位于
慕尼黑的抵押贷款机构裕宝地产银行的注意。裕宝希望分散风险，
2007 年 7 月，它敲定了收购德普发的计划，使两家银行合并后的资
产超过了 4000 亿欧元。[36]

四

　　19 世纪和 20 世纪，现代银行在美国和欧洲发展成熟，但它们
只是在地区和国家层面发展。它们与国家的财政部、中央银行和监
管机构关系密切，甚至过分亲密、错综复杂。20 世纪 50 年代银行
业的再全球化引发了治理方面的基本问题。最初的动机是创建一些

金融活动区域，这些区域在伦敦等离岸金融中心受到轻度监管。但迟至 70 年代初，很明显，跨大西洋的金融体系有可能出现不稳定的危险。[37] 而且，银行之间为了利润和市场份额展开的竞争，反过来又引发了一场逐底的监管竞赛。1984 年，美联储主席保罗·沃尔克提出了新规定，为银行的资本充足率设定了最低标准，希望借此防止资金实力较弱的竞争对手（尤其是日本银行）抢夺相对稳健的银行的市场份额。要了解银行在面对账面贷款损失时的恢复能力，资本是一个至关重要的衡量标准。银行拥有的资本越多，它承受损失的能力也就越强。然而，如果银行的账面贷款相对于其资本的比例越高，那么它能够提供给投资者的回报率也就越高。这就是精心设计的法律结构的关键所在，其目的是持有剥离出资产负债表的证券化资产，使投资资本最小化，并使杠杆率最大化。因此，资本比率是银行治理中令人头痛的问题之一。经过多年的僵局，1986 年 9 月，美联储和英格兰银行达成协议，并于 1988 年 7 月力促巴塞尔银行监管委员会 * 通过了《资本协议》，也称为《巴塞尔协议 I》。此后，大型国际银行的最低资本充足率被设定为 8%，以应对正常的商业贷款。[38]

　　几乎就在设定这个标准的时候，关于其定义、实施和后果的争论也开始了。如果将"8% 规则"作为一个简单的百分比来实施，那么其结果将是鼓励银行进行最高风险的投资，疯狂地试图从每一美元的资本中榨取一分一毫的利润。这将激励银行去冒险。于是，巴塞尔银行监管委员会提供了一个基本的风险权重体系，在持有富裕国家的专属俱乐部经济合作与发展组织（经合组织）成员国的低风险、短期政府债券时，不做资本方面的要求。[39] 抵押贷款和抵押贷款担保证券也以低风险进行加权。但是，从边际的角度来看，这

---

* 简称巴塞尔委员会。——编注

个体系仍然鼓励银行追求风险。此外,《巴塞尔协议 I》的规定较为
宽松,使得银行能够在资产负债表外的投资组合中持有相当大一部
分由特殊目的机构(special purpose vehicles, SPV)发行的资产担
保商业票据,以进行融资。这是欧洲银行在资产担保商业票据市场
如此活跃的一个主要原因。它们的国家监管机构对《巴塞尔协议 I》
进行了解释,允许它们持有数千亿美元的证券,并用短期商业票据
融资,而不需要投入大量自有资金。然而,它们的资金不仅捉襟见肘,
而且期限错配的情况也很吓人。

　　《巴塞尔协议 I》的明显缺陷促使人们开始寻找一个新框架,这
个框架最终在 2004 年出现。于是,《巴塞尔协议 II》应运而生。但
是,从旧的协议转变到新的协议是有其道理的。《巴塞尔协议 I》是
传统的监管制度,旨在从外部对银行业制定标准,而《巴塞尔协议
II》的主要目标是将风险监管与银行家自己定义的"最佳商业实践"
结合起来。《巴塞尔协议 II》确实要求将资产负债表外的风险计入
银行的账目。但是,与此同时,它也鼓励银行将自己的风险加权模
型应用于这些资产,以便确定它们需要多少资本进行缓冲。此外,
它让人们更加依赖私人信用评级机构发布的信用评级。[40] 尽管《巴
塞尔协议 II》名义上保持了 8% 的资本要求,但一旦大银行应用自
己的风险加权模型,它们就会发现自己可以维持比以前更大的资产
负债表。根据《巴塞尔协议 I》,抵押贷款资产被评为相对安全的资
产,而且只以 50% 的资产加权来计算必须持有的资本。相比之下,
《巴塞尔协议 II》并没有将收紧监管作为减缓房地产繁荣的一种方式,
而是将抵押贷款的资本加权降到了 35%,这使得持有高收益的、由
抵押贷款担保的资产变得更具吸引力。[41] 正当私人证券化商品的热
潮即将加速时,监管却放松了。[42]

　　有一种方法可以压低必须持有的资本,那就是在投资组合中购
买针对风险资产的违约保险。在提供针对"法定资本宽减"的违约

保险方面，美国保险业巨头美国国际集团及其在伦敦和巴黎的金融产品办公室是主要的供应商。到 2007 年底，美国国际集团为欧洲主要银行持有的 3790 亿美元资产提供保险，这些银行主要是荷兰银行（562 亿美元）、丹麦的丹斯克银行（322 亿美元）、德国的复兴信贷银行（300 亿美元）、法国的抵押贷款机构住宅信贷公司（293 亿美元）、法国巴黎银行（233 亿美元）和法国兴业银行（156 亿美元）。[43] 美国国际集团的保险使它们总共节省了 160 亿美元的法定资本，进一步提高了杠杆率、利润和红利。[44]

《巴塞尔协议 II》并没有强制实施深入检查和外部审计，而是着重强调了自我监管、信息披露和透明度。较之于"武断"的监管决策，"消息灵通"的市场判断能够达到更好的监管效果。毕竟，理性的投资者可能没有兴趣将自己暴露在灾难性损失的风险之下，至少正常人是这样认为的。他们会相应地给银行股票定价，发出一个明确的信号，表明哪些银行是安全的，哪些不是。而监管机构完全顺从的逻辑是，它们本应对这些业务进行监管。《巴塞尔协议 II》的草案是由全球银行业的主要游说团体国际金融协会为巴塞尔银行监管委员会编制的。[45]

巴塞尔协议未能很好地推动监管标准的提高。《巴塞尔协议 I》和《巴塞尔协议 II》都明确了"适用母国法规"的原则。这就是说，签署巴塞尔协议的成员国同意，所有其他缔约国的监管规定已经足够。因此，来自监管较松国家的银行可以在利润丰厚的美国和欧洲市场自由地按照其国内标准运营。出于同样的原因，它免除了伦敦金融城和纽约的监管机构对聚集在其辖区内的数百家外资银行进行监管的繁重责任。[46] 2001 年 1 月，美联储宣布，在本国被视为资本充足的外国金融控股公司，在美国从事银行业务时，不需要满足美国另行制定的资本充足率要求，进一步扩大了该原则的影响力。[47] 尽管欧洲银行在美国的业务规模庞大，但它们实际上并不需要在美国持有足够的资本。

　　由于其条款的宽松，欧洲监管机构在推进实施《巴塞尔协议 II》时几乎没有遇到什么阻力，这并不令人意外。这是扩张的欧洲银行能够愉快接受的框架。负责监管美国投资银行的美国证券交易委员会和纽约联邦储备银行也持类似的观点。值得注意的是，美国联邦存款保险公司提出了反对意见，它是一家负责监管美国中小银行的美国存款保险机构。美国联邦存款保险公司的主席希拉·贝尔（Sheila Bair）是一个直言不讳的人，她来自美国中西部，由共和党任命。她对大银行实际上被授权"设定自己的资本要求"提出了质疑。[48]这将使它们比规模较小的竞争对手具有更大的竞争优势。美国联邦存款保险公司估计，《巴塞尔协议 II》将允许大银行减少 22% 的资本。2006 年，贝尔利用可利用的所有政治影响力来拖延这项协议的实施。伯南克担任美联储主席后，她通过谈判达成了一个妥协方案。这个方案规定，在 2011 年之前，每家银行因《巴塞尔协议 II》而导致的短期资本减少不得超过 15%。[49] 由此导致的部分结果是，如果我们把杠杆——银行资产负债表与银行资本的比率——作为衡量银行业风险的基本指标，那么在危机之前，美国和欧洲之间出现了相当大的差距。根据国际清算银行的计算，德意志银行、瑞银和巴克莱银行这三家在全球金融市场上最积极的欧洲银行，都夸耀自己的杠杆率超过了 40∶1，相比之下，其美国主要竞争对手的平均杠杆率为 20∶1。2007 年，甚至在危机全面爆发之前，德意志银行和瑞银的杠杆率就已达到 50∶1。[50] 即便考虑到欧洲和美国在银行资产负债表上会计准则的差异，这个差距也是相当大的。

　　对美国的银行来说，这似乎不公平。为此，它们的行业游说团体也在努力推动建立一个公平的竞争环境。2007 年 2 月，纽约市长迈克尔·布隆伯格（Michael Bloomberg）前往伦敦，会见了金融服务管理局的主席，并利用伦敦的平台游说美国进一步放松监管。这位市长缓缓说道："如果纽约市要继续保持世界金融之都的地位，那么国会必须实施金融服务管理局那种有条理的、灵活的监管框架。"布隆伯格并不是唯一一个前往伦敦的人。同月，英国《金融时报》（Finacial Times）报道说，花旗集团"重新调整了管理层，此举让驻伦敦的高管获得了更大的影响力，其中 5 人负责各自部门的全球业务。此外，还将大宗商品的全球负责人调派到伦敦。美林、摩根大通和雷曼兄弟也让驻英国的高管受命承担全球管理角色"。[51]正是考虑到这些压力，2007 年 5 月，布隆伯格和参议员查尔斯·舒默列名麦肯锡公司的一份报告，在其中警告说，除非纽约与国际标准保持一致，否则它作为世界主要金融中心的地位将受到威胁。"结果很清楚……我们的监管框架是一堆错综复杂的规则，而不是一套简化了的、一般人能够理解的原则，而英国和其他地区就是后一种情况。"[52]

　　当然，在全球资本市场建设的每一个阶段，智库、经济学家和律师都为下一步行动提供了想法和论据。技术变革让银行掌握了强大的处理信息的新能力。它们制造的复杂金融工具散发出一种令人振奋的魅力。[53]银行家的小圈子形成了一个社会力场，充满了无人质疑的假设和自以为是的优越感。他们是宇宙的主人。他们不可能失败。但是，扩张和变革的基本动力是在追求利润上相互竞争，这在金融工程、跨国资本流动以及华尔街、伦敦金融城和巴塞尔之间竞相放松管制等力场中得到了体现。这并不是说主要的玩家对风险全然不觉，而是他们相信自己有能力管理风险，并全力让回报率最大化。因此，对杠杆进行的每一项监管和限制，都受到了来自压倒性竞争力量和自 20 世纪 60 年代以来高涨的资本自由流动的质疑和颠覆。

　　如果监管失败了会怎样？如果跨大西洋的金融体系发生了一场全面危机，情况会如何？没有人想问这些问题。20 世纪 90 年代，在拯救新兴市场的行动中，华盛顿发挥了主导作用。美国财政部和国际货币基金组织采取了一致行动。虽然它们面临着来自欧洲的坚决批评和有意拖延，但它们的资源足以完成救助墨西哥或韩国的任务。[54] 如果当时是跨大西洋的金融体系出现了资金循环枯竭，情况还会是这样吗？牵涉其中的金额是巨大的，不是以数十亿甚至数千亿计，而是以数万亿计。如果是最后这种情况，美国的银行可以指望得到美联储深不见底的资金支持。但是，对于经营多币种资产负债表的欧洲银行来说，这个问题尤为紧迫。在紧急情况下，它们可以从哪里得到所需的美元？谁会是它们的最后贷款人？

全球金融稳定论坛是在 20 世纪 90 年代的金融危机后成立的一个组织，自 2000 年以来，它一直在围绕这个问题展开讨论。在英格兰银行，约翰·吉弗（John Gieve）热衷于进行"桌面演习"，模拟大型国际银行破产的情景。但是，其他人对此却没什么热情。英格兰银行的行长默文·金（Mervyn King）是一位受过良好训练的宏观经济学家，他对金融稳定的技术问题并不感兴趣。"美国方面没有兴趣讨论具体的例子。我们提议让汇丰银行或巴克莱银行拿出实际的资产负债表，以便进行讨论。这样一来，美国或许相应地会拿出花旗或雷曼的资产负债表。但是，这个项目一直没有启动。"[55]欧洲各国的央行是否拥有必要的美元储备来支撑欧洲金融体系？这个问题已是老生常谈。在一个全球流动性无穷无尽的世界里，这个问题似乎过时了。[56] 但是，当国际清算银行的分析师提出这个问题时，答案是发人深省的。2007 年底，在欧洲各银行的资产负债表上，美元资产（贷出）与美元负债（通过存款、债券或短期货币市场借款获得的资金）之间的差额达到了 1.1 万亿至 1.3 万亿美元。[57]

只有中国和日本的央行持有如此庞大金额的美元。在对金融市场持乐观态度的背景下，这两国"囤积"美元的做法被普遍认为是缺乏安全感的表现，是 1997 年金融危机创伤的后遗症。[58] 值得注意的是，没有人费心去问这样一个问题：对于一个拥有庞大的全球化银行体系的欧洲国家来说，充足的外汇储备水平应该是多少？事实证明，考虑到瑞士和英国央行辖区内的银行业务的规模，这两国央行持有的外汇储备水平低得惊人，都不到 500 亿美元。为了支撑欧元区肆意扩张的银行体系，欧洲央行的手头上只有 2000 亿美元多一点。这对它们关于金融风险和金融主权的假设意味着什么？后来，有人问当时最直言不讳的央行行长之一，在危机之前，他是如何证明持有如此少的外汇储备是合理的，他停顿片刻，笑了笑，说了一句很简单的话："鉴于我们与美联储的长期关系，我们认为取得美元不会有任何困难。"换句话说，他推断双方将会合作，在紧急情况下，美联储将向欧洲（尤其是伦敦）提供它所需要的美元。鉴于离岸美元业务的规模，美联储不可能有其他的做法。但是，出于同样的原因，这也是一个惊人的大胆假设，这个期望过高，所以还是不讲为好。

第4章

欧元区

假如欧洲不想强调它在 2008 年"美国"金融危机中的角色，那么掩盖它的踪迹是很容易的，因为从 2010 年开始，欧洲就被"真正"属于自己的欧洲危机所吞噬了。在华尔街和美国抵押贷款的泡沫破灭后，欧元区的危机接踵而至。但是，按照传统的理解，华尔街危机和欧元区灾难似乎属于不同的世界。美国危机涉及的是过度扩张的银行，以及受贪婪和金融过度扩张驱使的抵押贷款的借款人，而欧元区危机却是围绕公共财政和国家主权等典型的欧洲主题展开。这将导致希腊与德国对立，并重新唤起人们对第二次世界大战的记忆。这两种危机的描述方式都很老套，无非是唯利是图的美国人和争吵不休的欧洲民族主义。但是，这两场危机相继发生，难道仅仅是运气不好？卷入这两场危机的都是相同的银行，难道也是因为运气不好？如果说导致美国危机的原因不像人们普遍认为的那样全都是美国人造成的，那么欧元区的问题又有多"欧洲化"呢？

一

　　当 21 世纪开始时，欧洲人全神贯注于政治和制度建设等问题，这当然是情有可原的。随着在 1999 年至 2002 年欧元成为欧洲的单一货币，欧盟在 2004 年将东欧大部分国家纳入，欧洲人开始了真正意义上的试验，这些试验不仅受到经济因素的推动，也受到政治和地缘政治因素的推动。[1]

　　关于欧元，故事可以追溯到 20 世纪 70 年代初布雷顿森林体系的崩溃。在 1945 年至 1971 年间，欧洲人不需要担心欧洲内部的货币问题。与诺克斯堡（Fort Knox）*黄金储备挂钩的美元是全球体系的锚货币。然而，在尼克松于 1971 年 8 月宣布美元与黄金脱钩后，欧洲面临着一个大问题。波动的汇率将破坏紧密整合的贸易网络，而正是这些贸易网络将欧洲联系在了一起。另一方面，欧洲试图通过让各国的货币相互挂钩来建立一个汇率稳定区域，由此重新开启了关于权力的基本问题，即在欧洲货币体系中，哪个国家的货币将取代美元的锚货币地位成为“主要货币”？如果资本流动受到限制，由此抑制了投机性资金的攻击，那么压力也许是可控的。然而，在 80 年代初，欧洲的美元不受约束已成为全球常态。货币之间的热钱激增给财政状况较为脆弱的国家带来了极大压力，并对保守的德国央行产生了无法容忍的影响。从 70 年代早期开始，德意志联邦银行的反通胀立场以及由此产生的德国马克升值，不仅限制了西德波恩政府的行动，也对欧洲所有其他国家的政府造成了限制。到 1983 年，甚至是在弗朗索瓦·密特朗领导下的法国社会党政府也被迫屈服。在 1981 年至 1983 年经历了一系列混乱不堪的贬值后，巴黎放弃了在该国实现社会民主主义的努力，而采取了严厉的货币政

---

*　位于美国肯塔基州，美联储的金库所在地。——编注

策——"强势法郎政策"。这个政策要求为了让法郎紧盯德国马克，必要时可将利率设定在任何水平，即使这意味着借款人需要支付18% 或更高的利率。经济合作与发展组织等国际组织的欧洲官员并没有寻求限制资本流动，反而推动了进一步的自由化。资本在欧洲的固定汇率体系下自由流动，产生的压力反过来又为那些支持欧洲走向更紧密一体化的人士提供了强有力的论据。[2] 欧洲货币体系中实力较弱的成员国要怎样做，才能重新获得哪怕是一丁点儿的控制权来实施货币政策呢？到了 80 年代末，在欧盟委员会主席雅克·德洛尔（Jacques Delors）及其法国社会党支持者的推动下，开启了有关货币一体化的新一轮谈判。由于国家利益受到威胁，要不是冷战的突然结束，这些努力很可能不会取得任何进展。1989 年，柏林墙倒塌，德国总理赫尔穆特·科尔义无反顾地推动国家统一，这可能更强化了德国的主导地位。在科尔和密特朗看来，货币联盟和不可逆转的经济统一，似乎是在一个和平稳定的大陆上保卫领土更大的德国的最佳途径。[3] 作为放弃德国马克的回报，德国人要求新的欧洲央行承诺将继续保留德国央行的保守传统。然而，联合筹备成立的欧洲央行理事会*将让所有成员国都有发言权，并且货币联盟将结束金融市场所施加的毁灭性的跨国压力。

这是一项雄心勃勃的事业。2001 年，货币联盟全面生效。当时只设立了一个欧洲央行，并制定了财政规则来限制赤字和设定债务上限（这个规则被称为《稳定与增长公约》）。但是，欧元大业显然没有完成。[4] 没有统一的经济政策，对银行业也没有统一的监管框

---

* 欧洲央行主要机构有二，行长理事会（Governing Council）和执行董事会（Executive Board）。前者是欧洲央行的货币政策的决策机构，由 19 个欧元区成员国的央行行长和执行董事会的 6 名成员组成，后者由欧洲央行的正副行长和其他 4 名成员组成，负责政策的组织实施。书中出现了 ECB's council 和 ECB's board 和 Governing Council 三种，根据语境，作者主要说的是欧洲央行的理事会，故对 "board" 的译法做了灵活处理。此处，"理事会" 更符合文意。——编注

架。然而，欧洲在进一步一体化方面也没有多少紧迫感。在最初的几年里，这个新的货币区表现相当不错。欧洲经济增长加速。在采用单一货币经历了最初的物价上涨后，通货膨胀趋于缓和。资本市场风平浪静。

尽管氛围良好，但欧元区内外的专家都在关注两个问题。第一个问题是，随着时间的推移，先前存在的欧洲内部贸易失衡是会缩小还是会扩大。[5] 人们担心的是，缺乏货币调整可能会导致累积性差距，因为竞争力较弱的地区会越来越落后。第二个问题是，存在发生不对称性外部冲击*的风险。[6] 旅游业的萧条对希腊的伤害要比对德国的伤害大得多。中国进口需求的崩溃将在某种程度上损害德国，而不会损害爱尔兰。美国的批评人士尤其警告说，欧洲的劳动力市场不具备美国劳动力市场的灵活性和流动性。[7] 如果人们在面临危机时不愿迁移，那么欧洲将需要一个共同的福利、税收和支出体系，以便使资金从更繁荣的地区流向受到更严重打击的地区。以美国为例，除了劳动力的流动性，还有社会保障、残疾和失业福利等支柱，它们维系着从亚拉巴马州到加利福尼亚州的美国经济的巨大多样性。令人担忧的是，在 21 世纪初，布鲁塞尔有很多人沉浸在自我满足之中，对于建立一个覆盖全局的财政再分配和责任分担机制却没有什么紧迫感。这个机制对于帮助欧元区度过衰退而言是必要的，更不用说应对重大金融危机了。

为了实现一体化，需要欧元区的许多成员国付出巨大努力。特别是意大利，它必须省吃俭用，勒紧裤腰带。[8] 20 世纪 90 年代为稳定意大利财政所做的集体努力造就了一代意大利技术官僚和政治家，他们将在欧洲政治中发挥关键作用，其中包括经济学家、欧盟

---

* 指那些发生于外部的、一国政府无法控制但对国内不同部门经济产生差别性影响的事件。——译注

委员会委员、未来的意大利总理马里奥·蒙蒂（Mario Monti），以及未来的欧洲央行行长马里奥·德拉吉（Mario Draghi）。[9]另一位是意大利经济学家罗马诺·普罗迪（Romano Prodi），他是欧盟委员会主席，负责监督新货币的引入。但是，在成功应对了 1992 年至 1993 年意大利的严重金融政治危机并加入欧元区后，罗马已经没有多少精力采取进一步的行动。西尔维奥·贝卢斯科尼领导的意大利力量党（Forza Italia）在 2001 年的选举中取得胜利，这是一个时代的标志。然而，欧洲一体化非但没有得到进一步的推动，就连遵守《马斯特里赫特条约》设定的预算标准都成问题。2003 年，法国和德国的预算赤字都超过了 3% 的规定上限，但欧盟却不敢制裁这些重量级国家。这给那些主张财政纪律的人敲响了警钟。欧盟的中央机构是否有政治勇气去处罚更大的成员国？对其他人来说，更紧迫的问题是德国出了什么状况。

德国加入欧元区的过程并不顺利。其他成员国决心确保自己的货币与德国马克之间的汇率具有竞争力，这导致德国的出口受到了打击。德国制定了违反规则的预算赤字，这反映出它的增长乏力。国际媒体将德国称为"欧洲病夫"。[10]德国人称自己的国家为"封锁的社会"（blockierte Gesellschaft）。[11]1998 年至 2005 年，格哈德·施罗德（Gerhard Schroeder）领导的"红绿联盟"*统治德国，他们的反应出人意料地积极。多年来，由于前德意志民主共和国的突然去工业化，德国人遭受了长期居高不下的失业率的痛苦。2005年，失业率达到了 10.6% 的峰值。为了应对这个灾难，施罗德政府在 2003 年至 2005 年间宣布了一项名为"2010 议程"的国家重建计划。它的重点主要是劳动力市场自由化和削减福利的多阶段计划，由大众汽车的人力资源主管彼得·哈茨（Peter Hartz）领导

---

* 指德国社会民主党（红）和绿党（绿）组成的政治联盟。——译注

的委员会设计。[12] 削减计划的第四阶段，也是最后一个阶段，被称为"哈茨四号"，成为德国新"改革"的代名词。失业者重返工作岗位。工资限制恢复了德国的竞争力。这项改革的回报在2003年到来，当时德国骄傲地宣称自己是世界出口冠军。

"2010议程"定义了两党对德国政治阶层的一种全新的自我理解。[13] 在完成了统一的艰巨任务后，德国克服了内部困难，通过"改革"让经济重回健康的轨道。这种说法从表面上看很有说服力，并将对柏林如何应对欧元区危机产生重大影响，但是它其实经不起仔细推敲。"哈茨四号"确实或多或少地迫使数百万人放弃了长期失业救济，从事一些没有保障的工作。但是，它也压低了非技术工人例如收银员和清洁工的工资。在欧元诞生的头十年里，尽管生产力突飞猛进，但德国有一半家庭的工资没有增长。"哈茨四号"降低了失业率，加剧了税前工资的不平等，德国相对于欧洲邻国的工资水平也相应降低。但是，就德国出口商的竞争力而言，"哈茨四号"的影响远没有那么明显。[14] 德国企业获得出口订单，靠的不是削减非技术工人的工资。它具有一个更重要的竞争优势，那就是把生产外包给东欧和南欧。此外，还有21世纪初全球经济复苏的推动。

尽管"哈茨四号"的经济影响被夸大了，但它确实改变了德国的政治。蓝领选民和社民党左翼对施罗德推出"哈茨四号"方案一直耿耿于怀。[15] 于是，左翼从社民党分裂出来，与前东德的共产党人联合起来，成立了一个名为"左翼党"的新政党，这个政党集结了近10%的选民。左翼党、社民党和绿党联合起来是一股强大的政治力量。这个"红红绿联盟"本来有能力赢得多数席位。然而，他们在"2010议程"上产生了严重分歧，因此无法成为一个拥有广泛基础的中左翼联盟。最终，他们把政治主动权交给了对手，使得德国基督教民主联盟（基民盟）及其领导人安格拉·默克尔（Angela Merkel）成为未来十几年欧洲政治的决定性力量。

　　默克尔被视为欧洲政治中心有名无实的领导人，她在经济和金融政策的保守立场和文化现代化之间摇摆不定。[16]当她第一次出现在政治舞台上时，她给人留下的印象是犀利、冷酷。在给她带来权力的 2005 年的大选中，她凭借强有力的亲市场立场上台。由于这个立场不受欢迎，她随后即作出妥协。但毫无疑问，"2005 议程"传达了这位总理的基本个人愿景。这个愿景可以被归纳为三个数字：7、25 和 50。正如默克尔喜欢强调的那样，欧洲拥有全球 7% 的人口，占全球 GDP 的 25%，却承担了全球 50% 的社会福利支出。[17]在默克尔看来,这种情况是难以持续的。德国的增长稳定,但却缓慢。德国和欧洲大部分国家的人口都在老龄化，必须由政府承担福利支出。为此，默克尔政府始终坚持进行财政整固。2006 年 1 月，她首次在达沃斯发表演讲，她说："为了把社会市场经济理解为 21 世纪的一种全新的社会市场经济，我们首先必须重新安排政治的优先事项，以便从面向前方、面向未来几代人的角度理解政治。对我们德国人来说，这意味着首先要弄清楚我们的财政状况、我们的预算。我们有人口问题。我们知道年轻人太少，但我们的债务却越来越高，并且正在以牺牲未来作为代价。这意味着我们正在抢夺未来几代人的投资和发展空间，这是不道德的。"[18]

　　毋庸置疑，对于那些希望减免税收和约束政府开支的商业游说人士来说，这太合他们的胃口了。但是，安格拉·默克尔的第一届政府是与落败的社民党组成的大联盟。[19]像"哈茨四号"这样的财政整固措施需要在德国中间派中达成一致。佩尔·施泰因布吕克出任财政部部长，他曾是 20 世纪七八十年代传奇的社民党总理赫尔穆特·施密特的助手。[20]施泰因布吕克坚定地致力于执行关注供给侧的、反凯恩斯主义的经济政策。对他来说，重建"财政空间"不仅仅关乎金融稳定。在准自动化的社会福利支出和利息支付的影响下，政府预算的僵化凸显了一个影响发达国家的更广泛的问题：民主政治和民主参与的危机。如果预算的回旋空间以某种方式受到"福利支出"、偿债和低税率（降低至 GDP 的 1%）的限制，那么政党能向选民提供什么样的选择呢？当然，你可以走共和党切尼派的路线，简单地扩大赤字。但是，如果你不愿冒这个风险，那么你就只能选择中间派。在德国这种实行比例代表制*的政治体系中，这导致了选民的不满和政党政治格局的分裂，使得一度占主导地位的基民盟和社民党纷纷向中间派靠拢。默克尔的大联合政府正显示了这种僵局。21 世纪初，"后民主"成为德国政治讨论的热点话题，这并非没有原因。[21] 矛盾的是，在施泰因布吕克看来，现在的纪律是对未来自由的承诺。

除了这些高尚的考量因素，德国的财政战略还受到更基本因素的推动，那就是选民利益。在两德统一后的二十年里，西德用于重建东德和补贴地方的资金就超过 1 万亿欧元。[22] 2005 年至 2006 年，当默克尔的大联盟执政时，西德各州，尤其是富裕的南部各州，普遍存在不满情绪。他们被征召参加了一场与东德团结一致的庞大行动。现在，他们已经受够了。对富裕的南部各州来说，对赤字设定上限，是政府的公开承诺，这是为了重新调整优先事项，将重心从需要帮助、负债累累的东部和北部各州移开。财政控制问题对欧元区的未来至关重要，早在 21 世纪初，这个问题就在联邦转账联盟内被德国政界视为一个关乎公平性的问题。早在希腊危机爆发之前，原西德最繁荣的地区就明确表示，它们拒绝为其他人的债务承担责任，无论是德国的还是其他国家的。有人认为，东德的消费支出为西德企业带来了巨额订单，也就是说产品从西德出口到了东德，西德因此应当承担东德产生的债务，这种说法毫无说服力。2010 年以后，同样的说法在欧洲层面也不会具有说服力。德国最有影响力的

---

* 该制度按照各政党所获选票数在总票数中所占比例分配议员席位。——译注

选民和公众舆论想要的很简单：普遍全面的纪律。2006 年，德国成立了一个委员会，旨在设计新的联邦财政解决方案。这个想法是在仿效 2001 年瑞士的做法，想用"债务刹车"阻止联邦、各州或地方的债务进一步扩大。敲定这项多层次的政治协议是一项缓慢的工作。但是，施泰因布吕克和联邦财政部持乐观态度。随着全球经济前景在 2007 年至 2008 年开始变得黯淡，德国财政部预计，德国将在 2011 年出现预算盈余。[23]

当然，国家政治和统一大戏给德国的讨论话题增添了特别的色彩。但是，我们没有必要为德国历史的特殊性构建一种新叙述，也没有必要寻找德国的某种特殊创伤，来解释柏林最近对财政纪律的执着。事实上，德国内部的辩论与美国的鲁宾主义者的辩论有着惊人的相似之处。在大西洋两岸，全球化、竞争力和财政可持续性都是关键问题。这也没什么好奇怪的。中国的崛起和现代福利国家的资金问题是共同的挑战。布什政府可能是欧洲的政治毒药，但在 20 世纪 90 年代末，克林顿领导的民主党政府一直是格哈德·施罗德的红绿联盟的灵感来源。[24] 默克尔是个不折不扣的大西洋主义者。然而，如果说各国有共同的议程，那么也会有共同的盲点。由于欧元区的所有焦点都集中在让劳动力应对全球竞争需求上，以及所有国家都呼吁实行共同的财政纪律，因此大家几乎没有意识到全球金融动荡所释放出来的不稳定力量。在欧洲，就像在美国一样，人们都认为政客、工人和福利领取者是问题所在，而不是银行或金融市场。

二

虽然欧洲没有一个共同的财政政策或劳动力市场政策，但它至少有一个共同的货币政策。负责维护这项政策的是从 2003 年 11 月由让—克罗德·特里谢（Jean-Claude Trichet）领导的欧洲央行。[25]
这正是密特朗所希望达成的交涉结果：由法国人掌管欧洲货币。但
是，这项交涉的另一面是，欧洲央行的运作基因承袭自德国央行。
特里谢非常适合扮演这个双重角色。他非常保守，曾担任法兰西银
行（Banque de France）的行长。欧洲央行的独立性是他的最高
价值，他小心翼翼地捍卫着这种独立性。欧洲央行的章程提供了大
量的保障措施。由于制定了最低的透明度要求，它的审议工作不受
公众监督。为了防止被用作财政政策的工具，它被禁止将新发行的
政府债务货币化。美联储肩负着稳定物价和确保充分就业的双重使
命，而欧洲央行只有稳定物价这一个目标。

　　所有这些使欧洲央行最不像现代央行。[26] 如果说它是一个非
政治性的机构，这很不恰当，因为事实上，它固守对通货膨胀的保
守偏见，使之成为欧洲不容置疑的信条。如果说实施反通胀政策是
欧洲央行唯一的野心，这也不公平，因为它还希望推动欧洲成为金
融中心，推动欧元成为储备货币，这意味着要积极发展欧洲债务市
场。具体来说,这意味着向欧洲引进美国的政府债务回购市场模式。
回购政府债券，使其作为更具吸引力的资产，这是法国在 20 世纪
80 年代学到的一课。面对德国施加的财政压力，法国提供美国式
的回购安排，由此积极推动本国债务市场。[27] 法国债务越能容易
地进行即时的流动性交易，它的买卖就会更活跃，市场也就越容
易接受法国的借款要求。欧洲央行不顾德国央行的反对，将回购
作为核心运营模式。与英格兰银行或美联储等更为传统的央行不
同，欧洲央行并未持有大量政府债务。它通过回购包括私人债券
和公共债券在内的广泛债务来管理欧洲的金融体系。[28] 购买了本
国政府债务的不是欧洲央行，而是欧洲各国的银行。但是，它们
之所以这么做，是因为它们知道如果急需现金，它们可以通过回
购交易，利用这些债券换取欧洲央行的现金。回购条款和欧洲央

行"估值折扣"的规模，是欧元区统一金融体系的基本监管变量。在这方面，市场逻辑在某种程度上是欧洲央行运作的一部分，而美联储或英格兰银行都不是这样。

如果欧洲央行希望最大限度地向欧洲政府施压，要求它们保持财政纪律，那么它可以针对各个国家采取区别对待的回购估值折扣制度，对可信度较低的欧元区外围借款人施加更严格的条件。在美国的双边回购市场上，不同类型债券的估值折扣差别很大。更高的"估值折扣"要求银行根据其持有的债券持有更多的资本，并且需要缩减债务的投资组合。在 20 世纪 90 年代末的欧洲，希腊曾经不得不以远高于德国的利率来吸引贷款人。但是，欧洲央行没有区别对待，而是认为单一货币意味着单一利率。它将按照同样的条件回购所有欧洲主权国家的债券。[29] 不出所料，随着投资者哄抬希腊、意大利、葡萄牙和西班牙等国高收益债务的价格，收益率出现戏剧性的趋同。在欧洲央行看来，这些债券现在等同于德国绝对可靠的政府债券——德国国债。结果就是形成了一个自我反射性回路：欧洲央行依赖市场去让公共借款人执行纪律；而市场开始认为，欧洲央行的"单一债券"政策意味着，即便是最弱的借款人，也可以得到欧洲的隐性担保。

结果，希腊和葡萄牙可以按照其历史上从未有过的更好的条件借款，人们预计这会导致新的公共借款大幅增加。在读到一些有关欧元区危机的评论时，人们可能会认为这就是确实发生的事情。[30] 然而，尽管利率处于前所未有的低水平，但 2001 年之后公共债务事实上并未出现激增。某些国家比其他国家借了更多的钱。但总的来说，尤其是在考虑到收益趋同产生的借款诱惑的情况下，《马斯特里赫特条约》限制赤字的规定发挥了有效的抑制作用。尽管这个制度的架构极为模糊，但没有一个大型公共借款人大肆滥用当时的情况，平静的局面得以继续维持。事实上，随着经济增长加速，欧元区的公共债务占 GDP 的比值下降了 7%。[31]

无法达到欧元区预算限制的国家各式各样。葡萄牙的公共债务比值上升最快，其预算编制无疑很宽松。可是，在它加入欧元区的时候，它的债务水平还是很低的。不幸的是，里斯本犯了一个错误，那就是它以一种没有竞争力的汇率加入欧元区。由于不负责任的借贷和经济增长放缓，它的债务占 GDP 的比值急剧恶化。[32] 希腊是另一个无赖。在 20 世纪 90 年代，为了获得欧元区的成员资格，希腊和意大利一样勉强实现了基本盈余（不包括偿债成本）。即使利息成本占 GDP 的 11.5%，赤字还是被控制住了。在欧元区成立后，希腊的借款成本和偿债费用下降了一半以上。这本来是一个进行大规模财政整固的好机会。然而，雅典任由税收收入下降。结果，基本盈余蒸发，赤字扩大到了 5.5%，这个数字是《马斯特里赫特条约》规定上限的两倍。希腊之所以尚能承受，只是因为名义收入增长得非常快。[33] 然而，让希腊处境危险的不是 2001 年后的借款速度，而是 80 年代和 90 年代累积的债务。当时，在政府支出大幅增加和借贷成本高昂的背景下，现代希腊民主制度得以建立。[34] 2000 年，希腊的债务已经达到了 GDP 的 104%。

尽管人们未能充分意识到希腊问题的严重性，但它是大家都知道的问题，是无足轻重的。在 21 世纪初，法国和德国违反了《稳定与增长公约》，这才是更具政治意义的事件。这无疑削弱了财政纪律的权威。但是，这造成了什么样的经济后果呢？金融市场对德国国债和法国国债（也称为"OATs"）依然有着很大的需求。利率仍然很低。法国保持着贸易平衡。虽然德国政府增加了债务，但是消费和投资支出受到抑制，使得经常账户盈余不断扩大。从欧元区宏观经济平衡的角度来看，如果德国更彻底地打破财政规则，情况反而会更好。

欧元区在缺少无懈可击的财政宪法的情况下形成了，并且没有

2000年至2009年欧元区私人债务和公共债务的增长情况（同比）

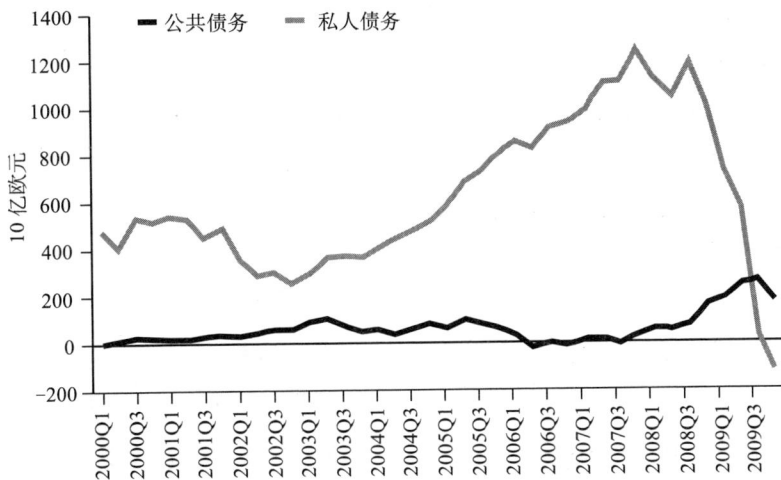

资料来源：Richard Baldwin and Daniel Gros, "The Euro in Crisis: What to Do?" *Completing the Eurozone Rescue: What More Needs to Be Done* (2010), 1-24, figure 3, http://voxeu. org/sites/default/files/file/Eurozone_rescue.pdf.

导致主权国家无节制的借款狂欢，这可能与"民主赤字"*的保守假设和不负责任的政客挥霍无度的习惯背道而驰。然而，实际上，欧元区危机的背景是债务大幅飙升，但那是私人债务，不是公共债务。欧元区同样迎来了失控的、由市场驱动的信贷创造过程，在这个过程中，欧洲各银行为北大西洋经济做出了积极贡献。

---

*　该词从"财政赤字"这个概念引申而来。"民主赤字"最初在欧洲使用，指欧洲一体化进程中民主的相对落后和缺失状态。在欧盟，首脑会议、部长理事会、欧盟委员会拥有决策权，但它们不直接对民众负责，决策过程也不透明。民选的议会则在欧盟中处于边缘化的地位。——译注

三

正如英国《金融时报》的经济评论家马丁·桑德布（Martin Sandbu）所说，欧元的"最大不幸"是诞生于"有史以来最大的私人信贷泡沫"。[35] 有人可能会补充说，这并不完全是运气不好的问题。让欧洲拥有必要的资金规模，以应对 20 世纪 70 年代初全球资本的剧烈波动，一直都是欧洲货币联盟存在的主要理由。但是，21 世纪初的全球信贷扩张令迄今为止所经历的一切都相形见绌，而欧洲的银行正处于繁荣大潮的潮头。法国、德国、意大利、西班牙、爱尔兰、英国和比荷卢三国的银行向可以获利的热点地区大量放贷。欧元区允许它们在不考虑边界或汇率风险的情况下这么做。于是，欧元区内部的跨境贷款出现爆炸式增长，增长速度甚至超过了全球跨境融资。[36] 欧洲银行家在欧元区使用大量现代银行技术，这与他们在伦敦和纽约用于获利的技术相同。长期以来，证券化一直都是欧洲抵押贷款融资的一种方式，特别是在德国，Pfandbrief 债券 * 自 18 世纪以来一直都是主要的工具。但是，从 21 世纪初开始，美国式的证券化也开始在欧洲兴起。2007 年，超过 5000 亿美元的贷款在欧洲完成了证券化。2008 年，欧洲资产担保证券的发行总额达到了 7500 亿美元，其中英国和西班牙的银行尤其活跃。[37]

就像美国的国际金融一样，人们很容易再次对欧洲内部资金的流动方向自欺欺人。我们的脑海中有一张清晰的欧洲经济层次结构图。我们知道这些贷款去了哪里——希腊、西班牙和爱尔兰。我们知道，德国是主要的"盈余国"和"债权国"。那么，这是否意味着德国为信贷繁荣提供了融资？诚然，德国拥有最大的贸易顺差，

---

* Pfandbrief，指为抵押贷款或公共项目融资而发行的德国债券。这种债券只能由获特别准许的银行发行，需有充足的抵押，由抵押贷款或公共部门贷款担保。这种债券是德国债市最重要的产品之一，其市场流动性较高的部分，称为 Jumbo Pfandbriefe。——译注

也是最大的资本净出口国。但是，就欧洲内部的整体资金流动而言，这种简单的思维地图就像在全球化的视角上只关注中美金融关系一样具有误导性。

得益于欧盟委员会的经济学家们的努力，我们可以将欧洲内部的资金流动描绘成全球经济中更广泛的资金流动的一部分。在下表中，我们可以看到前几章中描绘的世界经济的轮廓。如果我们关注欧洲内部的流动，就会清楚地看到，尽管德国拥有强大的出口能力，但它并没有主导欧洲金融体系。德国是最大的净放款国。它的地位类似于中国在中美经济关系中的地位。然而，与世界经济中的资金流动一样，欧洲境内的资金流动也没有映射到贸易领域。德国曾是汽车和机械出口冠军，但在银行业和金融业处于领先地位的则是其他国家。英国、法国、比荷卢三国和爱尔兰（后者被归为"欧元区其他国家"）是资金流动的关键枢纽。世界各地的银行将总部设在了伦敦金融城，其中包括所有主要的德国银行。伦敦金融城是每个欧元区成员国的主要金融合作伙伴，尽管它不是货币联盟的成员。法国和比荷卢三国尤其重要，因为它们是外部资金流入欧元区的渠道。美国和其他国家的放款机构显然更喜欢与法国、荷兰和比利时的知名同行做生意，然后，这些放款机构将资金输送到欧洲外围国家。法国是一个主要的金融中心，不是因为它拥有巨大的贸易顺差，而是因为它拥有规模庞大、雄心勃勃且愿意借钱放贷的银行：有 4450 亿欧元流出法国，有 4470 亿欧元流入法国，净失衡只有 20 亿欧元。与此同时，有 6020 亿欧元从比荷卢三国的银行中心流出，流入金额为 5590 亿欧元，差额由荷兰的贸易顺差来弥补。

与全球各地的经济一样，驱动欧洲各地资金流动的不是贸易流动，而是银行家的商业逻辑，他们寻求最便宜的融资和最佳的回报。推动美国经济繁荣的资产价格和资产负债表呈螺旋式上升，这在欧洲表现得更为明显。从 2001 年到 2006 年，希腊、芬兰、瑞典、比

2004年至2006年欧元区和世界经济的跨境资金流动：均值（单位：10亿欧元）

自 \ 往	德国	希腊	西班牙	法国	意大利	奥地利	葡萄牙	比荷卢	欧元区其他国家	波兰	瑞典	英国	欧盟其他国家	非欧盟国家	美国	日本	瑞士	经合组织其他国家	离岸	中国香港	其他	总计
德国	—	3	41	27	23	20	5	56	38	4	4	84	15	61	29	-5	12	15	18	1	-11	382
希腊	1	—	0	0	0	0	0	2	1	0	0	7	1	9	0	0	0	1	1	0	6	20
西班牙	2	0	—	16	7	3	5	23	5	1	1	34	4	54	8	0	1	6	-2	0	40	154
法国	27	0	29	—	35	7	3	69	45	5	1	95	5	126	43	11	13	13	32	-1	13	445
意大利	20	3	8	15	—	6	1	39	8	1	-1	30	1	5	-10	-3	-1	5	5	-1	9	131
奥地利	13	1	2	3	5	—	0	6	9	2	0	4	11	15	1	0	1	2	4	0	3	68
葡萄牙	1	1	4	2	0	0	—	4	1	0	0	2	0	5	1	0	0	0	1	0	2	21
比荷卢	48	9	43	78	38	9	4	—	47	6	4	155	6	167	100	14	14	36	38	3	-46	602
欧元区其他国家	20	3	17	15	24	3	9	25	—	2	6	67	7	110	51	11	0	13	25	1	9	308
波兰	1	0	0	0	0	1	0	2	0	—	0	1	1	4	0	0	1	0	0	0	2	11
瑞典	6	0	2	2	0	0	0	2	13	0	—	12	7	16	5	5	0	10	6	0	-7	63
英国	24	3	41	110	1	2	-3	64	64	2	7	—	14	562	228	59	35	53	102	9	69	884
欧盟27国其他国家	7	0	1	3	1	1	1	3	3	0	6	16	—	17	16	1	-14	4	2	0	7	57
其他非欧盟国家	72	7	27	181	33	17	8	275	78	1	12	431	9	—	816	80	-4	165	19	61	57	2,287
美国	-6	0	8	68	9	4	-1	40	30	2	8	156	-2	427	—	64	16	75	202	8	56	738
日本	5	1	2	18	1	0	0	21	2	0	-1	36	1	130	44	—	1	12	82	2	-18	212
瑞士	9	1	0	9	2	2	0	4	4	0	0	60	2	24	-1	5	—	8	60	0	-53	111
经合组织其他国家	16	2	4	11	3	1	1	26	9	0	2	26	4	178	82	4	5	—	-7	2	73	262
离岸	7	0	-18	29	-1	2	4	29	7	0	5	90	0	-10	173	4	23	9	—	16	-58	323
中国香港	0	0	0	2	0	0	0	7	2	0	0	10	0	71	6	-2	2	12	64	—	-11	94
其他	9	1	23	40	14	4	2	134	15	-2	-4	19	4	0	443	-11	-56	21	64	31	—	682
总计	211	33	209	447	162	66	32	559	305	20	39	904	82	1,973	1,219	155	51	290	627	71	87	

注：直接投资、投资组合和"其他"投资（不包括金融衍生品）的估算总流量（净资产取得）。

资料来源：A. Hoza and S. zeugner, "The 'Imbalanced Balance' and Its Unravelling: Current Accounts and Bilateral Financial Flows in the Euro Area," *European Commission Economic Papers* 520 (2014): table A.2.

利时、丹麦、英国、法国、爱尔兰和西班牙都经历了房地产繁荣，而且比美国更加疯狂。在爱尔兰和西班牙，信贷增长和房价通胀的结合确实是爆炸性的。

正是这些由信贷推动的繁荣导致了欧元区的贸易和财政失衡，而不是倒过来。大量信贷从世界各地涌入像西班牙这样的热点地区，刺激了那里的经济活动。这为马德里带来了健全的税收收入，该国曾自豪地宣称拥有财政盈余。它还为德国带来了出口订单，国外需求提振了萎靡不振的德国经济，提高了收入和利润。[38] 但是，德国家庭和企业不想在德国花掉增加的收入，无论是用于消费还是投资。于是德国政府就借钱，但是仍不足以吸收差额。通过银行间市场，北欧国家盈余的流动性有助于为欧洲各地的商业企业提供资金。不出意料，其中一些资金去了西班牙。最后，账户平衡了。德国的储蓄似乎填补了西班牙的贸易逆差。然而，会计等式并不等同于因果关系。不是德国的超额储蓄，也不是它的出口，造就了西班牙的繁荣，而是失衡的信贷推动了经济繁荣，造成了需求失衡、贸易流动和储蓄失衡。欧洲的银行体系发挥了灵活的中介功能。如果德国的国内经济更加强劲，德国对进口的需求就会更大，欧元区内部的贸易失衡可能会更小。西班牙经济中可能会有较大的一部分资源被用于生产出口到德国的商品，而不是服务于国内繁荣。但是，我们没有理由认为，如果经济增长更快的德国减少净储蓄的流出，就会减缓由信贷推动的爱尔兰或西班牙的经济增长。在现代金融中，信贷不是受"实体经济"的"基本面"限制的固定金额。它是一个弹性数字，在资产价格上涨时，它很容易在跨国规模的基础上自我扩张。

后来成为欧元区危机震中的希腊在这幅图景中处于什么位置呢？它在这幅图景中并不显眼。2004 年至 2006 年，欧元区跨境融资的年平均资金流量大约为 1.8 万亿欧元，其中希腊仅占 330 亿欧元，比例不到 2%，与希腊在欧元区 GDP 的占比相当。在这笔资

实际房价和名义信贷占GDP比例的增长率

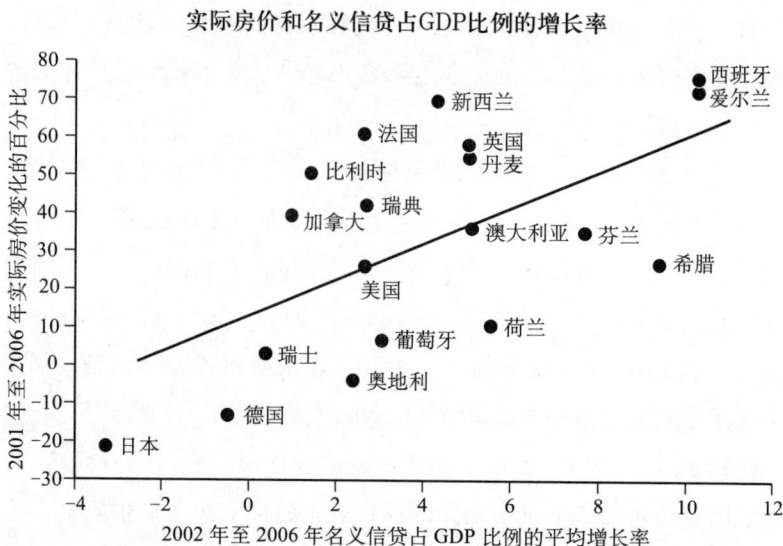

资料来源：Prakash Kannan, Pau Rabanal and Alasdair M. Scott, "Macroeconomic Patterns and Monetary Policy in the Run-up to Asset Price Busts," IMF Working Papers (November 2009), figure 2.

金流中，较之于希腊，爱尔兰和西班牙的占比要大很多。但是，希腊也经历了与美国一样的房地产繁荣。希腊的危险信号并不是2001年以后每年的资本流动，而是在过去几十年积累的巨额债务的基础上又增加了新的借款。如果资金的流通被突然切断，将会发生什么？这是一个令人担忧的问题。但是，鉴于希腊的规模很小，这很难成为吸引眼球的头条新闻。

　　人们在事后或许会说，欧洲央行当时应该采取更多措施，以便抑制爱尔兰和西班牙的信贷繁荣。但是，在欧洲央行为整个欧元区设定单一利率的情况下，这样做显然很困难。实际上，通过设定低利率，欧洲央行优先考虑的是刺激德国经济，而不是抑制外围国家的信贷繁荣。这是一个合理的决定，因为德国的经济规模要大得多。此外，鉴于欧洲经济的热点地区具有诱人的回报率，认为欧洲央行可以通过加息来遏制繁荣只是一厢情愿。如果欧盟的商业统计数据可信的话，那么投资西班牙旅游业和房地产可以带来 30% 甚至更高的回报率。难怪投资蜂拥而至。[39] 在金融全球化的世界里，欧洲央行无法限制资金流向那些热点地区，就像美联储无法阻止资金流入美国一样。爱尔兰的银行就是一个很好的例子。它们在欧洲央行的直接管辖范围之外，在伦敦金融城获取批发融资。[40]

要让信贷繁荣减慢下来，需要的不是欧洲央行对利率进行温和的调整，而是信贷繁荣国家的政府采取全面的经济政策。这些措施可以包括制定更严格的放款规定、抑制银行体系的成长、甚至采取紧缩财政政策。事实上，以西班牙为例，政府应当严格控制规模较大的国际化银行，外国投资者期望出台较高的监管标准，这样才能让它们很好地度过危机。[41] 但是，当地抵押贷款的放款机构就不一样了，西班牙的储蓄银行占据信贷市场 50% 的份额。[42] 它们与当地政治关系密切，深深沉浸在房地产的繁荣之中。在 2002 年至 2009 年间，这些银行的业务增长了 2.5 倍，使其资产负债表的总额达到 4830 亿欧元，相当于西班牙 GDP 的 40%。[43] 然而，限制这些银行放贷的举措，很容易被视为马德里政府在争夺权力。为什么西班牙的政客们要采取这种不受欢迎的行动呢？泡沫的一个副作用是，它让资产负债表看起来很美好。严厉的监管改革似乎没有必要，而且具有惩罚性。[44] 西班牙人正在享受他们姗姗来迟的重返聚光灯下的风光。西班牙电信公司、法罗里奥集团和桑坦德银行等公司正在成为全球玩家。时尚巨头 Zara 的老板阿曼西奥·奥尔特加（Amancio Ortega）成了欧洲最富有的亿万富翁。西班牙首相萨帕特罗（Jose Luis Rodriguez Zapatero）正在游说，希望西班牙能被邀请加入扩大后的八国集团。凭借精简的社会服务和激增的税收收入，西班牙的公共预算比法国和德国要好得多。那么，为什么要给私人贷款领域这种看起来很健康的爆发性增长踩刹车呢？

2000年至2007年欧元区的债务增长（占GDP的百分比）

	家庭	非金融机构	金融机构	政府	总债务增长	实际房价指数
比利时	7	57	124	-26	162	48.7
德国	-10	0	33	5	27	-14.0
爱尔兰	54	-13	612	-8	645	52.8
希腊	32	13	41	4	90	37.2
西班牙	34	78	74	-24	162	73.1
法国	15	20	113	5	152	81.7
意大利	17	23	22	-7	55	37.6
荷兰	32	-42	217	-12	195	14.4
奥地利	7	68	72	-7	140	1.2
葡萄牙	26	12	71	13	122	-11.2
芬兰	23	-77	70	-11	4	37.7
欧元区 11 国	21	12	132	-6	159	28.3
丹麦	37	60	145	-26	216	57.9
瑞典	24	49	70	-10	133	55.3
英国	31	-34	367	1	365	63.4
平均值	**23**	**15**	**145**	**-7**	**176**	**38.3**

资料来源：Calculated from Eurostat and OECD data (for the real home price index) from S. T. H. Storm and C. W. M. Naastepad, "Myths, Mix-ups and Mishandlings: What Caused the Eurozone Crisis?" Annual Conference Institute for New Economic Thinking, "Liberté, Égalité, Fragilité," Paris, France, April 2015, https://www.ineteconomics.org/uploads/papers/The-Eurozone-Crisis.pdf.

同样的乐观情绪也在爱尔兰的少数政治精英中弥漫开来。由于欧盟投资的溺爱，加上与银行家和开发商过于亲密的关系，政客们吹嘘都柏林的国际金融服务中心在全球具有吸引力。爱尔兰的税收制度让外国公司能够使数千亿美元的利润悄悄避开美国和欧洲其他国家的税务机关。尽管爱尔兰是欧元区成员国，并从欧盟那里获得大量补贴，但它喜欢将自己视为"美国（或英美）的自由市场价值观在欧洲大陆遥远边缘的一个前哨，而在欧洲大陆，各种社会民主制度仍然是政治标准"。[45] 在 2008 年的美国总统大选中，全世界都见识了菲尔·格拉姆（Phil Gramm）发出的不协调论调，他吹捧爱尔兰是低税收经济的理想典范。他是共和党总统候选人约翰·麦凯恩的经济顾问，20 世纪 90 年代，他曾在国会中带头要求放松管制。丧失了权势的爱尔兰前总理伯蒂·埃亨（Bertie Ahern）在全球巡回演讲，向观众推销"极端的经济全球化、较低的个人和企业税率、'企业友好型'政府和宽松监管"的好处。

四

组建货币联盟涉及许多风险，毫无疑问，欧洲应该制定财政宪法。但是，欧洲的主要问题并不是缺乏财政"消防"法规，它的问题是缺少一个金融业的消防部门。[46] 在国家构建中，最大的失败不是没能建立财政联盟，而是没能形成应对银行业危机的能力。为了应对高度一体化的金融资本主义，政府必须有纪律、有行动能力和行动意愿。为了应对欧洲正在酝酿的大规模银行业危机，政府确实需要具备强大的能力。

只有当我们把欧洲各银行的地方和全球活动整合起来，以便全面了解它们惊人的过度增长时，才能明白欧洲到底有多需要这个机制。美国的银行规模非常大，对全球金融非常重要。但是，欧洲才是银行融资不成比例增长最严重的地方。[47] 欧洲的银行一直都很庞大。不同于美国的银行，美国的股票和债券市场是企业融资的主要来源，而欧洲经济长期以来严重依赖银行贷款。但是，欧洲的银行遍布整个欧盟，依靠跨大西洋的金融渠道，它们的规模已经变得相当大。2007 年，全球资产规模最大的三家银行都是欧洲的——苏格兰皇家银行、德意志银行和法国巴黎银行。它们的资产负债表合计占全球 GDP 的 17%。这些银行的资产与其母国（英国、德国和法国）的 GDP 不相上下，英法德三国正是欧盟的三大经济体。[48] 在小国爱尔兰，情况要极端得多。其银行的负债总计达到 GDP 的七倍。法国和荷兰的银行不分伯仲，负债是 GDP 的四倍。德国和西班牙的银行负债是 GDP 的三倍。按照这个标准，欧元区每个成员国的"银行泛滥"程度至少是美国的三倍。此外，与美国银行相比，欧洲银行对根据市场波动的"批发"融资的依赖程度要高得多。

鉴于欧洲银行资产负债表的规模和业务的复杂性，可以预见，只有采取集体行动，才能挽救可能蔓延至整个欧元区的危机。呼吁采取共同行动，抑制和规范商业活动的特定领域，并确保它们的安全，这个做法在欧洲历史上早已有之。事实上，正是因为人们认识到欧洲的煤炭和钢铁工业是冲突和不稳定的根源，才有了欧洲一体化。出于这个逻辑，欧洲煤钢共同体应运而生，成为"欧洲拯救民族国家"的第一步。[49] 同样，为了控制国家在维护农产品价格政策上的外溢成本，《共同农业政策》在 20 世纪 60 年代出现了。直到80 年代，欧盟的这种某个具体领域的愿景才开始过时，才被看似简单、其实不然的单一市场所取代。这才是欧元区真正的缺陷，它是一个统一了金融市场的货币联盟，却没有提供银行业联盟所需的任何监管机构。如果说有什么迫切的原因让欧洲确实需要一部财政宪法，那就是为庞大的存款保险和救助基金提供金融支持。

在 20 世纪 90 年代末，随着欧洲货币联盟成立在即，拉里·萨默斯在国际金融专家的会议上大胆地问道："这里的欧洲人能否向我解释一下，如果西班牙的一家银行陷入严重困境，将会发生什么？西班牙的监管当局、西班牙央行、欧洲央行和布鲁塞尔各自应承担怎样的责任？"问题一出，整个会场鸦雀无声。在一段尴尬的沉默之后，萨默斯接着说："欧洲人之间展开了一场混乱的争论，没有得出解决方案，而是让我们觉得，他们不想在其他人面前将家丑公之于众。"[50] 回顾这个事件，萨默斯将混乱和尴尬的沉默归因于欧洲政治一贯的分歧。但事实上，美国也没有什么不同。在美国，也

2008年欧洲的银行负债占本国GDP的比例

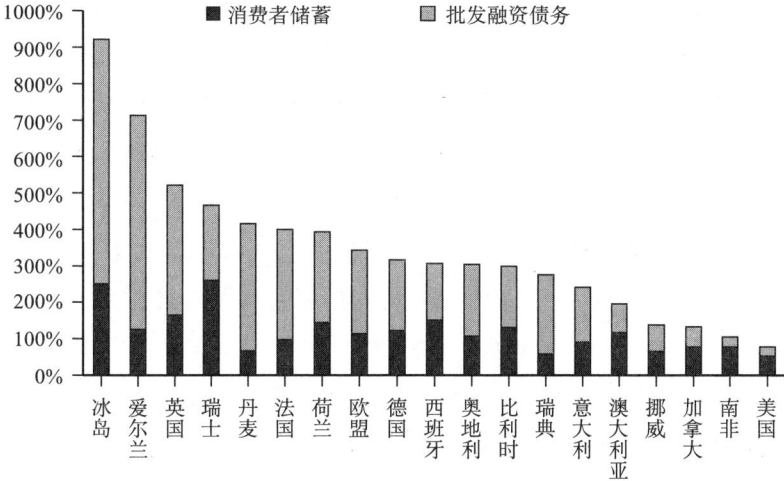

注：截至 2008 年。

资料来源：https://qz.com/19386/europe-is-still-massively-overbanked-by-the-way/，数据来自 Barclays Research。

没有人思考银行倒闭将会发生什么，无论是在 1997 年还是在 2007年。事实上，正如 2005 年 8 月在杰克逊霍尔召开的会议上，萨默斯对拉詹的无礼言论做出的明确反应一样，他是实施这个禁忌的"非常严肃的人士"之一。拒不承认的情况很常见。不同之处在于，当不可思议的事情发生时，美国有一个联邦政府结构，可以随机应变。欧盟的不幸之处在于，当危机袭来时，它不仅缺乏这样的架构，而且它试图建立一个更健全的宪法框架的努力也遭到了基本政治限制的阻碍。

直到 21 世纪初，欧盟都是在政治学家所谓的"宽容共识"*的背

---

* 宽容共识（permissive consensus），指自 20 世纪 50 年代以来，欧洲一体化虽然明显是由精英主导，但未曾遭遇来自一般人民的负面评价或反对声浪。丹麦选民在 1992 年公投拒绝了《马斯特里赫特条约》，被认为是"宽容共识"终结的征兆。——译注

景下运作的。[51] 欧洲人接受了朝更紧密的联盟推进的努力，但他们既没有热情，也没有抗议。欧盟不是一个特别突出的存在。与人们普遍认为的看法相反，欧盟绝不是一个庞大的官僚机构。欧盟雇用的人数比大多数中等城市的政府都要少。然而，欧盟是一个杂乱无章、不连贯的宪法架构，缺乏民主责任，这显然并不令人满意。2004 年，欧盟东扩，纳入了新的东欧成员国，这种不满就更加严重了。2001 年 12 月，欧洲理事会要求欧洲制宪大会起草一份宪法文件，以确保效率、明确责任范围，为欧洲的扩张铺平道路。大会由一个委员会组成，这个委员会由欧洲主义的老将、前法国总统吉斯卡尔·德斯坦（Giscard D'Estaing）领导。[52] 这份草案 * 在通过多数票做出集中决策和欧洲民族国家不可削弱的角色之间确立了一种新的平衡。它把构成欧洲一体化支柱的各种机构和条约置于一个支配一切的欧盟之下。欧洲的雄心是建立一个以充分就业、"社会公正"和"世代团结"以及反对"社会排斥和歧视"为首要任务的"社会市场经济"，同时承诺要保持"高度竞争力"。[53]

《欧盟宪法草案》合意地混合了 21 世纪初所有善治的秘方。欧洲工会联合会对此表示赞同。托尼·布莱尔和英国的新工党政府对此非常热情。在华盛顿特区，汉密尔顿项目可能会很高兴地挂名推荐这个草案。但是在 2005 年 5 月 29 日，法国举行全民公投，否决了《欧盟宪法草案》。6 月，荷兰的公投也给予了否决。左翼对欧盟的亲市场特性怀有敌意，民族主义者对布鲁塞尔怀有敌意，这共同促成了多数人的坚定反对。这是一个巨大的打击。宽容共识已经终结。撇开宪法的是非曲直不谈，大众民主已经表达了自己的态度，欧洲的精英们陷入了混乱。[54] 鉴于经济和财政一体化日益密切，以及欧盟扩大到东欧的现实，改组欧洲的计划不能就这样简单放弃掉，必须找到一个替代方案。如果出台真正的宪法不再可行，那么欧洲

---

* 也就是《欧盟宪法草案》。——译注

将不得不转向政府间条约这个经过验证的模式。这让德国发挥了关键作用，而且从 2005 年 11 月起，这意味着德国总理安格拉·默克尔将扮演重要角色。

默克尔与欧洲的关系与她的导师赫尔穆特·科尔截然不同。[55]由于在冷战时期的东德长大，她早年对外部世界非常着迷，先是俄罗斯，然后是英国和美国。这与她拥护全球主义及其在 20 世纪 90年代的发展（包括环境政治和气候变化）的做法相一致。德国的统一塑造了她。除此之外，默克尔的世界不局限于欧洲。这一点产生的最大影响是，在欧洲事务中，默克尔没有向布鲁塞尔寻求解决方案。她不是联邦主义者。她主张政府间主义，她没有预见到欧洲的未来是构建一个由布鲁塞尔指导的欧洲共同机构和机制。她在欧洲民族国家之间寻求开展一些广泛的谈判。有人怀疑，这种做法只是在为德国寻求主宰地位打掩护。[56]对处于德国政治边缘的民族主义者来说，事情可能确实如此，但默克尔并非其中的一员，基民盟领导层的其他关键人物也不在其中，例如内政部部长沃尔夫冈·朔伊布勒（Wolfgang Schauble），他后来在 2009 年接替施泰因布吕克，担任默克尔第二届政府的财政部部长。与默克尔不同，朔伊布勒是一个联邦主义者，渴望将欧洲的核心力量推往更高阶段的一体化。他们的共同愿望并不是主宰欧洲。在 21 世纪初的柏林，没有什么宏大的霸权计划。他们的共同之处是，他们相信，在欧洲事务中扮演一个自信的否决者，这不仅是德国的权利，也是它的适当历史角色。德国的糟糕历史禁止它采取统治战略，甚至禁止它追求过于独断的领导。但是，联邦共和国的成功向它赋予了权利，使它坚持让欧洲的解决方案符合其标准，而且柏林将在其认为合适的情况下应用这些标准。这是一种最低限度的、苛刻的，有时甚至是武断和自私自利的姿态。在欧洲事务中，默克尔非常乐意采取"说不夫人"的立场，这得到了国内选民的强烈支持。如果这是一个盲点，那么它不是一种被压抑的统治欲望，而是一种倾向，这种倾向低估了德国的成功和国际地位在事实上与欧洲相互依存的程度。它还让德国僭取了起领头作用的权利。否决耗费了时间，而在紧急的危机中，无论是在金融还是在外交事务上，任时间白白流走都可能会付出沉重代价。危机越严重，行使否决权的人对时间的控制就越发具有决定性。随着欧洲进入可以预见的惊涛骇浪中，对"德国统治"的恐惧和要求德国领导的呼声都会加剧。柏林控制事态发展速度的决心也会更加坚定。

在 2005 年的《欧盟宪法草案》失败后，德国成为欧洲理事会的轮值主席国，这是一个命中注定的巧合。这时正好是默克尔担任总理的初期阶段，她承担起了重新起草并推动通过替代宪法的责任。经过几个月细致谨慎的高压准备，柏林最终在 2007 年 12 月推出了《里斯本条约》。与被取代的宪法一样，《里斯本条约》将欧洲一体化项目的多个支柱合并为一个拥有 5 亿人口的单一欧盟。它为欧盟制定了新的外交和安全政策。它精简了委员会，确立了多数表决原则，这是使大幅扩张的机构易于管理的关键。但最重要的是，它将欧洲理事会制度化，使之成为欧洲各国政府的代表，并设立了轮值主席作为其常务代表。它结束了欧盟委员会及其主席在执行领导方面的任何意图。[57] 因此，原来宪法的许多关键条款得以保留。但是，2005 年的失败留下了一个持久的印记，那就是重申了欧洲各国政府的地位至高无上。在可预见的将来，不会再有任何进一步的举措来推动联邦一体化。欧洲的政策将不会由布鲁塞尔制定，而是通过政府间的谈判来决定。

2007 年，当 21 世纪的第一次金融繁荣开始瓦解时，欧洲正处于一种矛盾的境地。它在经济上已经深度一体化了，欧洲央行从远处管理着一个将欧元区与伦敦金融城和华尔街联系在一起的极度活跃的金融体系。然而，欧洲更广泛的政治一体化却在倒退。《里斯本条约》信奉的是政府间主义，而且欧洲的选民已经表明他们愿意对超越这个界限的举措行使否决权。面对这种不平衡，欧盟将如何应对一场不可预见的危机，谁也不知道。对这个问题的审视已经超越了金融领域。

五

比较 21 世纪初美国和欧洲的政策讨论，人们会发现二者存在许多共同的关注事项。两大洲的政策专家都专注于财政纪律和国际竞争力、供给侧激励、高效的政府支出、赤字、基于实证的福利政策、教育改革和灵活的劳动力市场。这些都是从里根、撒切尔和 20 世纪 90 年代的华盛顿共识继承下来的、观念过时的供给侧市场经济学。大西洋两岸的政策团体也有共同的盲点。他们都深信市场，但都没有意识到新的、以市场为基础的银行业模式带来的威胁。在大西洋两岸，他们都忽视了依赖大量的批发融资、过度杠杆化的银行所积累的风险。那么，为什么双方都很难认识到他们共同面临的风险呢？为什么自 2008 年以来，大西洋两岸对危机的描述出现了如此巨大的差异？

如果我们要寻找一个主要的差异，那么肯定是这个：从 2001 年 9 月 11 日早晨起，美国就是一个处于战争状态的超级大国。不仅如此，在布什政府的领导下，它还是一个正在进行全球反恐战争的国家。欧洲对"9·11"袭击的最初反应是团结一致，普遍支持将塔利班赶出喀布尔。但是，在 2002 年冬至 2003 年冬，随着华盛顿和伦敦推动实施入侵伊拉克的举措，这种致力于共同目标的感觉消失了。德国和法国政府站出来反对战争，数百万欧洲公民走上街头，举行了欧洲历史上最大规模的示威游行之一。就在这个时候，美国的新保守主义者罗伯特·卡根（Robert Kagan）提出了著名的说法：美国人来自火星，欧洲人来自金星。[58] 欧洲的顶尖知识分子也以同样的方式做出回应。不太可能成为搭档的于尔根·哈贝马斯（Jürgen Habermas）和雅克·德里达（Jacques Derrida）一起发起了猛烈反击。对他们来说，大西洋两岸的分歧远远超出了外交政策的范畴，它扩展到了社会政策和政治文化。在 21 世纪初，它相当于一个文明鸿沟，一个关于现代性的内部分歧，发生在经历了磨难的后帝国主义欧洲世界和广阔的、咄咄逼人的盎格鲁圈之间。[59]

　　传统上，在"9·11"之后，全球地缘政治的叙述与我们对金融危机起源的叙述之间有着巨大的分歧。但是，如果我们仔细观察，就会清楚地发现，21 世纪初的伊拉克泥潭困扰着华盛顿的决策精英，唤醒了人们对越战的噩梦般记忆，对 20 世纪 30 年代美国强权和权威遭遇的危机的记忆。中国的崛起加剧了威胁感。拉里·萨默斯将中美贸易平衡描述为金融恐怖平衡，就很能说明问题。不过，德国和荷兰不是这样看待它们的贸易顺差的。一旦危机开始，美国的国家领导层将会更加倾向于普遍使用军事化言论。无论在措辞上，还是在自我意识上，这都标志着大西洋两岸存在着根本分歧。

　　政治文化方面的差别是不可否认的。21 世纪初大西洋两岸高调宣称关系疏远，但如果把这种表象认定为对经济或地缘政治现实的描述，那么这将是一种双重意义上的自欺欺人。[60] 认为"社会欧洲"*的理念已经在本质上偏离了美国所代表的由"金融资本主义"驱动的逻辑，则是一种错觉。事实上，欧洲的金融资本主义以引人注目的方式过度发展，而且它的发展在很大程度上要归功于它与美国经济繁荣的深深纠葛。此外，无论在伊拉克问题上存在怎样的分歧，欧洲在地缘政治上的天真只是近期才出现的现象。尽管法国在伊拉

---

* 概言之，是实现经济与货币一体化，重视社会福利的欧洲经济模式。2017 年欧盟签署的《罗马宣言》重申了"社会欧洲"的愿景，涉及经济可持续增长与社会进步、社会公平正义、自由流动、欧洲一体化和制度与文化多样性等。——编注

克问题上犹豫不决，但它仍是一名久经沙场的后殖民战争斗士。欧洲打的战争也不都是"小型战争"。就在 20 世纪 80 年代，北约的欧洲成员国积极参与了旨在赢得冷战的行动，并最终取得了胜利。鉴于与苏联的紧张关系急剧升级，这个赌注可以说是高得不能再高了。特别值得注意的是德意志联邦共和国对硬实力的承诺。在其鼎盛时期，德国联邦国防军有 50 万的常备兵力，可以动员的兵力达到 130 万人。1983 年，欧洲部署了核武装巡洋舰和潘兴导弹（Pershing missiles），这是大西洋两岸的努力，把一代大西洋主义者团结在一起，共同面对来自欧洲和美国左翼的一致反对。[61] 当然，在 21 世纪，欧洲崇拜天真的信徒非总部设在布鲁塞尔的欧盟莫属。尽管欧盟可能会否认这个事实，但在后冷战时代，它仍然没有远离地缘政治。它与地中海和东欧邻国的关系复杂，不可能轻易地从北约联盟或强制的边境治安行动中解脱出来。这一点很重要，因为尽管欧盟与中东的错综复杂的纠葛保持距离，并拒绝将中国的崛起视为地缘政治威胁，但是，一场激烈的大国对抗将在欧洲的家门口发生，而且就在世界银行体系开始瓦解之际，这种对抗的确爆发了。2008 年 8 月，当金融市场迅速走向灾难时，俄罗斯与西方支持的格鲁吉亚开战了。

第5章
多极世界

21世纪初，俄罗斯重返世界舞台，更多归功于全球经济增长，而不是中国的崛起。俄罗斯向世界市场注入了石油和天然气。俄罗斯的银行和工业企业在欧洲和美国大举借债。与中国一样，它也持有大量美元储备，但与中国不同，它与美国的金融和经济关系并不是直接发生的。俄罗斯赚取美元并非依靠向美国出口，而是通过向欧洲和亚洲出售天然气和石油。此外，尽管中国充满自信地与西方国家打交道，但对苏联来说，冷战失败的创伤仍历历在目。克里姆林宫对尼克松—基辛格时代没有留下什么美好的回忆。因此，中国和美国避而不谈的问题，俄罗斯总统普京（Vladimir Putin）将会提出来，这并非偶然。在冷战时期，普京是苏联国家安全委员会（KGB）的一名特工。普京想知道，重新平衡和重新整合的世界经济对地缘政治秩序有什么影响？提出问题的同时，他这样做也暴露了西方国家（欧洲内部各国之间，以及欧洲和美国之间）的严重分歧。在整个世界范围内，尤其是在欧洲的家门口，也就是冷战后世界资本主义转型的典范东欧，西方国家对经济和金融发展应该由什么样的国际架构来构建都缺乏共识。

一

与亚洲的情况不同，在欧洲，"西方国家"的胜利看起来很明显。这是硬实力和软实力的胜利，是军事、政治和经济实力的胜利。虽然德国人可能会更多地赞赏戈尔巴乔夫（Gorbachev）及缓和外交，而美国人则更愿意称赞里根和"星球大战"计划，但大西洋联盟团结一致取得了胜利。对于冷战的结束，没有哪个国家比重新统一的德国从中受益更多，这是德美合作确保的胜利。1990 年，法国总统弗朗索瓦·密特朗倾向于达成和解，也就是在共同的欧洲安全政策框架下接纳原苏联集团，取代北大西洋公约组织和华沙条约组织。[1]但是，赫尔穆特·科尔和老布什都不想为此做任何事情。西方国家赢了。这将为欧洲统一设定条件。

柏林墙的倒塌和 1991 年 12 月苏联的解体，使俄罗斯的势力范围缩小并被孤立起来。自列宁在 1918 年签署《布列斯特－立陶夫斯克条约》*这一时刻以来，俄罗斯从未如此卑微过。在叶利钦（Boris Yeltsin）的领导下，莫斯科与西方保持友好关系。但是，俄罗斯的经济却是一场灾难。用乔治·索罗斯（George Soros）的话来说，俄罗斯实行的是"中央被击垮了的中央计划经济体制"。[2]在所谓的过渡性衰退中，通货膨胀飙升，俄罗斯的实际 GDP 在 1989 年到 1995 年间下降了 40%。在 1994 年 10 月 11 日的"黑色星期二"，仅仅在一次疯狂的外汇交易中，卢布对美元贬值了四分之一以上。直到 1995 年，俄罗斯的经济才稳定下来。大量外资进入，推动了俄罗斯的温和复苏，俄罗斯得以喘息，但又在 1997 年的亚洲金融危机中再次失去平衡。[3]为了努力稳住汇率，俄罗斯央行实行外汇

---

* 第一次世界大战中苏俄政府与德国为首的同盟国在布列斯特－立托夫斯克（今布列斯特）签订的条约。它是以列宁为首的布尔什维克党为保存新生的苏维埃政权而被迫采取的暂时妥协性行动，使苏俄尽早退出第一次世界大战。——译注

管制，并请求国际货币基金组织提供紧急贷款。[4] 然而，1998 年 8 月，叶利钦政府失去了对国家的掌控。8 月 17 日，莫斯科让货币贬值，宣布延迟 90 天偿还俄罗斯银行所欠的外债。卢布如自由落体般暴跌，从 1 美元兑 7 卢布跌至 1 美元兑 21 卢布。俄罗斯的进口成本激增。向国外借款的俄罗斯人面临破产。在随后的 8 月 19 日，俄罗斯政府宣布以卢布计价的国内债务违约。到了 1998 年 10 月，由于 40% 的人口生活在最低生活水平以下，莫斯科不得不呼吁国际社会提供援助，以支付进口粮食的费用。随着年通货膨胀率飙升至 84%，俄罗斯人对本国货币失去了信心。新千年伊始，在俄罗斯流通的货币总额中，美元占据了 87%。在美国以外，俄罗斯是全世界最大的美元经济体。身在俄罗斯的国际投资者被要求使用美元来支付当地税款。俄罗斯成了美元化的终极实验场，成为一个拥有核武器，却由华盛顿提供货币的前超级大国。[5]

　　除了新近独立的乌克兰，俄罗斯是后苏联国家中受打击最严重的国家，但在 20 世纪 90 年代初，整个前东欧集团都很艰难。[6] 由于取消了计划体制结构，东欧和后苏联国家的经济遭受重创。在 1989 年至 1994 年间，产量平均下降了 30% 以上。随着实际工资大幅下降，共产主义时代的福利制度瓦解，通货膨胀、失业率和社会不平等急剧上升。在波罗的海国家，90 年代的工资水准遭遇了令人震惊的打击。爱沙尼亚和立陶宛的工资分别下降了 60% 和 70%。对数百万人来说，移民是最好的选择，哪怕是违法也在所不惜。

　　在这样的背景下，北约和欧盟决定向东扩张，稳定当前的危机，提供未来的方向，以及长久地重新绘制地缘政治版图。[7] 欧盟和北约的双双扩张并没有经过协调。推动这个进程的既有华盛顿、柏林和巴黎，也有东欧自身。波兰、匈牙利、捷克和斯洛伐克——也就是维谢格拉德集团——早在 1991 年 2 月就开始推动加入北约。随后，欧盟签署了一项结盟协议。但是直到 1993 年，欧盟才做出扩张的

1989年至2010年后社会主义国家的GDP
（以购买力平价衡量）指数：实现工业化的国家

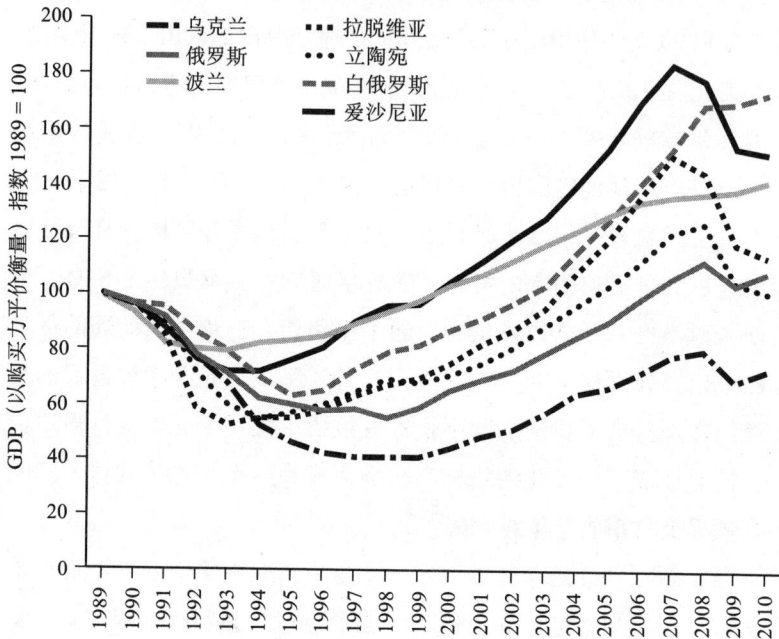

资料来源：http://www.ggdc.net/maddison/maddison-project/home.htm.

决定，具体条件则到了 1997 年才得到详细说明。尽管一些外界观察人士呼吁制定马歇尔计划，以便推动经济发展，但欧盟向渴望加入的东欧成员国提供的是技术和专家援助，因为这些国家正在着手进行从公共财政到交通基础设施、产权和法律体系等方方面面的改革。由于只关注军事方面，北约可以更快地采取行动。早在 1999 年，波兰、匈牙利和捷克就已经被接纳为北约正式成员。真正的蜂拥入盟发生在 2004 年。2004 年 4 月 1 日，保加利亚、爱沙尼亚、拉脱维亚、立陶宛、斯洛伐克、斯洛文尼亚和罗马尼亚加入北约。一个月后，除了保加利亚和罗马尼亚，其他国家都加入了欧盟。直到 2007 年，这两个掉队的国家才被认为做好了加入欧盟的准备。

　　冷战结束已经十五年了。华盛顿开始重新考虑这个想法，许多
西欧政府不愿意着手东扩，因为代价可能是巨大的。很明显，这样
做很有可能激怒俄罗斯。2003 年，在入侵伊拉克的问题上，美国
和西欧分歧很深，令人为难。[8] 作为北约和欧盟成员国候选人的东
欧国家必须做出选择。是站在柏林和巴黎的一边反对战争，还是站
在华盛顿、伦敦和支持它们的马德里和罗马的一边。东欧国家一边
倒地选择了战争，美国国防部部长唐纳德·拉姆斯菲尔德（Donald
Rumsfeld）毫不犹豫地在伤口上撒盐，玩起了"新欧洲"对抗"旧
欧洲"的游戏*，让法国和德国感到不满和孤立。[9] 哈贝马斯和德里
达在 2003 年提出的"欧洲身份认同"的愿景，既针对英美人，也
针对东欧人。这是西欧核心国家需要考虑的问题。欧盟委员会只好
硬着头皮面对。欧盟委员会主席罗马诺·普罗迪总是喜欢说，1989
年柏林墙的倒塌以及德国与欧洲的重新统一，标志着一个新的开始，
而不是历史的结束。[10] 虽然欧洲的历史曾经意味着冲突和贫困，但
现在欧洲无所畏惧，世界也不必再害怕欧洲了。欧盟克服了 19 世
纪典型的强权政治和冷战的武装休战。作为稳定、繁荣和法治的提
供者，欧盟正在实现康德梦想中的永久和平。

　　普罗迪说，欧盟似乎很快就会成为一个集软实力和硬实力于一
身的功能齐全的政府。但事实上，冷战后世界的地缘政治格局已经
变得更加不确定，更加摇摇欲坠。欧盟从来都没有发展过自己的硬
实力。欧洲的军事合作不仅喜欢搞派系斗争，还遭到了华盛顿的反
对；不过，所有欧洲国家都因此获得了和平红利。鉴于俄罗斯处于
劣势，有什么理由不让冷战时期的庞大军事建设停下来呢？正是这
个决定为 21 世纪大西洋两岸在国防政策上的分歧奠定了基础。这

---

* 他把支持美国对伊拉克动武的欧洲国家（主要是东欧国家）称为"新欧洲"，而把持反对
　立场的欧洲国家（德法等国）视为"旧欧洲"。——译注

也使得东欧更加依赖美国，而随着新世纪的发展，美国的军事优势
变得越来越明显。与此同时，在 20 世纪 90 年代初向东欧国家提供
第一轮财政援助之后，在推动东欧更广泛的一体化进程中，美国只
扮演了次要角色。在清除苏联实验的遗留问题上，起领头作用的实
际上是欧盟。

二

东欧并入欧盟和北约的过程牵涉到地缘政治、政治和官僚体制
等多个方面。但是，第一个发起者不是官僚，而是西欧的企业。[11]
东欧的劳动力拥有精湛的技术，但他们的工资不到 20 世纪 90 年代
德国普遍水平的四分之一，因此他们具有难以抗拒的吸引力。欧洲
一体化的进程甚至比加拿大、美国和墨西哥根据北美自由贸易协定
进行整合的过程还要充满戏剧性。在共产主义结束后的十年里，东
欧大约有一半的产能掌握在欧洲跨国公司的手中。[12] 很快，东欧的
汽车生产就占据了欧洲产出的 15%，其中 90% 由外资拥有，大众
收购斯柯达就是一个典型案例。同时，90 年代波兰最大的单一外国
投资者是菲亚特汽车，其次是韩国大宇汽车。[13]

有了私人资本打头阵，越来越多的政府资金也接踵而至。在
整个东欧，高速公路和公共建筑上都印有欧盟的蓝色徽标和星
环。尽管最初的支出水平相当低，但在 2000 年之后，通过凝聚
基金（Cohesion Fund）、欧洲区域发展基金（European Regional
Development Fund）和欧盟的农业补贴计划，数百亿欧元从西欧
流向东欧。在 2007 年至 2013 年的最后融资阶段，在拨付给东欧的
1750 亿欧元的结构性基金中，仅波兰就得到了 670 亿欧元。[14] 此
外，捷克得到了 267 亿欧元，匈牙利获得了 253 亿欧元。在整个地区，
欧盟的资金足以在七年内为固定资本形成总额（gross fixed capital

formation)* 的 7% 至 17% 提供资金。布鲁塞尔向东欧的新成员国投入的资金规模堪比著名的马歇尔计划，该计划于 1947 年启动，旨在拯救遍地废墟的战后西欧。二战结束后，直到 50 年代末，私人资本才开始大量跨越大西洋，但在东欧的经济转型中，欧盟公共资金带来的影响立刻被私人投资强化了好几倍。

20 世纪 90 年代，西欧接管东欧的工业基础仅仅是个开始。到了 2008 年底，西方银行在后苏联国家发放的信贷已经扩大至 1.3 万亿美元。这个数字之所以如此庞大，不仅是"外国贷款"的结果，还有当地银行体系的大规模整合的加持。在欧元区，法国、荷兰、英国和比利时的银行将资金注入爱尔兰和西班牙等热点地区，而在前共产主义国家，荷兰的荷兰国际集团这样的银行、德国的巴伐利亚银行、奥地利的瑞福森银行和意大利的裕信银行一马当先。

在整个东欧，金融一体化"持续发展"。外币贷款在很大程度上被用于提供抵押贷款、信用卡和汽车贷款。最极端的情况出现在匈牙利，在 2003 年至 2008 年间，家庭债务增加了 130%，全部由外币信贷组成。刚刚入手的新房子是用瑞士法郎购买的，还有什么能比这更清楚、更个性化地说明你已经来到西方国家了呢？

金融、政治和外交领域同时进行一体化造成了颠覆性的影响。在东欧的主要城市，物质生活水平迅速与西方的标准趋于一致。这给那些地理位置更加偏东、不太受欢迎的原苏联加盟共和国留下了深刻印象，这也没什么好奇怪的。到了 21 世纪初，许多原苏联加盟共和国似乎被困在了时间隧道里。作为戈尔巴乔夫的外交部部长，爱德华·谢瓦尔德纳泽（Eduard Shevardnadze）一直都是西方的宠儿。但到了 21 世纪初，他主政的格鲁吉亚腐败丛生，甚至无法向

---

* 固定资本形成总额，指常住单位购置、转入和自产自用的固定资产，扣除固定资产的销售和转出后的价值，分有形固定资本形成总额和无形固定资本形成总额。——译注

西欧银行对中欧和东欧国家的债权（单位：10亿美元）

	奥地利	比利时	法国	德国	意大利	荷兰	瑞典	西欧
保加利亚	5.7	2	3.6	2.8	8.1	0.7	0	41.5
捷克	65.1	56.7	38.6	12.7	19	6.2	0.2	205.7
匈牙利	38.3	18.7	11.9	37.9	29.3	5.6	0.3	153.3
波兰	17.2	25.2	22.9	55.4	54.4	41.2	8.1	287.4
罗马尼亚	46.5	1.2	17.6	3.8	12.9	11	0.2	124.1
斯洛伐克	33.2	10.9	6.4	4.1	23.6	6.7	0.2	87.3
爱沙尼亚	0.3	0.1	0.1	1.1	0.4	0	32.7	40.2
拉脱维亚	0.8	0	0.4	4.8	1.4	0	25.0	43.3
立陶宛	0.3	0.1	0.4	3.8	0.7	0	28.9	45.5
白俄罗斯	2.1	0.1	0.2	0.9	0.2	0.1	0	3.8
俄罗斯	23.9	10.3	34.7	49.5	25.7	25.5	9.9	222.6
乌克兰	12.9	0.8	10.6	5	4.9	3.7	5.4	52.8
总计	246.3	126.1	147.4	181.8	180.6	100.7	110.9	1,307.5

资料来源：Danske Bank Research, "Euro Area: Exposure to the Crisis in Central and Eastern Europe," February 24, 2009, table 1.

国际货币基金组织借款。乌克兰几乎遭遇了和俄罗斯 20 世纪 90 年代的经济崩溃一样严重的情况，而且几乎没有复苏的迹象。与邻国波兰相比，它备感痛苦。在 2003 年和 2004 年，格鲁吉亚和乌克兰发生了"颜色革命"，最主要的推动因素是这些国家的人民决心不要再落后于遥远的西方国家，不要错过西方国家正在经历的巨大转变。[15] 乌克兰的主要抗议组织"PORA"的名称翻译过来就是"是时候了"。它的标志是一个嘀嗒作响的时钟。[16] 后苏联时代的落后国家已经没有时间可以浪费了。在乌克兰，2004 年的革命者小心翼翼地维持地缘政治平衡，既没有选择俄罗斯，也没有选择西方。在格鲁吉亚，事情要简单得多。在推翻了谢瓦尔德纳泽之后，到了 2006 年，由米哈伊尔·萨卡什维利（Mikhail Saakashvili）领导的、获得西方支持的格鲁吉亚新政府踌躇满志,成为世界银行认可的"最佳改革者"。格鲁吉亚的军队很快便向驻伊拉克的联军提供支持。[17]
布鲁塞尔可能会宣称"欧盟不会插手地缘政治",这个口号正适合
旧欧洲的政策制定者,尤其是柏林。但是,对于一群在 1999 年至
2007 年间同时加入北约和欧盟的新入盟国家来说,这种说法毫无
意义。欧洲一体化和北约都诞生于冷战时期。由于苏联被击败,自
1989 年以来,它们就共同往东扩张。对于新入盟国家而言,与欧盟
和北约联系起来,进而与美国联系起来,其中的历史逻辑是不可否
认的。与西方国家整合带来了安全和繁荣,但它也潜藏着金融和地
缘政治风险。

三

与新兴市场经济体一样,在东欧的金融一体化中,货币问题至
关重要。前共产主义国家没有统一的货币制度。[18]在波罗的海国家
中,拉脱维亚选择了直接盯住由中央银行管理和捍卫的欧元;立陶
宛和爱沙尼亚选择了货币局制度,根据这个制度,整个国内货币体
系与货币局持有的欧元挂钩。波兰和捷克选择了自由浮动汇率。匈
牙利允许福林 * 在一个区间内变动。保加利亚采用了货币局制度;罗
马尼亚采用了由政府操纵的汇率浮动制度,根据这种制度,央行定
期进行干预,指导外汇在可调节的区间内变动。[19]这些国家的共同
之处在于,它们都乐观地期待自己的制度将与欧盟趋同,并在适当
的时候成为欧元区成员。这些希望不仅仅是写在纸上的梦想。东欧
经济体抢先适应欧盟的条件,改变了它们的经营方式、市场运作方
式以及谁应拥有什么。同样重要的是,它们的决策机构和政府官员
也要适应。由于英格兰银行和欧洲央行的积极参与,到了 21 世纪初,

---

* 福林,匈牙利的货币,1 福林约等于 0.0033 美元。——译注

东欧国家都配置了由专业经济学家组成的西方化的中央银行。[20] 对于加入欧元区的前景，没有人比央行的银行家们更加热情了。与布鲁塞尔的欧盟和法兰克福的欧洲央行结盟不仅提高了他们的地位，还保护他们免受不必要的国内政治压力。不久，他们将加入全球央行银行家的精英行列。

结果就是，东欧在欧洲的家门口重现了过度乐观的扩张架构，正是这种架构曾经导致了 20 世纪 90 年代新兴市场的危机。市场改革和私有化的成功案例，加上资本自由流动和汇率的相对稳定，导致了大量资本流入，进而给本币带来了升值压力。所有指标看起来都不错。但是，蓬勃发展的国内经济、不断升值的汇率和不断增加的外汇储备，所有这些美景都可以追溯到一个共同因素：外国资本大量涌入。如果这种大量涌入出现逆转，将会发生什么？如果突然停止了，又会发生什么？

2007 年 2 月，国际货币基金组织在绝密条件下进行了一次模拟演练，模拟其在匈牙利的资金流向发生逆转时的应对。匈牙利是风险敞口最大的东欧经济体之一。国际货币基金组织很焦虑，要急于保密和避免恐慌，以至于国际货币基金组织的信息技术部门创建了一个独立的"模拟邮件"电邮系统，以避免将演练中的记录泄露给外界。[21] 匈牙利央行重复了同样的模拟演练。2007 年夏天，模拟演练的结果在欧洲央行的一次会议上轻松宣布，这个结果令人放心。如果说有什么值得警惕的话，那就是匈牙利 60% 的银行业掌握在比利时、奥地利、意大利和德国银行的手中。一旦发生危机，如果布达佩斯要应对危机，那么它就需要与其西欧同行进行尽可能密切的合作。[22]

匈牙利的情况极其失衡，但波罗的海国家的情况甚至更加极端。2008 年初，国际货币基金组织指出，拉脱维亚的经济严重过热，其贸易逆差相当于 GDP 的 20%。[23] 根据国际货币基金组织的模型，其货币被高估了 17% 到 37%。尽管中国和美国在贸易失衡问题上陷入僵局，但国际货币基金组织的官员认为，将拉脱维亚单独挑出来，列为一个不可否认地存在"根本失衡"的国家，可能不会有什么争议。结果证明计算有误。任何有关波罗的海国家非理性繁荣的公开声明，都被国际货币基金组织理事会中的欧洲人阻止了。因为他们希望波罗的海国家继续加入欧元区，不想冒险让国际货币基金组织发出警告，从而引发东欧国家不确定性的连锁反应。尤其是瑞典人，他们对此深表关切。因为瑞典的银行向拉脱维亚发放了大量贷款，使得危机很容易就会波及整个波罗的海。从 2007 年冬至 2008 年冬，斯堪的纳维亚国家在国际货币基金组织理事会中的代表甚至采取了更过火的行动，他们阻止国际货币基金组织的代表团前往里加完成拉脱维亚的协议第四条规定的定期报告。

在欧洲，没有人想戳破泡沫。拉脱维亚正从 20 世纪 90 年代的萧条中复苏。2007 年秋天，拉脱维亚外交部搬进了新装修的大楼，它上一次入主这栋大楼是在 30 年代，当时拉脱维亚第一次从沙皇俄国的统治中独立出来。[24] 一位评论家在回顾时提到，人们对拉脱维亚抱有很高的期望，希望"拉脱维亚未来能够将其外交政策扩展到跨大西洋以外的地方，并促进乌克兰、格鲁吉亚和摩尔多瓦等后苏联国家与欧盟和北约建立更紧密的联系。据估计，拉脱维亚的发展合作预算将迅速增加，拉脱维亚将在遥远的地方设立新的大使馆，并将进入非洲以帮助较贫穷的国家发展，这些都只是时间问题"。[25] 如果说这是小国拉脱维亚的命运发生了转变，那么这种表述并不充分。这是一个既广阔又脆弱的愿景。它取决于两个关键的条件：拉脱维亚狂热的经济繁荣的继续，以及庞大邻国对东欧国家的默许。1990 年 5 月，俄罗斯冷眼看着拉脱维亚宣布独立。2003 年秋天，俄罗斯又目睹拉脱维亚就是否加入欧盟举行全民公投，推翻了俄罗斯少数民族所投出的否决票。2004 年 4 月，俄罗斯还看着拉脱维亚和波罗的海邻国加入了北约。当拉脱维亚和其他类似国家开始将苏联时代的权力边界向东推得更远时，俄罗斯还会继续冷眼旁观吗？

四

　　如果说 20 世纪 90 年代是俄罗斯经济的黑暗时刻，那么新千年迎来的则是一段复苏时期。2000 年 5 月，弗拉基米尔·普京以压倒性胜利当选总统，他后来常常宣称俄罗斯的复兴是他的功劳。事实上，普京的政治导师、严厉的前共产主义者叶夫根尼·普里马科夫（Yevgeny Primakov）早在 1999 年就开始扭转俄罗斯的经济命运。卢布贬值震动了俄罗斯的出口行业，并且抑制了进口。但是，经济复苏的关键驱动力是全球石油和其他大宗商品的繁荣，这种繁荣始于 2000 年下半年普京上台几个月后。乌拉尔原油的现货价格从 1998 年的每桶 9.57 美元，飙升到了 2008 年的每桶 94 美元。除非出现灾难式的管理失当，否则俄罗斯的经济和公共财政将蓬勃发展。问题是谁将从繁荣中受益，它又将如何影响俄罗斯与外部世界的关系。

　　20 世纪 90 年代，俄罗斯经济的大部分已经私有化，但在普京的领导下，能源部门重新收归国家控制，这实际上形成了以总统为中心的寡头集团。在能源领域，巨型的俄罗斯天然气工业股份公司和俄罗斯石油公司是国有工业的"攻坚梯队"。2003 年 10 月，米哈伊尔·霍多尔科夫斯基（Mikhail B. Khodorkovsky）因逃税被捕入狱，这让西方的一些知名人士感到震惊。在 90 年代，霍多尔科夫斯基曾在一项特别恶名昭彰的私有化交易中把自己变成了私有石油巨头尤科斯的老板，而后成为亿万富翁。[26] 一年后，尤科斯的主要资产在一次减价出售中被一家空壳公司抢购一空，这家空壳公司结果是国有企业俄罗斯石油公司的一个幌子。与此同时，俄罗斯天然气工业股份公司从罗曼·阿布拉莫维奇（Roman Abramovich）手中收购了西伯利亚石油公司，从而巩固了其对庞大的天然气行业的控制。阿布拉莫维奇当上了切尔西足球队的老板，退休前往伦敦，在英超顶级联赛中享受生活。2006 年，因面临被起诉的威胁，英荷石油巨头壳牌公司被迫将库页岛上宝贵的资产出售给了俄罗斯天然气工业股份公司。2007 年，合资企业俄罗斯秋明－英国石油控股公司被迫卖出另一个有前景的天然气田。尽管俄罗斯石油公司和俄罗斯天然气工业股份公司从未合并，但它们共同为俄罗斯政府提供了强大的企业基础。有人计算过，在俄罗斯的石油生产中，国有企业的比例从 2004 年的 19% 上升到了 2008 年的 50%。[27]

在蓬勃发展的国有能源企业的支持下，普京和他的团队在 20 世纪 90 年代实施的措施基础上，进一步恢复了俄罗斯的财政状况。在俄罗斯的国家收入中，来自石油和天然气的税收和收入接近 50%。要不是石油和天然气的产量增长在 2005 年后出现了令人失望的放缓，这个数字还会更高。不过，石油和天然气的繁荣带来了滚滚利润，普通俄罗斯人的家庭消费急速上升，以每年 10% 的速度增长，使得消费重新回到危机前的水平。到了 2007 年，低于最低生活水平的人口比例已经下降至 14%。这不再是过去那种狂热的美元投机。物价稳定，不再以美元计价，而且税款使用卢布支付。俄罗斯议会通过了一项法律，对继续使用美元作为记账单位的政府官员处以罚款。[28]有一次，就连普京也尴尬地发现自己被逮了个正着。从 2003 年起，以技术官僚经济学家阿列克谢·库德林（Alexei Kudrin）为首的俄罗斯财政部，就利用石油和天然气收入积累了庞大的国际资产战略储备。到了 2008 年初，这个数字已经达到 5500 亿美元。俄罗斯目前是全球第三大美元储备国，仅次于中国和日本。按照普京的命令，一位特殊的官员筹组了全国粮食和重要原材料储备。[29]俄罗斯再也不会重蹈它在 1998 年经历过的那种耻辱性的危机。

　　因此，俄罗斯似乎成了经济强国的典范，它拥有巨额贸易顺差、激增的外汇储备和强大的政府。但是，俄罗斯地位的矛盾之处在于，它新近出现的繁荣并非脱离世界经济独立产生，而是与世界经济纠缠在了一起。[30] 这种纠缠已经超出了石油和天然气出口的范畴。货币流动得更快，连接离岸银行体系的渠道也已经准备就绪。数百亿美元的石油和天然气出口收入再也没有回到俄罗斯。俄罗斯寡头们的行为就像 20 世纪 70 年代石油国家的大亨一样，他们把财富藏在塞浦路斯等离岸避税天堂，然后再从那里汇回伦敦和便利的欧洲美元账户。从 21 世纪初开始，大量资金回流俄罗斯，导致这种模式进一步复杂化。在 2007 年，这个数字达到了每年 1807 亿美元的顶峰，其中只有 278 亿美元是外国直接投资。[31] 其余的资金则通过俄罗斯联邦储蓄银行和俄罗斯外贸银行等国际银行进入俄罗斯的金融体系。为了防止卢布急剧升值，与中国央行一样，俄罗斯央行发现自己不得不使用新印制的卢布大量购买美元，以冲销美元流入的影响。在将美元挤出国内流通之后，莫斯科现在扮演了一个它不太熟悉的角色——美国的实际债权人。

　　全球的商品繁荣推动了俄罗斯的复苏，与此同时，西欧的资金涌向东方，进入曾经属于华沙条约组织的地盘，这就如同全球资本主义的两大力量在欧亚大陆交锋。俄罗斯及其前卫星国的实力得到了增强，全球增长导致了相互矛盾的地缘政治，这是否使冲突不可避免？从经济的角度来看当然不是。波兰和波罗的海经济的增长，以及乌克兰、格鲁吉亚和俄罗斯的发展，并没有彼此妨碍。欧洲对俄罗斯的出口兴旺起来，整个欧洲严重依赖俄罗斯的天然气。问题是，这种共享的、紧密交织的繁荣能否赋予一个共同的政治意义。它会成为稳定和繁荣的国际秩序的基础吗？或者说，这种不均衡但急剧的增长会刺激产生新一轮的军备竞赛吗？相互依存是否不会被视为富有成效和效率的表现，而是被看作脆弱和威胁的源头？在 20

世纪 90 年代的黑暗岁月里，原共产主义经济体经历了共同的紧急情况，都有过精疲力竭和混乱不堪。具有讽刺意味的是，"共同繁荣"将被证明更具爆炸性。

较之于鲍里斯·叶利钦，普京由于其个人背景，没有理由对西方抱有好感。但是，在他担任总统之初，就连他的批评者也承认，普京似乎在寻求华盛顿的认可。[32] "9·11"事件后，普京压制了许多俄罗斯民族主义者的敌对冲动，并为美国入侵阿富汗提供了引人注目的支持。然而，这种和解是单方面的。在布什执政期间，华盛顿从来都没有认真地把俄罗斯当作盟友，并拒绝将莫斯科在车臣的残酷战争视为共同打击恐怖主义和"宗教极端主义"的一部分。虽然遭到华盛顿的冷眼相待，但美国和西欧在伊拉克战争上的分歧为俄罗斯提供了筹码。让德国人对抗美国人，这是普京在德累斯顿担任苏联国家安全委员会的特工时就熟悉的游戏。而且，意见不一的不仅仅是德国和美国。德国倾向于缓和与俄罗斯的关系，这也是柏林与东欧国家疏远的一个原因。当德国和俄罗斯在 2005 年签署了第一个北溪天然气管道协议，俄罗斯天然气工业股份公司大幅向西方输送天然气时，波兰外交部部长谴责这是 1939 年决定了波兰命运的"希特勒—斯大林协议"*的重演。2005 年冬至 2006 年冬，当莫斯科调整供给乌克兰的天然气价格时，这只是证明波兰人担心的最坏情况成真了。到了 2006 年初，华沙和华盛顿呼吁北约建立新的部门，以便在选定的能源安全领域对抗俄罗斯。[33]

不过，起作用的不仅仅是天然气供应。2006 年 4 月，在华盛顿举行的国际货币基金组织和世界银行的会议上，在三位央行行长马里奥·德拉吉、本·伯南克和让-克罗德·特里谢的注视下，普京

---

* 即《苏德互不侵犯条约》，是 1939 年 8 月 23 日苏联与纳粹德国在莫斯科签订的一份秘密协议。该条约制定了分割波兰的计划，同时也决定了波罗的海国家归属苏联的命运。——译注

的财政部部长阿列克谢·库德林与美国财政部部长握手。库德林宣布偿还在20世纪90年代的黑暗日子里向巴黎俱乐部*的债权人欠付的一大笔国际债务。但是，库德林也传达了一个不那么友好的信息。他宣称，美元正面临着丧失"普遍或绝对储备货币"地位的危险。[34]美元的价值实在是太不确定了。"无论是美元汇率还是美国的贸易平衡，都必然会引发人们对美元的储备货币地位的担忧。"俄罗斯财政部部长1998年发表讲话的屈辱经历过去了八年，市场在倾听。库德林的发言足以使美元兑欧元的汇率下跌近半美分。

在莫斯科的街头，人们的言语更加激愤。2006年，俄罗斯民族主义运动"纳什"（Nashi）召集了一群暴徒举行街头示威，反对美元霸权。普通俄罗斯人对美元的长期依赖不仅仅是一种心理弱势的表现。传单上写着："买进100美元，你就给美国经济投资了2660卢布。这些钱用于伊拉克战争，用于建造美国核潜艇。各种估计数据表明，美元的价值是其面值的15%到20%。美元之所以稳定，秘密在于美元区的持续扩张……这是一个金融金字塔，那些相信美元的傻瓜是它的基础。"[35]

2007年2月，普京总统首次在著名的慕尼黑安全会议上露面。来自世界各地的政府首脑和部长们出席了这次会议，目的是讨论安全政策，就像参加达沃斯会议是为了讨论商业和经济一样。普京的演讲迫使人们公开讨论全球化时代的强权政治问题。[36]回顾冷战结束后的几十年，普京问道：西方希望看到一个什么样的世界组织？西方谈到了权利和国际法，但是，"在当今的国际关系上，我们目睹了几乎不受限制的过度使用武力——军事力量，这些军事力量正把世界拖入永久冲突的深渊……一个国家，当然主要是美国，在各

---

* 巴黎俱乐部，成立于1956年的国际性非正式组织，目前由全球最富裕的22个国家组成，专门为负债国和债权国提供债务安排，例如债务重组、债务宽免和债务撤销。——译注

个方面的做法都超越了国界。这可以从它强加给其他国家的经济、政治、文化和教育政策中窥见一斑。哪个国家喜欢这样？……当然，这是极其危险的。这将导致所有人都感到不安全。我想强调这一点——没有人会觉得安全！因为没有人会觉得国际法将像石墙一样保护他们。当然，这样的政策会刺激军备竞赛"。美国曾一度凭借其强大的经济实力赢得了与苏联的军备竞赛。在新的千年里，美国仍然控制着大量的核武器和导弹系统。美国的军事力量是不可否认的。但是，鉴于当代经济发展，任何声称自己无所不能的说法都是不切实际的。"国际形势如此多变，而且变化如此迅速——随着许多国家和地区的蓬勃发展而变化……以购买力平价衡量，印度和中国等国的GDP总和已经超过了美国。以同样的方式计算，金砖四国（巴西、俄罗斯、印度和中国）的GDP也超过了欧盟各国GDP的总和。根据专家的说法，这种差距在未来只会扩大……全球经济增长的新核心国家的经济潜力将不可避免地转化为政治影响力，并且将巩固多极化，对此，我们没有理由怀疑。"在这种情况下，西方想象全球秩序可以建立在自己的组织——欧盟和北约——之上，而不是建立在联合国这个广泛吸纳各国的机构之上，这要么是自欺欺人，要么就是不怀好意。除非西方国家假定俄罗斯怀有敌意，否则它们宣称北约向东欧的扩张"是为了保障联盟自身的现代化或确保欧洲的安全"就是毫无道理的。既然如此，莫斯科怎能不把这种扩张理解为"严重挑衅"呢？

　　普京承认，欧洲和俄罗斯争论的是能源问题。但是，这个问题的答案是什么呢？他提出，价格应该"由市场决定，而不是取决于政治投机、经济压力或勒索敲诈"。随着全球需求的激增，俄罗斯无须担心市场的判断。俄罗斯的专家们正兴高采烈地预测未来油价将达到每桶250美元。[37]俄罗斯天然气工业股份公司的全球企业排名大幅上升。预计几年内，它将超过埃克森美孚，成为全球最大的上市公司。[38]然而,暗示俄罗斯不对外商业开放也是不合理的。当然,俄罗斯政府宣称自己有合法的国家利益,"俄罗斯 26% 的石油开采是由外国资本完成的。请给我找一个类似石油开采的例子,即俄罗斯企业也广泛参与了西方国家的关键经济产业。这样的例子并不存在!"俄罗斯接受了信用评级机构的评判,并庆祝自己的评级得到了改善。它希望成为世贸组织的正式成员。然而,说到这里,普京的语气变得严厉了,俄罗斯不能容忍的是,欧洲安全与合作组织等组织改变目标,"变成了一个粗俗的工具,被用来推动一个或一组国家的外交政策利益"。对于 2004 年俄罗斯选举被操纵的批评性言论,莫斯科深感不满。这意味着,俄罗斯不会让 2003 年至 2004 年西方支持的格鲁吉亚和乌克兰革命在俄罗斯重演。[39]

正如俄罗斯著名评论家德米特里·特列宁(Dmitri Trenin)所指出,普京正在让俄罗斯人民认识到多极化的现实:"直到最近,俄罗斯还把自己看作西方太阳系里的冥王星,离中心非常远,但是从根本上说,它仍是太阳系的一部分。现在,它已经完全离开了这个轨道——俄罗斯领导人已经放弃成为西方的一部分,并开始创建以莫斯科为中心的太阳系。"俄罗斯正在将自己塑造成一个"主要的外部参与者,它既不是永远的敌人,也不是自然而然的朋友"。[40]那么问题来了,俄罗斯打算把谁纳入它的新"太阳系"。特别是,这对原苏联各加盟共和国和东欧国家有什么影响?这对拉脱维亚这样的国家意味着什么?拉脱维亚刚刚重新装修了外交部,并雄心勃勃地将其市场经济模式推广到其他原苏联加盟共和国。2007 年 2 月,捷克外交部部长卡雷尔·施瓦岑贝格(Karel Schwarzenberg)在慕尼黑即刻做出了回应。他开玩笑说:"我们必须感谢普京总统,他不仅关注这次会议,还明确、令人信服地说明了为什么必须扩大北约。"[41]施瓦岑贝格说这些话时使用的是过去式。但是,真正的问题是未来。面对普京的挑战,西方国家是满足于维持东欧的现状,

还是心照不宣地接受普京划下的界线？在回应普京的挑战时，西方
只有推动欧盟和北约的进一步扩大这一个办法吗？显而易见，较小
的前共产主义国家具有紧迫感，它们在安全政策和经济方面的脆弱
性非常明显。但是，欧洲和跨大西洋体系中的大型玩家——华盛顿、
柏林和巴黎——将如何应对？在 2008 年 4 月 2 日至 4 日在布加勒
斯特举行的北约峰会上，这个问题将令人尴尬地摆在所有人的面前。

五

　　会议地点本身就具有象征意义。罗马尼亚是新欧洲的热切倡导
者，它先在 2004 年加入北约，又在 2007 年加入了欧盟。罗马尼
亚士兵在前南斯拉夫、安哥拉和伊拉克执行警务工作。与此同时，
加入欧盟使罗马尼亚的 2100 万人口获得了 198 亿欧元的补贴。罗
马尼亚人得以向西方自由移动和大举移民，特别是向意大利移民。
2007 年，在意大利的罗马尼亚人已经超过 100 万，这引发了当地反
移民人士的不满情绪，而普罗迪政府则竭力遏制这种不满情绪。[42]
与此同时，罗马尼亚的 GDP 增速达到了 6%，预计 2008 年将达到
7%。罗马尼亚人称自己为"东欧之虎"。[43] 有传言称，罗马尼亚最
早将在 2012 年加入欧元区的富国俱乐部。在焕然一新的首都布加
勒斯特，《欧洲房地产年鉴》(Europe Real Estate Yearbook) 报告
称，高档写字楼的空置率不超过 0.02%。[44] 随着美国次贷危机的爆
发，荷兰国际集团的房地产公司等国际投资者纷纷抢购罗马尼亚的
资产，以增加他们在东欧的房地产投资组合。[45] 作为 2008 年 4 月
北约峰会的主办城市，布加勒斯特是布什为提升其总统形象所做的
最后一次重大努力的完美舞台。对于俄罗斯与西方国家的未来关系
来说，没有什么问题比格鲁吉亚和乌克兰加入北约更具决定性影响。
　　2008 年 2 月，格鲁吉亚和乌克兰正式申请加入北约的成员国行

动计划（Membership Action Plan，MAP）*，以便快速入盟。[46] 它
们是继波罗的海国家之后加入西方联盟的第四个和第五个原苏联加
盟共和国。与波罗的海国家一样，格鲁吉亚也是一个敏感的小国。
乌克兰和它们不在同一个层级。乌克兰拥有 4500 万人口，具备雄
厚的经济实力，地处黑海的战略位置，并对俄罗斯帝国具有历史意
义，它加入西方联盟将是对俄罗斯的沉重打击，而此时普京刚好宣
布他打算阻止局势恶化。尽管（也可能正是因为）这个事件具有引
人注目的挑衅性，布什总统立刻尽全力支持它们的入盟申请。白宫
宣布，欢迎乌克兰和格鲁吉亚加入成员国行动计划，这个信号将传
遍整个地区。这将向俄罗斯表明，"这两个国家现在是而且将继续
是主权独立的国家"。这个提案必然会让新欧洲感到满意。波兰政
府喜出望外。柏林和巴黎持保留意见，但是这并不令人扫兴。布什
也没有心情顾及它们的感受。4 月初，在前往布加勒斯特的途中，
美国总统先访问了基辅，他在那里宣布："我到这里来，是为了向
每个人表明我是认真的：乌克兰加入北约符合我们的利益。"[47] 正
如一位美国官员所说，这位即将离任的总统正在"表态"。[48]

　　对于在罗马尼亚首都举行的这次北约峰会，可以预见将会产生
什么样的结果。在将总统职位移交给他的副手德米特里·梅德韦杰
夫（Dmitry Medvedev）之前，普京第一次参加了俄罗斯和北约的
联合会议，他无意妥协。2008 年 2 月，西方无视塞尔维亚（俄罗斯
将它视为自己的附庸）的主权要求，承认科索沃独立，这在俄罗斯
怨恨的伤口上撒了一把盐。在北约会议上，当话题转向乌克兰和格
鲁吉亚时，普京愤怒离席，以示抗议。这让柏林和巴黎不得不反对
成员国行动计划的构想，使得这个计划停了下来。这样做，法德两

---

* 该计划是针对想要加入北约的国家制定的咨询、援助和支持方案，旨在帮助加入该
　计划的国家做好加入北约的准备。这些准备涉及政治、经济、国防、安全和法律等
　领域。——编注

国可以指望得到意大利、匈牙利和比荷卢三国的支持，以便反对东欧和斯堪的纳维亚国家关于扩大北约的主张。美国人在一旁看着。布什政府的一名高级官员告诉《纽约时报》(*New York Times*)："这场辩论主要发生在欧洲人之间……意见分歧相当大，但是这种分歧是以好的方式呈现出来。"[49] 康多莉扎·赖斯（Condoleezza Rice）就不那么乐观了。她目睹了德国人和波兰人之间的冲突，这些冲突令人不安。用她的话来说，在布加勒斯特的争论是"我经历过的盟友之间最尖锐、最有争议的辩论之一。事实上，这是我当国务卿以来见过的最激烈的一次"。[50] 在这次会议上，没有启动正式的会员国申请程序。但是，默克尔让步了，她说峰会应该发表声明，支持格鲁吉亚和乌克兰的愿望，并应大胆宣布"这些国家将成为北约的成员国"。[51] 这种说法是在敷衍了事，而且会造成灾难性的后果。因为它既让俄罗斯确保格鲁吉亚和乌克兰没有达到加入北约的下一个条件，也邀请了格鲁吉亚、乌克兰和它们的支持者来推动这个进程。模棱两可是导致分歧升级的因素，并且双方都做出了相应的回应。

2008 年 5 月，在波兰的敦促下，欧盟采纳了将乌克兰作为东部伙伴关系的想法，将其作为根据《里斯本条约》制定的欧盟新外交政策的关键要素之一。[52] 虽然德法在布加勒斯特表达了反对意见，但却没有反对措施。欧盟和北约的步调保持一致。与此同时，俄美关系急转直下。尽管普京喜欢把自己塑造成一个现代化主义者，但总统继任者梅德韦杰夫仍然坚持强硬路线。2008 年夏天，当美国的金融市场发生动荡时，谣言四起，称莫斯科对美元霸权的攻击将从口头行动转向协同行动。美国财政部部长保尔森没有透露消息来源，但在奥运会前夕，他在中国的熟人告诉他，他们"收到了俄罗斯的消息说'嗨，让我们联合起来，在市场上出售房利美和房地美的证券'"。[53] 美国抵押贷款市场的脆弱即将变成地缘政治武器。作

为奥运会的主办国，中国正在庆祝这个全球派对。由于与美国经济
存在太多的利害关系，中国不可能认真对待这个建议。但是在 2008
年，俄罗斯确实抛售了 1000 亿美元的房利美和房地美债券。正如
路透社报道所说，这个决定主要是出于国内政治考虑。[54]"这些
债券遭到了一些俄罗斯媒体和公众的敌视，他们对风险投资十分
警惕。"到了 2008 年夏天，除了俄罗斯的民族主义者，其他人也
会认为美国的抵押贷款证券是一项糟糕的投资。政府资助企业处
于抵押贷款危机的核心，即将面临令人震惊的破产。爱国的俄罗
斯人认为没有理由要支持美国，因为美国如此公然藐视俄罗斯的国
家利益。回顾过去，财政部部长保尔森不无遗憾地承认："这让我
明白我有多么脆弱。"[55]

　　尽管中国拒绝参与可能扰乱国际秩序的行动，但美国在第比利
斯的朋友们却没有那么谨慎。2008 年 8 月初，在俄罗斯的怂恿下，
叛乱的南奥塞梯的非正规军开始炮击格鲁吉亚军队的阵地。[56] 8 月
7 日，格鲁吉亚政府上钩了，很显然，他们相信自己得到了华盛顿
的批准。由美国训练的格鲁吉亚军队发动了突然反击，意图征服奥
塞梯和阿布哈兹，解决悬而未决的领土问题，并为成功申请加入北
约扫清道路。当令人惊叹的北京奥运会的开幕式出现在西方的电视
屏幕上时，格鲁吉亚派出了陆军和空军入侵南奥塞梯。莫斯科的反
应极具毁灭性。仅仅数日，俄军就击溃了规模较小的格鲁吉亚军队，
造成数百人伤亡。根据格鲁吉亚的消息，23 万平民被迫逃离家园。
俄罗斯的坦克快速推进，停在了哥里—第比利斯高速公路上，那里
距离首都只有一个小时的车程。

　　俄罗斯总统梅德韦杰夫向本国的安全理事会宣布，2008 年 8 月
8 日标志着国际秩序的转折点，从此以后，世界将不得不考量俄罗
斯的力量，此时西方的反应是给予谴责。[57]波兰、乌克兰和波罗的
海国家的总统纷纷飞往格鲁吉亚，以便给予声援。爱沙尼亚要求对

俄罗斯实施制裁，包括驱逐在西方国家读大学的俄罗斯学生和对寡头发布旅行禁令。[58]波兰呼吁采取紧急行动，打破俄罗斯天然气工业股份公司对欧洲能源供应的控制。华沙匆忙签署了一份协议，允许美国在波兰部署导弹防御系统。但是，并非各地的回应都是如此明确。2008年8月12日，当美国忙于华尔街的事务和总统选举的时候，萨科齐总统从巴黎前往莫斯科，希望能从中调停。尽管德国总理默克尔现在表示赞成接纳格鲁吉亚加入北约，但在9月1日的欧盟特别峰会上，任何激烈的反俄行动都遭到了法国、德国和意大利的联合阵线的阻挠。俄国被要求在三个月内撤军。但是，莫斯科已经表明了自己的态度。9月11日，在索契瓦尔代国际辩论俱乐部（Valdai Discussion Club）与西方专家交谈时，普京表示，任何推动乌克兰加入北约的努力都会导致严厉的反制措施。[59]与此同时，有250亿美元的外资逃离了俄罗斯。然而，这不足以造成恐慌。现在不是1998年，莫斯科有充足的储备来应对如此轻微的市场情绪波动。看起来金融体系即将崩溃的是美国，而不是俄罗斯。

六

跨大西洋联盟的内部出现了分歧，这不是什么新鲜事。早在2002年至2003年的伊拉克战争问题上，柏林、巴黎和布什政府就出现了分歧，这一直都是媒体关注的焦点。但是，俄罗斯和后苏联时代的欧洲更加密切相关，对欧洲的未来更为重要，也与过去几十年金融和政治一体化的推进有着更直接的联系。欧洲地缘政治悬而未决的"东欧问题"，加上欧元区的计划尚未完成，以及北大西洋金融体系的政治框架存在缺失，一起成为2008年夏天笼罩在西方强国头上的三个无法解答的政治问题。

这就是2008年9月在纽约召开的第63届联合国大会的背景。

自冷战结束以来，俄罗斯和西方强国第一次不顾全球经济的摇摇欲坠，陷入了一场代理人战争*。俄罗斯宣布，它将抵制西方影响力的进一步扩张，而且它已经成功应对了这样的威胁。就西方国家来说，它们正处于分裂状态。虽然华沙和华盛顿发出了武力威胁，但它们既没有政治意愿，也没有资源来支持进一步向东扩张。正是在这样的背景下，法国总统萨科齐在联合国大会上宣布："欧洲不想要战争，它不想要一场文明战争，它不想要一场宗教战争，它不希望出现冷战……世界不再是一个由一个超级大国主宰的单极世界，也不再是一个只有东方和西方的两极世界。现在的世界是一个多极世界。"[60]事实上，他承认了普京18个月前在慕尼黑发表的观点。即使西方国家有能力或意愿进一步升级地缘政治冲突，但到了2008年秋，使西方政治影响力深入东欧的巨额资本浪潮正在迅速消退。以西方强权和资本为标志的全球化已经达到了极限。在不久的将来，金融危机的严重冲击将会缓和地缘政治的紧张局势。不过，事实将证明，2007年至2008年事态升级所造成的损害将是长久的。

---

* 冷战期间大国在世界范围内角力的常用手段。一般指大国在冲突地区物色代理人（小国或政治势力），为其提供政治、经济和军事方面的援助，使其为自己打仗，目的是打击对手，避免直接卷入战争或冲突。——译注

第二部分

全球危机

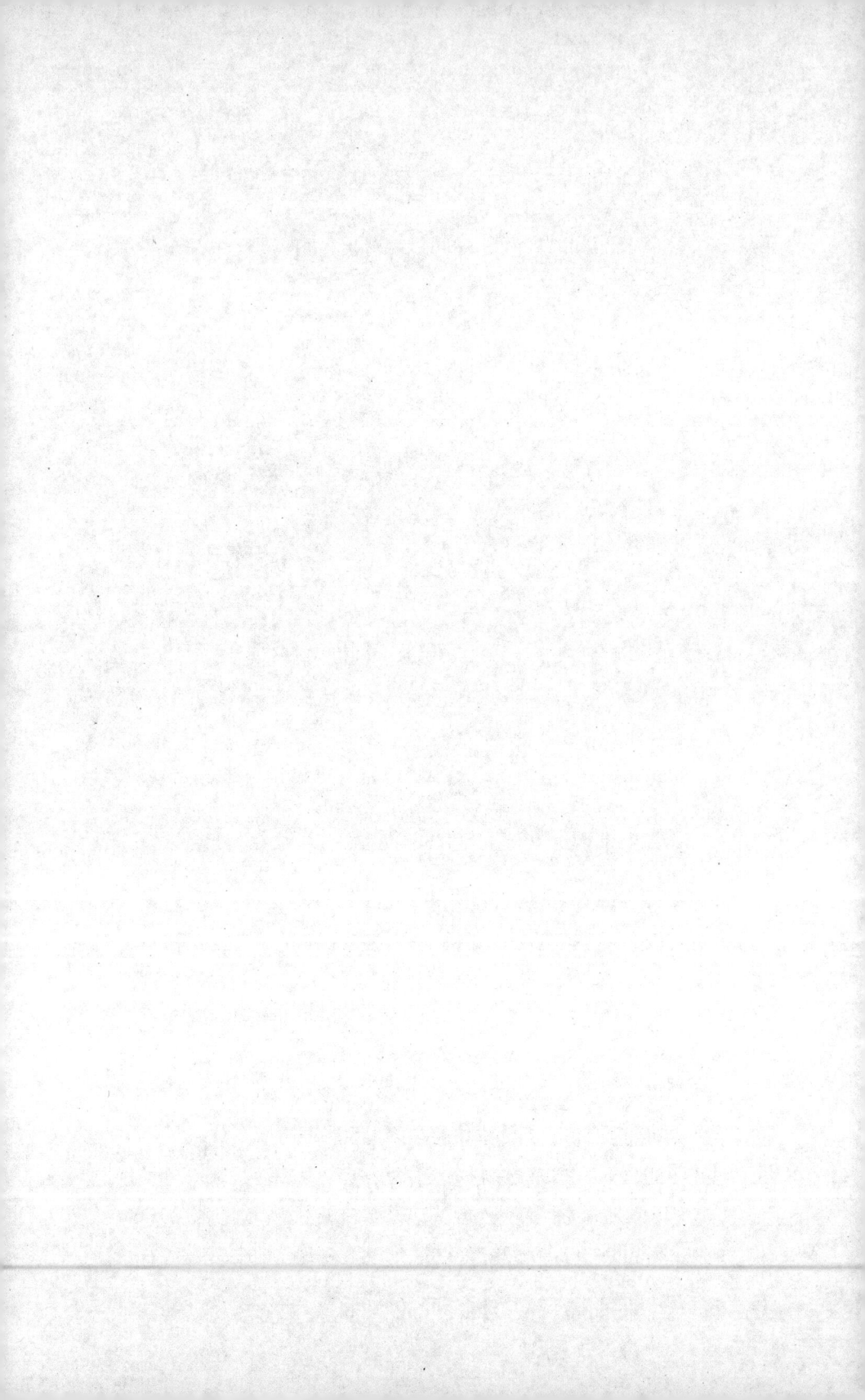

第6章

史上最严重的金融危机

在美国，房地产价格于 2006 年夏天达到顶峰，然后开始缓慢下跌。在爱尔兰，房价的转折点发生在 2007 年 3 月。到了夏天，西班牙的建筑工地开始关闭。2007 年 10 月，英国房价首次下跌。数以千万计的房主现在感到资产估值的力量开始反转。[1] 随着房价下跌，资产估值减少，最严重的冲击是房屋变成了负资产。家庭争相削减开支，偿还信用卡和其他短期债务。结果就是，消费者需求出现了令人窒息的衰退。不管发生了什么，北大西洋经济的很大一部分陷入了衰退。从表面上看，这正是金融工程应该处理的那种偶发事件。理论上，通过证券化，风险应该被分散，即使是严重的损失也会被广泛的经济基础所吸收。然而到了 2007 年夏末，很明显实际情况并非如此。尽管抵押贷款担保证券的销售范围确实很广，但大量致命的风险集中在影子银行体系中最脆弱的节点上。

第一批倒下的抵押贷款发行机构处于最底层。[2] 2007 年 1 月 3 日，被巧妙地命名为"拥有它"的抵押贷款解决方案（Ownit Mortgage Solutions）率先崩溃，它是美林证券化渠道的提供者之一。

2007 年 2 月 8 日，当汇丰银行（它的办事处遍布香港、上海和伦敦）宣布为抵押贷款投资的损失拨备 106 亿美元时，这场危机开始向食物链的上游移动。3 月 7 日，本·伯南克仍然很乐观，宣称他认为次贷问题已经得到控制。然而，坏消息不断传来。4 月，最大的独立次级贷款的放款机构新世纪金融公司倒闭。5 月，瑞士超大型银行瑞银集团宣布，将关闭旗下对冲基金德威资本管理公司。[3] 6 月 22 日，贝尔斯登被迫为两家在抵押贷款担保证券上损失惨重的基金纾困。截至那时，市场的根基显然已经在摇晃。到了夏末，金融危机的全面影响开始显现。2007 年 7 月 29 日，德国小型放款机构德国工业银行不得不接受由公众支持的银行财团的救助。[4] 2007 年 8 月 8 日，德国另一家过度扩张的地区性银行西德意志银行宣布，其房地产基金出现了巨额亏损，并停止了兑付。几天后，萨克森银行也紧随其后。但是，市场信心真正被打破是在 2007 年 8 月 9 日的上午，当时法国最知名的银行法国巴黎银行宣布将冻结旗下三只基金。[5] 巴黎银行做出的解释标志着危机爆发进入一个决定性时刻："在美国的证券化市场中，某些市场部门完全丧失了流动性，使得人们无法公平地评估某些资产，不管它们的品质或信用评级如何。"[6] 没有估价的资产不能被用作抵押品。不能用作抵押品，就没法获得资金。如果没有资金，无论它们在房地产方面的风险敞口有多大，所有银行都将陷入困境。在一般的流动性冻结（相当于一家大规模的银行发生挤兑）的情况下，没有一家银行是安全的。欧洲中部时间 2007 年 8 月 9 日中午时分，由于受巴黎方面发布的声明影响，欧洲银行间市场的借贷成本飙升。[7] 一位银行高管表示，这个事件令人困惑："我们谁都没有经历过这种事。就好像以前的整个人生中只要一拧开水龙头，就会有水流出来。但现在，水龙头里没有水了。"[8]

此时，欧洲央行还没有获得与欧洲各银行的次贷风险敞口有关的数据。但是，很明显，银行间贷款市场承受了压力。为了应对这个情况，让－克罗德·特里谢和他的同事打开了流动性的水龙头，以吸引人的利率无限量提供资金。到了 8 月 9 日结束时，欧洲的银行已经拿走了 948 亿欧元，8 月 10 日又拿走了 500 亿欧元。[10] 正是这次行动的规模和紧迫性最终让本·伯南克和汉克·保尔森认识到形势真的有多严峻。《卫报》（Guardian）的经济编辑拉里·埃利奥特（Larry Elliott）评论道："就金融市场而言，2007 年 8 月 9 日的情况让人想起了 1914 年 8 月 4 日的情景。它标志着'爱德华时代夏季'*的繁荣和安宁结束了，信贷紧缩的堑壕战开始了——银行破产、市场僵化，房地产市场因信贷短缺而崩溃。"[9] 表明形势将会变得多么糟糕的事情发生了，三周后的 9 月 14 日，英国最大的抵押贷款放款机构之一北岩银行倒闭。在电视屏幕上，北岩银行造成的恐慌看起来就像一场典型的银行挤兑。焦急的储户在被人群包围的银行网点外排队取款。新闻摄影师和摄制组忙着进行报道。但是，在镜头之外，更糟糕的事情正在发生。数万亿美元的全球融资市场正在关闭。[10]

一

北岩银行是英国过热的房地产泡沫的产物。它成立于 20 世纪 60 年代，由两家 19 世纪的住房互助协会（储蓄机构）合并而成，总部设在奔放且充满活力的纽卡斯尔。到了 90 年代，它已经在英格兰北部收购了 53 家竞争对手。1997 年 10 月，为了创造进一步增长的平台，它从储蓄机构转型为公开有限公司，并在伦敦证券交易所上市。然后，在 1998 年至 2007 年的大幅增长中，它的资产负债

---

* 指 1901 年至 1910 年英国国王爱德华七世在位的时期。爱德华时代与维多利亚时代中后期一起被认为是大英帝国的黄金时代。——译注

表增长了四倍。随着房价下跌,它的一些边际贷款*将成为坏账。北岩银行陷入困境并不让人感到意外。但是,这种显而易见的关联却具有欺骗性,因为引发 2007 年崩盘的不是其资产负债表上的贷款,而是它们的融资机制。北岩银行是现代高杠杆银行的典型代表:其 80% 的资金不是来自存款,而是来自全球货币市场提供的最低利率的批发融资。从北岩银行 2006 年的年报中可以窥见这种广泛的融资操作:

> 在这一年中,我们从遍布全球各地的资源中筹集了 32 亿英镑的中期批发融资,特别是从美国、欧洲、亚洲和澳大利亚等地。其中包括出售给美国国内投资者的两笔交易,总计 35 亿美元。2007 年 1 月,我们通过美国中期票据计划又筹集了 20 亿美元的资金。2006 年的主要进展包括制定澳大利亚债券发行计划,从首次发行中筹集了 12 亿澳元。在面向澳大利亚国内投资者和远东投资者的市场上,该交易是 A 级金融机构的最大宗首笔交易。[11]

北岩银行对美国次级贷款的风险敞口很小。但是,这关系不大,因为它的融资来自大量被银行使用的市场。8 月 9 日,来自巴黎银行的坏消息足以让银行间贷款市场和资产担保商业票据市场停止运作。正是融资市场的关闭导致了整个证券化业务的崩溃,尤其是在最积极参与资产担保商业票据发行的欧洲。鉴于北岩银行极度依赖批发融资,在市场枯竭后仅两个工作日,该行就向英国金融服务管理局报告了危机即将来临的消息。[12] 但是,英格兰银行无意提供帮助。央行行长默文·金认为,过度扩张的抵押贷款机构应该为其不

---

* 边际贷款即指借贷投资,一种允许借款人借钱投资的贷款。——译注

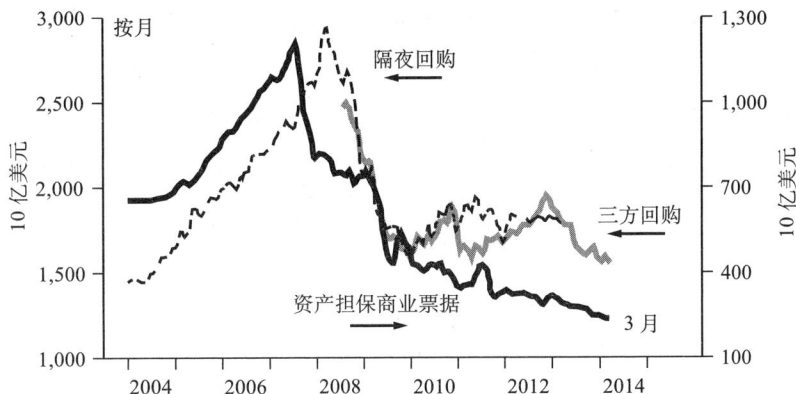

2004年至2014年商业票据和回购融资的起落

资料来源：Tobias Adrian, Daniel Covitz and Nellie Liang, "Financial Stability Monitoring," *Annual Review of Financial Economics* 7 (2015): 357–395, chart 15.

负责任的扩张承担后果。到了 8 月底，北岩银行的流动性问题已经危及其生存。然而，直到 9 月 13 日英国国家广播公司（BBC）报道了这一事件，以及政府保证将采取行动以应对危机时，零售储户才开始恐慌。在那之后，北岩银行的资产负债表的主要损失是由网上提款造成的。老年储户在街上排队，电视上播放了令人震惊的这一幕。但是，拖垮该行的并不是储户的恐慌，而是全球货币市场通过计算机终端、以全然不同的规模进行的银行挤兑。这是一次没有存款提取的银行挤兑。没有存款，意味着没有什么可以取回。要使银行发现自己短缺 1 万亿美元，所有要做的就是让主要的资金提供者退出货币市场。

　　资产担保商业票据一直是影子银行产业链中最薄弱的一环。在回购交易中，逆回购方是在正回购方进行充分抵押的前提下放款，因而回购交易被认为是安全的。最初，这种预期得到了证实。美国最小的投资银行贝尔斯登在 2007 年第一季度报告了公司历史上的首次亏损。[13] 众所周知，它高度参与了抵押贷款证券化。这足以限

制其进入商业票据市场。该行的资产担保商业票据的发行量从 2006
年底的 210 亿美元猛跌至一年后的 40 亿美元。最初，贝尔斯登通
过将回购交易的融资从 690 亿美元增加到 1020 亿美元来弥补发行
量的不足。为此，截至 2008 年 3 月 10 日星期一，贝尔斯登仍持有
180 亿美元的超流动性高品质证券"池"。但是，随后担保借款也开
始违约。

　　与资产担保商业票据的内爆不同，"回购交易的挤兑"是一个
意外。[14] 根据英国和美国的法律，在正回购方破产时，回购交易抵
押品的持有人有权优先于其他索赔人没收抵押品。因此，即使贝尔
斯登持有大量有毒的抵押贷款担保证券组合，它的回购交易也应该
是不错的。国债毕竟是国债。此外，对贝尔斯登来说，不幸的是，
鉴于还有很多其他交易对手参与回购交易，没有人愿意冒险从一家
破产的银行手中没收抵押品，即使抵押品的评级很高，流动性与美
国国债一样好。2008 年 3 月，当新一轮抵押贷款违约的消息冲击市
场，以及对冲基金开始清空其主经纪商账户时，突然之间，贝尔斯
登在双边回购市场面临的"估值折扣"飙升，其三方回购交易的融
资渠道被切断。3 月初，这家银行还能在一夜之间轻松筹集到 1000
亿美元以换取优质抵押品，而现在，它已经无法为自己融资了。3
月 13 日（星期四），在其流动性储备降到只有 20 亿美元的情况下，
贝尔斯登的董事们被告知，次日 140 亿美元的回购交易将不会"续
约"，他们面临着现金即将耗尽的风险。这是一家现代银行的倒闭。
没有排队取钱的储户，因为退休人员并不是贝尔登斯迎合的客户。
贝尔斯登倒闭了，因为其业务受到怀疑而被排除在批发融资市场之外。

　　紧接着，更糟糕的事情开始发生。不确定性从个别弱小的银
行蔓延到了整个系统。首先是 2008 年春天，然后是 6 月，在双
边回购交易市场，所有交易方的各种类别资产的估值折扣都大幅
增加。[15] 这意味着，在整个银行系统中，为了持有流通在外的债券，

回购交易的估值折扣（单位：百分比）

证券	2007 年 4 月	2008 年 8 月
美国国债	0.25	3
投资级债券	0—3	8—12
高收益债券	10—15	25—40
股票	15	20
高杠杆贷款	10—12	15—20
夹层杠杆贷款	18—25	35+
最高顺位的住房抵押贷款担保证券	2—4	10—20
资产担保证券	3—5	50—60

资料来源：Tobias Adrian and Hyun Song Shin, "The Shadow Banking System: Implications for Financial Regulation," Federal Reserve Bank of New York Staff Reports 382, July 2009, table 9. 根据国际货币基金组织的 Global Financial Stability Report，2008 年 10 月。

所需要的资本数额大幅增加。在回购交易中，美国国债和政府资助企业支持的抵押贷款担保证券受到的影响最小。作为品质最好的抵押品，它们主要用于摩根大通和纽约梅隆银行监管的三方回购交易。只要交易对手保持良好信誉并拥有最高品质的抵押品，回购市场就会保持开放和稳定。但是，在银行间双边回购市场，私人资产担保证券被用作抵押品，而且融资条件变得越来越苛刻。[16]

　　估值折扣的增加给严重依赖短期融资市场的投资银行带来了巨大压力。在贝尔斯登之后，哪些银行是最脆弱的已经显而易见。雷曼的警示信号明确无误。[17]与贝尔斯登一样，雷曼也在房地产领域冒着巨大的风险，希望能在华尔街的排行榜上迅速上升。它已经将其业务与抵押贷款证券化渠道完全整合。自 2008 年初以来，雷曼的股价市值已经蒸发了 73%。同样，雷曼的商业票据发行量从 2007 年的 80 亿美元降至 2008 年的 40 亿美元。不过，在 2008 年 5 月 31 日，其用于支持 12 个月现金流出的流动资金池高达 450 亿美元。[18]2008 年 6 月，投资者仍有足够的信心，认购了 60 亿美元的新股。将雷曼推向崩溃边缘的，是焦虑的放款机构要求雷曼提供抵押品。鉴于其股价不断下跌，摩根大通要求雷曼提供大量抵押品，以支持日间的三方回购交易。截至9月9日（星期二），考虑到放款机构对其资产设置了留置权*，雷曼的流动资金池已经降至220亿美元。两天后，也就是9月11日（星期四），雷曼在回购市场上仍然有价值1500亿美元的抵押品。[19]但是，市场信心不久就崩溃了。标准普尔、惠誉和穆迪都下调了雷曼的评级。雷曼的股价下跌，其在回购市场的地位也随之下降；200亿美元的回购交易无法"续约"，摩根大通要求雷曼拿出50亿美元的抵押品，以支持三方回购业务中最重要的部分。9月12日（星期五），在短短的几个小时内，雷曼的流动资金池就降到了14亿美元。很明显，除非周末有人出手相助，否则雷曼将被迫申请破产。

9月15日，星期一，雷曼在全球各地的员工跌跌撞撞、茫然无措地走在人行道上，那么下一个破产的会是谁？贝尔斯登和雷曼经营不善，因为在激烈的竞争压力下，它们冒着高风险押注在抵押贷款证券化业务中最糟糕的部分。但是，这样做的绝非只有它们。美林也在房地产领域具有很大的风险敞口，2008年夏天，它在资产负债表上有1940亿美元的短期融资。[20]总而言之，在雷曼破产之前，仅在回购市场的三方回购交易中，每天就有2.5万亿美元的抵押品提供。这一大堆索偿和反索偿可能会在几个小时内变得不稳定。市场分析师了解这种情况的双峰性。有人评论说，这是一个"大规模的博弈"。[21]在三方回购交易中，由于所使用的抵押品的质量无可挑剔，因此实际上没有价格调整机制。第一天，投资银行、交易商以及那些发放和借走证券的机构，凭借着信心和广泛接受的抵押品，

---

* 指债务人不履行到期债务，债权人可以留置已经合法占有的债务人的动产，并有权就该动产优先受偿。——译注

充当着一台庞大的万亿美元机器。但是，第二天，即使是系统中的大玩家也可能被拒之门外。

在雷曼之后，影子银行产业链中下一个承受巨大压力的是保险公司美国国际集团。在 20 世纪 90 年代以来的一次急剧扩张中，美国国际集团的金融产品部门已经发展成为衍生品市场的主要参与者。2007 年，它的衍生品合约总计达到 2.7 万亿美元。[22] 其中，信用违约掉期占 5270 亿美元，有 700 亿美元是抵押贷款担保证券，当中又有 550 亿美元涉及危险的次级抵押贷款。鉴于对房地产市场的了解，美国国际集团早在 2005 年就已停止承保新的信用违约掉期。但是，考虑到已经承保的信用违约掉期在投资组合中占据的比例相对较小，加上承保的资产是 AAA 评级，它认为没有必要采取预防损失的举措。这是一个致命的错误。事实证明，在美国国际集团金融产品部门的账目上，有 4.4 万份衍生品合约，其中有 125 份涉及抵押贷款担保证券的信用违约掉期以惊人的方式变糟。这 125 份合约将给美国国际集团带来 115 亿美元的账面价值损失，是命运多舛的金融产品部门在 1994 年至 2006 年所获利润的两倍。这是一个沉重的打击，但由于其庞大的全球业务，美国国际集团可以承受如此规模的投资组合损失。而且在适当的时候，市场将会反弹。美国国际集团也没有被要求偿付实际上已经违约的抵押贷款担保证券。与贝尔斯登和雷曼一样，美国国际集团面临的威胁并非房地产市场缓慢发展的危机。雪崩般的违约和抵押品赎回权的取消将在适当的时候在整个系统中蔓延。不过，这需要数年时间。美国国际集团不得不支付理赔金的第一起信用违约事件直到 2008 年 12 月才发生。问题是金融市场的预期反应，以及证券化抵押贷款及其衍生品的迅速价值重估。以美国国际集团为例，由于它失去了最好的信用评级，其保险合同的交易对手立刻要求追加保证金。它们希望美国国际集团提供抵押品，以便证明如果抵押贷款真的变糟，美国国际集团能

2008年雷曼通过三方回购交易融资的各种资产数量

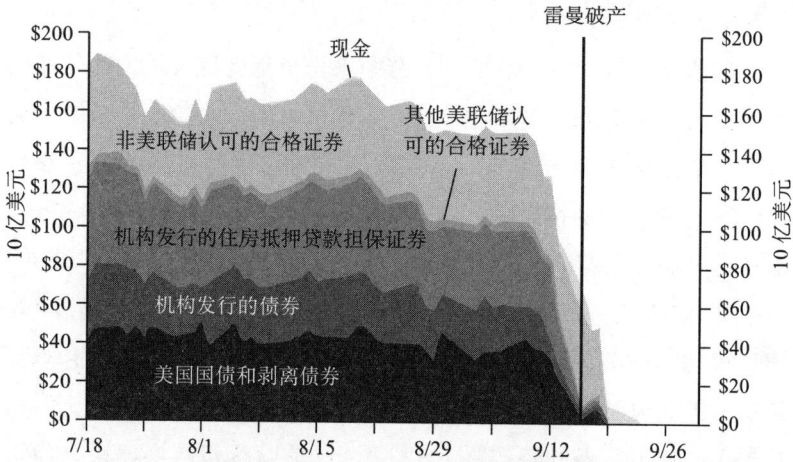

资料来源：Adam Copeland, Antoine Martin and Michael Walker, "Repo Runs: Evidence from the Tri-Party Repo Market," Federal Reserve Bank of New York Staff Reports 506, July 2011 (revised August 2014).

够履行义务。正是这些高达数百亿美元的抵押品要求把美国国际集团逼到了崩溃的边缘。

　　美国国际集团的麻烦并没有就此结束。由于从事证券放款业务，它的日子更加艰难。美国国际集团内部有一个部门，负责集中管理集团保险基金持有的高品质的美国国债和其他证券。它将这些资产借给其他投资者以换取现金，这种交易类似回购交易。美国国际集团的证券放款业务希望把从证券贷款中获得的现金投资于收益率更高，但风险也更高的抵押贷款担保证券，以此实现收益最大化。令人难以置信的是，美国国际集团的证券放款部门在 2005 年开始进行这些高风险的押注，而当时集团的金融产品部门认为，继续为涉及抵押贷款担保证券的信用违约掉期承保风险太大。截至 2007 年夏季，在美国国际集团的证券放款计划中，已经有 450 亿美元投资于高收益的私人抵押贷款担保证券。随着证券化业务的崩溃，这些资产实际上已经无法出售，美国国际集团不得不匆忙寻找资金，以偿还那些现在想拿回现金的借入了证券的投资者。为了追求利润，一家坐拥庞大的高品质证券投资组合、现金充裕的保险公司，将自己变成了一家杠杆率高得危险的影子银行，并且存在着严重的期限错配问题。更糟糕的是，它正在与全球金融领域中一些最具攻击力的玩家打交道。

率先要求美国国际集团提供抵押品的是高盛。[23] 它是这个市场上最精明的运营者之一。但是，它也是一家投资银行，它的存款没有向美国联邦存款保险公司进行投保。与贝尔斯登、雷曼和美林一样，高盛很容易受到市场信心丧失的影响。帮助高盛渡过危机的一个举措是，它建立了大量的空头头寸，做空抵押贷款担保证券。这笔赌注的很大一部分是通过向美国国际集团购买信用违约掉期来进行配置的。到了 2008 年 6 月 30 日，高盛已经要求美国国际集团提供 75 亿美元的抵押品。当美国国际集团的信用评级在 9 月 15 日遭到下调时，高盛又发出了新的追加保证金的要求。在针对美国国际集团的总计 320 亿美元的索偿中，高盛及其合作伙伴法国兴业银行就占了 198 亿美元。[24] 对美国国际集团来说，后果非常严重。现在正是筹措现金的最差时机。由于其评级下调，它无法通过正常渠道借到数百亿美元。它只能通过减价出售资产来筹集资金，而这意味着需要承认资产负债表上的损失，这只会让它的处境更加危险。到了 9 月 16 日上午，美国国际集团距离违约大限只有几个小时了。

随着资产担保商业票据、回购交易和信用违约掉期陷入危机，在影子银行产业链中，下一个断裂的就是货币市场基金。在雷曼破产前的 9 月 10 日，货币市场共同基金为个人、养老基金和其他投资者管理了总计 3.58 万亿美元的储蓄和现金资源。[25] 它们的吸引力主要在于，它们不仅提供比普通储蓄账户更高的回报，还承诺投资本金是安全的。不管发生什么，投入的本金都会得到全额返还。

雷曼倒闭后的第二天，也就是 9 月 16 日，这种幻想破灭了。主要储备基金（Reserve Primary）是业内历史最悠久、最受推崇的基金之一，管理着逾 620 亿美元的资产。该基金警告美联储，它即将"跌破面值"[*]。它再也不能保证每投资一美元都能拿回一美元了。2007年 8 月，主要储备基金一直面临着激烈的竞争压力。为了提高收益率和吸引更多的投资者，就像其他投资者把资金取出来一样，该基金将 60% 的资金用于购买资产担保商业票据。[26] 不顾一切的借款人提供的高收益率使该基金在业绩排行榜中从倒数的 20% 跃升至前 10%，管理的资产在一年内翻了一番。但是，它也让投资者面临严重风险。总的来说，它的经理人挑选的股票不错。然而，有1.2% 的基金被投资于雷曼的高收益资产担保商业票据，到了 9 月份，这些资产的价值大幅缩水。主要储备基金的最终损失很小。到了 2014 年，对该基金投资 1 美元，可以得到 99.1 美分，但在 9月 15 日之后的几天里，由于投资者不再确定该基金能够完全保本，有 5000 亿美元从具有风险敞口的共同基金中流出，转向了安全的美国国债。[27]

　　2008 年 9 月发生的事件，把从 2007 年 8 月开始的批发融资市场的大幅收缩推到了危急关头。在双方回购市场中使用的低品质抵押品的估值折扣指数，从 25% 的水平飙升到了 2008 年夏季的45%。[28] 这种金额翻倍的情况造成的后果是，投资银行为了在其账面上持有除高品质证券以外的任何资产，不得不动用双倍的资金。即使是最强大的独立投资银行高盛，其至关重要的流动资金储备也从 2007 年的 600 亿美元，增加到 2008 年第三季度的 1130 亿美元，到了 9 月 18 日，骤降至 660 亿美元。[29] 如果这种下滑的趋势继续

---

* 货币基金的净值长期稳定在每股 1 美元，当净值低于 1 美元时，就叫"跌破面值"。——译注

下去，那么这场游戏很快就会结束。

与此同时，为了追求安全，银行收缩了资产负债表，其结果就是银行开始从金融体系的其余部分中收缩信贷。银行、投资银行、对冲基金和共同基金向美国大型企业提供的贷款，即所谓的银团贷款，从 2007 年第二季度的 7020 亿美元，下降到了 2008 年第四季度的 1500 亿美元。针对高收益、高风险的企业借款人的利率飙升到了 23%，除了最孤注一掷的借款人外，没有人再去借款。[30] 这对所有的商业活动造成了巨大压力。与此同时，企业发现很难从其他地方获得贷款，于是加大利用现有贷款额度提取资金，这给银行带来了进一步的压力。[31]

随着货币市场共同基金、回购交易、资产担保商业票据和美国国际集团的信用违约掉期都受到质疑，冲击扩散到了美国以外的地方。货币市场基金最青睐的投资是欧洲银行债券。它们是欧洲大型银行获得美元资金的关键来源。[32] 随着共同基金的撤出，欧洲银行如何为其账上的巨额美元资产获得资金呢？随着银行间贷款的停止，欧洲银行只能采取各种迂回机制来获得美元融资。它们的不顾一切表现在，它们愿意用欧元、英镑、日元、瑞士法郎和澳元贷款，然后再将这些贷款换成美元。通常情况下，这些交易几乎是无风险交易，因此溢价为零。随着美元融资渠道的关闭，溢价飙升至 2%—3%。如果对应到规模达数万亿美元的资产负债表上，那么这个差价足以造成雪崩。如果欧洲人无法以可负担得起的利率为他们的美元投资组合融资，那么他们将被迫出售这些资产。但是，正如巴黎银行在 2007 年 8 月的声明中已经明确指出的，根本就没有价值高达数千亿美元的资产市场。2008 年 9 月 16 日（星期二），也就是雷曼倒闭的第二天，欧洲的融资问题被认为已经非常严重了，因此成为美联储的联邦公开市场委员会会议的头等大事，甚至排在了伯南克和他的同事们讨论美国国际集团的问题之前。[33]

　　为世界末日做准备的不仅仅是美联储。9月13日(星期六)清晨，摩根大通的首席执行官杰米·戴蒙(Jamie Dimon)召开了电话会议，命令震惊的高管们为世界末日做好准备。虽然摩根大通会退回到其传奇般的"资产负债表堡垒"的安全地带，但他们应该为华尔街每一家投资银行的破产做好准备，不仅是雷曼，还有美林、摩根士丹利和高盛。[34]与此同时，在大西洋的另一边，融资危机对一连串欧洲大型放款机构造成了毁灭性的影响。英国的哈利法克斯苏格兰银行和苏格兰皇家银行、比荷卢的富通银行和德克夏银行、慕尼黑的裕宝地产银行、盎格鲁爱尔兰银行，以及瑞银集团和瑞士信贷等数十家银行都面临倒闭。由于它们没有存款，因而没有一家银行遭到挤兑。你只是停止在货币市场的交易，并紧缩开支。不仅仅是家庭，就连全球金融体系中最大的参与者都集体逃向安全资产，结果就是带来了一场损失数万亿美元的灾难。

<h2 style="text-align:center">二</h2>

　　在曼哈顿和伦敦金融城外，经济新闻让人极度震惊。大西洋两岸的实际商业活动都在崩溃。与美国一样，在欧洲，标志着投资、消费和失业率遭到决定性破坏的是2008年的危机，而不是后来的欧元区崩溃。从2007年的下半年开始，随着德国、法国、英国、瑞士和比荷卢的大小银行开始承认其损失的规模，贷款开始崩溃。首先感受到压力的是银行业，因为它每天最依赖的大量信贷已经流失了。但很快，危机也蔓延到了非金融企业和家庭。在欧元区，在经历了10%—15%的增长之后，新贷款的增长率已经跌至零。阻碍欧洲经济增长的不是2010年的主权债务危机，而是2008年跨大西洋的银行业危机。

　　随着新的抵押贷款减少，房地产市场加速下滑。下跌的房价和

欧元区银行外住房和商业借款的年同比增长率（单位：百分比）

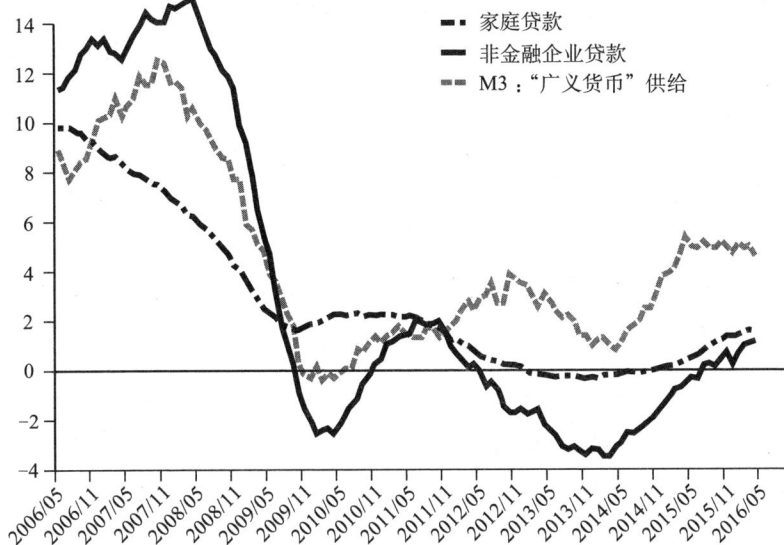

资料来源：http://macro-man.blogspot.co.uk/2016/06/a-broad-scan.html.

崩溃的金融市场削减了个人财富。在西班牙，从 2007 年至 2009 年，人均净资产至少下降了 10%。在五年内，个人资产将缩水 28%，也就是 1.4 万亿欧元，超出了一年的产出价值。[35] 在英国，据国际货币基金组织估计，由于股市和房价暴跌，2008 年至 2009 年的家庭财富损失达到了 1.5 万亿美元，相当于一年 GDP 的 50%。10% 的房主发现自己陷入了负资产状态。[36] 在爱尔兰，1994 年全 2007 年间上涨了三倍的房价，在 2008 年至 2012 年这段时期下跌了一半，家庭财富也随之减少。[37] 这些都是严重的冲击，但纯粹就规模而言，美国危机"更胜一筹"。2009 年夏天，国际货币基金组织初步估计，美国家庭资产的损失达到了 11 万亿美元。[38] 到 2012 年，美国财政部将这个数字上调到了 19.2 万亿美元。[39] 独立机构估计，这个数字接近 21 万亿至 22 万亿美元，其中有 7 万亿美元的损失来自房地产,11万亿美元来自股市,3.4万亿至4万亿美元来自退休金存款。[40]
从2006年的峰值到2009年,美国房价已经下跌了三分之一。在危
机最严重的时候,全美10%的房屋贷款被严重拖欠,并且在所有
的抵押贷款中,有4.5%的抵押品丧失了赎回权。超过900万家庭
将失去住房。还有数百万人长年陷入焦虑中,因为他们挣扎着偿还
房贷,但是房子的价值已经低于抵押贷款的价值。在危机最严重的
时候,超过四分之一的美国家庭资产为负。[41]

富裕家庭和贫穷家庭受损失影响的程度不同,加剧了这种痛苦。
在2007年至2010年间,美国家庭的平均财富从56.3万美元降到了
46.3万美元。但是,由于超级富豪拥有巨额财富,这些数字是被拉
高了。如果我们将目光投向收入中位数的家庭,也就是在财富分配
中处于中间的家庭,他们的净资产从10.7万美元减半到约5.78万
美元。[42] 这些数字已经很糟,但美国少数族裔的情况更加糟糕。在
2007年至2010年间,西班牙裔尤其积极地参与了房地产繁荣,他
们的财富中位数暴跌了86.3%。[43] 收入处在中位数的非洲裔美国家
庭目睹了他们的房产财富蒸发殆尽,而且非洲裔美国房主的房子被
止赎*的可能性是白人房主的两倍。[44] 虽然这没有引发令人无法忘
却的20世纪30年代的黑色风暴事件†,但2007年开始的住房危机
迫使美国出现了自大萧条以来最大规模的人口迁移。随着少数族裔
失去了房屋所有权,结果就是种族隔离以另一种形式呈现出来。[45]

在2008年的美国经济衰退中,由于家庭陷入痛苦,消费最先
受到了影响。[46] 随着需求的下降,生产和就业也下降了。在加州的

---

* 指因贷款人无力还款,贷款机构强行收回其房子。而在国外,购房者觉得房子是抵押在
  银行处,自己需要通过还贷来赎回。所以,一旦关系终止,就是止赎。——译注
† 黑色风暴事件(Dust Bowl),20世纪30年代发生在北美的一系列沙尘暴侵袭灾害。严重
  的干旱和巨大的沙尘暴给西部大平原的农业和生态造成了极大破坏,摧毁了当地居民的
  生计,数以万计的人背井离乡。——译注

中央谷地，房价暴跌了 50%，消费也减少了 30%。[47] 各种能被推迟的开支都被削减了。对于长期萎靡不振的美国汽车工业来说，这是致命的一击。轿车和轻型汽车的年销量从 2007 年的 1600 万辆骤降至 2009 年的 900 万辆。到了 2008 年 12 月，很明显，克莱斯勒和通用汽车都将破产。在 21 世纪初，通用汽车今非昔比，不再是美国的象征。1979 年，该公司的全球雇员总数达到 85.3 万人的峰值，但 2007 年却只有 26.6 万人。不过，在 2008 年初，它仍是世界上最大的汽车公司。通用汽车每月支付 4.76 亿美元的工资，并向 49.3 万名退休工人支付医疗费用和退休金。其生产业务为 11500 家供应商提供了 500 亿美元的零部件和服务订单。[48] 总的来说，汽车行业的游说者声称，汽车行业提供了美国 4.5% 的工作岗位，每年支付的工资超过 5000 亿美元，贡献的税收收入超过 700 亿美元。[49] 2008 年 11 月 7 日，通用汽车宣布，除非政府给予援助，否则它将在 2009 年夏天面临破产。

通用汽车和克莱斯勒即将倒闭，为美国汽车业的长期衰退画上了一个惊叹号。一种版本的美国梦正在破灭。但是，底特律的危机给世界各地带来了冲击。通用汽车在英国和德国建立了历史悠久的子公司沃克斯豪尔和欧宝，它们的未来充满变数。[50] 底特律在墨西哥的运营业务也是如此。根据北美自由贸易协定的体系，相互联系的生产系统（也就是所谓的价值链）已经从北美的一端延伸到了另一端。因此，墨西哥严重依赖美国。2007 年，墨西哥 80% 的出口产品销往美国。随着美国爆发危机，墨西哥的 GDP 下降了近 7%，甚至比 1995 年本土金融危机（也就是所谓的"龙舌兰危机"）期间的缩减还要严重。[51] 从 2008 年 5 月到 2009 年 5 月，墨西哥的非石油出口下降了 28%，汽车出口减少 50%。[52] 以北方工业城市华雷斯和蒂华纳为例，在大型美墨联营工厂的出口加工中心，制造业的雇用人数下降了 20% 以上。经济衰退，再加上毒品战争引发的暴力事件激增，导致 10 万多绝望的工人和他们的家人离开了华雷斯。随着边境北部的失业率飙升，汇款枯竭，成千上万的移民返回家乡，这使得最贫穷的墨西哥群体的处境更加令人绝望。与此同时，流入墨西哥的新的外国投资减少了一半，比索对美元的汇率从 11 比索兑 1 美元跌至 15 比索兑 1 美元，推高了生活成本。

遭受痛苦的并非只有北美。数十年来，通用汽车最大的全球竞争对手是丰田汽车，并且后者宣称它将在 2008 年夺得 "世界顶尖汽车制造商" 的称号。它为此付出了沉重的代价。2009 年，日本遭遇了 "丰田冲击"，这个国家的冠军企业报告了七十年来的首次亏损，全球产量削减了 22%。[53] 丰田在 2007 年至 2008 年获利 280 亿美元，但在此后一年中却亏损了 17 亿美元。用社长渡边捷昭的话来说，"世界经济正在发生重大改变，百年一遇……我们正面临前所未有的紧急情况"。[54] 由于未售汽车的库存在美国和欧洲出现了积压，日本汽车出口下降了三分之二。[55] 日本的投资业停滞不前。生产资本货物和电子产品的巨头日立公司受到的打击最为严重，它面临着创纪录的 78.7 亿美元的亏损。[56] 消费电子产品巨头索尼宣布亏损 26 亿美元。东芝预计亏损 28 亿美元，松下亏损 38 亿美元。[57] 总而言之，2009 年 1 月，日本经济以每年 20% 的速度萎缩，出口同比下降了 50%。[58] 其中最主要的原因是对美国的出口下降，其次是对日本的亚洲近邻中国和韩国的出口下降，这些国家和地区都陷入了经济衰退。

2008 年的冲击表明，随着供应链的完美同步，"亚洲工厂" 在几周内就对欧美在需求方面的犹豫做出了反应。它们也不是唯一受到冲击的。在 2008 年第二季度至 2009 年第二季度间，德国的出口下滑 34%，机械和运输设备行业的出口的下滑尤其严重。这是德意志联邦共和国自 1949 年成立以来遭受的最严重的经济冲击。一位银行经济学家说："只有回到 20 世纪 30 年代的大萧条时期，我们才能找到同样可怕的数据。" [59] 与此同时，新兴市场也受到了冲击。在 2004 年金融企稳后，土耳其加入了快速增长经济体的俱乐部，它也遭遇了突然且剧烈的停滞。到 2009 年的第一季度，土耳其的 GDP 较去年同期下降了 14.7%。2008 年夏天，土耳其的失业率为 8.6%，到危机后的第一个冬天，这个数字飙升到了 14.6%。在除东欧国家以外的所有新兴市场中，土耳其受到的影响最为严重。自 2001 年灾难性的金融危机以来，土耳其还从来没有经历过如此糟糕的情况。[60] 2007 年 12 月至 2008 年 11 月，伊斯坦布尔的股市暴跌了 54%。[61]

2008 年的崩溃之所以如此严重，原因在于它非同寻常的全球同步性。世界贸易组织收集了 104 个国家的数据，在这些国家中，每一个都在 2008 年下半年至 2009 年上半年经历了进出口的双双下滑。每个国家和每种贸易商品都无一例外地经历了衰退。[62]

如果说制造业的衰退主要体现在贸易量上——汽车的交付数量或手机的出口数量——那么在大宗商品方面，冲击则主要体现在价格上。在 2008 年最糟糕的六个月里，油价下跌超过 76%。这反过来又对石油国家的预算造成了严重破坏。2008 年，沙特阿拉伯的预算盈余占 GDP 的 23%，现在已转变成巨额赤字。[63] 科威特受到海湾银行危机的冲击，该银行在货币交易上面临损失。[64] 不过，受影响最严重的要属新兴都市迪拜了。在大宗商品价格飙升的推动下，得益于苏格兰皇家银行和渣打银行等国际银行的大力支持，迪拜的房地产业已成为全球建筑热潮的中心。[65] 截至 2008 年，这座城市到处都是建筑起重机。其富丽堂皇的购物中心的建筑面积是美国人均水平的四倍。2008 年秋天，泡沫破裂，新的信贷遭到削减。到了 2009 年 2 月，在迪拜持续六年的建筑热潮戛然而止。在海湾合作委员会正在进行的 1.1 万亿美元的建设项目中，有一半在几个月内被取消。为了逃避债务和牢狱之灾，西方承包商纷纷逃往机场，大量豪华轿车被遗弃。迪拜通过空运包机将成千上万的外来务工人员遭送回印度。[66]

由于家庭消费和商业投资双双大幅下降，在向国际货币基金组织提供季度 GDP 统计数据的 60 个国家中，有 52 个在 2009 年第二季度出现了收缩。[67] 从有申报记录以来，还从来没有出现过这么大规模的同步衰退。数千万人失业。电视台的摄像头捕捉到，银行家们带着一箱箱物品，跌跌撞撞地走出伦敦和纽约的办公大楼，不过，受害最严重的却是低技能的年轻蓝领工人。[68] 在危机的震中美国，2008 年冬至 2009 年冬的就业率环比下降程度令人震惊。在最糟糕的时期，每月失业人数超过了 80 万人。在非洲裔美国人中，失业率的飙升相当显著，从 2007 年的 8% 上升到 2010 年初的 16%。[69] 年轻黑人工人受到的打击尤为严重，到 2010 年 1 月，这个群体的失业率飙升到了 32.5%。在最底层的是没有高中文凭的年轻非洲裔美国男子。2009 年，他们在纽约市的失业率超过了 50%。[70] 究竟有多少人在全球经济中失业，取决于我们对中国庞大的农民工失业人数的猜测。但是，合理估计全球失业人数在 2700 万到 4000 万之间。[71]

三

很显然，情况非常糟糕。但是，从历史的角度来看，到底有多糟糕呢？为了找到它在历史上的定位，2009 年春天，保罗·克鲁格曼总结道，形势非常严峻。不过，至少就美国的工业经济而言，情况还没有 20 世纪 30 年代的大萧条那么糟糕。[72] 他打趣说，这只有"大萧条的一半"。这个判断没能经受住时间的检验。就像评论家们强调的那样，克鲁格曼的评估非常狭隘。30 年代的大萧条并不局限于美国，2008 年的危机也没有局限于美国。从全球层面来看，2008 年至 2009 年，工业产出、股市和贸易的下滑速度至少与 1929 年一样快。[73]

　　我们现在知道，要是我们采取紧急而大规模的应对措施，那么我们就能够阻止 20 世纪 30 年代早期世界经历的那种痛苦的萧条。但是，这种相对乐观的观点来自事后所谓的安全做法。2008 年 9 月，应对措施的规模取决于身处美国危机中心的人们的绝望程度。美联储的本·伯南克、纽约联邦储备银行的蒂姆·盖特纳（Timothy Geithner）和财政部的汉克·保尔森都称这是一段给人留下创伤的经历。在雷曼破产后，保尔森对他的下属说，即将发生"经济上的9·11"。[74] 9 月 20 日上午，美国财政部部长警告国会，除非他们迅速采取行动，否则下午两点前 5.5 万亿美元的资产将会消失，他们可能会在 24 小时内面临世界经济崩溃。[75] 在与国会领导层举行的私人会议上，不喜欢夸大其词的伯南克警告说，除非国会授权立刻采取行动，否则"到了星期一早上，我们可能再无经济可言"。[76]

　　就美国而言，这个说法显然很夸张。伯南克只是想要吓唬国会，以便让他们采取行动。但是，如果你看看国际投资流动的数据，那么就会发现情况确实令人吃惊。在危机爆发之前，资本流入和流出不到全球 GDP 的 33%。其中绝大多数并非来自发达国家与新兴市场之间的交易，而是来自发达经济体之间的流动。在危机最严重的时候，也就是 2008 年第四季度到 2009 年第一季度之间，这些资金流动萎缩了 90%，降低至不到全球 GDP 的 3%。[77] 在 2008 年下半年，发达国家之间的资本流动从 17 万亿美元骤降至 1.5 万亿美元出头。没有任何其他事情对全球经济造成如此规模或如此突然的影响。这就像一个巨大的稳定的飞轮突然间停了下来，给整个金融体系带来了剧烈震动。

　　在公共场合，本·伯南克知道有必要板着脸。"金融恐慌在很大程度上是心理学因素造成的。展现出冷静、理性和信心就成功了一半。"他后来这样表示。[78] 但是，作为一名经济学家和经济史学家，伯南克明白他所面临的困境有多严重。2008 年的威胁和 1929

1929年和2008年的世界贸易量比较

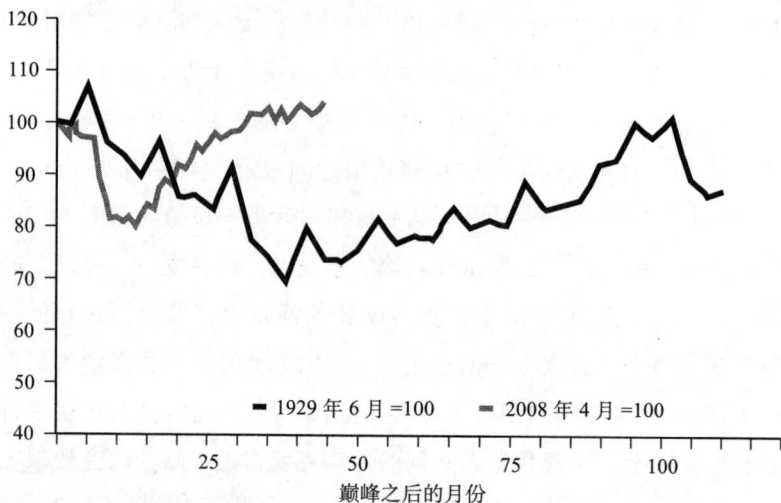

资料来源：Barry Eichengreen and Kevin O'Rourke, "A Tale of Two Depressions Redux," http://voxeu.org/article/table-two-depressions-redux.

1929年和2008年的世界工业产出比较

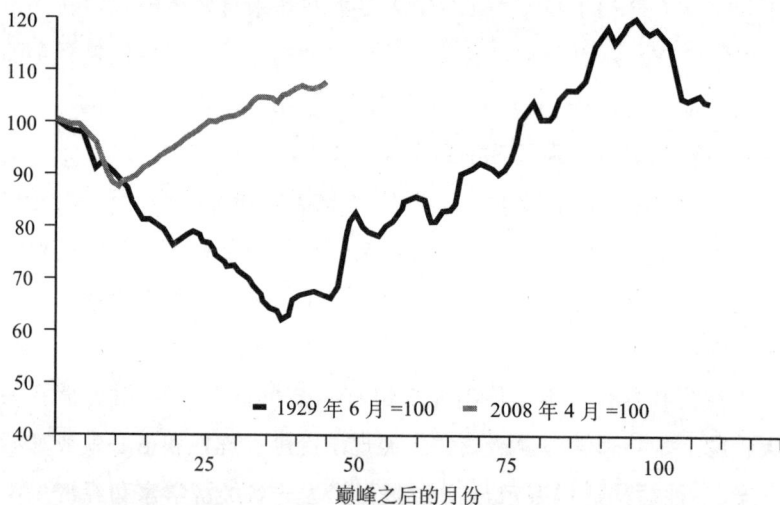

资料来源：Barry Eichengreen and Kevin O'Rourke, "A Tale of Two Depressions Redux," http://voxeu.org/article/table-two-depressions-redux.

总资本流动占全球GDP的百分比

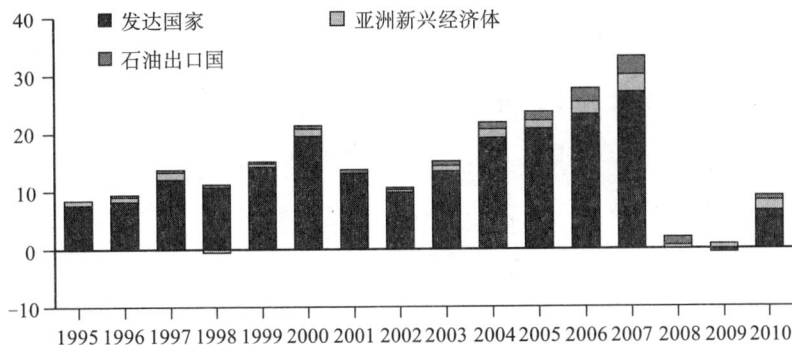

资料来源：Claudio Borio and Piti Disyatat, "Global Imbalances and the Financial Crisis: Link or No Link?" BIS Working Paper 346 (2011), graph 5.

年的不一样。2008 年的威胁更庞大，或许更加糟糕。正如伯南克后来多次提到的，对他来说，"2008 年 9 月和 10 月（的危机）"显然是"包括大萧条在内的全球历史上的经济和金融危机中最严重的一次"。[79] 在 20 世纪 30 年代，还没有哪一刻出现过如此大规模的同步，也没有哪一刻出现过全球这么多的大型银行同时面临倒闭的危险。雪崩的速度和力度都是前所未有的。伯南克后来向他回忆录的读者承认："花费太多的心思去思考其中的高风险，这可能会让人无法承受，甚至把人吓瘫，所以我尽可能集中精力去处理手头上的具体任务……在事件发生后，我压抑自己的恐惧，专注于解决问题。" [80] 直到第二个任期接近尾声时，他才准备放松心情。回想起来，他说这种感觉就像自己坐的车突然掉到了河里一样。"当时一门心思只顾着怎样能避免掉到桥下，过后才来得及惊叹，'天啊！'。" [81]

　　蒂姆·盖特纳依据他在纽约联邦储备银行的有利地位，为挽救金融体系给出了一个强硬的典型见解："直到后来我看了奥斯卡获奖影片《拆弹部队》(the Hurt Locker)，一个在伊拉克的拆弹部队的故事，我才能够描述那段日子里的恐惧。我们在豪华的办公大楼里没完没了地召开电话会议，这显然无法跟战争的恐怖相比，但在影片开头的十分钟里，我知道我终于捕获到了一些与危机感受相似的东西：令人难以承受的重任，加上灾难性的失败将带来的瘫痪风险；情况失控所带来的挫败感；不确定做什么事情才能有所帮助；认识到即使是好的决策，也可能会变得糟糕；因忽视家人而产生的痛苦和内疚；孤独和麻木。"[82]

我们没有理由怀疑这些专业人士的真诚。这是一个可怕的情况。但是，把它比喻成恐怖袭击、汽车车祸和未爆炸的简易爆炸装置，却很能说明情况。他们将危机应对小组定位为面对紧急情况的第一应对者。他们和我们（也就是他们的观众）站在一起。谁会不支持慈父般的本·伯南克设法让载着家人的汽车继续留在桥上？谁会不支持盖特纳描述的英勇的拆弹团队？当我们焦急地看着我们的英雄奋力将我们从灾难中拯救出来时，政治被搁置一旁。我们没有时间去问为什么会发生这种情况。我们"同坐一条船"。但是，正是由于这种想法，一场政治经济危机开始了。[83] 2008 年秋天需要拯救的是哪个系统？谁受伤了？在这个圈子里哪些人是需要保护的？哪些人是不需要保护的？

2008 年 9 月，随着危机加剧，第一批应对者被替换。这一切都始于可预见但具有毁灭性的房地产泡沫破裂。这场危机正影响着大西洋两岸的数百万家庭。但是，从 2007 年夏末大批银行和基金倒闭开始，房地产危机逐渐远离人们的关注中心。现在重要的是投资银行可能倒闭。到了 2008 年 9 月，需要不惜一切代价拯救的不再是个别银行，而是整个金融体系。整个市场和行业——回购交易市场、资产担保商业票据和共同基金——都需要维持生命。这是金融体系的内爆，可以把它想象成类似威胁到整个经济的大规模电力故障。

"只有先治理好华尔街，才能帮助普通民众"，这也成为当时的口号。世界各地都在用当地的语言反复吟诵这句话。为了让商业活动持续，很明显，维持商业信贷是至关重要的。9 月，即使是绩优企业也无法获得短期融资。[84] 据说，工程巨头通用电气和哈佛大学都面临流动性问题。[85] 但是，除了紧迫的救市措施之外，全面关注金融体系真的符合实体经济的利益吗？[86] 是无力借贷导致了投资的失败，从而导致了持续的萧条吗？或者说是崩溃的房地产市场和囊中羞涩的家庭抑制了经济活动，以至于没有了投资的动力，因此也就没有了贷款的需求？

　　这些似乎是学术问题。炸弹正在倒计时，汽车正在向桥下冲去。在一场全球灾难中，因果之箭指向何方真的重要吗？为什么人们应该关心金融危机的严重程度呢？因为美国的危机战士决定不再讨论上述问题，而是把拯救金融体系放在绝对优先的位置，这决定了之后的一切，而这导致了引人注目的、具有强烈讽刺意味的本末倒置。自 20 世纪 70 年代以来，金融业代言人的口头禅一直是自由市场和宽松监管，他们现在所要求的是调动国家的所有资源，以拯救社会的金融基础设施，使其免受系统性崩溃的威胁，他们把这种威胁比作军事紧急状态。

第7章

政府救市

2008 年的金融危机来势汹汹，为了应对危机，各国政府进行了资本主义历史上前所未有的国家动员。除了战争时期，从来没有哪个国家以这样的规模和速度进行干预。这对"大缓和"时期的自满信念造成了毁灭性打击，令人震惊地颠覆了盛行的自由放任意识形态。政府动用纳税人的数万亿美元来拯救银行，使银行免于承受由其自身的愚蠢和贪婪所造成的后果，这违背了公平和善治的准则。但是，考虑到危机的传染风险，各国政府怎能不采取行动呢？然而，既然这样做了，他们又如何回到市场是有效的、自我调节的，最好由其放任发展的观点呢？这深刻挑战了自 20 世纪 70 年代以来指导经济治理的基本理念。更重要的是，挑战并非来自外部，它并非由一些转向左翼或右翼的激进意识形态所激发。政府几乎没有时间去思考或进行更广泛的考量。推动政府干预的是金融系统自身的失灵，以及无法将单个企业的破产与更广泛的系统性影响分离开来。英国《金融时报》备受尊敬的首席经济评论员马丁·沃尔夫（Martin Wolf）将 2008 年 3 月 14 日称为"全球自由市场资本主义的梦想破灭之日"。[1] 就在这一天，政府宣布救助贝尔斯登，而这只是开始。

一

在整个大西洋经济圈（美国、冰岛、爱尔兰、英国、法国、德国、比荷卢和瑞士），政府开启了纾困大战。部署的财政火力是巨大的，这使得纾困本身成了一个政治争论的领域。但是很明显，无论我们使用何种衡量标准，此前从未出现过如此广泛或大规模的纾困。承诺的金额超过了 7 万亿美元。

主要的干预机制有四个方面：（1）贷款给银行；（2）资本重组；（3）资产收购；（4）政府为银行存款、银行债务，甚至整个资产负债表提供担保。在任何受到危机冲击的地方，政府都不得不搭配采用这几种措施。参与的机构有央行、财政部和银行业监管部门。事实上，下文冷静列出的几项工具都是疯狂的、临时拼凑的解决方案，来自没日没夜的、几乎无法协调的问题解决会议。随着危机加剧，国家的财政和政治韧性都受到了考验。广泛而言，这产生了四种结果，反映出全球金融的融入程度、处于风险之中的国家的资源、政府精英的形态，以及金融领域内部的权力平衡。[2]

最极端的情况是危机压垮了整个国家。爱尔兰和冰岛根本没有资源、机构或政治能力来解决过于庞大的金融部门造成的巨大冲击。它们遭受了一场全面的危机，受打击最严重的东欧新兴市场经济体也是如此。其他国家的情况稍好一些。金融部门过于庞大的瑞士却在危机中安然无恙。之所以能够这样，是因为瑞士很早就持续密切关注即将破产的超大银行瑞银集团。[3] 尽管瑞银集团没有被国有化，但它实际上成了该国的保护对象。更大的欧洲国家，以及那些银行体系没有那么过度发展的国家，诸如英国、德国、法国、比利时和

2008年10月至2010年5月底政府对金融机构提供的支持措施（如未特别指出，单位均为10亿欧元）

	资本注入			债务担保、债券		其他担保			资产支持		承诺金额合计
	计划承诺资助的金额	已投入的金额	计划外承诺资助的金额	承诺的金额	已投入的金额	承诺的金额	已投入的金额	承诺的金额	已投入的金额	计划外承诺资助的金额	占2008年GDP的比例
奥地利	15	5.8	0.6	75	21.8	—	—	—	—	—	32
比利时	—	—	19.9	32	34	—	90.8	40	17	16.8	47
德国	40	29.4	24.8	400	110.8	—	75	50	19.3	39.3	25
西班牙	99	11	1.3	100	56.4	—	9	0	0	2.5	24
法国	21	8.3	3	320	134.2	—	0	8	4.4	0	18
希腊	5	3.2	0	30	13.3	—	0	90	8	0	18
爱尔兰	10	12.3	7	485	72.5	—	0	50	0	0	319
意大利	12	4.1	0	0	0	—	0	—	—	0	4
荷兰	20	10.2	16.8	200	54.2	—	50	—	—	21.4	52
丹麦	13	3.5	2.2	0	36.9	—	—	—	—	—	23
瑞典	5	0.5	—	—	142	25.4	—	—	—	—	49
英国	55	33.7	35.8	300	157.2	—	—	—	—	217.8	25
瑞士	4	—	—	—	118.6	—	—	41	41.2	—	13
澳大利亚	—	—	—	602	—	—	—	—	—	—	97
美国	580	216.2	19.1	1,066	369.8	534	26.7	1148	40	74.9	30
总计	879	338.2	130.5	3,610	1,321.7	559.4	251.5	1,427	129.9	372.7	

资料来源：依据 Stéphanie Stolz and Michael Wedow, "Extraordinary Measures in Extraordinary Times: Public Measures in Support of the Financial Sector in the EU and the United States," Bundesbank Series 1 Discussion Paper 13, 2010.

荷兰，呈现出了更加复杂的情况。尽管面临的危机规模巨大，但是它们都有资源去应对。它们尝试了全面的组织和财政解决方案，包括失败的提议，目的是协调整个欧洲来共同应对危机。然而，为实现协调一致的行动而做出的努力，遭到了国家政策考量和主要银行的不合作的破坏；这些银行认为自己足够庞大，即使不屈尊向政府寻求援助，它们也能活下来。因此，虽然灾难没有像螺旋一样上升，但遏制危机的代价极其高昂，而且充其量也只能取得部分成功。

通过这样的实力考验，美国成为唯一一个不仅能够支持全球最大的金融业，而且有能力实施综合解决方案的国家。美国的危机战士喜欢使用一些军事术语，比如"大型火箭筒"和"震慑"，这不是没有原因的。在这方面，盖特纳最夸张。为了寻找灵感，他引用了美国参谋长联席会议主席科林·鲍威尔（Colin Powell）在越战失败后提出的作战原则：动用庞大的力量和明确的路线实施打击。[4] 1994 年墨西哥发生金融危机时，拉里·萨默斯首次引用了这个类比。现在，这个说法成了盖特纳的口头禅。对他来说，"适用于国际金融的鲍威尔主义"意味着"使用无可比拟的实力，加上明确的冲突解决战略"。正如盖特纳坚持认为的那样，"渐进主义比积极果断的行动的风险更高、代价更大"。在盖特纳和他的支持者眼中，迅速而果断的行动将带来回报。与欧洲经济的灾难性表现相比，美国又回到了正轨。[5] 美国金融业的领导地位得到了重振。即使从狭隘的会计角度来看，财政部和美联储的很多支持项目都给美国纳税人带来了实在的利益。[6] 就防止第二次大萧条的发生而言，这存在着巨大的好处。

与欧洲的经历相比，不难发现美国人这种沾沾自喜的叙述是如何获得认可的。然而，它的经济好处却没有倡导者认为的那么明显，而且也没有给自由放任原则的拥护者带来任何安慰。过去的经济政策是通过收缩政府的权力来解放自发的市场自由秩序，但这样的日子已经一去不复返了。制定可以预测的规则，以限制政策制定者的武断判断，也不再是明智之举。以战争为模板的经济政策注重的是意志、警觉、战术谋略和火力。尽管军事叙事可以调动民粹主义，但也要付出政治代价。[7] 2008 年至 2009 年应对经济危机的措施，使美国政治陷入混乱。布什政府失去了国会大多数共和党人的支持。危机摧毁了共和党的管理层、大型企业精英和右翼民众之间的脆弱纽带。共和党中的主要派别（他们得到特立独行的寡头赞助者的支持）日益转向愤怒的反抗社会体制的反对派，伯南克和保尔森等主要的保守人士只能抱怨说，不是他们离开了党派，而是党派抛弃了他们。[8] 布什政府对抗危机的努力由国会中占多数的民主党支撑。这个矛盾直到危机达到顶峰的几个星期后，在 2008 年 11 月 4 日，也就是巴拉克·奥巴马赢得大选时才得到解决。但是没过多久，美国右翼的分裂最终对美国和更广大的世界产生了深远的影响。

二

2007 年，政府最希望的仍然是私人部门能够自救。1907 年，约翰·摩根（John Pierpont Morgan）的财团是华尔街的传奇。*
2007 年 10 月下旬，在美国财政部的帮助下，花旗银行、美国银行和摩根大通这三家最大的银行同意合作创建一个所谓的"超级流动性增级管道"（Master Liquidity Enhancement Conduit），帮助稳定抵押贷款担保证券市场，重振资产担保商业票据市场。[9] 毫不意外，

---

* 约翰·皮尔庞特·摩根是 20 世纪初世界金融巨头之一。在 1907 年美国的金融危机（1907 年大恐慌）中，他利用自己银行的大量资金，并说服其他银行和金融家采取行动，协助美国政府克服危机，稳定了金融市场和美国经济。他创立的摩根公司是摩根大通的前身之一。——编注

财政部部长保尔森喜欢这个想法。但是，任何私人部门的安排很容易受到集体行动问题的影响。尽管银行家们厌恶政府干预，但他们也不想背上与破产公司同属一个同业联盟的污名，尤其是这个联盟还包括花旗银行，它的资产负债表是如此不堪。[10]当全球主要的竞争对手汇丰银行宣布，它将在其资产负债表上全面吸收由结构性投资工具导致的 450 亿美元损失时，它在美国的最大竞争对手没有其他选择，只能也这样做。[11]到了 2007 年 12 月，私人坏账银行计划已经崩溃。

在集体行动失败时，政府可以介入，充当首席中间人的角色，在各个银行之间撮合收购交易。2008 年，在英国，苏格兰的大企业哈利法克斯苏格兰银行在唐宁街的鼓励下，被卖给了劳埃德银行。[12]在德国，第二大银行德累斯顿银行将与第三大银行德国商业银行合并。[13]这两笔交易表明，风险在于陷入困境的银行可能会拖垮它的救助者。美国开始认真考虑并购贝尔斯登，但 2008 年 3 月 13 日至 14 日晚，这个计划失败了。[14]如果贝尔斯登把 2000 亿美元的资产担保证券和担保债务凭证的投资组合以低价抛售，那么其后果可能是灾难性的。这将迫使所有其他银行承认严重的损失，从而扩大恐慌。好在摩根大通有意收购贝尔斯登，这让财政部和美联储松了一口气。摩根大通作风强硬的首席执行官杰米·戴蒙确信，稳健的资产负债表能够让他安全地收拾残局。但是，要完成这笔交易，戴蒙需要适当的诱因。根据美联储法规第 13（3）条赋予的紧急权力，由纽约联邦储备银行支持的结构性投资工具吸收了贝尔斯登账上最差的 300 亿美元资产。[15]然后，3 月 14 日清晨 5 点，由于回购市场对贝尔斯登关上大门，纽约联邦储备银行借给摩根大通 129 亿美元，摩根大通把这笔钱借给了贝尔斯登。之后，木已成舟。刚开始，摩根大通同意以每股 2 美元的荒谬价格收购贝尔斯登的剩余资产。而就在一年前，贝尔斯登的估值为每股 159 美元。贝尔斯登的股东提出抗议,价格被提高到了每股 10 美元。不论是 2 美元还是 10 美元,摩根大通都很有信心能够大赚一笔。

美联储的行动阻止了一场具有破坏性的混乱破产。不过,至少可以说,摩根大通设法得到的诱因是值得商榷的。美联储具有传奇色彩的前主席保罗·沃尔克形容他们是将"合法、隐秘的权力延伸到了极致"。[16] 严格恪守道德风险逻辑的人后来坚称,正是对贝尔斯登的援助导致了雷曼的灾难。[17] 随着一家投资银行获得救助,雷曼的管理层感到安全和放心,认为他们的问题也能找到解决方案。他们认为自己可以不慌不忙地寻找最好的交易,而这种态度将会让他们付出高昂代价。

无论这是合法的还是明智的做法,通过开展掩盖资产负债表的交易来拯救投资银行是一项技术性的业务,可以免于登上政治新闻的头条。这也改变了房利美和房地美。作为政府资助企业,它们是支撑着整个美国住房市场不可或缺的支柱,处于华盛顿最难对付的政治网络的中心。到了 2008 年夏天,私人证券化市场停滞不前,它们还要负责为美国 75% 的新抵押贷款提供担保。在房利美和房地美的资产负债表中,有很大一部分是优质的合格抵押贷款。如果它们拥有的是传统的资产负债,那么它们应该能够安然度过这场风暴。问题在于情况并不是这样。2008 年 6 月,房利美和房地美持有价值 1.8 万亿美元的抵押贷款担保证券,并以股东权益为基础另外担保了 3.7 万亿美元,但是,房利美的股东权益只有 412 亿美元,房地美只有 129 亿美元。[18] 这样的杠杆率太高了,就连最大胆的投资银行家也会为之脸红。这种情况之所以可能,只是因为房利美和房地美是政府资助企业。到了 2008 年夏天,这种身份将受到考验。即便按照最小损失计算,房利美和房地美的资本也将被彻底抹去。如果这两家公司倒闭,那么抵押贷款市场上仅存的几家贷款机构也将被拉下水,并且会让美国的国家信用遭到质疑。它们将使外国投资者广泛持有的巨大证券组合处于危险之中。这年夏天，外国投资者持有 8000 亿美元的债券，这些债券都是由政府资助企业发行的。颇有影响力的博主布拉德·塞策调侃道，房利美和房地美的"中国投资太多了，不会倒闭"。[19]

2008 年春天，汉克·保尔森执掌的财政部迫切希望能控制住局势，于是开始在国会的民主党和共和党之间斡旋，以达成一项交易，让联邦政府获得必要的权力来整顿抵押贷款的巨头。[20] 但是，国会整个夏天都在拖延，共和党人不合作，民主党人坚称，如果他们想通过这项法案，那么必须包括对陷入困境的房主提供支持，以及向遭受严重打击的州拨款，以购买被止赎的房产。到了 7 月中旬，情况变得更加危急。鉴于危机的规模以及政府资助企业的财政状况的不透明，需要注入的资金可能是非常庞大的。[21] 财政部同意在联邦政府授权的债务上限范围内借款，并把美国政府的所有财政力量都用来支持政府资助企业。正如保尔森向参议院银行委员会建议的那样，该建议广为人知："如果你的口袋里有一把水枪，那么你可能不得不把它拿出来了。如果你有一个火箭筒，而且大家都知道你有，那么你可能不需要把它拿出来。"[22] 保尔森的要求让人印象深刻，他的"火箭筒"言论在全世界引起了共鸣。美国财政部部长迫切地想要稳住外国投资者。北京越来越警觉。[23] 保尔森在回忆录中写道："我定期和他们（中国的部长和官员）交谈，因为我不希望他们在市场上抛售证券，引发更严重的危机……因此，当我去国会请求给予这些紧急权力（以便稳住房利美和房地美）时，我被国会公开地痛批了一番，然后，我得经常给中国打电话，向中国人民银行解释说：'听着，这是我们的政治体系，这是政治戏码，我们会搞定的。'虽然我自己没什么信心，但我确实尽了一切努力来让他们放心。"[24]

中国人的困惑是有理由的。在华盛顿上演的政治闹剧前所未见，也很新奇。由商人领导的保守的自由市场政府提议无限制地增加政府支出，以便将大部分住房金融系统国有化。一想到要帮助不该获得抵押贷款的借款人，以及怂恿和助长他们这种不负责任做法的"新政"机制，共和党的选民们就怒不可遏。但是，保尔森认为，必须处理的系统性问题已经非常明显。布什总统支持他。"这是一个需要政治勇气的惊人举动，"保尔森滔滔不绝地说，"就好像总统在任期的最后一段时间突然转变立场，在一些违背其政府基本原则的问题上转而支持民主党人，反对共和党人。但是他决心去做最有利于国家的事情。"[25] 保尔森谈到的是美国保守主义中的一个基本裂痕。不能指望共和党右翼支持不受欢迎的、令人厌恶的措施，但很显然，政府必须拯救"这个系统"。保尔森承认，他所要求的权力是前所未有的。"我不知道以前有没有哪个行政部门曾经获得过这样的权力，向一个企业无限制地放款或投资。我能做的就是证明情况与众不同并且难以预计，在这种情况下，有必要给予这种权力。"[26] 他也知道，只有民主党人（该党不太阻止扩大政府的权力范围）才愿意接受这种绝对和无限制增加支出的逻辑，这个逻辑并非由国家安全的紧急情况决定，而是取决于金融危机。

7 月 26 日，保尔森拯救房利美和房地美的特别授权法案在国会获得通过，尽管众议院中四分之三的共和党人投了反对票。该法案于 7 月 30 日签署成为法律。白宫认为最好放弃像往常那样在椭圆形办公室举行庆祝活动，因为没有理由去刺激共和党人，也没有时间可以浪费。在从摩根士丹利无偿招募的一个团队的帮助下，财政部开始了数周的调查取证，并与失败的政府资助企业的监管机构进行谈判。结果令人沮丧。这两家政府资助企业都破产了。已经提供的流动性支持仍然不够。2008 年 9 月 7 日（星期日），房利美和房地美都被托管了。它们被国有化，但公司名称保持不变。如果有必要，财政部将补足资本，以弥补资产和负债之间的任何缺口，最初每家公司的最高限额为 1000 亿美元。美联储提供了信贷额度，承诺购买陷入困境的政府资助企业需要摆脱的任何抵押贷款担保证券。因此，与其说这是火箭筒，还不如说是核武器。

这种干预的最主要作用是稳住债券持有人，尤其是外国持有人，让他们相信房利美和房地美不会破产。虽然俄罗斯玩弄阴谋诡计，但美国政府资助的抵押贷款机器的崩溃并没有蔓延为一场全球危机。不过，其政治后果是非常可怕的，并且会严重影响危机的未来走向。共和党的右翼正在为激烈的总统大选动员全部力量，而房地美和房利美的国有化引发了一场风暴。[27] 财政部向政府资助企业注入资金，作为回报，财政部惩罚性地拿走政府资助企业的分红；此外，财政部还清除了政府资助企业的现有股东，从而尽其所能避免任人唯亲的指控。美国银行家协会联合起来支持政府，呼吁共和党人支持救市的努力。但是，它们立刻受到了保守的增长俱乐部的反对，这个俱乐部是一个由科赫兄弟资助的重要右翼游说团体。共和党众议院领袖约翰·博纳（John Boehner）和前发言人纽特·金里奇（Newt Gingrich）公开反对保尔森的救市计划。约翰·麦凯恩被认为是支持救市的。但在 8 月 29 日，他提名民粹主义者阿拉斯加州的州长萨拉·佩林担任总统竞选搭档。佩林对政府资助企业或金融危机并没有一致的看法，但她表现出的虚张声势，点燃了共和党基础选民的热情。随着危机日渐加深，布什政府害怕自己将会面临由总统候选人领导的反对救助的党内争斗。让共和党人如此担忧的是，到了 9 月初，拯救房利美和房地美很明显只是第一轮争斗，这场战斗的下个阶段将由华尔街决定，而不是由华盛顿决定。

几个月来，财政部一直在焦急地看着雷曼寻找买家。到了 9 月的第二个星期，雷曼已经无路可走。与潜在的韩国收购方的谈判陷入停滞。在这场由盖特纳领导的纽约联邦储备银行主持、保尔森亲自监督的紧张谈判中，寻求私人部门解决方案的努力以失败告终。终极时刻出现在 9 月 13 日至 14 日的那个周末。在那 48 个小时里究竟发生了什么，至今仍然备受争议。但确定无疑的是，曾被期待成为雷曼的白衣骑士的美国银行没有拯救雷曼，这家庞大的商业银行转而收购了美林。

美林的规模比雷曼要大。它也受到了房地产泡沫破裂的严重影响。与雷曼一样，美林也是一家投资银行，倘若不能进入回购市场，它就无法运转。在雷曼破产后，它肯定会是下一个倒闭的银行。[28] 但是，与雷曼不同的是，美林的管理层比较机敏，通过推动与美国银行进行直接谈判拯救了自己。众所周知，美国银行的首席执行官肯·刘易斯（Ken Lewis）长久以来一直希望效仿花旗集团，将一家投资银行与自己的商业银行业务整合在一起。2008 年 9 月 13 日至 14 日，就在这个绝望的周末，美国银行数千亿美元的零售存款成为不再运转的金融体系的一部分，这笔资金由联邦存款保险公司担保。这笔融资给美国银行提供了一个平台来收购美林。但是，条件是什么呢？从表面来看，美林是一个奖励。美林是华尔街最知名的公司之一，2007 年底，美林的市值达到 1500 亿美元，拥有 1.02 万亿美元的资产，在全球有逾 6 万名员工。然而，考虑到账目上的潜在损失和不稳固的批发融资，2008 年 9 月的美林到底值多少钱呢？当时，在保尔森和伯南克施加的巨大压力下，美国银行支付了 500 亿美元，每股 29 美元，仅为美林近期市值的三分之一，但这比上一周的市值高出了 40%。

在美国银行收购美林之后，对于雷曼来说，最后一线希望就是与英国的巴克莱银行达成跨大西洋交易。巴克莱银行由旅居英国的美国人鲍勃·戴尔蒙德（Bob Diamond）说了算，他曾供职于摩根士丹利和瑞士信贷。但是，英国首相戈登·布朗和财政大臣阿里斯泰尔·达林（Alistair Darling）拒绝放松监管，除非股东一致批准以及美国财政部承诺给予支持。如果美国银行选择美林，那么为什么巴克莱不选择雷曼呢？他们告诉保尔森，伦敦不希望"引进美国的癌症"。[29]

最根本的问题是，为什么雷曼的选择如此之少？为什么美联储和财政部不愿按照帮助摩根大通收购贝尔斯登的方式来帮助雷曼达成交易？[30]在私人部门解决方案的选项失败后，为什么没有其他的支持方法，也就是他们在未来几周慷慨提供的那些方法呢？盖特纳、保尔森和伯南克全都坚称这个问题没有必要。不是财政部和美联储不愿意，而是缺乏措施。雷曼破产了，这不是政府有意造成的。"我们不是故意的，"盖特纳坚称，"我们的权力有限，而且英国监管机构也很担忧。"[31]伯南克坚持认为，美联储不能借钱给雷曼，因为美联储只向具备偿付能力并且拥有优质抵押品的银行放款。[32]雷曼没有偿付能力，而且由于其投资银行业务的性质，它没有储户基础和其他收入来源，因此缺乏抵押品。但是，这些只是事后的说法。在当时，雷曼的破产被视为一个深思熟虑的决定，也是一个受欢迎的决定。9月17日，民主党国会议员巴尼·弗兰克（Barney Frank）在与财政部官员举行的听证会上宣布，9月15日（星期一），也就是雷曼破产的那一天，将在很长的一段时间里被誉为"自由市场日"。[33]弗兰克是在开玩笑，但其他人不觉得好笑。正如保尔森的一位助手所说，9月15日感觉就像是"财政部的一个好日子"。他们让市场自行运作。[34]《纽约时报》的一篇社论声称，放任雷曼破产"出奇地让人感到放心"。[35]《华尔街日报》（*Wall Street Journal*）庆祝保尔森没有退让。"政府必须在某个地方划清界限。"[36]对于纽约联邦储备银行的盖特纳来说，这并不令人高兴："我们没有选择划清底线。我们只是无能为力，而不是无所畏惧。我们努力了，但是没能阻止一场灾难性的破产。"[37]

基于对危机的这种解读，盖特纳将继续构建一个完整的国家建设计划。如果 2008 年缺少的是政府进行充分干预的权力，那么对策就是向美联储和财政部提供恰当的工具。盖特纳无法承认的是，"保尔森和伯南克"事实上可能犯了一个错误，他们也许低估了雷曼破产可能导致的严重后果。或者说，保尔森作为共和党的财政部部长，可能事实上受到了政治的束缚。但是，这是后来"重现事发现场"时所显示的。在雷曼破产的严重后果变得显而易见之后，从目前可以获得的最有用的证据（而不是几位主要人物的自我辩护）来看，限制援助雷曼的最根本因素是，保尔森从一开始就拒绝考虑另一次纾困。[38] 在整个关键的周末，英国财政大臣阿里斯泰尔·达林一直在和纽约保持紧密联系。他的视角很能说明问题："让人担忧的是，越来越明显，美国财政部不愿意提供财政支持来达成这笔交易。我并不完全感到意外……我认为，他没有足够的政治资本来说服共和党人将另一家银行国有化。"[39] 两周后，在为通过不良资产救助计划（Troubled Asset Relief Program, TARP）而进行的不顾一切的斗争中，这个判断得到了证实。虽然是保尔森带头在纽约就雷曼问题进行谈判，但在华盛顿的伯南克完全同意他的做法。在雷曼的管理层为争取时间所做的绝望努力中，美联储显然非常不合作。与伯南克在回顾性证词中所说的情况相反，美联储行动一致地把雷曼推向了破产。当时的说法是，破产能够终结不确定性，这有助于平息市场。事后说起来是挺容易的，但这样的判断大错特错。

当雷曼破产的冲击波对美国和世界经济造成影响时，这个错误在几个小时内就变得明显起来。一天后，保尔森、伯南克和盖特纳不得不面对另一个问题，那就是应该如何处理保险巨头美国国际集团。[40] 在这个问题上，他们的第一感觉是寻求私人部门解决方案。9 月 15 日（星期一），摩根大通和高盛带头进行了一整天"狂热的"讨论。但是，到下午 7 点，私营部门救助的希望破灭了。在 24 个小时前，当纾困团队对雷曼得出类似的结论时，他们已经开始做好

破产准备了。这一次，结论正好相反。金融市场无法承受第二次冲
击，而且美国国际集团在衍生品、回购交易和证券放款方面的关联
程度甚至超过了雷曼。用一位华尔街玩家的话来说，让美国国际集
团破产将是一个"灭绝性"事件。这一次，美联储介入了。就像对
待贝尔斯登一样，美联储宣布启用第 13（3）条在紧急情况下给予
的特别授权。纽约联邦储备银行决定提供高达 850 亿美元的担保信
用额度。9 月 16 日（星期二），中午刚过，美联储的安保人员赶到
曼哈顿下城派恩街 80 号的美国国际集团办公室，收集了数百亿美
元的股权凭证，将其作为抵押品。随着全球第二大保险公司的契约
安全地存放在纽约联邦储备银行的保险库里，下午 3 点 30 分，美
联储宣布进行第一阶段的救市计划。美联储为美国国际集团的信贷
违约掉期产品投资组合及其证券放款业务提供担保。作为交换，美
联储将拿走美国国际集团及其附属机构的股票，这将让美国政府持
有美国国际集团全球保险业务 79.9% 的股份。效仿房利美和房地美
国有化的模板，这笔交易给美国国际集团的现有股东造成了巨大的
损失。随着纽约联邦储备银行从美国国际集团的手中收购贬值的抵
押贷款担保证券的投资组合，美国国际集团得以向交易对手支付费
用，证券放款业务被剥离。在所有解决方案中，美联储出手最大方
的是信用违约掉期投资组合的解决方案，通过购买美国国际集团承
保的危险的担保债务凭证来完成。事实上，加上他们要求美国国际
集团提供的抵押品，交易对手在 622 亿美元的有毒抵押贷款担保证
券上得到了 100% 的偿付，这些证券的市值接近 272 亿美元。如果
美国国际集团破产，这些资产能值多少钱，就只能猜测了。无论如何，
交易对手及其客户获得的补贴显然高达数十亿美元。受益的不仅仅
是美国的金融体系。在救市的过程中，美联储确保美国国际集团保
留了保险合约，以用于向欧洲银行提供"法定资本宽减"（regulatory
relief）。如果这些合约失效，美国人估算，欧洲银行将面临至少提

供160亿美元的额外资金的要求。"由于害怕在拥挤的剧院里大喊'着火啦！'"，纽约联邦储备银行后来对国会说，它认为最好不要向欧洲监管机构提及美国国际集团的危机所造成的潜在影响。

三

如果说目标是实现系统性稳定，那么让雷曼破产和拯救美国国际集团的临时措施是不够的。伯南克和保尔森意识到了危机的规模，于是，他们在 9 月 17 日决定向国会寻求更多的资源和使用这些资源的授权。[41] 保尔森知道，这样做具有非常严重的政治风险。但是，他们现在面临的是整个华尔街体系的崩溃，而他们能够动用的资源已经达到了极限。随着货币市场基金的资金大量流失，财政部于 9 月 19 日做出了一个非同寻常的决定，向任何愿意支付保险费的基金提供担保，并从外汇平准基金（Exchange Stabilization Fund）里拨款 500 亿美元用于支持那些保险基金。这是又一个临时拼凑的措施。外汇平准基金是罗斯福新政时期的产物，成立于 1934 年，目的是让罗斯福的财政部在放弃金本位后能够管理美元汇率。与 2008 年 9 月运作的数万亿美元的现金池相比，这个基金微不足道。但是，利用这个基金来资助保险基金，就可以发挥杠杆作用；更重要的是，它是财政部能够即刻使用的唯一一笔资金。

与此同时，摩根士丹利和高盛这两个仅存的投资银行也承受着紧迫的融资压力。在雷曼破产后的一个星期，它们公开改制成为商业银行控股公司；凭借这个权宜之计，它们可以从联邦存款保险公司的存款保险中获得保护，从而获救。但是，这只会进一步增加自身就存在问题的联邦存款保险公司的负担。9 月 25 日，联邦存款保险公司关闭、拆分并卖掉了华盛顿互惠银行。华盛顿互惠银行的资产负债表上有 2440 亿美元的抵押贷款，使其成为美国历史上破

产的最大的商业银行。摩根大通立刻抢先收购了华盛顿互惠银行的
2239 家零售分行和存款。[42] 在大型银行的减价出售中看到奖励的
买家并非只有摩根大通。日本的三菱东京日联银行准备拯救摩根士
丹利，收购其 20% 的股份。沃伦·巴菲特将向高盛注资 50 亿美元。
但是，这两笔交易的前提是政府承诺给予担保。

9 月 20 日，财政部向国会递交了一份三页纸的立法提案，请求
授权动用 7000 亿美元来稳定证券市场。在获得授权对政府资助企
业进行无限制的纾困后，财政部现在要求把相当于整个美国国防预
算的资金用于不良抵押贷款证券。但是，在保尔森的立法提案中，
真正大胆的是他所要求的权力的性质。

这个立法提案的三个关键句子是：

> 财政部部长有权按照其确定的条款和条件，向总部位于美
> 国的任何金融机构购买，或承诺购买和出资承诺购买抵押贷款
> 相关资产……根据这项法案，财政部部长购买抵押贷款相关资
> 产的权限在任何时候都不得超过 7000 亿美元。财政部部长根据
> 法案的授权做出的决定无须审查，并由财政部自行决定，而且
> 不得由任何法庭或任何政府机构进行审查。[43]

保尔森要求的是合法的全权委托。

尽管这个法案有些粗略，但它并不是凭空而来。早在 2008 年 4
月中旬，保尔森和财政部的团队就与伯南克及其下属会面，讨论所
谓的"打破玻璃"*备忘录，其中列举了紧急行动的不同选项。[44] 他
们考虑为抵押贷款提供大规模担保，但是因为负债不确定，而且可
能非常庞大，所以放弃了这个选项。资本重组是对银行进行干预的

---

* Break the Glass，形容紧急措施或紧急逃生计划。——编注

一种更直接的方式，而且很有效率。银行的每一美元都被杠杆化，因此，一美元的政府资本可以支持 10 倍、20 倍甚至 30 倍的贷款。但是，资本重组因政治原因遭到拒绝。保尔森无意成为"将美国银行系统国有化的财政部部长"而被载入史册。就算保尔森愿意付出个人代价，公开呼吁政府重组资本的提案也绝不可能在国会获得通过。共和党人会集体投票反对国有化，如果没有两党一致的支持，民主党人不会冒这个风险。[45] 2008 年春天，财政部的团队已经决定，购买资产是阻力最小的道路。收购债务不会涉及银行的所有权，也不会产生控制或治理公司的问题。一切都将通过"市场"完成。可以使用拍卖机制来确定价格。不可否认的是，这个计划进展缓慢且耗资巨大：7000 亿美元只能覆盖未偿付次贷证券的一半多一点。这个解决方案并不完美。然而，在雷曼、美国国际集团和华盛顿互惠银行一个接一个出事后，财政部和美联储已经绝望了。他们需要一些能够在国会获得通过的方案，而且要尽快通过。

以前在国会需要花几个月才能通过的法案，现在必须在几天内通过。一名游说者轻率地评论说，这是"超光速闪电战"，而且这个法案从一开始就遇到了麻烦。[46]盖特纳后来在回忆录中写道："国会的领导人们似乎非常震惊，但是，在汉克和本警告他们可能发生第二次大萧条后，他们愿意行动起来……现在他们似乎只是愤怒。""就其范围而言，这个提案令人震惊，也是前所未有的，而且缺乏细节，我也许可以这样说，"参议院银行委员会的主席克里斯·多德（Chris Dodd）说，"我只能得出这样的结论，不只是我们的经济面临风险，我们的宪法也面临风险。"[47]多德是民主党人，他至少愿意考虑采取行动的可能性。共和党人就没有这么谨慎了。肯塔基州的吉姆·邦宁（Jim Bunning）形容这项提案为"非美国式的金融社会主义"。[48]得克萨斯州的共和党人泰德·普伊（Ted Poe）严厉批评了这个计划："纽约市的肥猫们希望普通工人振作起来，为所有这些闹剧买单……用金融业的手枪指着每个美国人的脑袋并不是解决问题的办法。"[49]

到了 2008 年，布什政府在紧急权力方面已经出现了信任危机。"这与匆忙发动伊拉克战争有着可怕的相似之处，"来自纽约北部的民主党众议员迈克·麦克纳尔蒂（Mike McNulty）说，"政府反复跟我们说，经济的本质是良好的，而后突然间，他们说经济马上就要崩溃了。这让人无法接受。"[50] 来自加州的民主党众议员彼得·斯塔克（Pete Stark）提到了在伊拉克战争期间担任布什政府国务卿的科林·鲍威尔，回忆起他是如何"在很多年前试图恐吓我们说，如果我们不给这场考虑不周的战争投赞成票，那么恐怖分子就会出现在我们的大街上了"。[51]

在《金融时报》上，经济学家兼博主威廉·比特（Willem Buiter）评论说，保尔森的法案看起来"就像是拥有绝对行政权力的君主迪克·切尼亲自起草的，没有制衡，没有责任，没有追索权。美国政府在伊拉克为我们带来大规模杀伤性武器，并且在关塔那摩湾和阿布格莱布建立了虐囚营，对于这样的政府，最好不要有什么期待，只需对这些请求报以歇斯底里的傻笑"。[52] 左翼电影制作人迈克尔·摩尔（Michael Moore）给规模庞大的粉丝发了一封极具煽动性的电子邮件，标题是"今天早上富人发动了政变"。英国记者保罗·梅森（Paul Mason）写道，保尔森的笨拙提案"在反对纾困的右翼民粹主义者和左翼自由主义者之间引发了意外的协同效应"。[53] 历史将证明这绝非意外。

在总统大选期间，这些都是爆炸性事件。民主党候选人巴拉克·奥巴马不是问题所在。奥巴马不仅得到了由罗伯特·鲁宾和汉密尔顿项目招募的经济学家团队的支持，而且他的随行人员还包括来自瑞银和美林的顶尖银行家。[54] 问题在于约翰·麦凯恩。如果麦凯恩把自己的命运和反叛的共和党人拴在一起，那么这不仅会让立法提案受到威胁，还会让民主党的总统候选人变成极度不受欢迎的一个选择。众议院的共和党领袖约翰·博纳对此也无能为力。国会中有三分之一的共和党议员在意识形态上反对任何进一步的纾困，因此不可能得到他们的支持。另外三分之一因为竞争激烈，不能冒险疏远自己的支持者。得克萨斯州的众议员、保守的共和党研究委员会的领袖杰布·亨萨林（Jeb Hensarling）愤愤不平，他向记者抱怨说："你们必须要在金融崩溃、纳税人破产和社会主义道路之间做出选择，而且必须在 24 小时内完成。"[55] 共和党右翼的新星，包括威斯康星州的保罗·莱恩（Paul Ryan）和弗吉尼亚州的埃里克·坎特（Eric Cantor），则团结起来反对布什政府的"背叛"。

　　由于共和党内部存在严重分歧，麦凯恩在 9 月 24 日宣布暂停竞选，并将返回华盛顿，以领导"修复"危机。这在财政部和白宫引起了恐慌。市场处于狂热状态。没人知道麦凯恩在想什么。可以肯定的是，这将会引发共和党基础的动荡。保尔森听到这个消息吓了一跳，他对着摩托罗拉手机大喊大叫，要求白宫管好"他们的"候选人。[56] 伯南克对政治权力的激烈角逐感到非常震惊，认为还是回到美联储比较安全。最后，白宫幕僚长和共和党的重要赞助人进行了干预，包括私募股权的亿万富翁亨利·克拉维斯（Henry Kravis）、摩根大通的副总裁詹姆斯·李（James Lee）和美林的约翰·塞恩（John Thain）等，才让麦凯恩没有胡来。[57] 但是，这让麦凯恩哑口无言，在"体系"的要求和佩林为他争取的民粹主义风潮之间左右为难。9 月 25 日，应麦凯恩的要求，两位候选人与布什政府举行了一场引发高潮的会晤。然而，这位共和党候选人几乎无话可说。[58]

　　9 月 28 日星期日，保尔森和国会中的民主党议员似乎达成了交易。保尔森同意为薪酬设置上限，分阶段释放不良资产救助计划的援助资金，实行多层级的监管，并承诺一旦纳税人遭受损失，损失将通过对金融业征税来弥补。为了让不良资产救助计划迅速获得通过,这个计划被附加到"众议院决议 3997"上,该决议也被称为《捍卫自由减税法案》,旨在为军人、志愿消防员及和平部队的成员减免税负。9 月 29 日(星期一,该日也是投票日)的早晨,总统举行了新闻发布会,宣布对保尔森的法案达成一致。当天下午,他会见了处境艰难的乌克兰总统尤先科(Viktor Yushchenko)。这是一个证明自由世界的领袖仍然牢牢掌控着形势的时刻。在市场需要支持时,他们可以提供所有帮助。来自欧洲的消息非常糟糕,华尔街的交易紧张不安。所有的目光都锁定在电视屏幕上,等待着来自国会山的消息。

众议院的情况让人无法安心。经过一个上午辩论般的演讲,投票在午饭后开始。在世界各地的屏幕上,人们可以看到国会中民主运作的艰难过程。下午 1 点 49 分,当正常的投票程序结束时,有 228 票反对,205 票支持。两党领导人都盯着无尽的危机深渊。为了让他们挥动鞭子集结队伍,投票时间延长了。摄像机尾随着他们,"两党的高级副手们紧紧抓着手中的选票……聚集在一起,而且非同寻常地经过过道闯入了对方的领地"。[59] 五分钟后,很明显两党都已无计可施。在离下午两点还差几分钟的时候小木槌敲了下来,法案没有通过。能够说明问题的是,在支持汉克·保尔森的不良资产救助计划的 205 票中,有 140 票来自民主党,只有 65 票来自共和党。在反对票中,有 133 票来自共和党,95 票来自民主党。

在美联储和财政部放任雷曼破产后,美国选举出来的代表都拒绝支持政府的紧急救援措施。对此,整个市场充满了恐慌。道琼斯指数暴跌 778 点,美国企业的市值在几个小时内蒸发了 1.2 万亿美元。这是有记录以来的最大跌幅,比"9·11"恐怖袭击还要糟糕,当时指数下跌了 684 点。[60] 这也对全球信心造成了致命冲击,导致大西洋两岸的危机发生了可怕的同步。

四

美国人试图拼凑第一个不良资产救助计划，但失败了。与此同时，在英国，戈登·布朗政府正在疯狂地努力说服西班牙的桑坦德银行，让其收购抵押贷款的放款机构布拉德福德宾利银行的分支机构和 220 亿英镑的存款。如果成功，英国财政部将持有 410 亿英镑谁也不想要的抵押贷款。[61] 一年前，当英国政府救助北岩银行时，那似乎只是一个孤立的事件。现在很明显，整个英国的金融体系都处于风险之中。它严重依赖批发融资市场，而这个市场正在关闭。

人们担心，恐慌将很快从北岩银行等专业抵押贷款的放款机构蔓延到更大的银行（例如哈利法克斯苏格兰银行），再从那里蔓延到苏格兰皇家银行等商业银行。至少从账面上来看，苏格兰皇家银行的资产负债表最近已使该行被划入全球最大的银行之列。在欧洲大陆，比荷卢的巨头富通银行即将破产，其资产负债表与雷曼旗鼓相当。[62] 法国政府正在挣扎着让法国−比利时的放款机构德克夏银行活下去。安格拉·默克尔和她的财政部部长佩尔·施泰因布吕克正在就裕宝地产银行展开形势难料的谈判，裕宝正在被德普发银行拉下水，它在都柏林对德普发银行进行了高风险的投资。[63] 每一次救助都涉及一系列措施，包括减记损失、用公共资金重新调整资本结构、为私人借贷提供担保、与其他银行进行交易，以及从央行那里获得紧急流动资金。

欧洲人正在一家银行接着一家银行地灭火。但是，到了 9 月 29 日晚上，随着不良资产救助计划的失败搅乱市场，都柏林崩溃了。[64] 爱尔兰的三大银行，盎格鲁爱尔兰银行、爱尔兰银行和爱尔兰联合银行都处于崩溃的边缘。[65] 在爱尔兰注册的银行的资产负债表高达爱尔兰 GDP 的 700%，而爱尔兰政府没有足够的财政资源来应对普遍的银行挤兑。经过一夜充满了恐慌的讨论，9 月 30 日早晨，都柏

脆弱的英国银行系统：抵押贷款风险敞口和
融资来源（数字是资产占负债的百分比）

	抵押贷款	储蓄	批发融资	股本
阿比国民银行	53	34	21	1.7
联合莱斯特银行	55	45	52	3.0
巴克莱银行	6	26	19	2.5
布拉德福德宾利银行	62	51	44	3.2
哈利法克斯苏格兰银行	37	38	36	3.6
汇丰银行	4	48	17	6.2
劳埃德银行	28	42	27	3.4
北岩银行	77	27	68	3.1
苏格兰皇家银行	8	43	24	4.8
渣打银行	17	58	20	7.1
平均	34.7	41.2	32.8	3.86

资料来源：Tanju Yorulmazer, "Case Studies on Disruptions During the Crisis," *Economic Policy Review* 20, no. 1 (February 2014). 可从以下地址获取：SSRN: https://ssrn.com/abstract=2403923.

林政府宣布，由于害怕银行被摧毁，因此让银行"自杀"。当欧洲开始播报早间新闻时，人们得知爱尔兰政府将在两年的时间里为爱尔兰六家主要银行的存款和所有债务提供全面担保。没有一个政府事先得到这个消息，欧洲央行和爱尔兰的纳税人都不知情。[66] 这个做法停止了银行挤兑，但却让这个人口只有纽约一半的国家为4400亿欧元的银行负债提供担保。银行产生的损失将使爱尔兰政府破产。它们将成为把2008年的银行业危机与2010年的欧元区主权债务危机联系起来的关键纽带。不过，那是未来要考虑的事情了。9月30日的问题是，这对世界其他地区造成了直接影响。如果说爱尔兰的做法提供了一个安全的避风港，那么这个模式会扩展到欧洲其他国家吗？

鉴于爱尔兰的银行与英国金融体系的紧密联系，伦敦的压力最

大。英国不得不立刻提高其存款保险的上限。与荷兰一样，伦敦和
巴黎进行了紧急协商。德国政府就不那么配合了。当英国财政部努
力与柏林取得联系，以商讨欧洲的共同应对措施时，德国的财政部
部长施泰因布吕克不肯接电话。财政大臣达林无比焦虑，只能给外
交部打电话，询问英国驻柏林大使馆能否联系上德国政府。[67] 柏林
并不仅仅是采取回避态度。在 9 月的最后几天，刚刚经历了救助富
通银行而心烦意乱的荷兰政府提出了一个大胆的建议：欧洲各国应
该共同成立银行救助基金，每个国家出资 GDP 的 3%。基金的总
额将达到 3000 亿欧元。[68] 法国政府非常热情。为了解决危机，萨
科齐在巴黎向四国集团（法国、德国、意大利和英国）发出了邀
请。在会议开始前，法国财政部部长克里斯蒂娜·拉加德（Christine
Lagarde）对德国的商业报纸《商报》（Handelsblatt）谈到了采取共
同措施的必要性。[69] 在为拯救德克夏和富通进行了艰难的跨国谈判
之后，拉加德对小国应对危机的能力感到非常担心。"如果小型的欧
盟国家面临银行崩溃，将会发生什么？"她反问道，"也许政府没
有办法拯救出问题的机构。因此，问题是我们需要在欧洲层面达成
解决方案。"[70] 意大利人喜欢这个观点。[71] 德意志银行极具影响力
的领导人约瑟夫·阿克曼（Josef Ackermann）同样欢迎这一构想。[72]
欧洲需要大规模的资金，就像保尔森向美国国会要求的那样。突然
之间，柏林苏醒过来。施泰因布吕克宣布，绝对不能谈论联合救助。
默克尔明确表示，如果巴黎的这次峰会被贴上危机解决会议的标签，
那么她不会出席。仿佛是为了约束自己，默克尔接受了受欢迎的小
报《图片报》（Bild-Zeitung）的采访，谴责了给银行家开空头支票
的行为。《图片报》很快因为其对危机的民族主义报道而变得臭名
昭著。[73] 柏林可以指望得到欧洲央行的支持。欧洲央行的让-克罗
德·特里谢对记者说，共同的欧洲解决方案是不恰当的，因为欧元
区不是一个财政联盟。同样的，长期担任欧元集团主席的卢森堡首

相让–克洛德·容克向德国电台表示："我认为没有任何理由让我们在欧洲实行美国式计划。"危机来自美国，那里的危机最严重。欧洲可以通过各国的解决方案来应对。

　　萨科齐退缩了，他宣称这个想法是拉加德的个人提议，没有得到他的授权，从而挽回了颜面。但是，法国和荷兰是对的。不到一年，拉加德描绘的局面就会困扰欧元区。瘫痪的银行和境况不佳的政府借款人拖垮彼此。尽管法国人有先见之明，但如果没有柏林，他们什么也做不成。10 月 4 日，萨科齐、默克尔、布朗和贝卢斯科尼在巴黎召开了会议。结果令人失望。戈登·布朗深深感受到，欧洲人认为这场危机是美国自己的麻烦。[74]一位幻想破灭的英国官员说道，欧洲人"没有看到危机正在到来。他们不懂经济，也不懂共同行动能有什么用"。[75]萨科齐无奈地说："如果我们无法拼凑出一个欧洲层面的解决方案，那么它将是一场灾难……但是，那不是我的失败，是默克尔的失败。你知道她跟我说什么吗？'Chacun sa merde! '（各人清各人的屎）。"德国方面则表示，总理的用词没有这么粗俗。"默克尔引用了歌德的一句谚语，'Ein jeder kehre vor seiner Tür, und rein ist jedes Stadtquartier'（如果每个人都把自己门前打扫干净，那么城市的每个角落都会变得干净）。"[76]

　　为什么德国人如此抗拒？毕竟，如果成立共同的基金，陷入困境的德国银行也将从中受益。但是，残酷的事实是，德国纳税人不想为其他人的纾困买单，不论是救助德国自己的银行，还是其他国家的银行。从更广泛的意义来说，在默克尔看来，国家解决方案和欧盟解决方案的问题不仅仅是欧元和美分的问题。欧洲制定宪法失败，自 2005 年以来，她一直在这个废墟中奔波劳碌。《里斯本条约》直到 2007 年 12 月才获签署，该条约宣告欧洲大倒退回以民族国家为基础的欧盟愿景。2008 年 6 月，爱尔兰举行全民公投予以反对，使该条约遭遇了严重挫折。随着金融危机的冲击，里斯本框架正在经历紧急手术。德国宪法法院正在审理这个条约。欧洲的基本政治框架不断变化，柏林不会为了促成银行纾困而支持大幅增加欧盟委员会的权力。[77] 无论最终达成怎样的解决方案，都将基于政府间协议，而不会以增加欧盟的权力为依据。

10 月 4 日的峰会顶多只会对一份声明达成共识，该声明呼吁协调行动，谴责爱尔兰上周的单边行动。更令人震惊的是接下来发生的事情。就在欧洲各国政府首脑离开巴黎、返回各自国家时，有消息传出，对裕宝地产银行的救助失败了。德普发银行的情况比人们意识到的还要糟糕。德意志银行派往都柏林的一个专家小组发现，为了填补德普发的资金缺口，裕宝需要拿出的不是 350 亿欧元，而是 500 亿欧元。被默克尔和施泰因布吕克征召参与救助裕宝的银行立刻反悔了。一位德国银行家后来在联邦议院的调查报告中表示，如果雷曼的破产是一场海啸，那么裕宝地产银行的破产对德国经济来说将是一场世界末日。德国央行行长阿克赛尔·韦伯（Axel Weber）形容这种情况是核反应堆熔毁。颇具戏剧性的是，德国银行监管机构的负责人约亨·沙尼（Jochen Sanio）将此比作《现代启示录》。[78] 真正让柏林担心的是与德国储户陷入恐慌有关的传言。随着现金提取额的激增，德国央行面临前所未有的大面额欧元纸币的需求。在从巴黎回来不到 24 小时，默克尔突然决定必须发表一份声明。施泰因布吕克能做的只是劝她不应该独自做这件事。[79] 10 月 5 日（星期日）下午，默克尔和施泰因布吕克走到了电视摄像机的面前。他们没有得到联邦议会的立法授权。他们故意对细节含糊其词。但是，自 1949 年以来一直统治德国的两大政党的领导人共同宣布，所有储蓄存款都是安全的。

这是针对德国观众发表的声明，但它产生了更广泛的影响。德国不是爱尔兰。即使按照最严格的定义来讲，默克尔和施泰因布吕克至少为 1 万亿欧元做出了担保。德国的定位是要利用全球银行挤兑吗？柏林没有事先向伦敦和华盛顿发出警告。在默克尔和施泰因布吕克发布声明后的几个小时内，英国首相布朗在唐宁街召开了紧急会议，讨论伦敦的应对措施。英国官员"疯狂地试图与德国人取得联系"，但柏林再次不接电话。[80] 在缺乏明确的欧洲政策的情况下，拥有大型银行的小国（例如丹麦）被迫单方面做出决定，并延长他们的担保。在华盛顿，保尔森的团队也在努力弄清楚默克尔的想法。它是一种"道德保证"，还是爱尔兰那种有约束力的两年义务？美国当局感觉自己似乎正在失去对形势的控制。保尔森告诉他的下属："事情发展得很快，我们必须做些什么，不论我们愿不愿意。"[81] 如果德国认为有必要提供担保，那么美国的担保在哪里？10 月 6 日星期一，股市的市值缩水 2 万亿美元。随着各国财长将齐聚华盛顿，参加国际货币基金组织和世界银行的秋季会议，美国决定于 10 月 10 日和 11 日在美国财政部召集一场七国集团和二十国集团的临时财长会议。

令人欣慰的是，美国财政部已经认识到有必要进行协调。但是，在金融危机期间，一周太长，伦敦等不及了。戈登·布朗政府正面临哈利法克斯苏格兰银行和苏格兰皇家银行这两家大型银行的倒闭。9 月 18 日，劳埃德银行已经同意收购哈利法克斯苏格兰银行的全部股份。但是，这家境况不佳的抵押贷款的放款机构正在失去进入批发融资市场的资格。[82] 它的信用评级被下调，随着恐慌的蔓延，零售和企业客户提取了 300 亿英镑。如果哈利法克斯苏格兰银行在收购完成前破产，那么这会是一场灾难，将令北岩银行的破产相形见绌。[83] 考虑到苏格兰皇家银行的规模庞大，它甚至更加危险。自 9 月 26 日以来，英国财政部和唐宁街的各自团队一直在努力寻找救助方案。为了协调对抗危机的措施，10 月 3 日，布朗宣布成立国家经济委员会。《每日电讯报》（*Daily Telegraph*）立刻把这个委员会称作"经济战争内阁"，这样叫是因为这个委员会在地下会议室开会,也就是通常为政府的紧急应变小组预留的高度安全的会议室。[84]
尽管周边环境非常不舒服、令人不安,但会议还是很有成效。保尔
森的不良资产救助计划的模式以收购不良资产的想法为依据,而伦
敦则是把两种想法汇集到了一起:担保和资本重组。与爱尔兰和德
国一样,英国也提供担保。英格兰银行和财政部将为银行发行的债
券提供担保。不过,这些担保是有条件的,必须通过市场投资或公
共基金进行资本重组。政客们在白厅举行的疯狂会议上制定了细节,
并选择了一组发誓保密的投资银行家进行测试。10 月 7 日上午,
当达林正在与欧洲各国的财政部部长开会,试图敲定关于存款保
险的一致政策时,苏格兰皇家银行的股价崩溃,交易暂停。2008
年春天,这家银行刚刚成为全世界最大的银行,现在却离倒闭只
有几个小时了。[85]

　　2008 年 10 月 8 日,在与主要银行进行了一夜心惊肉跳的谈判后,
英国的银行纾困方案发布了。这份方案是一出成功的政治戏码。相
较于保尔森与美国国会的争斗,布朗和达林的巨大优势是他们在下
议院拥有绝大多数支持者。尽管布朗作为工党领袖的地位远谈不上
稳固,但是他不用担心布什总统面对的那种议会叛乱。英国财政部
和英格兰银行的承诺总额达到甚至超过了不良资产救助计划的承诺
额。英国的经济规模要比美国小,因此这些承诺额就显得更大了。

　　英国的方案包括三个部分:

　　　1. 英国的八大银行必须起草资本重组方案。它们可以决定
是接受 500 亿英镑(相当于 750 亿—850 亿美元)的政府资金,
还是私下自行筹集资源。

　　　2. 2500 亿英镑(相当于 3740 亿—4200 亿美元)将被用于
担保参与银行发行的新债券。

　　　3. 英国银行的特殊流动性计划将增加 2000 亿英镑(相当于

3000亿—3500亿美元），银行可以用滞销的资产担保证券交换政府债券。

让银行家和财政部官员彻夜未眠的是，500亿英镑的资本重组是否应当一下子就强制执行，或者是否会引起市场恐慌。分阶段进行是不是更好？反常的是，境况不佳的银行负隅顽抗，谁也不想成为政府的监护对象。即使马上就要破产，它们仍然在努力寻求能够获得的最后一点点优势。最后，政府向苏格兰皇家银行注入了150亿英镑的资金（取得57.9%的股份），向哈利法克斯苏格兰银行注入了130亿英镑（取得43.4%的股份）。[86]英国最强大的两家银行巴克莱银行和汇丰银行非常骄傲，选择不参加这个计划。它们既没有接受资金，也不需要担保。英国政府没有向它们施加权威，甚至没有试图强制其中任何一家进行资本重组。在亚洲有庞大根基的汇丰银行实力雄厚，足以通过市场筹集资金。巴克莱银行选择与一个海湾国家的主权财富基金达成一笔非同寻常的交易，通过向这个基金借钱来进行资本重组。这笔交易后来遭受了巨额罚款，其高管因此面临刑事指控。[87]

在不良资产救助计划遭遇溃败和欧洲陷入混乱的背景下，戈登·布朗的方案看上去像是一个突破。纽约的保罗·克鲁格曼对英国工党政府大加赞赏。英国的社会民主党人找出了拯救金融资本主义的办法。[88]这个办法当然离不开这样一个事实：工党政府不像汉克·保尔森那样嫌恶国有化。也许可以不那么厚道地说，自从20世纪90年代以来，就像美国的民主党一样，新工党与伦敦金融城建立了热络的合作伙伴关系。因此，英国的工党和美国的民主党在努力解决银行业危机的过程中展现出这样的干劲绝非巧合。这个怪物是他们帮着创造出来的。无论如何，考虑到为了支持哈利法克斯苏格兰银行和苏格兰皇家银行，英国纳税人将不得不承担巨大的负担，因此除了国有化之外，很难找出其他方法。

投资者的反应并不像权威人士那样热情。10 月 10 日（星期五），当七国集团的财政部部长齐聚一堂时，全球市场正处于恐慌之中。那天下午，在美国财政部木板装饰的现金大厅里，气氛不太友好。意大利财政部部长朱利奥·特雷蒙蒂和日本财政大臣中川昭一再三强调美国放任雷曼破产所造成的损失。施泰因布吕克重申了他对盎格鲁–撒克逊资本主义终结的看法。[89]让–克罗德·特里谢更加夸张，他分发了一张图表，显示了自雷曼破产以来伦敦银行同业拆息与隔夜指数掉期（Libor-OIS）息差*的飙升。这是衡量欧洲银行面临的融资压力的一个基准。美国人则保持冷静，坚称尽管雷曼的破产可能是最直接的原因，但并不是全世界所有问题的根源，英格兰银行行长默文·金随之附议。为了让讨论朝更具成效的方向发展，他们提出了五点方案：

1. 不会再有具有系统重要性的机构破产。
2. 采取措施帮助进行资本重组。
3. 他们将努力释放银行间市场的流动性。
4. 他们将提供足够的存款保险。
5. 他们将重建证券化资产的市场。

布什总统突然出现，给各国财长带来了一个惊喜，为讨论增加了些许轻松感。遗憾的是，布什的发言没能很好地安慰各位客人。他说："大家不用担心。汉克能搞定的。他会冻结流动性的。"[90]由

---

* Libor-OIS 息差，主要是反映同业拆借市场交易对手风险的指标。息差扩大，表示银行相信其交易对手（其他银行）违约的风险加大，因此放款的银行要求收取较高的利息以补偿这一风险。若 Libor-OIS 息差缩小，则表示银行相信其交易对手（其他银行）违约的风险下降，因此放款的银行愿意接受较低的利率。——译注

于不良资产救助计划仍处于不确定的状态，冻结流动性是最不需要的东西，因此，这番话不可能让人感到欣慰。

三天后，人们再次聚焦欧洲。华盛顿达成的协议为在巴黎举行的欧元区国家领导人会议定下了基调。虽然萨科齐是东道主，但领导会议的是戈登·布朗。尽管英国不是欧元区成员国，但伦敦金融城是欧洲的金融中心，英国的银行纾困方案现在已被吹捧为典范。从政治角度来讲，萨科齐希望利用布朗的影响力促使德国采取更加合作的态度。[91] 10 月 12 日，会议决定为银行提供担保，庞大的金额立刻登上了各大媒体的头条，但是相比于欧洲方案，这个数额仍然较少。欧洲各国没有就共同的应对措施达成一致。欧盟委员会向成员国发放了一项许可，允许它们发出债务担保，前提是担保范围须扩展到成员国的所有银行，包括国内和国外的银行，必须一视同仁。在危机期间，欧洲各国可以自由地向银行注入资金。欧盟将作为监管机构，试图把欧洲共同市场的分裂程度降至最低。但是，从本质上讲，它不是全凭一己之力来对抗危机。总的来说，委员会将审核并批准 20 个银行债务担保计划和 15 个资本重组计划。[92] 此外，它还接受个别银行的支援申请（其中仅德国就有 44 个）。不过，它将根据具体情况和具体国家做出决定。默克尔的否决票具有决定性作用。要等到漫长的三年之后，欧洲的共同救助计划才会被重新提上议程。

2008 年 10 月 13 日星期一，英国对劳埃德-哈利法克斯苏格兰银行和苏格兰皇家银行进行了国有化。同一天，德国宣布将提供 4000 亿欧元用于担保和 1000 亿欧元用于资本重组。法国为 3200 亿欧元的中期银行债务提供担保，成立了 400 亿欧元的资本重组基金。意大利拿出 400 亿欧元的预算用于资本重组，并"把尽可能必要的资金"用于担保。荷兰的担保金额达到 2000 亿欧元。西班牙和奥地利各自投入了 1000 亿欧元。[93] 就占 GDP 的比例来说，计划投入最多的是爱尔兰。不过，比利时和荷兰也做出了巨额承诺。

　　欧洲各国的计划由银行和本国政治情况决定。法国的大型银行的状况相对好一些。法国兴业银行比较幸运，因为所谓的"凯维埃尔丑闻"（Kerviel scandal）——交易员凯维埃尔越权建立了 500 亿欧元的仓位，造成将近 50 亿欧元的损失——在 2008 年 1 月就被发现，而不是在危机最严重的 6 个月之后。[94] 法国兴业银行设法进行资本重组，避免被收购，否则它可能和那段时期被仓促兼并的公司一样糟糕。此外，这家法国银行是高盛的密切合作伙伴，它根据美国国际集团纾困计划的慷慨条款成为特别的受益者。尽管法国的其他大型银行表现稳健，但在 2008 年秋季，没有一家不让人失望。10 月 16 日，法国议会强行通过了一项紧急资本重组和再融资计划。紧急计划很常见，但法国的紧急计划存在一个不同之处，即私人部门的反应。在法国巴黎银行的带领下，所有大型银行同意从国有金融控股公司获得资金。2009 年 1 月，第二次计划开始。这一次，所有银行都获得了资金。不同寻常的是法国经济融资公司主导的再融资计划。这家实体有权代表银行发行政府担保的债券，总金额达 2650 亿欧元，但是，其 66% 的股份被法国的六大银行认购。就连法国汇丰银行也签署了协议。这是一个不错的架构。法国政府仅持有很小的股份，法国经济融资公司的负债不会被计入法国的公共债务。与此同时，由于与银行监管机构达成了一项特殊安排，法国经济融资公司不必满足《巴塞尔协议 II》的资本规定，因此对银行的实际财务需求是最低的。这个机制有效地重建了市场信心。它之所以可能，是因为法国最大的银行相对没有压力，而且法国的精英阶层内部展开了特别密切的合作。[95] 虽然商界和政府的工作方式各不相同，但是在巴黎，二者的关系十分紧密，就像纽约和华盛顿的情况一样，因此能够在市场竞争条件下实现最罕见的事情——就集体行动达成一项非强制性的协议。

单纯从规模来看,只有德国的计划能够与英国匹敌。10月17日,成立金融市场稳定基金（Sonderfonds Finanzmarktstabilisierung）的法案遭到了德国联邦议院的否决。[96] 不过,与英国一样,任何一项全面的解决方案都被占主导地位的一方的力量破坏了。由于地方性州立银行的境况不佳,以及德国商业银行在收购德累斯顿银行的行动中因失策而陷入了挣扎,德意志银行看到了将自己与其他银行拉开距离的机会。在一场有意透露的内部讨论中,首席执行官约瑟夫·阿克曼大肆污蔑国家纾困计划。他故意让所有人知道,如果他的银行向柏林请求援助,那么他将感到耻辱。就像英国的巴克莱银行那样,德意志银行更倾向于依赖会计技巧和海湾国家主权财富基金的投资来渡过危机。后来,它也因为管理危机的权宜之计而面临法律诉讼,不过诉讼地点是在美国,而不是在德国。[97] 与此同时,施泰因布吕克非常愤怒。他说,阿克曼为"银行业的两级社会铺平了道路：不需要帮助的银行和面临降级的银行。这很危险,因为市场会对此做出反应"。[98] 就在同一时刻,华盛顿也在为同样的问题绞尽脑汁。

五

9月29日,在国会遇挫后,美国财政部别无选择,只能再次尝试将不良资产救助计划写入法案。为了使该计划获得通过,保尔森放弃了让国会开出空白支票的要求。7000亿美元的纾困基金被分成三个部分,第一部分是2500亿美元,第二部分是1000亿美元,而另外的3500亿美元需要总统提出申请并应由国会批准。国会将通过对中产阶级减税和向房主提供支援来平衡对银行的支持。法案的第109条明确授权财政部部长"加快修正贷款条件,以预防本可以避免的止赎"。[99] 法案没有向财政部部长授予豁免权,而是提供了多重重叠的监管。10 月 3 日，不良资产救助计划获得通过，众议院中 74% 的民主党人投了赞成票，但只有 46% 的共和党人表示赞成。

　　但是，到了 10 月的第一周，美国市场和欧洲的事态迅速发展。很明显，最初设想的不良资产救助计划无法奏效。在市场恐慌之时，财政部要想为数千亿美元的可疑资产创造市场，无论是通过付出太多的钱并牺牲纳税人的利益，还是通过艰难的谈判并冒让需要帮助的银行破产的危险，这都是完全不现实的。与此同时，英国在讨论中倾向于资本重组。政府应当注入股本，而不是收购不良资产或者为更多的银行借款提供担保。在从国会那里获得了用于购买资产的资金后，不良资产救助计划现在被重新定位为一种注入资本的工具。与此同时，在爱尔兰、德国和英国发生的事件改变了关于存款保险的讨论。根据保尔森的说法，正是资金从美国向欧洲转移的风险，促使他和伯南克在关于联邦存款保险公司的问题上取得共识，并要求该公司的主席希拉·贝尔提供更加全面的担保。[100]

　　在七国集团和二十国集团会议的影响下，10 月 11 日至 12 日周末，财政部、美联储和联邦存款保险公司制订了新方案。10 月 13 日（星期一）下午，就在欧洲人推出自己的担保计划时，他们向美国九大银行惊愕的首席执行官提交了这个方案。[101] 这个方案只有接受或放弃两个选项。根据纽约联邦储备银行行长蒂姆·盖特纳制定的资金配给，九大银行都会从政府资金中分得一部分，而政府将获得这些银行的优先股。联邦政府要求的保证股息很低，但会在五年后逐步提高，以激励银行尽早还款。作为接受注资的交换条件，这些银行将获得联邦存款保险公司对所有业务支票账户的担保，以及对 2009 年夏天之前发放的任何新债务的担保，担保金额高达 2009 年年底到期的全部债务的 125%。这两者是绑定在一起的。不接受政府的注资，就无法获得联邦存款保险公司的担保。本·伯南克采取了一贯的做法，他呼吁大家考虑共同利益，以试图安抚在座每个人绷得很紧的神经。所有人都在同一条船上。"我真的不明白为什么要对抗。"他安慰大家说。[102]银行家们难以置信地盯着他。一部分美国金融资本主义的核心将被国有化。

除了普遍感到震惊，大家的反应还可以归结到商业逻辑上。花旗集团的维克拉姆·潘迪特（Vikram Pandit）认为，对于最弱的银行来说，这显然是一笔很棒的交易。鉴于花旗的资产负债表状况，他没法挑剔。他不假思索地说道："这个资本交易太便宜了。"确实便宜。花旗集团当天的债券收益率是22%，而保尔森要求的利率只有5%。[103]境况稍好一些的银行，例如摩根大通，没有不良资产救助计划的资金也能渡过困境。但是，戴蒙了解这种系统逻辑，他是第一个签字同意的，尽管他签字的条件是其他银行也同意。迫使政府亮出底牌的是加州的富国银行。当富国银行反对救助纽约银行时，保尔森冷酷地指出，富国银行站在了监管机构的对立面。如果它们当天下午没有接受注资，那么第二天早晨就会被告知资金不足。它们将会发现自己被资本市场拒之门外。到那时再回过头来找保尔森帮忙，条件可就没有这天下午这么优惠了。届时董事会将要求解雇首席执行官。于是，在几个小时之内，所有人都同意了。根据资本收购计划，美国的九大银行用优先股从政府那里获得了1250亿美元的资金。

相比于欧洲不那么全面的计划，美国的资本重组计划令人印象深刻。事后看来更是如此。与欧洲同行相比，美国的银行更快、更全面地从危机中恢复过来。2008年10月13日的会议，似乎是大西洋两岸巨大分歧的开端。[104]拥护行政部门应该具有强大特权的人后来声称，这些行动是主权权威的必要主张。正如"9·11"之后所做的那样，美国政府宣布了一种例外情况，并采取了应对措施。[105]在极端不确定的时刻激发国家权力，这或许令人欣慰，但是它将2008年9月和10月的事情神秘化了。从雷曼到不良资产救助计划，与其说是主权国家在应对危机，倒不如说是社会和政治网络内部功能失调的权力在彼此斗争，这个网络将华盛顿特区、华尔街和欧洲的金融体系联系在了一起。9 月，出于政治和商业考量，他们决定不向雷曼伸出援手。恐慌、政治迷茫和前所未有的金融风暴持续了一个月，直到 10 月中旬才有所转变，当时保尔森拍着桌子宣布每个人都必须接受财政部的资金，这时华尔街的巨头们终于肯听从了。即使在那一刻，行政部门之所以手握重权，很大程度上是因为摩根大通支持财政部的提议。如果说这是一项展现主权的行动，那么到底是谁的主权呢？是美国政府的，还是以保尔森和盖特纳等人为代表、将财政部和美联储与美国的全球化金融部门联系在一起的网络，亦即"新华尔街"的？[106]

如果注资的条件很苛刻，那么美国财政部的权力行动会更加令人印象深刻。但是，事实恰恰相反。维克拉姆·潘迪特是对的。无论从哪个角度来看，财政部"强行"向银行提供的资本都是很便宜的。菲利普·斯瓦吉尔（Phillip Swagel）是财政部主管经济政策的副部长，也是保尔森救市计划的主要缔造者。正如他描述的那样："为了确保注资能够很快地被广泛接受，条件必须很有吸引力，而不是惩罚性的……必须与《黑道家族》或《教父》的情况相反——不要试图恐吓银行，而是要提供一项极具吸引力的交易，让银行觉得拒绝这个交易是不明智的。"[107] 财政部绝不是难以相处的股东。美国政府称自己是"不情愿的股东"，放弃了任何投票权。[108] 在英国和德国，对劳埃德–哈利法克斯苏格兰银行、苏格兰皇家银行、裕宝地产银行和德国商业银行的国有化都类似破产重组，引起了管理层的大变动，但是美国采用的更加全面的做法必定干涉程度更低。[109] 如果稳健的摩根大通要和境况不佳的花旗银行一起参加这个计划，那么条件就不能太严苛。参与不良资产救助计划的银行可以继续向政府支付优先股的股息。根据不良资产救助计划支付的股息不超过5%，是沃伦·巴菲特在"拯救"高盛时要求的回报率的一半。财政部的目标是说服所有银行参加这个计划，从而确保政府的支持不会被视为一种疲弱信号，这个信号将引起卖空者的注意。施泰因布吕克对德意志银行的行为表现出的愤怒表明，在危机时刻，为了保护整个体系，既需要把每个银行当作稳健的银行来看待，也需要更健康的银行愿意一起参与。它们必须意识到，在发生真正全面的危机时，它们所珍视的优势不会使它们幸免于难。

财政部进行了"主权"干预，结果是向银行提供了巨额补贴，使其商业价值增加了近1310亿美元。[110] 最大的受益者是脆弱的投资银行和过度扩张的花旗集团。花旗集团从财政部那里获得了250亿美元，作为交换，它交出了价值155亿美元的证券，这些证券的价值很快就会大幅缩水。相比之下，富国银行被普遍认为是银行业实力较强的玩家，它交出了大约232亿美元价值的证券，换取了250亿美元的政府资金。[111] 摩根大通不需要这笔钱，而且戴蒙同意与政府联手阻止挤兑，他放弃了领先于弱小竞争对手的机会。对于批评救助计划的人（例如联邦存款保险公司的希拉·贝尔）来说，整个过程似乎就是一个烟幕弹，目的是掩盖对花旗集团的纾困。[112] 克林顿时期结下的人脉网络仍在运转。花旗集团不仅仅是"大到不能倒"，而且它有着广阔的社会关系。不论人们对这次干预作何感想，不可否认的是，10月初的极度恐慌一过去，一视同仁的借口就会被抛弃。

对花旗集团来说，10月份的稳定措施还不够。11月，花旗披露了巨额亏损，并宣布裁员5.2万人。到了2008年11月21日（星期五），花旗的市值从2006年的2500亿美元骤降到205亿美元。随着恐慌蔓延，丧钟已经敲响。花旗正在失去进入回购市场的资格，末日似乎已经到来。鉴于花旗的规模如此庞大，在全球市场的牵绊如此广泛，后果将不堪设想。一系列的紧急谈判在11月22日至23日的"花旗周末"达到了高潮，另一笔交易达成了。政府再次注资

200 亿美元，以改善花旗的资产负债表，同时通过所谓的损失保护计划为花旗银行 3060 亿美元的有毒资产提供担保。作为交换，政府获得了价值 70 亿美元、利息为 8% 的优先股。[113] 美国的银行业正在苦苦挣扎，这也让美林陷入了危险境地。随着收购的进行，美林抵押贷款的损失规模变得越来越明显，美国银行的首席执行官肯·刘易斯及其团队正在不顾一切地想要退出 9 月 14 日达成的拯救这家投资银行的交易。谁也不想回到雷曼破产的那个周末的状况。在保尔森和伯南克施加的巨大压力下，刘易斯继续推进这笔交易，对美国银行股东隐瞒关键信息，接受了 200 亿美元的政府资金和一项针对美林 1180 亿美元问题资产的"损失保护协议"。[114]

金融危机尚未被遏止。但是，至少从政治的角度来说，华尔街可以放心了。11 月 4 日，巴拉克·奥巴马赢得总统大选，民主党巩固了对参众两院的控制。美国的进步人士庆祝了这个历史性的胜利。奥巴马仿佛一位救世主，他不仅占领了白宫，还拥有真正改变美国所需要的国会多数席位。在这个惊人的历史转折中，民主党的候选人当选为第一位非洲裔美国总统，这对华尔街来说也是一个好消息。正是奥巴马和民主党向布什政府提供了政治支持，使得布什政府得以推出 2008 年应对经济危机的不同寻常的措施。而且很显然，他们打算继续这条路线。11 月 23 日，就在财政部宣布对花旗提供最新一轮援助的同一天，奥巴马团队公布了他们提名的财政部部长人选。小道消息已经流传了好几周了。鲁宾赫然在列，鉴于他和奥巴马的长期关系，这不足为奇。此外还有拉里·萨默斯，他是克林顿时期放松监管的共同缔造者。奥巴马最偏爱的人是保罗·沃尔克，他在格林斯潘之前担任美联储主席，是卡特和里根时期反通货膨胀的教父。但是，他年纪太大了。其他人的政治风险太大。被选为财政部部长的人正是作风强硬的纽约联邦储备银行行长蒂姆·盖特纳，他是萨默斯和鲁宾的门徒。在等待接替伯南克担任美联储主席期间，萨默斯被任命为国家经济委员会主任。鲁宾则扮演幕后操纵者，也就是"哈里·霍普金斯"*的角色，他喜欢这个称呼；而他在汉密尔顿项目中的另一个追随者和伙伴彼得·奥尔扎克将担任白宫预算管理办公室主任。在交接团队中，负责保管名单的人是鲁宾的前财政部幕僚长迈克尔·福曼（Michael Froman）。福曼在奥巴马的竞选团队兼职的时候，继续作为花旗集团的新兴市场战略主管领取薪水。[115] 2009 年，他加入奥巴马政府，担任总统的副助理，并作为国际经济事务方面的国家安全副顾问。在奥巴马的经济团队中，唯一不属于克林顿时期"老男孩"网络的人是克里斯蒂娜·罗默（Christina Romer），她来自加州大学伯克利分校，是一位信奉"新凯恩斯主义"的经济学家，也是研究大萧条历史的专家。她被任命为白宫经济顾问委员会的主席。[116] 市场喜欢这些消息。一位投资顾问说道："盖特纳确保在布什政府和奥巴马政府之间实现平稳过渡，因为他已经在共同管理目前正在发生的事情。"[117]

事实上，即使就布什政府向奥巴马政府的过渡问题进行讨论，也夸大了这种断裂。早在 11 月 4 日之前，指挥棒就已经移交了。愿意动用美国政府的全部资源来对抗金融危机的政党是民主党。就像危机的征兆所显示的那样，共和党并不是治理危机的合作伙伴。在危机的过程中，共和党表现得不像是一个执掌政府的政党，而是一个政治工具，通过这个工具，保守的美国白人表达了他们对震动世界的这场地震的惊恐。

---

* 哈里·霍普金斯（Harry Hopkins），美国政治家、民主党人，曾任美国商务部部长。霍普金斯是罗斯福总统的顾问之一，也是新政的主要设计者。他实际上是白宫的第二号人物，有"影子总统"之称。——译注

第8章

"最重要的"全球流动性

事后回顾起来，似乎是 2008 年 10 月第一周的决策决定了后来的事态发展。美国协同一致地朝着银行资本重组的方向发展。在欧洲，德国否决了共同的解决方案。从那时起，危机演变成了一系列国家层面的挣扎；在 2010 年后，这些挣扎再次通过欧元区危机交织在一起。最终，欧洲不得不采取共同的解决方案，但在走到那一步之前，欧洲承受了数年的经济不稳定和困境。欧元区危机表明，柏林坚持的国家层面的应对方法根本无法达成目标。但是，如果把注意力集中在欧洲相互依赖的维度上，那么这种判断事实上低估了实际情况。欧洲的银行和借款人的确相互依赖，但到了 2008 年秋天，更基本、更严峻的形势是欧洲银行对美国的依赖。银行间市场和批发融资市场的关闭，给全球的美元融资市场带来了巨大压力，而欧洲受到的冲击最为严重。即使是最强大的欧洲国家也无力解决这样的资金缺口。如果不想让它导致一场大规模的跨大西洋危机，那么决定者不是欧洲，而是美国。美联储以美国金融体系的利益为出发点，承认金融互联的强大力量，并对此采取了行动。当保尔森和财政部向国会争取政治支援，以便支持美国金融体系的时候，美联储在没有进行任何公开咨询的情况下，把自己变成了全世界的最后贷款人。当私人货币市场的音乐停止时，美联储开始演奏，提供了暂时的流动性，这些流动资金总计达数万亿美元，是根据美国、欧洲和亚洲银行的需求量身定做的。这在世界历史上是前所未有的，也是规模庞大的，而且几乎没有任何预兆。这改变了我们对金融体系和国家货币的关系的认知。

一

早在 2007 年 8 月，欧洲银行就受到了批发融资市场关闭的冲击。因此，8 月 9 日，欧洲央行率先向银行间隔夜市场提供 950 亿欧元的流动性，这并非巧合。[1] 如果没有充分的理由，欧洲央行行长特里谢不会轻易采取这样的大动作。[2] 到了 2008 年秋天，欧洲央行和英格兰银行都在大规模注入流动性。这并未涉及议会投票，也不涉及不同寻常的长期资本投资。这些不是救助，而是货币市场的交易，这是央行为了收紧或放松金融市场而普遍采取的交易，只是现在的交易规模前所未有。随着所有的主要央行以抵押品（无论好坏）作保借出现金或现金等价物，它们的资产负债表开始扩张。从潜在性上说，至少在封闭的国家经济中，或者在诸如欧元区或美元区这样的大型货币区内，这种操作可以无限制地进行。但是，这类操作无法带来外币的流动性。英格兰银行提供的是英镑，欧洲央行提供的是欧元。这种本国货币发行限制严重束缚了央行的操作能力，尤其是在 2008 年，因为欧洲的银行迫切需要的是美元。正是因为这样的缺口，美联储采取了一项方案，为全球的离岸美元银行体系提供流动性。

从传统的基于贸易的国际经济学视角来看，很难理解美元短缺为什么会给欧洲带来如此大的威胁。2008 年 9 月，整个欧元区对美国实现了贸易顺差，尤其是德国，它成了出口冠军。当然，如果欧洲银行需要美元，它们可以向奥迪、大众和梅赛德斯—奔驰等全球出口商购买或借入美元。但是，正是在这一点上，以贸易为基础的经济观点和全球金融化之间的差距变得特别明显。2007 年，德国出口商每个月对美国的贸易顺差将近 50 亿美元。根据国际清算银行的经济学家的计算，欧洲银行需要的不只是 50 亿美元，甚至也不是 100 亿美元。在危机爆发前，它们从美国货币市场基金承诺的 1 万亿美元中获得了其美元业务所需的资金。此外，它们还在银行间市场借入了 4320 亿美元，在外汇掉期市场借入了 3150 亿美元，并从管理美元现金池的货币机构的短期融资中借入了 3860 亿美元，合计超过 2 万亿美元。[3] 准确的数字取决于欧洲大型银行的资产负债表需要按照怎样的规模和速度来再融资。

2008 年的危机暴露出欧洲银行的商业模式存在危险的失衡。随着美国货币市场的关闭，所有欧洲银行都在争夺美元资金。它们试着彼此借钱，结果是短期融资成本（以所谓的伦敦银行同业拆息与隔夜指数掉期的息差来衡量）出现了可怕的飙升。[4] 与此同时，随着欧洲人竞相购买美元信贷，而愿意交易的交易对手越来越少，货币掉期市场变得异常拥挤。交叉货币利率互换（cross-currency basis swap）的息差用于衡量欧洲银行为了将欧元或英镑换成美元而愿意支付的利差，这个数值变成了负数，表明直接获得美元融资极其困难。当市场正常运行时，这个数值应当接近零。2008 年 9 月，息差已经超过了 200 个基点。9 月 16 日，也就是雷曼破产的第二天，随着美国国际集团在悬崖边摇摇欲坠，当联邦公开市场委员会召开会议时，第一项议题竟然不是解决美国银行的融资困难，而是解决欧洲银行的融资困难。正如纽约联邦储备银行行长比尔·达德

2007年12月17日至2008年9月9日欧洲央行每月标售的美元融资需求

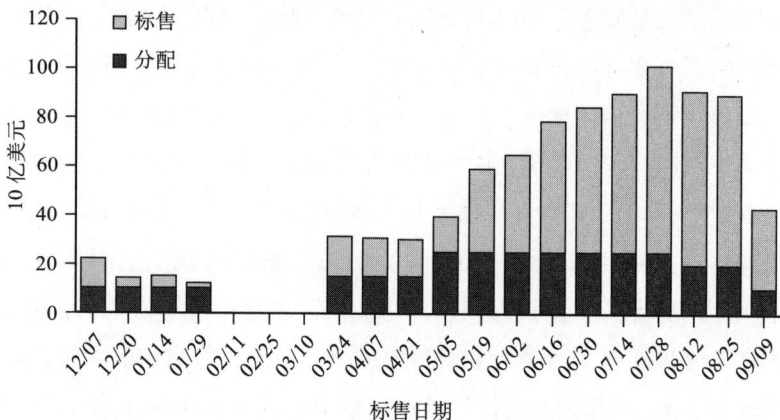

资料来源：Michael J. Fleming and Nichaolas J. Klagge, "The Federal Reserve's Foreign Exchange Swap Lines," *Current Issues in Economics and Finance* 16, no. 4 (2010): 1.

利（Bill Dudley）*所说："市场可能面临最严重的压力，而最重要的就是外国银行的美元流动性。"[5]

从哪里可以获得更多的美元融资呢？人们也许会认为央行是一个可能的外汇来源。但是，仅靠欧洲各国央行的美元储备，根本无法满足银行的融资需求。[6] 2008 年秋天，随着危机加剧以及伦敦金融城受到冲击，英格兰银行的手头只有 100 亿美元。[7] 整个 7 月，在欧洲央行定期举行的美元标售会上，投标金额超过了分配金额的 4 倍。难怪随着危机的加深，美元并没有像标准的宏观经济学模型预测的那样出现贬值，而是升值了。

处于这种困境的较小国家将向国际货币基金组织寻求援助。2008 年秋天，在与美国财政部和美联储密切沟通后，国际货币基

---

* 即 William C. Dudley，他在蒂姆·盖特纳担任财政部部长后于 2009 年继任纽约联邦储备银行行长一职。——编注

金组织匆忙设计出了一种新的短期流动性工具，以便为面临严重融资压力但不需要国际货币基金组织提供全面调整方案的国家提供支持。[8] 但是，对于向国际货币基金组织寻求援助的欧洲央行或者英格兰银行来说，2008 年将是一场历史性的灾难。不管怎样，国际货币基金组织是按照 1944 年诞生时的基本逻辑创建的，而且各个成员国都有相应的出资比例。国际货币基金组织为贸易赤字提供资金，并处理公共债务危机。它的职责不是填补私人部门的巨大资金缺口。它的计划都是以百亿美元计价的。它不是为了数万亿美元的跨国银行业时代设计的。

2008 年秋天，人们再也不能对一个明显的事实视而不见了。纽约联邦储备银行的蒂姆·盖特纳告诉联邦公开市场委员会，欧洲人"运营着一个相对于 GDP 而言非常非常庞大的银行系统，同时存在着巨大的货币缺口，而且在我们面临这样一场风暴时，没有任何计划来满足银行对美元的流动性需求"。[9] 伯南克用惯常的保守方式陈述说，欧洲银行体系的美元融资需求是"当前形势的新情况"。[10] 这个新情况可能会给美国造成巨大的影响。如果美联储不采取行动，那么大西洋两岸的资产负债表将面临大幅缩减的威胁，欧洲人将减少在美国的贷款，并将以大甩卖的价格抛售美元资产。正是因为持有这些以美元计价的资产组合，从 2007 年底开始，美联储开始提供前所未有的大量美元，不仅向美国提供，也向整个全球金融体系（尤其是欧洲）提供。2008 年，美元流动的规模是如此之大，以至于为美国和欧洲危机撰写单独的历史都将是不合时宜的，而且具有严重的误导性。[11]

二

美联储用一系列令人眼花缭乱的首字母缩略词来标示它的流动

性工具——内部人士将这些工具统称为"霍比特人"（hobbits）。但是，在按功能划分时，它们直接映射出影子银行体系的各个关键要素：资产担保商业票据市场、回购贷款、抵押贷款担保证券市场和货币掉期。正如美联储的经济学家观察到的那样，这已经不再是美联储通过操纵利率来影响市场行为的传统货币政策。相反，"美联储的资产负债表扩张"是"通过扩张公共部门的资产负债表来紧急代替私人部门失去的扩张资产负债表的能力"。[12]美联储把自己置于以市场为基础的银行业模式的机制中。以中央银行为代表的政府与金融市场之间的关系被赤裸裸地暴露出来。美联储不仅仅是政府的一个组成部门，它还是银行家的银行，而且随着危机加剧，货币市场相应地进行了自我重组，呈现出以美联储为中心向外辐射的形状。

美联储的流动性措施的规模如此庞大、种类如此之多，导致了会计学难题。怎样才能衡量美联储的庞大计划呢？是按照最大风险敞口的股票？还是按照危机期间固定时间段内的货币流动率？或者简单地累加从危机开始到结束期间所有放款的总额？第一种衡量方式倾向于将干预的程度最小化。后一种衡量方式将产生最大的金额数字。每种衡量方式都有其用处。[13]借助通过法律手段调取的美联储记录，我们可以汇总这三个数字。[14]

处于困境的银行通常通过贴现窗口（cliscount window）*获得央行的援助。在贴现窗口，央行用现金买卖证券。贴现窗口是银行面临压力的一个典型信号，一般只有急需流动性的银行才会使用。2008年，贴现窗口的最大客户名单中包括了美国最著名的所有危机受害者——美国国际集团、雷曼、美国国家金融服务公司、美林和花旗集团。非美国银行对于使用贴现窗口并没有产生那么严重的耻

---

* 指中央银行向商业银行提供的一项业务，目的是满足商业银行对短期和临时性的流动性的需求。——译注

辱感。因此，除了苦苦挣扎的各美国银行，两家重要的欧洲银行也出现在了美联储的账户上：法国和比利时的德克夏银行和命运多舛的裕宝地产银行在爱尔兰的分部德普发银行。[15]

随着资产担保商业票据市场在 2007 年秋季关闭，美联储意识到必须增加新的工具。第一个就是定期标售工具（Term Auction Facility, TAF），为银行提供在资产担保商业票据市场上已经无法获得的短期资金。避免耻辱感是一个重要的考虑因素。因此，多种抵押品（包括资产担保证券和担保债务凭证）都可以使用。随着越来越多的银行参与，定期标售工具越来越受欢迎。2007 年 12 月到 2010 年 3 月，定期标售工具大规模扩增。2009 年春季，最大的流通余额接近 5000 亿美元。如果不同期限的定期标售工具都被转换成以 28 天为基础的相同工具，那么 28 天期限的贷款总额将达到惊人的 6.18 万亿美元。数百家小型美国银行也利用了定期标售工具；不过，最大的受益者是美国和欧洲的大型银行，其中美国银行、巴克莱银行、富国银行和苏格兰银行*名列榜首。在大型借款人中，外资银行的比例远远超过 50%。[16]

在贝尔斯登危机之后，关闭的不仅仅是资产担保商业票据市场，还有需提供抵押品的回购市场。因此，美联储在 2008 年夏天填补了空缺，将自己变成最后的回购交易商，提供针对优质抵押品的 28 天回购交易，也就是单期公开（single-tranche open market operations, ST OMO）。到了 2008 年 12 月，放款总额达到 8550 亿美元，其中超过 70% 是由外国银行借走的，五家欧洲银行占据着整个计划。仅瑞士巨头瑞士信贷就获得了美联储提供的 30% 的流动性。

由于三方回购市场青睐的抵押品是美国国债，因此在 2008 年

---

* 总部设在爱丁堡的商业和清算银行，2001 年与 Halifax Plc 合并为哈利法克斯苏格兰银行，但也各自保留了品牌。——编注

春季，美联储提出了另一项计划——定期证券借贷工具（Term Securities Lending Facility）。根据这个工具，美联储借出最高评级的美国国债，期限为 28 天，以换取各种抵押贷款担保证券，包括私人抵押贷款担保证券。通过这个工具，总共有 2 万亿美元的优质抵押品涌入体系。这个计划在雷曼破产后于 2008 年 9 月和 10 月达到了顶峰。在定期证券借贷工具提供的所有抵押品中，51% 借给了非美国银行，其中苏格兰皇家银行、德意志银行和瑞士信贷拿走了逾 8000 亿美元。

在危机期间，美联储操作的最强大的工具是一级交易商信贷工具（Primary Dealer Credit Facility, PDCF），用于为回购市场提供最大支持。[17] 这个工具是在贝尔斯登发生挤兑后，美联储根据第 13（3）条行使紧急权力的情况引入的。一级交易商信贷工具由美联储为回购市场的主要交易商提供审慎的、无限制的隔夜流动性，以换取广泛的抵押品。果不其然，交易商获得了非常多的好处。根据一级交易商信贷工具提供的放款总额达到了 8.951 万亿美元。这虽然是一笔巨大的数额，但贷款是隔夜发放的，而且应当与回购市场上每天提供的抵押品联系起来，这些抵押品在 2008 年 3 月达到了 4.5 万亿美元的高峰。2008 年 9 月 26 日，一级交易商信贷工具的最高流通金额达到了 1465.7 亿美元。一级交易商信贷工具的独特之处在于，它是唯一主要用于支持美国银行的美联储大型流动性计划。美林、花旗、摩根士丹利和美国银行都大量使用了这个工具。但是，这种表象在一定程度上具有欺骗性，因为美联储也允许高盛、摩根士丹利、美林和花旗的伦敦子公司使用这个计划。因此，美联储实际上对伦敦金融城的回购市场提供了远程支持。

当货币市场基金的危机摧毁了商业票据市场的最后一点点支持时，美联储做出了史无前例的决定，不仅支持银行和共同基金，还直接参与了放款业务。美联储成立了自己的特殊目的机构，即商业票据融资工具（Commercial Paper Funding Facility），用于购买优质短期商业票据。通过这个工具，美联储总共提供了 7370 亿美元的融资，2009 年 1 月的流通余额达到 3480 亿美元的顶峰。这个系统的最大用户是陷入困境的瑞士巨头瑞银集团，它拿走了美联储10% 的资金。另有 7.3% 流入了德克夏银行，富通银行和苏格兰皇家银行分别拿走 5%。一些受打击最严重的欧洲银行获得了整个计划中 27% 的资金。总的来说，欧洲获得的资金比例不可能低于 40%。

除了抵押贷款市场，更广泛的资产担保证券市场也冻结了。为了重振放款活动，2008 年 11 月 25 日，美联储推出了定期资产担保证券贷款工具（Term Asset-Backed Securities Loan Facility），这是美联储和财政部支持的最杂合的放款工具。它通过购买高评级的消费信贷证券化产品，例如车贷、学生贷款、信用卡贷款以及为小企业提供的设备和建筑施工贷款，向选定的、进行了抵押的借款人提供五年期无追索权的贷款。它不是美联储最大的计划。贷款总额达到了 710.9 亿美元。但是，这个计划也包含了美联储采取的一些风险最高的支持措施。利用这个计划的公司全都是美国企业，其中摩根士丹利、太平洋投资管理公司和加州公务员退休基金（CalPERS）名列榜首。

最后，在 2009 年初，美联储开始从提供紧急流动性转向后来所称的第一轮量化宽松（QE1），也就是在美联储的资产负债表上购入并持有大量抵押贷款担保证券。对于央行来说，购买证券是货币政策的传统机制。但是，现在的规模比以往任何时候都要大得多，涉及的资产类型也更加广泛。除了按常规购买国债，截至 2010 年7 月，美联储还购买了 1.85 万亿美元由政府资助企业担保的抵押贷款担保证券。2009 年 4 月的第三周是购买证券最为繁忙的一周，到2010 年 6 月，美联储的持有量（净销量）达到 1.129 万亿美元的高峰。至关重要的是，美联储所做的不仅仅是向金融体系注入流动性，它还吸收了资产负债表上的期限错配，这些期限错配给资产担保商业票据等市场造成了损害。美联储利用即刻流动性来交换长期资产。

量化宽松通常被认为是典型的"美国"政策，是美联储冒险的象征。因为量化宽松，伯南克经常遭到欧洲保守的政策制定者的批评。但是，我们已经说过，在根据量化宽松政策出售给美联储的所有抵押贷款担保证券中，有52%是由外国银行出售的，其中欧洲银行遥遥领先，这种情况不会让人感到惊讶。德意志银行和瑞士信贷是最大的两个卖家，它们获得了不菲的利润，远远超过美国的竞争对手。巴克莱银行、瑞银集团和巴黎银行分别位列第八、第九和第十名。在2008年金融危机最严重的阶段，美联储继续对跨大西洋影子银行机构提供放款。现在，它与欧洲的大型银行联手，要缩减跨大西洋的资产负债表。

三

并非跨大西洋金融网络中的每一个人都能利用美联储向纽约顶级跨国银行提供的工具，也不是每一个人都有美联储要求的那种抵押品。如果在没有充足抵押品的情况下向最脆弱的欧洲银行放款，那么美联储将面临严重风险。但是，如果拒绝向最脆弱的银行提供流动性援助，那么又将招致灾难。因此，从2007年开始，美联储改变了布雷顿森林体系时期首次开发的工具的用途。在20世纪60年代，为了管理固定货币体系，央行开发了一套所谓的货币互换额度机制，允许美联储把美元借给英格兰银行，英格兰银行则在美联储的账户内反向存入英镑。[18]互换额度在70年代停止使用，但是在2001年"9·11"事件后曾短暂恢复使用。2007年，面对跨大西洋银行体系的崩溃，互换额度这一机制重启，并被大规模扩展，以便满足欧洲大型银行的融资需求，而不是主权国家的融资需求。正如盖特纳向美联储的同事解释的那样：

　　一些欧洲最弱机构的美国分公司面临着非常庞大的美元融资需求，它们来找我们，请求我们提供大量的持续流动性。如果它们有大量的……抵押品，相较于需求而言，这些抵押品拥有可观的市场价值，那么我们乐于满足这些需求（主要通过前文谈到的定期标售工具）。如果它们的需求显著超过或者可能超过其合格抵押品的市场价值，那么我们就会和它们的央行进行磋商。我们已经说过，事实上，如果你希望我们能够满足这些需求，而且在你的市场上它们拥有价值超过其需求的抵押品，那么对我们来说，更好的办法是让它们的央行取得抵押品，由此满足它们的美元流动性需求……并且我们向央行提供与担保品同等价值的美元。[19]

　　美联储向欧洲摇摇欲坠的银行直接提供的美元已经达到了极限，现在，它借钱给欧洲央行、英格兰银行、瑞士国家银行和斯堪的纳维亚国家的央行。然后，这些央行再把宝贵的美元资金输送给欧洲的大型银行。[20] 美联储和它资助的央行就汇率达成了一致。需要美元的欧洲各国央行使用当地货币，把所需的金额存入美联储名下的账户里，美联储即在这些央行的账户里存入同等价值的美元。双方同意在未来某一天按照商定的汇率进行反向交易。在一份不超过 7 页的合同中，这些条款均用最简洁明了的方式阐明。[21] 美联储会获得一笔利息溢价，以确保只有在市场上无法获得资金的情况下才会使用互换额度。欧洲各国央行把这个成本转嫁给最终获得美元的银行。

　　互换额度计划是由美联储提出的。在巴黎银行于 2007 年 8 月发布灾难性的公告后，美联储看到，欧洲美元融资成本频繁地在早盘大幅上涨，导致美国市场在欧洲交易日中午开盘时发生了混乱。很显然，欧洲央行最初的反应是持怀疑态度。正如一名美国记者所说，美联储的提议"遇到了强烈反对"，欧洲央行想"把大恐慌留在美国"。欧洲央行非常直白地答复了美联储："这是美元的问题，是你们的问题。"[22] 伯南克后来表示，欧洲央行"很难意识到，欧洲将面临巨大的压力，而且不可能与美国脱钩"。[23] 不过，在2007年后，欧洲央行对互换额度持有的态度没能持续多久。2007年12月，美联储与欧洲央行和瑞士国家银行达成了第一批互换协议。[24]随着危机在2008年9月变得非常严重，互换工具的规模迅速扩大至6200亿美元。2008年10月13日，欧洲推出了自己的担保计划，保尔森、伯南克和盖特纳说服美国银行家接受不良资产救助计划的资金，甚至取消了额度上限。四大央行——欧洲央行、英格兰银行、日本银行和瑞士国家银行——都可以无限制地获得美元。

互换额度有助于安抚市场。但是，它也让那些没有受到青睐的央行产生了疑虑。货币市场的关闭对整个金融体系造成了影响。主要新兴市场的央行从哪里获得美元呢？让韩国等国与国际货币基金组织接洽是不可能的，因为这些国家对1997年至1998年亚洲金融危机的情景历历在目。[25] 因此，10月29日，美联储的支持扩大到了4个关键新兴市场的央行：巴西、韩国、墨西哥和新加坡。[26] 此时，一共有14个央行被纳入这个计划。[27]

2008年12月，美元互换额度网络中的流通总额达到了5800亿美元的高峰。简言之，互换额度的金额占了美联储资产负债表的35%。但是，即使是如此庞大的数字，也不足以说明整个计划的规模。互换额度的本质是为短期美元融资提供便利。随着纽约联邦储备银行及其遍布世界的同行忙得不可开交，每天都有新的美元融资涌入这个系统。由于之前从美国货币市场获得的美元大量涌出全球银行

外汇短缺：欧元体系外汇储备和提供给商业银行的外汇（单位：10亿美元）

	欧洲央行提供给商业银行的美元	欧洲央行报告标售会上提供的瑞士法郎（相当于美元）	欧元体系的外汇储备
截至			
2008/09	150.7	0	210.3
2008/10	271.2	17.4	210.2
2008/11	244.0	19.2	204.2
2008/12	265.7	25.8	202.0
2009/01	187.3	27.8	191.1
2009/02	144.5	32.5	186.4
2009/03	165.7	33.1	189.2
2009/04	130.1	33.0	187.9
2009/05	99.7	35.4	191.9
2009/06	59.9	29.9	192.5
2009/07	48.3	18.6	197.9
2009/08	46.1	15.4	197.8
2009/09	43.7	10.1	195.0

资料来源：William A. Allen and Richhild Moessner, "Central Bank Co-operation and International Liquidity in the Financial Crisis of 2008-9," BIS Working Paper 310 (May 2010), table 12.2

体系，仅 2008 年 10 月底的最后一周，美联储就通过互换额度借出了 8500 亿美元。正是这种资金流通，使英格兰银行、欧洲央行和瑞士国家银行庞大的美元需求能够得到满足，而不需要使自己的外汇储备降至关键水准以下。但是，就互换工具来说，在 2008 年 9 月到 2009 年 5 月间，在欧洲央行举行的美元标售会上，每个月的美元需求都足以数倍地抹掉其外汇储备。

　　2008 年金融危机的一个显著特征是，没有出现欧元兑美元或英镑兑美元的货币危机，这并非偶然。这是互换额度发挥了作用。美联储为货币市场所做的事情，就是各国央行现在为全球提供美元银

美联储成为全球的最后贷款人：
2007年12月至2010年8月央行的流动性互换额度（10亿美元）

	互换协议的总额	按照标准的 28 天期限计算
欧洲央行	8,011	2,527
日本银行	387	727
英格兰银行	919	311
瑞士国家银行	466	244
瑞典中央银行	67	202
韩国银行	41	124
澳大利亚储备银行	53	122
丹麦国家银行	73	95
挪威银行	30	68
墨西哥银行	10	30
总计	10,057	4,450

资料来源：美联储。

行融资而做的事。各国央行把欧洲银行资产负债表上的货币错配直接吸收到了自己的账户中。补偿性的公共措施确保了私人部门的失衡不会蔓延成一场普遍的危机。

　　补偿性信贷流动的规模令人震惊。截至 2011 年 9 月，根据互换工具提供的不同期限的贷款（和还款）总计达到 10 万亿美元。按照标准的 28 天期限计算，一个月的贷款数额相当于 4.45 万亿美元。无论以哪种方式计算，到目前为止，互换额度的最大受益者是欧洲央行。在这笔巨额资金流动中，每一分钱都得到了全额偿还。的确，在 2008 年至 2009 年，美联储通过互换额度一共获得了大约 40 亿美元的利润。但是，这种冷静的会计学计算低估了这项创新的戏剧性效果。美联储以即兴的方式应对危机，重申了美元作为世界储备货币的地位，并将美国央行确立为美元网络中不可或缺的中心节点。鉴于全球金融市场上每天交易的庞大金额，真正重要的不是扩大规模。美联储的计划起到了决定性作用,面对全球体系中的重要玩家(既包括中央银行,也包括大型跨国银行),这些计划保证,如果私人融资变得出乎意料的困难,那么系统中还有一个玩家能够提供无限制的美元流动性来弥补微不足道的失衡。这正是全球的最后贷款人所扮演的角色。

四

在危机爆发前,跨大西洋的离岸美元体系缺乏一个明显的领导中心。实际上,美元体系已向"境外"发展,以避免国家监管和控制。2008 年以后,它公开围绕美联储及其提供的流动性进行组织。"在某种程度上,"某个欧洲国家的央行行长表示,"我们变成了第 13 个联邦储备区 *。" [28] 但是,如果真的是这样,那么美国公众并没有被告知国家货币领域的扩大。在美联储的危机应对措施中,最显著的一点就是它的政治性,或者更确切地说,它缺乏明确的政治合法性。在 2007 年到 2009 年间,美联储为国际经济提供的紧急流动性被尽可能模糊地掩盖起来。2009 年 7 月,当佛罗里达州的民主党议员艾伦·格雷森(Alan Grayson)在竞选活动中质问美联储主席伯南克,要他解释"谁得到了"互换额度的资金时,伯南克回答说"我不知道"。 [29] 数万亿美元在全球体系的中央银行之间来回流动,其最终目的地并不在美国的直接监管之下。当然,瑞士国家银行肯定把从美联储那里获得的美元输送给境况不佳的两大巨头:瑞银集团和瑞士信贷。 [30] 但是,从美联储的角度来看,与央行完成互换额度,总比直接与脆弱的银行进行互换要好得多。

---

* 根据 1913 年《联邦储备法》规定,全美国划分为 12 个联邦储备区,每区设立一家联邦储备银行并以所在城市命名。——译注

支持银行：美联储流动性工具及其使用者

	3月期商业票据融资工具（资产担保商业票据／商业票据）	定期标售工具（10亿美元/月）	单一公开市场操作（10亿美元/月）	定期证券借贷工具（10亿美元/月）	一级交易商信贷工具（隔夜）
美国银行	15	487	40	87	716
花旗集团	33	195	8	297	1,757
花旗（伦敦）	—	—	—	—	—
富国银行	—	304	—	—	—
美联银行	—	224	—	—	—
摩根大通	—	171	3	60	—
道富银行	—	79	—	—	—
纽约梅隆银行	—	0	—	—	—
高盛	—	—	53	186	434
高盛（伦敦）	—	—	—	—	156
雷曼兄弟	—	—	31	87	83
美林	—	—	12	154	1,487
美林（伦敦）	—	—	—	—	594
摩根士丹利	4	—	41	101	1,364
摩根士丹利（伦敦）	—	—	—	548	—
贝尔斯登	—	—	—	2	960
巴克莱银行	39	313	67	159	410
苏格兰皇家银行	39	153	70	250	—
哈利法克斯苏格兰银行	—	262	66	—	—
瑞士信贷	—	0	259	225	—
瑞银集团	72	94	57	109	35
德意志银行	—	115	101	239	—
德国商业银行	4	119	—	—	—
德累斯顿银行	9	171	5	—	—
德普发银行	—	52	—	—	—
法国巴黎银行	—	63	97	35	66
法国兴业银行	—	217	—	—	—
德克夏银行	54	132	—	—	—
富通银行	39	108	—	—	—
总计	737	6,180	910	2,006	8,951
大银行总计	253	3,259	910	2,006	—
非美国的大银行总计	201	1,799	656	1,017	2,072
非美国银行的比例 %	79	55	72	51	23

资料来源：美联储及作者本人计算。

正如尼尔·欧文（Neil Irwin）所说："向外国银行放贷的规模……即使按照一向行事隐秘的美联储的标准来看，也是一个严格保守的秘密……在恐慌时期，对这个信息保密得非常到位，因为如果被大众知道，将会成为非常爆炸性的新闻，所以在 12 家储备银行中，每家只有两个人被允许查阅相关信息。"[31] 美联储使用了能够运用的所有法律手段，以防止向国内外银行提供支持的详情被泄露给公众。国会议员罗恩·保罗（Ron Paul）历来主张自由主义和金本位制，他强烈要求美联储提高透明度，而这正是伯南克尽其所能要阻止的。直到 2009 年 6 月，美联储才开始就互换协议的使用情况发布定期报告。美联储紧急计划的更详细记录，也是本章内容的依据，直到 2010 年 12 月和 2011 年 3 月才被公开。这些报告是 2010 年《多德—弗兰克法案》*和彭博新闻社提起的"信息自由"诉讼的产物，同时由美联储和银行业游说团体纽约清算所协会进行辩驳，并且一直争辩到了最高法院。[32] 美联储为了保密，声称一旦披露彭博社要求的信息，将使其为稳定金融市场所做出的努力功亏一篑，因为全面披露这些信息将显示出哪些银行最需要流动性援助。法院做出了有利于彭博社的裁决，美联储只好不情愿地服从。强制披露让人们前所未有地瞥见了全球关键的央行在压力最大时刻的操作情况。这些数据是对大西洋金融体系的动荡进行的量化超声显影。欧洲央行或英格兰银行都没有这些记录。除了显示出"系统性压力和稳定性"，这些数据还揭示了个别银行的重要性、它们所承受的压力程度，以及美联储提供的救助规模。

在美联储的名单中，排在最前面的是花旗集团、美国银行，还有两家压力超大的美国投资银行美林和摩根士丹及其在伦敦的办事处。然后是全球美元银行业务中欧洲和美国的所有大型玩家。美联

---

* 也就是《华尔街改革和消费者保护法案》，后面还会多次提到。——编注

储向大型银行提供一月期和三月期的流动性，在获得这些资金的名单中，欧洲银行占了一大部分。在隔夜一级交易商信贷工具的名单中，欧洲银行和美国主要投资银行的伦敦办事处占了23%。把这些支持措施与向欧洲各国央行提供的庞大互换额度工具联系起来看，必然会得出这样的结论：美联储在2008年尽全力控制的，并不是美国和欧洲的两场单独的危机，而是以美元为基础的北大西洋金融体系的巨大风暴。

这些数据是爆炸性的，因为它不仅揭示了美联储为了让全球化的金融系统正常运作所做出的努力，而且还令人震惊地显示了欧洲救市政策的政治性。在欧洲，乐观的德意志银行和巴克莱银行的首席执行官宣称自己的地位特殊，因为他们避免了接受本国政府的援助。美联储的数据显示，这些说法不过是虚张声势。这些银行或许避免了政府资助的资本重组，但是，全世界的每个大型银行都从本国央行那里获得大规模流动性支持，并且直接或间接地通过互换额度从美联储那里获得了援助。使用美联储的记录，我们可以追踪每天向巴克莱等银行提供的流动性支持。这些记录显示，美联储的第一次放款高峰是在贝尔斯登危机期间，第二次是在雷曼破产之后。

分析美联储隐蔽的流动性支持措施，还可以让人们对2008年有关美元体系未来的广泛讨论产生截然不同的看法。毫不奇怪的是，2008年，美国受到国内外的一致批评。改革的倡导者认为，全球金融不稳定的根源在于过度依赖作为储备货币的美元。这让美国获得了过多的特权，而美国不负责任地利用这些特权，推高了赤字，并从海外借钱。2009年，中国央行行长和联合国的一个特别委员会试图推动建立新的全球货币体系。[33] 俄罗斯喜欢这个想法，西欧各国也表示支持。[34] 9月，佩尔·施泰因布吕克对记者说："十年后，当我们回头看时，2008年将成为一个根本性的破裂时刻。我不是说美元会失去其作为储备货币的地位,而是说美元不会再占据绝对的统治地位。"[35] 两个月后,法国总统萨科齐在二十国集团峰会之前宣布:"明天,我将前往华盛顿向大家解释,在第二次世界大战后,根据布雷顿森林体系成为世界唯一货币的美元,再也不能自称是世界上唯一的货币了。在 1945 年这是事实,但如今不复如此了。"[36]

显然,以美元为基础的金融体系经历了一场生存危机。对于公开怀疑和批评美国实力的人来说,这是击败盎格鲁—撒克逊金融体系的大好机会,不容错过。但是,鉴于德意志银行和巴黎银行等个别银行高度依赖美联储的援助,以及美联储向欧洲央行提供了庞大的互换额度工具,很难想象还有什么说法会比施泰因布吕克和萨科齐的上述发言更加不切实际。到了 21 世纪初,美元的主导地位并非建立在 1944 年的布雷顿森林体系之上,也不再依赖根据这个体系产生的机构,包括国际货币基金组织。全球美元的基础是私人银行和金融市场网络,这体现在华尔街和伦敦金融城的联结上。这是美国和欧洲的金融业共同创造的产物,而且特意避开了政府控制。2008 年秋季发生的危机并未使美元的绝对优势变为相对优势,相反,它再次加强了美国央行的重要地位。美联储对危机的应对并没有让美元的地位衰退,反而为全球美元提供了一个全新的维度。

施泰因布吕克和萨科齐可能会因为没有意识到当时的严重性而被原谅,因为美联储在采取行动时没有大张旗鼓,也没有寻求国内或国际公共合法性。全球出现了关于美元替代品的零星讨论,这是美联储为对自己的稳定性措施保密所付出的代价。在国会山,虽然不良资产救助计划引发了争议,但人们对美联储在全球范围内提供大规模流动性的努力却默不作声。正如纽约联邦储备银行的一位高级官员所说,这就好像是"有一位守护天使在照看我们"。[37] 如果国会中的一些议员了解正在发生的事情,那么他们会认为公开讨论

美联储的行动会更好。全球金融政策的真相在"沉默的螺旋"*中消
失了，这刚好可以如美联储及其合作机构所愿，掩盖大规模且等级
明确的相互依赖的现状。

第9章

被遗忘的欧洲危机：东欧

到了 2008 年 10 月，美联储的互换额度工具确定了美国央行和专属俱乐部（该俱乐部由拥有特权的央行的交易对手组成）之间的依赖和相互依存的关系。但是，这也产生了一个问题。谁可以加入这个俱乐部？谁不可以加入？互换额度俱乐部的会员甄选标准是什么？[1] 2008 年 10 月 28 日，美联储国际金融部的主任内森·希茨（Nathan Sheets）简单列出了三个甄选标准。[2] 能够获得互换额度的央行必须符合以下条件：

1. 拥有庞大的经济和金融规模，能够对美国产生影响。

2. 管理良好，制定了"审慎"的政策，所遭遇的困难明显是由美国和"其他发达经济体"传染所致，因此美国的援助是有必要的。

3. 当地银行面临的困难是美元融资压力，这样互换额度才能真正发挥作用。

最终，美联储不得不从对美国经济有利的角度来证明其考量标准的合理性。一些经济体的规模太小，没有必要采取行动。一些国家面临的压力是由贸易或商品价格崩溃造成的，因此互换额度无法发挥作用。但是，第二个条件强调的是"审慎的政策"，这为政治上的区别对待提供了空间。那么什么才是审慎的政策呢，这在很大程度上取决于旁观者的看法。美国国家情报委员会的两名美国分析师在 2009 年底指出："人为划分'经济'政策和'外交'政策是一种错误的二分法。将互换额度扩展到谁，既是一项外交政策，也是一项经济决策。"[3] 美联储很清楚，通过互换额度，它正踏入地缘政治的领地。互换额度网络包含的 14 个欧洲、拉美和亚洲的央行，都得到了美国财政部和国务院的批准。很显然，它们是非常安全的。美联储尽一切可能阻止更多的申请。尽管如此，还是有两个国家申请了，但遭到了拒绝。具体是哪两个国家，我们无从得知。然而，很明显，还有一些国家永远都不可能进入美联储的名单，不论危机对它们造成了多么重大或严重的影响。

一

2008 年 11 月 14 日，萨科齐接待了前往华盛顿出席第一届二十国集团领导人峰会的俄罗斯总统梅德韦杰夫。萨科齐和梅德韦杰夫就格鲁吉亚和平协议互致祝贺，这个协议由萨科齐于 8 月斡旋达成。不过，这并非法俄首脑互相庆贺的唯一话题。对于莫斯科近期在货币问题上提出的倡议，萨科齐表示赞同。[4] 在夏天的时候，随着石油价格涨到了历史最高点，梅德韦杰夫一直在推动储备货币的多样化和卢布的广泛使用。在抵达法国的前几天，梅德韦杰夫向俄罗斯联邦会议发表了讲话，在讲话中，他把格鲁吉亚的危机和金融危机进行了比较。梅德韦杰夫说，"这是两个非常不同的问题"，但是它们"有着共同的特点"和"共同的起源"：推定美国政府"拒绝接受批评，喜欢单边决策"。[5] 这在俄罗斯的民族主义听众中引起了强烈反响，不过，欧洲方面也没有多少异议。在尼斯举行的俄欧峰会上，梅德韦杰夫表示，在货币问题上，"俄罗斯和欧洲的立场几乎是一致的"。他没有提到的是，法国的银行可以仰仗美联储提供无限制的美元流动性，但俄罗斯的银行却只能靠自己。

如果说莫斯科日益增加的自信是受到了油价飙升至每桶 145 美元的鼓舞，那么危机则使莫斯科遭受了严重的挫折。到 2008 年底，油价暴跌，12 月 21 日跌至每桶 34 美元的最低点。由于自然资源的收入占俄罗斯 GDP 的 20%，大宗商品价格的猛跌造成了灾难性的影响。每吨石油的税收减少了 80%。[6] 不过，俄罗斯政府拥有资源来应对危机。不同于 1998 年，在 2008 年的时候，莫斯科已经积累了足够的金融储备，足以抵御全球危机的压力。据估计，俄罗斯的外汇储备在峰值时达到了 6000 亿美元。陷入困境的不是俄罗斯政府，而是俄罗斯全球化的商业部门。

随着油价暴跌，俄罗斯的股市也出现了暴跌。截至 9 月 15 日，俄罗斯股市已经从 2008 年 5 月的峰值下跌了 54%。在雷曼破产后，交易急剧变化，莫斯科的监管机构决定暂停交易。9 月 19 日，当市场重新开盘时，恐慌仍在继续。10 月 6 日的单日跌幅达到了 18%。[7] 根据一项被广泛引用的估算，俄罗斯的寡头们眼看着财富总额从 2008 年初的 5200 亿美元减少到了 2009 年初的 1480 亿美元。[8] 除了石油外，还有一个因素吓退了投资者，那就是卢布大幅贬值可能对俄罗斯的资产负债表造成影响。处于危险境地的不是公共部门，而是私人部门。

截至 2008 年第三季度，俄罗斯的银行、原材料生产商和工业寡头的外债达到了 5400 亿美元，有一半是俄罗斯的工业企业欠下的，另一半则是银行欠下的。这座债务高山赶上了俄罗斯的官方外汇储

2008年俄罗斯股市和石油价格

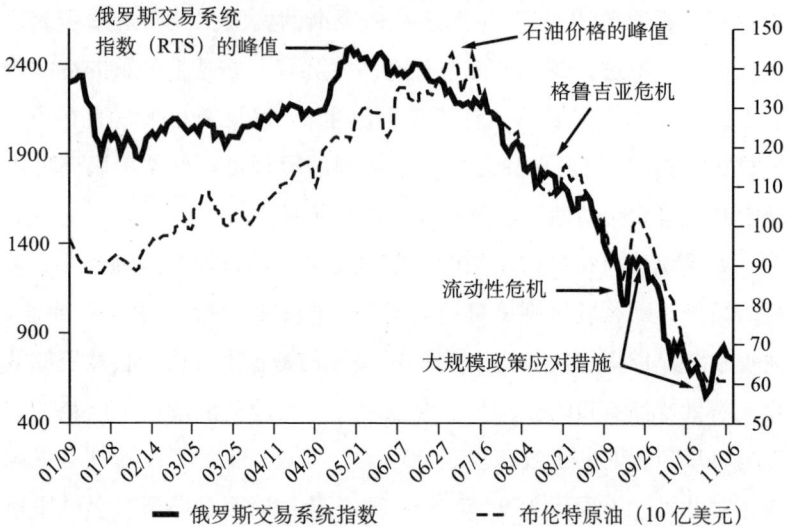

资料来源: World Bank in Russia, *Russian Economic Report* 17 (November 2008), figure 2.1.
Data: RTS, Thomson Data stream.

备，几乎与雷曼的资产负债表相当，而且其中很大一部分是短期债务。由于采用了基于市场的银行业模式，俄罗斯的银行面临着尤其严峻的风险，到2008年底，需要再融资的金额达到720亿美元。[9]除了银行，面临美元融资压力的借款人还包括俄罗斯所有主要的寡头：俄罗斯天然气工业股份公司（550亿美元）、俄罗斯石油公司（230亿美元）、俄罗斯铝业联合公司（112亿美元）、俄罗斯秋明英国石油控股公司（75亿美元）、俄罗斯耶弗拉兹集团（64亿美元）、俄罗斯诺里尔斯克镍业公司（63亿美元）和卢克石油公司（60亿美元）。大宗商品价格暴跌削减了它们的收入，卢布的贬值将给那些以当地货币而非美元计价的企业带来更大的压力——这对俄罗斯最大的天然气供应商俄罗斯天然气工业股份公司来说尤其是一个重大问题。

就像在西方一样，危机和救助条款引出了权力平衡问题。在一些人看来，克里姆林宫似乎一心只想牺牲俄罗斯纳税人的利益，以保全权贵和裙带的利益。[10]这样看来，俄罗斯的故事比美国的闹剧更加腐败和残酷。[11]与华尔街的巨头一样，俄罗斯的寡头也需要政府的援助，而政府确实伸出了援手。毫无疑问，俄罗斯避免了大规模的破产事件，并且动用了大量的政府资源来确保这一点。但是，把俄罗斯的情况与美国或欧洲的情况并排来看，让人震惊的不是俄罗斯在危机管理中的假公济私，而是俄罗斯在权力问题上表现出来的直白，以及梅德韦杰夫和普京显然愿意利用这个机会把天平拉向自己一边。自从 2003 年石油巨头尤科斯被拆分后，再没有哪个寡头敢挑战克里姆林宫。现在，梅德韦杰夫和普京开始施压，他们同意提供金融保护，但是要收取高昂的回报。

克里姆林宫的危机应对策略的基石是防止卢布贬值和企业破产的死亡螺旋。在危机的第一阶段，俄罗斯央行动用了充足的外汇储备，以阻止卢布贬值。正因如此，在 2008 年 10 月至 12 月间，石油价格暴跌了 64%，而卢布对美元的汇率只下跌了 6%。[12]直到次年 1 月，俄罗斯政府才放开对卢布的控制，允许卢布贬值 34%，并在 2 月让卢布重新稳定下来。与任何成功的全力一搏一样，这也是要付出代价的。俄罗斯央行动用了 2120 亿美元的外汇储备，占外汇储备总额的 35%，才减缓了贬值的速度。但是，这样做也争取到了宝贵的时间，让面临风险的美元借款人可以缩减支出，政府也有时间来推出自己的应对措施。[13]

这个计划的一个关键要素是，克里姆林宫要求寡头们拿出大部分财富来稳定股票市场。有传言称，9 月 16 日，也就是美国国际集团获得救助的那天，"克里姆林宫彻夜召开了一场强制性的会议"，在会上，"寡头们被命令将现金投入自家摇摇欲坠的股票中，直接收购崩溃的金融机构，或者干脆交出现金及／或股票"。[14]在寡头们的"自救"后，政府把目光投向了收购、援助最小和最弱的俄罗斯银行。归政府所有的俄罗斯对外经济银行发挥了协调作用，俄罗斯总理普京亲自担任这家银行的董事会主席。政府以 50 亿美元收购了俄罗斯通信银行、全球商业银行和索宾银行。然后，政府对储蓄保险基金进行资本重组，最高保额提高到 28000 美元。借助 500亿美元的俄罗斯央行工具，俄罗斯对外经济银行得以充当后盾，同时，还有 354 亿美元次级贷款可供陷入困境的寡头企业使用，利率相当苛刻。这些贷款应在一年内偿还，否则可以转换为控股股份。[15] 这不是政府收购，而是一种有条件的威胁，明目张胆地显示了权力的存在。

俄罗斯对外经济银行向俄罗斯铝业联合公司（一家由奥列格·德里帕斯卡 * 拥有多数股权的铝业公司）注入了 45 亿美元，以便让该公司解锁外汇融资，而该公司曾利用外国融资收购了矿业巨头俄罗斯诺里尔斯克镍业公司 25% 的股份。俄罗斯对外经济银行还向米哈伊尔·弗里德曼（Mikhail Fridman）的阿尔法集团注资 20 亿美元，帮助后者偿还欠德意志银行的债务，并拯救了阿尔法在俄罗斯的第二大移动电话公司维佩尔通讯的大部分股权，否则维佩尔通讯的股票可能会被当作抵押品没收。随着投资锐减，国内的经济活动开始如螺旋般下滑，失业率加倍。所谓的单一产业城市，也就是在斯大林的工业化时期遗留下来的城市尤其让人担忧。[16] 2008 年 10 月 16日，普京的得力助手伊戈尔·谢欣（Igor Sechin）在陶里亚蒂召开了一次关于汽车行业的头脑风暴会议。陶里亚蒂的支柱企业是破产的苏联汽车工业的继承者伏尔加汽车公司，城市和汽车公司密不可分。他宣布，俄罗斯对外经济银行将立刻向伏尔加汽车公司提供 10亿美元贷款，以便让工厂继续运作，让 10 万名工人继续工作。[17]截至危机结束时，俄罗斯总共投入了 17 亿美元用于救助汽车行业。

---

* 奥列格·德里帕斯卡（Oleg Deripaska），俄罗斯铝业大王，他的俄罗斯铝业联合公司是俄罗斯第一大铝公司。——译注

在石油价格受到冲击后，俄罗斯联邦预算根据每桶41美元的平均油价这一假设进行了重新设定，而2008年6月的估计是每桶95美元。随着税收锐减，俄罗斯总理普京因为采取大规模财政刺激措施而居功至伟。在政府9.7万亿卢布的预算中，有四分之一被用于应对危机，主要包括创造就业、行业补贴和税收减免。俄罗斯的经济规模与西班牙不相上下，也与得克萨斯州大体相当，然而俄罗斯的危机应对措施是全球规模最大的举措之一，令西欧各国政府采取的措施相形见绌。[18]俄罗斯政府的援助明显倾向于规模最大、与之关系最密切的企业，这些企业的名单包括295家国家级重要企业和1148家地方级重要企业。这是一种自上而下、统合式的刺激措施，莫斯科明确表示，它希望寡头们给予回报。事实上，俄罗斯政府毫不畏惧指名道姓。在一个重要场合，普京特别点到了其中的四个寡头："俄罗斯国际控股集团的弗拉基米尔·波塔宁（Vladimir Potanin）、俄罗斯辛特斯能源集团的列昂尼德·列别杰夫（Leonid Lebedev）、奥纳西姆集团的米哈伊尔·普罗霍罗夫（Mikhail Prokhorov）和列诺瓦集团的维克多·维克赛尔伯格（Viktor Vekselberg）……我和各位相识多年；事实上，我们一直在共同努力。请允许我重申，在危机的困难时期，我们已经尽了一切努力，为各位的企业提供各方面支持。现在，危机正在消退。虽然还没有结束，但是正在结束的路上。"此刻，普京希望他们信守承诺。"我们也同意在这方面做些让步。我们推迟了投资的截止日期，以后不会再有这样的调整。请各位竭尽全力履行你们的承诺。"[19]如果有哪个寡头没能负起自己的责任，将会发生什么呢？2009年6月，普京访问了位于圣彼得堡南部的小镇皮卡列沃，奥列格·德里帕斯卡的冶金帝国盘踞在这个小镇上。德里帕斯卡曾是俄罗斯首富，身家估计有280亿美元，现在减少到了35亿美元。但是，这不能成为他不支付工资的借口。[20]愤怒的工人封堵了莫斯科的高速公路，造

成了长达约 400 公里的交通瘫痪。在电视镜头前，普京责骂了奥列
格·德里帕斯卡。普京扔给他一支笔，要求这位寡头当场在支票上
签字。这是通过电视镜头前咄咄逼人的恐吓来进行经济管理。[21] 信
息非常明确。距离 1998 年的耻辱已经过去了十年，身在高位的人
保证会"搞定"事情。

这种方式非常有效。它充分彰显了领导者的权威，让寡头们颜
面尽失。它把俄罗斯的社会利益集结在为其服务的国家周围，让总
理普京成为人们关注的焦点。但是，这是实现增长的长期战略吗？
自由主义经济学家对此持怀疑态度，在 2008 年接替普京成为总统
的梅德韦杰夫也是如此。即使在危机爆发前，聚集在梅德韦杰夫身
边的专家顾问就已经提出，应该找到一条全新的道路。[22] 在危机爆
发后，他们的声音更加响亮。俄罗斯在 2008 年变得如此脆弱，是
因为它以不均衡的方式融入世界经济：一方面，俄罗斯过分依赖石
油和天然气；另一方面，俄罗斯存在资本外逃文化，寡头们的资金
通过境外银行体系进出俄罗斯。小小的塞浦路斯竟然成为俄罗斯外
国投资的主要来源，对于这个异常现象，除了上述缘由，人们还
能如何解释？俄罗斯需要的是现代化。正如梅德韦杰夫在 2009 年
9 月 10 日所说："一个建立在原材料和经济腐败之上的原始经济能
引领我们走向未来吗？"[23] 强有力的危机对抗是不够的。仅仅从
2008 年的金融危机中恢复过来，"不是我们想要的结果，我们需要
通过改革经济来摆脱危机"。[24] 俄罗斯需要的是经济转型，为此，
它需要更多地参与世界经济，尤其是与科技领导者互动。这产生了
更广泛的影响。2008 年 8 月，在俄罗斯与西方国家发生令人震惊的
对抗后，莫斯科需要改变路线。在压制格鲁吉亚后，克里姆林宫已
经表明了自己的观点。梅德韦杰夫断言，未来俄罗斯外交政策的成
败只能用一个标准来评判："是否有助于改善俄罗斯人民的生活标
准。"俄罗斯应该集中精力吸引外国技术和资本，而不是"鼓起腮

帮子、气势汹汹地"威胁他人。[25] 这表明了俄罗斯走向现代化和建立伙伴关系的态度，欧洲各国政府和华盛顿的新政府都热切地接受了这个信息。

二

人们可能会得出这样的结论：通过驯服俄罗斯，危机将起到缓和国际关系的作用。从短期来看，的确如此。但是，在国际领域，衡量力量的标准是相对的。如果俄罗斯在 2008 年的危机中遭受重创，那么东欧受到的影响就更加严重了。这些前共产主义国家都是高度杠杆化的转型国家，受到的冲击尤其剧烈。拿我们在 2007 年 10 月对 2010 年做出的预测来与两年后的结果进行对比，我们将会发现，这场危机是如何极大地改变了该地区受冲击最严重的国家的前景。

最极端的例子是拉脱维亚。2009 年 10 月，在危机爆发一年后，国际货币基金组织预测 2010 年拉脱维亚的 GDP 将比 2007 年 10 月减少 39%。同样是在这两年中，爱沙尼亚和立陶宛的 GDP 预期被下调了三分之一。斯洛文尼亚、捷克、斯洛伐克、匈牙利、保加利亚和罗马尼亚全都经历了 15% 到 18% 的下调冲击，是美国所遭受冲击的两倍多。在邻近的后苏联独立国家联合体（独联体）中，增长预期的下调幅度从俄罗斯的 18% 到亚美尼亚的 32%，差别很大。值得注意的是，波兰基本上安然无恙。[26] 但是，在 2008 年至 2009 年的危机中，最严重的受害者都是前东欧集团的转型经济体。

单独来看，东欧国家并不是大型经济体。但是放在一起，它们就形成了一个在经济体量上与法国或加州相当的重要实体。它们是欧洲转型过程中的骄傲，是 2007 年至 2008 年间形成的与俄罗斯对峙的新战场。它们是市场自由化和金融全球化的狂热信徒。因此，在全球金融市场崩溃之际，它们也面临着最严重的风险。然而，推

冲击：2009年10月预测的2010年的GDP与2007年10月
预测的GDP比较（百分比差距）

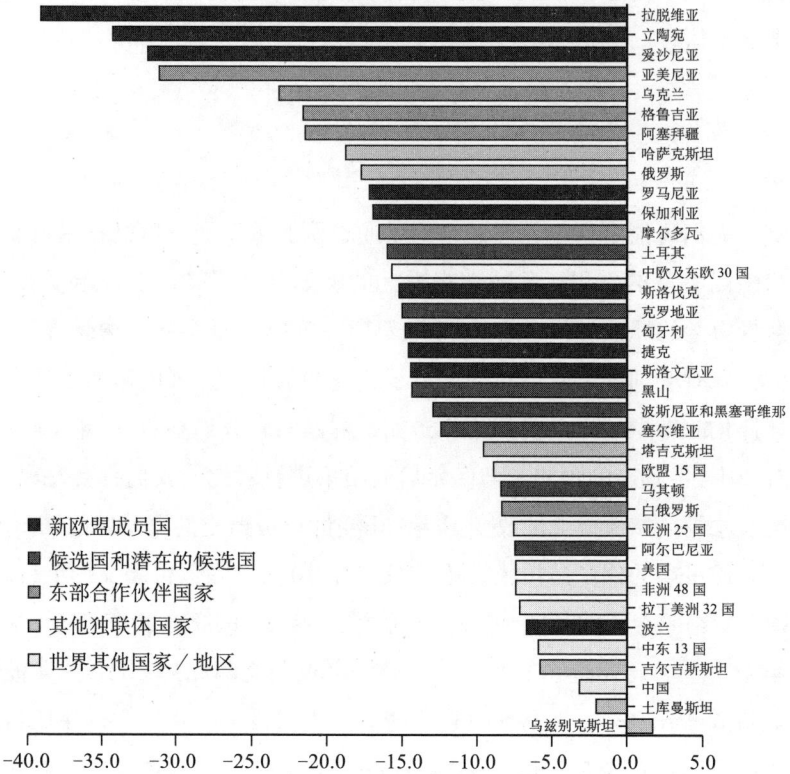

	拉脱维亚
	立陶宛
	爱沙尼亚
	亚美尼亚
	乌克兰
	格鲁吉亚
	阿塞拜疆
	哈萨克斯坦
	俄罗斯
	罗马尼亚
	保加利亚
	摩尔多瓦
	土耳其
	中欧及东欧 30 国
	斯洛伐克
	克罗地亚
	匈牙利
	捷克
	斯洛文尼亚
	黑山
	波斯尼亚和黑塞哥维那
	塞尔维亚
	塔吉克斯坦
	欧盟 15 国
	马其顿
	白俄罗斯
	亚洲 25 国
	阿尔巴尼亚
	美国
	非洲 48 国
	拉丁美洲 32 国
	波兰
	中东 13 国
	吉尔吉斯斯坦
	中国
	土库曼斯坦
乌兹别克斯坦	

■ 新欧盟成员国
■ 候选国和潜在的候选国
■ 东部合作伙伴国家
□ 其他独联体国家
□ 世界其他国家／地区

-40.0 -35.0 -30.0 -25.0 -20.0 -15.0 -10.0 -5.0 0.0 5.0

资料来源：Zsolt Darvas, "The EU's Role in Supporting Crisis-Hit Countries in Central and Eastern Europe," Bruegel Policy Contribution 2009/17 (December 2009), figure 1.

动它们增长的资金来源于杠杆率过高的西欧银行，这让情况变得更糟。总的来说，西欧银行和它们在新兴东欧的地方分支机构拥有 1.3 万亿美元的风险敞口，除去俄罗斯外有 1.08 万亿美元。[27] 当欧洲银行的资产负债表在大西洋彼岸受到冲击时，这些国家的风险在于，欧洲银行将大幅减少在东欧的运营。

在危机爆发前，平均每个季度通常有 500 亿美元流入东欧和原苏联各国的新兴市场。在 2008 年的最后一个季度，情况突然发生逆转，有 1000 亿美元流出；到了 2009 年的第一季度，又有 500 亿美元流出。[28] 此前十五年建立起来的信贷金字塔正在摇摇欲坠。在"自然"调整的过程中，东欧货币的浮动汇率大幅下跌。结果就是，为国际贷款服务的当地货币成本出现了灾难性的上升。[29] 在保加利亚、罗马尼亚、匈牙利和立陶宛，外国贷款占全部信贷的一半以上。随着福林贬值，匈牙利家庭的抵押贷款和汽车贷款在几周内飙升了20%。受影响最严重的是债务以日元计价的匈牙利家庭，随着日元快速升值，他们的债务负担增加了 40%。[30]

俄罗斯在经历了 20 世纪 90 年代的耻辱后，增加了大量货币储备，但东欧国家却没有这样的防备。对它们来说，安全取决于与西方的融合，至少它们是这样认为的。随着美联储使用互换额度稳定了一系列核心经济体（美国在这些经济体有着不可否认的利益），人们可能会认为欧洲央行将向欧元区的东欧邻国提供类似的支持。当然，美联储也是这样期望的。如果将内森·希茨制定的三条标准应用于东欧，那么欧洲央行会援助哪些国家就一目了然了。[31] 东欧国家是欧盟的成员国，并且希望成为欧元区的成员国。因此，它们经济政策的审慎程度总体来说是有保证的。东欧的危机是由外国信贷供给的突然中止直接导致的。此外，欧元区的银行也深陷其中，承受了巨大的损失，而且存在非常严重的回爆风险。希茨告诉联邦公开市场委员会："我认为，应该让欧洲所有的新兴市场经济体向欧洲央行报告它们的流动性需求，这是非常恰当的做法。"[32] 但是，尽管美联储实际上已经授权欧洲央行发行美元，但后者却无意将同等的特权扩展到波兰或罗马尼亚。欧洲央行公开宣布与瑞典和丹麦建立了互换额度。它们的银行将向东欧提供流动性。与此同时，波兰和匈牙利的央行却被搪塞了一个回购协议，这个协议的条件并不比向需要更多流动性、面临压力的商业银行给出的条件好多少。欧洲央行唯一愿意提供的援助，是向它们提供短期融资，以换取欧元计价的优质证券。但是，在欧元融资短缺时，这个就算不上什么援助了。它们需要的是针对匈牙利福林或波兰兹罗提的互换工具。多亏了奥地利和法国央行紧急施压，它们才能从欧洲央行提供的有限贷款中获得资金，因为奥地利和法国有特别的理由担心本国银行在东欧的投资组合遭受损失。[33] 奥地利银行的处境尤其艰难，因为它们用瑞士法郎发放贷款，并在利率很低的瑞士借款来进行融资。现在，瑞士法郎飙升，资金短缺。为了帮助奥地利银行渡过难关，瑞士央行提供全额货币互换额度，用于交换欧元，但是不交换波兰兹罗提或匈牙利福林。[34]

加入欧盟和北约，本应推动东欧国家改善它们在全球排序中的劣势地位。原华沙条约组织和苏联的成员迫切地把自己重塑成唐纳德·拉姆斯菲尔德描绘的新欧洲的倡导者。现在，它们发现，经济增长的前景破灭了，政府又回到后共产主义时代开始的时刻，它们再次成为无足轻重的主权国家，成为或多或少心怀不满地请求国际金融援助的求助者。国际货币基金组织是它们最后的求助对象。这是痛苦的。因为东欧没有一个国家愿意再次经历共产主义崩溃后的痛苦，而国际货币基金组织又恰恰与之有着难以剥离的联系。

在欧盟中，匈牙利央行是第一个申请援助的，也是最绝望的一个。[35] 2008 年 10 月 27 日，布达佩斯与国际货币基金组织和欧盟（而不是欧洲央行）达成了一项 250 亿美元的贷款协议。这个数字相当于危机前匈牙利 GDP 的 20%，是一笔非常可观的承诺数额，数倍于匈牙利在国际货币基金组织的资本配额。[36] 国际货币基金组织认为这个计划异常优厚。不出所料，匈牙利并不这么认为。随着紧缩计划的开始，匈牙利政界出现了两极分化。民族主义日报《匈牙利新闻报》（*Magyar Hírlap*）称，匈牙利正在被"缠绕在我们脖子上的信贷套索"缓缓勒死。[37] 匈牙利的极右翼主义者认为，这个协议

国际货币基金组织的危机应对计划（截至2009年8月，单位：100万美元）

	日期	协议金额	至 2009 年 8 月动用的金额	责任分担			融资总额
				欧盟	世界银行	其他组织	
备用协定 格鲁吉亚	2008/09/15	1,172	452	184	328	606	2,290
乌克兰	2008/11/05	17,253	10,979	1,000	1,750	1,250	21,253
匈牙利	2008/11/06	16,529	11,900	8,400	1,300	0	26,229
塞舌尔	2008/11/14	28	12	0	0	0	28
冰岛	2008/11/19	2,196	878	100	0	9,000	11,296
巴基斯坦	2008/11/24	11,349	7,376	0	3,400	6,800	21,549
拉脱维亚	2008/12/23	2,387	840	4,382	565	3,251	10,585
白俄罗斯	2009/01/12	3,560	1,499	0	200	1,000	4,760
萨尔瓦多	2009/01/16	806	0	0	450	900	2,156
塞尔维亚	2009/01/16	4,108	1,100	411	350	0	4,869
亚美尼亚	2009/03/06	838	416	0	525	637	2,000
蒙古	2009/04/01	240	120	0	60	125	425
哥斯达黎加	2009/04/11	772	0	0	500	500	1,772
危地马拉	2009/04/22	989	0	0	393	361	1,743
罗马尼亚	2009/05/04	17,948	6,854	6,550	1,310	1,310	27,118
波斯尼亚和黑塞哥维那	2009/07/08	1,592	287	137	259	74	2,062
斯里兰卡	2009/07/24	2,594	325	0	0	0	2,594
总计		84,361	43,038	21,164	11,390	25,814	142,729
灵活信贷限额 墨西哥	2009/04/17	49,451	—	—	—	—	49,451
波兰	2009/05/06	21,472	—	—	—	—	21,472
哥伦比亚	2009/05/11	10,926	—	—	—	—	10,926

资料来源：国际货币基金组织，Review of Recent Crisis Programs (September 14, 2009), Appendix I, https://www.imf.org/external/np/pp/eng/2009/091409.pdf.

让匈牙利距离欧盟和国际货币基金组织的"新殖民主义"只有一小步，让匈牙利倒退回《特里亚农条约》*，该条约使匈牙利在第一次世界大战后元气大伤。2010 年，右翼的青年民主主义联盟（青民盟）在选举中获得压倒性的胜利，使匈牙利从此走上了自诩的非自由民主的道路。

国际货币基金组织在 2008 年 10 月向匈牙利提供援助后，接着又向冰岛、拉脱维亚、乌克兰和巴基斯坦提供了援助。[38] 2009 年，亚美尼亚、白俄罗斯和蒙古也不得不向国际货币基金组织申请援助。在举办备受争议的北约峰会后不到一年，布加勒斯特†发现自己正在跟国际货币基金组织谈判援助计划。国际货币基金组织将向哥斯达黎加、萨尔瓦多、危地马拉、塞尔维亚以及波斯尼亚和黑塞哥维那提供预防性贷款。此外，在华盛顿的敦促下，国际货币基金组织还将向墨西哥、波兰和哥伦比亚提供一项新的、攻击性最低的灵活信贷工具，总计超过 800 亿美元现金。这使得墨西哥明显不同于其他国家，因为它既获得了互换额度，又获得了国际货币基金组织的信贷工具。

由于国际货币基金组织和欧盟的干预，在 2008 年秋季，东欧外围国家避免了一场即刻的崩溃。[39] 但是，形势仍然极其不稳定。这不仅对借款人来说是危险的。自 20 世纪 90 年代以来，奥地利敢于冒险的银行对东欧累积的债权超过了奥地利 GDP 的 55%。奥地利银行对匈牙利和罗马尼亚的风险敞口达到了奥地利 GDP 的 20%，这两个国家采用弹性汇率，似乎最有可能遭受还贷冲击。德国、法国和意大利的银行都对东欧拥有大量债权，但相对于国内资源而言，这些债权还是可控的。另一个受到严重影响的放款人是瑞典，该国的银行几乎完全垄断了波罗的海国家的银行市场，催生了房地产市

---

* 该条约是 1920 年协约国和作为战败国的匈牙利签订的一项划定匈牙利边界的条约。条约
　签定后，原匈牙利王国丧失了大量的国土和人口，被肢解为多个新国家。——译注
† 布加勒斯特，罗马尼亚的首都。——译注

场的繁荣。世界银行和欧洲复兴开发银行（EBRD）等国际机构非常焦虑，如果一个或多个处于压力之下的西欧银行突然收回贷款，那么这将引发连锁反应，并会压垮国际货币基金组织和欧盟委员会提供的适当资源。西欧的银行迫切想要全方位地降低杠杆，它们将大量撤出东欧，这将导致一场毁灭性的退出风潮。布什提名的世界银行行长罗伯特·佐利克（Robert B. Zoellick）对欧盟的未来深感担忧。"欧洲在 1989 年才团结起来，现在仅仅过去了二十年，"佐利克在 2009 年初提醒《金融时报》的读者，"如果放任欧洲再次分裂，那将是一场悲剧。"[40] 自冷战结束以来，美国（尤其是在布什总统的两个任期里）培育的新欧洲正处于危险之中。维也纳媒体唤起人们注意欧洲历史上的一个不同篇章，并警告说，"货币方面的斯大林格勒战役"正在威胁着奥地利和意大利的银行。[41]

　　情况非常严峻。但是，中欧国家的警告也反映出，西欧国家并没有认真倾听。柏林对东欧的集体解决方案并不热情，就像对欧元区的集体解决方案没有多大的热情一样。德国否决了奥地利和匈牙利关于共同支持基金的提议。[42] "这不是我们的问题。"施泰因布吕克宣布。东欧人注意到，作为欧元区成员国，希腊似乎比匈牙利更好地经受住了这场风暴，尽管它的金融基本面并不比匈牙利的好。[43] 2009 年初，有人呼吁将波兰和其他东欧成员国送上加入欧元区的快车道，从而让它们处于欧洲央行的保护伞下。从后来发生的事情来看，这个提议非常讽刺。[44] 国际货币基金组织的员工在机密报告中提到支持这个提议，声称："对欧盟国家来说，在解决外币债务累积的问题上，欧元化能够提供最大的好处，并能消除不确定性，重建信心。如果没有欧元化，那么在解决外币债务问题时，需要部分国家大幅度削减国内开支，以抵御日益增长的政治阻力。"[45] 尽管如此，人们不要指望欧洲央行会出手相助，它没有兴趣卷入东欧的事情。

　　2008 年 12 月，风险敞口最大的意大利和奥地利银行开始呼吁实施一个协调一致的国际援助计划。它们发现欧洲央行的大门已经关闭，于是转向维也纳。考虑到奥地利的卷入程度，维也纳不可能放任事态自然恶化。于是，奥地利政府绕过欧洲央行，宣布实施所谓的"维也纳倡议"（Vienna Initiative）。这个多边计划承诺，世界银行、欧洲复兴开发银行和欧洲投资银行将提供 245 亿欧元的新贷款和注资。至关重要的是，奥地利政府还与一些主要的私人银行达成了另一个协议。"维也纳倡议"从主要的放款机构那里逐个获得了承诺，它们将保持自己对该地区的信贷额度，从而防止更严重的授信中止。[46]意大利的裕信银行和联合商业银行、奥地利的瑞福森银行和瑞典银行都加入了这个倡议。德国商业银行和德意志银行则没有参加。[47]

　　事实证明，维也纳远非稳定东欧的最重要的战场。在 21 世纪之初，拉脱维亚、立陶宛和爱沙尼亚似乎属于幸运的国家。与乌克兰、格鲁吉亚或白俄罗斯等原苏联加盟共和国不同，它们成功转型为欧盟和北约的成员国。此外，与匈牙利或波兰不同，波罗的海国家更加迫切地想要尽快加入欧元区。出于这样的期望，它们把自己的货币与欧元挂钩。2008 年，尽管外资流入突然停止，它们仍然在巨大的压力下继续向欧元区靠拢。但是，随着外国信贷逐渐枯竭，维持固定汇率变得更加痛苦。2008 年初，国际货币基金组织设想了宏观经济失衡引发危机的可能性，拉脱维亚因为经常账户赤字不断扩大，被单独列为最脆弱的国家。[48]然后又被单独视为问题国家。如今，一场广泛的全球危机迫使波兰、匈牙利和罗马尼亚等区域竞争对手的货币贬值，在此背景下，拉脱维亚面临消除巨额赤字的问题。如果波罗的海国家没有跟风照做，那么它们要怎样才能让自己不落后？它们要怎样才能在没有外国融资的情况下应对危机？如果它们无法调整本国货币兑欧元的汇率，那么怎样才能重获出口竞争力和减少进口呢？如果不能贬值，那么恢复贸易平衡的唯一方法就是重新平衡国内需求，削减工资，提高税收，减少政府开支。这个做法非常痛苦。但是，鉴于波罗的海国家已经达到金融一体化的高级阶段，贬值也是非常危险的。由于 80% 的未偿还信贷来自欧洲邻国，任何大幅贬值都有可能引发大规模违约。用欧元偿还债务的成本将变得让人无法承受。尽管波罗的海国家还不是欧元区的成员国，但是，在 2009 年初，它们面临的困境只是即将到来的暴风雨的前奏。

由于债务规模和斯堪的纳维亚国家银行的深度参与，拉脱维亚被普遍认为是维持波罗的海国家稳定的关键。[49] 如果它放弃盯住欧元，那么这种情况很可能蔓延到爱沙尼亚和立陶宛，再从那里蔓延到斯洛伐克和保加利亚，后两个国家也在努力保持本国货币与欧元的汇率。[50] 一旦出现进一步贬值的趋势，那么将无法维持 "维也纳倡议" 所建立的防御。减价销售将席卷东欧。一些银行可能会幸存下来，但是，对瑞典最重要的两家银行即瑞典银行和北欧联合银行来说，与波罗的海国家的纠缠关乎它们的生死存亡。[51] 如果它们提供的贷款无法收回，那么这两家银行的资产将被彻底抹除。正如法国巴黎银行的一位分析师所说："拉脱维亚也许只是一个小国，但会产生非常大的影响。"[52] 一位不愿透露姓名的中欧国家的财政部部长预测，席卷中欧和东欧的连锁反应将导致至少 6 家欧洲银行破产。拉脱维亚将扮演雷曼的角色，甚至是 1931 年金融危机中臭名昭著的奥地利信贷银行的角色，该银行的破产加速了魏玛德国滑向灾难深渊的步伐。

对国际货币基金组织来说，如果一个国家处于拉脱维亚的境况，那么标准的做法是一次性贬值，然后进行债务重组或重新制定债务偿付计划。但是，欧盟委员会坚持己见。拉脱维亚正走在成为欧元区成员国的道路上，它必须坚持这条道路。如果拉脱维亚需要重新平衡其经常账户，那么它必须通过通货紧缩和削减支出来实现。对拉脱维亚来说，结果将是非常痛苦的。到了 2009 年夏天，拉脱维亚的房价下跌了 50%。公务员（包括全国三分之一的教师）被解雇，薪资也减少了 35%，失业率从 5% 飙升到了 20%。[53] 值得注意的是拉脱维亚还在坚持着，它的邻国也是如此。为了加强防御，拉脱维亚获得了相当于其危机前 GDP 的 32% 的援助：欧盟委员会提供了 31 亿欧元，国际货币基金组织提供了 17 亿欧元，世界银行和欧洲复兴开发银行提供了 8 亿欧元，瑞典、丹麦、芬兰、挪威和爱沙尼亚提供了 19 亿欧元。[54] 它们更乐意在拉脱维亚对抗危机，而不是救助本国的银行。值得注意的是，欧洲央行却没有加入这个对抗危机的联盟。

财政紧缩给波罗的海的新民主国家造成了巨大压力。[55] 在拉脱维亚，新的紧缩政策引发普遍不满，人们对政治阶层的腐败提出指控，这导致了两次公投，要求保护养老金和获得公民权利，以便通过全民公投解散议会。2009 年 1 月，首都里加发生了大规模抗议活动，随后升级为骚乱，抗议者与警察发生冲突，持续了一晚上。2 月，在欧洲议会的著名议员瓦尔基斯·东布罗夫斯基斯（Valdis Dombrovskis）的领导下，一个保守的联合政府上台了。新政府的目标是继续坚持紧缩政策。东布罗夫斯基斯告诉全国人民："我们正面临国家破产，这将是艰难的。"[56] 毕竟，又有什么其他办法呢？苏联时期的遗留问题仍然笼罩着拉脱维亚。格鲁吉亚的情况就是一个提醒。对于波罗的海国家来说，只能在西方或东方的霸权中选一个。自 20 世纪 90 年代以来，它们已经奇迹般地在欧盟和北约的保护伞下找到了自己的方向。它们打算留在那里，至少拉脱维亚的政治阶层是这样认为的。

三

面对 2008 年的双重危机，东欧国家的反应并不一致。波罗的海国家选择坚持以前的道路，而匈牙利的民族主义者选择了反叛。但是，在双重危机中，没有哪个国家比乌克兰更令人不安。俄罗斯和西方国家之间的地缘政治冲突加剧，恰好又赶上金融危机的冲击，这给乌克兰原本就很脆弱的政治体系造成了沉重打击。乌克兰朝着 2013 年危机的扭曲道路奔去。但是，早在五年前，这条道路就已经规划好了。

2008 年春天，乌克兰总统维克多·尤先科决定申请加入北约，这个决定受到布什政府、波兰和其他东欧国家的热烈欢迎，却导致了乌克兰政界的分裂。尽管总统尤先科把自己的命运和西方国家拴在一起，但是总理尤利娅·季莫申科（Yulia Tymoshenko）更倾向于在俄罗斯和西方国家之间保持平衡，这是基辅自独立以来一直奉行的政策，这也让她成为天然气贸易中的关键角色。2008 年 8 月发生在格鲁吉亚的战争，分割了 2004 年革命的政治遗产。[57] 然后，在高加索的停火协议达成前的几周，基辅遭到了金融危机的冲击。

自 2004 年革命以来，乌克兰的经济增长一直依赖外国借款。截至 2008 年初，外资占全部企业融资的 45%，占家庭贷款的 65%。[58] 欧洲银行总共借给乌克兰至少 400 亿美元，其中奥地利和法国的银行几乎占了一半。危机的爆发阻止了信贷流动，这严重打击了乌克兰的出口。作为苏联时代的遗产之一，钢铁占乌克兰外汇收入的 42%。在全球投资支出崩溃的情况下，没有哪个行业受到的打击会比钢铁行业还要严重。到了 2009 年 1 月，价格暴跌，工业产出以每年 34% 的速度下降。[59] 随着乌克兰的经济滑向衰退，数百万人即便没有失业，也失去了收入。在全世界所有经济体中，只有拉脱维亚遭受了比这更严重的收缩。

2008 年 10 月，乌克兰别无选择，只能跟随匈牙利的脚步，向国际货币基金组织寻求援助。基辅签订了一项高达 164 亿美元的贷款协议。按照国际货币基金组织的通常标准来看，援助条件并不苛刻。它要求乌克兰为其预算提供充足的资金，设定一个切实可行的汇率，并确保其金融体系的稳定。然而，基辅连这样的要求也达不到。

汇率被允许从高估的 5 格里夫纳兑 1 美元贬值到了 7.7 格里夫纳兑 1
美元，可是非官方交易的汇率已经低到了 10 格里夫纳兑 1 美元。为
了平衡预算，政府决定增税和减少补贴，这个做法极度不受欢迎。[60]
2009 年，如果问"谁应该对乌克兰困难的社会经济状况承担最大的
责任"，有 69% 的人会指责 2004 年革命的英雄们，47% 的人选择
尤先科，22% 的人点名季莫申科。季莫申科的个人支持率徘徊在 2.5%
和 5% 之间。[61] 结果是矛盾的。一方面，乌克兰在冷战后的发展陷
入了僵局，这比以往任何时候都更加明显，而经济发展的希望在于
与西方的进一步融合，哪怕要以痛苦的结构调整作为代价。另一方
面，到了 2009 年秋天，乌克兰最受欢迎的政治家是维克多·亚努
科维奇（Viktor Yanukovych），他代表亲俄罗斯的"地区党"，这
个政党的总部位于乌克兰的东部。这个过渡时期蛮横的顽固守旧派
通过操纵选举赢得了 2004 年的大选，由此引发了橙色革命。

　　2009 年，能让乌克兰松口气的是，东西方之间的地缘政治紧张
局势似乎正在消退。随着梅德韦杰夫入主克里姆林宫，西方国家争
相"重新设定"与俄罗斯的关系。但是，2009 年 1 月的事件痛苦地
暴露出局势的脆弱性，当时俄罗斯和乌克兰就未付账单和天然气价
格发生争执，导致乌克兰在严冬没有供暖，俄罗斯还中断了经由乌
克兰输往欧洲的天然气供应。[62] 最终，依靠欧盟的调解，以及俄罗
斯天然气工业股份公司提高价格，这才解决了争端，而该事件也成
为缠绕在总理季莫申科脖颈上的枷锁。尽管没有成为头条新闻，但
是在 2008 年至 2009 年间，乌克兰已经陷入了极易引爆的状态。奥
地利外交部部长约瑟夫·普勒尔（Josef Proell）在 2009 年 2 月预言：
"乌克兰是一个非常重要的关键国家，如果这样一个庞大的邻国发
生经济和政治灾难，那么我们必须避免在欧盟内部出现多米诺骨牌
效应……我们现在看不到这种情况的发展，但是我们必须做好准备，
密切关注乌克兰。"[63]

第10章

风起东方：中国

如果说金融危机最直接的影响，是给欧洲冷战的旧战场带来了不太确定的停火，那么2008年令人震惊的事实是，双方愿意在这条路上走多远。在莫斯科，人们不会忘记北约肆无忌惮的扩张企图和格鲁吉亚的冲突。俄罗斯的举动佐证了普京在慕尼黑发布的声明，那就是单极世界的时代已经过去。美国人知道这是真的。但是，当人们谈到多极世界的时候，他们首先想到的并不是普京的政权，而是中国。事实上，俄罗斯最杰出的分析师也是这样认为的。[1] 对双方来说，中美爆发危机的可能性是显而易见的，而且北大西洋金融体系中突如其来的风暴进一步加剧了紧张局势。[2] 但是，北京和华盛顿都在避免灾难的发生。任何一方都不想承担导致高加索地区发生暴力冲突的那种风险。

2008年，中国人惊恐地发现，他们珍视的美元资产组合不仅包括真实的美国国债，还包括政府资助企业的债券，这些债券是为了支持美国抵押贷款业务的扩张而发行的。与俄罗斯一样，中国的公众舆论也非常愤怒。为什么中国要给美国的扩张提供资金支持？北京失去了耐心，授意发言人做出了引人注目的、不同寻常的直白声明。中国要让大家知道，如果美国任由政府资助企业破产，那将是一场"灾难"。[3]2008 年底，《大西洋月刊》(*Atlantic*)采访了一位能说会道的中国主权财富基金的经理人高西庆。[4]这个访谈让我们对一个混乱的世界有了一些惊人的洞察。高西庆表示，近几个月来，全世界一直在看着美国"一个月接一个月地与自己的意识形态、骄傲和自以为是抗争"，最后用上了"美国人最伟大的天赋之一，那就是务实"。美联储和财政部进行了大规模的干预，以便稳定金融经济，所以高西庆打趣说，当中国人看美国时，他们看到的不是资本主义民主，而是"具有美国特色的社会主义"。

高西庆的评论或许直截了当，但他的分析不够马克思主义。2008 年 9 月和 10 月，不仅仅是（美国的）意识形态和虚荣心阻挡了解决方案的出台，各方利益也受到了威胁。召开"资产阶级执行委员会"绝不是一件简单的事。但是，高西庆并不是一个政党理论家。他毕业于杜克大学法学院，曾在理查德·尼克松位于华尔街的律师事务所工作过一段时间。然而，不管有没有这个理论，他都敏锐地感觉到了权力平衡的变化。"这一代美国人已经习惯了霸权。每个人都对你很好。好吧，但现在我们必须和其他人平起平坐了，一想到这些就感到很受伤。'平起平坐'意味着，有时候你也得弯下腰，向其他人表现出谦逊……现在，最简单的事实是，你的经济构建在全球经济的基础之上，而且建立在许多国家的无偿支持之上。所以，为什么你不改变观念……我不会说你要叩头（高西庆大笑），但至少要对借钱给你的国家友好一点。和中国人谈谈！和中东国家谈谈！把你们的军队撤回来！"

奥巴马赢得了选举，这令人震惊，这表明许多美国人都认同高西庆的话。事实上，即将卸任的布什政府已经在努力做到"友好"。中国人真正想要的，是美国政府为房利美和房地美的债务提供全面担保。这将对美国政府的财政状况产生真正巨大的影响，会一下子让美国政府增加 5 万亿美元的公共债务。美国在越战期间对房利美进行了私有化，这是有原因的。然而，接管政府资助企业是财政部部长保尔森做的第二好的事情。尽管这个做法激怒了共和党右翼人士，但是，管理阶层的精英们知道，这样做是非常必要的。布什总统也放下身段，亲自给北京打电话，传达了这个信息。[5]

中国减持了政府资助企业的债券，但是没有像俄罗斯那样疯狂抛售，而是将其减持到 2007 年夏季时的水平；之后，高西庆和他的同事们着手进行不明智的外汇储备多样化的计划。与此同时，中国增持美国国债。中国持有的美国国债的总量继续增加，从 2007 年 6 月的 9220 亿美元提高到了两年后的 14640 亿美元。[6] 这没什么好惊讶的，因为恐慌和危机让美国国债成了全世界最受欢迎的资产。每个人都想要安全的资产。美国国债的价格在上涨，收益率激增 *，美元价格飙升。如果中国想要实现除美元以外的储备资产的多样化，那么现在正是时候。全球对安全的美元资产的需求没有止境。但是，危机也揭示出中国的选择很有限。还有哪些安全资产可以购买？对中国来说，购买日本债券可能会引发一场更具爆炸性的纠葛。欧洲债券市场的交易不够兴旺。中国和美国被捆绑在一起，不管它们愿不愿意。它们之间的相互依赖是由于结构方面的因素，这不仅表现在外国投资上，也表现在贸易上。

一

鉴于中国的出口规模及其外国资产的累积，西方观察家倾向于

---

* 原文为 "Treasury prices were rising, yields soaring"，由于国债收益率与国债价格是相反的，当国债价格上涨时，收益率应下跌，因此，这个描述似乎有误。——译注

认为，中国的增长必须"依赖出口"。然而，这是一种视觉上的错觉，折射出我们长久以来以西方为中心的态度。出口对中国很重要，而且中国融入世界经济改变了全球贸易。但是，早在危机爆发前，中国的经济规模就已经非常庞大了，并且正在以惊人的速度飞快发展，远超海外市场。中国已经成为出口冠军，但同时也促进了进口，包括澳洲、中东、非洲、亚洲其他国家和拉丁美洲的大宗商品和零部件进口，以及西方国家的技术和先进机器的进口。在中国震撼世界的出口产品中，很大一部分的价值来自进口的原材料和零部件。因此，在 2008 年以前，净出口在中国 GDP 增长中所占的份额比人们想象的要小。事实上，中国自 20 世纪 90 年代以来的经济增长只有不到三分之一是由出口拉动的，三分之二来自国内需求。[7] 这与真正的出口依赖型经济体的配置截然不同。以德国为例，由于国内投资和消费增长缓慢，2000 年以后德国的经济增长绝大部分来自国外需求。在中国，经济增长的主要推动力无疑是巨大的国内投资浪潮。随着中国的城市不断扩张，基础设施以惊人的速度实现现代化，中国的实体重建带领着整个经济快速发展。

到了 2008 年，中国巨大的内需动力，以及中国作为东亚地区贸易枢纽的核心地位，让一些分析师认为亚洲可能即将与美国和欧洲"脱钩"。[8] 2008 年春天，当世界其他地区滑向衰退时，北京的主要担忧却是中国的经济扩张过快。年消费增长率超过了 20%。中国人民银行上调了利率，政府也收紧了财政政策，希望能够遏制过于繁荣的经济。与此同时，中国的政府机构进行了重组，将促进国家经济更平衡增长的责任交给了掌握相关主导权的超级部委。[9] 没有人考虑到全球贸易崩溃的纯粹力量。2008 年 7 月，中国的出口每年增长 25%，进口每年增长 30%，外国直接投资每年增长 65%，但 6 个月后，中国的出口即下降 18%，进口下降 40% 以上，外国直接投资下降了 30%。这是令人震惊的急转弯。即使净出口通常只占中国经济增长的三分之一，这种程度的冲击也是非常严重的。
2008 年秋天，韩国和中国台湾地区的企业突然开始关闭在中国大陆
的业务。[10] 与此同时，急缺现金的西方银行（包括美国银行、瑞银
和苏格兰皇家银行）纷纷变卖资产，退出了中国大陆市场。但是，
与出口订单减少对中国劳动力市场的影响相比，这些都是微不足道
的。在 2008 年冬天至 2009 年冬天，在中国激增的大学毕业生（平
均每年增加 560 万）中，有 30% 找不到工作。数千万农民工的日
子更加难过。在 2008 年 10 月的中秋节，有 7000 万农民工返乡，
但只有 5600 万人在节后返回城市。据世界银行估算，其中 1100 万
人没有工作。总体来说，至少有 2000 万到 3600 万名劳工失业。[11]

　　北京一直密切关注国内社会的不安迹象，它知道必须做出反应。
11 月 5 日，中国国务院召开紧急会议，批准了 4 万亿元（5860 亿
美元）的支出计划。这个数字相当于 2008 年中国 GDP 的 12.5%。
这是对现有投资计划的补充，而且将在 2010 年底之前拨款。这是
应对全球危机的第一个真正大规模的财政措施。2008 年 11 月 9 日，
星期天，在向媒体透露这个计划时，国务院宣布："近两个月来，
全球的金融危机日趋严重……在扩大投资方面，我们必须出手要
快、出拳要重、措施要准、工作要实。"[12] 中国共产党发布了"第
18 号中央文件"*，这给国务院的声明赋予了额外力量。"第 18 号中
央文件"要求实施"应对全球金融危机的一揽子计划"。在提到危
机应对措施时，使用的是过去时代的用词"计划"，而不是新词"规
划"。"规划"在 2006 年之后开始广泛使用，用于较温和的政府项
目或倡议。[13] 政府指示要求媒体在报道中"保持乐观，避免恐慌，帮
助消费者提高信心"。[14]

　　2008 年 11 月，中国紧急推行了财政政策，就像西方国家紧急

---

* 即《关于当前进一步扩大内需促进经济增长的十项措施》。——译注

推出央行计划和银行援助一样。这是蒂姆·盖特纳描述的"最大力量"方法，但不是用在货币政策上，而是用在公共支出上。中国经济政策的领导机构国家发展和改革委员会呼吁地方政府"分秒必争"。"第18号中央文件"推动地方党委快速采取行动。用一位美国知名分析人士的话来说，"第18号中央文件""增强了紧迫感，传达了一种感觉，那就是推翻常见障碍去花钱是没有问题的"。在接下来的几天，中国各省的党委紧急召开会议，"抓住扩张性财政政策和'适度宽松'的货币政策创造的有利机会"，山东省委的一位委员如是说道。11月11日晚，陕西省武功县召开了"落实第18号中央文件的县领导小组"会议，以便充分利用"这个极其难得、弥足珍贵的机会"。县领导小组宣布了他们的目标："集中力量，快速行动，加强与省级、市级领导部门的联系，确保更多的重点投资项目进入我县……获得更多的项目资金是我们当前的首要任务。"不到一年，这个由中国共产党领导的动员工作使中国50%的经济刺激计划得以实施。

2008年5月，中国四川发生严重地震灾害，超过7万人遇难，数百万人无家可归，灾后重建工作成为人们关注的焦点。在地震发生后，公众批评和激进主义高涨，批评中国的许多公共建筑存在缺陷，要求进行整改。对于共产党的地方领导人来说，紧急的刺激支出提供了一个机会来重申他们的权威。[15] 国家发展和改革委员会关于"科学开发主义"*的承诺提供了一个更广泛的纲领框架。[16] 资金主要集中在十个领域†，包括医疗、教育（尤其是相对贫困的地区和西部地区）、新兴城市周边的低收入家庭、环境保护、科技创新、高速公路、城市电力、煤炭销售网络和铁路。在"非典"爆发后，

---

* 原文为"Scientific developmentalism"，与通行的"科学发展观"英译名不同。——编注
† 原文如此。——编注

胡锦涛主席领导的、注重民意的领导层在 2005 年就已经开始讨论医疗改革。农村和城市地区在医疗覆盖方面存在着明显差距，需要采取一些措施。[17] 经过数年的讨论，2008 年的经济紧急情况有些突然地把决策推向了以中央政府支出为中心的系统。2009 年 4 月 7 日，北京宣布医疗保险的覆盖率将从全国人口的 30% 提高到 90%，而且中央的资金将被用于建设 2000 个县级医院和 5000 个中心乡镇卫生院。这是全世界迄今为止规模最大的医疗保障发展扩大项目，并且与"经济刺激计划密切联系在一起"。北京很乐意批准对医院、诊所和公共保险补贴的支出，"因为对短期赤字的担忧"已经"消失了……经济危机打开了一扇窗，让对社会政策采取更积极的财政措施成为可能"。[18]

庞大的支出刺激措施还用在中国高速铁路网的建设上，这或许是当时全世界最壮观的基础设施项目。在中国经济增长的第一阶段，优先发展的是汽车和公路建设。现在，铁路成为建设的重心。在"借鉴"了日本、德国和法国等高铁先驱的技术后，中国开始了一项让过去的所有努力都相形见绌的计划。2008 年到 2014 年，时速 250 公里以上的铁路网络从 1000 公里扩大到了 11000 公里。从北京到上海，约 1318 公里的路程缩短到只需要 4.5 小时。相比之下，从波士顿到华盛顿特区一共约 730 公里，美国铁路公司引以为傲的阿西乐特快（Acela）需要花费 7 个小时。中国不仅有时速 360 公里的超高速列车，宏大的建设计划带来的规模经济也使中国成为铁路和高架桥建设的技术领先者。[19] 庞大的蜗牛形状的机器可以在无数个标准化的、预先制造的混凝土支柱之间，一公里接着一公里地连续铺设铁路。根据世界银行的估算，即使考虑到较低的劳动力和土地成本，中国的建造成本也只是欧洲和北美的一小部分。

在举世瞩目的 2008 年奥运会之后，中国财政刺激计划的速度和规模进一步证明了中国政府的动员能力。相比之下，许多西方国家行动迟缓，这很难避免人们进行招人嫉妒的比较。奥巴马在竞选期间和上任初期，经常提到中国在基础设施建设方面的飞速发展。[20] 这些称赞虽然实至名归，但不应该掩盖隐藏在表面之下的紧张局势。在中国，刺激计划饱受争议。在很多观察者看来，在西方危机的推动下，中国经济似乎正被引向错误的方向。经济刺激计划是对国家权力的展示，还是进一步证明当局对不可持续的增长模式的痴迷？[21]

二

中国的经济增长率令全世界羡慕。但是在国内，考虑到巨大的社会和环境成本，评论意见颇为复杂。胡锦涛的领导团队在2002年11月上台时的目标是，重新考虑消费和家庭生活水平的优先顺序。经过十年的超高速增长，中国已经进行了足够多的重工业发展。[22]但是，由投资驱动的重工业增长是一个很难打破的习惯。五年后的2007年3月，温家宝在全国人民代表大会上发表了一份非常坦率的评估报告，警告说，"中国经济最大的问题"仍然是增长"不稳定、不平衡、不协调和不可持续"。[23] 在宣布应对2008年危机的刺激措施时，北京一如既往地大力推动高科技铁路和医疗保健计划，因为它想摆脱重工业增长的老路。政府决心避免"轻率的或投机性的投资"。国家发展和改革委员会主任张平强调："不会在扩大规模生产、高污染和高耗能产业上花一分钱。"刺激措施的所有努力都将指向"能够促进和巩固消费信贷扩张的目标领域"。[24] 2008年12月，国务院在11月宣布刺激措施后，又公布了《关于搞活流通扩大消费的意见》，列举了促进消费的20项措施。中国政府向2.2亿农村家庭提供补贴，资助他们购买两个大型家用电器，例如电视、空调、洗衣机和冰箱。[25] 2008年，中国农村家庭的平均收入不足16000

元（虽然"人民币"可以和"元"互换使用，但人民币是中国的货币，元是计量单位），因此，购买一台价值 7000 元的计算机或彩色电视是一个很大的决定。但是在两到三年的时间里，北京承诺的 1400 亿元的补贴是一个强有力的刺激。[26]

因此，中国领导层的目标很明确，而且人们很容易就能想到一个强有力的政党和国家会在全国推广这些优先事项。但是，实际上，在这个世界上人口最多的庞大而复杂的国家，中国的中央政府分身乏术。尽管税收的重任主要落在中央政府的身上，但是自 20 世纪 90 年代以来，北京直接控制的政府支出不超过 GDP 的 4%—5%，与美国或欧洲政府相比，这是一个非常小的数字。在中国，80% 的政府支出是在地区和地方层面完成的，在 1994 年到 2008 年间，中国的国民收入增加了五倍，但消费支出只从占 GDP 的 8% 提高到了 18%。[27] 因此，政府通过权力下放和间接机制运作，放大了它的权力，延伸了它的影响范围，但也存在偏离和扩大北京的意图的可能。

2008 年 11 月，北京宣布了 4 万亿元的刺激计划，其中只有 1.18 万亿元是直接从中央基金中划拨的。其他经费来自地方政府，比例为 1∶3，大致相当于中央和地方的支出比例。正是由于权力下放，才使得共产党中央及其全国各地党委的动员变得如此重要。"第 18 号中央文件"为连接共产党、地方政府和商业利益的网络提供了动力。正是这种联系将上一代人联结起来，推动了中国惊人的经济增长。但是，也正是因为这样的联结，在很大程度上帮助我们解释了中国经济增长不均衡的特点。为了达到中央的目标或配额，总会有一些连接区域的高速公路、住宅区、桥梁或工业园区需要修建，并从中获得利润。当刺激计划启动时，正是这种连锁反应让那些主张更均衡的经济增长模式的人感到担忧。中央规定的刺激计划将推动基础设施建设。结果证实出现了批评者最担心的情况。在人口 5700 万、2009 年地方 GDP 为 2250 亿美元的湖北省，到 2010 年，在

建项目的估算造价达到了 3630 亿美元。[28] 此外，湖北计划在 2011
年和 2012 年再增加 3900 亿美元和 4500 亿美元的项目。按照表面
价值计算，这意味着一个人口与英国相当、GDP 与希腊相当的中
国大省，正在进行一项比美国任何刺激计划都要大的投资计划。在
国务院于 11 月提出计划后的一个月内，中国有 18 个省提出了总预
算为 25 万亿元的项目，是最初刺激计划提议数额的 6 倍，占中国
GDP 的 80% 以上。[29] 这不仅是一笔庞大的开支，而且在企业界是
国有企业占主导地位。国有企业一直是为中国经济发展政策服务的，
自 20 世纪 90 年代以来，中央政策的重点一直是减少冗员和精简这
些企业。[30] 如今，在经济刺激的旗号下，国有企业再次走到了中国
经济增长的最前沿。

显然，支出的动力是庞大的。但是，从经济角度来看，最重要
的问题是资金从何而来。这是任何财政政策的"刺激计划"的关键
问题。如果通过增税来为支出买单，那么这将抵消购买力的增长。
如果通过发行债券借钱，那么这将吸收私人储蓄，可能会分散私人
财富持有者对其他投资的注意力。如果目标是立刻让未充分就业的
经济复苏，那么创造信贷是万无一失的方法。北京的刺激计划之所
以特别有效，正是因为它将庞大的政府支出和大幅宽松的货币政策
结合在了一起。

在中国，不仅许多主要的工业企业是由国家控制的，而且银行
业也受到中央银行的直接影响。[31] 当政府想要控制信贷时，中国人
民银行不仅会设定利率，还会对每家大型银行设定信贷发放额度。
为了进一步控制信贷流动，它还可以提高或降低准备金率，以及加
大外汇的"冲销"干预 *。所有这些机制过去在西方很常见，是二战

---

* 指中央银行在进行外汇买卖的同时，又通过公开市场操作对国内市场进行反向操作，达
到本币供应量不变的目的。它是政府管理汇率的重要政策之一。——译注

2007年至2013年中国的信贷刺激（同比增长率）

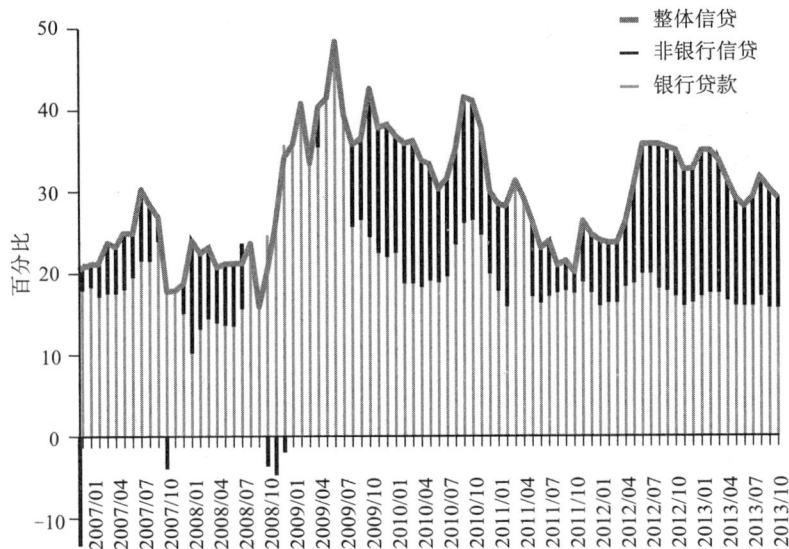

资料来源：Yukon Huang and Canyon Bosler, "China's Debt Dilemma," 2014, figure 1, http://carnegieendowment.org/2014/09/18/china-s-det-dilemma-deleveraging-while-generating-growth-pub-56579. Data: UBS.

时期的遗产。但是从 20 世纪 70 年代开始，西方国家逐渐放弃了对银行信贷的直接监管。面对 2008 年的危机，通过运用这些银行业管制工具，中国政府获得了重要筹码。2008 年 9 月和 11 月，中国人民银行降息近 5%，扭转了当年春季的紧缩政策。之后，中国人民银行宣布，2009 年将把银行的放款目标提高一倍，从 4.7 万亿元提高到 10 万亿元。小型银行的准备金率下调了 25%。正如中国人民银行的货币政策委员会在 2009 年 4 月宣布的那样，"适度宽松的货币政策"仍然是刺激计划中优先实施的政策。[32]

银行做出了反应。仅中国银行就在 2009 年上半年发放了 1 万亿元的贷款，中国农业银行、中国建设银行和中国工商银行也不甘落后。2009 年第一季度的放款总额达到了 4.6 万亿元，其中四大行发放了 3.433 万亿元。三个月内新发放的信贷超过了今后两年的财政刺激计划所提供的额度。与此同时，省政府和市政府积极与当地银行合作。为地方政府支出提供资金的主要机制是所谓的城投公司，它们是地方政府的融资平台——也就是"刺激计划的突击部队"。这些特殊目的机构把地方政府的大片土地作为抵押，以此借钱，从而为开发项目融资。[33] 在 2008 年到 2010 年间，地方政府的债务从 1 万亿元（1460 亿美元）飙升至估算的 10 万亿元（1.7 万亿美元）。[34]

2009 年上半年，在刺激计划的高峰时期，新发放的贷款达到了 7.37 万亿元，较过去一年（也是经济活动蓬勃发展的一年）增长了 50%。到了 2009 年底，放款总额达到了 9.6 万亿元。[35] 如果结合各级政府的赤字和银行信贷增长（其超过了过去几年中国每年 15% 的正常增长率），那么我们就能衡量中国刺激计划的真正规模。2009 年，刺激计划的规模令人瞩目：赤字为 9500 亿元，额外的债券融资为 4670 亿元，银行贷款（其超过了前几年的增长标准）为 5 万亿元 *，刺激总额为 64870 亿元，占 GDP 的 19.3%。[36]

这种庞大的额外增长动力是通过多种渠道实现的。但是，这是国家自上而下指导的刺激政策，是对中国本已很高的经济增长率的补充。如果考量整个刺激计划，那么这次干预的规模比毛泽东时代或苏共时期的任何计划都要大。西方资本主义经济体只在战争时期才出现过如此大规模的动员。中国经济的投资占比飙升至 GDP 的 50%，即使在以前，这个数字也是非常罕见的。这足以抵销最严重的全球贸易冲击。[37] 2009 年，中国的经济增长率达到了 9.1%，只比 2008 年略低一点，但远远高出全球其他国家和地区。考虑到中国经济扩张的规模，这个措施具有决定性的影响。2009 年，中国经济的发展带动了整个世界经济，这是现代历史上的第一次。加上美

---

* 有误。据所引资料，这一数字为 5.07 万亿元。——编注

大规模刺激计划：2008年至2010年中国银行的放款和财政刺激计划

刺激计划（10 亿元）	2008	2009	2010
财政赤字	111	950	650
新增银行贷款净额	252	5,070	1,936
新增债券融资净额	251	467	−232
总计	614	6,487	2,354
刺激计划（占 GDP 的百分比）			
财政赤字	0.4%	2.8%	1.6%
新增银行贷款净额	0.8%	15.1%	4.9%
新增债券融资净额	0.8%	1.4%	−0.6%
总计	2.0%	19.3%	5.9%

资料来源：C. Wong, "The Fiscal Stimulus Program and Problems of Macroeconomic Management in China," (2011), table 4, https://ora.ox.ac.uk/objects/uuid:4b8af91e-89c7-4a25-be7c-2394cd3c4e9b. Data: China Data Online.

世界经济增长驱动力（百分点）

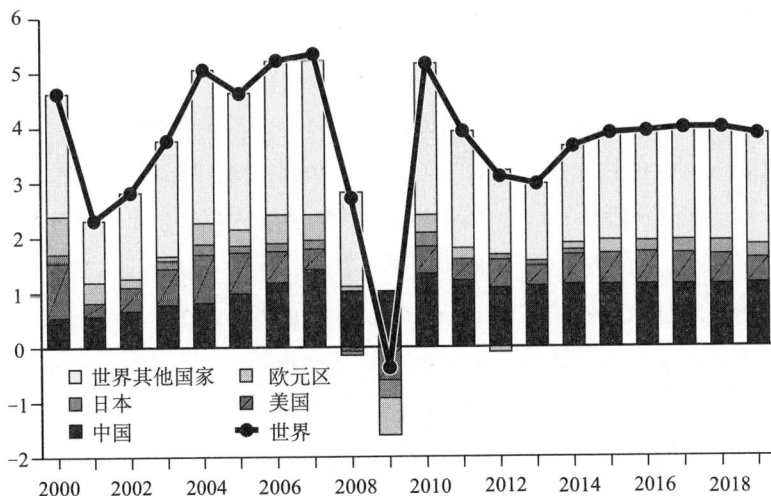

资料来源：S. Barnett, "China: Size Matters," IMF (blog), https://blogs.imf.org/2014/03/26/china-size-matters/.

联储提供的庞大的流动性刺激措施，中国将财政和金融刺激措施结合在一起，成为对抗全球危机的主要力量。虽然它们不是协调一致的政策，却让两国集团的愿景成了现实：中国和美国引领全世界。

三

　　虽然人们很容易从地缘政治的角度得出中国"超越"美国的结论，但值得注意的是，2008 年的动员并非任何总体计划的一部分。这是中国在面对来自外部世界无法预见的紧急情况时做出的高度积极反应。这种负面冲击的源头在西方。它在中国内部释放了一股力量，将中国经济引向了北京领导层一直努力抗衡的方向，这个方向在中国普遍不受欢迎。刺激计划产生的显著影响不仅体现在经济上，也体现在政治和地缘政治上。

　　令人瞩目的政府行动与中国崛起的流行叙事非常相称。21 世纪伊始，中国观众着迷于讲述大国崛起与衰落的电视节目和电影。[38] 在网络上，关于"中国伟大"和"中国模式"的公众讨论变得日益激烈。[39] 在更广泛的世界范围内，由权威的美国民意调查中心皮尤慈善基金会（Pew Charitable Trusts）所做的调查表明，对于全球重心，人们的认识发生了巨大转变。随着经济危机的影响逐渐显现出来，在受访者中，认为美国主导全球经济的人数出现了大幅下降。到了 2010 年，在美国和欧洲的受访者中，大多数人都认为中国是"世界领先的经济体"。[40] 而且，与历史上的其他大规模的增长不同，中国的经济刺激计划并不是由军事工业推动的。

　　与附属于美国全球网络的国家（例如日本或德国）不同，中国对于国家权力的看法比较传统。中国理所当然地认为，国家自治意味着安全政策的自主。鉴于中国经济的蓬勃发展，与其他开支一样，国防开支也不断增加。早在 1999 年，军工业集团就进行了重

组，以提高竞争力。在 2005 年至 2006 年，中国军队制定了重要的
科技现代化建设计划。[41] 但是，这个举动只是承认中国在这方面落
后太多。军队的规模过于庞大，而且科技力量不足。中国军队需要
的不是新兵，而是技术人员，但这些人稀缺且昂贵。中国的军事装
备和基础设施远远落后于西方国家的军队，也落后于中国蓬勃发展
的商业部门制定的标准。尽管中国的军费开支占 GDP 的绝对比例
增长迅速，但在整个危机期间，中国的军费开支仍保持在 2% 的水
平，仅为美国自"9·11"以来所维持水平的一半。随着 2008 年至
2009 年以民用为中心的经济刺激计划的实施，军费开支占公共开支
的比例减少了一半，从 12% 降低到了 6%。[42]

　　这些事实是众所周知的，但是，华盛顿的地震仪对任何挑战都
反应灵敏。2009 年 3 月，一支中国拖网渔船船队在海南岛附近干扰
一艘美国海军侦察船，这个事件立刻被宣布为对峙升级的标志。[43]
奥巴马政府在第一次接触中国时非常冷淡。在北京大学做演讲时，
美国财政部部长盖特纳宣称美国的债务"非常安全"，这遭到了北
大学生的嘲笑。[44] 正如一位美国分析人士所说："人们将记住 2009
年至 2010 年，因为这几年中国成了让世界无法掉以轻心的国家。"[45]
但是，对于华盛顿的战略家来说，这些都是附带的结果。[46] 真正起
决定作用的因素是经济。华盛顿确信，随着时间的推移，中国的军
事潜力和雄心壮志将会增长。支撑这两者的是中国惊人的经济增长，
而决定性的要素是北京控制经济的能力。从这个意义上来说，金融
危机标志着一个转型时刻，对西方来说是这样，对中国来说也是如
此。鉴于中国对 2008 年危机的反应，不可否认的是，中国已经崛
起成为世界事务中的一个决定性力量。正如世人在 2008 年看到的
那样：如果中国不依赖出口，那么它也会在很大程度上与西方国家
相互依存。中国有办法进行控制，却没有办法完全隔离。自 21 世
纪初以来，华盛顿一直雄心勃勃地想让中国发展成世界经济中一个

"负责任的利益相关者"。现在问题反过来了。在危机爆发后，北京需要知道的是，能从美国那里期待什么。正如高西庆在接受《大西洋月刊》的采访时所说："为什么我们不一起好好想想这个问题呢？如果中国有 2 万亿美元（的美国资产），日本有将近 2 万亿美元，俄罗斯有一些，其他国家还有一些，那么，让我们抛弃意识形态的差别，共同思考对每个人都有好处的做法。我们可以把所有相关的人聚集在一起，想一想人们所说的第二个布雷顿森林体系，就像第一次布雷顿森林协定所做的那样。"[47]

第11章

二十国集团

从澳大利亚到巴西，中国的贸易伙伴都从中国的刺激措施中得到了好处。[1] 中国在全球贸易中的比重增加。[2] 但是，在认识到中国所付出的努力的规模和意义之后，重要的是，我们不要掉进一叶障目的陷阱。如果我们刚刚把目光从西方移开，就全部投向中国，那么就无法真正把握世界多极化过程的戏剧性和复杂性。1997年至1998年，新兴市场发生了债务危机，如今十年过去了，2008年令人印象深刻的是新兴经济体的政策反应。2008年9月，在纽约举行的联合国大会上，拉美国家的反应最为激烈。但是，在应对危机方面，率先采取行动的则是"新兴亚洲国家"。

一

1997年夏天，亚洲金融危机从泰国开始，并从那里蔓延到东南亚的印度尼西亚、马来西亚和新加坡，然后又扩散到东北三千多公里的地方，在韩国造成了极大破坏。经过一年的严重衰退，到2000

年，泰国、印度尼西亚、马来西亚和韩国都再次实现了增长。按购买力平价计算，这四个国家在 1997 年的 GDP 总和为 2.3 万亿美元；到了 2008 年，这个数字几乎增长了一倍，达到 4.4 万亿美元。[3]这使得它们在世界经济中所占的比重（按购买力平价计算），可以与法国和意大利的总和不相上下，或者与美国加州和得州的总和相当。从经济政策的角度而言，东亚经济体可谓模范生。在 20 世纪 90 年代的危机后，它们吸取经验教训，实施紧缩的财政政策，积累了庞大的货币储备。在印度尼西亚，1998 年的危机引发了苏哈托（Suharto）独裁政权的倒台，该国甚至效仿欧盟《马斯特里赫特条约》的标准，采取了一项财政紧缩措施。[4]尽管财政纪律是种限制，对于需要公共投资的发展中国家来说尤其如此，但是当 2008 年的危机爆发时，东南亚和东亚地区仍有回旋的余地。[5]这样的余地也正是它们需要的。尽管危机并非起源于亚洲，但是亚洲极易受到全球冲击的影响。

2008 年，风险最大的是韩国。韩国著名的出口龙头企业，如大宇、现代和三星等财阀，以及大型钢铁厂、造船厂和汽车厂都受到了严重打击。"危机不是我们引起的，我们却被牵连，受到了损害，"首尔高丽大学的一位教授说道，"我们生活在一个不公平的世界。"[6]但是，无论这种受害感是多么真实，它都不能反映韩国局势的复杂现实。韩国之所以与亚洲其他国家不同，而且像东欧或俄罗斯一样脆弱，是因为韩国金融体系与世界的深入融合。[7]在 20 世纪 90 年代的冲击后，韩国央行已经确保积累了充足的外汇储备——2008 年夏天达到了 2400 亿美元。然而，这没能消除韩国金融体系的脆弱性。与欧洲不同，韩国的问题不在于次级贷款。韩国仅持有 8.5 亿美元有毒的美国抵押贷款证券。[8]资产方面也不要紧，真正的问题在于资产负债表的融资方面。自 21 世纪初以来，首尔就一直致力于将自己打造为东北亚的区域金融中心。它放开了货币和资本流动。

在韩国的银行中，有相当大一部分是由外国投资者所有，而且韩国的银行业也转向了批发融资这种不稳定的新模式，它们在全球美元市场上借入短期资金，然后在韩国以较高的利率进行长期投资。韩国出口的成功以及韩元对美元的稳步升值，使得这种模式更具吸引力。对财阀来说，问题是如何防止它们的美元出口收入贬值。为此，它们借入美元，投资韩国的资产，未来再以更优惠的汇率还清美元贷款。[9] 如果短期美元融资保持较为低廉的水平，而且汇率继续像预期那样变动，那么这样的交易是有利可图的。截至 2008 年 6 月，由于这种套期保值策略，韩国企业的未偿短期美元贷款达到 1760亿美元，比 2005 年增加了 150%。银行部门的负债达到 800 亿美元，不得不在 2009 年夏季展期。

当全世界的短期美元贷款市场关闭、美元飙升，韩元与美元的套利交易的逻辑突然发生了逆转。随着韩国企业争相弥补其美元风险敞口，灾难性的周期随之而来。抢购美元导致韩元的价值即刻下跌。当外汇持有量下滑，接近 2000 亿美元的心理门槛时，恐慌加剧。[10] 在 2008 年夏天到 2009 年 5 月间，韩元的价值从 1 美元兑 1000 韩元跌落到了 1 美元兑 1600 韩元，导致当地美元贷款的成本增加 60%。除了破产的小国冰岛，韩国遭遇的贬值最为剧烈。韩国借款人投保的美元债券违约保险（信用违约掉期利差）的成本从2007 年夏天的 20 个基本点（贷款价值的 0.2%），升高到了 2008 年10 月的 700 个基点。[11] 如果银行债券的利息负担再增加 7 个百分点，那么可以预见未来这些贷款将无法再展期。即使是像友利银行这样获得政府支持的银行，也发现自己被回购市场拒之门外。

2008 年，韩国经历了出口骤降、货币贬值和大规模流动性紧缩的全方位打击，而亚洲其他地区则没有遭遇同样的情况。但是，2008 年的危机仍对整个地区造成了巨大影响。在泰国，金融危机正好碰上了不断升级的政治危机，最终引发大规模示威，中产阶级抗议者占领了曼谷机场。2008 年 12 月，人民力量党领导的政府被通过司法途径罢免，这个政府与流亡寡头、前总理他信·西那瓦（Thaksin Shinawatra）有关联。由于商品和服务出口（尤其是旅游业）占 GDP 的近 70%，这样的社会动荡使泰国的经济变得非常脆弱。[12] 2009 年的第三季度，泰国出口同比下降了 25%。马来西亚对出口的依赖更大，占到 GDP 的 103%。[13] 出口价值超过 GDP 是有可能发生的事情，因为对于依赖进口原材料和零部件的全球制造商来说，马来西亚是一个组装中心，甚至超过了中国。2008 年冬至 2009 年冬，马来西亚的全球制造部门缩水 17.6%。马来西亚的电子组装工厂同比萎缩 44%。与泰国和马来西亚相比，印度尼西亚是东盟集团中最大、最贫穷的国家。虽然它的出口仅占 GDP 的 20%，但它主要出口大宗商品，而大宗商品的价格在 2008 年的夏天开始暴跌。

对于主要受到出口冲击的亚洲经济体来说，应对政策非常简单：财政和货币刺激。这些国家的应对措施都不如中国的规模宏大，但也引人注目。在泰国，在 2008 年 12 月的"司法政变"后，新政府上台，这个政府与曼谷的当权派、王室和军方关系密切。新政府领导人是曾就读于伊顿公学和牛津大学的阿披实·维乍集瓦（Abhisit Vejjajiva）。考虑到经济危机对高度开放的泰国经济的影响，以及他本人急需获得合法性，阿披实立刻启动了一项刺激计划。2009 年 1 月宣布的第一阶段的总额为 1167 亿泰铢，占 GDP 的 1.3%，重点关注大众消费，包括社会保障局发放的"拯救国家支票"、老年居民津贴和公共教育补贴。与此同时，泰国银行将利率降至 1.25%（相比之下，1998 年危机期间的利率为 12.5%），并指示 6 家国有银行迅速发放贷款，尤其是向小型企业发放。但是，1 月份的刺激计划只是一个开始。随着危机加剧，阿披实将刺激计划的规模提高到了 400 亿美元，以供未来四年使用。这是一个惊人的数字，占泰国

2009 年 GDP 的 17%。2009 年，泰国的预算赤字从 GDP 的 1% 飙升到了 5.6%。[14]

　　与严重依赖出口的邻国相比，印度尼西亚在一定程度上受到全球冲击的影响较小。但是，印度尼西亚也是该地区最大的国家，其中央政府很难有效地在广阔且分散的岛屿领土上部署资源。副总统布迪约诺（Boediono）曾担任过财政部部长、印尼央行行长，在他的带领下，雅加达选择了一项主要基于减税，而不是增加政府支出的刺激方案。[15] 这意味着，在印度尼西亚的 9700 万劳动人口和为数众多的 4800 万小企业中，只有 1000 万工人和 20 万家注册纳税的公司将会受益。但是，这个方案对该领域造成的影响是相当大的。按购买力平价计算，减税金额达到了 GDP 的 1.4%。听起来似乎没有多少，但由于印度尼西亚中央政府的预算规模较小，这个数字占到了公共支出的 10%。

　　与泰国一样，当危机袭来时，马来西亚正处于政治动荡中。执政的民族主义政党正在经历一场交接危机。总理阿卜杜拉·艾哈迈德·巴达维（Abdullah Ahmad Badawi）的政府瓦解，接替他的人是强势的财政部部长纳吉布·拉扎克（Najib Razak），这并非巧合。没过多久，纳吉布就宣称 2009 年春季启动的 164 亿美元的刺激计划是他的功劳。这是"马来西亚有史以来最大的经济刺激措施"，算上税收减免和担保，总额达到了 GDP 的 9%。[16] 人们宣称这个举措朝着振兴新经济模式迈出了重要的一步。在马来西亚独立后，新经济模式就一直引领着该国的经济发展。在外国投资和石化产业繁荣的推动下，马来西亚希望实现跨越发展，成为一个完全发达的经济体，能够与令人羡慕的邻国新加坡相媲美。马来西亚政府采取了税收减免政策，中央银行降低了利率，但是，这个计划的最主要推动者是财政部和马来西亚的主权财富基金国库控股公司。它们放款的主要工具是一马发展有限公司，该基金旨在将海湾地区的石油美元引入马来西亚的国家开发基金，并作为中国国家电网公司的基础设施开发项目的对口单位。在启动时，纳吉布的计划受到了国际社会的广泛赞誉。在瑞士洛桑国际管理发展学院发布的全球竞争力排名中，马来西亚从第 18 位跃升至第 10 位，吸引了高盛和花旗的大量投资。高盛位于新加坡的办公室尤其急于提供帮助，它持有一马发展有限公司发行的 65 亿美元的庞大债券。但后来，经过《华尔街日报》和《纽约时报》的调查，人们发现，一马发展有限公司不仅是马来西亚经济发展的工具，也是高盛收取令人垂涎的费用的工具。此外，它还是马来西亚总理贪污数十亿美元的渠道。[17]

　　整个亚洲都必须应付出口冲击。让韩国与众不同的是其金融领域的紧急状况。为了抵消美元融资市场关闭的影响，韩国政府被迫在 2008 年 10 月提供 1000 亿美元的外国贷款担保，以及至少 300 亿美元的其他流动性和支持措施。2008 年秋，韩国在应对危机时，动员起来的不仅仅是政府，主要的韩国出口商，例如钢铁生产商浦项钢铁集团、现代汽车和三星电子，都将数亿美元投入了首尔的交易所，以缓解韩元面临的压力。[18] 韩国的国家养老金系统自愿购买银行债券，以缓解融资困难。与此同时，韩国总统李明博——他曾担任现代建设的首席执行官——呼吁国民节约进口的化石燃料，并拿出个人美元存款来拯救韩元。在兑换厅的柜台前排起的长队，既显示了韩国民众的爱国主义情结，令人欣慰，也表明了情况的紧急程度。同时，韩国银行（韩国央行）积极干预外汇市场，拼命阻止韩元崩溃。但是，阻止挤兑的最有效的方法是外界的援助。[19] 10 月 30 日，韩国银行宣布与美联储启动 300 亿美元的货币互换额度，使其能够大量标售美元。随着外汇市场不再处于恐慌状态，首尔可以着手恢复银行业。2009 年初，韩国政府再次发放了 550 亿美元的流动性支持，用于银行间贷款，并拨出 230 亿美元用于银行重组和不良贷款。之后，韩国政府又增加了一只 78 亿美元的债券市场稳定基金和一只 313 亿美元的企业重组基金。与此同时，韩国总统李明博不负 "推土机" 的称号，在 2009 年初启动了一个庞大的建设项目，预计未来四年该项目的预算将达到 940 亿美元。[20] 重点项目包括大规模投资核电、升级铁路系统，以及总统最喜欢的 150 亿美元的 "四大河流恢复工程"，该工程旨在恢复河床并建造一个新的大坝系统。[21] 李明博承诺，韩国将不仅实现 7% 的增速和 40000 美元的人均收入，跻身全球第七大经济体（为此，他的口号是 "7-4-7"），还将成为 "绿色发展" 的先驱。

在应对 2008 年危机方面，整个东亚和东南亚树立起了一个历史性的标志。在 1997 年的危机中，泰国、马来西亚和韩国曾经低声下气地依赖国际货币基金组织和克林顿政府，现在，它们的自治水平达到了一个新台阶。与中国或西方国家一样，这只不过是技术官僚的能力问题，虽然它们有很多这样的技术官僚。但是，主要的刺激措施归根结底都是出于政治考量。不论各国调动了哪些地方利益，亚洲新兴市场采取的政策反应都是有效的，而且这种新的抗逆能力得到了华盛顿的认可。美联储官员之所以主张与韩国建立货币互换额度，原因之一是相信韩国不愿再次向国际货币基金组织求助。最好的办法还是小心谨慎地接纳韩国，而不是冒着发生政治冲突的风险，这种冲突可能会扰乱脆弱的全球市场。[22] 于是，亚洲经济迅速反弹，很快就吸引到新的外国资本。此外，从危机中走出来的韩国和印度尼西亚，成为一个新组织的正式成员，这个新组织是专门为反映多极化全球经济的复杂现实而设计的。

二

二十国集团的成立要追溯到 1999 年 12 月，当时的美国财政部部长拉里·萨默斯和加拿大总理保罗·马丁（Paul Martin）发起了一项倡议，希望创建一个全球治理论坛，这个论坛要比国际货币基金组织和世界银行等布雷顿森林体系机构更具代表性，但又不像联合国那样难以管理。20个成员国似乎是个不错的整数。据传，这份名单是萨默斯的助手蒂莫西·盖特纳和前世界银行的常务董事凯欧·克哈维萨（Caio Koch-Weser）起草的。前者当时在美国财政部负责国际事务，后者当时在德国财政部工作。他们参考了GDP、人口数量和世界贸易等数据，在名单上"挑挑拣拣，加拿大纳入，西班牙剔除，南非纳入，尼日利亚和埃及剔除，阿根廷纳入，哥伦比亚剔除，等等"。[23] 在八国集团批准这份名单后，他们就会把邀请函发送到相关国家的财政部和央行。在此之前，这没有跟任何国家进行讨论或协商。富有国家决定成立一个更大的俱乐部，于是邀请了12个新成员加入，这让全球治理变得简单。

在21世纪头十年，二十国集团一直是技术专家的顶级论坛。[24] 会议常常敷衍了事，一些忙碌的财长干脆选择不参加会议。但是，保罗·马丁孜孜不倦地努力让二十国集团升级成为全面的领导人峰会。他遭到了布什政府的阻止，谁也没有觉得意外，因为布什政府更倾向于与中国进行双边谈判，或者筛选有意愿的成员组成联盟。因此，这个特设政府间论坛成为世界主要经济体应对金融危机的全球平台，远非预先设想的结果。2008年9月，在联合国大会上，法国总统萨科齐提出将八国集团扩展成为十三国集团或十四国集团，增加中国、印度、南非、墨西哥和巴西。法国和日本都倾向于较小的集团，因为这样可以最大化发挥它们的影响力。英国首相戈登·布朗赞成萨科齐的提议，在联合国大会结束后，他在纽约召开了一次临时会议，与白宫制定了一项联合方案。问题是如何让美国参与进来，以及应该把哪个国家纳入。英国赞成二十国集团这一更大的模式，澳大利亚、加拿大和拉美国家也是如此。在9月和10月初各国不协调、混乱的银行救助行动之后，布什政府重新认识到合作的必要性。白宫希望避免在纽约召开由联合国主持的全球大会，因为大会上肯定会充斥着对布什政府的批评。美国希望在华盛顿召开会议，在那里，国际货币基金组织就能以体面的姿态粉饰太平。尽管国际货币基金组织传统上是由欧洲人领导，但投票权重是按照财政贡献计算的，美国因此拥有否决权。布什政府能够接受这样的整体设计。第一届二十国集团政府首脑会议定于 11 月 14 日举行，10 月 22 日，会议邀请函终于发了出去。被冠以"单边主义政府"恶名的布什政府，终于在卸任之际不情愿地开启了全球多边主义的新篇章。

对于澳大利亚、巴西、韩国和印度尼西亚这些新加入精英圈子的国家来说，二十国集团是一个令人振奋的旅程。对于美国来说，它承诺至少在主要经济体之间进行最低限度的协调。对中国来说，这是一个获得全球影响力的便利机制，而无须承担过重的责任。然而，二十国集团远远没有得到普遍认可。德国《明镜》周刊报道称，挪威外交大臣约纳斯·加尔·斯特勒（Jonas Gahr Støre）认为，全球重要国家形成的这个寡头集团，是第二次世界大战以来国际组织遭受的一次最大挫折。[25] 用他的话来说："在维也纳会议（1814—1815）上，各大国聚集在一起有效地管理世界，但这个会议的精神在当代国际社会没有立足之地。二十国集团严重缺乏合法性，必须做出改变。"这些言辞很激烈，但在一定程度上偏离了主题。维也纳会议是在法国大革命和拿破仑战争之后恢复旧政权的反动会议。二十国集团确实是一个排他性的俱乐部，但它也是一个新俱乐部，纳入了新成员，其全球地位的提升可能会令挪威这样的欧洲小国反感。二十国集团的组织原则并不是权力平衡或者守旧派的合法性等古老的政权逻辑，就此而言，也不是 1945 年吸引罗斯福新政者的全球主义逻辑。二十国集团反映了 20 世纪 70 年代以来由全球化经济增长创造的新世界。参加二十国集团的国家可能只占联合国成员国的 10%，占世界人口的 60%，但它们却占据了 80% 的贸易额和

85% 的全球 GDP，而且这些占比还在不断上升。在二十国集团的内部，各国没有佯称平等，更不用说与其他国家佯称平等了。但是，二十国集团的成员国至少承认彼此是全球经济体系中不可或缺的重要部分。在联合国，二十国集团的排他性引起了一些反对，而当 2009 年联合国大会就全球经济危机召集自己的委员会时，二十国集团却不加理睬。[26]

联合国面临的冲击在于，它不是一个空谈俱乐部，就是一个哗众取宠的全球舞台。创建一个扩大的"二十国集团"委员会，把所有重要人物聚集在一起，这似乎是一个更加务实的做法。但是，在二十国集团里进行全球治理又会有什么不同之处？ 2008 年 11 月 15 日，第一届二十国集团会议在华盛顿召开，这次会议并没有那么鼓舞人心，因为规定的时间太短了。各国首脑围坐在桌旁，发表事先准备好的讲话。在 20 位首脑各自发表 15 分钟的讲话后，规定的 5 个小时过去了。他们的讲话的准则性、中肯度和圆滑世故程度各不相同。德国、澳大利亚和加拿大有的放矢、切中要害。萨科齐则是哗众取宠，要求在多哈回合贸易谈判*中采取行动，尽管法国对欧洲农业的保护是世界贸易自由化进程中最大的阻碍。意大利总理西尔维奥·贝卢斯科尼没有谈经济问题，不过，他至少对即将卸任的布什总统表达了美好的祝愿。对于一个"全球"论坛来说，仍然有太多的欧洲人参与其中。[27] 巴西和阿根廷很享受在聚光灯下的时刻。他们别有用心，临走时还要对布什总统说些尖酸话。

各国领导人没有进行任何实质讨论，而是批准了一份包含 95 项事先承诺的清单，其中包括将在来年春季举行第二次会议的协议。也许最重要的是，对于维持开放的全球贸易的必要性，他们措辞强

---

* 简称"多哈回合"（Doha Round），是世界贸易组织于 2001 年 11 月在卡塔尔首都多哈发起的多边贸易谈判，旨在削减贸易壁垒、推动全球贸易良性发展。该谈判在 2008 年 7 月陷入僵局后声音越来越弱。——编注

硬。就像 20 世纪 30 年代那样，他们不允许保护主义者为所欲为。与会者还同意放弃财政适宜性的狭隘观点，不要去抑制赤字，但没有就协调一致的全球刺激方案达成共识。为什么二十国集团如此重要，似乎是因为它能够成为"强国"为其他全球机构制定日程的通道。2008 年 11 月，全球性的银行监管机构金融稳定论坛与国际货币基金组织达成协议，由金融稳定论坛为金融监管机构制定新的标准，由国际货币基金组织负责监管这些标准的实施，所有金融组织都扩大成员，纳入自信的新兴市场经济体。

<h2 style="text-align:center">三</h2>

第一届二十国集团会议没能取得更多成果，一个原因是它召开于美国大选的十天后。在共和党执掌白宫八年后，新当选的总统奥巴马将定下新的基调。但是，奥巴马拒绝抢现任总统的风头。奥巴马上台后会在国际经济事务上摆出怎样的姿态，大家都不清楚。因此，对于下一届美国政府，其他国家只能发挥自己的想象力。戈登·布朗大力游说，为伦敦争取到第二届二十国集团会议的主办权。随着托尼·布莱尔的"新工党"口号逐渐退去，布朗和他的幕僚们迫切地想把自己与新总统的魅力和他对希望的承诺联系起来。[28] 但是，布朗的志向不止于此。1933 年夏天，伦敦举办了一场世界经济会议。那次大会旨在治愈大萧条的创伤，但被纳粹德国的装腔作势、英国与法国之间的分歧和早期罗斯福新政的孤立主义倾向搞得分崩离析。1933 年的伦敦标志着世界陷入了分裂和经济民族主义，这种情况摧残着后来的十年。布朗决心避免这样的命运。为此，英国尽全力推销 2009 年的二十国集团会议，将它包装成新的布雷顿森林体系。[29] 布朗和他的幕僚们吸取历史教训，咨询研究罗斯福和新政的专家，并把凯恩斯的传记放在唐宁街的床头柜上。要让这段

历史传奇成为现实，伦敦需要二十国集团的其他成员的配合。然而，有迹象表明一切并不太顺利。

白宫的新团队不喜欢英国向他们殷勤提出的请求。他们没有耐心讨论"特殊关系"。奥巴马政府关注的是太平洋，而不是欧洲。白宫接待的第一位外国访客是日本首相麻生太郎。不管怎样，最重要的是把重点放在国内政策上。奥巴马可能根本没有时间参加二十国集团会议，他的助理在日记中写道，4月4日，他必须前往法国的斯特拉斯堡，参加北约成立60周年的纪念活动。为此，布朗的团队将伦敦的二十国集团会议提前了两天，以配合美国总统的行程。[30] 为了做好准备，2009年3月3日，戈登·布朗抵达华盛顿与奥巴马会面，并向国会两院发表了欢欣鼓舞的讲话。他假装伤感地回忆了伦敦的"讨价还价"和一项"全球性的新交易"的达成。[31] 他设想的是一个涉及"数万亿美元的峰会"，是精心策划的庞大刺激计划，以提振世界经济，摆脱衰退困境。不幸的是，由于工党的公关机器一门心思只想控制，全球其他国家并不合作。2009年3月14日，当二十国集团的财长们在伦敦参加峰会前的会议时，德国总理安格拉·默克尔顺道来访。结果，让戈登·布朗感到尴尬的是，默克尔和克里斯蒂娜·拉加德精心策划了一场联合反对峰会的行动。德国和法国不仅认为谣传的大规模刺激政策是没有根据的，还怀疑这会被用来掩盖全球议程中更敏感的问题。"法国和德国担心，由于现在关注的重点是世界经济，罪魁祸首——盎格鲁-撒克逊金融体系在市场上的行为——会被放过。"[32] 美国希望讨论其他国家的贸易顺差，而不是自己那些危险的银行。

更加令人不安的是中国的反应。到了2009年春天，北京对西方国家缺乏纪律越来越不耐烦。中国政府认为，正是因为美国在赤字方面不计后果才导致了全球失衡。现在，英国和美国非但没有紧缩开支，反而在讨论增加开支。3月23日，在距离二十国集团峰会还有一周时，中国央行行长周小川呼吁建立新的布雷顿森林体系，这个举动震惊了世界。[33] 中国参加了 1944 年的布雷顿森林会议，了解自己的经济历史。[34] 在周小川看来，是时候重新审视 1944 年达成的根本性决定了。正是因为在二战结束时美国拥有妄自尊大的力量，美元才被确立为全球储备货币。从那时起，美国在开支方面随心所欲，积累了庞大的赤字。为了确保真正的稳定，正如凯恩斯在 1944 年代表英国代表团极力主张的那样，世界需要一个独立于任何国家货币的全球货币单位。周小川认为，最明显的选择就是国际货币基金组织的记账和信贷单位：特别提款权 *。有了特别提款权，就会有一个真正的稳定之锚，而不会受单个超级大国的摆布。在这个基础上，我们才可以讨论对贸易逆差国家（例如美国）和顺差国家（例如中国）都有约束力的规则。

有人可能会问，为什么中国政府希望改变一种曾给自己带来巨大好处的制度？毕竟，从 20 世纪 90 年代起，中国就把自己的人民币与美元挂钩，创造了一些经济学家所谓的"第二代布雷顿森林体系"。[35] 华盛顿对此有着较为传统的解读：中国正在搭乘美国的顺风车。不过，这是从西方的角度看待形势。1994 年，中国把其固定汇率作为一种防御性措施，当时美国正在实施负责任的财政政策。如果巨大的不平衡从 2000 年已经开始出现，那么在北京看来，原因主要在于美国不计后果的支出，而非中国对汇率的操纵。中国的出口顺差不一定就完全是好事。至少在北京看来，顺差过度强化了中国以投资驱动的经济增长路线，导致中美之间的贸易更加不平衡。

---

* 特别提款权（Special Drawing Right，SDR），亦称"纸黄金"（Paper Gold），是国际货币基金组织根据会员国认缴的份额分配的，可用于偿还国际货币基金组织债务、弥补会员国政府之间国际收支逆差的一种账面资产。其价值由美元、欧元、人民币、日元和英镑组成的一揽子储备货币决定。因为它是国际货币基金组织原有的普通提款权以外的一种补充，所以称为特别提款权。——译注

只有在将经济增长的重点转向国内消费时，才会自然而然地出现更加平衡的贸易账户。[36] 同时，中国人民银行的货币提议给了美国的新政府当头一棒，也是北京对美国逐渐失去耐心的一个信号。

　　较之戈登·布朗对 20 世纪 40 年代的伤感回忆，中国的自信提议引来了更多注意，这是理所应当的。中国此前从来没有在全球治理的基本问题上提出过如此大胆的提议。中国的提议与法国和俄罗斯的主张相呼应，这两国也在质疑美元本位制。这个提议也与联合国正在制订的计划相符合，这些计划由诺贝尔奖得主、经济学家约瑟夫·斯蒂格利茨（Joseph Stiglitz）牵头，推动了基于特别提款权的全球货币的构想。华盛顿大为吃惊。[37] 在接受记者提问时，奥巴马表示，他认为世界不需要一个全球货币。[38] 他的新任财政部部长蒂姆·盖特纳就没有那么谨慎了。为了安抚中国，盖特纳漫不经心地表示，他对于"逐步"将特别提款权更多地用作全球储备资产的想法持"相当开放"的态度。[39] 货币市场震惊了。美元兑欧元下跌了 1.3 美分。这是共和党右翼和福克斯新闻（Fox News）的评论员喜欢讨论的话题，他们声称奥巴马政府正在计划用全球货币取代美元，这令观众大为惊讶。[40] 盖特纳在公共关系上得到了一个惨痛的教训。他赶紧改口，在电视网络上承认说，事实上他和他"老板"观点一致。强势美元应继续作为世界经济之锚。

　　中国提出的"第二代布雷顿森林体系"没有出现在戈登·布朗的二十国集团会议的议程上，这或许并不意外。但是，2008 年秋天以来的实际情况也没有得到讨论。这场危机非但没有削弱美元对全球金融的控制，反而进一步强化了它的控制力。[41] 在货币市场上，对美国国债作为避险投资的需求推动了美元走高。通过互换额度机制，美联储支撑着整个全球银行体系的流动性。如果伦敦的二十国集团峰会真的确立了第二代布雷顿森林体系，那么以美元为基础的银行体系、互换额度和美联储作为全球流动性提供者的新角色，都将是讨论的中心。这肯定会让欧洲人措手不及，因为欧洲的银行是主要受益者。但是，没有人有兴趣公开这些脆弱的安排。因此，最好还是将全球货币架构这种更广泛的问题完全排除在议程之外。

四

这是一种微妙的平衡。华盛顿知道自己希望合作，但它无意宣扬美联储和美国财政部自去年以来发挥的核心作用。英国想把自己低配版的两国集团的构想捆绑在新总统的身上，让英美关系重新升温。但是，这种想法非常脱离现实。2009年4月1日，当布朗和奥巴马在唐宁街共进早餐后，奥巴马对媒体发表了讲话。他称赞布朗在促成会议方面所做出的外交努力，他说："如果只有罗斯福和丘吉尔坐在房间里，喝着白兰地，那么谈判会容易得多……但是，那不是我们生活的世界，也不应该是我们生活的世界。"[42] 那天早上，默克尔和萨科齐在伦敦强调了这一点。他们早早抵达伦敦，举行了早餐会议，发表了联合声明。用萨科齐的话来说，"法国和德国将同声同气"[43]。真正需要的不是财政刺激，而是对全球金融市场采取真正的严厉手段。萨科齐威胁说，除非会议认真解决避税天堂的问题，否则他将退出。"这与自负无关，也不是任性发脾气，"他说，"这与我们能否应对未来的挑战有关。"他先发制人，阻止英国可能给法国的批评贴上任何标签。默克尔以她特有的方式给听众上了堂道德课："从目前的倾向来看，会议不打算处理罪恶的根源。我们需要从这场危机中学到一些东西。"[44]

当天下午，二十国集团首脑在白金汉宫开会，这是一场特大型的怪异表演。不哗众取宠的时候，萨科齐就会招摇地埋头盯着手机。阿根廷总统克里斯蒂娜重申了自己在华盛顿时持有的反资本主义态度。意大利总理贝卢斯科尼吵吵嚷嚷，急切地想要吸引奥巴马的注意力，要不然就要睡着了。默克尔沉着镇定，难以动摇。中国则坚持他们的谈判立场。有几位政府首脑无法用英语流利地交谈，而且大多数首脑对会议材料并不熟悉。在整个会议中，戈登·布朗怒目而视，他睡眠不足，情绪狂躁，几近崩溃。据说，作为闭会环节的主持人，布朗的表演专横、热情洋溢，让好几个目击者认为这些表演不太合适。布朗很幸运，因为奥巴马参加了这场庄重的、约定好的第二届会议。不过，在好几个议题上，谈判都面临着破裂的危险。尽管整个过程没那么赏心悦目，而且有时还很怪异，但在 4 月 2 日主要会议结束时，第二届二十国集团峰会还是取得了一些成果。

会议的公报从开头到结尾都在泛泛而谈，陈述了危机的规模，承诺合作以避免保护主义，以及牢记广大民众的利益，至少是保护最不发达国家的利益。这些都是陈腔滥调。公报中真正涉及政治的部分从金融改革的章节开始。峰会决定成立全球金融稳定委员会，制定改进的规章制度，规范不起作用的私人信用评级机构。因此，二十国集团还确定了自己作为实际领导机构的角色，为巴塞尔银行监管委员会、国际货币基金组织和其他全球治理机构设定议程。由于德国和法国决定阻止讨论协调一致的财政刺激计划，而且对于美联储在提供全球流动性方面所扮演的角色，公报似乎有意保持了沉默，因此，布朗和奥巴马需要通过国际货币基金组织来提供扩大的刺激计划。国际货币基金组织的总裁多米尼克·斯特劳斯－卡恩（Dominique Strauss-Kahn）是一个雄心勃勃的人，他非常高兴该组织能够发挥领导作用。但是，鉴于去年秋天以来发放的贷款组合，以及向东欧承诺的规模，国际货币基金组织迫切地需要补充资金。一份起草于 2009 年 1 月的内部备忘录指出，在最坏的情况下，随着客户从 2 个增加到 16 个，国际货币基金组织将至少需要 3000 亿美元的新资金。[45] 美国财政部部长盖特纳坚持自己的"压倒性力量"原则，正在推动一个比这大得多的数字。然而，问题的症结在于，只有重新分配投票权，亚洲和拉美才会同意国际货币基金组织扩充资源。截至 2008 年 4 月，在经过两轮改革后，国际货币基金组织内部的投票权已经转移了 5.4%，其中韩国、新加坡、土耳其和中国的投票权增加最多。但是，中国仍然只有 3.81% 的投票权，印度只有 2.34%。在伦敦峰会上，各国同意进一步转移 5%，这在很大程度上是让出了欧洲国家的投票权。这为国际货币基金组织争取了足够的支持，使其扩充资金成为媒体关注的焦点。国际货币基金组织将马上从成员国那里获得 2500 亿美元的新融资。新的贷款协议将高达 5000 亿美元，使国际货币基金组织可以按需向成员国提供信贷。最终，国际货币基金组织将面向所有成员国发放 2500 亿美元的特别提款权。[46] 这使布朗得到了他梦寐以求的"能够登上头条新闻的、充裕的 1 万亿美元整"。[47] 这不是传统的凯恩斯主义式的刺激措施，但它代表了自国际危机（这场危机于 1994 年从墨西哥开始）的主要周期以来，各国从中获得的教训总结。国际货币基金组织拥有了所需要的活力，能够应对 21 世纪的跨国银行业危机了。

但是，二十国集团还没有大功告成。最后一个下午的主要问题在于避税天堂。萨科齐和默克尔坚称，必须采取行动来遏止避税天堂。奥巴马也曾提出过同样的问题。戈登·布朗对伦敦金融城的利益非常敏感，因此对这个问题不太热情。不过，对于这个问题，立场最坚定的是中国人。然而，澳门和香港是资本进出大陆的重要通道，对北京来说，关闭这扇门将引起重大波动。此外，鉴于中国一直拥护反对帝国主义的民族主义，中国不可能把以前受到殖民统治的地区置于由西方人主导的国际监督的新体制之下。主权问题不容置喙。距离各国政府首脑散会只有几分钟了，布朗的二十国集团峰会可能会因为法国与中国之间的冲突而遭到破坏。布朗忙于履行会议主席的职责，无法脱身去促成单边交易。法国和中国不太可能被唐宁街的下属吓倒，即使是那些吵吵嚷嚷的下属。因此，奥巴马迅速采取行动，劝诱双方接受了一项不失体面的妥协。根据这项协议，二十国集团将"注意"被经济合作与发展组织列入黑名单的避税天堂。经济合作与发展组织是从马歇尔计划时代演变而来的组织，中国不属于这个组织，完全可以无视这个组织。

萨科齐对这个协议感到满意，他立刻试图收回去年9月在联合国提出的议程。在最后一场会议中，他先于主持人第一个出现在镜头前。至少有那么一会儿，这位法国总统装扮成了团结的二十国集团的代表。他为戴高乐主义*行动热身，宣布"盎格鲁—撒克逊资本主义"的历史"翻开了新的一页"。放松管制的时代结束了。这是戈登·布朗取得的成果，萨科齐迫切地想要抢走他的风头。分歧和破裂都得以避免。对着全球电视观众（他乐观估计有10亿人），精疲力竭的戈登·布朗传递了全球主要大国齐心协力的消息。各国已同意采取协调一致的行动。奥巴马愉快地宣布："无论从哪个角度衡量，伦敦峰会都具有历史意义。"[48] 他们做出的决定"比人们记忆中对危机的任何应对措施都要大胆……这些决定是否足够了，我们将拭目以待"。安格拉·默克尔则比较勉强。她承认："这是非常非常好的，几乎是历史性的妥协。这一次，世界并没有做出20世纪30年代那样的反应。这是全球合作的胜利。"[49]

伦敦的二十国集团峰会不仅仅是一场戏。它将一群关键的新兴市场国家纳入全球经济政策，这是一项真正的创新。国际货币基金组织的协议获得正式批准，这被证明是特别重要的。具有讽刺意味的是，对欧洲来说，在接下来的几年里，该协议还将被证明是一项重要的资源。但是，如果这就是全球治理的未来，那么对维也纳会议的嘲讽也许并非毫无道理。对于伦敦来说，能接待魅力四射的美

---

* 戴高乐关于坚持独立自主的原则、维护战后法国在国际事务中的大国地位、建立以法国为核心的欧洲，以及对抗美国控制的政策和主张。——译注

国新总统是一件令人兴奋的事，20 世纪 90 年代褪色的"酷不列颠尼亚"*的一系列特征和做法大量涌现。会议产生的提振信心的消息，即大幅增加了国际货币基金组织的资源，是一个利好消息，尤其对于伦敦、纽约、东京和上海等金融市场，以及服务于金融市场和世界各地大大小小投资者的媒体。但是，当谈到国际货币基金组织的配额或避税天堂时，英国或美国并不欢迎公众参与，更不用说中国或沙特阿拉伯了。作为一个政治活动，这次峰会是个封闭的执行权力的小圈子，会议地点位于伦敦会展中心的巨大碉堡里，动员了大批警察来阻隔数万名抗议者。[50] 在伦敦金融城的一起冲突中，一名无家可归的卖报小贩被警察打成重伤，这进一步加剧了人们对警察镇压手段的愤慨和反抗。在会堂内，戈登·布朗证明了自己非常适合担任世界财政部部长的角色。但是，他的首相地位似乎越来越不稳固了。事实上，布朗的顾问们担心首相已经习惯于从万亿美元的角度来思考问题，从而脱离了英国是一个正在滑向深度衰退的中等规模国家的无趣现实。

　　尽管布朗主张在全球范围内采取刺激措施，但在国内他却难展拳脚。在峰会前的一个星期，也就是 2009 年 3 月 24 日，英格兰银行行长默文·金向英国下议院的财政部特别委员会提交了证据，并向德国、法国和中国发表了反对任何大规模财政刺激的意见。他说："鉴于这些赤字的规模，我认为，在进一步使用可自由支配措施扩大赤字的规模时，采取谨慎态度才是明智的做法。"[51] 金断然反驳了首相的观点。同一天，首相在法国斯特拉斯堡向欧洲议会发表讲话，呼吁政府"尽一切努力创造经济增长和我们所需要的就业机会"。

---

* 这个词最早出现在 1967 年，原是一个乐队的歌名。后来被用于形容英国发达的前卫流行文化。布莱尔曾对此加以借鉴，试图为英国打造新的国家形象和品牌等。它也反映出在七八十年代的停滞、混乱结束后，英国国内的乐观气氛。"酷不列颠尼亚"一名源自英国爱国歌曲《统治吧，不列颠尼亚！》。——译注

这是英格兰银行行长一场风险极高的政治干预，他偏离了货币政策的范畴，进入了财政政策的领域，令市场动荡不安。第二天，财政部遭遇了国债标售失败，这是自 1995 年以来的首次。[52] 价值 17.5 亿英镑的三十年期的英国国债只吸引了 16.7 亿英镑的订单。标售倍数只有 0.93，被认为是有史以来最糟糕的。反对派几乎无法掩饰他们的幸灾乐祸。保守党发言人迈克尔·戈夫（Michael Gove）打趣道，默文·金"剪碎了首相的信用卡"。[53] 英国第三大党自由民主党的温斯·凯博（Vince Cable）言语夸张，他说，"这是一场非常英国式的政变"，英格兰银行行长"把坦克开进林荫大道 *"，"软禁了政府"。[54] 由于预算赤字达到 1180 亿英镑，金融市场极为恐慌，首相布朗需要用二十国集团提供的广阔视野来隐藏自己有限的回旋余地。

五

　　由于法国和德国的阻挠，任何财政政策的坚定承诺都被排除在伦敦二十国集团峰会的议程之外，因此，峰会的最终公报用浮夸的语言称，5 万亿美元的财政扩张将挽救数百万个工作机会，并将"加速向绿色经济转型"，这让人有些吃惊。[55] 这个庞大的数字是怎么来的，我们不得而知。在接下来的几周，这个数字被交给国际货币基金组织等外部机构，以便为世界各地提出的紧急支出计划编制数据。结果令人震惊。

　　总的来说，在 2008 年至 2010 年间，应对经济危机的支出达到了 1.87 万亿美元，按购买力平价调整后达到 2.4 万亿美元，这只计

---

* 英国伦敦的一条马路，从西面的白金汉宫到东面的海军拱门和特拉法加广场。该路在星期天、公众假期和举行重大仪式的日子禁止行车。——译注

全球刺激计划：二十国集团的可自由支配支出

	刺激计划占GDP的百分比			按购买力平价计算的刺激计划（10亿美元）			刺激计划规模（10亿美元）		
	2008	2009	2010	2008	2009	2010	2008	2009	2010
阿根廷	0	1.5	0	0.0	10.6	0.0	0.0	5.7	0.0
澳大利亚	0.7	2.1	1.7	6.1	18.6	15.6	7.4	20.9	21.2
巴西	0	0.6	0.8	0.0	15.5	22.4	0.0	10.0	17.7
加拿大	0	1.9	1.7	0.0	24.6	23.0	0.0	26.0	27.4
中国	0.4	3.1	2.7	39.3	335.2	326.3	18.2	158.3	160.6
法国	0	0.7	0.8	0.0	15.9	18.7	0.0	18.9	21.2
德国	0	1.6	2	0.0	49.8	65.5	0.0	54.7	68.4
印度	0.6	0.6	0.6	26.4	28.9	32.2	7.3	8.2	10.3
印度尼西亚	0	1.3	0.6	0.0	24.2	12.0	0.0	7.5	4.5
意大利	0	0.2	0.1	0.0	4.0	2.1	0.0	4.4	2.1
日本	0.3	2.4	1.8	12.8	97.8	77.7	14.5	120.8	98.9
韩国	1.1	3.9	1.2	14.8	53.3	17.7	11.0	35.2	13.1
墨西哥	0	1.5	0	0.0	25.2	0.0	0.0	13.4	0.0
俄罗斯	0	4.1	1.3	0.0	117.5	39.4	0.0	50.1	19.8
沙特阿拉伯	2.4	3.3	3.5	26.9	37.9	42.6	12.5	14.2	18.4
南非	1.7	1.8	-0.6	9.9	10.4	-3.6	4.9	5.3	-2.3
土耳其	0	0.8	0.3	0.0	8.6	3.6	0.0	4.9	2.2
英国	0.2	1.4	-0.1	4.5	30.3	-2.2	5.6	32.5	-2.4
美国	1.1	2	1.8	161.9	288.4	269.4	161.9	288.4	269.4
地区份额				302.6	1,196.7	962.4	243.4	879.5	750.7
中国				13.0	28.0	33.9	7.5	18.0	21.4
亚洲其他国家				17.9	17.1	14.5	13.5	19.5	16.9
欧洲				1.5	8.4	8.7	2.3	12.6	11.9
美国				53.5	24.1	28.0	66.5	32.8	35.9
其他				14.1	22.5	14.9	10.2	17.1	13.9
				100	100	100	100	100	100

资料来源：作者根据国际货币基金组织 2009 年 4 月 26 日发布的 Update on Fiscal Stimulus and Financial Sector Measures 和麦迪逊计划发布的购买力平价 GDP 数据计算，http://www.ggdc.net/maddison/maddison-project/home.htm。

算了可自由支配的支出和紧急减税措施。虽然不到 5 万亿美元，但在历史上却是前所未有的。更惊人的是这些支出的分布情况。不论以何种方式衡量，在 2009 年和 2010 年，亚洲和新兴市场对危机做出的反应都最为引人注目。俄罗斯、印度尼西亚、韩国、土耳其、巴西和阿根廷现在都能推出真正大规模的财政应对措施。[56] 根据国际货币基金组织的数字，按购买力平价计算，2009 年，俄罗斯应对危机的可自由支配支出与德国的相差不大，甚至超过了德国。[57] 而且这些数字严重低估了中国的努力。这些数字没有涵盖庞大的借款热潮。相比之下，尽管欧盟的经济规模庞大，但欧洲应对危机所采取的财政措施微不足道，最大的措施都不足 10%。这预示着即将发生的事情。在西方国家发起的财政刺激措施中，能够严重影响平衡的，只有美国的措施。

第12章

经济刺激政策

美国正走向"地狱之路"。[1] 这是捷克共和国总理米雷克·托波拉内克（Mirek Topolánek）在 2009 年 3 月 25 日对欧洲议会发表的讲话，他即将离任，手中没有实权。令人尴尬的是，他不仅仅是中欧的保守派人士。在伦敦二十国集团峰会召开前的几天，他以欧洲理事会轮值主席的身份发表了这番讲话。他继续强调，奥巴马政府的经济政策将摧毁人们的信心，飙升的赤字和巨额的债券销售将"破坏全球金融市场的流动性"。[2] 这些都是挑起争端的言辞。大家知道大西洋两岸的保守派人士都对奥巴马政府持怀疑态度，但这是"走向地狱之路"吗？有人怀疑是不是翻译把他的原话理解错了。《纽约时报》诉诸历史。也许托波拉内克对国家干预特别敏感。然而，对于国家干预，法国总统萨科齐不以为然。他非常气愤，一个暴发户般的东欧小角色怎么能以这样的方式来谈论美国，而且还代表欧洲？在伦敦，萨科齐斥责捷克总理言辞不当。处于不利地位的托波拉内克提供了一个不那么老套、更让人消气的解释。他这句话是在听了一晚上重金属歌手肉块*的经典作品《地狱蝙蝠》(Bat Out of Hell)后，突然蹦出的，并非来自过去的恐怖统治的启发。[3]

不管他们用什么样的习语来表达，在2009年初，令大西洋两岸的保守派人士都感到愤怒的是奥巴马政府的第一个重大立法提案，也就是后来被称为"奥巴马经济刺激计划"的《美国复苏与再投资法案》。在民主党的紧急推动下，该法案于2009年1月28日在众议院获得通过。在新总统的坚持下，参议院在周末的特别会议上就该法案进行了辩论，并在2月10日投票通过。一个星期后，也就是2月17日，奥巴马签署了支出计划，使其成为法律。这是危机爆发后西方国家实施的最大规模的财政刺激措施，也是美国历史上规模最大的措施。出于同样的原因，这项法案立刻使大西洋两岸的经济政策舞台一分为二。

一

奥巴马的团队从未怀疑过采取行动的必要性。在2008年冬至2009年冬，美国的经济形势迅速恶化。大量工作流失，底特律陷入了困境，危机感无处不在，对复兴的需求相当急迫。政治风险是显而易见的。正是2008年9月到10月的金融危机破坏了麦凯恩的竞选，让奥巴马赢得了空前的选举胜利。在奥巴马就职时，周身环绕着希望和期待，这种气氛令人振奋。许多人期待新总统会带来近乎革命性的转变。奥巴马不仅把非洲裔美国人提升到了一个新的地位，而且唤起了人们对马丁·路德·金(Martin Luther King)的回忆。奥巴马在金融危机的背景下就职，他无法避免人们拿罗斯福的成绩

---

* 肉块(Meat Loaf)本名麦可·李·艾德(Michael Lee Aday)，是美国知名的摇滚男歌手及演员。——译注

和他就职"百日"的成绩进行比较。如果说让人们想起马丁·路德·金和罗斯福的时代还不够,那么新当选的总统还唤起了另一个民主党乐观主义时代的记忆。他希望给新一代的人带来像肯尼迪登月计划那样令人瞩目的成果。

无论奥巴马政府做了什么,规模都一定要非常庞大,原因很简单:21 世纪美国经济的规模已经相当大了。2008 年,美国的 GDP 大约是 14.7 万亿美元。因此,为了产生有意义的影响,刺激措施必须是庞大的。问题在于,国会很难接受这个基本事实。正如不良资产救助计划的争议所表明的那样,提议联邦政府应当花费 1 万亿美元创造就业很可能会引发愤怒或恐慌,或者两种情况都有可能发生。因此,过渡团队设计的方法很谨慎。他们将向民主党的领导层提议 7750 亿美元,并希望借由国会中臭名昭著的相互投赞成票的做法,最终将总额提高到近 1 万亿美元。[4] 如果共和党的支持能够带来进一步的减税或者增加开支,那么越多越好。

尽管人们希望奥巴马进行激进改革,但他还是倾向于当个两党的中间派。他没有意识到保守派人士对他的强烈敌意。两党合作是不可能的。尽管至少有一小部分共和党人和大部分民主党人投出了赞成票,通过了对房利美和房地美的援助和不良资产救助计划,但到 2009 年 1 月,众议院里没有一个共和党人投票支持《美国复苏与再投资法案》,即使该法案打着减税的幌子。[5] 在参议院,只有三个共和党人投了赞成票。这是在警告奥巴马,他的政府面对的是怎样深厚的政党敌意。从奥巴马就任总统开始,大部分共和党人实际上否定了他领导的合法性。在基层,这体现在"出生地问题"上,人们怀疑他并不是在美国出生的公民。在国会,这体现在绝对的反对立场上。美国的右翼智囊团动员起来,谴责纾困计划,诋毁刺激政策和即将实施的金融监管。到了春天,一波自称"茶党运动"的反政府抗议浪潮在撼动共和党的根基,并占据了电视新闻节目。在他们的背后，以科赫兄弟为首的亿万富翁——也就是"黑钱"*的赞助人——正在搅局。

2009年，共和党在众议院和参议院都只占据了少数席位。但是，他们无休止的游击战和在自家媒体上的鼓动产生了真实而直接的影响。[6] 最重要的是，他们改变了民主党内部融汇多种声音的联盟的平衡。政府需要民主党人集体投票支持刺激计划，这个事实使所谓的自由市场温和派——蓝狗联盟和新民主党人联盟†——获得了筹码，这些反对支出的民主党人急于保住他们来之不易的亲商信誉。[7] 因此，国会中的"温和派"倾向于削减刺激资金，而不是在7750亿美元的基础上继续增加。结果就是，刺激措施既不像奥巴马团队期望的那么庞大，也低于美国经济的需求。在新闻头条中公布的《美国复苏与再投资法案》的数字是8200亿美元。事实上，它更像是一笔7250亿美元的资金，比奥巴马团队最初提到的少了500亿美元。

政治不仅决定了刺激计划的规模，还决定了其形态。总统想要的是昂贵的创新项目。但是，奥巴马的幕僚长拉姆·伊曼纽尔（Rahm Emanuel）和他的政治团队一直怀疑总统对环境议程和绿色增长的痴迷是否会有效。国会山想要的是减税和支出计划，以便取悦关键的选区。最终，刺激计划中的2120亿美元用于减税，2960亿美元用于改善法定项目，例如医疗补助计划（针对低收入群体的医疗保险）和失业救济。剩下的2790亿美元用于可自由支配的开支，其中总统优先考虑的绿色能源和改进宽带分别获得了270亿美元和

---

* 黑钱（black money）也可以说就是政治献金。在特朗普上台前，科赫兄弟一直是共和党的长期捐赠人，他们对美国的政治有相当大的影响力。——编注

† 民主党在国会内的两个派系。蓝狗联盟是支持自由贸易、反对增加开支的保守派党团。新民主党人联盟则属于民主党中间派，在财政政策方面也持保守态度，支持亲商的减税措施。——编注

70 亿美元。[8] 总之，刺激计划修补或者替换了近 67600 公里的公路
和 2700 座桥梁。但是，与新政时期不同的是，没有引人注目的标志，
没有像公共事业振兴署 * 留下的那些富有魅力的纪念碑。[9]

尽管如此，刺激计划的规模仍然很可观。按绝对值计算，它与
新政时期的支出相当。尽管相对于美国庞大的经济规模来说，刺
激计划的规模比较小，但奥巴马的刺激计划却集中在较短的时间
内。[10] 2009 年，刺激计划使美国和亚洲国家一样成为活跃分子，
超过了欧洲采取的任何一项可自由决定的财政措施。它确实发挥了
作用。尽管"没有经验的"自由市场经济学家提出抗议，人们还就
反对"天真的"凯恩斯主义秉承的"政府注资"提出了复杂的经济
论点，但是，每一项著名的计量经济学研究都发现，奥巴马的刺激
计划对美国经济产生了显著的积极影响。[11] 据奥巴马的白宫经济顾
问委员会估计，未来四年，每年将创造 160 万个工作机会，总计达
到 600 万个工作年 †。[12] 乘数为正数而且大于 1，这意味着，政府支
出在经济中的作用不仅仅是正面的，而且私人经济活动得到的刺激
要多于政府最初贡献的。因此，政府支出的影响是减少政府在总体
经济活动中的比重。

但是，如果事实如此，如果刺激计划确实有效，为什么奥巴马
政府不要求进一步增加政府支出呢？[13] 提出超过 1 万亿美元的要
求具有政治风险。可是，要求的资金过低也会带来其他风险。到了
2010 年，美国的失业率仍然高于 10%。抵押品赎回权的丧失和强
制拍卖正在摧毁整个社区。数百万年轻人离开校园，却无法找到工

---

* 公共事业振兴署，大萧条时期罗斯福总统建立的一个政府机构，以帮助解决大规模的失
　业问题，是美国历史上兴办救济和公共工程的政府机构中规模最大的一个。——译注

† 工作年（job-years）是奥巴马政府经济团队计算就业的一种标准或方法。白宫经济顾问
　委员会的报告解释说，四年里每年提供 160 万个工作岗位，累计约等于 600 万个工作年，
　而 1 个工作年指一年一份全职工作。举例来说，100 个持续两年的工作岗位就是 200 个
　工作年。——编注

作。正值壮年的男人和女人被排除在劳动力市场之外。很多人无法回到职场。在 2010 年和 2012 年的选举中，面对经济疲软，加之共和党激进主义的复苏，民主党背水一战。他们帮助奥巴马保住了总统职位，但失去了对国会的控制。奥巴马政府从未建立起罗斯福新政塑造的"为生命而支持民主党"*的选区。鉴于 2009 年民主党在参众两院都占据多数席位，为什么奥巴马的团队没有把目标设得更高一些，为什么不要求更高的金额呢？如果用尽全力是重建金融稳定性的最佳途径，那么在财政政策方面，为什么又如此"小气"呢？

部分原因在于，过渡团队没有完全了解正在袭击美国经济的金融海啸的规模。从 2009 年 1 月初在过渡团队内部传阅的准备文件中，我们发现，奥巴马团队设想的最坏情况是，在没有刺激措施的情况下，失业率达到 9%。[14] 事实上，即使有了美国历史上规模最大的政府支出计划，失业率仍高达 10.5%。不过，尽管对失业率有所低估，但很明显，奥巴马团队中的顶级宏观经济学家确实意识到刺激措施的规模应当更大。2008 年 12 月 16 日，克里斯蒂娜·罗默向当选总统提交了一份报告，声称如果要在 2011 年第一季度消灭"产出缺口"，那么需要涉及 1.7 万亿至 1.8 万亿美元的可自由支配支出的刺激计划。她建立的模型很常规，提出的数字也很合理。她的提案比奥巴马团队最终在国会推动通过的数字高出了 1 万亿美元。决定这个问题的是政治，或者更确切地说，是经济团队以政治的名义进行的自我审查。揣度幕僚长拉姆·伊曼纽尔及其政治助手的态度，国家经济委员会的主任拉里·萨默斯确信，如果他们提出的建议接近罗默认为必要的数字，那么他和罗默就会完全失去可信

---

* 为生命而支持民主党（Democrats-for-life），民主党内最大的反堕胎团体。该团体服膺罗斯福在新政期间发表的"四大自由"，强调保护人的生命是人权和自由以及善治的基础。——译注

度。于是，萨默斯打趣地说，罗默的计算结果是"不符合实际的"。他不想让自己显得幼稚和"没有经验"，从而危及经济团队的影响力。结果就是，这从一开始就偏离了争论的议题。最后，没有人提出超过 9000 亿美元的数字，而 9000 亿只是罗默提出的金额的一半。类似的通货紧缩计算，让政府不可能对房主的债务采取任何大规模和直接的行动。

白宫一开始没有推动对房主实行全面的救助计划，而是推出了不良资产救助计划和财政刺激措施，原因可能在于奥巴马政府初期遇到的政治问题。[15]虽然银行和放款机构获得援助，但 930 万美国家庭因为丧失抵押品赎回权而失去了住房，他们把房子交给放款机构，或者被迫进行拍卖。[16]政府制定了措施，重新安排抵押贷款的还款，但收效甚微。后来在回应批评时，拉里·萨默斯坚称，是否救助房主是政府内部经常争论的问题。[17]他每个月都定期与财政部和其他重要机构开会，要求他们提出更好的方案。但是，没有出现有效、高效和在政治上可行的机制，存在着一些最基本的阻碍。如果想要帮助数百万生活在困境中的借款人，那么救助计划的规模必须很庞大。在金融不稳定的时候，大幅减免债务意味着将对银行系统造成损失。而且，这将在国会引起巨大的骚动，政府面对温和的民主党人需要谨慎地使用其政治资源，而对于共和党人则无须如此，因为他们本就没什么指望。这是萨默斯、伊曼纽尔和财政部部长盖特纳不愿付出的代价。

2009 年春天，情况变得很明显了，在奥巴马政府里，最鲜活的历史记忆不是罗斯福或肯尼迪，而是 20 世纪 90 年代比尔·克林顿领导的上一届民主党政府。在奥巴马阵营中，盛行的是汉密尔顿项目的愿景。面对危机，民主党人证明自己虽然没有那么大胆或者富有想象力，但却是稳健的经济管理者。他们的任务就是纠正另一个共和党执政不善的时代。2009 年，尽管没有人对立刻采取刺激措施的必要性提出反对意见，但是，奥巴马团队仍坚定地致力于他们的导师罗伯特·鲁宾留下的遗产。[18]萨默斯、盖特纳和白宫预算管理办公室主任彼得·奥尔扎克都是90年代财政部的老将。奥尔扎克和鲁宾在2004年提出，政府赤字不仅会挤压私人投资，还会在信心和预期方面造成负面循环，并可能在金融市场引发突然的恐慌。[19]面对2008年金融危机造成的庞大赤字，尽全力保持银行稳定与谨慎对待财政政策并不矛盾。对金融市场信心的担忧是二者的共同点。

二

尽管奥巴马的刺激计划规模引人注目，效果显著，并引发了政治争议，但它是围绕政治妥协建立起来的。此外，虽然国会行动迅速，但刺激政策的到来终究还是太晚了。支出计划哪怕不需要好几年，但也要好几个月才能落实。奥巴马刺激计划中的可自由支配支出直到2009年6月才真正开始，那个时候，劳动力市场已经几乎跌到谷底。[20]另一种不太普遍的推论是，在奥巴马政府的第一年，它在财政方面慷慨大方，这是因为它在很大程度上承袭了2008年做出的和尚未做出的决定，当时未来的总统还在参议院。

2009年1月，由于布什政府和国会中民主党人之间的僵持，联邦政府在没有正常预算的情况下运作，并朝着前所未有的超过1.3万亿美元的赤字迈进。这是政治混乱，也是令人畏惧的财政漏洞，但就经济而言，这恰恰是必要的。[21]国会拒绝批准布什政府上一年提交的预算，部分是因为国会认为这些预算来自极其不切实际的经济预测。即使房地产危机开始显现，白宫预计的2009年的赤字也只有4070亿美元。政府要求3.1万亿美元的支出，按现行税率计算，收入将达到2.7万亿美元。国会对这两个数字都表示怀疑，但事实证明这些数字是正确的。由于经济衰退，2008 年 9 月到 2009 年 9 月，收入减少到 2.1 万亿美元，同时，支出飙升到 3.5 万亿美元，其中包括用于不良资产救助计划的 1510 亿美元，以及向经济刺激措施的第一阶段拨款的 2250 亿美元。围绕不良资产救助计划和奥巴马刺激计划展开的争论，为各方提供了完美的政治舞台。这些计划对经济产生的影响是巨大的。但是，在 2009 年的财政刺激计划中，最大部分的开支是由上一年的预算僵局和经济衰退导致的税收锐减造成的。

自动稳定器（automatic stabilizers）*是现代财政政策中的无名英雄。在美国，可自由支配支出在联邦政府开支中的占比不超过三分之一。其余部分则为现有的"应享权利"和社会福利（例如失业、残疾福利和退休金）等法定支出。在经济衰退期间，这些支出往往会增加。同样，按照现有税率和缴付标准流入财政部金库的税收，不是由政治决策推动的，而是由经济活动创造的财富波动决定的。现代国家的预算以非自由支配的资金流为主，因此对经济有着强大的稳定作用。随着经济活动的减少，以及经济体呼吁刺激措施，税收将减少，应享权利支出将增加，政府赤字将自动扩大。

从这些条件来看，2007 年至 2009 年的危机对富裕国家的预算造成了非常瞩目的影响。不管美国国会、德国联邦议院或英国议会下院对刺激支出采取怎样的政治立场，自动稳定器都提供了一个巨大而及时的刺激。根据国际货币基金组织的计算，如果美国经济在 2009 年达到充分就业的水平，那么，布什政府和奥巴马政府采取的危机应对政策将足以产生相当于 GDP 的 6.2% 的赤字——这

---

* 自动稳定器指这样一种宏观经济的内在调节机制：它能在宏观经济不稳定的情况下自动发挥作用，使宏观经济趋向稳定，无须借助外力就可直接产生调控效果。在社会经济生活中，个人和公司所得税支付、农产品价格维持机制，以及企业和家庭的储蓄等就能发挥稳定器的作用。——译注

是可自由支配支出产生的赤字。实际的政府总赤字将达到 GDP 的 12.5%。[22] 对总体需求提供的支持有一半以上是自动或半自动产生的。这是所有发达经济体的典型情况。根据国际货币基金组织的计算，在危机期间，发达国家的公共债务大幅增加，其中只有不足一半是由于税基收缩造成的税收减少所致。随着利润、工资和支出全部下降，这自动产生了赤字，因此抵消了刺激措施的效果。这为人们理解二十国集团的财政政策争论提供了一个相当不同的视角。尽管德国、法国和意大利避开了奥巴马政府推出的那种刺激方案，更不用说北京极力倡导的刺激方案了，但是，它们的赤字也在扩大。随着私人部门去杠杆化和削减支出，它们也在不可自由支配支出方面产生了庞大的赤字。事实上，为了阻止这些自动稳定器产生效果，需要采取一种英勇而又真正有悖常理的紧缩措施。在 2007 年到 2011 年间，全球经济的需求因为二战以来最大幅激增的公共债务而稳定下来。

对于宏观经济学家来说，这是一个用来赞美现代税收和福利国家的稳定特性的理由。对于财政鹰派来说，这却是一个令人深感担忧的问题。从长远来看，这些债务需要更高的税收来支付和偿还。这将带来重大的政治挑战。资本市场会做何反应？根据传统的财政保守主义编写的剧本，人们预期这可能会即刻产生严重的后果。债务冲击会不会引发奥尔扎克、鲁宾等人一直警告的市场信心丧失？怎样才能诱使储户持有数万亿美元的政府债券？利率会上升吗？这会排挤私人投资吗？债券持有人会惊慌失措吗？ 20 世纪 90 年代的债券市场义勇军会立刻采取行动，抛售政府债券，从而导致国债价格下跌、收益率上升吗？ 2009 年春天，随着赤字规模变得明显，商业媒体报道称，市场正在激烈抗议。《华尔街日报》表示，鉴于"华盛顿在刺激经济复苏的财政和货币政策上下了令人震惊的赌注"，它希望债券市场做出严肃的反应。[23]

　　由于人们怨声载道，以及对于对克林顿时期的记忆是如此痛苦，2009 年 5 月，奥巴马要求白宫预算管理办公室主任奥尔扎克准备一份应急计划。[24]奥尔扎克的反应很激烈。在债券市场出现恐慌的情况下，政府应当大幅提高税收。这份报告本来只需给总统过目，但拉姆·伊曼纽尔把报告泄露给了萨默斯，引起后者勃然大怒。萨默斯威胁要辞职，并要求今后必须完全掌控向总统提交的所有经济政策建议。虽然萨默斯呈现出一副头发乱蓬蓬的学究样，但他对权力有着敏锐的洞察力，能够感觉到政府内部正在制定一个整固财政的新议程，这对他的个人地位构成了威胁。然而，这也违背了他作为"新凯恩斯主义"经济学家的直觉。萨默斯也许审查了罗默的刺激提案，但他不相信"信心童话"*的力量。[25] 2009 年初夏，美国即将出现20 世纪 30 年代初以来最严重的衰退，在这个时候讨论削减预算未免过于仓促。如果信心是问题所在，那么恢复信心的最佳方式就是策划一场稳固的复苏。

　　在这种情况下，萨默斯和其他怀疑者被证明是正确的。没有人抛售国债。债券市场义勇军寝食难安。美国的家庭正在重建储蓄。共同基金正在从有风险的抵押贷款债券中转移。每个人都想要美国国债。这些系统性宏观经济和金融机制常常不会以财政鹰派的意志为转移，鹰派们认为公共预算就像私人家庭的预算。当私人部门正在经历去杠杆化的冲击时，当储蓄率就像 2009 年那样飙升时，为了保持国民经济的整体财政平衡，政府不需要减少赤字。如果每个人都立刻储蓄，必然会引发衰退。正如"功能性财政"†的倡导者自 20 世纪 40 年代以来辩称的那样，国家必须充当最后借款人的

---

* 指认为削减政府开支将重振信心和让经济复苏的观点。——译注
† 功能性财政是源自凯恩斯主义的一种经济理论和财政政策。该政策理论认为，政府为实现充分就业、消除通货膨胀和保持经济增长等目标，可灵活制定预算，选择赤字或盈余。——译注

角色。[26] 这样做可以维持总体需求，并向金融市场提供安全的长期债券。在 2008 年的冲击后，全世界比以往任何时候都更热衷于持有安全的资产。大量 AAA 评级的私人证券已经表明它们根本就不安全，由此催生了对美国国债的巨大需求。不仅仅是美国人想要美国政府的债券，在 2007 年夏天到 2009 年底，公众持有的美国国债增加了 2.9 万亿美元，一半以上为外国买家持有。中国持有的美国国债增加了 4180 亿美元。

在销售债券的机构中，有一些是压力最大的银行。它们需要缩减资产负债表。但是，央行缓冲了这种调整。2009 年 3 月 18 日，在后来所称的"第一轮量化宽松"的第一阶段，美联储宣布购买7500 亿美元政府资助机构发行的抵押贷款担保证券和债券，以及3000 亿美元的国债。英格兰银行在 3 月 9 日发布了类似的公告，承诺先后购买 1500 亿英镑和 2000 亿英镑的英国政府债券，即金边债券。因此，最高评级的政府债券的收益率在 2009 年实际上是下降了，而这些债券并没有淹没市场。

在欧元区，情况更为复杂。自动稳定器也在那里发挥着作用，而且赤字激增。债券发行猛增。但是，与英国和美国不同，欧洲央行被禁止购买新发行的政府债券。然而，在雷曼破产后，特里谢没有心情冒险。尽管欧洲央行没有购买新发行的政府债券，但它确实回购了欧元主权债券。[27] 随着欧元区的赤字膨胀，欧洲央行操作了后来被非正式地称为"全盘交易"的活动。[28] 2009 年 5 月，它以所谓的长期再融资操作的形式，向欧洲银行提供了数千亿欧元廉价的流动资金。[29] 然后，银行使用这些资金购买主权债券。平均而言，欧洲银行就长期再融资操作向欧洲央行支付的利率，仅为它们所持债券获得的收益的三分之一。总而言之，2009 年，在欧元区，银行增持了 4000 亿欧元的主权债券。[30] 获利很容易，而且也很安全，欧洲压力最大的银行（包括德国破产的裕宝地产银行和法国一比利时的德克夏银行）最热衷于利用这个机会。为了使回报最大化，它们把欧洲央行的资金投入葡萄牙和希腊等外围国家发行的风险较高、收益率略高的债券。与英国、美国一样，这有助于稳定政府债券市场，但两者之间又有着至关重要的区别。在美国和英国，央行正在把流动资金注入银行体系。相比之下，在欧元区，吸收主权债务的是银行的资产负债表。

三

在 2008 年冬至 2009 年冬，财政刺激措施显然是必要的。自动稳定器是一个受欢迎的补充措施。两者结合，帮助发达经济体从 20 世纪 30 年代以来的最严重危机中恢复。得益于总体宏观经济状况和央行的干预，欧洲和美国的债券市场都没有出现挤兑。尽管如此，从 2009 年春天开始，大西洋两岸都感受到了对过度赤字和整固需求的担忧，其中最强烈的莫过于德国。

在伦敦召开的二十国集团峰会上，默克尔和萨科齐公开表示，有必要进行财政整固。在很大程度上，这是一场政治表演。考虑到德国出口行业受到的冲击，默克尔政府无法忽视对刺激方案的呼吁。失业率飙升，而且在即将到来的秋季，基民盟和社民党将为选举再战。2009 年初，默克尔的大联合政府促成了一项协议。财政部部长施泰因布吕克不情愿地同意了适度的额外支出和减税等紧急措施。[31] 自动稳定器将负责其他的部分。但是，自 2005 年以来，默克尔的大联合政府一直关注的财政整固问题再也无法回避。基民盟和社民党同意，即使他们实施了刺激措施，国家和地方政府的预算平衡也会被写入宪法修正案。

这不是债券市场的恐慌或者紧迫的财政需求强加给德国的一项决议。就像美国国债是美元世界的安全资产一样，德国国债是欧元区首选的安全资产。[32] 尽管 2009 年的财政赤字不断扩大，但德国在出售债券时没有遇到任何困难。德国之所以果断且不可逆转地转向紧缩，不是市场决定的，而是由在危机爆发前各党派就财政整固达成的共识决定的。这个决定由对竞争和缩减的长期设想、纳税人和商业倡导者的游说，以及德国西部富裕州的区域利益推动。[33] 这个选择不仅改变了德国的政治，也改变了整个欧元区的政治。

2009 年 2 月 5 日（星期四），在柏林北郊泰格尔机场附近的一个斯巴达式的德国国防军兵营里，总理默克尔亲自促成了这项协议。[34] 在极端保守的巴伐利亚州（该州是基社盟的领地）的施压下，各州共同承诺要通过一项宪法修正案，到 2020 年还清所有借款。在 2019 年之前，掉队的州——不莱梅、萨尔、柏林、萨克森－安哈尔特和石勒苏益格－荷尔斯泰因——每年将获得 8 亿欧元的补贴。作为交换，它们的财政政策需要接受所谓的稳定委员会的外部审查。拒绝回应委员会建议的州将失去联邦政府的支持。德国联邦政府同意通过宪法修正案来约束自己，在正常情况下，其举债不得超过 GDP 的 0.35%。[35] 在发生周期性冲击的情况下，可以有例外，但上限很严苛。举债只能用于投资和经常性支出。

没有人注意到，这项严苛的新规则将给全球最大的债券市场之一带来怎样的后果。政府债券仅被视为一种负债，而不是储户的安全资产。财政紧缩的论调占据了主导地位。巴伐利亚州州长泽霍夫（Seehofer）兴高采烈。默克尔宣布改弦易辙（Weichenstellung）。债务刹车证明德国的联邦制发挥了作用。[36] 2009 年 3 月 27 日，在德国联邦议院，施泰因布吕克对宪法修正案做了特别坚决的申辩：这不是宏观经济学的问题，而是民主自治的问题，是 "财政回旋余地" 的问题。自 20 世纪 70 年代以来，尽管政府名义上设定了债务限额，但在每年的赤字导致的预算中，有 85% 的联邦支出被用于偿还债务和不可自由支配的开支。财政政治是 "僵化的、没有生命的"

（versteinert und verkarstet）[37]。对债务设定上限将使选民和议会重获选择财政优先考量事项的自由。政府就反对债务达成了共识，但并非完全没有反对声音。经济五贤人委员会是一个官方的德国经济专家顾问委员会，特立独行的凯恩斯主义者彼得·博芬格（Peter Bofinger）是该委员会的成员。他对此进行了严厉批评。如果德国联邦政府没有发行新的联邦债券，那么每年存下 1200 亿欧元的德国储户该往哪里投资呢？由于德国的企业部门也在产生财务盈余，它们无法平衡地将资金投入德国企业。如果德国的储蓄无法在国内进行投资，那么它们将在必要时流向海外。[38] 这是与德国长期经常账户盈余相对应的一种金融现象，它既表明出口取得了成功，也表明国内消费和投资受到了抑制。2009 年 5 月 29 日，德国联邦议院进行了投票，有 68.6% 的议员（占多数）投了赞成票——这比需要获得的三分之二的赞成票略高了一点点。尽管如此，修正案还是获得了通过。如果要撤销，也需要三分之二的多数票同意。

从根本上来讲，这是一个国内问题。但是，在德国联邦议院通过"债务刹车"之前，柏林就已经将其吹捧为德国对外经济政策的一个主要元素。强势的德国马克和独立的德国央行曾使西德成为保守经济政策的典范。严苛的"哈茨四号"方案为欧洲的"劳动力市场改革"设定了标准。现在，"债务刹车"（Schuldenbremse）将成为德国针对出口的保守经济治理的最新工具。[39] 对于默克尔这样的政治家来说，与通胀问题一样，公共债务问题也会对所有发达社会造成影响。这些债务可以追溯到 20 世纪 60 年代，是几十年日积月累的结果。现在，是时候表明立场了。当默克尔前往伦敦参加二十国集团峰会时，她称赞德国的"债务刹车"是一项伟大的成就。她对德国商会的一位观众说道："我们将努力把这个成就推广到全世界。"[40]

四

　　在伦敦的二十国集团峰会上，默克尔、布朗和奥巴马之间的冲突呈现出熟悉的跨大西洋的刻板印象。德国人很节俭，对盎格鲁—撒克逊式的自由市场金融持怀疑态度。美国人和英国人都在随心所欲地倡导，为了让资本主义的引擎继续运转，可以不惜一切代价。然而，这对双方来说都是一种误读。德国自身也有很多财政问题和破产的银行需要应对。同时，奥巴马的班底成员并不是其他人描绘的血气方刚和大手大脚的人。如果美国财政部部长盖特纳要求二十国集团的其他国家采取更多行动，这在很大程度上是因为他希望美国能少做一点。国会中的民主党人想要做出第二次重大努力，推动另一轮经济刺激，但他们没有得到白宫的帮助。[41] 在政府内部，克里斯蒂娜·罗默要求在财政方面开展更多工作，这让她越来越形单影只。她偶尔能得到拉里·萨默斯的支持。但是，当她直言不讳地支持第二轮经济刺激计划时，就像她在 2009 年冬至 2010 年冬所做的那样，奥巴马毫不留情地以沉默来回应她的呼声。[42]

　　2009 年夏末，华盛顿和欧洲开始盛行危机爆发前的财政政治学。财政"可持续性"再一次成为最重要的目标。财政部部长盖特纳的目标是，到 2012 年赤字应为 GDP 的 3%，相比之下，2009 年的赤字为 GDP 的 10%，这是一个巨大的紧缩。白宫预算管理办公室主任奥尔扎克也参加了与最节省成本的想法有关的内部竞赛，而他的想法更加激进。[43] 奥巴马政府的所有中期优先事项都倾向于精简政府和削减开支。政治上的首要任务是医疗改革。尽管共和党人指责这是欧洲式的社会主义，但是，考虑到美国政府补贴的营利性医疗企业臃肿低效，医疗支出占 GDP 的 17%，是金融服务业的两倍，因此，《平价医疗法案》的优先考虑事项还是削减成本。同样，奥巴马外交政策的要点也是削减开支。2009 年，白宫被说服向阿富汗增兵，但白宫同时承诺将逐渐减少在伊拉克的驻军。美国士兵不喜欢这样，然而，大幅增加开支的时代已经结束了。虽然奥巴马的刺激措施在他任期的第二年达到顶峰，但在 2010 年被联邦其他领域支出的削减，以及州和地方支出的剧烈收缩给抵消了。尽管没有人承认，但在 2009 年到 2010 年，德国的赤字增长速度实际上要比美国快。[44] 尽管人们的争论显然更加透明，但在危机之后，财政政策以其特有的方式与货币政策的制定一样晦涩难明。

第13章

修复金融业

"信心"是经济学中最变化多端的概念之一。在2007年至2008年，对抵押贷款证券化、货币市场和银行的信心的崩溃，导致了房地产市场的崩塌，迫使政府采取纾困措施。到了2009年，信心仍然是问题所在。但现在，占据新闻头条的是政府赤字和所谓的"债券市场义勇军"的威胁。鉴于当时债券市场的实际情况，限制财政政策引发了焦虑，这表明危机前的中间派正统观念获得了胜利，他们无视危机后的事实。尽管债券市场义勇军没有出现，但数百万失业者将因没有采取财政刺激措施而付出代价，而且其影响已经超出了劳动力市场。限制性的财政政策的目的原本在于保持信心，为私人部门的复苏创造空间。但是，信心从哪里来呢？房地产市场仍在崩溃。家庭需要偿还债务，以恢复过度紧张的财务状况。提振只能来自商业投资。为此，必须保持金融稳定和宽松的信贷。这样一来，我们又回到了实际上是2008年信心崩溃根源的体系中：银行及其危险的资产负债表。为了维持信心，不能进行全面的财政应对措施。在不得已而求其次的情况下，重振银行业似乎是最有希望的复苏之路。

尽管 2008 年 9 月的严重普遍恐慌已经过去，但银行业仍然非常脆弱。随着损失的整体规模开始显现——到了 2009 年 5 月，国际货币基金组织估算全球的资产减记达到 1.5 万亿美元——银行债务的违约保费在欧元区飙升到 300 个基点，在美国飙升到 400 个基点。[1] 按照这样的保费为银行筹集新资金的成本高得令人望而却步。2009 年春天，美国最大的两家商业银行（美国银行和花旗集团）仍然处于危险之中。[2] 美国银行正在消化美林那恐怖的资产负债表。花旗的情况更糟。尽管财政部对花旗进行了又一轮注资，并对其 3000 亿美元的有毒资产提供了担保，但截至 2009 年 5 月，花旗的股价只有 97 美分。[3] 纽约联邦储备银行正在准备一项全面救助计划，包括担保其所有债务和 5000 亿美元的外国存款。与此同时，银行家们非但没有意识到 2008 年的纾困所造成的政治创伤，反而陶醉于自我满足之中，继续让自己从产生的收益中抢占最大的份额。

在英国，最令人震惊的例子是苏格兰皇家银行，这家目前主要由国家持有的银行在 2009 年 2 月宣布，它打算拿出 10 亿英镑来派发红利。[4] 在美国，这个数字要大得多。在 2008 年发放红利的季节，华尔街在遭受数百亿美元的损失后，向高层发放了 184 亿美元的红利。这是国会批准的总统优先实现美国宽带基础设施现代化所需费用的 2.5 倍。如果银行留下这笔钱，那么它将对银行的资本重组做出重大贡献。[5] 然而，投资银行不是传统的上市公司。它们是合伙制企业，主要是为了让管理精英受益，无论发生什么，这些精英都希望得到报酬。在 2008 年发放红利的季节，仅美林一家就要支付 40 亿到 50 亿美元。正常情况下，美林是在 2008 年 12 月发放奖金，现在美林需要确保提前支付，而当时美林刚刚宣布第四季度亏损 215 亿美元，并且没过几天美林就不情愿地被美国银行收购。[6] 但是，在所有的红利丑闻中，真正引起民众注意的是美国国际集团。该公司在 2008 年第四季度亏损 617 亿美元，创下美国企业历史上最严重的亏损纪录。即便如此，2009 年 3 月 16 日，该公司仍宣布其金融产品部门（这个部门一直是有毒资产扩散的核心部门）将获得 1.65 亿美元的奖金，这个数字原本还可能被提高到 4.5 亿美元。就连奥巴马都表达了自己的"愤怒"，并要求拿钱赔偿美国的纳税人。[7] 该怎么做呢？

一

一种选择是进行国有化。这就是英国被迫对劳埃德-哈利法克斯苏格兰银行和苏格兰皇家银行所做的事情。德国商业银行和裕宝地产银行都掌握在政府的手中。经济学家提出瑞典这个正面例子，瑞典曾在 20 世纪 90 年代面临严重的银行业危机，后来采取了激进的行动。在对银行进行国有化和重组之后，瑞典的经济迅速反弹回升。相比之下，日本一直拖延进行银行重组和资本重组，此后一直饱受折磨。也许解决办法就是效仿瑞典的做法，拆分美国的巨型银行，进行改组和资本重组，然后再让它们回到市场。曾经被视为卢德主义而不予考虑的办法现在成为常识。2009 年 2 月，美联储前主席艾伦·格林斯潘在年轻的时候就崇拜自由市场女神安·兰德（Ayn Rand），他告诉英国《金融时报》："或许有必要暂时将一些银行国有化，以便推动迅速而有序的重组……我知道一百年来才会这样做一次。"[8] 在网络电视新闻中，南卡罗来纳州的共和党参议员林赛·格雷厄姆（Lindsey Graham）认为："把银行国有化的想法让人不太舒服……但是，我认为，现在有这么多的有毒资产扩散到银行和金融界，甚至全世界，所以我们必须做一些一年前没有人想到，也没有人喜欢做的事情。"[9]

2009 年初，人们对银行的反感是如此强烈，以至于奥巴马总统不得不表明立场。在 2009 年 2 月 10 日的新闻发布会上，奥巴马谈到了每个人都在谈论的国际例子。他承认日本在 20 世纪 90 年代的糟糕纾困后的经历令人不快，也承认瑞典在银行国有化后做得更好："所以，你会认为瑞典看起来是一个很好的榜样。"但是，奥巴马从来都不喜欢这样的比较。他说："问题在于，瑞典大概只有 5 家银行（大笑）。我们有好几千家。你们都知道，美国的经济和资本市场的规模是如此庞大……我们评估认为，这样的比较没有意义。而且我们国家也有不同的传统……很明显，在政府与市场的关系方面，瑞典有着不同的文化，而美国也不一样。我们希望保持一种强烈的意识，即私人资本能够满足这个国家的核心投资需求。因此，我们试图采取一些必要的严厉措施，但同时要认识到我们有庞大的私人资本市场，最终这将成为恢复信贷流动的关键。"[10]

　　这不是奥巴马最能言善辩的一场演说，但他清楚地说明了基本的原则。"国家的核心投资需求"取决于"私人资本"。政府刺激措施中的支出，不论是用于基础设施还是用于教育，都不是最主要的。真正至关重要的是让银行重新站起来。奥巴马承诺的"严厉措施"，将由财政部部长蒂姆·盖特纳来执行，在盖特纳听来，奥巴马的讲话非常中听。对盖特纳来说，银行国有化从来就不是一个选项。2008 年，在纽约联邦储备银行任职时，他曾经目睹了市场恐慌的程度。他亲眼看见了贝尔斯登、房利美和房地美引发的骚动。那年的 10 月 13 日（星期一）下午，当保尔森、伯南克和希拉·贝尔迫使银行家接受不良资产救助计划的资金时，他也在场。这些已经足够。在盖特纳看来，在 2009 年进一步推动银行国有化将是一个"严重的政策错误"。[11]

　　尽管奥巴马和盖特纳团结一致，反对采取瑞典的做法，但是，考虑到民众的不满情绪日益高涨，以及有关纾困计划的丑闻不断曝光，未来的路还很不明朗。奥巴马政府的主要经济学家拉里·萨默斯和克里斯蒂娜·罗默却被瑞典的例子吸引，保罗·沃尔克也是一样。也许，美国金融体系需要的是在国家所有制下进行短暂而剧烈的重组。讨论变得如此激烈，以至于在 2008 年 3 月 15 日的下午，白宫召开了一场会议来消除分歧。[12]奥巴马旁观了这场会议，辩论中你来我往，持续了好几个小时，直到奥巴马不耐烦地宣布他还有其他事情要处理，希望在当晚结束前能得出结论。在总统离开会议室后，这个问题就由满嘴脏话的幕僚长拉姆·伊曼纽尔决定。如果按照瑞典的做法进行银行重组和全面的资本重组，需要投入7000 亿美元，"我他妈的不会让这件事发生"。在不良资产救助计划和经济刺激计划出台后，医疗改革正在进行中，伊曼纽尔无法要求众议院的中间派民主党人支持增加支出。经济学家们必须想出其他方案。

到了 2009 年，问题不在于投资银行，它们已经恢复盈利了。问题在于境况不佳的商业银行。花旗集团是最糟糕的。因此，会议同意将不良资产救助计划的剩余资金集中用于支持花旗集团的"解决方案"，而不是对整个美国银行体系进行全面重组。这个规模过大的庞然大物应该被拆分、缩小规模和重组，并将最糟糕的资产转移到坏账托收银行（bad bank）*。在没有告诉美国联邦存款保险公司的希拉·贝尔政府的内部讨论有多么激烈的情况下，萨默斯试探着向她表明了为花旗最糟糕的资产创建一个 8000 亿美元的坏账托收银行，并让其股东进行自救的可能性。[13]当天晚上的晚些时候，奥巴马批准了针对花旗的计划。财政部负责拟定细节。这应该是一个重大计划，因为花旗的规模非常庞大。1998 年，在与旅行者集团合并后，花旗就为"无聊的"商业银行业敲响了丧钟。通过鲁宾，花旗与民主党有着紧密的政治联系。第二天，当美国国际集团向高

---

* 简言之，即由国家财政支持的、专门解决银行坏账问题的金融机构。作者曾在第 7 章中提到过"私人坏账银行计划"，该计划寄希望于私人银行自救和互助。——编注

层支付红利的丑闻爆发时，要求采取行动的压力开始加大。奥巴马勃然大怒。他想要采取行动，于是把美国前十三家银行的老板都召集到白宫来开会。[14]

此时此刻，华尔街真正担心的是奥巴马政府会对它们开战。考虑到银行是多么不受欢迎，开战可以成为一个不错的政治手段。但是，这并没有发生。尽管总统在3月15日批准了这个决定，但盖特纳从未同意重组花旗。从来没有人拆解过像花旗集团这样复杂的银行。目前尚不清楚财政部是否有资源和法定权力来完成这项工作。然而，旷日持久的重组会令市场恐慌。奥巴马最亲近的一位顾问在事后的分析报告中表示，财政部是在"慢吞吞地处理"针对花旗的提议。[15]虽然这个做法近乎违抗总统的命令，但奥巴马并没有表现出要将自己的意愿强加于人的倾向。正如他对"瑞典案例"的言论所表明的，他在银行业问题上绝不激进。3月27日，当奥巴马与银行的首席执行官们对质时，气氛十分冷淡。不过，奥巴马把这些人叫到华盛顿，并不是要惩罚他们，而是要规劝他们。他呼吁银行家们在薪酬和红利方面有所克制。"帮助我，也就是帮助你们自己。"奥巴马请求道。当几位首席执行官为他们领取过高的薪酬提出惯常的理由时，如业务规模庞大、风险高，而且要在国际人才库中竞争，总统愤怒地打断了他们："先生们，发表这些言论的时候最好小心一点。大众并不买账……我的政府是挡在你们和举着干草叉的大众之间的唯一屏障。"[16]

2009年春天，奥巴马和盖特纳没有采取攻势，而是将自己定位为美国金融体系的最后一道防线。他们给自己下达的任务是平息"暴民"。当然，扮演好警察的角色是一种经过检验并且可靠的谈判策略，但它通常结合了苛刻的条件。总得有人扮演坏警察的角色。在2009年，值得注意的是，奥巴马政府并没有就向银行提供保护附带苛刻的条件。令老练的华尔街交易商惊讶的是，3月27日，谈判桌上的唯一条件就是他们需要自愿限制薪酬。这甚至比半年前保尔森要求他们接受不良资产救助计划时提出的条件还要低。事实上，2009年春天，如果说真的有人在挥舞干草叉，那么他们一定不是反对银行的左翼人士，而是右翼民粹主义者。在福克斯新闻网的大力关注以及友好的商业寡头的慷慨资助下，他们正在自发地组织茶党运动。他们的愤怒对象不是华尔街，而是白宫的自由派。令人不安的事实是，奥巴马的幕僚们并没有高举自己的干草叉。盖特纳承认，右翼谩骂他们，左翼怀疑他们被华尔街操控，政府发现自己在政治上"孤立无援"。[17]

在担任财政部部长之初，盖特纳常常被人们形容是前高盛人。[18]鉴于保尔森和鲁宾的先例，这也是意料之中的事情。盖特纳看起来就是那样的派头。他成熟、风华正茂，而且有着老练的投资银行家具有的好斗精神。纽约联邦储备银行的日志显示，在美联储任职期间，盖特纳定期与花旗的高管们交流，而他的导师罗伯特·鲁宾在这些场合是最引人注意的。[19]在担任财政部部长期间，盖特纳继续维持了这样的习惯。[20]不过，正是由于有着华尔街的从业背景，他的公职生涯一直持续到了2013年。他也为此感到自豪。盖特纳认为自己不是一个银行家，而是一名战士，一个坚韧的人，他为国家经济和美国民众的利益服务，不惜为了民众的利益而弄脏自己的手，还愿意为此承担道德责任。但是，盖特纳又是怎样定义民众利益的呢？首先，也是最重要的一点，他承诺维持"金融体系"的稳定，因为没有稳定，整个经济注定会崩溃。[21]这是他最重要的信仰。美国的利益和金融体系是一致的。为了解释他的行为，我们不需要假定他被特定的银行操控。正是他对金融体系的承诺，决定了花旗集团不应被拆分。更重要的是，关键的金融监管机构和政府也必须得到保护。当盖特纳反对银行国有化时，他的目的是保护货币主管机构，就像保护任何一家银行一样。对华尔街全面开战，将很容易演变成对监管机构的攻击。在 2009 年，"审计美联储"* 是左派和右派共同的作战口号。

在盖特纳的领导下，财政部对危机的反应不是通过分拆最大的银行来解决"大而不倒"的问题，也不是通过政治化的监管来谋求更广泛的社会利益。相反，财政部的解决方案是提高政府监管机构（包括财政部、重要的监管机构和美联储）的监督和管理能力。如果资本主义金融业是一个既定的事实，那么人们将不得不接受与庞大的银行打交道的必要性，以及接受复杂、快速变化的市场。人们还必须承认，这个体系容易引发危机。事实上，危机是不可避免的，每个人都希望在国家和国际层面建立足以应付危机的能力。2008 年，美联储和财政部的行动规模惊人，其影响远远超出了美国国民经济的范畴。在伦敦的二十国集团峰会上，国际货币基金组织得到了自己需要的火力。2009 年，财政部的目标是在国家层面上继续整合。正如 2008 年 10 月以来所做的那样，这将围绕着资本重组进行。当银行从冲击中恢复过来时，它们就急不可耐地要偿还不良资产救助计划的资金。为了进一步加快速度，美联储和财政部合作引入了一种新的监管机制，即压力测试。紧接着，政府将施加强大的政治力量，力促国会通过立法，以便让监管金融稳定的业务可以合法化和规范化。随着 2008 年的严重危机逐渐成为人们的回忆，大型银行和政府之间的新关系将被永久确立。

二

纯粹是因为内部目的，纽约联邦储备银行曾有一段时间常常与

---

* "审计美联储"是肯塔基州参议员兰德·保罗（Rand Paul）推动发起的运动。其主旨是加大美联储货币政策的透明度，废除原有对于美联储独立性的法律保证，使美联储的货币政策受到美国政府的审计和问责。——译注

华尔街的主要银行进行危机模拟。[22] 2009 年 2 月，在作为财政部部长发表的第一次重要演讲中，盖特纳宣布这些所谓的压力测试将作为公共政策得到全面执行。美联储和财政部将检查并确认在美国运营的每一家大型银行的稳健程度。为此，美国的所有大型银行都要提交账目以供检查。然后，美联储和财政部官员将这些数据应用于金融灾难的情景假设，估算银行可能遭受的损失，以及为了抵御冲击需要动用的资源。实际上，财政部和美联储将使自己成为首要的信用评级机构——"穆迪美国"——并成为私人公司信誉的官方仲裁者和美国金融体系的信心守护者。[23] 那些被证明有风险的银行，将被强制筹集额外的资金。那些无法在私人资本市场筹集资金的银行，将被要求接受不良资产救助计划的注资。

通过拒绝采取瑞典的做法，奥巴马总统向美国的"数千家银行"表明了态度。事实上，在奥巴马发表讲话的时候，美国一共有 6978 家商业银行正在运营。但是，对盖特纳和伯南克来说，这些银行并不重要，它们由联邦存款保险公司管辖。对于系统稳定性而言，最重要的是 19 家资产超过 1000 亿美元的大型银行，它们的总资产大约有 10 万亿美元。彻底调查这些无比庞大且复杂的机构将是一项艰巨的工作。此外，压力测试也是一项更具策略性、快速变化的工作。经过一番紧急的努力，一个由 200 名银行审查员、监管人员和分析师组成的临时团队对账目进行了大致检查。[24] 他们采用的危机情境远非世界末日那样的灾难。他们假设，GDP 将只降低 2% 至 3%，失业率将升高到 8.5%，房价将下跌 14% 到 22%。后来，这些假设被证明过于乐观了。但是，即使从这些数字和它们所暗示的违约概率出发，也足以得出令人警醒的结论。除了 2009 年春天已经确认的 3500 亿美元的损失外，根据压力测试的情境，到 2010 年底，预计银行可能还会减损 6000 亿美元的资产。这就提出了真正关键的问题：要让银行安全度过危机、重建市场信心，需要多少资金？

这是一个需要判断的问题。财政部和美联储权衡了一系列选项，少则350亿美元，多则1750亿美元。然而，风险在于，如果它们宣布出现了巨大的资金缺口，那么这会动摇市场的信心，而且不可逆转。另一方面，如果宣布的数字太低，那么这将损害人们对压力测试的信心。[25]

根据内部报告，最初的估算让银行圈十分震惊。美国银行面临500亿美元的额外增资要求。花旗集团被要求筹集350亿美元。富国银行对最初170亿美元的增资要求感到沮丧，甚至威胁要提起诉讼。最后它们同意了一个经过讨价还价的妥协金额。到目前为止，美国银行的压力最大，需要筹集339亿美元才能离开"急诊病房"。富国银行的增资数额最终确定在137亿美元。该公司的高级财务官员说："最后我们同意了这个数字。但我们未必喜欢这个数字。"[26]境况不佳的花旗集团则有更多的理由对最后达成的交易感到满意。考虑到未来的收入流，花旗需要的资金最终降低到了55亿美元，这个数字还算适度，是最初数字的七分之一。[27]这只比花旗当年支付的红利多了一点点。经过好几个星期的讨价还价，2009年5月7日，民众被告知美国的大型银行一共需要筹集750亿美元，这个数字在可控的范围内。

压力测试是一种谨慎协调的做法，它始于精确的会计计算，终于讨价还价和信心博弈。[28]不论是被迫的，还是满心欢喜地发现财政部和美联储很有帮助，市场的反应都很好。非常安全的AA级公司债券与银行以Baa级债券借款所支付的价格之间的利差从6%下降到3%，从而降低了融资成本。在消息公布后的第二周，银行股持续上涨10%，最强劲的银行借此机会立刻筹集了200亿美元的额外资金。6月19日，前9家银行偿还了借款并退出了不良资产救助计划。在接下来的几个月，仍在救助计划中的8家银行（包括庞大的美国银行和花旗集团）用尽了会计账目中的所有招数，在高度合作的美国国税局、美联储和财政部能够提供的一切帮助下，退出了不良资产救助计划。[29] 在 2009 年 12 月非同寻常的两个星期里，花旗集团、美国银行和富国银行竞相通过发行普通股筹集了总共 490 亿美元。美国银行发行了 193 亿美元，是美国历史上规模最大的普通股发行。[30] 这些股票充斥着市场，如果把发行时间延长几个月，那么它们可能会以更低的成本筹集到更多的资金。但是，当局急于结束不良资产救助计划，并且对于银行来说，时间是至关重要的。越早偿还财政部的借款，就能越快摆脱不良资产救助计划施加的薪酬限制，从而留住和争夺人才。希拉·贝尔懊丧地说道："一切都是为了红利。"[31]

这是政府喜欢的剧本。政府稍做干预，就能让私人企业发挥带头作用，从而避免了国有化。正如奥巴马承诺的那样，"私人资本"将"满足这个国家的核心投资需求"。但是，这个庆祝性的叙事掩饰了这个行动造成的不明确的后果。压力测试让美国金融界的顶级银行的账目接受介入式审查（intrusive scrutiny），这种审查由政府挑选的银行监管机构来主导，而不是由民众和市场来执行。出于同样的原因，压力测试对以营利为目的的私人商业活动提供了官方批准。它昭示了一种全面的、预见性的监管新体制，同时也揭示了美国国家机器和大银行之间的纠葛。从官僚机制的角度来说，这种做法可能惹眼又代价昂贵，它让那些接受测试的银行背负了繁重的负担，但是，它也授予了特权，特别是暗示性的承诺：通过压力测试的银行被美联储和财政部认为是安全的。如果出现危机，通过了测试的银行的援助请求很难被拒绝。在这些受到高度监管、获得密切支持的实体中，不可能发生突然的、不可预见的破产。随着风险的消除，这些银行可以用明显低廉的成本来发行股票和借钱。一项研究估计，在危机之后，大型银行在融资成本方面的优势比小型银行高出了两倍以上，从 0.29% 提高到了 0.78%。对于规模最大的 18 家银行来说，这意味着每年至少获得 340 亿美元的补贴。[32]

三

因此,市场喜欢这个消息也就不足为奇了。很显然,银行安全了。得到主管机构的暗中支持,银行最终稳定下来。这为考虑长期解决方案赢得了时间。奥巴马政府可以着手应对金融改革的巨大挑战了。

政治风险很高。到了 2009 年夏天,白宫迫切需要一场"胜利"。从政治的角度来看,刺激计划是一个失败。医疗改革正面临无情的反对。金融改革作为一项政治工程,必然会被定义为必须"完成某些事情"。这促使盖特纳的财政部和以拉姆·伊曼纽尔为首的白宫政客之间形成了一个邪恶的联盟。除了同样好斗、喜欢讲脏话外,伊曼纽尔和盖特纳专注的事情不同,但能够互补。对于政治调停者伊曼纽尔来说,最重要的是"在积分榜上得分",金融改革的内容是别人的问题。相反,盖特纳对国会持怀疑态度,对他来说,最重要的是通过一项立法,尽可能少地向"民粹主义"政客赋予新的权力,并让专业监管机构的自由裁量权和火力达到最大。然而,为了实现这个目标,财政部必须与国会合作,特别是两个关键委员会的主席:众议院的巴尼·弗兰克和参议院的克里斯·多德。他们也必须和联邦存款保险公司的希拉·贝尔等重要的监管人员周旋。他们必须获得(社会)活动人士的支持,尤其是哈佛大学的法学教授、消费者权利活动家伊丽莎白·沃伦(Elizabeth Ann Warren),同时还要抵御历来存在的银行业游说团体。[33]

结果,一份长达 849 页的庞大法案出台了。[34] 这就是《华尔街改革和消费者保护法案》,通常被称为《多德—弗兰克法案》。该法案并没有提供一个一以贯之的论点,而是列举了一系列危机诊断的纲要。危机是由对消息不灵通的借款人进行大规模的掠夺造成的吗?在这种情况下,需要成立一个由伊丽莎白·沃伦领导的消费者金融保护局(第 10 部分)。是场外衍生品交易的不透明导致了系统崩溃吗？在这种情况下，需要规范一个透明的、基于市场的衍生品交易市场（第 12 部分——华尔街的透明度和问责制）。是抵押贷款证券化的延伸链条中责任心崩溃所造成的毒害吗？在这种情况下，需要证券化机构也持有证券化商品（第 9 部分——投资者保护）。银行的规模庞大是一切问题的根源吗？银行真的是太大而不能倒吗？在这种情况下，应当限制对银行的救助，让整个行业为此付出代价（第 2 部分——有序清偿机制），并限制银行的进一步增长（第 6 部分第 622 和 623 条）。投资银行拿客户的钱去赌博了吗？如果是，那么我们要做的就是采用沃尔克规则 *，禁止"自营交易"，恢复 20 世纪 30 年代对商业银行和投资银行进行分隔的模式（第 6 部分——沃尔克规则）。与 2007 年至 2009 年危机有关的所有理论都产生了很大的政治反响。它们全都被纳入了冗长的《多德－弗兰克法案》。其中许多措施都是合理且有价值的，它们纠正了金融服务业的一些严重失衡。但总体而言，它们几乎没有涉及批发融资影子银行体系的崩溃，而后者才是 2008 年压垮房地产市场的真正原因。

　　财政部对这场危机的应对机制有了更清晰的认识。财政部想要更多的资本，更低的杠杆，更多的流动性，而且希望和美联储获得更加集中的权力，以便应对下一次危机。它在 2009 年夏天发布的蓝图中阐明了这个愿景。[35] 这份蓝图在许多方面与《多德－弗兰克法案》有很大差异，但这并非偶然。这份蓝图遗漏了很多战略性的内容。盖特纳毫不掩饰地提到，"我们不想让国会设计新的资本比率、杠杆限制或流动性要求。无论它们有什么缺陷，监管机构都更有能力"决定那些技术问题。"历史证明，国会山太容易被金融行业的影响力和当前的政治所左右；因此，我们认为，不应该由国会山来

---

* 由保罗·沃尔克提出，内容主要是限制银行利用参加联邦存款保险的存款（自有资本），直接进行证券交易、投资对冲基金或者私募基金，也就是禁止银行从事自营交易。——译注

校准金融体系的减震器，这项工作对他们来说太复杂了。"[36] 换句话说，财政部和美联储所知道的危机的主要驱动因素被排除在了立法议程之外。财政部希望国会提供的是法律权力，盖特纳认为 2008年 9 月的关键时刻缺乏的正是这种法律权力。如果挑战是在华盛顿和华尔街之间构建一种更可持续的共生关系，那么在财政部看来，最好是通过行政和监管的方式，而不是通过国会的角力。

在 2009 年夏天的提案背后，财政部的想法是协调监管机构，但它很快意识到，这将面临联邦存款保险公司和国会内部的顽强抵制。它们都非常怀疑美联储和财政部与华尔街串通一气，也怀疑盖特纳希望获得更大的权力。为了确保集体责任，希拉·贝尔和巴尼·弗兰克坚持要求，对整个体系的监管不应当仅由财政部和美联储执行，而应当由金融稳定监督委员会执行，这个委员会由财政部主持，并汇集了所有关键的监管机构。这个由委员会来进行危机监管的想法让盖特纳大为震惊。但是，事实上，这个委员会获得了盖特纳想要的很多权力。它将有权认定具有系统重要性的机构，可以将这些机构置于一个高度监督和管控的制度之下，包括定期进行压力测试。如果某个大型银行即将引发系统性危机，那么委员会拥有广泛的管理干预权。而且，所有具有系统重要性的机构必须事先准备好"生前遗嘱"（living wills）*，安排如果破产应当如何解决。这些监管和控制措施还可以延伸到在美国经营的外国银行。

在盖特纳对未来监管的设想中，美联储将发挥关键作用。但是，从政治的角度来看，这是一种责任。如果说危机削弱了美联储在民众心中的地位，那么这种说法有些轻描淡写。危机造成两极分化，并在适当的时候颠覆了该机构的政治。[37] 2008 年，伯南克和他的前任艾伦·格林斯潘一样，在共和党人中比在民主党人中更受欢迎。

---

* 又称恢复与处置计划。这一安排在金融危机后已逐步在世界各主要国家普及。——编注

到了 2010 年，两党都不喜欢他，而且在右翼，茶党的声势越来越大。同时，对奥巴马来说，伯南克是他渴望的两党合作的象征。2009年 8 月，总统宣布提名伯南克连任美联储主席。当年年底，《时代》（*Time*）杂志提名伯南克为年度人物。[38] 但是，这些都没能让伯南克得到共和党右翼和民主党左翼的支持。[39] 2009 年 12 月和 2010年 1 月，参议院就伯南克连任一事发生了激烈的冲突。为了争取支持，白宫动员沃伦·巴菲特等有影响力的人物来为伯南克游说。更糟的是，与此同时，伯南克本人正在打电话，努力阻止克里斯·多德的参议院金融改革法案的草案，这个草案将剥夺美联储对最大型银行的监管权。[40]

为了保住美联储在金融治理中的核心地位，伯南克和盖特纳被迫做出了牺牲。他们不情愿地同意成立一个单独的消费者金融机构——沃伦的消费者金融保护局。[41] 这使改革运动取得了重大胜利，也引来了游说者的炮火攻击。而且，它与盖特纳和伯南克所追求的系统稳定的愿景基本上无关。只要能继续监管资产负债表超过500 亿美元的银行，那么他们可以放弃对信用卡和消费者贷款的监管。实际上，消费者保护和宏观审慎监管之间可能存在矛盾。正如拉里·萨默斯对奥巴马提到的："航空安全委员会不应该负责保护航空公司的财务生存能力。"[42] 这话很公平，但是仍需要进一步的评述。虽然有很多安全机构，但事实上，没有任何机构负责确保航空公司或除银行以外的任何行业的财务生存能力。航空公司应该管好自己的财务。然而，盖特纳和萨默斯倾向于回避这种想法的影响。

在雷曼破产后，财政部最关心怎样才能安全地控制破产的大型银行。盖特纳认为，没有什么能够取代最终在 2008 年 10 月稳定局势的组合措施——联邦存款保险公司广泛的担保权力、美联储的一般流动性支持、美联储和财政部精心安排的资本重组和损失防范措施。这场危机表明，与进行救援相比，为那些银行设立资源充足的

处理机构更为重要。但是，国会的气氛很糟糕，而且希拉·贝尔坚
决反对。最终，《多德－弗兰克法案》体现的是对 2008 年的做法的
严正拒绝。不会再有用纳税人的钱来进行救助的方案了。美联储可
以提供广泛的流动性支持，但不能为特定银行提供量身打造的援助
工具。与总统和美联储沟通后，财政部必须把破产的机构置于联邦
存款保险公司的控制之下。它将继续运营破产的银行，但会分拆并
出售破产银行的部分业务。财政部保留了一项监管工作，它将负责
向联邦存款保险公司的解决方案提供所需的资金；在危机结束后，
它将通过对金融业征税来收回成本。伯南克和美联储认为这个协议
可以接受。美联储主席一直对自己不得不根据第 13（3）条的紧急
情况条款采取特别干预感到不满。在盖特纳看来，这是一个令人担
忧的限制。与以往一样，盖纳特再一次把金融危机和国家安全进行
了类比："总统被赋予特殊权力，以保护我们的国家安全不受威胁。
这些权力附带精心设计的限制，但它们使得总统能够在极端情况下
迅速行动。国会应该给予总统和金融应急人员必要的权力，以保护
国家免受金融危机的破坏。"[43]

　　盖特纳认为，"赎罪议程"*中的"民粹主义愤怒"是令人分心
的危险事项，让人不能集中精力于应对危机的技术性问题。[44] 但是，
危机造成的悲伤和痛苦是一股不可小觑的力量。它们在美国社会掀
起了波浪，2010 年初，《多德－弗兰克法案》遭遇了在国会中艰难
通过的关键时刻。房地产泡沫破裂已经三年了，信贷紧缩和大规模
失业的全面影响正在显现。在 2007 年到 2009 年，有 250 万套房产
被止赎，而且这还没有到达顶峰。2010 年初，370 万个家庭迟缴抵
押贷款超过 90 天。还有数百万人勉强维持生活，他们拖欠了一两
个月的还款。在接下来的 12 个月里，有 117.8 万套房将会被止赎，

---

* "赎罪议程"是盖特纳的提法，是尽早推动金融改革以平息民众愤怒的消极表述。——编注

这是危机中最糟糕的一年。由于房价仍在下跌，越来越多的房产变成了负资产。正如一位分析师在 2010 年初所说："我们现在正处于极度脆弱的时刻。人们对房产的眷恋正在化为乌有。"[45] 在佛罗里达州等受打击最严重的地区，足足有 12% 的房产被房主放弃，或者因为止赎而被银行没收。这些房屋进入止赎程序的速度是如此之快，如同半自动化的法律流程，但结果证明这些程序存在严重的缺陷。在一场噩梦般的行政和法律纠纷中，越来越多的受害者被卷入了这场危机。

华尔街和普通民众的财富对比越来越让人难以接受。大型银行得到了救助。一些最肆无忌惮的老板可能会面临法律诉讼，但他们的人生并没有被摧毁。他们可以退休，过着富裕舒适的生活。[46] 没有人进监狱，而那些位居华尔街顶端的人显然毫无羞愧之心，他们立刻恢复了原来的生活。2009 年的红利比以往任何时候都要高，顶级投资银行、资产管理公司和对冲基金的高管领取的红利达到了1450 亿美元，而在 2008 年，他们领到的是 1170 亿美元。[47] 高盛为股东赚得 134 亿美元的利润，向员工发放了 162 亿美元的薪酬和红利。[48] 令人震惊的是，就连 2009 年亏损高达 16 亿美元、仅靠政府援助才生存下来的花旗集团，也发放了 50 亿美元的红利。银行家们乐于把过去抛在脑后，但美国民众却无法释怀。2010 年春，华尔街在民众中的支持率只有 6%。[49] 监管机构及其律师终于弄明白了过去三年所发生的事情的根源。2010 年 4 月 16 日，美国证监会宣布，将起诉高盛误导投资者，向投资者出售劣质的抵押贷款担保证券。这个公告引起了轩然大波。终于有大公司要接受应得的惩罚了。然而，让政府尴尬的是，《多德-弗兰克法案》最终在国会获得通过，靠的不是财政部和白宫的推动，而是新一轮的民愤。

2010 年春天，民众情绪高涨，以致财政部、中间派民主党人和商业游说团体不得不联合起来，在最后一刻阻止了一项提案，该提案禁止联邦存款保险公司担保的银行参与任何形式的衍生品交易。

对于最大型的银行来说，这真的是代价高昂。最终达成的妥协方案规定，"推出" 10% 危险性最低的衍生品。同样的，最后一刻提出的另一项提案（该提案通过为银行资产负债表的规模设定上限来解决"大而不能倒"的问题），也在银行业委员会上被克里斯·多德和其他"温和派"盟友给否决了。但是，有一个后来提出的修正案最终变成了法律，即 2010 年 5 月的《柯林斯修正案》。[50] 这个修正案由联邦存款保险公司在幕后起草，要求无论美联储和监管机构为最大型的银行设定何种资本标准，至少应达到为联邦存款保险公司所监管的小型银行设定的水平。希拉·贝尔希望消除对大型银行的偏袒，《巴塞尔协议 II》是这些偏袒的依据。她还希望确保资本标准不仅适用于商业银行的子公司，也适用于控股公司。但是，美联储和财政部拒绝了。它们坚持认为，设定资本要求是它们的监管特权。银行大声疾呼，声称新的资本标准将迫使它们削减 1.5 万亿美元的信贷。最后，在众议院和参议院的和解过程中，参议员苏珊·科林斯（Susan Collins）和贝尔在多德的支持下取得了胜利。

四

2010 年 7 月 21 日，奥巴马签署了《多德-弗兰克法案》，该法案被誉为 20 世纪 30 年代以来最重要的监管法案。批评人士嘲笑它没有设立一个很高的标准。对于这个充满了妥协的混乱法案，人们很容易产生怀疑，该法案包含的内容和遗漏的内容一样多。而且，在法案获得通过后，不连贯性问题将变得更加严重。当法案还在国会进行审理时，银行业游说团体意识到人们的情绪有多么高涨，于是退缩了。他们非常清楚，法案的成功通过仅仅是第一局。一旦法案被写入法典，以及关于如何执行的争论在幕后展开时，他们就会蜂拥而上。由于议题本身的复杂性、监管机构之间的冲突以及游说团体的激昂叫嚷，《多德-弗兰克法案》的实施陷入了困境。

　　总而言之，《多德-弗兰克法案》呼吁监管机构为金融行业制定398 条新规则。于是，每个机构都成为利益相关方不择手段争取的游说目标，这些利益相关方现在可以在国会辩论的聚光灯外开展活动。2013 年 7 月，也就是该法案通过三年后，在规定的 398 条规则中，最终只敲定了 155 条。[51] 备受争议的沃尔克规则就是一个很好的例子。[52] 如何在银行内部划分部门，将客户的资金与自营交易隔离开来，是一项技术性很强且颇具争议的业务。即使怀有全世界最美好的意愿，要想让银行在为客户做市和代表自己交易之间划清界限，几乎是不可能的。结果就是，出现的并非一条"明确"的监管界限，而是罗夏墨迹测验*中的墨迹图。直到 2013 年 12 月，也就是《多德-弗兰克法案》通过 1238 天后，五个监管机构才就基本的沃尔克规则的措辞达成一致。[53] 结果产生了一份 71 页的文件，外加900 页的解释说明。当银行被要求证明自己没有违反规则时，它们并没有被充分告知应该做什么。到底哪些证据可以用来证明自己是合规的呢？这个问题有待进一步的谈判。[54] 律师能够提供的最佳建议是，由银行自行决定所能接受的"监管风险容忍"水平。在 2010年 7 月通过该法案，以及在 2013 年 12 月发布"最终"版的沃尔克规则后，2014 年又开始了新一轮讨论，即发布解释这些监管风险的"指导文件"。唯一清楚的是，这将产生对合规管理人员和公司律师的巨大需求。摩根大通的杰米·戴蒙在著名的抱怨中描述说，为了协商新的"体系"，银行家不仅需要律师，还需要精神病医生。[55]

　　《多德-弗兰克法案》不只是让银行家们感到焦虑。盖特纳也担心，这项法案在危机中将如何发挥作用。他认为，以联邦存款保

---

*　瑞士精神病学家罗夏（Hermann Rorschach）在 1921 年介绍的投射测验。简言之，在测验中，被试要描述自己看到的 10 张不同的墨迹图，描述会被计分；测试者根据分数描述被试的精神状态和心理特征。——译注

险公司为中心的正式解决程序会阻碍危机的应对。但是，这使危机预防得到了重视，而这正是《多德-弗兰克法案》带来的真正重大的变革。它使从 2009 年春季开始的压力测试机制延续下来，并使这个机制制度化，因此，它成为被称作"宏观审慎监管"的新型治理的先驱之一。[56] 它要求对银行进行评估，不仅要评估它们的商业模式，还要评估它们对宏观经济稳定的影响。相反，在评估宏观经济情景时，则是根据其对关键银行的影响来进行考量。此后，金融危机的风险不再是对新兴市场经济体进行临时干预的问题，就像 20 世纪 90 年代那样。它成为二十国集团的成员国政府持续关注的问题。《多德-弗兰克法案》创建的金融稳定委员会向美联储、财政部和其他监管机构提供了一个平台，用于发展这种新的监管和控制形式。随着政府监管机构对现代金融的了解愈发成熟，银行建立了庞大的合规团队，每天与监管机构互动。正是在两者的互动中，真正关键的工作才得以完成，也就是为对金融稳定至关重要的三个参数——资本、杠杆率和流动性——定义规则。这是一种错综复杂的关系，里面充满了利益冲突。对美国的保守派来说，这是高尚的企业自由主义变成假公济私的自由企业主义的时刻。[57] 而且这已经超越了与官僚机构互动和旋转门 *（其连接着监管机构、律师事务所和银行）的社会学范畴。要想了解这种纠葛的逻辑有多么严密，只需回顾 2009 年 5 月最初的压力测试。

很明显，认可具有系统重要性的银行核心团体的稳定性，就相当于向它们授予了特权。这将降低它们的融资成本，而这一点正是

---

* 指的是个人在公共部门和私人部门之间转换角色、为利益集团牟利的机制。这一机制可以被归为两类。一类主要是指公司高级管理人员和商业利益集团游说者进入联邦政府并担任要职。在政策制定和实施的过程中，他们可能为其曾经代表的团体谋取特别的好处。一类是指前政府官员充当游说者或进入企业公司任职，利用自己与政府的联系来为现在代表的团体谋取利益。——译注

关键所在。但是，这种做法将注意力集中在表面的增资上，忽视了测试的细节。如果压力测试的目的是恢复银行的财务健康，那么发行新股并不是唯一的选择。事实上，2009年，在根据压力测试情景预测的6000亿美元的损失中，有60%将通过"资本以外的资源"来弥补。压力测试表附带的解释说明显示，这些额外"资源"的主要来源是"拨备前净营收"。[58]拨备前净营收是指利息净收入加上非利息的净收入，减去非利息支出。它和利润不一样，因为它没有考虑损失准备金，但它和利润密切相关。在可预见的未来，美联储和财政部政策的主要关注点之一是，确保美国最大的19家银行能够获得充足的拨备前净营收。这个赌注很大。因为没能产生足够拨备前净营收的银行将无法通过压力测试，需要到市场上筹资，或者接受不良资产救助计划的资金。

通过压力测试，财政部避开了国有化的呼吁和花旗集团的"解决方案"。相反，为了维护金融稳定和最大限度地减少不良资产救助计划资金的消耗，美国财政部和美联储实际上制定了一个政府目标：让银行收入恢复到健康水平。其中的逻辑是无法忽视的。如果金融稳定、通货膨胀控制和就业是当前经济政策的主要目标，那么银行利润就是其中一个关键的变量。利润越高，意味着银行的资产负债表越强劲、稳定。作为压力测试机制的一部分，美联储编制了拨备前净营收的数据，并根据多种宏观经济情景开发了新的模型，用于预测拨备前净营收的发展趋势。[59]

但是，纠葛并没有就此停止。在以银行利润为目标的情况下，监管机构对银行如何处置利润也应该拥有发言权，这是合乎逻辑的。[60]两年后的2011年11月，作为其"综合资本分析和审查"（CCAR）的一部分，美联储发布了一份新闻稿：

美联储每年将评估这些机构的资本充足率、资本充足率的内部评估程序以及资本分配计划，例如股息发放或股票回购。只有当这些机构的资本计划得到监管机构的批准，并且能够证明，在紧张的宏观经济和金融市场情境下，即使在进行了所需的资本分配之后，其仍有足够的财力作为成功的金融中介机构进行运作，美联储才会批准增加股息发放或其他资本分配。[61]

　　奥巴马和盖特纳或许阻拦了推动国有化的努力，但是，一个真正具有讽刺意味的历史转折是，在苏东剧变之后不到二十年，在全球资本主义经历了 20 世纪 30 年代以来最严重的危机后，美国金融业的堡垒在向股东支付股息之前，必须就政府批准的"资本计划"进行谈判。但是，为了维护整个体系的稳定性，恰恰需要这样做。这是一个戏剧性的举动，因为要对一个曾自诩为市场自由推动者的行业实施介入式监管。还有一点从一开始就非常清楚，那就是无论美国采取了怎样的变革，都不会局限在美国国内，必定会辅之以国际措施：因为美国首先要确保自己不会在竞争中处于劣势；其次，美国要确保不将危险行为轻易转移到国外。二十国集团的各国财长在 2008 年 10 月的重要会议上确定，不允许具有系统重要性的任何机构倒闭。现在的问题是如何监管这些结构。美国人已经开了个头，而更广泛的框架将由巴塞尔委员会设定。

五

　　变革的紧迫性令人震惊。从 20 世纪 70 年代初的银行业危机，到 1988 年的《巴塞尔协议 I》，经历了十四年乏善可陈的谈判。从《巴塞尔协议 I》到《巴塞尔协议 II》的正式修订程序从 1999 年就开始了。八年后，当危机爆发时，新标准仍未得到全面实施。但是，《巴塞尔协议 III》却是按照完全不同的速度进行的。在 2008 年

11 月的二十国集团峰会上，与会国第一次呼吁出台新规定。2009
年夏天，新的全球金融稳定委员会成立，意大利央行行长马里奥·德
拉吉担任主席。20 世纪 70 年代，德拉吉和伯南克曾一起在麻省理
工学院接受教育，他大力倡导将金融和宏观经济学结合起来。到
了 2009 年 9 月，与此有关的技术讨论仍在进行。几周后，就有传
言称巴塞尔委员会效仿美国的压力测试，在全球层面认定 30 家金
融集团具有"系统重要性"。[62] 这些机构将受到更严格的资本标准
限制，需要起草"生前遗嘱"，预先规划出最糟糕情况下的解决方
案。2010 年 11 月，这项新规定在首尔召开的二十国集团峰会上获
得通过。2011 年 11 月，巴塞尔银行监管委员会公布了第一批全
面受制于《巴塞尔协议 III》的 29 个具有系统重要性的金融机构的
名单。

　　危机爆发后，这 29 家总部位于美国、欧洲、日本和中国的机
构共有资产 46 万亿美元，约占全球金融资产的 22%。从此以后，
它们将面临特殊的监管机制，不仅通过压力测试形式受到国家级监
管，而且要受到国际级监管。鉴于 2008 年金融危机的机制，《巴塞
尔协议 III》重点关注了新的监管领域。为了让它们在面对"回购哄
抢"时获得弹性，所有系统重要性机构被要求必须持有重组的高品
质流动资产，足够通过出售或回购负担 30 天的净业务流失。此外，
为了减少期限错配，银行需要证明自己有充足稳定的长期融资来源，
用以匹配长期贷款账目。《巴塞尔协议 III》旨在确保银行不会沦落
到北岩银行的境遇，庞大的长期抵押贷款资产负债表以不稳定的短
期批发性融资为来源。最终，这些内容将成为《巴塞尔协议 III》具
有革新意义但饱受争议的监管条款。但是在针对新监管的第一场战
斗中，首当其冲的是经典的资本问题。

　　危机之后，许多支持改革的经济学家呼吁大幅度提高资本比
率。[63] 经济学家阿纳特·阿德马蒂（Anat Admati）和马丁·赫

全球系统重要性金融机构：资产和一级资本（2012年底）

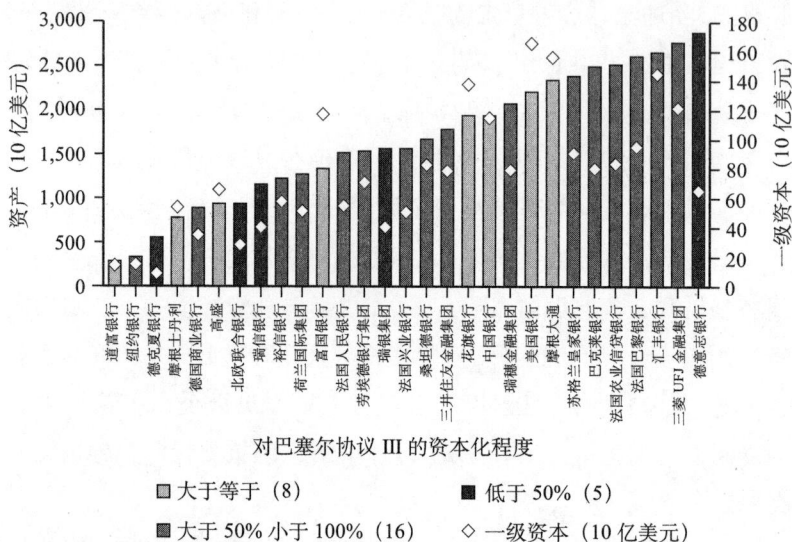

对巴塞尔协议 III 的资本化程度

- ■ 大于等于（8）
- ■ 大于 50% 小于 100%（16）
- ■ 低于 50%（5）
- ◇ 一级资本（10 亿美元）

资料来源：A. Rostom and M. J. Kim, "Watch Out for SIFIs—One Size Won't Fit All," World Bank (blog), July 1, 2013, http://blogs.worldbank.org/psd/watch-out-sifis-one-size-wont-fit-all. Data: *The Banker*, July 2012, and bank annual reports.

威格（Martin Hellwig）带头呼吁，应要求银行持有占资产负债表 20%—30% 的资本，这是其他行业和对冲基金普遍适用的资本比率，这样做会极大提高银行的稳定性。但是这也会显著降低回报率，因此，这将受到全球银行的激烈抵抗，它们可不想变成无聊的金融工具供应商。带头冲锋的是国际金融协会，其成员包括整个全球银行业，涵盖美国、欧洲和亚洲。协会总裁查尔斯·达拉拉（Charles Dallara）是一位富有经验的主权债务谈判家，在 20 世纪 80 年代曾是刚刚进入财政部工作的蒂姆·盖特纳的上司。国际金融协会主席约瑟夫·阿克曼是一位独断专行的人物，也是德意志银行的瑞士首席执行官。他们认为，过激的资产重组将减少贷款，进而使经济增长放缓。根据国际金融协会内部经济模型计算，对全球级的系统重要性金融机构提高 2% 的资本要求，将导致美国、日本和欧洲的 GDP 减少 3%，年度增长将减少 0.6 个百分点。在经济复苏阶段，实现 1% 或 2% 的增长并不容易，因此这是个不祥的预测。[64] 当然了，这是一种带有倾向性和假设性的论点，呼吁提高资本要求的人士不得不拿出更加复杂周密的计量经济学模型进行反驳。

在巴塞尔的经济模型大比拼中，希拉·贝尔成为提高资本要求的发言人。瑞士监管机构也站在她的一边。经过瑞银集团几乎破产的危机，加上瑞信的巨大亏损，瑞士非常明白，他们承担不起任何一家大银行破产。[65] 美国代表团的其他人没有希拉·贝尔这么激进。最终达成的妥协要求进行大幅度整改，但是绝对算不上激进。新规定要求，所有银行风险加权资产的 1 级普通股最低基本要求为 7%。但是，系统重要性银行必须持有更多资本，这取决于银行规模与其对世界经济的影响。从 2014 年 11 月到 2019 年 1 月，29 家被选择的机构将被要求提高资本对风险权重资产的比例，范围是 8%—12.5%，依其各自的系统重要性程度而定。[66] 此外，如果压力从债券转移到股份，还可能以可转换证券等形式额外施加 3.5%。最重要的是，与《巴塞尔协议 II》不同，新规定将以两种形式衡量杠杆。基本标准是资本对风险权重资产的比例，银行可以根据神秘的内部公式计算。但是作为稳定性的粗略检验，可以根据银行总资产与吸收亏损资本的简单比率来核实风险加权杠杆。这一比例不能低于股份对资产"杠杆率"的 3%。这让希拉·贝尔和持有相同意见的人士非常气愤。在美国，通过《柯林斯修正案》和联邦存款保险公司设定的标准，这个条件被提高了。但是如果巴塞尔协议没能做出更多努力，那么主要原因在不在于美国代表团，而在于欧洲的反对。

自危机爆发以来，德国和法国政府始终对盎格鲁—撒克逊金融措辞强硬，欧盟委员会最终意识到，需要建立金融消防能力。拉罗

西埃的金融监管委员会 *在 2009 年 2 月给出报告 [67]，呼吁建立全新
的欧洲银行监管架构，2011 年发展形成四大全新机构：欧洲银行
管理局、欧洲证券与市场管理局、欧洲保险与职业养老金管理局和
欧洲系统风险委员会，共同执行宏观审慎监管。从机构设置角度来
说，这比《多德—弗兰克法案》想要实现的监管要全面得多。然而，
尽管拉罗西埃的团队承认庞大的跨境银行给国家监管造成了巨大困
难，而且委员会也意识到美国的联邦架构使其在危机管理上拥有明
显优势，但是它给出的建议不过是临时责任分担协议，否定了实施
共同储蓄保险机制的设想。拉罗西埃委员会提出的愿景是国家措施
的协调和协作，而不是银行业联合会。[68] 与此同时，尽管欧洲花费
了大量努力创建新监管机构，银行业务模式和资产重组方面的进展
却无比缓慢。[69]

随着美国的节奏与步伐，2009 年 5 月，欧洲银行业监管委员
会（EBS）†宣布，将对欧洲的银行实行"情景规划演练"。但是委员
会坚称，这些"不是用以识别单个银行的压力测试"，而且"结果
（将始终）保密"。[70] 人们有理由担心这会导致更加彻底的调查。银
行迫切地想要避免接受政府援助这一耻辱，2008 年 10 月分配给欧
洲各地的数千亿用于资产重组的公共基金基本上没有人动。与此同
时，处在谷底的银行股票价格让银行通过市场筹集资金变得非常昂
贵。因此，早在 2009 年 4 月，在对金融危机的第一次令人痛苦的
总结中，国际货币基金组织即估算，美国在银行资本重组方面领先
很多。[71] 根据国际货币基金组织数据，到 2010 年，欧洲银行除了

---

* 欧盟委员会在危机期间组建了以雅克·德·拉罗西埃（Jacques de Larosière）为首的高
 级别委员会，就建立涵盖整个欧洲金融部门的监督体系提出可行性建议。拉罗西埃曾在
 1978—1993 年先后担任国际货币基金组织总裁、法国中央银行行长。——编注
† 欧盟的一个银行监管咨询委员会，成立于 2004 年 1 月，2011 年 1 月后被欧洲银行管理局
 取代。——编注

资产重组竞赛：美国和欧洲银行股份发行（年化数值占总资产的百分比）

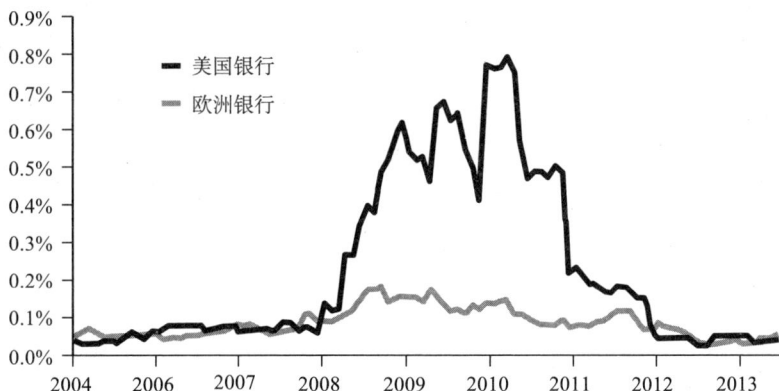

资料来源：D. Schoenmaker and T. Peek, "The State of the Banking Sector in Europe," OECD Economics Department Working Papers 1102 (2014), figure 8, http://dx.doi.org/10.1787/5k3ttg7n4r32-en.

它们已经承认的亏损外，还面临至少另外 1 万亿美元的资产减记。这是美国仍未偿付的数字的两倍。在欧洲各地的报道中，甚至流传着更加令人担忧的数字。2009 年 4 月，《南德意志报》（*Süddeutsche Zeitung*）获得了从德国银行监管机构德国联邦金融监管局（BaFin）泄露出来的报告，德国银行拥有的大量资产在当前状态下是不良资产或者无法出售，总计 8160 亿欧元。[72] 2009 年夏天，德国通过新的立法，启动了坏账银行吸收这些不良债务。但是再一次，没有人愿意拿走这些资金。欧洲的行动是促进性的，不是强制性的。总而言之，据国际货币基金组织估算，要重塑稳定性，欧洲银行将需要 5000 亿到 1.25 万亿美元，不论是新资本还是累计和留存利润。但是在接下来的一年间，欧洲银行没有积极寻求新资金，而是显著落后于美国的同行们。

　　这个图表令人震惊，它显示了美国银行相比于欧洲银行提高资本的力度是多么大，这是危机第一阶段的一个合适结论。不良资产救助计划加上随后的压力测试，以及《多德-弗兰克法案》和资本规划，让美国银行业体系在强迫性力量的推动下开始复兴。它阻止了更激进的选择。银行仍然大而不倒。不但没有缩小规模或者拆分，到 2013 年，摩根大通、高盛、美国银行、花旗集团、富国银行和摩根士丹利的规模反而比 2008 年的时候扩大了 37%。[73] 政府提供的资源一边倒地用于管理层和股东福利。但是，如果说目的是把美国的银行推出急救室，这些措施做到了。正如盖特纳坚持认为的，对他的稳定政策的最终考验是银行的财务状况，就此而言，记录是毫不含糊的。从 2009 年到 2012 年，美国 18 家最大型银行的共同资金从 4000 亿美元增加到了 8000 亿美元。他们将风险批发融资的比率从联邦存款保险公司担保的每美元 1.38 美元的零售存款降低至 0.64 美元。同时，现金、国债和高流动性工具资产的资产份额从 14% 提高到了 23%。[74] 财政部和美联储最终在 2008 年 10 月成功组织的精英封闭决断与合作正在发挥作用。

相比之下，欧洲没有对伤痕累累的银行体系进行全面的资产重组，这个错误成为危机的一个根本转折点。得益于特里谢的欧洲央行提供的低利息贷款，许多银行通过购买收益率更高的政府债券，采取权宜之计来增加利润。但是，欧洲银行没有建立新的资本，这将让它们无法抵御未来的冲击。美国开始稳定了，但是在欧洲，2008 年银行业危机将在一年之后与新的危机合流，这一新危机即欧元区公共债务市场恐慌。次级贷款危机和欧元区危机的相关之处在于欧洲银行资产负债表的脆弱性。接连发生的两场危机的结合将成为欧洲经济历史自 1945 年以来最严重的事件之一。它将动摇欧洲的政治基础，将让在欧洲和美国这两个位于大西洋两端的经济体拉开惊人的距离，也将给跨大西洋关系造成严重挑战。

第三部分

欧元区

第14章

2010年的希腊：拖延塞责和装聋作哑

2009年夏天，随着银行业的严重危机得到控制，欧洲和美国的经济开始复苏。但是，危机的余震仍在持续。由于美联储和财政部采取了阻隔措施，在美国，余震不再表现为金融体系的剧烈重压，而是蔓延到陷入痛苦之中的数以百万计的家庭，这些家庭正在艰难地应对负担不起的抵押贷款和不再值得他们用于担保债务的住房。美国房屋的止赎浪潮直到2010年初才达到高潮。换句话说，债务人继续违约，但他们的灾难并没有造成系统性风险。他们是弱势群体，因为奥巴马政府或其他人几乎没有向他们提供什么支持。经济的主要支柱不是美联储提供的宽裕的流动性，而是财政工具的自动稳定器。它们不仅对美国的公共财政，也对所有发达经济体的公共财政造成了重大影响。在2010年，这将引发一场全球性的强烈反应，各国纷纷要求进行财政整固，以及重新回到危机前被广泛吹捧的财政可持续性的议程上来。控制债务占GDP的比值将成为一句口头禅。在2008年对银行提供慷慨救助之后，紧缩政策出台了，不过针对的当然不是同一群人。然而，货币是可以互换的。最终，医疗保健、教育和地方政府服务都被列入用于负担危机成本的预算条目之中。

在欧元区，危机在三个较小的成员国中造成了巨大的财政影响，因此，从对银行业危机给予慷慨解囊的救助政策到随后紧缩政策的转换，是以一种特别戏剧化的形式呈现出来的。在 2008 年的危机之后，希腊、爱尔兰和葡萄牙陷入了预算日益难以为继的局面。在这三个国家中，希腊和爱尔兰的情况最为严重。希腊的公共债务过于庞大，需要进行重组。2008 年 9 月 30 日，爱尔兰惊慌失措地宣布，需要银行提供担保的债务已高达 4400 亿欧元，这压垮了爱尔兰。考虑到希腊和爱尔兰在 2009 年之前承受的重担，唯一合理的解决办法是进行债务重组，也称为债券持有人债务削减，或者更委婉地称为私营部门参与（private sector involvement, PSI）。在希腊，此举涉及向该国提供贷款的机构。在爱尔兰，这表现为银行债权人的债权无法得到合理偿付。与任何破产一样，这涉及侵犯财产权，并将产生不确定性。这一举措存在着严重的传染风险。如果希腊或爱尔兰进行债务重组，谁将成为下一个？考虑到欧洲银行的疲软状况，让它们蒙受进一步的损失可能是危险的。此外，鉴于它们与美国金融体系的相互关联程度，这种担忧不会仅仅局限于欧洲。因此，假如希腊和爱尔兰的局势，以及随后葡萄牙的困境都给自身造成了政治和财政压力，并且蔓延至大西洋两岸，这也不足为奇。但是，从 2010 年起，欧元区发生了非同寻常的情况。

2008 年 9 月至 10 月初，欧洲首次对银行业危机做出回应，具体表现为予以否认、缺乏主动性和各自为政，这也预示着未来将要发生的事情。2008 年秋，在危机的第一阶段，压力仍可以在国家层面得到控制。到了 2010 年，危机却演变成一场关乎欧洲未来的全面斗争。欧洲的单一货币几乎分崩离析。希腊、葡萄牙、爱尔兰和西班牙陷入了自 20 世纪 30 年代以来从未出现过的萧条之中。意大利也遭受了间接损害。法国的主权信用受到威胁，总理被罢免，政党垮台，民族主义的情绪被煽动到了沸点。奥巴马政府面临的情况是欧洲的新危机可能会对美国产生回溢效应。2009 年春，法国和德国就金融稳定问题指责了英国和美国。一年后，它们被迫呼吁国际货币基金组织不能只救助希腊，还应帮助整个欧元区。但这还不够。两年后，欧元区危机仍然对全球金融稳定构成威胁。

一

纵观从华尔街延伸到首尔的全球危机，希腊和爱尔兰的麻烦并不罕见，我们不需要参考欧元区治理的特殊特征来解释它们。[1] 爱尔兰是一个过度发展的离岸银行中心。都柏林背负的纾困成本之高，足以让财政状况最稳健的国家陷入危险。2008 年 10 月，拉加德的噩梦变为现实：欧洲高度一体化的金融体系出现危机，其规模之大，让当事国无法独自解决。因受恐慌驱使，加之他们与当地银行的密切关系，都柏林的政客们要求采取措施应对，但默克尔否决了欧洲的任何集体解决方案，这使爱尔兰的局势难以为继。当 2009 年 1 月 15 日都柏林被迫对盎格鲁爱尔兰银行进行国有化时，已有传言称国际货币基金组织将进行干预。爱尔兰的主权债券被大量抛售，其违约风险甚至超过希腊。[2]

如果希腊在 2008 年处于匈牙利（欧盟成员国，但未加入欧元区）的境况，那么它极有可能与东欧国家一同参与国际货币基金组织的第一轮援助计划。[3] 这并不是说希腊直接卷入了跨大西洋的金融危机。它的银行最多只在欧元区内享有利益。危机是通过其出口和旅游业蔓延到了希腊。之后，自动财政稳定器开始工作。税收收入减少。这些情况在 2008 年至 2009 年都很常见。希腊的不同之处在于，危机爆发时，该国的财政状况不稳定。值得重申的是，希腊并没有利用欧元区成员国的身份来大举借债。其大部分债务是在 20 世纪八九十年代堆积起来的，当时它的两个主要政党——泛希腊社会主义运动党（社会民主党）和新民主党（基督教民主党）*——利用西欧的现代化和富裕生活的承诺来吸引选民。[4] 2006 年，希腊债务占 GDP 的比值低于 2001 年加入欧元区时的水平。但债务并没有减少多少，要不是因为财政调整，情况会更糟。雅典的失败在于未能利用快速增长和低利率的特殊时期来大幅减轻其债务负担。赤字的骤增，利率的上调，都有可能使它从勉强维持陷入资不抵债。这正是 2008 年发生的事情。为了应对危机，保守的新民主党领导的政府放弃了所有财政限制，与此同时，希腊这个实力较弱的主权债务国出现了利率飙升。

2009 年 7 月，雅典向欧元集团发出警告，称其赤字可能会达到 GDP 的 10% 甚至更高，但当时双方都认为这些数据并不适合公之于众。10 月 4 日，希腊选民赶走了中右翼的新民主党，将绝大多数选票投给具有改革意识的泛希腊社会主义运动党，情况出现转机。两周后，乔治·帕潘德里欧（George Papandreou）领导的政府打破了沉默。[5] 雅典向欧洲统计机构即欧盟统计局宣布，其赤字将超过 GDP 的 12.7%。2009 年的预算修订一下子将希腊的债务负担从 GDP 的 99% 提高到了 115%。赤字达到数百亿美元，不断增加现有债务存量，再加上不断飙升的利率，这个问题很快就会无法控制。仅在 2010 年，希腊就需要偿还总计 530 亿欧元的巨额债务。这对任何借款人来说都会感到压力重重。但希腊的问题不是由于流动性不足造成的，而是资不抵债。根据一项计算，为了真正稳定其债务，

---

* 简言之，社会民主党泛指信奉社会民主主义或民主社会主义的政党（如英国工党、德国的社民党），而基督教民主党泛指把基督教的社会正义、经济公平等观点与政治民主和自由主义结合起来的、立场偏温和保守的政党（如默克尔所属的基民盟）。作者在本书中偶尔会用这两个词来代指某一具体的政党。——编注

希腊需要将税收收入提高到 GDP 的 14%，并削减相同数额的支出。这在政治上是不可能的。希腊需要做的是债务重组，就减记债务与其债权人达成一致。采取任何其他措施，在已经无法承受的债务负担上再增加新的贷款，都可以推迟问题的爆发，但代价是增加债务规模。

当然，对于债权人来说，重组是个不受欢迎的选项。就在 2007 年，希腊国债的收益率*几乎与德国的持平。这些国债被广泛持有。截至 2009 年底，在希腊 2930 亿欧元的未偿公共债务中，有 2060 亿欧元被外国投资人持有，有 900 亿欧元由欧洲银行持有，而养老基金和保险基金等机构持有大约 900 亿欧元。如果这些债务被减记，那么希腊的负担将减轻。但是，这也会使希腊被逐出体面的欧洲借款人俱乐部。在早期阶段，泛希腊社会主义运动党可能会将国家破产转变成为要求免除债务，甚至不惜与债权人决裂。[6] 到了 2009 年，它已不再是那种政党，因为重组将使雅典与其债权人进行羞辱性的谈判。这极有可能将国际货币基金组织牵扯进来。实际上，重组不仅不受欢迎，而且难以启齿。如果你希望以某种方式推迟不可避免的事情发生并勉强渡过难关，那么保持信心是至关重要的。可是，即便提到重组的可能性，也有可能引起恐慌，导致短期融资途径被切断，立即违约将不可避免。然而，无论你在适当的时候采用何种策略，数字都是无情的。希腊的债务太沉重，而且越来越多。重组是不可避免的。但是，这并不是一场干净利落的战斗，而是一场旷日持久、令人痛苦的后卫行动，被令人困惑又无休止地重复"拖延塞责和装聋作哑"的策略笼罩。

这条曲折的道路是从哪里开始的？ 2010 年春，希腊总理帕潘

---

* 国债收益率是指国债投资每年所获得的收益占资本金的比率，它是投资者进行国债投资的重要依据。国债收益率是全面衡量国债投资回报大小的指标。国债价格下跌说明市场投资者看低国家信用，或者说担心国家偿还国债本金和利息的风险。——译注

德里欧访问巴黎，与萨科齐总统及其政府会晤，这是一个良好的开端。法国人明确表示他们不希望出现危机，也不想听到任何关于债务重组的讨论。他们想要筹集资金来救助希腊。2008年秋，布达佩斯被迫投入国际货币基金组织的怀抱，自那场动荡以来，一个由欧洲大国组成的秘密委员会一直在开会，讨论如果成员国之一陷入匈牙利式的危机，欧元区将如何应对。[7] 巴黎和欧盟委员会一致希望在整个欧洲范围内达成解决方案。对希腊来说，这无疑让人感到安慰。在欧元区危机中，法国的确几乎没有或根本没有出现反对救助的歇斯底里的情绪。[8] 尽管法国对每一项欧元区纾困措施的人均贡献几乎与德国相当，而且总体贡献仅略低于德国，但这个问题从未像德国那样政治化。然而，这引出了一个问题，为什么在希腊的债务危机之后，巴黎仍愿意考虑投入大笔资金救助希腊？

萨科齐总统从不错过借助牺牲盎格鲁－撒克逊式的金融模式来提高声誉和获得好感的机会。然而，颇为尴尬的是，法国银行在希腊的风险敞口最大。巴黎银行是希腊国债的最大外国持有人。法国农业信贷银行因为其希腊子公司而面临着很大的风险敞口。最脆弱的是德克夏银行。[9] 但是，我们不得不问，为什么巴黎如此关注希腊问题？法国巴黎银行的资产负债表十分稳健，足以吸收希腊的亏损。德克夏银行在希腊的直接风险敞口只有30亿欧元。在正常情况下，这样的数额不足以危及银行的生存发展。这个问题之所以令人担忧，首先是由于德克夏银行的资产负债表十分糟糕。这确实是一个薄弱环节，在2010年没有人想要解决这一问题。公众不会支持另一场银行救助行动。人们所担忧的远不止德克夏银行及其同类机构。欧洲最大银行的整个商业模式，甚至像法国巴黎银行这样的国家领军银行，都令人忧虑。它们继续依赖批发融资。如果它们的信用开始出现问题，就会受制于商业票据和回购市场。融资市场的信心还没有从2007年以来遭受的冲击中恢复过来，而对欧元区信心的冲击可能会导致全面撤资。这不仅仅关系到希腊，而且关系到更大的跨境债务网络，在这个网络中，法国与其他富裕国家的贷款人一样持有很高的份额。

总而言之，外国银行向欧元区外围国家——希腊、爱尔兰、葡萄牙和西班牙——的放贷达到了 2.5 万亿美元。其中，法国银行的贷款数额高达 5000 亿美元，与德国银行的数额大致相同。大多数贷款和借款都不是针对政府的。西班牙和爱尔兰已被卷入房地产引发的巨大通胀之中，而如今，它们又面临着痛苦的通缩。特别是在西班牙，人们有理由担心当地抵押贷款机构的稳定性，而不是政府财政的稳定性。除了外围国家，更令人担忧的是意大利的公共债务。与希腊相比，意大利的预算情况受到更为严格的控制。事实上，在危机之前，意大利一直保持着基本盈余（在偿还债务利息之前）。但其债务水平高得令人担忧，2008 年 5 月，西尔维奥·贝卢斯科尼就任意大利总理，尽管具有商业资历并与其保守党联盟伙伴关系密切，但他仍被视为危险的机会主义者。没有人希望让恐慌的火焰蔓延到意大利。意大利之后就会是比利时，然后就是法国自己。从法国的角度来看，正是这种三级债务结构推动了欧元区危机的政治进程：处于底部的是破产的小主权债务国希腊和葡萄牙；然后是房地产繁荣的受害者爱尔兰及随后的西班牙，它们背负着银行业危机带来的巨额债务；最后是以意大利为首的真正庞大的公共债务国。在巴黎看来，希腊债务的长期可持续性不如稳固这个巨大的金字塔重要。

在巴黎受到充满同情心的欢迎，这无疑使雅典感到宽慰。但这本应让希腊敲响警钟。希腊希望自身成为法国为欧元区的金融稳定而战的地方吗？救助计划的目的是否旨在将欧洲过度扩张的银行面临的风险降至最低，并避免让那些可能最符合希腊纳税人利益的政客们陷入尴尬境地？希腊面临的风险是显而易见的。从法国方面来讲，人们可能也想知道，如果目标是巩固欧元区，那么拖延实施直接、

欧元区债务金字塔（单位：十亿美元）

在下列国家持有风险敞口	风险敞口的类型	德国	西班牙	法国	意大利	其他欧元区国家	英国	美国	全球总计
	2010 年第一季度全球银行面临的欧元区债务风险敞口								
希腊	公共部门	23.1	0.9	27	3.3	22.9	3.6	5.4	92.5
	银行	10.5	0	3.9	1.2	2.6	2.2	3.1	26.1
	非银行私人部门	10	0.2	40.2	2.2	14.5	6	5.2	83.2
	外国债权总额	43.6	1.1	71.1	6.8	40.1	11.8	13.6	20.2
	其他风险敞口	7.4	0.5	40.5	2	7.8	4.7	27.5	95.2
	风险敞口总额	51	1.6	111.6	8.8	47.9	16.5	41.2	297.2
爱尔兰	公共部门	3.4	0.2	8.7	0.9	3.8	7.3	1.9	29.7
	银行	46	2.5	21.1	3.6	14	42.3	24.6	168.6
	非银行私人部门	118.1	9.6	20.5	12	66.8	114.4	34.1	421.7
	外国债权总额	167.5	12.3	50.3	16.5	84.9	164	60.6	621.1
	其他风险敞口	38.3	3.9	35.4	12.1	7.6	58.4	53.2	222.7
	风险敞口总额	205.8	16.2	85.7	28.6	92.5	222.4	113.9	843.8
葡萄牙	公共部门	9.9	10.6	20.4	2.2	11.5	2.6	1.6	62.9
	银行	20.3	7.4	7.3	3.1	7	6.6	2	55.4
	非银行私人部门	8.2	66.7	14.4	1.1	8.2	15.8	1.6	118.4
	外国债权总额	38.4	84.7	42.1	6.5	267	25	5.2	236.7
	其他风险敞口	8.1	23.3	7.6	2.9	2.4	7.4	32.1	85.6
	风险敞口总额	46.6	108.8	49.7	9.4	29.1	32.4	37.3	322.4
西班牙	公共部门	30	—	46.9	2.3	19.1	7.6	4.9	127.6
	银行	95	—	69.7	11.1	68.7	27.6	28.6	317.4
	非银行私人部门	55.2	—	83.1	16.4	98.3	75	28.7	378.2
	外国债权总额	180.2	—	199.8	29.9	186.1	110.2	62.2	824.1
	其他风险敞口	37.7	—	44.4	12.6	14.4	31.5	124.1	278.5
	风险敞口总额	217.9	—	244.2	42.5	200.6	141.7	186.4	1,102.6
意大利	公共部门	55.6	11.8	119.4	—	na	12.2	21.3	371.3
	银行	54.5	3.1	51.2	—	na	13.4	13.6	171.4
	非银行私人部门	66.1	24.2	309.9	—	na	43	17.8	445.5
	外国债权总额	176.2	39.3	480.1	—	143.6	68.6	52.7	988.2
	其他风险敞口	58.2	20.3	97.6	—	na	28.8	237.3	487.1
	风险敞口总额	234.4	59.6	577.7	—	na	97.4	290	1,475.3

注：

（1）其他风险敞口包括衍生合约、保证担保和信贷承诺。

（2）2010 年第一季度意大利的行业风险敞口数额按照 2010 年第四季度报告的比例计算。

（3）德国、西班牙和法国对意大利的其他风险敞口数额按照占 2010 年第四季度外国债权总额的比例计算。

资料来源：国际清算银行合并银行统计数据和 *BIS Quarterly Review*，2010 年 9 月，见 http:// www.bis.org/publ/qtrpdf/r_qt1009.pdf。

彻底解决希腊巨额债务负担的计划是否为最佳策略。如果这是一个选择防线的问题，那么希腊真的是人们用于表明其立场的地方吗？用一个很快会在欧元区广泛流传的不恰当的比喻来讲，截去生了坏疽的肢体，积极推动希腊进行债务重组，难道不是更好的方法吗？[10]无论怎样做，双方都有风险，但巴黎选择了拖延塞责和装聋作哑。

　　起初，德国方面似乎也持类似的态度。与法国的银行一样，德国银行也对这个欧元区较弱的借款人存在巨大的风险敞口。柏林并没有丧失保持系统稳定性的逻辑。[11] 2009 年 2 月，当希腊和爱尔兰首次面临压力时，德国财政部部长佩尔·施泰因布吕克的一席话让市场平静下来："如果欧元区的某个国家陷入困境，那么我们必须共同提供帮助。虽然欧元区条约并没有就向那些资不抵债的国家提供帮助做出规定，但实际上，其他国家将不得不拯救陷入困境的国家。"[12] 一年后，当帕潘德里欧政府寻求帮助时，德意志银行精力充沛的首席执行官兼国际金融协会主席约瑟夫·阿克曼伸出了援手。他于 2010 年初前往雅典，提供了 300 亿欧元的公私贷款。[13]可想而知，随着柏林和巴黎都给予支持，使用创伤膏药修修补补可能会让市场平静下来，并将收益率降至让希腊能够苟延残喘的水平。然而，此举却让债务无情地堆积起来。当欧元区遭受来自爱尔兰或葡萄牙的下一次冲击时，将会发生什么呢？对于无力偿债的借款人来说，举借新债只是权宜之计，而非解决方案。

　　无论如何，到 2010 年春，这种不切实际的做法已经没有意义。2009 年 9 月 27 日，经过激烈的竞选，德国人投票将施泰因布吕克和社民党赶下台。安格拉·默克尔继续担任总理，此时，她与提倡自由市场、主张减税的自由民主党（自民党）结盟。[14] 他们更符合这位总理的意识形态品味，但她目前的政治基础十分薄弱，必须把更多的精力放在国内事务上。令保守派满意的是，沃尔夫冈·朔伊布勒接替施泰因布吕克担任财政部部长。朔伊布勒是 20 世纪 80

年代赫尔穆特·科尔一辈人中欧洲一体化的坚定支持者。作为冷战时代的基督教保守派，他有着广阔的战略眼光，支持欧盟在全球化时代作为西方文明的维护者。[15] 对于朔伊布勒来说，受法律制约的国家是他西方观念的支柱；而作为财政部部长，基于宪法的债务刹车是他特别关注的法律问题。基民盟的新联盟伙伴自民党是一个亲企业、倡导减税的政党，这让朔伊布勒在税收收入方面受到限制。朔伊布勒认为，德国和欧洲需要的是财政纪律。自 20 世纪 90 年代以来，朔伊布勒就一直坚定拥护"多速欧洲"*愿景，在这个愿景中，由一个核心国家集团来确定步调，而竞争力较弱、纪律较差的国家将走在后面。如果希腊达不到标准，那么希腊将走在后面。2010 年2 月 11 日，默克尔政府与其联盟伙伴同意采取紧急措施支持欧元，但否决了向希腊提供任何具体援助的提议，此举震惊了市场。一位欧盟官员告诉记者："基于法律、宪法和原则，德国正竭尽全力猛踩金融援助的刹车。"[16]

柏林拒绝遵循纾困方案，这让法国人担忧，也让希腊人感到震惊。但这没什么好奇怪的。《马斯特里赫特条约》第 125 条禁止相互救助。2009 年 12 月，就在希腊危机爆发之际，《里斯本条约》最终生效，强化了民族国家责任的首要地位，并阻止向债务相互化迈进。债务相互化可能会让欧洲财团分担为希腊部分债务提供援助的重担。在 2009 年 6 月 30 日对《里斯本条约》做出的一项关键性判决中，德国联邦宪法法院对继续推进欧盟一体化进程设置了进一步的障碍。[17] 该法院坚持在将更多的权力移交给布鲁塞尔之前，需要严格审查民主问责制。在 2010 年 2 月 11 日，柏林将会同意的是最后的权宜之计，例如支持欧元。这对希腊这样的"害群之马"来说

---

* 1994 年，德国基督教民主党发布了《朔伊布勒-拉莫斯报告》，其目的就是向欧盟内部关于一体化未来的讨论灌输"多速欧洲"的理念。——译注

意味着什么尚不清楚。诚然，希腊应该削减赤字，并进行劳动力市场改革，以便促进经济增长。然而，德国没有心情参与救助。绝大多数德国政治家和公众舆论似乎都愿意让市场在希腊及其债权人面前为所欲为。如果有必要减记债务，那就减记吧。如果雅典无法偿还债务，那么德国的整个政界都支持以银行为代价对债务进行重组。[18] 民意调查显示，在支持援助希腊的人中，有三分之二要求银行为救助计划提供资金。[19] 这些呼吁得到了游说团体（例如德国纳税人联盟）的支持，它们要求私营部门参与。[20] 这是一种苛刻且具有高风险的做法，它之所以对德国公众具有吸引力，是基于这样一个事实：德国公众倾向于指责"其他国家的"银行，而低估了本国金融机构的风险敞口。

这是欧元区债务危机的基本困境。希腊需要减记债务。德国并不反对，并且支持扣减债权人债务。但泛希腊社会主义运动党领导的希腊政府并不愿意为很大程度上由其前任制造的问题付出代价。因为这不仅仅会导致国家债务必须进行重组，希腊的银行体系也需要重组。整个希腊的社会和政治结构都处于危险之中。法国反对减记债务，而巴黎不仅得到了其他欧洲债务国的支持，也得到了欧洲央行的支持。欧洲央行对欧元区主权债务违约的可能性感到震惊。债务违约是否存在传染的风险？无疑，希腊需要的是一剂良药：财政纪律。这是一个最普遍的答案。财政紧缩是希腊在今后的几年里被迫接受的良药。但是，所需的预算调整是不切实际的，其对希腊经济的影响是毁灭性的。由于重组最终无法避免，那么要考虑的问题就是如何让重组安全进行，如何建立一个框架，在这个框架中，可以在不引起普遍恐慌的情况下减记债务并让债权人承担损失。但问题是，甚至连大声这么说，都可能在安全保障就绪之前引发挤兑。在采取拖延塞责和装聋作哑的策略以及否认重组的必要性时，很难为欧洲在制度建设方面的任何集体行动创造动力。而且，没有德国就无法实现这一目标。尽管德国在重组希腊及其债务方面没有退缩，但它对建立必要的机制以确保重组安全一点儿也不热心。

　　德国的不情愿表明其目光短浅，但这可以理解。到2010年春的时候情况已经很明显了，为全面解决主权债务危机的问题，需要：（1）对欧洲银行进行积极的资本重组，使其能够承受损失，2009年欧洲在该举措上已经落后于美国；（2）建立欧洲基金支持对银行进行资本重组，否则可能会扰乱较小国家脆弱的财政状况，但柏林已于2008年10月否决了这一提议；（3）欧洲央行需要稳定债券市场，要么向欧洲各银行提供流动性，要么借鉴美联储的计划积极购买债券，尽管欧洲央行的条约禁止直接将债务货币化，德国的保守派也痛恨此类的任何干预；（4）需要一个由各国政府预算支持的欧洲不良资产救助计划，以购买欧洲最弱国家的主权债券，但这一提议受到《里斯本条约》禁止债务相互化的阻挠，正是为了让这一切在政治层面上可以想象，人们才重新回到了财政纪律上来；（5）在有偿付能力的北方国家，如荷兰和芬兰，尤其是德国，纳税人需要知道他们没有吃亏上当。在能够进行债务相互化之前，需要就财政规则达成一致。2009年5月，德国的"债务刹车"宪法修正案设定了门槛。对柏林来说，低于这一门槛的任何举动都是一种妥协。由于要逐步解决这些环环相扣的问题，遏制危机的道路异常痛苦，更不用说解决希腊债务危机了。与此同时，金融市场一直以一种混杂着焦虑和不耐烦的情绪观望着，并留意着不确定性交易带来的投机性利润。

二

　　2010年初，朔伊布勒领导的德国财政部开始寻求解决方案。显然，在事先没有与安格拉·默克尔的内阁进行协调的情况下，朔伊布勒提议欧盟应建立一个欧洲货币基金组织（EMF），以便能够在欧元区内发挥国际货币基金组织在全球舞台上起到的重组、稳定和约束的作用。[21] 德意志银行首席经济学家托马斯·梅耶（Thomas Mayer）等人推出的一个版本的 EMF 理念是，当一国债务不超过 GDP 的 60% 时，该基金组织为此类债务托盘。超过这一水平的债务将导致重组，债券持有人将一律按比例削减债务。[22]

这是一个非常雄心勃勃的提议，反映了朔伊布勒根深蒂固的欧洲联邦主义*信念。他热衷于利用这场危机来推动 1992 年在马斯特里赫特未完成的欧洲一体化议程。如果柏林全力支持欧洲货币基金组织的构想，并且其预算已经设定为合适的规模（所需资金为数千亿欧元），那么危机的走向可能会不同。如果柏林奋起应对挑战，很难想象欧元区的其他政府如何抵制。这正是他们在 2012 年热切希望实现的。然而，德国在这场危机中发挥领导作用的机会已变得渺茫。2010 年春，朔伊布勒的计划遭到自己人的否决。[23] 默克尔总理不是欧洲联邦主义者。她不想重新讨论《里斯本条约》的条款，她曾经为这些条款努力奋斗过，而且刚刚开始实施。她不打算支持布鲁塞尔建立一个欧洲自己的货币基金组织。她非常怀疑欧洲的自律能力，并且不得不考虑德国联邦宪法法院对《里斯本条约》的裁决。她明白，激进措施是必要的，但她自己的提议只是让国际货币基金组织参与管理欧元区，而不是创建一个欧洲货币基金组织。

迫使希腊求助于国际货币基金组织引起了德国保守派的兴趣。[24] 国际货币基金组织及其满怀抱负的总裁法国人多米尼克·斯特劳斯－卡恩渴望参与其中，但也有一些犹豫。它已经向东欧投入数百亿欧元，欧元区可能需要更多。在全球化的新时代，深度参与欧洲事务是国际货币基金组织的正确方向吗？在与理事会中具有权威代表权的欧洲国家打交道时，国际货币基金组织的经济学家能否

---

* 欧洲联邦主义，指将欧洲组成类似于美国的一个大型联邦制国家的政治主张。——译注

确定他们的专业知识会占据上风？具体而言，欧洲人是否会采纳国际货币基金组织关于重组问题的建议？他们是否了解国际货币基金组织负责推行的政策？在2001年阿根廷金融危机的灾难性经历之后，国际货币基金组织制定了新的规则。[25] 该基金组织将仅向具有偿付能力的借款人提供贷款，否则这些借款人就必须进行重组。如果它要放贷，则必须坚持在恐慌开始之前尽早放贷。因为考虑到杠杆金融市场可以调动的投机性资源的规模，一旦挤兑开始，放贷可能既昂贵又无效。鉴于希腊危机在2010年初的几个月已经发展到一定程度，要说希腊符合这些标准中的任何一个，都是站不住脚的。

　　此时，人们再次看到另一条道路的可能性：柏林是否支持国际货币基金组织要求希腊立刻进行重组的主张？当然，国际货币基金组织自行开展的回顾性分析表明，这将是一条更好的道路。[26] 但是，默克尔否决了建立欧洲货币基金组织的想法，她的态度成为任何此类策略的主要障碍。她不愿意考虑进行安全重组所需的额外迂回措施，而让国际货币基金组织参与的提议也让欧洲其他国家联合起来反对她。事实上，默克尔自己的财长朔伊布勒曾公开表示，他将把国际货币基金组织的介入视为欧洲的"耻辱"。[27] 对于萨科齐来说，国际货币基金组织参与其中是不可想象的。2010年3月初，他告诉希腊政府："忘记国际货币基金组织吧。它不适合欧洲。它是非洲的——它是布基纳法索的！"[28] 同样，欧洲央行坚决反对任何引起债务重组的措施和国际货币基金组织的参与。美国的抵押贷款担保债券引发了银行业危机，这已经够糟糕的了。在让-克罗德·特里谢看来，欧元区公共债务的主权担保得不到全面兑现，这简直是无法想象的，而且让国际货币基金组织参与欧洲内部事务无异于雪上加霜。特里谢提出反对意见，不是因为国际货币基金组织是针对非洲的，而是因为它是"美国的"。[29]

　　特里谢对外部世界的担忧是有理有据的，因为一谈到欧元区，所有的目光都转向了欧洲央行。如果欧洲央行是一家中央银行，就像美联储或英格兰银行那样，那么根本不会让主权债务危机发生。希腊没有借入美元。它借入的是欧元，并将印制本国货币的主权委托给欧洲央行。它的命运和整个欧元区其他国家的命运都握在了特里谢的手中。为了阻止希腊利率发生破坏经济稳定的大幅飙升，欧洲央行所要做的就是全球各国央行都在做的事情：购买主权债券。当然，购买债券并非长久之计。希腊需要重组、整顿财政纪律和实现经济增长。但这关系到一个庞大经济区的金融稳定。希腊的公共债务只是欧洲金融体系的一小部分。与成立欧洲央行有关的条约对欧洲央行购买新发行的希腊国债的权利施加了限制。但作为稳定市场手段的一部分，它可以购买流通在外的国债。如果欧洲央行不干预，那么这就不是一个经济问题，而是一个政治问题，而且在 2009 年冬至 2010 年冬，欧洲各国的央行行长似乎决心采取强硬立场。欧洲央行没有延续 2009 年提供的慷慨流动性的做法，而是允许长期再融资计划到期。[30] 2010 年 4 月，它开始讨论一种新的制度，根据该制度，它将对评级较低的主权债券实行逐步的折价回购，由此限制它们对银行的吸引力。[31] 特里谢参与了一场高风险的赌博，试图用债券市场的压力来替代欧元区缺失的联邦式财政和经济治理结构。由于欧洲央行的袖手旁观，债券收益率飙升将迫使希腊认真对待财政纪律和经济改革。在采取这条路线时，特里谢不仅实现了自己的计划，他还安抚了德意志联邦银行的首领阿克赛尔·韦伯教授，他是强硬的货币主义者。欧洲央行的任何债券购买行为在德国都被视为一种通胀威胁，更确切地说，它们被认为是一种隐性的债务相互化。借由欧洲央行的资产负债表，德国纳税人最终将成为欧元区其他国家的债权人。[32] 当然，欧洲央行的其他股东也是如此。然而，德国的欧洲怀疑论者担心的正是德国持有的那部分债权。

在 2010 年初的几个月里，争论陷入了僵局。希腊面临的市场压力加剧。外国投资者纷纷抛售他们所能出售的希腊国债。欧洲的强硬派或许将此看作一种整顿纪律的合法方式，但对投资者来说，缺乏解决方案令人不安。下一个会是谁？爱尔兰？意大利？坦率地说，这对希腊政府来说是可怕的。到 2010 年 5 月 19 日，雅典需要支付 89 亿欧元。没有人知道他们将去哪里找到这笔钱。泛希腊社会主义运动党领导的政府迫切地希望找到一条出路，于是向大西洋彼岸寻求帮助。

2010 年春，报忧不报喜的欧洲访问者并不受白宫的欢迎。奥巴马政府一直密切关注希腊债务危机的发展，并呼吁欧洲人迅速采取行动。[33] 但它自身却陷入了国内政治泥潭。由于在泰迪·肯尼迪（Teddy Kennedy）*去世后于 1 月份在马萨诸塞州举行的特别选举中一败涂地，民主党失去了参议院可避免对手拖延表决的多数席位。医改法案的通过已经成为一场残酷的消耗战，《多德—弗兰克法案》似乎搁浅了。财政部和美联储最不想要的就是一场新的危机。但到了 2010 年春，欧洲人在处理希腊问题上的失败恰恰产生了这种威胁。

六十三年前，希腊的一场政治危机引发了美国政策的转变。1947 年 3 月 12 日，在英国宣布无法在希腊内战中击败共产党叛乱后，杜鲁门总统宣布了遏制共产主义的策略，这是冷战的开端之一。同年夏天，杜鲁门的国务卿乔治·马歇尔（George Marshall）将军做出了向欧洲提供经济援助的传奇承诺，以此支持遏制策略。而在 2010 年，没有出现像苏联这样能迫使奥巴马政府采取行动的对手。希腊之所以能让美国头疼，并不是全球意识形态的冲突，而是因为资金在跨大西洋的流通系统中流动。美国的共同基金持有欧洲银行（尤其是法国银行）数千亿美元的债券，正是这些银行在希腊具有

---

* 泰迪·肯尼迪，美国民主党籍政治家，美国左派雄狮，也是主导美国政治多年的肯尼迪兄弟的最后一人。他是民主党的元老，被认为是自由主义的标志性人物。——译注

风险敞口。而这些欧洲银行的美国分行也是美国家庭和企业的主要贷款机构。欧元区的任何金融危机都会对美国造成冲击。

2010 年 3 月 9 日，也就是在德国阻止向希腊提供快速救助的一个月后，奥巴马总统和他的高级经济顾问拉里·萨默斯及蒂姆·盖特纳抽时间会见了希腊总理及其代表团。奥巴马传达的信息令人鼓舞。拥有 17% 投票权的华盛顿政府＊投票支持国际货币基金组织援助希腊，并将支持与默克尔接洽，以便请求欧盟提供援助。[34] 法国和欧洲央行反对国际货币基金组织参与援助的呼声将被推翻。但白宫明确表明了一件事：不可能谈论债务重组。"我们不能再出现一个雷曼兄弟了。"奥巴马强调说。希腊的债务是否可以持续不是美国关注的问题。华盛顿的首要任务是遏制金融危机的传染。除非欧洲人找到稳定债券市场的方法，并准备推动欧洲银行的大规模资本重组，否则无法考虑进行债务重组。鉴于法德之间的僵局，这样的协议似乎不太可能达成。

正是在这个利益场中出现了"拖延塞责"和"装聋作哑"的首次交织。欧洲进入了一种紧急状态，界定这种状态的不是单个主权国家，而是主权缺失。[35] 在 2010 年 3 月 25 日的欧盟峰会上，默克尔不顾法国和欧洲央行的反对，在华盛顿的支持下，强行决定让国际货币基金组织介入。[36] 这将是欧盟和国际货币基金组织的联合行动，就像前一年在波罗的海国家一样。不过，这一次欧洲央行将全面参与。由欧盟、欧洲央行和国际货币基金组织组成的一个委员会很快将成为臭名昭著的"三驾马车"，对希腊和援助计划涉及的其他国家发号施令。债务重组计划被不予考虑。在这一点上，华盛顿站在法国和欧洲央行的一边。无论结果是否可持续，希腊的现有债

＊　国际货币基金组织的每个成员国都被分配有一定的份额，份额大致基于成员国在世界经济中的相对地位。成员国的份额决定了其出资的最高限额和投票权，并关系到其可从国际货币基金组织获得的贷款的限额。——译注

务都将通过三驾马车提供的新贷款来偿还。在此情况下，国际货币基金组织将不得不改变其运作程序。为了满足默克尔对《里斯本条约》的坚持，援助计划的"欧洲"方面将不包括通过布鲁塞尔的欧盟中央机构集体采取的措施，或者成员国共同资助的措施。因为采取这些措施需要修改条约，并可能违反德国联邦宪法法院划定的界线。相反，它将包括在双边和自愿的基础上，通过有影响力但非正式的欧元区财长会议即欧元集团协调，由个别国家为雅典提供贷款。为避免出现《马斯特里赫特条约》禁止的救助计划，不会按照优惠条件发放贷款。利率将会很严苛，并且将会有一笔手续费来对贷方的麻烦给予补偿。最后，也是最重要的一点，不会为了防止市场失去信心而预先提供救助贷款。只有当希腊失去进入市场的机会时，救助贷款才会作为最后的手段予以发放。这将取决于希腊能否通过紧缩政策尽可能久地阻止这一刻的到来。

　　对普通希腊人来说，这意味着公共部门需要削减薪酬，合同工无法续签，私营部门的解雇人数上限被取消了，领取养老金的年龄提高，增值税和其他消费税上调。本已承受压力的经济受到紧缩政策的进一步挤压。本就已经处于欧洲较低生活水平的人口进一步陷入困境。希腊劳工运动进行了激烈的抗议。然而，这至少足以满足债券市场的需求。在 2010 年 3 月的最后几天，雅典得以发行最后一笔长期债券：50 亿欧元，期限 7 年，利率不到 6%。毫不意外，投资者对此的反应不温不火。[37] 欧洲正在准备一张安全网。唯一的问题是希腊何时会跌下悬崖。

三

　　3 月 30 日，来自爱尔兰而非希腊的消息震动了市场。对爱尔兰的破产银行进行资本重组的费用正在飙升。仅仅针对盎格鲁爱尔兰银行一家，都柏林目前制定的预算就达到 340 亿欧元，超过爱尔兰 2010 年的税收收入。很快，爱尔兰的赤字将比希腊的还要糟。[38] 在爱尔兰，是银行减轻了主权债务。在希腊，情况正好相反。精明的希腊银行储户意识到，他们的存款被投资于雅典正在苦苦挣扎的政府债券之中。在 2010 年的前几个月，有 140 亿欧元被从希腊银行中取出来，并被转移到了欧元区其他国家。首先行动的是那些通过塞浦路斯转移巨额资金的寡头们，但很快便有中产阶级储户紧随其后，一次取出几千欧元。[39] 由于缺乏资金来源，希腊各银行求助于欧洲央行的当地分支机构希腊央行，而特里谢继续允许该央行回购被下调了信用评级的希腊政府债券。这是一个至关重要的生命支持系统，它不仅使该央行对希腊政府，而且对整个希腊社会和经济拥有控制权。如果法兰克福的欧洲央行不批准，那么自动取款机里就不会有钱，但希腊无法承受的债务也不会进行重组。

4 月，当三驾马车对谁将提供多少资金，希腊救助计划的规模有多大争论不休时，时间已所剩无几。[40] 在惠誉国际信用评级机构下调希腊的信用评级后，希腊政府债券的收益率飙升至 7.4%。4 月 22 日上午，欧盟统计局宣布，该组织在 2009 年对希腊赤字做出的估计现已升至 GDP 的 13.6%。爱尔兰的更高，达到 14.3%。希腊债券息差飙升至 600 个基点，将借贷利率推高至 9%，希腊被市场拒之门外。是时候采用最后手段了。在朔伊布勒和盖特纳的敦促下，希腊政府启动了应急机制。希腊需要大量资金，不能再浪费时间了。

这是一个巧合，但具有象征性意义。4 月 22 日晚上，在欧盟统计局的数据震撼市场数小时后，全球金融精英聚集在华盛顿特区，参加国际货币基金组织的春季会议。晚上的娱乐活动在加拿大大使馆举行，现在是时候坦率地谈一谈了。危机已经蔓延出了欧洲舞台。如今，欧元区对全球金融稳定构成了威胁。自 3 月份以来，中国一直要求采取行动，以捍卫欧元计价资产的全球投资价值。[41] 正如英国财政大臣阿里斯泰尔·达林回忆的那样，当时的气氛很紧张："毫不夸大的一个事实是，随着怀疑越来越多、焦虑越来越大，美国正眼巴巴地看着欧洲无力采取行动……我想说的是：'为什么你不能采取行动？你知道你必须做点什么。'"[42] 正如英国《金融时报》所言，欧元区未能以自己的方式恢复稳定，这意味着到 2010 年 4 月，"拯救"欧元这一"欧洲一体化的最终体现，取决于国际机构和美国政府等外部人士"。

但是，在华盛顿没有达成任何协议。三驾马车刚刚开始就纾困贷款的条款与雅典讨价还价。市场仍然悬而未决。2010 年 4 月 28 日，市场行情急转直下。不出人们所料，德国财政部的官方纪事是一份严肃的文件。它对那天欧洲主权债券和银行间货币市场发生的事情进行了如下描述：

> 危机变得异常严重。葡萄牙、爱尔兰和西班牙等一些欧元区成员国的政府债券的风险溢价迅速上升，达到了 4 月阻止希腊进入金融市场的水平。这与［2008 年］金融危机引人注目的最后阶段遥相呼应，欧洲各银行之间几乎没有银行间贷款。总体而言，在非常短的时间内，出现了即将爆发严重系统性危机的迹象。[43]

这种官方叙事掩盖的，是柏林在促成这场"即将爆发的严重系统性危机"中扮演的角色。在 5 月初的重要地区选举之前，德国公众强烈反对向希腊提供援助。默克尔的联盟合作伙伴自民党，目睹其在自由市场民族主义支持者中的支持率大幅下降，毫无忌惮地打出反希腊牌，使默克尔回旋的余地变小。为了提醒默克尔注意全球利害关系，4 月 28 日，多米尼克·斯特劳斯-卡恩和让-克劳德·特里谢都飞到了柏林。[44] 但是，尽管恐慌情绪越来越严重，柏林仍没有偏离在 3 月 25 日定下的最低限度原则。事实上，默克尔告诉新闻界，允许希腊加入欧元区是一个错误，德国对任何救济的出资都将根据柏林确定的条款自愿做出决定，这引发了人们的猜测。[45]这不是那种安抚市场的言论。希腊的息差随即飙升到 1000 个基点，在当天结束时，华盛顿对此十分警惕，奥巴马亲自致电德国总理官邸。[46]不过，接到电话的不止默克尔一人。盖特纳和他的工作人员的日志显示，华盛顿几乎每天都与柏林、法兰克福和巴黎联系。[47]世界各国政府都在敦促欧盟采取行动。

最后，在 5 月的最初几天，协议达成了。希腊与三驾马车约定，不仅要削减希腊财政赤字，而且要实现盈余。希腊承诺扭转预算余额，使其达到一个令人惊愕的比值——占 GDP 的 18%。[48]仅在 2010 年，希腊的赤字就将削减至 GDP 的 7.5%。希腊民众生活的各个领域都将受到影响，从部长的合同保洁员到对国有资产进行私有化，涉及所有民众和方方面面。作为交换，希腊将获得远超之前设想的救助：1100 亿欧元，其中 800 亿欧元来自欧盟，300 亿欧元来自国际货币基金组织，需要在三年内按季度分期偿还。贷款利率很低，很明显，偿还这些贷款将在 2013 年造成还款冲击。但这是愿意提供贷款的国家所能提供的最好的救助。默克尔承诺联邦议院将在 5 月 7 日投赞成票。问题是，市场是否会给欧洲这么长的时间。

5 月 5 日，星期三，默克尔向德国联邦议院提交了救助方案。她称其为 "*alternativlos*" ——别无选择的选择。[49]默克尔改写了玛格丽特·撒切尔（Margaret Thatcher）的著名说法 "没有别的选择"（there is no alternative, TINA），让这个词变得臭名昭著。与此同时，就在同一天，一场动员了希腊劳工运动两大派别的大罢工震动了希腊，导致交通和公共服务瘫痪。在雅典，抗议者与防暴警察进行了持续的暴力对抗。正当议员们在委员会会议上就紧缩计划进行辩论时，一枚燃烧弹穿过玛芬银行一家分行的窗户坠落，导致大楼起火，

三名工作人员丧生。卡罗洛斯·帕普利亚斯（Karolos Papoulias），
这位头发花白的希腊共和国总统、第二次世界大战期间希腊抵抗运
动的老兵宣称："我们国家已处在深渊边缘。"[50] 5月6日，希腊议
会召开会议，投票通过了有史以来对现代民主国家提出的最严厉的
紧缩计划。当天上午，欧洲央行理事会在里斯本召开会议，记者通
过电子邮件发送消息称，专横的让-克罗德·特里谢甚至拒绝讨论
介入购买希腊债券的可能性。本周早些时候，在新的财政计划的支
持下，欧洲央行勉强同意继续回购希腊国债，但积极购买债券的做
法有些过头。[51]这不是市场需要听到的。

在欧洲时间下午，当美国股市开盘时，股价暴跌。下午1点，
股市下跌4%。由于欧洲央行拒绝提供支持，希腊政府债券的信用
违约掉期交易的成交量变得相当大。在一天内，衡量市场不确定性
的波动率指数（Volatility Index，VIX）飙升了31.7%。欧元暴跌，
下午早些时候下跌了2.5美分。[52]那天下午大西洋两岸的交易终端
之间发生的事情，后来成为美国法庭上一个有争议的问题。但是下
午2点32分，市场开始痉挛。[53]半小时后，也就是下午3点5分，
美国主要股票市场的市值蒸发了6%，有1万亿美元被从投资组合
中抹去。由于恐慌的交易者纷纷转向优质债券，美国国债的需求激
增，导致其收益率在几分钟内从3.6%降至3.25%。

由于大西洋两岸的时差，当欧洲央行理事会的成员们在里斯本
享用晚饭时，他们的黑莓手机收到了"闪崩"的消息。雷曼危机已
经过去了18个月，在救助希腊方面的拖延似乎将导致第二次金融
灾难。就连措辞强硬的德国央行行长阿克赛尔·韦伯也意识到，欧
洲央行无法维持特里谢于该日上午采取的强硬立场。"欧洲央行必
须购买政府债券。"他在餐桌上大声说道。[54]对于欧洲央行行长的
保守派团队来说，这是一个戏剧性的时刻。他们明白他们需要采取
行动。全世界都在看着。雅典真的在燃烧。很快就会轮到罗马。但

欧洲央行并不想成为市场上唯一的买家。它决心不让欧洲各国政府逃脱责任。它想要的是全面紧缩。此外，尽管欧洲央行可能会购买债券以提供暂时的支持，但需要的是一个由国家支持的庞大基金，以便为债券市场提供信心，这宜早不宜迟。让欧洲各国政府和纳税人为彼此的债务负责，将会造成一场噩梦般的政治纠葛，但这至少会恢复财政政策和货币政策之间的清晰界限，欧洲央行正是在此基础上确立了其宝贵的独立主张。

　　第二天，即 2010 年 5 月 7 日，欧洲理事会会议传达了一个启示录般的基调。雷恩（Olli Rehn）专员和特里谢行长发出了严重警告。"这是欧洲的危机，是全球性的危机。目前的形势正以极端的速度和强度恶化。"特里谢坚称。正如英国《金融时报》报道的那样，这一消息让有些守旧的欧洲理事会感到震惊："在此之前，尚未完全融入全球金融市场的欧元区小国的领导人没有意识到危机的严重性。然而，即使是经验丰富的领导人也表现出了震惊。""［尼古拉］萨科齐吓得脸色发白，"一位大使说道，"我从来没有见过他脸色这么苍白。"[55] 尽管存在危机意识，而且已就希腊问题达成了协议，但在为整个欧元区建立一个通用的安全保护伞的问题上仍然没有达成协议。萨科齐将矛头指向欧洲央行。当欧洲各国政府的信用被毁时，欧洲央行怎能袖手旁观呢？为什么欧洲央行不像美联储或英格兰银行那样作为呢？"萨科齐吼道：'快快快，别犹豫了！'"一位欧盟政策制定者回忆道。萨科齐获得了意大利总理西尔维奥·贝卢斯科尼和葡萄牙总理若泽·索克拉特斯（José Sócrates）的支持，这两人都有理由担心会爆发一场全面的主权债务危机。但默克尔、荷兰人和芬兰人都退缩了。欧洲央行是独立的。它必须自由地采取其认为合适的行动。5 月 7 日星期五，会议结束了，协议没有达成。但在华尔街事件后，很明显，在 5 月 10 日星期一亚洲股市恢复交易之前，必须采取一些重大措施。欧洲人将不得不从向希腊提供国家救助转向为整个欧元区提供更全面的金融支持。他们不能指望通过与国际货币基金组织达成双边协议来逐个国家地解决问题。几个星期前，数百亿欧元他们都不愿意拿出，而现在，他们将不得不考虑更大的数额。

在世界各国政府的巨大压力下，欧洲的领导人们于 5 月 9 日（星期日）下午再次召开会议。[56] 奥巴马已经给默克尔和欧洲其他主要领导人打过电话。本·伯南克召集了与联邦公开市场委员会的临时电话会议，批准续签向欧洲央行、英格兰银行、瑞士国家银行和加拿大银行设立的互换额度。[57] 而且，就在欧洲各国财长召开会议期间，七国集团召开了电话会议。日本、加拿大和美国也处于危险之中。在这个关键时刻，朔伊布勒因药物过敏而住院治疗。因此，西班牙财长担任主席，法国财长克里斯蒂娜·拉加德发现自己成为两个组织之间的联络人。她同时拿着两部手机，一只耳朵听着欧盟27 国的会议发言，另一只耳朵听着七国集团的会议讲话。商定的救助资金规模巨大：欧盟委员会拨款 600 亿欧元，欧洲各国政府拨款 4400 亿欧元。多米尼克·斯特劳斯-卡恩提出按照去年夏天拉脱维亚采用的相同比例，利用国际货币基金组织的资源来支持该笔资金。但是，小国拉脱维亚只需要几十亿欧元，现在国际货币基金组织承诺了 2500 亿欧元。这是国际货币基金组织迄今为止对任何计划做出的最大承诺。在伦敦召开的二十国集团峰会上，各国领导人向国际货币基金组织承诺提供 1 万亿美元，以用于拯救欧洲，这标志着全球救火新时代的到来。这些数字令人印象深刻，但最重要的问题是救援资金将如何构成和筹措。这是迈向主权债务相互化的第一步吗，是超出《里斯本条约》范畴的激进举措吗？柏林不会做出任何类似的让步。[58] 在一位具有影子银行专业知识的荷兰参与者建议，将欧洲金融稳定基金（European Financial Stability Facility，EFSF）作为在避税天堂卢森堡登记的私人特殊目的机构纳入救助计划之前，整个协议都悬而未决。欧元区各国政府将在不承担任何政府间"欧洲"总体承诺的基础上，以国家为单位提供资金。

即使采取这种权宜之计，欧洲金融稳定基金也需要几个月的时间才能落实。在周一上午恢复交易时，所需要的是对欧洲债券市场提供即刻支持。这只能来自欧洲央行。欧洲金融稳定基金协议让特里谢感到满意。现在，各国政府认真了。但问题是特里谢能否让欧洲央行理事会通过该协议，特别是能否说服德国央行。在 5 月 6 日恐慌时刻转变态度同意购买债券后，阿克赛尔·韦伯接着就改了主意。他不想冒险与德国公众舆论相左，也不想与他在欧洲央行董事会的德国同人、首席经济学家于尔根·斯塔克（Juergen Stark）分道扬镳。在从葡萄牙返回法兰克福的途中，韦伯撤回了他的协议。然而，5 月 9 日星期日，特里谢将提案付诸表决，获得多数赞成票。之后，他一直等到 5 月 10 日清晨，直到欧洲各国政府终于准备拿出七拼八凑的纾困资金时，才发表公开声明。[59] 欧洲央行不会率先采取行动。

在随后的几天里，市场平静下来。尽管遭到德国的反对，欧洲央行的购债承诺还是起到了助力作用。一般情况下，如果有最后的买家，持有人都不会急着出售债券。但是，为了使欧洲央行能够实现承诺，协议中还有一个未公开的内容。那就是，即便没有立刻对希腊债务进行重组，也不得允许银行出售其持有的全部不良债券。默克尔和朔伊布勒力挺欧洲央行购买债券，伴随着购债行动而来的是，欧元区所有国家的财长都将向其主要银行施压，要求它们不要出售所持有的希腊债券和其他问题债券。不过，这样的要求从未完成。在德国，德意志银行牵头的一个小组同意持有债券三年。[60] 但是，许多小银行拒绝接受这一承诺。很快就有传言称，欧洲央行购买的最初 250 亿欧元的债券，绝大部分来自法国。

国际货币基金组织在 2010 年 5 月 9 日（星期日）举行的理事

会会议上批准了该协议。由于斯特劳斯－卡恩身在欧洲，在华盛顿召开的这场会议由布什任命的约翰·利普斯基（John Lipsky）主持，他曾在国际货币基金组织和摩根大通任职。在国际货币基金组织总部的会议桌上，没有人对形势感到满意。[61] 这是一次意义非凡的行动。但令人深感不安的是，在欧盟的要求下，国际货币基金组织正在着手处理希腊这个相对富裕的欧洲国家的危机。希腊获得的贷款远远超过了该国的配额，国家配额通常受到该国在国际货币基金组织出资额的限制。国际货币基金组织被要求与三驾马车的其他成员分享该计划的控制权，并且它自己的专家也还不确信希腊的债务是可持续的。正如他们谨慎提出的那样：不可否认的是，该计划"存在的重大不确定性"，使得它"难以明确表明"希腊有能力偿还债务。按理说，这将是一个危险信号。毕竟，如果希腊从官方贷款机构获得新的贷款，以偿还其无力偿还的现有私人债务，那么谁将会从中受益？一名来自巴西的理事会成员一向直言不讳，他坚称，该计划并非"救助不得不进行痛苦调整的希腊，而是救助希腊的私人债券持有人，主要是欧洲的金融机构"。[62]

对于"诱饵调包"*这种挂羊头卖狗肉的做法，人们几乎不需要更清楚的解释了。通过这种做法，银行过度放贷的问题变成了一场公共借款危机。[63] 但这种做法不是由巧妙的意识形态魔术造成的，而是希腊债务大戏的主要表演者德国、法国、欧洲央行、国际货币基金组织和奥巴马政府，根据最低限度的共识妥协的产物。当然，在国际货币基金组织，人们对正在达成的妥协几乎不抱任何幻想。5 月 9 日，在国际货币基金组织理事会的会议室内，气氛非常消极，以至于利普斯基认为有必要提出相反的做法。利普斯基完全忠于白

---

* 诱饵调包（bait-and-switch），是一种商家常用的销售手段，指利用低价优惠的商品诱使顾客前来消费，可是当顾客前来买的时候，他们就说那样东西已经卖完，或者告诉顾客该商品存在缺陷，然后建议顾客购买别的价钱更高的商品。——译注

宫的路线，他是盖特纳最大力量逻辑的狂热信徒。[64]事实上，利普斯基倾向于呼吁国际货币基金组织不采用鲍威尔主义，而是采用"震慑"，以便让他的同僚们难堪。2003 年，美军对巴格达发动的毁灭性空袭即以"震慑"为代号。[65]在 5 月 9 日于华盛顿举行的重要会议上，作为主持，利普斯基意识到了同事们的担忧和批评，但宣称自己"对国际货币基金组织的计划显然应该包括重组，甚至是违约的建议感到有些不安"。重组"将对希腊的银行体系产生直接和毁灭性的影响，更不用说更广泛的外溢效应了"。这才是最根本的决定因素。

国际货币基金组织理事会批准了这一不成比例且风险较大的希腊救助计划，不是因为它本身有意义，或者对希腊有利，而是因为从迄今为止的记录来看，如果欧洲无法遏制希腊危机，则意味着存在"较高的发生国际系统性外溢效应的风险"。[66]与其重组希腊不可持续的债务，倒不如重组整个公共部门及其岌岌可危的经济。有关削减成本和提高效率的大胆假设，是国际货币基金组织凭良心改进希腊救助计划的途径。也许，如果对希腊进行足够彻底的改革，那么"僵化"和"信奉庇护主义"的希腊可能会被迫走上经济高速增长的道路，毕竟这将使其债务可持续。紧缩和"改革"是议程中唯一可以达成协议的项目，而对于其他方面，各方意见不一。这些措施是否具有经济效益或政治可持续性，它们对欧洲民主政治意味着什么，就完全是另一回事了。

第15章

债务时代

　　"好吧，格伦，我要说的是我们的情况和'欧猪五国'一样……很快，我们就会发现自己处在和希腊类似的境况之中。"[1] 在 2010年 2 月 11 日格伦·贝克（Glenn Beck）主持的福克斯新闻电视节目中，当时还在哈佛大学的历史学家尼尔·弗格森如是说。弗格森提到的"我们"是指美国公民和纳税人。"欧猪五国"是指欧元区问题最严重的五个国家——葡萄牙、爱尔兰、意大利、希腊和西班牙。贝克和他的嘉宾向观众详细描述了混乱、罢工、街头骚乱和焚烧汽车等场景。正如希腊所展示的，市场信心一旦崩溃，问题就不会轻易解决。弗格森措辞严厉地说："你要么不得不拖欠大部分债务，要么就只有通过通货膨胀来消除债务。对于有着如此大规模债务的美国来说，真的没有多少其他选择，而且过程真的不怎么有趣。"如果利率飙升，美国可能会在一年内便面临上述困境。弗格森解释说："对于今天欧洲正在发生的事情以及二十年前俄罗斯发生的事情，我们得到的教训是，经济崩溃可能会悄无声息地向你袭来，并且令人猝不及防[原文如此]。"鉴于这种情形，弗格森对美国正在抬头的反对大政府的民粹主义反弹表示欢迎。这是一个积极的迹象，但它还需要其他的东西："在某个政治领袖有勇气向美国人清楚表明'我们需要做到这一点，我们需要彻底改革我们的制度'之前，我担心，我们不仅会朝着欧洲经济的方向下滑，也会朝着拉美经济的方向滑下去。"

弗格森是常春藤盟校的学者，贝克是美国保守主义最狂热的吹捧者之一。但是，在2010年，对债务及其潜在的灾难性影响的担忧无处不在。在危机爆发前，这些就已经存在于鲁宾派的整固呼吁以及德国的债务刹车行动中。如今，2008年至2009年的冲击将上述担忧大幅放大了。这次危机对主要发达国家的政府财政造成了自第二次世界大战以来最严重的打击。2010年希腊的命运似乎清楚地说明了任何陷入破产边缘的国家会有怎样的下场。各类人士都发出了警告，从贝克等人的粗暴咆哮和危言耸听，到非常受人尊敬的学术研究，最引人注目的是两位前国际货币基金组织的经济学家卡门·莱因哈特（Carmen Reinhart）和肯尼思·罗戈夫（Kenneth Rogoff）的研究。

继他们意外畅销的著作《这次不一样：八百年金融危机史》（*This Time Is Different: Eight Centuries of Financial Folly*）之后，2010年1月，莱因哈特和罗戈夫发表了一篇题为《债务时代的经济增长》（Growth in a Time of Debt）的研究论文。[2] 该论文旨在表明，当公共债务超过GDP的90%这一阈值时，经济增长将大幅放缓。这是一个滑向悬崖的斜坡。因为过度负债拖累了经济增长，债务更加不可持续，导致经济进一步放缓。为了避免这种命运，尽早采取行动是至关重要的。经过仔细检查，人们发现莱因哈特和罗戈夫的分析结果漏洞百出。* 一旦对他们计算结果使用的Excel电子表格进行

---

* 后来莱因哈特和罗戈夫同意让马萨诸塞州立大学的研究人员查看他们的原始电子数据表，结果发现：首先他们遗漏了一些数据；其次他们用了非常规的、非常不可取的统计程序；最后，他们的Excel代码出了错。把这些怪异和错误的地方改正后得出：高债务和低增长之间存在某种关联，看不出谁是因谁是果，至于90%这个"阈值"就完全看不出来了。——译注

正确编辑，即可发现在 90% 这个关口处并没有不连续性，并且他们对采取紧急行动给出的理由也站不住脚。[3] 但在 2010 年初，他们的论点占了舆论上风。他们在英国《金融时报》上发表意见说："政客们越早认清现实并进行调整，那么债务问题真正陷入瘫痪的风险就越低……虽然大多数政府仍然能够以极低的利率强有力地进入金融市场，但市场纪律可以在毫无征兆的情况下出现。"一旦债券市场充分意识到银行业危机引发的"财政海啸"，那它们做出的判断将是无情的。"还没有为调整工作打下坚实基础的国家将会抱憾后悔。"[4] 没有人是安全的。正如罗戈夫在德国右翼报纸《星期日世界报》（一份几乎不需要激励的报纸）中所说的："德国的公共财政并没有走上可持续的道路……很快，德国自身将会出现与希腊类似的问题……它不会像希腊那样糟糕，但会很痛苦。"[5]

像弗格森、莱因哈特和罗戈夫那样知识渊博的评论家一定已经意识到了，欧元区表现出来的市场纪律并不是"毫无征兆地出现"的。欧洲央行和德国政府是蜂拥着抛售希腊国债的债券市场义勇军的后盾。如果想要帮助希腊缓解压力，那么欧洲央行需要做的就是购买希腊国债，就像美联储、英格兰银行或日本银行在解决问题时采取的策略那样。但是，欧洲央行无意这样做，或者它打算等到最后一刻才这样做。欧洲央行的本意是要传递这样一个信息：采取紧缩政策，否则后果自负！欧洲央行一定对全球的反应感到高兴。2010 年将是经济复苏的转折点。以希腊为例，右翼恐惧制造者、保守的政治企业家和中立的财政鹰派人士的利益联盟改变了政治平衡。尽管失业率仍居高不下，产出正在蹒跚回升，但刺激产出与就业的措施却被放弃了。财政的螺丝被拧紧了，与近代史上的任何其他衰退相比，这一次更早，也更急促剧烈。结果就是，在大西洋两岸，经济复苏都被阻碍了。

一

　　英国是紧缩政策传染蔓延最显著的例子。2010 年 5 月 6 日，一场竞争激烈的选举落下帷幕，结束了新工党的长期统治，同一天，雅典的银行被烧，闪崩导致美国金融市场暴跌。财政政策对于选举以及后续的联合政府谈判而言都至关重要。英国是受 2007 年至 2008 年金融危机影响最严重的国家之一。与欧洲央行不同，尽管英格兰银行坚定不移地支持英国国债，英国也维持住了其信用评级，但英镑兑美元和欧元的汇率仍大幅下跌。只要英格兰银行稳定了债券市场，这就不会成为引发担忧的直接原因。但是，这让行长默文·金成为关键人物，正如他于 2009 年春在伦敦召开二十国集团峰会前展现的那样，他很乐意发挥自己的影响力。[6]

　　2009 年 12 月 21 日，"影子"财政大臣＊乔治·奥斯本（George Osborne）宣称，除非英国拿出一个可信的财政整固计划，否则将很快重蹈希腊的覆辙，该言论由此为反对党保守党的竞选活动打响了第一枪。"工党的经济举措是在考验国际投资者的耐心，"奥斯本声称，"这是在玩火。"希望维持 AAA 评级的国家，"应当尽早采取行动，不可能奢望等经济复苏后再宣布可信的财政整固计划"。[7]奥斯本引述了巴黎银行、德意志银行和巴克莱银行的分析师的话来佐证他的观点。债券市场巨头太平洋投资管理公司的明星基金经理比尔·格罗斯也在一边帮腔，他告诉英国《金融时报》，目前他已经将英国债券纳入"必须避免持有"的类别。格罗斯以其特有的浮夸风格宣称，英国的公共债务正"躺在一张洒有硝化甘油的床上"，而且被放在了一个有英国、希腊和爱尔兰，还包括西班牙、法国、

＊ "影子"财政大臣，在野党内部建立的影子内阁的财政部部长。影子内阁是在野党为准备上台执政而设的预备内阁班子。——译注

意大利、日本和美国在内的巨大的"火圈"之中。[8] 2010 年 2 月
14 日，包括肯尼思·罗戈夫在内的二十位高级经济学家致函《星
期日泰晤士报》，重申奥斯本的指责，即工党政府在控制预算方面
做得不够。[9] 他们收到了一封回信，是由一群人数更多且同样身份
显赫的人士投给英国《金融时报》的，这些人士反对财政紧缩的呼
吁，认为此举为时过早，并带有讽刺意味地指出《星期日泰晤士报》
上刊登的这封公开信的签署人，以安抚金融市场为由，敦促政府以
更快的速度削减赤字之举，恰恰迎合了金融市场的意见。但是，正
是当初金融市场的错误判断，才引发了这场危机！"[10]

5 月 6 日选举的结果是工党失败，但是，保守党未能赢得多数
席位，并且需要得到自由民主党的支持。于是，为组建联合政府而
就未来的财政政策进行的谈判，成为一场高风险的斗争。[11] 自由民
主党的谈判代表大卫·劳斯（David Laws）写道："赤字，是笼罩
在我们谈判上空的幽灵。"[12] 保守党将削减支出作为谈判的核心议
题。保守党的债务鹰派人士知道他们可以指望财政部和英格兰银行。
2010 年 5 月 12 日，默文·金告知新政府"现在最重要的事情是……
应对财政赤字的挑战……我认为，在过去的两周我们已经看到了，
尤其就希腊的情况而言，过去的三个月里冒着市场负面反应的风险
的所作所为毫无意义。"[13]

2010 年 6 月，借助所谓的"紧急预算"，财政大臣奥斯本削减
了开支，并提高了增值税，目标是通过承诺在 2015 年前消除赤字
来稳定市场。[14] 2010 年的争论是"有必要的"。但是，正如尼尔·欧
文后来评论的："英国……正在着手一些很少尝试的事情……削减
开支和提高税收，以便先发制人，应对未来债务危机的风险。"[15]
就像来自纽约的保罗·克鲁格曼所说："被债券市场义勇军吓坏了
是一回事，因担心可能会出现债券市场义勇军而被吓坏又是另一回
事。"[16] 随着财政紧缩的继续，其他动机也显露出来。事实证明，

缩减政府规模本身就是一个目标。而最终的目标，正如戴维·卡梅伦（David Cameron）三年后在市长晚宴上所说，是"更为深远的东西"：使政府"更加精简……不只是现在，而是永远"。[17]

财政大臣奥斯本声称，到2015年，政府将从预算中削减980亿英镑的年度开支。英国公共部门的工作人员将从2009年9月的最多644万人减少到2016年7月的543万人。[18] 因此，一百万个工作岗位将被裁减、私有化或外包。这比20世纪八九十年代撒切尔政府或梅杰政府实施的削减幅度还要大。如果在美国发生与此规模相当的裁减，那么这意味着削减330万个工作岗位。由于养老金和医疗支出的改动受到限制，削减开支的压力主要集中在地方政府。主管此事的大臣坦率地说道："地方政府支出占据了公共支出的很大一部分。多年来，它一直依赖于不可持续的增长、不可持续的公共财政……人们责怪银行家，但我认为大政府应受到的指责不该比大银行少。"[19] 在2010年至2016年间，地方议会将老年人日托中心、公共汽车服务、公园和图书馆设施等方面的支出削减超过三分之一。英国变成了一个更黑暗、更肮脏、更危险和更不文明的地方。成千上万曾经还能靠残障和失业救济勉强度日的人陷入了真正的绝望。[20] 根据经合组织的统计，只有希腊、爱尔兰和西班牙经历了比英国更严重的紧缩。[21]

美国的自由派之所以如此密切地关注英国政治，不仅仅是因为他们支持落败的戈登·布朗，他们还担心，2010年在英国发生的事件可能预示着美国国内也会出现类似转变。压力不仅来自危言耸听的专家和福克斯新闻的另类事实，也来自奥巴马政府内部。早在2009年2月，奥巴马总统就在白宫举办了财政责任峰会。一年后，政府面临着对财政赤字的现状感到担忧的民主党中间派人士的压力，在提高联邦政府发行的国债上限方面，政府需要他们的支持。[22]令凯恩斯主义评论家恐惧的是，2010年1月27日，在奥巴马的第

公众持有的联邦债务

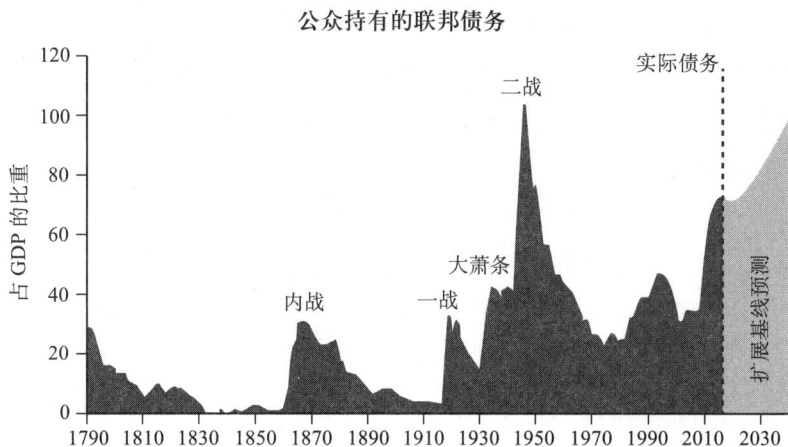

资料来源：Congressional Budget Office, "Understanding the Long-Term Budget Outlook" (July 2015), and Congressional Budget Office, "Historical Data on Federal Debt Held by the Public" (July 2010), www.cbo.gov/publication/21728.

二次国情咨文演讲中，政府优先考虑的是削减赤字，而不是促进就业。[23] 奥巴马承诺，从 2011 年起，除国防以外的所有可自由支配支出将保持在目前的水平。"全国各地的家庭都在勒紧裤腰带，做出艰难的决定，"奥巴马说，"联邦政府也应该这么做。"[24] 正是这种简单的家庭类比让经济学家们陷入了绝望。[25] 但是奥巴马的说法与当时主导华盛顿的"财政责任"的观点完全一致。正如一位保守派评论员所说："如果未来几年的争论是在冻结开支和削减开支之间进行，那么我们已经赢了。"[26] 2010 年 2 月 18 日，奥巴马颁布行政命令，任命了国家财政责任和改革委员会，也称为辛普森－鲍尔斯委员会。该委员会将提出建议，以期在 2015 年之前实现基本预算平衡。但辛普森－鲍尔斯报告将在 12 月国会中期选举后才提交。在此期间，奥巴马政府内部在财政问题上出现了严重分歧。[27] 诸如彼得·奥尔扎克等鹰派人士正在推动加税，包括对那些年收入低于25 万美元的人。这将违反奥巴马的一项基本竞选承诺，并且还因为政治原因遭到白宫幕僚长拉姆·伊曼纽尔的强烈反对，因经济原因遭到拉里·萨默斯的强烈反对。与此同时，新近被再次任命为美联储主席的本·伯南克以最有说服力的方式阐述了危言耸听的债务危机的替代方案。伯南克没有否认赤字的规模，也没有否认债务负担加大造成的长期严重影响。但是，他警告不要采取严厉的紧缩政策。美国刚刚开始的经济复苏可能无法承受剧烈的财政冲击。将短期措施和中期措施区分开来是至关重要的。在继续实施短期刺激措施的同时，应制定一个关于如何在中期内消除赤字的切实可行的计划。[28]二者的结合既可以为经济提供急需的支撑，还可以令人欣慰地提振投资者的信心。

在诸如奥尔扎克等预算鹰派人士看来，这些措施是不够的，奥尔扎克于 2010 年夏天离开奥巴马政府。[29]对于奥巴马上任头两年的表现，选民们的评价更加负面。由于失业率接近 10%，五分之四的美国人将经济形势评为"糟糕"或"相当糟糕"。茶党正在集结反对华盛顿精英的保守的民族主义者。[30]甚至在民主党人中，也有多数人将 2008 年的救市行动归咎于民主党一方。[31]他们错看了奥巴马，不过考虑到国会中支持该项措施的人，这种联系并非完全牵强。11 月 2 日，愤怒的选民们给了共和党人历史性的胜利。共和党在众议院获得了 63 个席位，这是自 1948 年以来最大的一次民意转向。这一转变将重新定义美国政治。

为了竭尽全力不让经济复苏慢慢陷入停滞，在旧一届国会议员任期将尽前*，奥巴马政府孤注一掷，通过了第二轮刺激计划。据估计，2010 年 12 月出台的《税负减免、失业保险再授权和就业创造法案》提振了高达 8580 亿美元的需求。[32]然而，该计划完全由减

---

* 俗称"跛脚鸭"时期，大意指中期选举后国会控制权易手但新一届国会尚未就任的过渡期。这一阶段旧一届国会尚未解散，民主党还掌握着国会权力。——编注

少税收来提供经济刺激，这反映了奥巴马政府面临的政治困境，也延续了从布什时代继承而来的对高收入者给予的极不公平的减税。在执政的头两年通过的这项法案，将是奥巴马政府八年任期里能通过的最后一项重大经济政策法案。在新的一年里，由于共和党把持着国会，民主党政府将处于守势。由于包含了适度增加税收的内容，辛普森−鲍尔斯委员会的中间路线的建议一经提出即遭否决，尽管其高度倾向于削减福利。在有魄力的众议院多数党领袖埃里克·坎托的领导下，"少壮派"共和党人将不会支持增加税收。[33] 他们的目标是立即削减 1000 亿美元的开支，如果削减集中在可自由支配的开支上，将会打乱包括食品安全、救灾和空中交通管制在内的一系列联邦计划。通过"让野兽挨饿"，他们将解除"大政府"的诅咒，重振美国梦。

二

美国和英国都因为金融危机遭受了严重的财政损失。因此，它们面临削减开支的呼声并不令人意外。还有其他经济体采取财政扩张政策吗？很明显，除了日本和新兴市场经济体，有能力作为全球平衡力量的候选人就是德国了。安格拉·默克尔在 2010 年夏天承认："其他欧盟成员国和美国政府已经敦促德国加大支出，以便维持目前的经济复苏，减少出口顺差。"[34] 但是，德国并不这样看待自己的角色。德国人普遍认为危机是由于过度负债而导致。在引导经济复苏方面，世界对德国的期待，不是成为实施扩张性政策的平衡力量，而是成为经济紧缩的榜样。

鉴于当时的主导情绪，提出这一论点是很容易的。德国每年的赤字为 500 亿欧元。其债务急剧上升，已超过 GDP 的 80%。莱因哈特和罗戈夫的理论已经在欧洲传播。德国财长朔伊布勒援引 90%

危险阈值的理论，呼吁有必要立即采取应对措施。[35] 6 月 7 日，星期一，默克尔总理宣布了德意志联邦共和国历史上规模最大的预算削减，她表示，恢复德国的预算平衡将成为一次"独特的实力展示……作为最大的经济体，德国有责任树立一个好榜样"。[36],[37] 2011 年，德国将削减 112 亿欧元（134 亿美元）的财政支出，到 2014 年将总共削减 800 亿欧元。在德国，采取这些措施也需要对国家未来的走向做出选择。值得注意的是，默克尔政府提出的开支削减的大头落在了国防方面，要求到 2014 年将国防开支削减 25%。联邦德国国防军的兵力将被削减，征兵制将被逐步取消。对于柏林而言，恪守欧元区《稳定与增长公约》设定的 3% 的财政赤字上限，要比履行对北约的承诺，即至少将 GDP 的 2% 用于国防更为重要。[38]

2010 年 6 月，在多伦多举行的二十国集团峰会上，大西洋两岸围绕财政政策展开了新一轮的辩论。在会议召开前，奥巴马发表了一封公开信，呼吁各国错开财政整固的时间，以避免危及经济复苏。[39] 对此，朔伊布勒在英国《金融时报》撰文为德国独特的长期经济方针辩护，驳斥了美国的短期经济方针。他支持将债务刹车作为欧洲的"定海神针"。[40] 他获得了首相卡梅伦和东道主加拿大的支持。在奥巴马政府的坚持下，二十国集团公报的最终文本提到需要对各国的财政整固进行排序，以确保"私营部门复苏的势头"不会受到损害。[41] 但是，这被要求进行财政整固的呼声给压倒了。[42] 在 20 世纪 30 年代以来最严重的经济危机后（根据经合组织的统计，发达国家有 4700 万人失业，未充分就业和就业意愿丧失者的总人数接近 8000 万），二十国集团的成员承诺将在未来三年内同时将赤字减半。[43] 这是"家庭类比谬误"扩展到全球范围的表现，让这场危机的复苏变得更加痛苦、旷日持久且不全面。

对德国来说，即使是这样都还不够。柏林从希腊危机吸取的教训是，欧元区的《稳定与增长公约》已经失败。德国，或者更确切

政府实际支出总额：欧元区和美国，
2006年第1季度到2014年第2季度＝第3季度

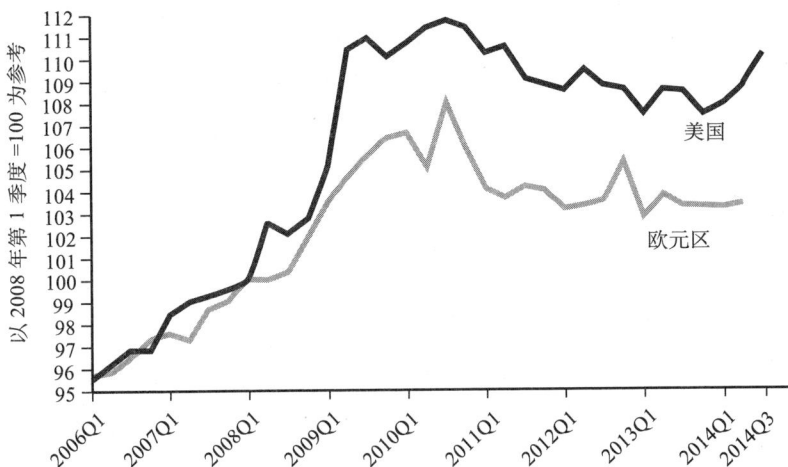

注：欧盟统计局对欧洲的统计，2014 年 11 月 29 日下载。欧元区政府支出包括当时的
18 个欧元区成员国。

资料来源：BEA for US, downloaded November 29, 2014.

地说是 2003 年统治德国的红绿联盟，不得不承担一定的责任。现在，
在默克尔和朔伊布勒的领导下，柏林将带头重新致力实现欧元区的
财政自律。在他们看来，这不仅对恢复经济健康极其重要，而且对
欧元区的政治也是至关重要的。希腊危机表明，欧洲各国政府必须
携手合作。像朔伊布勒这样的联邦主义者仍然坚持认为危机的最终
解决方案将是"更加欧洲化"。但是，为了让北欧的纳税人接受这
一点，必须向他们保证每个国家都将依照相同的规则行事。

随着欧元区的危机愈演愈烈、德国的关键作用变得越来越明显，
人们的言辞也变得愈发激烈。抗议者挥舞着标语牌，上面画着留有
希特勒式胡子的默克尔。这不仅无礼，而且极度不公正。这也表明
人们对德国的立场存在最基本的误解。当德国被指责为帝国主义时，

德国政治阶层可以诚实地回答说，它并没有企图统治欧洲大陆的野心。不过，柏林确实有经济和财政纪律方面的愿景，在德国同意采取任何进一步的措施走向一体化之前，该愿景必须获得普遍接受。[44] 出于对全球竞争力的考虑，控制政府支出和债务是至关重要的。欧洲的人口压力使得这一问题变得更加紧迫。至于劳动力市场和失业问题，欧洲其他国家必须吸取德国"哈茨四号改革"的教训。当凯恩斯主义者对内需忧心忡忡时，德国给出的解决方案是出口。一个老龄化的欧洲大陆应该向全球出口产品，并在快速增长的新兴市场上建立金融债权储备金。在这一点上，默克尔与亲商业的德国自民党合作伙伴组成的新联盟的态度比以往任何时候都更加明确。德国通过了"债务刹车"宪法修正案。如果要德国同意与欧元区其他国家共同承担金融债务，那么必须坚持要求其伙伴国也担负起同样的责任。虽然位于基民盟核心州的纳税人和选民曾经生活富裕并从欧洲一体化中受益，但他们根本不会接受将欧盟转变为欧洲"拨款联盟"的任何政策。只有当欧洲其他国家能够保证遵守一套共同的规则，柏林才考虑共储和共享主权 *。问题是必须确定、维护和实施这些规则。这就是事情变得棘手的地方。

2010 年夏，分别效力于欧盟委员会主席巴罗佐（Jose Manuel Durao Barroso）和欧洲理事会第一任常任主席赫尔曼·范龙佩（Herman Van Rompuy）的团队拟定了欧洲经济治理新体制的竞争计划。欧洲理事会常任主席是根据《里斯本条约》设立的职位，旨在加强欧盟决策的政府间性质。[45] 柏林的最终目标是让债务刹车法则（如德国在 2009 年通过的债务刹车法则）写入适用于所有欧元区成员国的法律。违反法则的国家将受到自动制裁，包括暂停投票

---

* 欧盟成员国将主权"共储"在"欧盟"这个超国家统合机构中，而该超国家统合机构可以"共享"主权。——译注

权。对于那些真正陷入财政困境的国家，制裁将更加严厉。如特里谢所说："当你启动一个支持机制时，一个国家便在法律上或事实上失去了其财政自主权。"[46] 法国反对自动制裁。毫不意外，一些小国有理由担心法则对自己可能会更严格，因此联合反对关于暂停投票权的任何讨论。

对于欧洲的未来而言，这些都是重大问题。但它们是如何与金融稳定的短期问题相关联的呢？到该年夏天，已经清楚的是，2010年 5 月制定的旨在遏制希腊危机的应急措施难以持续。国际货币基金组织的分析师更加悲观，他们担忧的最坏情况正在迅速得到证实。泛希腊社会主义运动党领导的政府不仅在推动实施三驾马车要求的改革方面行动迟缓，而且当他们真正实施时结果却适得其反。根据凯恩斯主义学说中经典的螺旋式下降理论，当需求下降时，失业率进一步飙升，收入将减少。2010 年希腊的 GDP 下降了4.5%。2011 年的情况将更加糟糕。[47] 雅典的税收收入即使在经济形势最好的时候也不是很充裕，由于工资、利润和消费支出萎缩，税收收入已减缓为涓涓细流。2010 年 5 月的计划是以假设希腊能够在两年内重返资本市场为前提的。但随着赤字的扩大和债务负担的增加，这种可能性已经微乎其微。到 2010 年 8 月底，希腊的十年期国债和德国国债的收益率息差已经飙升至 937 点，甚至高于春季危机最严重时的水平。[48] 然而，面对希腊的种种不合格，三驾马车仍然坚持对希腊实施 2010 年 5 月的计划。

如果说对希腊的长期折磨有什么正当理由，那就是担心立刻进行债务重组将会使危机传染至整个欧元区的其他主权债务人，并破坏欧洲银行的稳定，从而引发更广泛的危机。因此，欧洲经济政策的当务之急，应是利用通过"拖延塞责和装聋作哑"策略换来的时间，增强欧元区金融体系的复原力，恢复银行的健康状况。如果要效仿美国的做法，很明显下一步就是进行压力测试，以评估可能的损失，然后利用公共或私人资金进行积极的资本重组。

在2009年和2010年，欧洲进行了勉强称得上"压力测试"的测试。在指定需接受测试的银行时，2010年的做法要比2009年更进一步。但这也是一场闹剧。2010年7月23日公布的结果显示，在91家欧洲主要银行中，只有7家银行的一级资本充足率将因为主权债务危机而被下调至危险水平。[49]欧盟银行业监管委员会估计，欧洲银行总共需要筹集的新资本不超过35亿欧元。但是，如持怀疑态度的分析人士指出的，这个乐观的结果取决于以下假设：银行持有的绝大多数主权债务不存在违约风险，或者受到欧盟金融稳定基金的充分保护。[50]根据经济合作与发展组织的推算，如果基于不太乐观的假设，欧元区外围国家的债券危机给欧洲银行带来的潜在损失并不是官方结果估计的264亿欧元，而是1650亿欧元。这些损失将集中在脆弱国家的国家银行体系，如希腊、爱尔兰、葡萄牙和西班牙。它们将遭到灾难性破坏。如果危机蔓延到西班牙或意大利，那么也将使德国和法国的银行体系陷入危险境地。最严重的风险一如既往地集中在少数几家危险银行的资产负债表上。德克夏银行和富通银行位居榜首，还包括陷入困境的德国裕宝地产银行。根据经合组织的数据，裕宝的资本总额相当匮乏，以致意大利、西班牙、爱尔兰或希腊中任何一个国家的主权债务危机都会使其生存成为一大问题。

欧洲机构没有权力干预各国的国家银行政策。于2008年至2009年设立的资本重组资金的使用是断断续续的和任意的，而非强制性的。[51]各国政府过于自满，不愿意打破舒适的现状。而欧洲采取了双重假装的态度。一方面，只要雅典采取充分的紧缩措施，那么三驾马车将继续假装希腊债务是可持续的。然而，事实并非如此，因为情况逐月变得更加显而易见：希腊确实被逼到了绝境。另一方面，压力测试是为了表明欧洲银行是稳健的，但很显然，它们并非如此。事实上，它们的弱点应该成为拒绝冒险对希腊进行债务重组的最佳理由。然而，由于害怕引发恐慌，欧洲央行只能讳莫如深。此外，这还需要在资本重组方面采取严肃的行动，而银行和各国政府都反对这样做。在陷入这种两难境地后，三驾马车不得不假装各方面都很好。与此同时，希腊的失业率从 2008 年夏季的 8% 升至 2010 年的 12% 以上。年轻人的失业率已经超过了 30%。

　　如果希腊是"拖延塞责和装聋作哑"策略的受害者，那么谁会是受益者？根据 2010 年 5 月的救助计划提供的第一笔数十亿欧元的款项已经支付给了雅典，后者又将这笔款项支付给了其债权人。那些幸运地持有于 2010 年或 2011 年到期的希腊债券的债权人都按时、足额得到了偿付。那些决定削减损失并抛售债券的银行可以在对冲基金中找到买家，这些对冲基金以低至 36 欧分的价格收购债券，它们打赌事情只会变得更好，就算出现最坏的情况，它们也会从最终解决方案中分得一杯羹。[52] 在打破对抛售希腊债券颁布的非正式禁令方面，法国和荷兰的银行似乎最为积极。2010 年 3 月至 12 月，法国银行持有的希腊债券从 270 亿美元下降至 150 亿美元，荷兰银行持有的希腊债券从 229 亿美元下降至 77 亿美元。[53] 不过，抛售希腊债券的情况并没有扩展到整个外围国家。在抛售希腊和爱尔兰的债券时，欧洲银行通过将资金转投西班牙和意大利的债券来获得收益。[54] 通常情况下，人们可能会认为，对自身生存和繁荣发展格外关注的欧洲银行将会积极地进行资本重组，并为危机过后的未来发展重新调整业务方向。然而，此类迹象似乎并没有出现。美国的大银行在年度"资本计划"的约束下运作，为了重建储备金，它们被要求保留没有作为红利分配的利润，而欧洲的银行却在为所欲为。为了让股东们高兴，它们不顾一切地将微薄的利润作为股息支付出去，以期在将来的某个时候它们能够筹集到新的资金。[55] 然而，那一刻并没有到来。

三

在探讨希腊时，债务重组和迫使银行承认损失的问题并不在议程之中。但是，爱尔兰的局势迫使将这些问题重新摆上了桌面。令人惊讶的是，2010 年夏，爱尔兰的所有银行都通过了欧洲的压力测试，甚至包括在 2008 年还需要一揽子救助的最臭名昭著的银行——盎格鲁爱尔兰银行。此时，爱尔兰银行通过特殊工具从欧洲央行那里获得的借款已经高达 600 亿欧元，爱尔兰的整个银行体系距离"融资悬崖"仅剩几周时间，当 2008 年 9 月发行的政府担保到期时，它们将无法进入融资市场。此后，它们将完全依赖爱尔兰央行和欧洲央行。9 月 30 日，爱尔兰政府宣布，鉴于其有义务为银行提供支持，2010 年爱尔兰的公共借款需求将从 GDP 的 14% 飙升到令人瞠目结舌的 32%。这将使爱尔兰的公共债务从 2007 年占 GDP 的 25% 这一较为适度的比重上升至 2010 年的 98.6%。曾是实施紧缩财政政策之典范的爱尔兰政府，将被迫退出债券市场。[56]

如果爱尔兰继续偿还其银行的全部债务负担（大部分是向外国投资者欠付的），那么结局将是惨烈的。自 2008 年危机爆发以来，爱尔兰人的收入一直被征收各种紧急税目，年轻求职者的补助遭到削减，70 岁以上的老年人要想获得健康福利需接受经济状况调查，公共部门的薪酬削减了 5% 至 10%，接受福利救助的人数减少了 4%，儿童补助金也有所下降。[57] 9 月份披露的银行救助成本意味着政府需要进一步削减支出和增加税负。在国际货币基金组织的帮助下，都柏林开始非正式地探索其道路。[58] 国际货币基金组织内部有一个直言不讳的派系，他们从来都不甘心在希腊债务重组问题上退却。对于那些从爱尔兰的经济繁荣中获益的投资者，爱尔兰向他们提供了一个参与救助的机会。如果只有深陷困难的盎格鲁爱尔兰银行的债权人减记债务，那么节省的资金估计将达到 24 亿欧元。如果四家受保护银行的投资者都减记债务，那么由此节省的预算可能会高达 125 亿欧元。与 320 亿欧元的税收总额相比，可谓节省了一笔巨额资金。在这一点上，欧洲央行的立场是众所周知的，它将尽全力避免债务重组。但欧元区其他国家的立场又是怎样的呢？德国的公众舆论越来越强烈地反对欧元区提出的那些不要求银行和投资者做出贡献的任何进一步的计划。[59]

2010 年 10 月 18 日，萨科齐和默克尔在诺曼底海滨度假小镇多维尔接待了俄罗斯总统梅德韦杰夫。他们宣布的会议议程是讨论今后在外交政策方面的合作领域，特别是在中东地区，这在一定程度上引起了华盛顿的警觉。[60] 来自多维尔的消息将成为头条新闻。然而，处于险境的并非这个大西洋联盟，而是欧元区。默克尔和萨科齐（很快将被称为"默科齐"）在没有与他们的欧元区合作伙伴、欧洲央行或美国协商的情况下，敲定了一个新的议程。它融合了法国和德国的思想。1997 年首次达成的《稳定与增长公约》将通过德国式的债务刹车法则得到加强。但是，法国迫使德国同意，在对违反规则采取惩戒措施时，各国必须在政治方面享有一定的自由裁量权。如果政府赤字超过 GDP 的 3% 或者债务超过 GDP 的 60%，那么只有在达到特定多数票时才能启动制裁。制裁将是严厉的，甚至包括剥夺投票权。但采取纪律措施还不是制裁的全部。此外，最迟将在 2013 年之前，在坚实的法律基础之上，通过修改条约的方式构建一个制度化的欧洲金融稳定基金。它将为陷入困境的任何欧元区成员国提供紧急贷款。不过，希腊协议将不会重演。默克尔和萨科齐同意，从 2013 年起，在任何未来的危机中，债权人都将参与纾困救助。不仅仅通过纳税人提供新的资金来偿还债务，债权人减记债务也将有助于降低债务。这是公平的，并将起到有效的约束作用。如果债权人知道他们在游戏中存在切身利益，他们将会更加认真地对待自己的责任。在 2010 年 10 月 18 日下午晚些时候发布的新闻稿中，德法在没有预先警告的情况下宣布了一揽子计划。

说多维尔会见令人震惊一点也不为过。法国和德国单独行动，它带有旧时代的味道，带有欧洲六国 * 时期的味道，而非后冷战时代的新欧洲。它们不仅单独行动，而且还在市场或其合作伙伴没有准备好的情况下，单方面解决了众所周知的危机热点问题——私营部门参与和债务重组。对特里谢来说，这是一场灾难。昔日无法言说的重组的可能性，现在已经从人们的口中脱口而出。当默克尔和萨科齐达成协议的消息传到各国财长齐聚的卢森堡时，欧洲央行行长非常愤怒。"你们将摧毁欧元。"特里谢隔着会议桌对法国代表团喊道。十天后，特里谢与萨科齐当面对质，他斥责法国总统，"你没有意识到情况有多严重"。但萨科齐马上反驳道："也许你们正在与银行家协商……而我们需要对法国公民负责。"[61]特里谢可以把金融市场的信心放在首位，但默克尔和萨科齐不得不考虑欧洲选民的愤慨。在德国联邦议院，默克尔清楚，如果不把减记作为协议的一部分，那么支持她欧洲政策的大多数选票也会摇摆不定。[62]正如特里谢的继任人马里奥·德拉吉后来承认的，从市场的角度来看，谈论私营部门参与可能为时尚早，但"公平地说，我们必须解决这个问题的另一面。某些国家缺乏财政纪律被其他国家（例如德国）视为破坏了作为欧元根基的信任。因此，私营部门参与是一个政治上的解决方法，目的是重新获得这些国家公民的信任"。[63]

多维尔公告到底造成了多大的破坏？自那以后，"拖延塞责和装聋作哑"策略的拥护者始终坚持认为，正是默克尔和萨科齐把爱尔兰推向了崩溃的边缘，特里谢是正确的，这是欧洲的"雷曼时刻"：这是他们在未受强迫的情况下出于政治动机犯下的错误。但是，正

---

* 指欧洲经济共同体的六个建立国。法国、联邦德国、意大利、荷兰、比利时和卢森堡六国于 1957 年 3 月在罗马签订了《建立欧洲经济共同体条约》。1958 年 1 月 1 日，欧洲经济共同体成立，总部设在布鲁塞尔。——译注

如雷曼的情况一样，政治判断和技术判断混杂在一起。考虑到爱尔兰庞大的预算赤字和 2008 年对银行的担保到期，无论是否有多维尔公告，爱尔兰都将陷入波涛汹涌的困境。在默克尔和萨科齐突然发布公告之前，爱尔兰政府债券的息差已经大幅飙升。在这一点上，多维尔公告没有起到推波助澜的作用。不过，该公告并没有引起市场恐慌。市场已经开始考虑内部纾困的风险。[64] 多维尔公告的主要影响是坚定了欧洲央行的态度。特里谢认为，都柏林不应将默克尔和萨科齐的公告作为一个借口来烧银行债券持有人的钱。相反，爱尔兰必须像希腊那样接受欧洲央行强加的计划。而且，就像希腊的情况一样，由于爱尔兰银行的日常生存完全依赖欧洲央行的资金，实际上，特里谢掌握了主导权。[65]

都柏林没有不战而降。当它发现自己与希腊一同被推入金融急诊室时，它将此视为一个令人羞辱的打击。为此，欧洲央行开始动真格了。11 月 12 日，欧洲央行行长理事会威胁要撤回对爱尔兰银行体系的支持，同时向媒体透露爱尔兰即将申请救助。11 月 18 日，刚参加完在法兰克福举行的欧洲央行会议的爱尔兰央行行长帕特里克·霍诺汉（Patrick Honohan）与爱尔兰广播电视台（RTÉ）联系，称距离达成国家救助计划只剩下几天时间。[66] 11 月 19 日，特里谢向爱尔兰总理发送了一封密信，阐明了欧洲央行愿意向爱尔兰的银行提供援助的条件：都柏林必须立即申请援助，并服从三驾马车的指示；它必须同意一个开展进一步的财政整固、结构改革和金融部门重组的紧急方案；银行必须全面进行资本重组，充分保证偿还欧洲央行向爱尔兰银行体系提供的短期融资。[67]

尽管欧洲央行的要求过于苛刻，但在 11 月 21 日，都柏林别无选择，只能遵守。《爱尔兰时报》（Irish Times）对此做出回应，发表了一篇吸引眼球的社论，表达了国家蒙羞的情绪。其中引述叶芝写给浪漫的爱尔兰民族主义的挽歌《1913 年 9 月》中的一句诗——

"就是为了这个结果吗？"文章问道，爱尔兰民族主义者奋斗挣扎了数百年就是为了这样一个结果吗："德国总理的救助加上英国财政大臣的几先令同情。这一切都是可耻的。我们从英国那里争取到政治独立，自己当家做主，如今，我们却把主权交给欧盟委员会、欧洲央行和国际货币基金组织。"但《爱尔兰时报》没有自怜自悯，而是继续说道："在当前处境下，真正的耻辱并不是我们的主权被夺走，而是我们自己将其挥霍浪费掉了。我们千万不要试图在欧洲强国正密谋成为我们的主人这一幻想中寻求安慰，以此减轻自己的羞耻感。毕竟，对于想成为霸主的人来说，我们都算不上是什么大奖赏。任何理性的欧洲人都不愿意承担清理我们所造成的混乱局面的责任。正是我们自己选出的政府的无能，严重损害了我们做出决定的能力。"[68]

这篇社论精彩绝伦，不过，最引人注意的地方在于它将责任归咎于谁。承担历史罪责的是"我们自己选出的政府"，而不是爱尔兰的银行家、投资者以及遍布欧洲和全世界的商业伙伴，也不是金融专家、经济学家和监管机构。失去政治主权无疑是痛苦的。但是，为"清理这些烂摊子"付出代价的实际上会是谁呢？是选民和纳税人，还是那些从信贷泡沫的膨胀中获益的人？就希腊的情况而言，至少债务是公共债务。而在爱尔兰，纳税人需要为极不负责的银行及其欧洲各地投资者所遭受的巨额损失买单。12 月 7 日，都柏林宣布了新一轮 60 亿欧元的预算削减计划，如果银行的债券持有人全面减记债务，那么可以节省一半预算。可是，爱尔兰却选择对低收入工人增税，削减儿童保育津贴，提高大学学费，大幅降低失业者、护理人员和残障人士的福利。

撇开三驾马车要求的严重不公平性不说，爱尔兰带来的危机传染风险能否与雷曼危机相提并论？英国《金融时报》的马丁·桑德布一针见血地指出："雷曼是一家全球性银行。"它的业务"是全球金融领域的核心"。事实证明，未能拯救雷曼酿成了一场灾难。相比之下，爱尔兰的银行"只在欧元区的外围国家做点小生意，欣喜若狂地忙着把投资者的钱亏损殆尽……采用的是一种由来已久的方式——以超过其实际价值的额度为房屋提供借款"。它们的债权人能否获得全额偿付，并不会产生"系统性"问题。[69]当然，也存在一些外溢风险。但是，如果法国和德国的银行遭受了附带损害，那是因为它们如此热情、积极地参与爱尔兰的房地产热潮。鉴于责任牵连的范围如此之广，将遏制危机的全部成本都转嫁给爱尔兰的纳税人是否合理？正如国际货币基金组织的阿贾·乔普拉（Ajai Chopra）后来所说："是的，会有外溢效应。但是……欧洲央行本可以介入……央行的职责就是处理这类外溢效应。"[70]

然而，欧洲央行并不这么认为。11月26日，欧洲央行的代表在都柏林明确表示，如果爱尔兰减记债务，欧洲央行将不会为其提供救助。一天后，驻都柏林的国际货币基金组织团队收到了华盛顿的直接指示，要求停止增加其将要救助的银行数量。七国集团的财长们向多米尼克·斯特劳斯-卡恩表态，说他们都不欢迎关于减记债务的讨论，美国尤其如此。蒂姆·盖特纳后来说："我正在［科德］角过感恩节，我记得自己……在酒店的小房间里给七国集团打了一个电话……我说：'如果你们［减记债务］，那么你们将来就等着赶快逃离欧洲吧……除非你有能力有效地保护或保证欧洲其他地区不会受到随后而来的危机传染的影响，否则这只是我们2008年秋天爆发的那场危机的一个隐喻。'"[71]随着国际货币基金组织的异议人士保持沉默，爱尔兰别无选择。爱尔兰财政部部长勒尼汉（Brian Joseph Lenihan）无奈地承认："我不能反对整个七国集团。"对爱尔兰而言，单方面减记债务在"政治上、国际上都是不可想象的"。[72]11月28日，爱尔兰同意接受850亿欧元的紧急贷款：635亿欧元来自三驾马车；其余来自其他欧盟成员国的双边支持，尤其

银行信用违约掉期息差

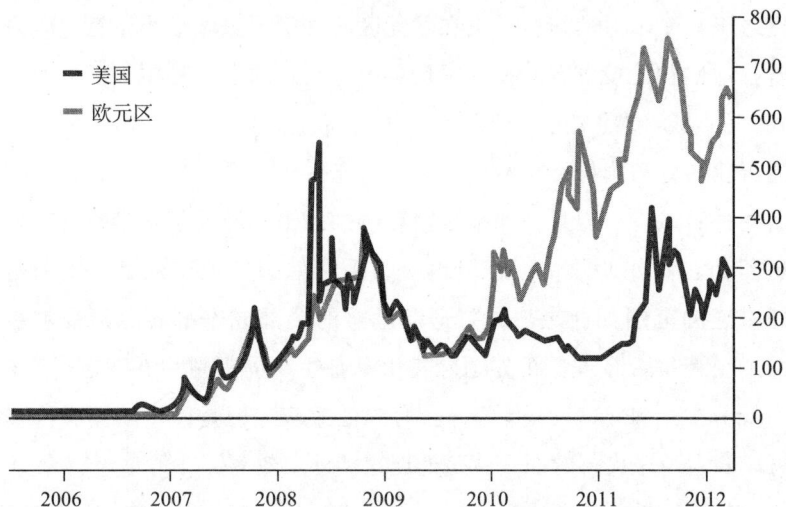

资料来源：William A. Allen and Richhild Moessner, "The Liquidity Consequences of the Euro Area Sovereign Debt Crisis," *World Economics* 14, no.1 (2013): 103–126, graph 2.3.

是英国，其金融市场在很大程度上促成了这场灾难。

　　另一笔交易达成了。债务将得到偿还。爱尔兰民众为此付出了代价。雷曼的前车之鉴得以避免。但市场的信心并没有恢复。即便逐个国家地将成本转嫁到纳税人身上，欧洲金融危机也是无法遏制的。由此产生的救助虽然维持了形式上的稳定，但其实质内容并不可信。欧洲银行信用违约掉期（银行债券违约保险的价格）的息差出现了两次飙升，一次发生在 2010 年春，另一次发生在 2010 年秋，这两次都超过美国银行的息差。第一次由希腊引发，第二次是爱尔兰。欧洲的金融危机规模过于庞大，互联互通，环环相扣，无法在单个国家的层面进行处理。这些损失，要么需要转嫁给从银行不可持续的商业模式中获利的欧洲投资者，要么就让它大到需要经过协调的欧洲救助计划才能担负的水平。逐个国家地采取"拖延塞责和装聋作哑"策略，只不过是把银行业危机变成了财政危机，这使不确定性增加，同时分散了人们对真正问题的注意力。

四

在为欧洲央行的做法进行辩护时，法学家们辩称，欧洲央行的使命只赋予它一个目标，那就是保持价格稳定。他们为此有责任维持欧洲金融市场和欧洲银行的运转。因此，特里谢有理由干涉希腊和爱尔兰的事务，而且日后有理由采取更多的行动。欧洲央行没有义务从更广泛的角度去操心欧元区或其成员国的经济福祉。这种解释故意把问题简单化，并且偏于保守。[73] 这对欧元区来说是毁灭性的。只有当欧洲央行超越既有认识，它才会开始走上克服危机的道路。

美联储从未持有如此狭隘的观点。它的任务是保持物价稳定和最大限度地扩大就业。这是在20世纪70年代内容广泛的经济政策辩论留下的遗产。但让这些认识深深扎根于美联储机构的DNA中的，却是人们对大萧条的记忆。20世纪30年代的通缩灾难是美联储历史上的一个关键事件。伯南克曾承诺不会重蹈覆辙。2010年，美国度过了最严重的危机，但它远未完全恢复。房地产市场仍处于震荡之中。在止赎诉讼中，未偿还抵押贷款的比例在2010年冬至2011年冬达到4.64%，换言之，超过200万套房被法院拍卖，创下了一个糟糕的纪录。自2010年初以来，伯南克一直在对过度收紧的财政政策拉响警报。11月3日下午，就在戏剧性的国会中期选举后的第二天，美联储宣布了它的应对措施。经过激烈的内部辩论，联邦公开市场委员会决定在接下来的八个月里每月使用750亿美元购买国债。第二轮量化宽松已经到来。

量化宽松究竟是如何发挥作用的，仍是一个有争议的话题。[74]以短期债券为主的大规模国债购买推高了国债的价格，降低了收益率。降低短期利率也许有助于拉低长期利率，从而刺激投资。但是，这取决于是否有企业愿意投资，而身在危机之中，这是不能想当然的。量化宽松通过金融市场产生了最直接的影响。随着中央银行大举买入国债，量化宽松拉低了收益率，迫使资产管理公司到其他类别资产中寻求收益。从债券转向股票会推高股市，增加那些拥有股票投资组合的人士的财富，使他们更愿意进行投资和消费。至少可以说量化宽松是刺激经济的一种不确定的、间接的方法。此外，它增加了已富家庭的财富，注定会加剧不平等，因为低收入家庭是无法参与资本收益的。

量化宽松只是美联储面对国会在财政政策方面的僵局而采取的一种紧急的权宜之计。但是，美联储本身仍然会受到美国政治两极分化的影响。[75] 联邦公开市场委员会对第二轮量化宽松的投票结果出现了三种不同声音。少数直言不讳的人认为，刺激措施的规模本应更大。在第二轮量化宽松中，每月采购额已经达到 750 亿美元。为了产生实质影响，美联储需要出其不意。伯南克表示反对。他不想偏离正常的轨道太远，因为这样做实际上可能会引发焦虑情绪，进而适得其反。[76] 伯南克在委员会会议上告诉批评人士："没有什么事情是安全的……我想把我们今天的决定视为一种非常保守的折中办法，也就是说，我们认识到，不采取任何行动将带来严重的风险，反通货膨胀会更进一步，经济复苏缓慢，无法达到摆脱危机所需的速度。"[77] 在联邦公开市场委员会中，有两票反对第二轮量化宽松，理由不是因为它力度不够，而是因为它过于具有扩张性。

在美联储的高墙外，人们的反应更加激烈。2010 年 11 月 11 日，共和党在国会中期选举中获胜，在热烈的政治氛围中，美联储正着手实施每月"印刷"数百亿美元的计划占据了新闻头条。在右翼阴谋论者看来，伯南克的干预强化了人们的信念，即黑暗势力正在发挥作用。格伦·贝克在福克斯电视节目上警告他的数百万共和党观众，不要被他们在国会取得的胜利蒙骗；实际权力掌握在倡导通货膨胀的自由主义者手中。对美国造成威胁的是"魏玛时期"的恶性通货膨胀。[78] 与此同时，包括历史学家尼尔·弗格森和美国对外关系委员会的阿米蒂·什莱斯（Amity Shlaes）在内的一批知名的保守派知识分子，也加入了萨拉·佩林的行列，呼吁美联储发布停止令。[79] 值得注意的是，他们指出，美联储的国债购买计划也遭到了全球其他央行的一致反对。这毫不夸张。在二十国集团围绕财政政策争吵了 18 个月之后，第二轮量化宽松在货币政策上引发了公开分歧。

这些分歧是可以预见的，而且事情并非一定要发展到这个地步。2010 年 10 月和 11 月的两项议程设置的创新，即"默科齐"在多维尔达成的私营部门参与和伯南克的第二轮量化宽松，本来是可以互补的。国际货币基金组织的乔普拉指出，最适合与爱尔兰的积极债务重组相伴进行的，应该是欧洲央行的债券购买计划，该计划旨在使欧元区的其他脆弱成员国免受危机影响。推动私营部门参与和债券市场干预，都是对 2010 年 5 月针对希腊启动的救助不充分做出的回应。但在欧元区，这两项举措从未联合进行。相反，柏林的保守派并没有将量化宽松视为更可持续地解决欧元区债务危机的必要手段，反而领导国际阵线反对这场货币实验。

在奥巴马总统和他的团队前往首尔参加二十国集团峰会的前几天，美联储宣布了第二轮量化宽松政策。在首尔，他们受到了前所未有的批评。用一位遭到抨击的美国财政部官员的话来说，首尔是一场"狗屎秀"。巴西作为由左翼政党领导的新兴市场的公认领袖，猛烈抨击热钱的风险，指责伯南克以邻为壑的美元贬值措施。他们警告说这可能爆发"货币战争"。[80] 中国财政部副部长朱光耀指出，对中国来说，美联储的行动是一个信号，它表明"美国不承认……它自己有责任稳定资本市场"，"它也没有考虑到这种过度流动性对新兴国家的金融市场造成的影响"。[81] 沃尔夫冈·朔伊布勒说的话更重。他认为，美国再一次表明自己是全球经济混乱的代理人。首先，它造成了雷曼的惨败。其次，它曾支持刺激计划。现在，美联储正在将公共债务货币化。在二十国集团峰会召开之际，这位德国财长谴责美国的经济政策"毫无章法"，而且可能"加剧全球经济的不安全"。[82] 美联储的政策使得"在工业国家和发展中国家之间实现合理平衡更加困难，并且破坏了美国在金融决策方面的信誉"。相比之下，德国一直坚持不需要玩弄"汇率把戏"的成功出口模式，而"美国的增长模式"，根据朔伊布勒的说法，"陷入了严重的危机。美国人长期依赖信贷，夸大了他们的金融业，忽视了工业基础"。[83]

美国人当然不会乖乖地束手就擒。蒂姆·盖特纳反驳道，全球经济失衡的真正根源不是美国的货币政策，而是中国和德国的重商主义贸易政策。美联储并没有刻意让美元贬值。它的目标是国内形势，而不是汇率。[84] 如果其他国家想要阻止本国货币升值，它们所要做的就是配合美联储的低利率政策，扩大本国货币的规模。因此，批评人士所称的"货币战争"本可以转变为全面的货币扩张计划，以对抗美国乃至欧洲滑向双谷衰退*的趋势。如果它们选择不加入刺激计划，那么它们所要做的只是允许本国货币升值，正如华盛顿自21世纪初以来一直鼓吹的那样，这将会自然而然地恢复平衡。正是德国对出口的依赖，中国决定让人民币盯住美元，才让美国不得不挑起大梁。如果它们想要搭乘美国总需求的便车，那么它们至少应该有风度从容不迫地这样做。如果有不满，盖特纳建议，为什么不同意允许国际货币基金组织重启在危机前开始的项目，监控并监督国际失衡，其中不仅包括美国的赤字，还包括中国和德国的

---

* 双谷衰退指国内生产总值经过一两个季度的增长后再次出现负增长。换言之，就是首次经济衰退后出现一次短暂的复苏，然后再度衰退。——译注

小型／大型国内外银行现金与美联储银行储备金（单位：100万美元）

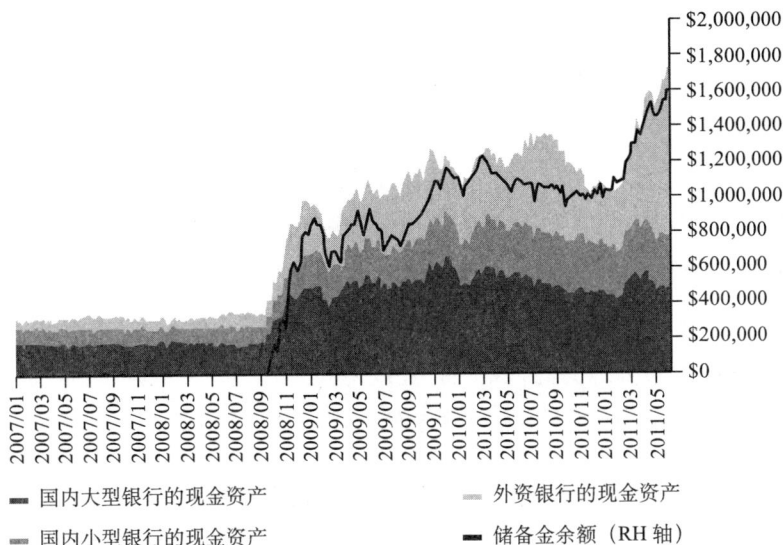

国内大型银行的现金资产　　　　　　外资银行的现金资产

国内小型银行的现金资产　　　　　　储备金余额（RH 轴）

资料来源：Federal Reserve, "Assets and Liabilities of Commercial Banks in the United States—H.8," https://www.federalreserve.gov/releases/h8/current/default.htm. Accessed 1 March 2018. 访问时间为 2018 年 3 月 1 日。

盈余。[85] 但那是不可能的。德国人宣称，德国的贸易顺差归功于其杰出的竞争力和德国工人的敬业美德。如此反反复复的争论结果只是制造了一个令人头晕目眩的虚幻时刻。在数千万人没有工作，欧洲福利国家在三驾马车的命令下被掏空的时候，福克斯新闻播放了一幅让观众恐惧的画面：伯南克是巫师学徒，释放出了魏玛时期的恶性通货膨胀；德国财长谴责美国财长的一项提议，称其令人回想起苏联式"计划经济"的糟糕往昔。[86]

虽然柏林谴责量化宽松是不稳定的根源之一，但欧洲银行对此持不同看法。美联储每购买十亿美元的证券，都会将相应数额记入一个账户。但是，谁和美联储一同持有这些美元账户，并由此为量化宽松"提供资金"呢？美联储的统计数据显示，虽然一些美国养老基金和共同基金等机构确实向美联储出售了债券，但美国的银行并没有利用量化宽松乘机抛售大量债券组合产品以换取现金。最积极参与第二轮量化宽松的银行不是美国的银行，而是欧洲的银行，它们削减了在美国的证券投资组合，把现金余额囤积至美联储的账户。[87] 从 2010 年 11 月起，美联储资产负债表的扩张，与非美国银行在美联储持有的美元现金余额的扩张几乎是一对一的。这表明，美联储非但没有加剧"全球经济的不安全"，实际上，它充当了全球的"储蓄罐"。随着欧元区跟跟跄跄地重新陷入危机，欧洲银行放弃了 2010 年 5 月达成的暂停还款协议。它们将资金转移出欧洲，缩减在美国的业务，对其资产负债表进行去杠杆化，积累了巨额现金。多亏了第二轮量化宽松，它们才没有把流动资金储备留给欧洲央行，而是留给了全球金融体系的最终担保人——美联储。量化宽松并非经济扩张的良方。但是，在欧元区危机没有任何解决方案的情况下，它确实至少为保障稳定提供了缓冲。

第16章

零国集团主导的世界

各国在 2010 年对紧缩政策做出的承诺让持批评态度的经济学家感到不耐烦和愤怒。为什么这个世界开始走上一条很明显会适得其反，会使全球数千万失业者的前景变得更为黯淡的道路？维护这个政策符合谁的利益？保罗·克鲁格曼在《纽约时报》上问道。[1] 在一场用小幅增税来换取大幅削减福利的不平衡的赤字辩论中，谁的利益得到了维护？需要什么样的冲击才能打破这种僵局？历史经验未能让人感到鼓舞。罗斯福新政所做的一切还远远不够。由于政策本身的缩手缩脚和来自右翼的无情反对，新政举步维艰。[2] 为了充分发挥美国的实力，它还让全国进入了战争紧急状态。克鲁格曼坚称："事实是，大萧条的结束在很大程度上要归功于一个名叫阿道夫·希特勒（Adolf Hitler）的人。他制造了一场人类灾难，也导致了大量政府支出。"[3] 这不意味着克鲁格曼希望爆发第三次世界大战。但他忍不住告诉《花花公子》（*Playboy*）杂志："如果宣布我们面临来自外星人的威胁，需要加强防御来保护自己，那么我们将在一年半内实现充分就业。"鉴于 2011 年发生的事件，人们不禁怀疑克鲁格曼是否在 21 世纪的政治中假设了太多的共识和一致性。

事实上，这一年始于一场地缘政治地震：阿拉伯之春。正如克鲁格曼的剧本所说，这次事件引发了军事干预，有人还呼吁为中东制定马歇尔计划。[4] 但是，在阿富汗和伊拉克战争之后，西方国家都没有兴趣在海外建立国家。保守派评论人士对推翻亲西方的阿拉伯独裁者感到震惊，同时对伯南克的量化宽松政策感到失望，多重焦虑困扰他们，可以说五味杂陈。《华尔街日报》的一篇专栏文章将该事件与 20 世纪 70 年代进行了比较，当时的全球通胀引发了伊朗国王的倒台和霍梅尼（Khomeini）领导的伊斯兰革命。[5] 现在，通过"印钞"和推高商品价格，正是美联储的量化宽松计划破坏了世界的稳定。随着突尼斯和埃及的独裁统治被推翻，保守派社交媒体活动人士敦促他们的追随者在推特上发文说"伯南克的双手沾满了鲜血"。[6] 与此同时，自由派媒体反驳道：造成大宗商品价格高企和粮食骚乱的，不是货币政策，而是全球变暖。依据这个回击，保罗·克鲁格曼认为，保守派反对量化宽松政策就是否认气候变化。[7] 与其说这是一场关于阿拉伯之春的严肃辩论，倒不如说是美国的政治话语越来越错乱不堪的表现。

欧洲离北非发生的戏剧性事件更近，但它的反应并没有那么一致。法国、英国和德国在北约干预利比亚的问题上发生争执，德国站在了中国和俄罗斯的一边，就像它在首尔的二十国集团峰会上所做的那样。默克尔政府拒绝在联合国安理会上投票支持空袭卡扎菲（Gaddafi）。与此同时，欧盟在谁应该接纳通过利比亚涌入意大利的绝望难民和移民的问题上丢人现眼地吵个没完。对于欧元区不断上演的危机来说，这是一个令人沮丧的伴奏。在 2011 年夏，不仅中东政权的稳定令人忧心，就连意大利和美国的信誉也将遭到质疑。难怪两位敏锐的当代观察人士将 2011 年的世界称为由零国集团

（G-Zero）[*]，而非二十国集团、八国集团或两国集团治理的世界。[8]

一

　　到 2011 年春，紧缩政策正在对欧洲的社会结构造成严重影响。削减开支和增加税负降低了需求，并挤压了经济活动。在整个欧元区，10% 的劳动力处于失业状态。在 15 岁至 24 岁的人群中，失业率达到 20%。在陷入困境的外围国家，这些数字的量值令人麻木。在爱尔兰，一般性失业率达到 15%，青年失业率达到 30%，希腊这两个指标分别为 14% 和 37%。截至 2011 年夏，在西班牙，成年人的失业率为 20%，44% 的年轻人失业。半代人[†]放弃了他们完成学业进入职场的计划。然而，进一步紧缩的要求却没有减弱的迹象。在爱尔兰和希腊于 2011 年 3 月 23 日服从三驾马车的计划后，葡萄牙总理若泽·索克拉特斯因未能就削减预算获得支持辞职。一周后，即 4 月 2 日，西班牙的社会民主党人首相萨帕特罗宣布，他不会寻求连任，并将优先考虑稳定西班牙的财政状况。4 月 7 日，葡萄牙成为第三个加入三驾马车计划的国家。[9]

　　受银行家和债券市场的需求推动，欧洲福利国家正遭受无情的缩减计划，这引发了愤怒。前法国抵抗运动人士和生态活动家，布痕瓦尔德、多拉和卑尔根-贝尔森集中营的幸存者斯特法纳·黑塞尔（Stéphane Hessel），凭借其正合时宜的宣言《请愤怒吧》（Indignez-Vous!），出人意料地成为畅销书作家。[10] 为了反对全

---

*　美国学者伊恩·布雷默（Ian Bremmer）和鲁里埃尔·罗比尼（Nouriel Roubini）在 2011 年撰文阐述的概念。大体上说，这一概念与经济危机和全球治理密切相关，所描述的是没有任何一个国家或国家联盟有能力、有意愿制定并执行全球经济议程的世界格局。布雷默在 2012 年出版 Every Nation for Itself: Winners and Losers in a G-Zero World 一书，对"零国集团"做了进一步阐述。——编注

†　半代人，85 后，生于 1985 年至 1989 年的人士。——译注

球财政紧缩的要求，黑塞尔呼吁拿出抵抗运动烈士让·穆兰（Jean Moulin）的精神，穆兰 1943 年死于盖世太保之手。2011 年 5 月 15 日，在地方选举前夕，两万名西班牙抗议者高举黑塞尔的口号，占领了马德里最具象征意义的广场——太阳门广场。愤怒的人们在那里坚持了一个月，无视警察和法院的驱逐。[11] 他们搭起一个帐篷城，宣称"我们不是政治家和银行家手中的商品"。[12] 在他们原来的营地被驱散后，"5·15 运动"仍持续了很长一段时间。2011 年 6 月 19 日，发生了西班牙动荡的现代历史上规模最大的示威浪潮，大约有 300 万人（占西班牙人口的 7%）走上街头。[13] 如果在美国发生与此规模相当的示威游行，这意味着将涉及 1900 万抗议者。在幽默的西班牙圣歌中，有一首是针对实施紧缩政策的伙伴希腊的："嘘！希腊人正在睡觉。"2010 年，希腊爆发了大规模抗议活动。但在该年秋季以后，希腊国内的抵抗已有所减弱。2011 年 5 月 28 日，希腊民众占领了宪法广场，雅典以这种方式回应了西班牙的挑战以及三驾马车要求的最新一轮削减。一周后的 6 月 5 日，希腊首都举行了大规模集会，有二三十万人参加。6 月 28 日至 29 日，革命武装分子与防暴警察发生暴力冲突，其中许多人毫不掩饰他们对希腊的新法西斯主义政党金色黎明党的认同。在这场冲突后，宪法广场的暴力活动才被清除。

　　民族主义复兴，捍卫主权不受危机的影响，是对危机做出的最有力的政治回应之一。其中既有左翼势力的变体，也有右翼势力的变体。在希腊，三驾马车的命令唤醒了人们对占领、内战和独裁统治的记忆，为此，这两个势力都积极发声。在 2010 年和 2011 年的示威活动中，左翼势力普遍将德国对欧元区经济政策的否决与纳粹帝国主义联系起来。与此同时，希腊本国的法西斯主义分子在街头公开游行。[14] 金色黎明党的成员在点燃火把的游行中狂欢，火把上装饰着符文旗帜，由肌肉发达的冲锋队员担任护卫。金色黎明党的成员骚扰并攻击左翼分子和非欧洲移民，同时还搭起了流动厨房，当然只为饥肠辘辘的希腊人提供食物。这重现了 20 世纪 30 年代教科书中的一幕，一场全面的社会和经济危机为国家种族共同体计划铺垫了背景。

因危机而产生的抵抗运动，其模式本身就具有非常重要的意义。游行、示威和罢工与营地相结合，旨在要求捍卫主权。繁荣时期整修得难以辨认的现代化公共空间被改造用于另一种生活。[15]在希腊，对三驾马车的蔑视表现为不缴税款和罚款。在西班牙，50 万个家庭面临被驱逐，生活被无法偿还的债务压垮（根据西班牙法律，抵押贷款的债务人没有破产保护），抗议者采用了非暴力、直接对抗的新形式。[16]所谓的"门前抗议"（escraches）*运动通过社交媒体将快闪族†聚集在一起，"让他们站到政客面前"，迫使反应迟钝的精英阶层承认这场紧急事件的规模和强度。[17]如果市场有权恐慌，那为什么要期望公民保持适当的行为举止呢？为什么只有投资者的"信心"才是最重要的呢？[18]

为应对欧元区危机而开始形成的新左派将在适当的时候改变欧洲政治。[19]在希腊，激进左翼联盟最初于十年前成立，由反全球化运动和从共产党中分裂出来的派别联合组成。在富有魅力的年轻领袖阿莱克西斯·齐普拉斯（Alexis Tsipras）的领导下，激进左翼联盟将自身定位为泛希腊社会主义运动党的激进替代者，一个愿意领导希腊人民与国内寡头和布鲁塞尔的三驾马车斗争的政党。[20]在西班牙，2011 年的抗议者中有能言善辩的政治社会学教授、左翼脱

---

* 西班牙语词汇，指为表示对某位被指控犯罪或腐败的公众人物的抗议，民众自发组织前往其住所或办公场所游行示威。这个词最初源于阿根廷的独裁统治期间，被阿根廷人权组织 HIJOS 广泛使用，大意为找出施害者和凶手，然后羞辱他们；这种行为是一种公开的羞辱和示威。——编注

† 快闪族是指一群通过互联网联系，但现实生活中互不认识的人，在特定地点和时间聚集后，在同一时间做出令人意想不到的"行为"，然后迅速分散。——译注

口秀主持人巴勃罗·伊格莱西亚斯（Pablo Iglesias），他后来成为 2014 年成立的"我们能"党的主要幕后推动者。[21] 与激进左翼联盟一样，"我们能"党的活动人士大量地援引"人民"的语言，将一个反对政府紧缩路线、具有广泛基础的联盟团结在了一起。[22] "我们能"党支持"人民"的事业，反对"阶层"，即"一心想从人民那里窃取民主"的腐败团体。[23]

希腊和西班牙的政治将不复从前。危机已从金融领域蔓延到了政治领域。但在 2011 年春，抗议活动与现任政府之间仍保持着一定距离。无论抗议多么激昂、多么有创意，迫使政策发生改变的并不是抗议，而是人们不可避免地意识到，2010 年拼凑起来的"拖延塞责和装聋作哑"的策略根本没有奏效。

二

希腊的情况正在恶化。它正在实施紧缩政策，但债务占 GDP 的比重不降反升。削减政府支出并没有像扩张性紧缩政策的倡导者想象的那样对私人部门企业活动产生激励作用，而是恰恰相反。[24] 消费者支出和投资大幅下降。需求的崩溃导致了更多的失业和税收收入减少。截至 2011 年夏初，很明显，就像人们此前设想的那样，希腊将无法在 2012 年进入资本市场。这意味着在 2013 年的截止日期之前，欧洲不得不提供更多的贷款，或者找到某种方式削减希腊的债务。国际货币基金组织不会继续向一个没有获得足够经费支持的项目提供资金。距离 2010 年春天的危机已经过去一年，柏林正逐渐失去耐心。在 4 月 14 日举行的七国集团会议上，在斯特劳斯－卡恩阐述了国际货币基金组织的条款后，朔伊布勒即加入辩论。他警告说："我们不能用公共资金收购私人投资者的债券。"[25] 然而，默克尔的联合政府却是脆弱易碎的。坦率地说，自民党是欧洲怀疑论者。社民党声称，如果需要与默克尔就欧洲问题投票，那么其将要求债券持有人必须承担损失。*但欧盟委员会和法国政府表示反对，特里谢将不惜一切代价避免讨论重组。4 月 6 日，当希腊正式要求讨论债务重组时——通过延长款项和所欠利息的偿还期限来进行债务重组，而不是通过削减欠款——特里谢威胁要切断与希腊银行的联系，迫使希腊重新站到了同一条战线上。[26]

欧洲央行的立场并不是完全消极的。特里谢想要的，是让各国政府接管欧洲央行自 2010 年 5 月以来承担的稳定债券市场的任务。欧洲各国政府在 2010 年 5 月 10 日同意的欧洲金融稳定基金已经开始运作。它是向爱尔兰和葡萄牙提供救助贷款的工具。但它的法律地位很脆弱。其资金是在自愿和双边的基础上提供的。而且，它只能在紧急情况下才被用来购买那些被资本市场拒之门外的国家发行的新债券。它没有被授权从事欧洲央行所开展的工作，即在二级市场购买债券以稳定价格和收益率。对于默克尔来说，为确保债券市场稳定而建立一个共同的欧洲基金是一剂政治毒药，因为它带有债务相互化的味道，会带来所有的政治和法律后果。虽然德意志联邦银行可能不喜欢欧洲央行购买债券，但购债可以被视为央行的例行干预措施。在默克尔看来，较之于欧洲金融稳定基金，采取购债行动、让特里谢扛起重担是两害相权取其轻。

这是德国立场的基本矛盾。柏林不仅仅是紧缩政策的坚定倡导者，在重组和私营部门参与问题上，它也是最始终如一、最清醒的。但是，当涉及伴随出现的必要情况（刚开始是为其余债券市场提供支持）时，柏林的表现却前后不一、毫不连贯。在对其银行进行资本重组方面，柏林也没有表现出任何特别的兴致，从而使得裕宝地

---

* 社民党支持债务重组，自民党认为希腊的债务重组必须与该国暂时离开欧元区捆绑在一起。——译注

产银行和实力较弱的州立银行成为脖子上的沉重负担。德国既不为债券市场提供支持，也不提升银行实力，在这样的情况下让债权人参与救助，很难说是一项负责任的政策，更像是让欧洲央行、法国和美国都感到恐惧的走钢丝行为。这是对柏林动机的善意解读。苛刻一些的解读是，德国采取了一种紧张战略，故意制造市场不确定性，以胁迫欧元区其他国家屈服。[27] 同时，德国享有避风港特权。当"欧猪五国"抱怨收益率上升时，德国的利率正在不可阻挡地滑向零利率下限 *。欧元区的不确定性对出口业务不利，但德国对世界其他国家的出口正在迅速增长，并且德国的劳动力市场趋紧。从慕尼黑或法兰克福的富裕和自满，到马德里和雅典骚乱的街头，这些国家的情况天差地别。柏林自然有实力等到危机结束。

　　特里谢和他在欧洲央行的同事们认为这种现状是不可接受的。经过数月的债券购买，到 2011 年春，他们发现自己"自豪地"拥有了 15% 的垃圾级希腊国债。当有关欧洲稳定机制（European Stability Mechanism，欧洲金融稳定基金的永久替代品）的进一步谈判没有对在二级市场购买债券做出规定时，欧洲央行的耐心耗尽了。是时候让欧洲央行划定最后界限了。在欧洲央行新近表现出来的更强硬的立场中，其公开涉及的内容是利率政策。随着欧元区危机在 2011 年 4 月和 7 月再度加剧，欧洲央行上调了利率，这是货币政策史上最具误导性的决定之一。[28] 欧洲央行辩解说，德国和欧元区其他经济热点国家的通胀正在抬头，这是千真万确的。北欧与欧洲其他国家的相对繁荣之间存在着不对称，这也是千真万确的。然而，欧洲央行此举显然是一个政治信号，它在维护自己的独立性。这引起了欧洲各国政府的注意，因为将由它们决定是否对债务市场

---

*　通常情况下，当一国经济处于衰退期时，央行会下调利率以激励公司投资并刺激经济增长。但当利率降至零时，央行就失去了这一对抗经济衰退的重要工具。这就是所谓的"零利率下限"。在现有金融体系下，突破"零利率下限"，意味着意愿投资和意愿储蓄会失衡。——译注

承担责任。[29] 当然，传递信息的途径并非只有利率。实际上，欧洲央行在不大张旗鼓、没有发布任何公开声明的情况下，于 3 月中旬停止购买欧元区主权债券，并对评级较低的债券的回购实行了差异化削减。[30]

几周后，市场才意识到信贷严重收紧。于是，它们开始抛售债券。欧元区最安全债券和风险最高债券之间的息差大幅上升。希腊国债的息差达到 1200 基点，这一次的担忧与以往不同。2010 年，市场开始对单个国家不利，先是希腊，然后是爱尔兰。现在，大量资金涌入，对整个欧元区不利。衡量这种情况的一个关键指标是美国货币市场基金，它们是现金池（这些现金池是欧洲银行的资金来源）的主要贡献者，也是像贝莱德这样的大型资产管理公司管理的大量流动资金的来源。虽然在 2011 年初它们仍然向欧洲银行提供高达 6000 亿美元的资金，但从春天开始，它们即大幅削减风险敞口。[31]在这一年中，它们会把对欧洲银行的承诺额削减 45%。法国银行受到的冲击尤其严重。即使像法国巴黎银行这样的巨头也不能幸免。在华尔街，人们不仅把大笔赌注押在最弱借款者的违约上——截至春季，标准普尔预计希腊债务将削减 50% 至 70%，直接无序违约的概率为三分之一——还越来越多地将赌注押在欧元的崩溃上。最积极的对冲基金经理们先是将资金投资于一种产品，然后转投另一种产品，在欧洲央行加息的背景下押注美元下跌，之后再转投另一种产品，大举做空欧洲主权债券、银行和其他易受冲击的股票。[32]太平洋投资管理公司的债券之王比尔·格罗斯和 2008 年的对冲基金英雄约翰·保尔森（John Paulson）等华尔街知名人士公开表示，他们看空欧洲。不可否认的是，他们一直对欧元区持怀疑态度，但在欧洲央行和各国政府意见相左的情况下，欧洲人似乎执意要自我毁灭，而这给了他们赚钱盈利的机会。

显示出缺乏信心的不只有美国的资金。欧元区内正在进行一场大规模的资金内部流动。这些资金流动以"TARGET2 余额"*的形式进行了登记，TARGET2 之前不为人知，但不久后成了欧元体系臭名昭著的附属品。[33] 为了寻求安全，这些资金从希腊、爱尔兰、西班牙和葡萄牙的银行账户中流出，进入德国和欧元区的其他核心国家。如果融资市场正常运转，压力重重的外围国家银行将会在银行间市场找到替代资金，而不会给它们的央行带来麻烦。毕竟，接受资金流入的北欧国家的银行资金充足，而且它们的希腊同行们也愿意提供较高的利率。但是，欧洲银行间贷款从未从 2007 年和 2008 年的冲击中恢复过来，还在 2010 年 4 月的恐慌中遭受了进一步打击。因此，外围国家的银行转而从本国央行获得资金，由于不再是本国货币的主权发行人，这些央行只能从位于法兰克福的欧洲央行总部提取欧元，与此同时，德意志联邦银行和其他外流资金的接收方积累了大量信贷。2011 年春，在很大程度上，由于经济学家汉斯−沃纳·辛恩（Hans-Werner Sinn）教授的新闻创业家精神，德国公众突然对一个令人震惊且相当具有误导性的消息有所警惕：他们正在暗中向外围国家提供巨额"贷款"。[34] 如果货币体系崩溃，数千亿欧元将被"没收"。

对会计数据的危言耸听的解读，不应被视为一种经济分析，而应被视为欧元体系的合法性日益丧失的一个征兆。登记在案的 TARGET2 余额并非德国向欧元区的其余国家提供的"贷款"。TARGET2 余额对应的是资金流动情况，反映的是私人资金从欧元区外围国家大量流入德国银行账户。其中一些流动资金来自富有的

---

* 　TARGET2 的全称是第二代泛欧实时全额自动清算系统（Trans-European Automated Real-time Gross settlement Express Transfer system），用于为欧元体系各国提供大额交易清算服务。TARGET 余额反映了欧洲各国 TARGET 会员央行资金在欧元体系内部的跨境支付情况。对某个国家来说，正值表示净债权，负值表示净债务，各国的 TARGET 余额加起来为 0。TARGET 正余额总额规模越大，说明欧元体系内资金流动越不平衡。——译注

选取的欧元区国家的TARGET2结余（单位：10亿欧元）

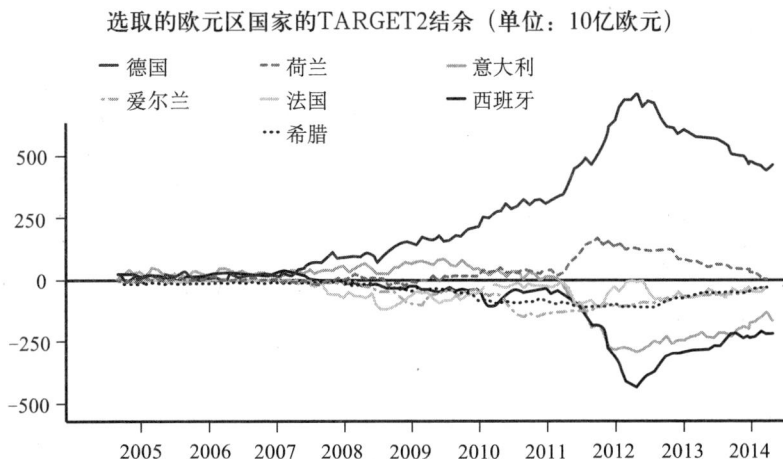

资料来源：Bruegel, National Central Banks.

希腊或西班牙商人。但在很大程度上，是德国自己的投资者把欧元带回家的。多亏了货币统一和欧洲央行的清算系统，他们才能够做到这一点，而不会有货币损失或德国马克大幅升值的风险，这种风险将损害德国的出口企业。辛恩喜欢用一些黑暗的场景来点燃读者的情绪，其中一个场景是这样的：欧元的解体导致德国丧失了对欧洲央行的簿记债权。这是一个严峻而不确定的情况。但有一件事是肯定的：那些焦虑的投资者已经转移到德国避险的资金不太可能撤离。德国从中获得的益处，类似于美国在全球经济中享有的过度特权。在经济困难时期，全球资金转变为美元；在欧元区，资金流入德国。[35] 这是一种通过收益率息差衡量的特权。随着危机国家债券的收益率飙升，德国国债的收益率有所下降。这是助长德国繁荣泡沫的因素之一。流入德国的资金应该被视为一种负担，这反映出人们对这场危机的极度焦虑和狂躁。

三

　　到 2011 年 5 月，市场信心已摇摇欲坠，欧元集团匆忙在卢森堡召开了一次秘密会议。这次会议原定于 5 月 6 日星期五召开，旨在恢复欧洲的团结一致，结果却变成了一场公关灾难。当朔伊布勒坚称谈话必须从讨论重组和私营部门参与开始时，特里谢愤而离场。他不会支持这样的谈话。然而，在没有他参与的情况下继续开会是不切实际的，因为要让希腊银行存活下来，只有靠欧洲央行的支持。[36] 也没有人喜欢必须对银行进行重组的想法。当《明镜》周刊获悉这场会议的消息，以及美国市场开始做出反应时，经验丰富的卢森堡首相兼欧元集团主席让－克洛德·容克的发言人断然否认正在召开任何会议。[37] 几个小时后，这位发言人被迫承认领导人确实会过面。"之所以否认会议正在进行，是因为一个非常敏感的原因，"他告诉聚集的记者，"华尔街在那个时间点开盘。"欧元暴跌。说谎是为了"自我保护"。当《华尔街日报》询问这种欺骗行为是否会损害"市场对欧元区未来发布的声明的信心"时，容克的发言人反驳说，市场似乎都已经对欧洲央行行长特里谢和法国财长拉加德的任何言论不以为然了。无论他们在希腊债务问题上说了什么，"似乎都没有人相信"。那么，一个适宜的谎言怎会造成进一步的伤害呢？容克本人也得出了类似的明确结论，他在 4 月对观众说道："货币政策是一个严肃的问题，我们应该在欧元集团秘密讨论这个问题……如果我们透露可能做出的决定，那么我们将助长金融市场的投机行为，会让我们试图保护的人民陷入痛苦，我们想要他们免受伤害……我支持进行秘密的、不公开的争辩……我已经准备好被你们辱骂为不够民主，但我还是希望谨慎些……当事态变得严重时，你不得不说谎。"[38] 到 2011 年 5 月，为站不住脚的理论辩解，为坚持"拖延塞责和装聋作哑"的策略做出的努力，反而导致围绕欧元区经济政策展开的可信和连贯的沟通彻底破裂。容克仅仅因为其觉得不需要大张旗鼓，而让自己的做法不同寻常，对于像卢森堡这样的一个小小的资产阶级避税天堂来说，这可能是对的。但是，如果将容克的"现实主义"思想投射到欧盟这个更大的舞台上，其影响将会更加令人不安。

随着欧洲的信誉逐渐丧失，现在需要的是"重设"，是能澄清问题的干预，以便恢复信誉，阻止信任危机扩大。这似乎正是国际货币基金组织的总裁多米尼克·斯特劳斯－卡恩预定于 2011 年 5 月中旬首先与安吉拉·默克尔会晤，之后再与欧元集团会晤时要考虑的内容。一位美国高级官员回忆说，斯特劳斯－卡恩"打算推动建立一个大型的防火墙，我们对这些会议的结果寄予了相当大的期望"。[39]在国际货币基金组织内部，反对"拖延塞责和装聋作哑"的新浪潮正在形成。国际货币基金组织的爱尔兰团队一直对 2010 年 11 月欧洲央行和七国集团强迫都柏林接受的不公平交易不满。阿贾·乔普拉坚称，爱尔兰的问题不仅仅是爱尔兰一国的问题，"它是欧洲共同的问题"，需要欧洲采取联合行动。[40]需要做的是加强欧洲金融稳定基金，向其提供更多的资源和更广泛的干预权力。此外，爱尔兰的情况表明，欧洲银行的规模太大，除了几个大国，其他国家都无力纾困。因此，乔普拉坚持认为，如果银行无法从私人机构那里筹集到足够的资金，那么应该在整个欧盟范围内协调资本重组。[41]早在一年前，也就是 2010 年 3 月，斯特劳斯－卡恩曾向欧洲人提出了挑战，要求建立一个共同出资支持的银行清算机构。[42]没有这个机构，迈向重大债务重组的任何步伐都是危险的。

到 2011 年 5 月，国际货币基金组织超越"拖延塞责和装聋作哑"策略的范畴，明确制定了欧元区解决方案的基本逻辑，斯特劳斯－卡恩似乎一直在致力于实现这一目标。但是，在 5 月 14 日离开肯尼迪国际机场前的几分钟，这位国际货币基金组织的总裁被纽约警察局的警官拖下飞机，面临性侵和非法监禁的指控。这是一个令人费解的转变。看到这样一位著名人物沦落到在纽约街头被人耻笑的地步，欧洲的许多舆论一片哗然。难道无罪推定在美国不成立吗？[43]在法国，那些没有责怪美国的人士纷纷将矛头转向萨科齐，人们普遍怀疑是萨科齐谋划了这步棋，以便除去斯特劳斯－卡恩这个总统职位的竞争对手。[44]

与此同时，国际货币基金组织本来有可能让欧元区摆脱瘫痪状态，现在希望破灭了，并且该基金组织失去了一位总裁。继任问题撕开了一道疼痛的伤口。2007年，新兴市场曾获得承诺，国际货币基金组织的下一任总裁将是它们中的一员。现在，面对欧元区危机，有人辩称，由于国际货币基金组织如此深入地参与欧洲事务，让欧洲人掌舵是至关重要的。如果拉美人、亚洲人或非洲人贸然提出类似的要求，可想而知会有怎样的反应。欧洲人甚至连眼睛都没有眨一下。这个职务的欧洲候选人是克里斯蒂娜·拉加德，作为萨科齐的财政部部长，她证明了自己的忠诚度和能力。她得到了欧洲、美国和中国的支持。与此同时，随着欧元区滑向危机，国际货币基金组织推动采取果断行动的努力宣告流产。在拉加德为自己的新角色做准备期间，国际货币基金组织的由二号人物约翰·利普斯基执掌。利普斯基完全赞同为了确保体系稳定而采取大规模的支持行动。另一方面，如果要私营部门参与，就必须是自愿的，而且规模要适当。体系稳定和防止危机传染这些优先考虑事项得到重申。现在没有时间冒着危险谈论债务重组或银行资本重组。重要的是遏制危机，防止不确定性从欧洲蔓延开来。

四

斯特劳斯－卡恩没有与默克尔讨论过这个问题。但在6月5日，德国总理前往华盛顿。[45]从倾向来看,默克尔是一名大西洋主义*者。但自 2003 年以来,两国关系从未如此紧张。自危机爆发以来,在经济政策方面,德国和美国的步调一直不一致。第二轮量化宽松引发的风暴始终令人尴尬。在利比亚问题上德国的态度是什么? 柏林的欧洲计划是什么? 在这些问题上,默克尔与奥巴马的讨论非常激烈。6 月 8 日,默克尔带着一枚总统自由勋章†和新的协议回国。不会再有关于希腊违约或希腊退欧的讨论了。为了换取希腊同意进一步的紧缩政策,德国将会出台另一套援助计划。正如德国从一开始就希望的那样,私营部门参与(例如债务重组)将成为交易的一部分。但这是自愿的。这将是由债权人主导的重组,银行对债务减记的方式和规模拥有否决权。不过,柏林的声明中仍缺少与欧洲债券基金或资本重组有关的大胆计划。因此,最终的结果是加剧了紧张。市场获悉了私营部门参与的消息,但是没有听到与构建充足的安全网有关的信息。

6 月 29 日,饱受打击的希腊政府通过议会推动了第四轮紧缩政策,包括私有化、增税和削减退休金。希腊政府是在占领宪法广场的暴力活动被清除,为期两天的总罢工结束之后这样做的,也是在国际货币基金组织的计算表明,为实现债务的可持续性,希腊需要出售多达 500 亿欧元的公共资产的情况下这样做的。事实上,根据国际货币基金组织于 7 月 4 日发布的进一步评估,即使这样做也还是不够的。[46]为了让希腊实现债务的可持续性,不仅需要紧缩和私有化,还需要债券持有人真正地大幅削减债务。然而,与国际金融协会举行的会谈从 6 月 27 日开始,这次会谈的基调表明,这样做

---

* 一种西欧和北美国家(特别是美国和加拿大)在政治、经济和军事防卫等议题上互相合作的哲学。与大西洋主义立场相对的是亲欧洲主义,即亲欧盟。——译注

† 由美国总统一年一度颁发,与国会金质奖章并列为美国最高的平民荣誉。受奖者不需要是美国公民。——译注

的可能性微乎其微。银行和其他债券持有人只做出了适度的让步。这符合欧洲央行的要求，欧洲央行迫切希望不会发生"违约事件"，但这与雅典对其公民施加的削减数百亿欧元开支的计划形成了鲜明对比。对于希腊来说，默克尔－奥巴马的新政策暴露出它是另一种"拖延塞责和装聋作哑"，换汤不换药。

截至 6 月，由于标准普尔评级机构将希腊的评级下调至 CCC，这是主权借款人能够获得的最低分数，同时息差飙升至 1300 基点，市场提出了一个新问题。如果欧元区无法处理希腊问题，那么它遇到更严重的麻烦时将会怎样？如果它必须应对西班牙或意大利的危机，那又会怎样？二十年前，也就是在 20 世纪 90 年代初，意大利陷入困境。从那时起，意大利的债务稳定下来。罗马管理着基本的财政盈余。但是，其债务与 GDP 的比值仍然处于危险的高位。考虑到意大利的经济规模（按名义 GDP 计算，意大利是世界第八大经济体），其债务规模相当大：1.8 万亿欧元。令人担忧的是，在 2011 年 6 月的最后几天，在决定对希腊实施私营部门参与后，已经有 1000 亿欧元的意大利国债被抛售。欧洲各银行纷纷撤出，领头的是法国的银行。几周内，外国投资者持有的意大利国债比例从 50% 降至 45%。[47] 这足以使意大利的借贷成本在 2011 年 6 月至 8 月从 4.25% 上升至 5.54%。这看起来不是一个很大的数字。但考虑到意大利巨大的再融资需求，这意味着灾难。在 2011 年下半年到 2014 年年底，罗马计算出其需要以再融资和新贷款的形式借入 8130 亿欧元。偿还如此巨额债务的成本增加了 25%，这确实是一个严重的问题。如果意大利发生挤兑，那么欧元区很可能就玩完了。

与北欧人的偏见恰恰相反，意大利的政治阶层绝对没有忽视形势的严重性。意大利的经济学家，尤其是以位于米兰的著名商学院命名的"博科尼小伙子们"*，和其他人一样，为达成削减支出和"扩张性紧缩"的新共识做出了很大贡献。[48] 面对 2008 年至 2010 年的紧急情况，意大利几乎不允许自己采取任何刺激措施。问题是，罗马是否有意愿和能力应对债券市场的新恐慌。特别是贝卢斯科尼总理将如何反应。

贝卢斯科尼丑闻缠身。[49] 他曾面临犯罪指控，包括敲诈勒索、大规模逃税和腐败。但在 2011 年 2 月 15 日，在所有指控中，最令人难堪的一个是，他被控与未成年人进行性交易，以及滥用职权，试图掩盖他与一位名叫"偷心露比"的脱衣舞娘兼应召女郎的关系。贝卢斯科尼没有辞职，反而继续担任总理。2011 年 4 月 6 日，当金融市场正在焦虑地观望时，意大利总理接受了审判。诉讼程序立即中止，但听证会将于 5 月底恢复。与此同时，意大利政府被游移不定又名誉扫地的阴云笼罩。5 月底，当贝卢斯科尼的联合政府（由意大利力量党和北方联盟†组成）失去对其个人领地米兰的控制权时，他遭到了进一步的质疑。[50] 即使在形势最好的时候，贝卢斯科尼的本能也是迎合大众的。既然他正在为自己的政治生涯而战，那么是否可以指望他推行其财政部部长朱利奥·特雷蒙蒂要求的紧缩措施呢？

在 7 月 9 日至 10 日的那个周末，默克尔亲自出面干预，敦促贝卢斯科尼认清形势的严重性。欧洲的未来系于意大利。但意大利和德国，到底谁才是真正的薄弱环节？对于欧洲的许多人来说，目前尚不清楚默克尔本人是否真的致力于维护欧元区的统一。丑陋的流言开始四处传播，说德国前总理、欧元之父和德国统一之父赫尔穆特·科尔质疑他的欧洲遗产在默克尔的手中是否安全。有报道称，

---

* 指博科尼大学（Bocconi University），意大利最好的商学院、世界顶尖商学院。——译注

† 现已改名为联盟党。——编注

科尔曾这样告诉一名记者："这个女孩［默克尔］正在摧毁我的欧洲。"[51]默克尔和朔伊布勒被勉强说服推迟夏季出行计划，并于7月21日召开欧洲理事会紧急会议，以讨论欧元区稳定问题。议题是可以预测得到的：财政调整和紧缩、私营部门参与、重组和债务的可持续性，以及欧洲央行购买债券。只有欧洲范围内的银行资本重组还没有被提上日程，这是连贯的危机遏制战略的最后要素。但柏林打的是什么牌？默克尔和朔伊布勒是否真的在实施令人毛骨悚然的边缘政策＊？或者，由于生活在一个相对繁荣的环境中，德国的政治阶层根本不了解欧元区其他国家面临的压力？

2011年7月14日，为了应对市场压力，意大利议会通过了一项700亿欧元的严厉紧缩计划，该计划可以与德国2010年的计划相提并论。[52]但是，只要贝卢斯科尼仍在掌权，人们的疑虑就不会消失。希腊的私营部门参与问题仍未得到解决。特里谢坚持己见，如果希腊债务出现临近全面重组的任何迹象，那么欧洲央行将不允许把希腊债券作为合格抵押品。恐慌再次蔓延到欧元区的债务市场。原本是希腊和爱尔兰这些小国的问题，正迅速演变为南欧（包括西班牙和意大利等大型经济体）的全面危机。2007年，欧元区债券投资者曾认为希腊的债务与德国提供的债务规模相当，但到了2011年9月，意大利和西班牙的信用违约掉期息差超过了处于革命阵痛中的埃及†的息差。[53]全球被认为最有可能违约的三个国家是希腊、爱尔兰和葡萄牙，都位于欧元区，远超过白俄罗斯、委内瑞拉和巴基斯坦。[54]革命情绪似乎已经跃过了地中海。雅典的暴力场面助长

＊　"边缘政策"是美国在冷战中奉行的一种对外政策，也称"战争边缘政策"。大意指以战争(核战争)作为威胁和恐吓手段引起危机，迫使对手让步。一般来讲，也可以理解为使对手走到危险边缘，达到向对手施压的目的。——编注

†　指2011年埃及革命。2011年1月25日，埃及民众发动一系列街头示威、集会和罢工等抗议活动，向政府表达不满。——译注

了人们对在欧洲蔓延的社会混乱的想象。据称，严肃的金融分析师们正在谈论"恶性通货膨胀、军事政变和可能的内战"。[55] 然而，这已经不再是个别掠夺性对冲基金关注的问题，也不是谈论欧元下跌的一两个过度兴奋的分析师关注的问题；来自欧洲和美国的商业银行和养老基金正在将数百亿欧元从意大利和救助计划涉及的国家中撤出。[56] 一旦欧元区主权国家丧失其作为安全资产发行人的地位，机构投资者将别无选择，只能重新分配它们的投资组合。这也会对欧洲的银行造成影响。2011 年的夏季，批发性融资正在枯竭。[57]

距离 7 月 21 日的峰会只剩几天时间了，巴黎开始意识到默克尔可能愿意让即将到来的谈判失败。[58] 到目前为止，与银行游说者达成的债务削减幅度过低，无法令柏林满意。欧洲金融稳定基金的资源和授权不足以让法国放心，也不足以安抚市场或说服特里谢恢复债券购买。如果谈判失败，没有人是安全的，包括法国。为了打破僵局，萨科齐意识到他不得不与默克尔进行一对一的谈判。法国总统于 7 月 20 日下午 5 点 30 分抵达柏林，随即在欧洲金融稳定基金问题上遇到了绊脚石。很快，事情变得清楚起来：如果不让特里谢参与，柏林和巴黎无法解决问题。特里谢被从法兰克福召来，于晚上 10 点搭乘最后一班飞机抵达柏林。这场交易不是在德国和法国之间进行，而是在德国、法国和欧洲央行之间进行。7 月 21 日凌晨，萨科齐和默克尔轮流使用一部手机向欧洲理事会主席范龙佩宣读了他们的协议条款。下午，在布鲁塞尔，一揽子计划被正式提交给其他国家政府，并由其他国家政府投票。

希腊将获得额外的 1090 亿欧元，以满足其到 2014 年的融资需求，并且使国际货币基金组织能够继续作为三驾马车的一员。希腊支付的贷款利息将降至 3.5%，还款期限被延长，通过私营部门自愿参与救助方案，希腊的债权人将出资援助，但具体数额仍有待确定。欧洲央行将因其遭受的任何损失获得赔偿。如果希腊银行遭受无法挽回的损失，它们将使用三驾马车的资金进行资本重组。[59] 最重要的是，各国政府强调私营部门参与仅适用于希腊，因为它是欧元区唯一一个资不抵债的主权国家。所有其他国家都必须履行各自的义务。为了遏制危机传染，欧洲金融稳定基金将得到加强，并且应欧洲央行的要求，它将获得授权进入二级市场，为西班牙和意大利等非救助计划国家确定信贷额度。欧洲金融稳定基金将不再像默克尔自 2010 年 3 月以来坚称的那样只是一个最后的手段，而是成为一个积极主动的机构，先发制人，帮助稳定市场，以防止任何威胁的出现。最后，这些都成为可行的解决方案的组成部分，如回购希腊债券、进行债务重组、提供进一步贷款和与欧洲央行合作，并且由获得新授权的欧洲金融稳定基金提供支持，甚至银行进行资本重组的必要性也在一定程度上获得了承认。总体结构是良好的。但这是计算出来的总额吗？这笔钱又由谁来掏腰包呢？

私营部门参与的规模成为一个痛点。在与国际金融协会的礼貌谈判中，最初确定的数字仅为 20%。银行家们未获准参加 7 月 21 日的政府间会议，但他们聚集在外面的走廊里。当政府宣布 20% 不够时，国际金融协会给出了 21%。通过这种象征性让步，各方都对已达成的协议感到满意。没人做过数学计算。这是一个姿态问题，而不是算术问题。当国际货币基金组织的代表根据这种适度的重组假设对希腊债务的可持续性提出质疑时，国际金融协会的查尔斯·达拉拉对会议进行了强烈谴责。[60] 他的愤怒只不过是装装样子罢了。私下里，达拉拉非常高兴地夸耀说自己的游说为客户（大银行）签下了一笔惊人的慷慨交易。[61]

这种妥协的结果是，希腊将为重组债务付出名誉上的代价，但它几乎得不到什么财政救助。它背负债务负担将达到 GDP 的 143%，这显然是不可持续的。正如高盛的一位分析师所评论的："欧洲政策常见的一个特点是，它存在着'低估'原本良好政策举措的倾向。"瑞银集团经济团队的一名成员就不那么客气了："这种做法只是在边缘徘徊……债务需要减半。"对于欧洲金融稳定基金提供的新支持工具，花旗集团首席经济学家威廉·比特告诉彭博电视台："欧洲金融稳定基金已经从单管机枪变成了加特林机枪，但弹药数量相同……它迫切需要增加规模。"[62] 如果意大利的情况变得危急，那么欧洲金融稳定基金需要的不是 2000 亿至 4000 亿欧元，而是一两万亿欧元。否则，只有拥有无限的欧元供应的欧洲央行才能为这一体系提供支持。

在此期间，投资者紧张不安。截至 7 月底，德意志银行已从年初开始将其意大利国债的持有量减少了 88%。[63] 对于贝卢斯科尼阵营的意大利人来说，这显然是一起讹诈。在财政部部长特雷蒙蒂的圈子里，有传言说这是有人在背后捅刀子。[64] 该年早些时候，罗马曾冒失地提议，欧洲的联合救助资金不应根据债务占 GDP 的比值提供，而是应当与被救助银行的债权规模挂钩。毫无疑问，这个提议在柏林不受欢迎。特雷蒙蒂确信德意志银行的突然抛售是得到了来自默克尔和朔伊布勒的消息。无论事情的真相如何，怀疑都是有迹可循的。信任正在瓦解。

五

如果资金逃离欧洲，接着将会流向何处？自金融危机爆发以来，资金反而流向了美国。随着美国次贷危机的恶化，美元并没有出现许多人担心的恐慌性抛售。相反，投资者转向美国国债，这是全球货币金字塔的顶端。在 2008 年的时候，美元飙升，利率下跌。然而，连续的量化宽松浪潮扭转了这一趋势，导致美元兑主要贸易伙伴国货币的汇率下跌。这给投资者带来了损失，使美国债券的吸引力略有下降。到了 2011 年夏天，更加不祥的事情即将发生。

该年年初，随着在国会中获得多数席位的共和党开始展现实力，制定一个两党合作的长期财政整固方案的努力宣告失败。[65]由于缺乏预算，2011年4月，美国联邦政府差点关门。5月16日，联邦债务达到了14.3万亿美元的上限。由于税收收入只能负担当前支出的60%，华盛顿已经达到了合法借款权的上限。财政部被迫采取"非常措施"，包括从政府现金储备中借款以及出售公务员退休基金中的资产。[66]这可以使财政部撑到8月2日。之后，美国联邦政府将面临一个两难的选择：要么支付工资，要么偿还债权人。美国正在滑向比协调一致的财政紧缩更为糟糕的局面，一场混乱的政府关门可能导致其对国内外债权人的债务违约。

2011年7月下旬，当萨科齐、默克尔和特里谢在对欧元区的未来掷骰子时，美国距离悬崖边已经很近了。华盛顿对实施紧急财政整固的必要性已不再有任何分歧。[67]然而，民主党和共和党之间存在着巨大分歧，前者坚持以平衡的方式削减赤字，这涉及增税和削减福利，而后者则专注于削减开支。众议院议长约翰·博纳希望通过与白宫达成协议，在未来十年内削减4万亿美元的赤字，以此维护其对茶党的控制。但在7月22日，博纳和奥巴马政府之间的谈判破裂，因为共和党要求大幅削减医疗支出，而白宫坚持要求增加1.2万亿美元的税收。[68]记者们开始编制日历，以确定美国政府应首先支付8月份到期的哪些账单。宪法专家们正在就动用行政特权的利弊展开辩论，或者盘算着铸造数万亿美元的铂币来偿还国债。[69]如果说希腊是一个大问题，意大利是一个太大的经济体而不能倒下，那么对于美国违约可能造成的后果，那简直是没法预测的。仅在8月份，财政部就不得不延长近5000亿美元债务的期限。[70]随着欧元区的动荡不定，撤出欧洲银行债券的美国货币市场基金继续转向美国国债。不过，这种表象具有欺骗性。虽然投资者对美国政府债券的需求保持不变，但他们最看重的是风险较低的短期债券。货币市场基金持有的美国国债的平均到期期限从 2010 年 1 月的 90 天下降到 2011 年 7 月底的 70 天。[71] 与此同时，金融工程师开始考虑是否需要一些之前没有人考虑过的东西：美国国债的信用违约掉期。[72]

在 2008 年之前，美国国债的信用违约掉期市场并不存在。那么对整个全球金融体系赖以生存的无风险资产类别进行投保有什么意义呢？假如极不可能发生的美国违约发生了，那么市场将会存在普遍的不稳定，以至于不清楚任何私营金融实体是否仍能作为一个可靠的对手方。谁将会留下来为应对世界末日而支付保险呢？在 2008 年的动荡期间，当房利美和房地美似乎可能倒闭时，美国国债的信用违约掉期利基市场首次出现，并在 2011 年重新活跃起来。在 7 月的最后几天，有超过 1000 份合约未清偿，息差达到 82 个基点。这只是希腊债券的投资者所支付款项中的一小部分，但令人惊讶的是，市场依然存在。

2011 年 7 月 31 日，华盛顿得以从深渊中抽身。两党达成了一项预算妥协方案，如果两党在今年年底前不能就削减开支达成一致，那么将会自动实施财政紧缩。足够多的茶党激进分子在不太情愿的情况下被争取到了共和党领导层的一边，从而使该协议获得通过。信用评级专家和布什政府的前官员进行大量游说，发表了数小时危言耸听的演讲，来说服共和党的反叛分子相信违约的严重后果。但损失已经造成。参议院的共和党领袖米奇·麦康奈尔（Mitch McConnell）愉快地告诉媒体：“我认为，我们的一些成员可能将违约问题视为一个你可以冒险开枪的人质。但我们大多数人都不那么认为。我们学到的就是，它是一个值得赎回的人质。”[73] 就像强硬派茶党的新人贾森·查菲茨（Jason Chaffetz）所说，威胁是真实的，“我们不是在开玩笑……我们会消除威胁的”。[74]

8 月 3 日，中国的评级机构大公国际资信评估有限公司率先得出了显而易见的结论。它将美国的评级从 A+ 下调为 A。正如大公所说："在这个关键时刻，民主党和共和党在争取自己的党派利益时都没能考虑大局；他们很难及时做出正确选择，从而让世界陷入了恐怖，这凸显了美国的政治制度对经济基础起到的负面作用。"[75]中国分析家得出结论认为，美国的政治制度，"无法通过增加实际财富创造来解决经济增长缓慢、赤字高和债务日益增加对偿债能力造成的根本影响，而美国偿债能力的下降是不可逆转的。诚然，第三轮量化宽松的货币政策将会在下一步得以实施，这将让全球经济陷入一场全面危机；在这个过程中，美元的地位将发生根本动摇"。这是二十国集团首尔峰会的看法意见变成了信用评级机构的措辞表述。去年年底，北京大举抛售美国国债，但没有造成股市暴跌。中国长期以来对美国纳税人积累债权、大量购买美国国债的行为已经结束，不过，持有量稳定在 1.2 万亿美元至 1.3 万亿美元之间。

中国给予批评是意料之中的，但更令人惊讶的美国国内的余震。8 月 5 日，难以置信的事情发生了。美国的评级机构之一标准普尔将美国国债的评级从 AAA 下调至 AA +。标普援引"近几个月的政治冒险政策"并指出，越来越多的证据表明"美国的治理和政策制定"并非"认为的那样稳定、有效和可以预见"。[76]它还强调，美国债务水平被认为是不可持续的，债务累积的速度非常快，到 2021 年，美国债务将超过 GDP 的 90%，这是莱因哈特和罗戈夫设定的臭名昭著的阈值。但是很明显，在将做出这个决定的原因告知美国财政部时，这家评级机构犯了一个基本错误。通过把债务增长数据应用于错误的基准情景，它过分夸大了对未来十年赤字的预期。更令人惊讶的是，当这个错误被指出时，标普并没有撤销决定。它维持了降级并保留了解释性文本，但减去了建模错误。这导致财政部发出正式谴责。"标普仍然坚持有缺陷的判断，只是简单地将它们做出信用评级决定的基本原理从经济原理改为政治原理……这个错误的严重程度，以及标普改变其基本原理的匆忙速度……唤起了人们对标普评级行动的可信度和完整性的质疑。"[77] 没有人怀疑美国政治制度的弱点。而标普只是再一次展示了评级机构有多糟。正是它们向数千亿次级抵押贷款担保证券发放 AAA 认证，帮助引发了 2008年的危机。正是它们的连续降级决定了欧元区危机的进展速度。但事实证明，它们甚至无法准确计算出美国的预算。

六

数万亿美元的债务正在失去其作为安全资产的地位。德国财政部部长指责美国财政部具有干涉主义倾向。北约在利比亚问题上争吵不休。美联储宽松的货币政策被斥责为在中东煽动叛乱。欧盟陷入了自欺欺人的境地，其解决希腊债务危机的方式不痛不痒，当它没有采取"拖延塞责和装聋作哑"的策略时，它就公开地、厚颜无耻地撒谎。意大利总理和国际货币基金组织的总裁都因性侵指控而被起诉。华盛顿故意不认真对待破产。评级机构无法进行算术运算。数百万人在街头抗议，要求"毁约"，因为他们无力或不愿偿还他们签下的或以他们的名义签下的债务。

在 8 月 6 日至 7 日的周末，当全世界都在消化美国的主权债务降级消息时，政府首脑、央行行长和财政部官员中断他们的暑假，召开了一轮疯狂的电话会议。但是，出现在人们眼前的都是蹩脚的公报，无助于激发人们的信心。8 月 8 日，星期一，受大西洋两岸坏消息的影响，股市大跌。奥巴马总统不得不谈道："如今，我们生活在一个经济全球化的世界，所有的一切都互联互通，这意味着，当你在欧洲，在西班牙、意大利和希腊遇到问题时，这些问题也会蔓延到我们国家。"[78]

在 2010 年至 2011 年有关合法性的全面危机中，不存在"阿基米德支点"。没有一个地方可以置身事外。西班牙和意大利发生的事情清楚地印证了这一点，抗议者与政府官员"直接对峙"。他们想要打破将决策者和受其决定影响的人们隔离开来的不可战胜的权威和距离，迫使决策者们面对一个不同的现实。2011 年夏，一小群美国社会活动人士决定在纽约这个全球金融经济的中心采取同样的行动。

2011 年 8 月 19 日，纽约证券交易所的代表与美国联邦调查局的特工会晤，召开了一次不同寻常的会议。[79] 联邦调查局在网上搜寻可疑活动时，听闻了一个叫作"占领华尔街"的"无政府主义"网络，其目的是将欧洲已具规模的抗议运动扩展到美国。他们原定于 9 月 17 日占领华尔街旁边的祖科蒂公园。刚开始，美国媒体忽视了这个事件。首先报道此事的是法新社（Agence France-Presse）和《卫报》。[80] 但在几周之内，这个距离华尔街仅几步之遥的小型营地成了世界各地的头条新闻。[81]

考虑到"占领华尔街"引发的社交媒体风暴的规模，正确看待它是至关重要的。与欧洲大规模的反紧缩运动相比，这场运动微不足道。2011 年 10 月 15 日发生了全球性的占领示威活动，在西班牙大概吸引了 100 万名示威者，在罗马大约有 20 万至 40 万人参加，葡萄牙的参加者达数万人。在纽约，3.5 万至 5 万名抗议者举行游行。但是，占领纽约的象征意义远远超过这场活动的适度规模。它在美国资本主义心脏地带明确表达了激进反对。美国费城、奥克兰、波士顿、西雅图、亚特兰大、洛杉矶、丹佛、图森、新奥尔良、盐湖城和其他许多城市纷纷出现类似营地。此外，伦敦、首尔、罗马、马尼拉、柏林、孟买、阿姆斯特丹和巴黎都出现了引人注目的团结营地。估计的数据可能存在差异，但是全球各地至少有 900 个城市的抗议者举行了声援示威。[82] 在美国各地，无论占领营地在哪里萌芽，都可以预料到其会遭到美国联邦调查局，甚至是美国反恐当局的密切关注。尽管它们的规模很小，并且似乎是草草拼凑而成的，但很显然，一个令人不安的事实是，激进少数派的愤怒得到了美国公众舆论的广泛认同。

2011 年 10 月，《纽约时报》和哥伦比亚广播公司（CBS）进行的一项民意调查发现，几乎一半的受访者认为，美国联邦调查局畏惧的"无政府主义阵营"的抗议反映了大多数美国人的观点。[83] 三分之二的人认为财富应该更平均地分配——90% 的民主党人、三分之二的无党派人士，甚至三分之一的共和党人，都同意这种观点。然而，只有 11% 的美国人相信他们的政府做了正确的事情，84%的人不赞成国会威胁要让美国联邦政府屈服的做法，74%的人认为他们的国家走上了一条错误的道路。自 2009 年 1 月以来，奥巴马政府一直在竭尽全力遏制民众的不满情绪。它没有试图鼓动和利用美国社会积怨已久的愤慨，而是找到了一个又一个技术官僚式的解决方案。两年后，结果是左翼和右翼的合法性都惊人地遭到了削弱。

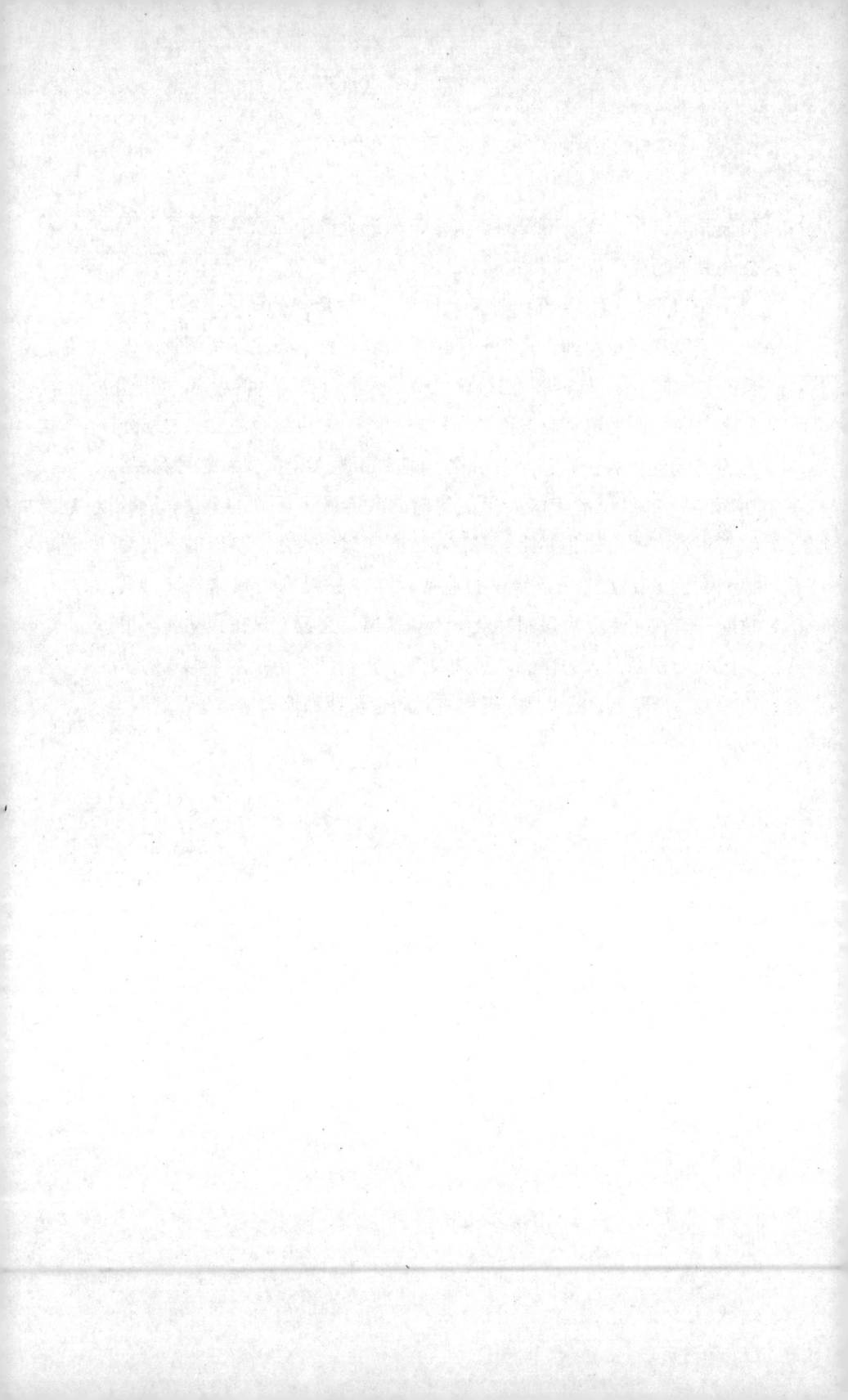

第17章

厄运循环

2011 年 9 月 1 日，葡萄牙新任总理佩德罗·帕索斯·科埃略（Pedro Passos Coelho）首次访问柏林。东道主德国总理默克尔在联合新闻发布会上宣布，三驾马车刚刚提交了有关葡萄牙结构调整计划的第一份报告，它们对取得的进展感到满意，听到这些消息她很高兴。她也很乐于听到科埃略说将德国式的债务刹车纳入葡萄牙宪法不存在任何障碍。接着，在随后的问答环节中，德国总理默克尔透露了一些信息。在被问及德国联邦宪法法院最近授权议会批准欧洲金融稳定基金扩容的问题时，默克尔面无表情地说道："我们确实生活在一个民主国家，我们对此感到高兴。我们实行的是议会民主制。这意味着，预算是议会的一项关键特权。因此，我们将设法组织议会共同决策制度，使之遵循市场的要求，这样市场上将会出现适当的信号。我从预算专家那里听说，他们意识到了这一责任。"[1]

遵循市场要求的共同决策制度——到 2011 年秋，欧洲的民主已经沦落到这个地步了吗？这就是不仅强加于希腊、爱尔兰和葡萄牙的议会，还强加于德国联邦议院的"三驾马车"计划的幕后动机吗，为的就是使它们遵循市场要求？对参加了 2011 年抗议活动的许多人来说，默克尔的言论证实了他们对欧盟存有的偏见，他们认为欧盟只不过是市场规则的容器，或者不过是在演绎由于危机而产生的新流行语——"新自由主义"。[2] 默克尔并没有对情况进行澄清。9 月 22 日，就在国际货币基金组织于华盛顿召开会议前的几天，默克尔在总理府迎来了首位德国籍教皇本笃十六世（Benedict XVI）。在好奇的记者提问时，默克尔主动说道，欧洲危机一直都是他们谈话的核心："我们谈到了金融市场，以及政治家应该有权为人民制定政策，而不是被市场所驱动……在今天这个全球化时代，这是一项非常非常重要的任务。"[3]

这番表述笼统的讲话折射出 2011 年秋危机达到的严重程度。在短短三周内，德国总理设法告诉媒体，政治家应对市场负责，接着告诉教皇，不管这些市场如何，政治家都应该为"人民"制定政策。这矛盾吗？或者她是在暗示某种结合吗？如果是这样的话，是要找到一种符合市场的表达方式，让政治家们偷偷摸摸地施加他们的权力？或者更不幸的，是要依照市场要求塑造民主，使任何市场都不需要担心议会可能制定的政策吗？在柏林，有人知道这些吗？难怪左翼党言辞犀利的发言人格雷戈尔·吉西（Gregor Gysi）会抨击默克尔处理欧元区危机的方式，称其是制造混乱和困惑的引擎。[4]

至少我们可以推断出，那种认为民主和市场是天然匹配并且相辅相成的乐观信条已经不复存在，它曾是冷战遗留下来的箴言。[5] 取而代之的是，危机使人们更加现实地认识到二者之间的潜在紧张关系。但这种概括性说法也有风险，特别是当它假定是金融市场，而不是政治推动了紧张局势时。当然，在欧元区危机中，情况可能并非如此。欧元区较为脆弱的成员国承受的压力，并非取决于人和市场之间，或者全球资本主义和民主之间不可避免的冲突。[6] 首先，这取决于欧洲央行是否愿意购买债券。在市场上，许多银行和交易商不仅迫切要求欧盟采取稳定措施，而且还押注数十亿，认为欧盟最终会这样做。德国、法国和欧洲央行围绕欧元区的未来治理展开的斗争推迟了稳定进程，并使民主与市场之间的冲突变得异常激烈。在这个问题上，政治和经济不可分割地交织在一起。具有讽刺意味的是，与 2010 年一样，结果是危机不断升级，以至于无法再安全地将欧洲事务留给欧洲人处理。

一

7 月 21 日就希腊新援助方案达成的妥协，本应通过欧洲央行的新一轮购债行动获得支持。至少，爱尔兰和葡萄牙被认为在国际货币基金组织监督的计划下取得了很大进展。因此，2011 年 8 月 4 日，欧洲央行宣布再次进入欧洲债券市场。价格和收益率迅速稳定下来。这是科埃略访问柏林时令人愉悦的背景。但就意大利和西班牙而言，特里谢并不想让它们轻轻松松摆脱困境。欧洲央行需要看到更多的证据，表明两国遵循了市场的要求。为了说明问题，8 月 5 日，特里谢向萨帕特罗首相和贝卢斯科尼总理发送了一份机密备忘录，详细说明了把欧洲央行债券购买计划的保护范围扩展至两国的必要条件。[7] 就意大利而言，意大利央行行长、特里谢指定的欧洲央行行长的继任者马里奥·德拉吉在这封公函上签名，由此增加了其分量。

西班牙和意大利都没有申请三驾马车的计划，但这并没有阻止欧洲央行要求它们大幅削减政府开支和增加税收。就意大利的情况而言，特里谢和德拉吉呼吁对地方公共服务进行私有化，这一提议最近在全国公投中遭到断然拒绝。[8] 欧洲央行还呼吁大幅改革劳动力市场政策，这侵犯了意大利和西班牙工会组织的权利。欧洲央行坚持认为，为了降低失业率和促进经济增长，这些改革是必要的。此举公然企图通过货币政策改变社会和政治权力的平衡，尽管欧洲央行规定必须谨慎行事，以确保社会安全网完好无损，但这一点是无法掩盖的。在这些不受欢迎的措施遭到反对的情况下，特里谢和德拉吉建议意大利政府应援引意大利宪法第七十七条赋予的颁布法令的权力，该条允许在"特别需要和紧急情况下"采取具有法律效力的措施。第七十七条最初是为了应对冷战期间共产主义起义而制定的，自20世纪70年代以来，它被多次援引，成为颁布"紧急措施"的法律遮羞布。[9] 其过度使用遭到了意大利法院的批评。于是，特里谢和德拉吉建议，如果贝卢斯科尼对这些程序的合法性感到担忧，那么应该追溯性地申请议会批准。贝卢斯科尼内阁中具有法律头脑的成员想知道，到底是他们的恶臭总理还是德拉吉和特里谢给法治带来了更大的风险，出现这一情况并不让人感到意外。

西班牙政府选择对欧洲央行的信函保密。如果这是羞辱的话，它宁愿不把事实公之于众。为了提供一个平衡的预算修正案，西班牙最大的两个政党同意修改三十三年来未曾更改的西班牙宪法，以此显示它们符合市场要求。[10] 相比之下，贝卢斯科尼接受了特里谢的条款，但遭到公众抗议。他后来说欧洲央行的指示"让我们看起来像是一个被占领的政府"。[11] 但是，来自罗马的劝告非但没有让欧洲央行难堪，反而提高了特里谢作为强硬派的声誉，讽刺的是，这让他得以采取行动。8月7日，欧洲央行根据证券市场计划（Securities Markets Programme，SMP）开始购买意大利和西班牙债券。[12]

这足以平息市场，并避免灾难带来的直接风险。然而，贝卢斯科尼政府对自己愿意采取的全面紧缩措施含糊其词。意大利经济处于严重衰退的边缘。市场仍然跳动不定。每个人都意识到，事情在好转之前会变得更糟。在7月20日至21日的这个周末，就希腊问题达成的妥协从一开始就是不够充分的。希腊的整固计划非但没有实现可持续性，反而一直落后于进度。为了避免破产，希腊需要大幅减记债务，规模要远远超过当年夏天从银行家那里挤出的数值：不是 21%，而是接近 50%。如果这不会引起恐慌，那么就需要制定一份关于欧元区未来治理的坚实的法德协议，以此作为框架。法国确实是最后一道防线。如果危机通过罗马蔓延到巴黎，那么游戏也就玩完了。不幸的是，在 2011 年秋，当欧洲央行出手干预以支撑意大利的公共债务时，十年期法国国债与德国国债的息差扩大至 89 个基点。[13] 为应对这一情况，默克尔和萨科齐加强了他们的联盟。萨科齐迫切需要的是资金涌入。随着欧洲央行采取紧张战略，真正能够平息市场的唯一方法，是扩大欧洲金融稳定基金的规模，或者同意对欧元区公共债务进行大规模相互化。柏林以令人苦恼的缓慢速度接受了这些基本事实，而这决定了危机的发展速度。

9 月 29 日，德国联邦议院对 7 月 21 日商定的小幅扩大债券市场的稳定基金（欧洲金融稳定基金）进行投票。外界普遍认为，这是对默克尔联合政府的未来进行的决定性投票。[14] 尽管对欧洲金融稳定基金进行扩容得到了联邦议院多数议员的支持，但在德国右翼看来，欧洲央行的债券购买行为引发了激烈反应。此前，在 8 月举行的至关重要的欧洲央行理事会会议上，默克尔新任命的强硬派德意志联邦银行行长延斯·魏德曼（Jens Weidmann）不仅投票反对购买债券，而且还公开表达了自己的反对意见。魏德曼曾是阿克赛尔·韦伯的得意门生，曾担任默克尔的个人经济顾问。[15] 9 月 9 日，欧洲央行董事会的德国成员、欧洲央行首席经济学家于尔根·斯塔克辞职以示抗议，他被广泛认为是欧洲央行当年早些时候加息的幕后推手。为了阻止保守派的反叛势头，默克尔需要在联邦议院赢得对欧洲金融稳定基金扩容的投票，不是来自亲欧洲的社民党反对派的投票，而是来自她自己的"总理多数票"（Kanzlermehrheit）——

她的联合政府合作伙伴的投票。最终,9月29日,默克尔获得了选票,以微弱优势险胜。在属于执政联盟的330名议员中,只有315人投票支持该议案,比所需的311票仅多了4票。尽管取得了胜利,但默克尔几乎没有回旋的余地。

无论如何,一旦联邦议院进行投票,很明显,这表明它已经被事态发展压倒了。正如市场中的所有人都意识到的那样,夏季达成协议的扩大欧洲金融稳定基金规模的幅度还太小。9月29日的联邦议院投票只是一个机会,以便开始讨论如何对该基金进行杠杆化,而这正是朔伊布勒在投票前明确排除的。[16] 除非市场突然平静稳定下来,否则默克尔政府很快将再次在议会上掷骰子。

二

该年夏天,人们终于认识到,任何希腊债务重组都需要对希腊本国的银行进行全面救助。它们持有如此之多的希腊公共债务,以致它们的资产负债表承受不起债务减记。欧洲各国政府仍然难以接受的是,问题远不止于此。"拖延塞责和装聋作哑"的政治策略或许有助于将注意力从作为债权人的银行转移到破产的政府借款人身上,但为此买单的正是受三驾马车监管的此类国家的公民。同时,该策略也让欧洲决策者避免触及金融稳定的根本问题。它的前提是银行有足够的时间来处理自己的问题。虽然欧洲的压力测试得出了童话般的数字,但很显然,这只是一厢情愿的想法。事实上,2011年秋,欧洲的银行正重新滑向悬崖边缘。它们正在努力同时应对来自六个方向的压力:它们的账面上仍有2007年至2008年遗留下来的损失;它们持有的欧洲主权债务日益受到影响;欧元区经济的麻烦对新的企业不利;《巴塞尔协议 III》新设的资本和流动性规定要求对资产负债表进行调整,这是令人不快的;在美国、欧洲和亚洲最有利可图的利基市场上，欧洲银行面临着来自复苏的美国和亚洲银行的激烈竞争；鉴于这一切，批发货币市场对提供资金越来越谨慎。资产负债表的缓慢收缩也是一个因素。如果融资市场关闭，2008 年危机将会在欧洲重演。鉴于这一严重威胁，公开解决该行业的长期问题并非没有风险。但是，如果未能正确面对资本重组问题，那么银行将如何变得安全？

2011 年 8 月，克里斯蒂娜·拉加德成为国际货币基金组织的总裁，接过了斯特劳斯—卡恩在被押往里克斯岛监狱时丢下的指挥棒。早在 2009 年，国际货币基金组织的分析师就已经强调欧洲银行资本重组的力度不足。[17] 两年后的此刻，鉴于欧元区主权债务危机升级，国际货币基金组织估计欧洲银行至少需要 2670 亿美元的新资本。[18] 这是一项艰巨的挑战，没有这些资金，财政和货币政策方面的所有其他危机应对措施都将缺乏坚实的基础。欧洲政治上的混乱掩盖了 2008 年金融危机的基本教训：宏观经济政策和系统稳定性的问题与大型银行的运作是分不开的，后者更委婉的叫法是"系统重要性金融机构"。

当然，银行从自身利益的角度做了辩护。但是，在涉及银行监管的危言耸听面前，没有人会退缩。国际金融协会估计，《巴塞尔协议 III》加上各国的监管规定将迫使世界各地的银行在 2015 年之前筹集 1.3 万亿美元的资金。[19] 这是一笔庞大的资金需求，许多银行可能只是更愿意收缩其资产负债表，从而使脆弱的复苏变缓。9 月 23 日，在华盛顿召开的金融稳定委员会会议上，摩根大通的杰米·戴蒙展开了反击。他谴责新的资本规则，并向加拿大央行行长、金融稳定委员会主席马克·卡尼（Mark Carney）提出质疑，言辞犀利，以至于高盛的劳尔德·贝兰克梵（Lloyd Blankfein）认为有必要亲自出面调解。[20] 奇怪的是，戴蒙谴责《巴塞尔协议 III》的规则是反美的，而事实上，这些规则对欧洲施加的压力要严重得多。欧洲

的主要银行并没有像它们的美国同行那样筹集资金，而是在大规模
地去杠杆化，削减它们的贷款业务规模。根据银行自己公布的计划，
分析师们预测收缩幅度在 4800 亿至 2 万亿欧元之间。从监管机构
的角度来看，这正是它们想要的。银行需要"化解风险"。但这不
仅仅是一个企业战略问题。贷款需求的崩溃是导致经济萎缩的一个
主要因素。这给欧元区经济带来了麻烦，并可能导致恶性循环：面
对不断扩大的萧条，银行不得不为新一波不良贷款做出更大拨备，
从而面临收紧其资产负债表的进一步压力。

面临压力的欧洲银行：2011年秋（单位：10亿欧元）

	2008 年遗留资产	欧猪五国债务	预计去杠杆化
苏格兰皇家银行	79.6	10.4	93–121
汇丰银行	54.3	14.6	83
德意志银行	51.9	12.8	30–90
法国农业信贷银行	28.2	16.7	17–50
法国兴业银行	27.5	18.3	70–95
德国商业银行	23.8	19.8	31–188
巴克莱银行	20.7	20.3	20
法国巴黎银行	12.5	41.1	50–81

注：欧洲五国债务指各银行持有的葡萄牙、意大利、爱尔兰、希腊和西班牙的主权债务。

资料来源：Bank of England, *Financial Stability Report* 30 (December 2011), and http://
www.forecastsandtrends.com/article.php/770/.

西班牙和希腊青年失业的悲惨状况没能让欧元区危机成为全球
关注的焦点。这个世界在很晚的时候才意识到所谓的"民粹主义危
险"。2011 年，欧洲银行业危机的状况引起了全球决策者的注意。
如果法国、德国、瑞士、意大利和西班牙银行的万亿美元资产负债
表发生动荡，那么伦敦金融城和华尔街将不再安全。而且，与 2008
年一样，这种影响也是双向的。如果美国的金融机构撤资使得欧洲

银行承受过大的压力，那么它们将大幅削减在美国的业务。正如纽约联邦储备银行的威廉·达德利后来向国会解释的那样："[2011 年] 夏秋两季向欧洲银行提供美元融资的货币市场共同基金正在撤资。其他银行、大型资产管理公司也从欧洲银行撤资。这导致这些银行开始退出它们的美元业务……在秋末冬初的这段时间里，这一切都在狂热地进行着。"[21] 恐慌正在向美国的银行蔓延。2011 年秋，美国银行的信贷违约掉期溢价开始不祥地上升。[22]

三

2011 年 9 月 16 日上午，财政部部长盖特纳飞往华沙，首次出席欧洲各国财长和央行行长的月度例会。在这场被广泛曝光的发言中，很显然，他是用谦逊的话语开场的。[23] 他说："我们的政治很糟糕，可能比欧洲许多地方还要糟糕。"债务上限之战六周前才在国会结束。"考虑到我们在金融危机初期给全球造成的破坏，以及我们面临的挑战，我们并未处在一个能够向所有人提供建议的特别有利的处境中。所以，我以谦卑的姿态来到这里。"但是，他随后坚称欧洲政府和欧洲央行之间"正在进行的冲突"是"极具破坏性的"。"你们必须，政府和各国央行必须在市场中消除灾难性的风险。"奥地利直言不讳的财长玛丽亚·菲克特（Maria Fekter）后来评论说，美国财长的语气确实"非常戏剧性"。[24] 盖特纳提出的建议是采用美国的常规做法，即集结最大力量灭火。"你建造的防火墙的规模必须要比问题的规模更大。缩减问题的规模以适应目前的财政承诺水平的做法是无法成功的……与使用大规模的火力先发制人相比，渐进、逐步提高火力的做法更为危险。"根据财政部自己的预测，欧元区需要至少 1 万亿欧元的资金，最好是 1.5 万亿。[25] 盖特纳采纳了加拿大央行的马克·卡尼和瑞士央行的菲利普·希尔德布兰德（Philipp Hildebrand）提出的一个想法，认为应该对欧洲金融稳定基金进行杠杆化，赋予它足够的火力，以便充当防火墙。[26] 欧洲金融稳定基金可以利用欧洲各国政府投入其中的资金作担保来借钱。这是一个巧妙的解决方案，但在欧洲，尤其是在德国，此举引起了争议，因为它提高了基金的火力，也增加了基金对损失承担的责任。

邀请盖特纳来华沙的是欧洲人。但是，在 2008 年的华尔街大崩盘和 2011 年 7 月的国会预算危机之后，在人们的记忆中，欧洲人可能从没有像现在这样不太愿意听取美国的财务建议。让－克洛德·容克断然拒绝与非欧元区成员国讨论盖特纳的救助资金提案。盖特纳昂首阔步走出会场，拒绝对媒体发表评论。一位纽约分析师评论说："鉴于欧洲人对美国不满，我不确定财长盖特纳此番波兰之行是否卓有成效……我担心这可能会使欧洲人因一时气愤而做出损害自己的事情。"[27] 欧洲人讳疾忌医的行为本身就说明了问题。不过，他们断然拒绝了美国，这是无法否认的。在盖特纳回国后，《纽约时报》刊登了一篇耿直坦率的文章，将他受到的接待拿来与 20 世纪 90 年代的必胜主义比较，在那个年代，《时代》杂志将他的导师格林斯潘、萨默斯和鲁宾称为"拯救世界委员会"。2011 年 9 月，盖特纳的老对手、美国联邦存款保险公司主席希拉·贝尔表示，如果财政部的建议是由美国和中国共同提出，那么可能会更有说服力。中国将在下一次二十国集团会议上提出这一建议。[28]

2011 年 9 月底，国际货币基金组织年会在华盛顿召开，全球金融界领导人汇聚一堂，现场气氛严肃。他们宣称，全球的金融机构都在盯着这个"深渊"。[29] 刚刚从白宫退休的拉里·萨默斯从旁观者的角度表示："现在，当这些问题有可能破坏世界各国的经济增长时，所有国家都有义务坚持要求欧洲找到一条可行的前进道路。"[30] 欧洲人不能继续假装所有利害攸关的问题都是欧元区治理的问题。

二十国集团在会议前发布公告强调，面对持续的欧元区危机，"我们承诺采取一切必要行动，以便根据需要维持银行体系和金融市场的稳定"。盖特纳和英国财政大臣乔治·奥斯本联手要求结束欧洲的"政治危机"。强调政治是有其道理的。加拿大财长对自 2010 年 1 月以来的全球会议一直在谈论希腊问题表示怀疑。[31] 盖特纳警告说，如果欧洲未能建立一个足够大的防火墙，将会出现"连环违约、银行挤兑和灾难性风险"。基于自己在华盛顿所处的有利地位，拉加德坚称仍有"通往复苏的道路"，但"比以前窄得多，而且越来越窄"。[32] 然而，在国际货币基金组织会议后的一周，默克尔竭力让德国联邦议院批准了欧洲金融稳定基金的扩容计划，但扩容的规模较小，而财政部部长朔伊布勒公开反对通过杠杆手段对欧洲金融稳定基金进行扩容的任何方案。欧洲人，尤其是德国人，仍然未能"认清形势"。

　　10 月的第一周，好像就是为了证明华盛顿的悲观论调不仅仅是危言耸听，法国和比利时合资的德克夏银行开始遭遇挤兑。德克夏银行是对 2008 年欧元区外围国家的债务具有最大风险敞口的银行之一。[33] 欧洲银行管理局再一次陷入尴尬境地。在整个夏天，德克夏银行顺利通过了第三次欧洲银行业压力测试。事后调查显示，压力测试未能充分说明由希腊债务重组造成的损失。此外，他们完全忽视了流动性问题。2008 年，正是要求提供额外的抵押品引发了雷曼和美国国际集团的灾难。2011 年，他们对德克夏银行做了同样的事情。[34] 德克夏银行签订大量的利率掉期组合产品合约，如今，根据这些合约，该银行被要求提供数百亿欧元的抵押品。比利时和法国政府被迫在最糟糕的时刻面临代价昂贵的救助。鉴于法国公共债务受到的潜在影响，法兰西银行行长克里斯蒂安·努瓦耶（Christian Noyer）不得不否认法国的信用评级可能处于危险中的说法。[35]

　　与此同时，大西洋彼岸传来了高调的经纪公司全球曼氏金融陷入麻烦的消息。美国监管机构已命令全球曼氏金融增加其净资本，以弥补其在爱尔兰、西班牙、意大利和葡萄牙主权债券中建立的数十亿美元的头寸。与投机者在 2007 年针对抵押贷款担保证券建立传奇般的大空头头寸的情况相反，全球曼氏金融长期大量持有欧元区主权债券。当其他投资者都看低欧元区的稳定性和外围国家债券的价值时，全球曼氏金融的做法无异于赌博。当养老金、保险基金和银行等机构投资者抛售其欧元区证券时，全球曼氏金融买下了它们。就像大空头的情况一样，市场情绪与逆势投资者保持流动性的能力之间正在进行着一场比赛。2011 年 10 月，全球曼氏金融的时间用完了。监管机构要求增加资本，这引发了对全球曼氏金融的资产负债表的调查，而且发现，为了在面临巨大市场压力的情况下渡过难关，该公司一直在动用客户的资金。10 月底，押注欧元区未来真的会崩溃的最高调的一个投资公司倒闭了。[36]

　　具有强烈讽刺意味的是，正是在全球曼氏金融申请破产保护之际，欧元区才终于开始采取措施，朝着更果断地解决危机的方向迈进。10 月 23 日，欧洲领导人举行聚会，草拟了另一个稳定计划的大纲。计划内容涉及进行深度的债务重组、向希腊提供新贷款、扩大欧洲金融稳定基金的规模和进行银行资本重组。至此，解决方案的所有要素都摆上了桌面。实际上，这些问题开始变得单调乏味，却又让人觉得有些熟悉。然而，这并不意味着前进的道路是显而易见的，或者在政治上不会遇到任何困难。10 月 26 日，默克尔向德国联邦议院发表讲话说，一个月前投票赞成的欧洲金融稳定基金的扩容力度还不够，归根结底该基金可能需要杠杆化。[37]默克尔承诺，在任何情况下，德国的债务上限都不会超过 2110 亿欧元，由此再次获得了她所需要的多数票。10 月 26 日下午，在德国给予正式支持后，欧洲领导人再次在布鲁塞尔召开会议，敲定了针对希腊的第三轮纾困方案。

债权人委员会的组成和估计债券持有量（单位：10亿欧元）

指导委员会的成员		债权人委员会的其他成员			
安联（德国）	1.3	富通集团（比利时）	1.2	法国医务人员互助保险公司（法国）	na
阿尔法银行、欧洲银行（希腊）	3.7	塞浦路斯银行	1.8	Marathon（美国）	na
安盛（法国）	1.9	巴伐利亚银行（德国）	na	玛芬银行（希腊）	2.3
法国巴黎银行（法国）	5.0	西班牙对外银行（西班牙）	na	美国大都会人寿保险公司（美国）	na
法国国家人寿保险（法国）	2.0	人民—储蓄银行集团（法国）	1.2	比雷埃夫斯银行（希腊）	9.4
德国商业银行（德国）	2.9	法国农业信贷银行（法国）	0.6	苏格兰皇家银行（英国）	1.1
德意志银行（德国）	1.6	德国德卡银行（德国）	na	法国兴业银行（法国）	2.9
格雷洛克资本公司（美国）	na	德克夏银行（比利时/卢森堡/法国）	3.5	裕信银行（意大利）	0.9
意大利联合圣保罗银行（意大利）	0.8	艾波奇银行（希腊）	na		
巴登—符腾堡州银行（德国）	1.4	意大利忠利集团（意大利）	3.0		
ING 法国	1.4	法国安盟保险集团（法国）	2.0		
希腊国家银行	13.7	汇丰银行（英国）	0.8		

注：估计的债券持有量截至 2011 年 6 月，债权人委员会的组成截至 2011 年 12 月。

资料来源：Jeromin Zettelmeyer, Christoph Trebesch and Mitu Gulati, "The Greek Debt Restructuring: An Autopsy," *Economic Policy* 28, no. 75 (2013): 513–563.

这次，私营部门参与将成为整个交易的基石。债务削减将是大幅度的。银行及其股东不得不担负数百亿欧元的损失。有传言说德国正在推动削减 60% 的债务。在贾斯特斯·利普休斯大厦[*]地下室的办公室内，债权人正在谈判，作为一个强大的群体，他们坚持要

---

[*] 贾斯特斯·利普休斯大厦（Justus Lipsius building）位于比利时首都布鲁塞尔，在 2017 年以前是欧盟总部办公大楼。——编注

求削减较低幅度的债务。尽管外围国家的债券资产不断遭到抛售，但在 2011 年，法国、德国和意大利的所有主要银行仍持有希腊债券。希腊自己的银行、主要保险基金和美国对冲基金也是如此。

为了让这个重要的金融利益联盟改变态度，不仅需要财政激励措施，还需要默克尔和萨科齐进行强有力的个人干预。10 月 27 日凌晨 4 点 4 分，欧洲领导人和债权人宣布达成一项协议，债权人通过"自愿的债券转换"将希腊债务减记 50%。[38] 该计划承诺将希腊债务降至 GDP 的 120% 以下。为了渡过难关，希腊还将获得 1300 亿欧元资金，使该国自 2010 年以来获得的紧急贷款总额达到 2400 亿欧元，比 GDP 还要多。为了遏制这一重大决定造成的影响，欧元区的所有其他成员国郑重重申，"将以不可动摇的决心全面兑现各自的主权担保"。欧洲金融稳定基金将通过杠杆化或利用其资源（此类资源不直接用于发放贷款，而是作为保险基金来弥补私人证券损失）的方式，将其资金规模提高到接近 1.2 万亿欧元。预计欧洲银行将进行 1060 亿欧元的资本重组，不过如何筹集资金将由它们自行决定。最后，欧洲制定了一个方案，至少在大纲中承认了问题的根本所在。债务削减、资本重组和资助是关键。至于谁将出资，以及如何向欧洲金融稳定基金提供资金等问题，仍有待解决，但是，在讨论这些关键的技术问题之前，欧洲必须先应对政治后果。

四

到 2011 年 10 月底，在经历两年的经济灾难和金融恐慌后，希腊的政治体制正在分崩离析。失业率从 2008 年的 8% 上升到 19.7%。公众的情绪很糟糕。自危机爆发以来，希腊左翼和右翼的反对派一直拒绝与政府共同面对外国债权人的要求。整个灾难性的紧缩计划都是在泛希腊社会主义运动党于 2009 年 10 月赢得议会多数席位的基础上实施的。该党为此付出了代价。在 10 月的第三周，希腊各地举行大规模示威活动，抗议最新一轮的削减计划。罢工规模可谓空前。"垃圾清理工、教师、退役军官、律师，甚至是法官都参加了罢工。"[39] 一名共产党员在与警察的冲突中丧生。10 月 28日，就在全国抵抗运动纪念日的当天，备受尊敬的希腊共和国总统、泛希腊社会主义运动党的元老卡罗洛斯·帕普利亚斯在塞萨洛尼基遭到抗议者的怒轰。为了重新获得主动权，10 月 31 日晚，总理帕潘德里欧召开党内会议，宣布现在是时候号召大多数希腊人民采取行动了，要让反对派感到羞愧以便支持三驾马车规定的措施。[40] 希腊将对欧盟最新的债务重组和紧缩计划举行全民公投。

　　对帕潘德里欧来说，这是一个合理的政治举措，但希腊是否仍然拥有公投所隐含的那种自由？ 10 月 27 日凌晨，欧盟宣布达成了一个复杂的交易，这是巴黎与柏林、欧盟、欧洲央行和代表世界各地债权人的国际金融协会历经数月激烈讨论得出的结果。为此，默克尔曾两次击败德国联邦议院。欧洲各国议会已经批准 7 月 21 日的计划。现在，在没有事先警告的情况下，希腊总理却又增加了进一步的民主障碍。撇开市场不谈，其他国家的议会将做何反应？如果希腊选民拒绝该提议呢？ 至少默克尔事先获得了与帕潘德里欧的这场赌博有关的一些暗示。但是，巴黎在 10 月 31 日才第一次听到这个消息，萨科齐极其愤怒。希腊让整个稳定方案遭到质疑，法国知道该方案不再安全。11 月 2 日，帕潘德里欧被传唤到在戛纳举行的二十国集团峰会上做出解释，在平常，希腊是不会受邀参加这个论坛的。[41]

　　在戛纳举行的新闻发布会上，萨科齐和默克尔定下了规则：如果要举行全民公投，那么只有一个问题，即（希腊）是否退出欧元区。"我们的希腊朋友必须决定是否要继续与我们同行……我们希望他们留在欧元区，但他们必须遵守规则。"否则，他们将得不到法国和德国纳税人的"一分钱"。事实上，大多数希腊政界人士和欧盟委员会主席巴罗佐都认为，长达一个月的全民公投的提议风险太大。11月3日至4日，在戛纳举行的内部会议上，默克尔和萨科齐与希腊反对派以及帕潘德里欧雄心勃勃的财长埃万杰洛斯·维尼泽洛斯（Evangelos Venizelos）举行会谈，以便中止公投提议，并让帕潘德里欧下台。帕潘德里欧被一位有经验的技术专家型官僚卢卡斯·帕帕季莫斯（Lucas Papademos）取代。新任希腊总理是一位接受过美国教育的经济学家兼央行行长，曾担任欧洲央行副行长。[42]

不过，戛纳会议的真正目的是，一旦希腊被迫就范，就为意大利寻求解决方案。如果最最糟糕的情况发生，那么欧元区可能会对希腊放任不管，但意大利必须保持稳定。为了占据主动以恢复意大利的信心，国际货币基金组织提出了一项800亿欧元的预警计划，该计划将附带严格的财政条款，这将剥夺贝卢斯科尼的任何回旋余地。[43]贝卢斯科尼拒绝接受分配给他的角色。在戛纳峰会上得出的唯一公开结果是，罗马在自愿的基础上接受国际货币基金组织的监督，这是出于自尊心和自我辩护，而不是作为贷款的条件。然而，事实上，贝卢斯科尼公开拒绝了国际货币基金组织提供的一笔资金。意大利因此成为全球最糟糕的国家：背负着曾被考虑纳入国际货币基金组织计划的耻辱，以及在无法获得新资金的情况下被迫接受监督。

在当时来看，这似乎是戛纳会议取得的令人沮丧的结果：希腊总理被免职，谈判陷入僵局，意大利没有获得援助，贝卢斯科尼进一步出丑。三年后，人们将发现还会发生更加戏剧性的事情。拉加德的意大利提案只是一个插曲。真正的消息是，巴黎和柏林正在努力推翻这位意大利总理。盖特纳在为其回忆录编纂的手稿中写道："实际上，在［戛纳峰会］之前，欧洲人就已经悄悄地、迂回间接地接近我们了：'我们的主要目的是想让你和我们一同将贝卢斯科尼赶出去。'他们希望在提出要求时，我们会回答说，如果贝卢斯科尼担任总理，那么我们不会支持国际货币基金组织向意大利提供资金或任何进一步的援助。这很酷，也很有趣。"[44]盖特纳无法掩饰他对这一基本想法的认可："实际上，我觉得，我认为萨科齐和默克尔做的事情基本上是正确的：援助将会告吹。如果贝卢斯科尼在意大利当政，德国、德国公众都不会同意建立一个更大的金融防火墙，也不会支持向欧洲提供更多资金。"不幸的是，在另一页中，盖特纳的坦诚见解遭到了修改。盖特纳在他的回忆录中说，他向总统透露了来自欧洲的这一"令人吃惊的邀请"，但他的结论是："我们不能参与这样的计划，'我们的手上不能沾有［贝卢斯科尼的］鲜血'。"[45]

　　但是，不管白宫是否接受这一"令人吃惊的邀请"，贝卢斯科尼执政的日子已经不多了。他的政府正在从内部瓦解。北方联盟拒绝合作，不愿遵照欧洲其他国家和国际货币基金组织的要求改变养老金制度。财长特雷蒙蒂正在敦促贝卢斯科尼辞职。[46]10月中旬，安吉拉·默克尔直接打电话给意大利总统乔治·纳波利塔诺（Giorgio Napolitano），寻求替代方案。[47]纳波利塔诺是亨利·基辛格（Henry Kissinger）最喜欢的欧洲共产主义者，长期担任意大利共产党党政官员的他同意："核实意大利社会和政治力量的状况……是他的职责。"11月12日，随着贝卢斯科尼的联盟摇摇欲坠，他没能通过议会的信任案表决并辞职。很显然，意大利"社会和政治力量"的"状况"需要的是技术专家型官僚的统治。毛遂自荐的人是马里奥·蒙蒂教授。[48]与新任希腊总理一样，他是出身学术界的经济学家，曾与美国有过接触。1995年至2004年，他先后担任欧盟内部市场专员和竞争专员，并获得了"意大利普鲁士人"的绰号。在离开欧盟委员会后，蒙蒂担任可口可乐和高盛的国际顾问，创立了欧洲最具影响力的智库——布鲁盖尔。[49]2011年，担任博科尼大学校长的蒙蒂被召去担任意大利总理。为了使这次政府首脑晋升成为可能，没有担任过民选职位的蒙蒂被纳波利塔诺授予"终身参议员"的荣誉职位。

11月中旬,两个欧元区成员国的政府被没有民主资历的人接管,他们的主要资格是无可否认地符合市场的要求。[50]批评人士抨击了将欧元区的关键决策者与高盛及其在欧洲债券市场的交易联系起来的关系网。[51]默克尔最喜欢的经济顾问蒙蒂、德拉吉和奥特马尔·伊辛（Otmar Issing）都曾在高盛工作过,这绝非巧合。但是,至少可以说,把这简单地描述为民主因全球市场而遭遇失败是具有误导性的。已经有许多政府被市场压力击倒。但盖特纳是对的。在2011年秋,欧元区解决方案的推动力量是政治因素,而非经济因素。贝卢斯科尼必须下台,否则"德国公众"（至少是默克尔政府代表的德国公众）将不会同意建立一个更大的欧洲防火墙。2011年希腊和意大利的民主被摧毁,是大规模金融一体化和柏林顽固坚持政府间主义的致命结合的结果。由于缺乏能够弥补危机造成的不对称影响的总体结构,这迫使每次救助都有一个国家需要遵从柏林关于金融操守的愿景。在希腊和意大利的变动后,围绕在德国总理周围的人士并没有为市场的压迫性力量而哀叹。可以听到的是高级官员的吹嘘:"在政权更迭方面,我们做得比美国人好。"[52]

然而,危机的扭曲逻辑远未完全发挥出来。毫无疑问,在欧元区最危险的两个负债国的头上安插"普鲁士人",无疑让默克尔和朔伊布勒感觉更加舒坦。但就市场而言,意大利和希腊国家政府的性质是次要问题。市场和二十国集团的其他成员国期待的是下一步:朝着更好水平的欧洲一体化迈出决定性的一步。现在需要就欧洲金融稳定基金做出决定,而这并不取决于希腊或意大利,而是取决于能否战胜德国对扩大稳定基金的规模所持有的反对意见。

欧元区成员国不可能冒险与柏林直接摊牌,默克尔也知道这一点。11月4日晚上9点30分,萨科齐召集各国政府首脑就意大利问题召开会议,这对于参加戛纳峰会的德国代表团来说是一个令人不快的意外，因为主持会议的不是法国总统，而是奥巴马总统。正如德国代表团的一名成员对英国《金融时报》评论的那样："这很奇怪……这是一个信号……表明欧洲无法做到这一点；这是一个软弱的迹象。"[53] 如果说这是德国实力和固执的表现，那将会更接近事实。萨科齐将会议主席的职位让给了奥巴马，希望借助美国的影响力和实力压服德国，不再在政治上和法律上反对欧元区迫切需要的解决方案。正如奥巴马所说："我们更倾向于认为，欧洲央行应该像美联储那样行事。"换句话说，欧洲央行应该通过购买债券来安抚市场。如果德意志联邦银行因为模糊了财政政策和货币政策之间的界限而否决了这一提议，那么欧洲需要的是一个真正庞大的政府支持的债券购买基金，其实际购买力应超过 1 万亿欧元，更理想一点是超过 1.5 万亿。鉴于现有欧洲金融稳定基金的种种限制，美国和法国提出了一个临时方案，包括利用国际货币基金组织发行的特别提款权来为该基金补充资金，然后对扩大的资金库进行杠杆化。这是一个很巧妙的技术解决方案，但托词太过明显了。德意志联邦银行不会同意通过不受其直接影响的国际货币基金组织向欧洲金融稳定基金转移巨额资金的计划。[54] 即便奥巴马施压也是不够的。默克尔提出，如果意大利同意接受国际货币基金组织的监管，她可以让德国联邦议院重新批准增加欧元区的救助资金。但是，她无法同意对利用特别提款权扩充的资金进行杠杆化这一解决方案。在二十国集团中，即使其余 19 个国家获得了全球所有金融当局的支持，并坚持认为这是最好的解决方案，可是只要德意志联邦银行反对，那么默克尔宁愿对市场放任自流。

当时，二十国集团只记录了会议的负面结果，讨论的细节被谨慎地掩盖起来。对于障碍在哪里，没有人表示怀疑。仅仅几年后，调查报告揭露说，在奥巴马和萨科齐施加压力的情况下，默克尔的身体几近崩溃。她强忍着泪水脱口而出："这不公平。我无法代替德意志联邦银行做出决定 : *Ich will mich nicht selbst umbringen*［我不想自取灭亡］。要是不能从意大利那里获得任何东西，我真不想冒这么大的风险。"[55] 在紧闭的大门后，人们不再谈论全球化、民主和市场，不再谈论默克尔与教皇讨论过的抽象概念。对于可以接受的欧元区危机的解决方案，起限定作用的，是德国联邦共和国的宪法、德国央行的自主权以及德国中右翼的政治利益。默克尔告诫说，如果美国人发现这令人沮丧，除了他们自己外，没有人应该受到指责。因为正是他们在 1948 年创建了西德中央银行的雏形，为西德国家机构的建立奠定了基础。* 2011 年 11 月，在戛纳峰会上，二战以来大西洋两岸的和解情景似乎正在上演。

默克尔没有在演戏。她知道自己的联合政府在议会的多数优势有多微弱。如果她带着法美两国的建议回到柏林，她很可能会面临右翼势力的大规模叛变，并且可能需要提前进行选举。考虑到当时的民意调查，这对默克尔来说并不是一个有吸引力的选择。随着她的联盟伙伴自民党获得的支持渐渐瓦解，2011 年底的德国大选很可能会让红绿两党获得多数席位。[56] 这并不是萨科齐希望为欧元区危机争取的结果。考虑到法国面临的压力，巴黎没有心情冒险。于是，法国和美国退缩了。

五

2011 年 11 月在戛纳峰会上进行的最后较量表明，欧洲的压力已经变得多么沉重。但是，它让欧元区受困于德国的路障之中，并

---

* 二战结束后，同盟国（美英法）在其占领的德国区域建立了两级中央银行体系，包括独立的州银行和德意志诸州银行。1948 年德意志诸州银行开始作为中央银行发行货币。可见，德国的中央银行体系建立要早于西德（德意志联邦共和国，亦称"联邦德国"）这个国家的建立，其独立性也可以追溯至此。——编注

对未来的方向产生了分歧。强硬的德意志联邦银行家们已经摒弃了欧洲央行以示抗议，于尔格·阿斯穆森（Joerg Asmussen）获得德国在欧洲央行中的一个席位。阿斯穆森是一位以市场为导向但务实的公务员，具有社会民主倾向，十分推崇鲁宾-萨默斯-奥尔扎克模式，是 21 世纪初在德国红绿联盟领导下推动德国金融全球化的设计师之一。在近距离目睹欧洲央行和二十国集团的运作后，他对自己面临的残酷困境发表评论说：“如果你做了对欧洲有利的事情，你在德国会被钉死在十字架上，如果你成为 FAZ［保守的《法兰克福汇报》］的英雄，你将摧毁整个欧洲。”[57]

即使在像德意志银行这样的重要金融机构中，也能感受到紧张局势。在金融博客社区中流传着一份幻灯片，其内容显示，德意志银行的一个以英语为工作语言、驻在伦敦的研究部门担心欧元区已经达到一个危险的临界点，只有欧洲央行采取紧急行动才能挽救它。如果不采取干预措施，欧洲可能会面临公共和私人部门资不抵债以及流动性不足的厄运循环。[58] 与希腊一样，糟糕的主权债务将拖垮银行。或者像爱尔兰一样，破产的银行会拉低该国的信用。只有欧洲央行才能打破这种循环。这也是到目前为止欧洲所有危机管理行动中“缺失”的要素。与此同时，德国《明镜》周刊援引了总部位于法兰克福的德意志银行的首席执行官约瑟夫·阿克曼的一席话，阿克曼向来紧紧跟随德意志联邦银行的路线。[59]“如果我们开始将欧洲央行发展成为一家在维持价格稳定之外执行完全不同任务的银行，”这位德意志银行的掌门人说道，“那么我们将失去人们的信任。”他与自己的分析师以及英语圈中所有其他主要银行的分析师的意见相左，但在德国，阿克曼的意见是主流。保险业巨头安联的首席经济学家“强烈反对无限制地购买政府债券”。他说，如果一个国家无法解决自己的财政问题，“那么我们应该让市场来决定”。德国商业银行的首席经济学家约格·克莱姆（Jörg Krämer）警告说，如果"不信任的病毒蔓延到欧洲央行，将会产生严重后果"。欧洲央行的债券购买行为永久地将财富从北欧转移到了南欧，"没有民主合法性，也没有解决债务问题"。与此同时，甚至德国也不再对这个不安全的病毒免疫。2011 年 11 月 23 日，德国国债遭遇了一场被市场观察人士形容为"彻头彻尾的灾难"的债券拍卖，在价值 60 亿欧元的德国十年期债券中，只有 36.44 亿欧元找到了买家。[60]

很显然，欧元区需要一些指导，并且只能来自柏林。牛津大学毕业的前记者、波兰外长拉德克·西科尔斯基（Radek Sikorski）从历史的角度阐述了这一点。2011 年 11 月 28 日，西科尔斯基在柏林发表讲话，他选择德国外交关系委员会作为平台，要求"德国尤其是默克尔站出来并发挥领导作用。如果她这样做，波兰就会站在她这一边"。[61] 在他看来，今天波兰安全和繁荣面临的最大威胁"不是恐怖主义，不是塔利班，当然也不是德国坦克，甚至不是俄罗斯的导弹"，尽管莫斯科刚刚威胁要沿着欧盟的东部边境部署导弹。在西科尔斯基看来，最不祥的情况是欧元区崩溃，这无疑会让欧元区外围较弱的国家跟着崩溃。西科尔斯基接着说："我要求德国，为了你们自己和我们的利益，你们要帮助欧元区维持生存和繁荣。你们很清楚其他人都没法做到这一点。我可能会成为历史上第一位这样说的波兰外交部部长，但事实是：我对德国实力的恐惧，要小于对德国不作为的恐惧。你们已经成为欧洲不可或缺的国家。你们将会领导有方的。"

戛纳峰会过去一个月后，在 2011 年 12 月的第一周，关于欧洲未来的两种愿景在布鲁塞尔流传开来。[62] 默克尔和萨科齐签署的是 2010 年在多维尔首次商定的议程的更新版本：将财政纪律写入国内法律和国际协议。对法国来说，这份更新的议程为与德国打交道提供了安全保障。对默克尔来说，她需要与萨科齐联手，以便反驳有关德国单边主义的指控。但鉴于 2011 年危机的不断扩大和升级，它只能被视为一个微不足道的、本质上消极的议程。在12 月初提交给欧洲理事会的联名信中，默克尔和萨科齐没有就银行资本重组做出承诺，也没有提到主权债券市场正在酝酿的危机。对此，最乐观的解读是，默克尔和萨科齐达成的财政契约是德国采取进一步措施的必要政治前提。然而，在布鲁塞尔，推动实际采取这些措施的工作已经开始了。12 月 7 日，欧洲理事会主席范龙佩发表了他的"中期报告"。尽管欧洲理事会本应坚守《里斯本条约》所述的最低程度的政府间愿景，但在危机的压力下，范龙佩现在呼吁采取大胆的举动。他提议大幅增加欧洲金融稳定基金／欧洲稳定机制的财力。在极端情况下，应允许对欧洲境况不佳的银行进行资本重组，从而打破厄运循环。为了支持这一观点，从"长期角度来看"，范龙佩呼吁欧盟认真考虑债务相互化的需要。在严格的标准和欧盟实施的所有必要监督的限制下，应允许存在一些欧洲信贷池，以便倚靠实力较强的借款人的信用状况来保护实力较弱的成员国，从而消除造成市场恐慌的因素，这种因素曾使意大利的局面难以维持。这些措施的某些版本正是二十国集团所呼吁的，也正是欧洲进步人士所倡导的。事实上，与欧洲债券有关的想法吸引了德国反对派社民党的谨慎支持。但对默克尔来说，特别是对她的联盟伙伴自民党来说，这些措施就是诅咒。而且，更令德国愤怒的是，尽管萨科齐和默克尔的财政契约是通过庄严地修正欧盟条约来制定的，但范龙佩提议，其影响更深远的措施可以通过所谓的次级立法*和欧元区成员国之间的有限协议来实施。对柏林来说，很显然，布鲁塞尔又在玩惯用的"伎俩"了。

　　在这个关键时刻，另一股力量开始发挥作用，使僵局更加恶化。

---

* 大致来说，欧洲理事会可以依据欧盟的基础条约而以欧盟的身份颁布一系列派生性的法律，这些立法即被称为次级立法。——编注

除波兰外，还有一个不属于欧元区的欧盟主要成员国，它就是英国。伦敦曾带着幸灾乐祸和挫败感交织的情绪观看欧元区危机的爆发。[63] 首相卡梅伦在每一个可能的场合都对欧元区成员国发表演讲，阐述进行更深入一体化的必要性，同时又免除了伦敦的任何承诺。为了欧洲、英国和范围更广的全球经济的福祉，伦敦要求欧元区走向全面的经济联盟。与此同时，对于竭力遏制保守党内欧洲怀疑主义高涨的卡梅伦来说，欧洲危机是一个讨价还价的机会。卡梅伦认为，通过利用欧元区内部的分歧，他可以为伦敦金融城获得某些明确的豁免，尤其是针对金融交易征税的要求。但任何此类特许权都遭到了萨科齐的强烈反对，而默克尔对法国的需要远远超过了她对英国的需要。在意识到自己被孤立时，卡梅伦宣布，他不仅会否决欧盟 27 个成员国的一项集体协议 [64]，他还将行使自己的权利，以阻止欧元区成员国在欧盟框架内采取任何更深入一体化的措施。

对于英国与欧盟的关系来说，这是一个分道扬镳的时刻。很明显，至少对英国的保守派来说，在不久的将来，他们需要就是否继续作为欧盟的合作成员做出决定。对于欧元区而言，2011 年 12 月初的冲突导致了需要在两种选择中寻找各方都能接受的办法。德国得到了它想要的财政契约，尽管不是通过默克尔所希望的变更条约的形式，而是通过在《里斯本条约》的框架之外达成政府间协议这一最低限度的法律形式。[65] 财政契约的条款很苛刻。在将来，欧洲的预算要么保持平衡，要么有盈余。根据宪法修正案或类似法案，赤字将限制在 GDP 的 0.5% 以内。欧洲法院将监督成员国在国家层面转换这些规则的情况。除非有资格的多数国家表示反对，否则赤字超过 GDP 的 3% 的国家将自动受到制裁。债务水平超过 GDP 的 60% 的国家必须开始削减债务。这是德国债务刹车的愿景在欧洲层面的体现。在完成欧元区架构这个更加广泛的问题上，默克尔没有做出任何让步，将不会对欧洲借款承担共同的责任，不会支持欧元债券，不会对银行进行资本重组，也不会扩大欧洲金融稳定基金／欧洲稳定机制的规模。柏林的唯一让步是，从 2012 年 7 月开始，临时拼凑的欧洲金融稳定基金将被一个永久性的欧洲稳定机制取代，该机制有权干预二级债券市场，并将于 2012 年 3 月重新评估欧盟防火墙的充足性。柏林还同意将未来的私营部门参与限制在国际货币基金组织制定的标准之内，驱散盘旋在多维尔议程上空的幽灵。尽管意大利的危机十分严重，戛纳峰会也充满了戏剧性，但设定步调的仍然是德国。

政府间主义导致了此类最低限度且本质上消极的解决方案，欧元区的强大联邦机构欧洲央行是否会迎接挑战？所有目光都集中于 2011 年 11 月 1 日接任欧洲央行行长的马里奥·德拉吉身上。在 20 世纪 90 年代的罗马财政部，他一直是推动意大利加入欧元区的重要团队成员之一。自 2006 年以来，作为意大利银行（意大利央行）行长，他一直是公众关注的焦点。在此之前，他曾在世界银行工作过一段时间，之后在高盛担任副总裁。70 年代，他与本·伯南克和卢卡斯·帕帕季莫斯（此时任希腊总理）于同时期在美国宏观经济学的摇篮麻省理工学院获得经济学博士学位。在麻省理工学院，英格兰银行行长默文·金和伯南克曾是同事。在他们之间，央行联谊会至少为欧洲金融体系面临的问题提供了一个直接的解答机会。银行面临着批发融资撤出的巨大压力，美元资金短缺尤其严重。这让人想起 2008 年可怕的一幕。为了减轻因美国货币市场资金撤离而造成的融资压力，法国央行等机构采取紧急措施，以便向法国的银行提供资金。[66]11 月 30 日，全球主要央行——美联储、欧洲央行、英格兰银行、日本银行、瑞士国家银行和加拿大银行——重新启动 2008 年实施的互换额度，并降低了所支付的利率。这笔交易造成的全球影响"具有戏剧性"：日本和加拿大的银行没有承受任何压力，而欧元区又一次需要美元。[67]

2012 年夏，马里奥·德拉吉将成为"欧元的救世主"。正因为如此，他将被德国右翼妖魔化为意大利的通货膨胀论者，但被英语世界赞誉为称职的央行行长。但这种说法忽略了一点，德拉吉之所以能在 2012 年的夏天改变对话，有一个重要的前提条件：获得了柏林的支持。德拉吉与默克尔的关系牢固，这通常归因于德拉吉作为一名政治家的技巧。[68] 但是，这忽略了一个事实：尽管德国强硬派反对欧洲央行的一切激进主义，但在默克尔看来，欧洲央行从一开始就是一个有用的工具。她悄无声息地利用了这一点，不过有几次，她实际上与德意志联邦银行保持了距离，因为她认识到，对于将德国的"改革"愿景传递到欧洲其他国家这个长达十年的进程来说，欧洲央行的干预是一个必要补充手段。尽管德国右翼大声抗议，但默克尔知道她可以指望欧洲各国的央行行长。她根本不惧怕像特里谢这样的财政和货币政策保守派，而德拉吉之所以适合作为合作伙伴，正是因为有迹象表明他同意德国关于修改欧洲福利国家制度的愿景。[69] 事实上，这既从很大程度上反映了德拉吉作为在美国接受教育的经济学家和高盛员工的身份，也反映出他对央行政策的全面看法。

接手欧洲央行后不久，德拉吉的表现便让英国《金融时报》的读者回想起，在意大利 20 世纪 90 年代稳定经济的艰巨任务中，他具有丰富的经验。[70] 2011 年 8 月，德拉吉联合特里谢向贝卢斯科尼发出最后通牒，要求改革意大利的公共服务和劳动力市场。与他的前任一样，德拉吉也对罗马的闪烁其词以及欧洲其他国家政府的拖沓行为感到沮丧。2011 年 12 月 1 日，德拉吉在欧洲议会发表讲话，支持默克尔-萨科齐的财政纪律计划，这标志着他的欧洲央行行长任期的开始。[71] 他给予德国"改革"呼声的同情是真诚的。正如德拉吉 2012 年 2 月对《华尔街日报》所说，欧洲那种把就业保障和社会福利放在首位的社会模式已经"不复存在了"。毕竟，当

50% 的西班牙青年失业时，谈论社会模式有什么意义呢？[72] 必须重新改造欧洲的劳动力市场，或许应该按照德国哈茨四号方案的议程进行。德拉吉回忆说，70 年代在麻省理工学院攻读研究生时，他的美国教授曾对欧洲愿意"为不工作的人发工资"而感到惊讶，而现在这一切"已经不复存在了"。这位新上任的欧洲央行行长认为，劳动力市场改革与财政紧缩之间没有"可行的折中方案"。"财政目标的倒退将立刻引起市场的反应。"德拉吉明确表示他无意减弱该项纪律。2011 年 12 月，在与英国《金融时报》的谈话中，他拒绝讨论让欧洲央行作为欧盟防火墙的最终担保人来支持欧洲金融稳定基金。他也不会赞成关于欧洲量化宽松的言论。在上任之初，他就坚持认为特里谢的债券购买计划，即证券市场计划，既不是"永恒的，也不是无限期的"。[73] 的确，鉴于德拉吉在随后年月的声誉，值得重申的是，从 2012 年（他上任的第一年）起，欧洲央行就停止了债券购买。他的首要任务是恢复这样一个"体系"："在这个体系中，公民将重新彼此信任，政府在财政纪律和结构改革方面也将得到信任。"

德拉吉愿意即刻做的事情是向银行提供支持。[74] 一个途径是互换额度，另一个是恢复熟悉的欧洲央行的廉价银行融资手段。由于信贷市场受到惊吓，在 2009 年和 2010 年，欧洲各银行被迫采用越来越多的短期资金来源，现在这些资金需要展期。如果找不到新的资金，欧元区将会受到严重信贷紧缩的威胁。[75] 早在 2011 年 10 月欧洲央行就已宣布，将通过长期贷款，以长期再融资计划（LTRO）的形式，以非常优惠的利率，向欧洲银行系统提供流动性。[76] 德拉吉打开水龙头，提供前所未有的三年期优惠利率，并接受了更低级别的抵押品。[77] 2011 年 12 月 21 日，523 家银行获得了 4890 亿欧元的融资。2012 年 2 月份，又有 800 家拿走了另外 5000 亿欧元。在长期再融资计划的首批贷款中，有 65% 流向了处于困境的外围国家，即意大利、西班牙、爱尔兰和希腊的银行。

虽然德拉吉急忙解释说，"很显然，这完全不能等同于欧洲央行加大债券购买力度的做法"，然而在适当的时候，长期再融资计划贷款中的1万亿欧元将回流到银行购买主权债券的行动中。[78] 这使债券市场的需求增加，降低了收益率，并为主权债券市场提供了支持。银行在获得欧洲央行利息为1%的低息长期再融资计划贷款后，用于购买利息为5%的意大利政府债券，从而根据二者的利差轻松获利。[79] 但与2009年一样，这是有代价的。欧洲央行没有像美国在量化宽松政策中那样，允许欧洲脆弱的银行以可疑资产换取安全的现金，而是增加了它们对外围国家政府债券的持有量。[80] 西班牙和意大利的银行尤其积极主动。因此，银行和主权国家更加紧密地绑在了一起，双方都不安全。1月14日，标准普尔评估了欧洲主权信用评级，并下调其中7个国家的评级。法国和奥地利失去它们珍贵的AAA评级。葡萄牙沦为"垃圾级"。在欧元区内，只有德国、荷兰、芬兰和卢森堡保留了令人垂涎的AAA评级。甚至是欧元区自己的纾困基金欧洲金融稳定基金／欧洲稳定机制也面临着被降级的风险。欧洲人表示了抗议，就像华盛顿在标准普尔下调其评级后所做的那样，但这一次该评级机构态度坚决。几个月的谈判"没有取得实质突破"，不足以让人们对欧元区的未来感到乐观。[81] 尽管经历了2011年秋季的风起云涌，但政治僵局并没有打破。控制住时间表，就是控制住了一切，而决定权在柏林手中。11月5日，在戛纳影节宫外的二十国集团峰会上，默克尔表示："债务危机不可能一下子就解决，［而且］我们肯定需要十年的时间才能回到一个更好的状况。"[82] 这揭示了德国等得起的时间范围，但问题是，欧洲其他国家等得了那么长的时间吗？

第18章

不惜一切代价

2012 年上半年，墨西哥成为二十国集团的轮值主席国。2012 年 1 月 20 日，星期五，在标准普尔下调欧元区国家主权信用评级一周后，来自世界各地的财政官员齐聚墨西哥城。他们的议程上有一项引人注目的要求。二十国集团的欧元区成员国呼吁全球其他国家提供 3000 亿至 4000 亿美元的额外资金，以使国际货币基金组织能够支持对抗危机，但不是在新兴市场或撒哈拉以南非洲的欠发达国家，而是在欧洲。以美国、中国和巴西为首的二十国集团的非欧元区成员国经过考虑，拒绝了欧洲的要求。正如墨西哥财政部副部长对媒体所说："我们认可欧洲采取的措施。但很明显，欧洲还有更多的工作需要做。"[1]

在全球各种大事的喧嚣声中，这一事件几乎没有必要成为头条新闻。但是，会议的地点、请求的性质以及二十国集团其他成员国的回应，共同构成了历史上一个非同寻常的结局。这也表明欧元区因 2011 年的惨烈斗争而处于危险的境地。二十国集团和标准普尔一致认为：欧洲人做得还不够。他们没有正视主权债券市场和银行资本重组方面的基本不稳定因素，这些因素导致国际货币基金组织在 2010 年卷入欧洲事务。他们最终承认希腊资不抵债，并且正在推动进行债务重组。这是必要的，但希腊的债权人削减债务只会增加债券市场的压力。从政治角度来看，欧洲已经满足了德国对紧缩政策的坚持，柏林承诺将为进一步走向一体化打开大门。但 2011 年 12 月的情况表明，柏林在实际采取下一步措施时是多么不情愿。与此同时，围绕 2010 年的紧缩政策达成的共识开始瓦解。

　　2011 年 12 月的欧洲财政契约是由法德联手强制实施的。但是，萨科齐将于 2012 年 5 月谋求连任，而他的主要竞争对手社会党总统候选人在竞选中反对这项协议。这是可以预见的。更不妙的是，国际货币基金组织也要求重新考虑该项协议。2012 年 2 月 25 日至 26 日，在墨西哥城召开了财长和央行行长会议，在为会议作简报时，国际货币基金组织使用了一个醒目的标题。全球经济的“首要风险”是一种强化了的全球性“节俭悖论”*。由于世界各地的家庭、企业和政府都试图立刻削减赤字，全球经济面临着严重的衰退风险。国际货币基金组织继续指出：“脆弱的金融体系、高企的公共赤字和债务以及已经很低的利率，进一步加剧了这一风险，使得当前环境成为多重均衡（由悲观主义或乐观主义导致的自我延续的结果）的沃土，尤其是在欧元区。”[2] 节俭悖论在希腊表现尤为明显。

一

　　在为达成 2011 年 10 月的希腊债务协议进行的旷日持久的斗争中，整个讨论都围绕着希腊预算和债权人将要做出的让步进行。为

---

*　由凯恩斯推广而流行的一种理论。简言之，节俭导致需求不足，需求不足最终导致经济发展减速，经济发展减速又导致贫穷，结果是节俭的手段与节俭的目的相悖。——译注

了使希腊的债务水平达到 GDP 的 120%，债权人被迫削减 50% 的债务。在此基础上，根据萨科齐和默克尔的财政契约规定的强制性财政调整程序，有可能将希腊债务占 GDP 的比值降到 60%，这是《马斯特里赫特条约》最初规定的目标。这个财政算法令人满意，但它忽略了国际货币基金组织强调的反馈回路。实现债务可持续性时存在的问题是，希腊的国内生产总值不断下滑，债务水平不断上升。到 2012 年初，在墨西哥的会议进行讨论时，很明显，三个月前达成的协议已不再可行，不是因为希腊政府或债权人没有兑现承诺，而是因为希腊经济收缩太快。[3]

对于欧洲许多国家的政府来说，已经是适而可止的时候了。他们不可能再要求自己国家的议会考虑向希腊提供救助。是时候考虑更激进的选择了。与其试图通过谈判来进行重组，或许让希腊听天由命、自生自灭可能会更好。直接违约可能导致希腊退出欧元区，但希腊至少可以摆脱债务。如果新的借款被切断，为求生存，雅典将被迫实施严厉的财政纪律。2012 年初，针对希腊退出欧元区的可能性，一项绝密的计划开始了。[4] 与所谓"Z 计划"有关的工作持续到了 2012 年 8 月，直到最终被柏林叫停。该计划之所以被停止，是因为计划演习的结果总是一样的。这对希腊来说可能是毁灭性的，而希腊退欧对欧洲其他国家造成的影响则是完全无法预测的。因为，欧洲仍然没有建立起足够的屏障，以保护其他脆弱的欧元区成员国免受希腊破产的影响。正是为了加强和扩大这个不充分的安全网，欧洲人才向二十国集团提出申请，要求支持国际货币基金组织扩大资金规模。但是，二十国集团的回答很明确。全球其他国家都认为，希腊退欧不仅仅是希腊的失败，也是二十国集团成员国中自称具有国际声望的欧洲大国的失败。2012 年 2 月 19 日，日本和中国表现出罕见的团结，宣称它们愿意支持国际货币基金组织扩大资金规模的呼吁，但前提是欧洲人应提高欧洲稳定机制的放贷上限，而德国联邦议院一直在死守这个上限。[5]欧洲人必须先学会自救。

3月底，欧洲稳定机制的资金规模将进行扩大。[6]柏林阻止了真正有效的任何举动。但是，如果把已经拨给希腊的资金计算在内，允许欧洲金融稳定基金继续提供贷款，并将欧洲金融稳定基金和欧洲稳定机制合起来的放贷上限提高到7000亿欧元，那么欧洲就可以宣称，欧元区金融防火墙的资金总额为8000亿欧元，"超过1万亿美元"。这是一个不太令人满意的折中方案，但它使得国际货币基金组织的董事会可以签署协议，继续支持欧洲的稳定措施。可是，在2012年初，欧洲人不想做的事情就是对2011年10月达成的希腊协议重新展开谈判。[7]欧洲各国政府已经承诺投入1300亿欧元，这是极限。如果希腊进一步远离债务可持续性的轨道，那么就得靠希腊政府进一步节省开支，也得靠债权人继续让步。2月，与国际金融协会的新一轮谈判开始，谈判结果是将减记幅度从50%提高到53.5%。剩下的希腊债务将被置换成由欧洲金融稳定基金支持的两年期票据和长期低息债券。为了在10月的计划上取得适度进展，以便为财政的可持续性带来希望，雅典需要非常严格的财政纪律，这就引出了下一个问题。在中止帕潘德里欧的公投提案后，三驾马车在一次幕后政变中将帕潘德里欧赶下台，由此在雅典为自己打造了一个合作政府。但出于同样的原因，由央行行长变成总理的帕帕季莫斯缺乏执政合法性。选举定于2012年4月举行，他肯定会失败。主要的反对党新民主党在希腊债务危机爆发时执政，自2010年以来，该党一直拒绝支持帕潘德里欧政府的谈判，这使与雅典达成的任何新协议从一开始就遭到质疑。那么希腊人又是怎样达成协议的呢？德国财政部部长沃尔夫冈·朔伊布勒以一贯的直率态度建议说，希腊不举行选举也许会更好。[8]在选民们有机会发表意见之前，中止希腊民主将使关键措施得以通过。然而，这一建议激起了雅典的愤怒。因此，三驾马车转而设法从始终闪烁其词的新民主党领袖安东尼斯·萨马拉斯（Antonis Samaras）那里得到一个承诺，即如果他上任，他将遵守前任通过谈判达成的任何协议，无论选举结果如何，财政计划都将被优先考虑。在这个基础上，希腊和其债权人参与了最新一轮的"拖延塞责和装聋作哑"。

2012年重组前后的希腊公共债务（单位：10亿欧元）

	2009 年 12 月	2012 年 2 月	2012 年 12 月	2012 年 2 月 债务占比 (%)	2012 年 12 月 债务占比 (%)
私人债权人持有的债券	—	205.6	35.1	58.7	12.2
私人债权人持有的国库券	—	15	23.9	4.3	8.3
欧盟／欧洲金融稳定基金	—	52.9	161.1	15.1	56.0
欧洲央行／成员国央行	—	56.7	45.3	16.2	15.8
国际货币基金组织	—	20.1	22.1	5.7	7.7
债务总额	**301**	**350.3**	**287.5**	**100.0**	**100.0**

资料来源：Jeromin Zettelmeyer, Christoph Trebesch and Mitu Gulati, "The Greek Debt Restructuring: An Autopsy," *Economic* Policy 28, no. 75 (2013): 513–563.

如果说 2012 年的债务重组"不过是从一开始就成为希腊债务危机一大特征的权宜之计的延续"，那么这种说法有失公允，过于轻蔑了。因为在 2012 年 2 月至 4 月间，希腊债权人被迫进行的债务重组，是历史上规模最大、最严重的一次，按通胀调整后的数值计算，规模超过俄国革命后的违约*和德国在 20 世纪 30 年代的违约。[9] 截至 2012 年 4 月 26 日，有 1992 亿欧元的希腊政府债券被置换成欧洲金融稳定基金发行的 297 亿欧元的短期现金等值票据，624 亿欧元以优惠利率发行的新长期债券。总而言之，希腊的私人债权人已经同意削减 1070 亿欧元的债务。鉴于新长期债券的还款

---

*　俄国十月革命后，苏维埃政府颁布法令，废除了沙皇政府和临时政府所欠的一切内债外债。——译注

时间要晚得多，这意味着希腊债务的净现值被削减 65%。2012 年
12 月，通过希腊政府从私人债权人手中回购最近发行的长期债券，
私人债权人的债权被进一步减记 *。

　　问题在于，让这笔交易变得更有吸引力，并且诱使债权人参与
"自愿"减记的资金，并非凭空而来。用于债务重组后对希腊的银
行进行资本重组的资金，用于 2012 年 12 月的国债回购的资金，也
都不是凭空而来。所有资金都是由三驾马车的新借款资助的。此外，
欧洲央行持有的 560 亿欧元的希腊债券被豁免进行 2012 年的重
组。因此，希腊债务负担的整体削减程度远远低于宣传的水平。由
于 2012 年的债务重组，希腊的公共债务从 3500 亿欧元减少到 2850
亿欧元，减少 19%。真正具有戏剧性的转变不是债务的数量，而是
欠谁的债：目前，80% 的债务是向公共债权人（欧洲金融稳定基金、
欧洲央行或国际货币基金组织）欠付的。实际上，希腊将其对私人
债权人的债务减少了 1616 亿欧元，而对公共债权人的债务增加了
988 亿欧元。

　　在不断变化的希腊债务政治中，这种取代却是唯一不变的：公
共债务取代了私人债务。如果我们观察的不是债务存量，而是资金
流量，那么这一点更加明显。[10] 从 2010 年 5 月到 2014 年夏天，希
腊从欧元区机构和国际货币基金组织那里获得了 2267 亿欧元，其
中绝大部分在希腊偿还债务时直接回流。希腊和其他国家的债权人
收到了 813 亿欧元的本金偿还。那些债权人足够幸运，因为他们在
重组之日前到期的债务都得到了全额偿还。正是这种结果的随意性，
导致国际货币基金组织在正常的情况下反对向资不抵债的债务人提
供紧急贷款。不过，对于希腊，他们以"系统性"为由给予了例外。

---

* 这是新的债务置换计划，希腊政府可以用仅占原始发行标价成本四分之一的价格，从私
　人债权持有人手中回购超过一半的在证券市场售出的希腊国债。——译注

除此之外，有 406 亿欧元被用于定期支付利息，支付给希腊和全球其他国家的债权人。为了使 2012 年的债务置换更有诱惑力，346 亿欧元被用来激励那些持有债券的人。希腊银行的资产负债表因重组而受损，对这些银行进行资本重组共耗资 482 亿欧元。这意味着，在希腊获得的 2267 亿欧元的援助贷款中，用于满足希腊政府在赤字方面的需求，以及直接有利于希腊纳税人的只有 11%。

债券市场不再是决定希腊金融命运的主要裁决者，但它接替了三驾马车（国际货币基金组织、欧盟委员会和欧洲央行）及欧洲各国政府的全部重担。现在，雅典必须就其财政未来与三驾马车进行谈判。这有两个方面。[11] 一方面，作为非市场贷款人，希腊贷款工具和欧洲金融稳定基金可以通过政治法令来决定贷款的条款。2010 年，这些条款一直都是具有惩罚性的。到 2012 年春，欧洲金融稳定基金以优惠条款向雅典提供长期贷款。尽管总体债务数字仍然过高，但每年的偿债费用比较适中。另一方面，如果没有"私营部门参与作为缓冲"，那么现在，希腊债务的政治形势将变得十分严峻。对希腊的让步会直接由三驾马车付出代价，而这意味着做出牺牲的主要是欧洲其他国家的纳税人。谈判将是艰难的，而且带有明显的政治色彩。这是无法避免的。由于 2012 年的重组没能解决希腊偿付能力的问题，因此，重组问题将卷土重来。

2009 年危机爆发时，希腊的公共债务已经达到 2990 亿欧元。[12] 由于危机，该数字飙升至 3500 亿欧元。2012 年的协议将公共债务削减至 2850 亿欧元。但在此期间，由于经济衰退、欧元区危机以及债权人要求的政策，希腊经济陷入崩溃。虽然 2009 年希腊的 GDP 约为 2400 亿欧元，但在 2012 年下滑至 1911 亿欧元。[13] 如果在 2009 年希腊的债务是不可持续的，那么即便考虑到官方债权人的让步，很显然，希腊的债务到 2012 年也将是不可持续的。在此期间，希腊社会遭到重创，已变得面目全非。

2008 年，希腊的失业率为 8%。四年后，该数字无情地飙升到了 25%。一半的希腊年轻人没有工作。在这个拥有 1000 万人口的国家里，每天有 25 万人在教会经营的食品库和施粥所领取食物。与此同时，希腊议会已沦为一个容纳三驾马车法令的工厂。在 2010 年 5 月的纾困计划实施后的 18 个月里，雅典议会已经通过 248 项法律，每三天就有一项法律通过。到 2012 年，发出强烈抗议的不仅是工会会员和希腊左翼人士，就连法官、军人和公务员也日益开始反抗希腊政府的从属地位。还有其他表达不满和不信任的方式。2012 年春，希腊银行的资金以惊人的速度流失。随着定于 2012 年 5 月举行的大选临近，欧元体系正在谨慎地向希腊注入数十亿欧元的现金，以维持表面上的正常。总计有 285 亿欧元被悄悄空运到希腊，用于应对银行挤兑。[14]

5 月 6 日，希腊人民最终表达了他们的意愿。这场壮观选举的结果显示了人们的幻灭之深。[15] 自 20 世纪 70 年代以来，泛希腊社会主义运动党在希腊的民主转型中得到的支持比任何其他政党都多，并且在危机最严重的时期不幸上台执政，现在，它的得票率从 43.9% 降至 13.2%。新的左翼运动党（激进左翼联盟）与希腊共产党合计获得的票数几乎是泛希腊社会主义运动党的两倍。在右翼，新民主党的得票率从 34% 暴跌至 18%，而法西斯主义派别金色黎明党的得票率为 7%。新民主党在大选中领先于其他政党，在议会中获得了 50 个席位，但仍无法组建政府。新的选举定于 6 月 17 日举行。在此期间，希腊仍悬在半空中。对于欧元集团坚称的对希腊留在欧元区至关重要的措施来说，希腊政府愿意为之承担责任，但没有获得授权。正如朔伊布勒和其他许多欧洲政界人士明确表示的那样，6 月份的希腊选举将是对希腊是否继续留在欧元区的一次全民公投。[16]

二

　　2012 年 5 月 6 日，希腊人并不是唯一在深思熟虑后对欧洲历史进程做出抉择的选民。同一天，在法国总统选举的第二轮投票中，选民们拒绝了萨科齐，支持社会党候选人弗朗索瓦·奥朗德（François Hollande）。[17] 萨科齐承诺让法国与德国保持一致，这并不是选民们想要的。奥朗德的竞选纲领是反特权、反银行，提议对高收入者和金融交易征税。[18] 他承诺，将对萨科齐于 2011 年 12 月达成的财政契约进行重新谈判。新一届法国政府看到，为健全财政，关键不在于适得其反的紧缩，而在于经济增长。至关重要的是，奥朗德不仅赢得了法国总统竞选，社会党也赢得了 6 月份的国民议会选举。[19] 在法国，似乎有绝大多数的人并不赞同萨科齐的愿景，而是支持变革。

　　德国左翼也体会到同样的情绪。尽管他们共同制定了德国自己的"债务刹车"，但社民党对欧元区的灾难性事态发展感到震惊。民调显示，社民党的支持率飙升，2012 年，社民党要求的是关注经济增长，而非债务和财政的可持续性。这个呼吁得到来自意想不到的一方的支持：国际货币基金组织。在墨西哥城举办的二十国集团会议上，国际货币基金组织在作简报时强调了节俭悖论，这是其在财政政策上发生重大转变的第一个迹象。[20] 2012 年夏天，该机构的工作人员重新审视了他们在 2010 年春欧元区危机爆发时的预测，发现他们系统性地低估了预算削减的负面影响。尽管他们在危机开始时认为乘数的平均值在 0.5 左右，但现在，他们得出的结论是，从 2010 年开始乘数就超过了 1。[21] 这意味着，按照紧缩计划的要求，每削减 1 欧元的政府支出，将使经济活动减少 1 欧元以上。因此，国家在经济活动中所占的份额实际上是增加了，而不是如像计划中预先假定的那样减少了。这是一个令人惊愕的供认。糟糕的经济学和错误的经验假设导致国际货币基金组织倡导一项政策，该政策摧毁了南欧一代年轻人的经济前景。

　　柏林的保守派联合政府正在丧失对局势的掌控。在法国总统大选中，默克尔毫不掩饰地站在萨科齐一边。对于公开质疑财政契约的奥朗德，她甚至拒绝与他有象征性会面。这可能对奥朗德有利。现在，由于在欧洲没有主要的合作伙伴，柏林不得不坚持这条阵线。[22]默克尔的问题不仅仅存在于莱茵河两岸。在国内，由基民盟和自民党组成的联合政府的支持率正在下降。这个联合政府是在危机的第一阶段和不受欢迎的银行救助之后，在倡导市场自由主义的疑欧派自民党获得很大支持的基础上建立而成。到了 2012 年，这种支持正在消退。5 月 13 日，基民盟面临在北莱茵-威斯特法伦州（北威州）举行的重要的地方选举。[23]北威州拥有 1700 万人口，GDP 几乎是希腊的三倍，是德意志联邦共和国最大的州。作为鲁尔区 * 的所在地，北威州曾是一个重工业区，努力在一个由中国（而非德国）主宰钢铁制造的世界里，为自己争取一席之地。值得注意的是，北威州的选举之所以很早就进行，是因为其地方政府没能力起草出符合大联合政府于 2009 年对德国施加的债务刹车的预算。[24]对默克尔来说，选举结果是毁灭性的。社民党的支持率飙升。一个新的抗议党派海盗党 † 进入地区议会，默克尔领导的基民盟的支持率下降到 26%。这是自德意志联邦共和国成立以来，她的政党在这个关键州取得的最差战绩。[25]

　　接着，似乎是为了加剧五月的政治动荡，房地产危机的最后一次余震袭击西班牙。与爱尔兰一样，西班牙也经历了全球最极端的

---

* 鲁尔区是世界上最大的工业区之一。从 19 世纪中叶开始发端，一直以采煤、钢铁、化学和机械制造等重工业为核心。——译注

† 于 2006 年 9 月 10 日在柏林成立的德国政党，成员主要为受过良好教育、对互联网感兴趣年轻人。基本目标是要求政府行政透明、保障个人隐私、倡导网络自由，还有改革现有版权和专利制度等。——译注

房地产泡沫；当泡沫破裂时，也造成了毁灭性的影响。不同之处在于西班牙是一个大国，人口超过 4500 万，而爱尔兰只有 450 万。在危机发生前，西班牙的经济规模与得克萨斯州的相当。因此，西班牙的泡沫破灭是一个宏观事件。随着房地产市场的崩溃，西班牙的失业率飙升。在 2007 年至 2012 年间，欧元区的失业人数增加 660 万，其中，西班牙的新增失业人数为 390 万，占总数的 60%。尽管希腊的情况很糟糕，但相比之下它的数字比较小，仅占欧元区新增失业人数的 12%。最具灾难性的是西班牙的青年失业率，到 2012 年夏天，该数字已经飙升到了 55%。[26] 即使算上大量的黑市经济，这也是一个令人深感沮丧的统计数据。

与都柏林不同的是，西班牙的社会民主派政府设法将其抵押贷款银行即地区性储蓄银行的阵痛，遏制在了全球危机的第一阶段。[27] 救助基金将许多最糟糕的贷款从其账面上抹去。2010 年，最弱的储蓄银行（其中许多与西班牙的两个主要政党有牵连）被合并为一家坏账银行，班基亚银行／BFA。储蓄银行的数量从 45 家减少到 17 家，但代价是创造了一个更大、更危险的实体。班基亚银行的资产负债表达到 3280 亿欧元，是西班牙 GDP 的 30%。尽管班基亚得到了全球投资银行的认可，但它在向全球投资者出售股票时却遭遇令人尴尬的失败，这并不让人感到意外。2011 年 11 月，随着危机达到顶峰，社会党人*宣布提前进行选举，这次选举将权力移交给了由马里亚诺·拉霍伊（Mariano Rajoy）的人民党领导的新保守派政府。尚不清楚拉霍伊的内阁是否了解局势的严重性。西班牙人民党也许希望获得柏林的声援。如果是这样的话，拉霍伊的内阁会感到失望，而马德里对欧盟的态度也变得更加好战。[28] 西班牙银行要求的新的

---

* 即指西班牙中左翼政党西班牙工人社会党，该党在 2011 年的大选中败给了属于基督教民主党的人民党。——编注

损失准备金不足以安抚市场。到 2012 年春，只有欧洲央行大量注入的流动资金才使西班牙的金融体系得以维持。但是，保持流动性并不等同于恢复偿付能力。2012 年 5 月 9 日，班基亚银行宣布濒临破产，迫切需要进行资本重组。5 月 25 日，随着班基亚银行被接管，新的资本缺口已经上升到 190 亿欧元。[29] 由于经济已经陷入萧条，西班牙最不想要的就是新一轮的银行业危机，如果像爱尔兰那样对银行实施紧急救助，使其陷入丧失银行主权的恶性循环，那么情况将会更糟。在班基亚银行发布声明后，西班牙公共债券的收益率飙升至 6%，然后开始向 7% 缓慢攀升，若超过这一水平，随着不断上升的偿债成本进一步推高赤字，西班牙的债务负担将开始像滚雪球般增加。

到 2012 年 5 月，很明显，欧洲再次滑向悬崖边缘。欧元区外围国家的债券市场收益率正在上升。这是一个可怕的情景。根据国际货币基金组织的数据，仅 2012 年一年，欧洲各国政府和银行需要展期和再融资的债务就高达 GDP 的 23%。[30] 它们根本无法承受由西班牙国内恐慌造成的失控的利率飙升。

三

正是西班牙迫在眉睫的危机，迫使欧元区全面改革的问题被重新提上议程，默克尔曾在 2011 年冬至 2012 年冬阻止了这项改革。2012 年 4 月底，德拉吉在欧洲议会发表讲话，呼吁制定一份政治路线图，为进一步走向财政联盟制定框架。与此同时，法国新任总统和马里奥·蒙蒂领导的四面楚歌的罗马政府正在协调各自的立场。由于意大利国债的收益率出现不祥的小幅上涨，蒙蒂需要一个欧洲范围内的解决方案。西班牙危机将导致立场发生根本性转变，还是只是德国拖延战术的重演？如果默克尔继续否决关于主权债务共担的任何讨论，那么她在银行资本重组的问题上会更加灵活吗？一个对银行业监管和纾困负有集体责任的银行业联盟，最终会打开欧元区解决方案的大门吗？

2012 年 6 月 9 日，欧元区各国财长一致认为，西班牙局势十分紧迫，应该动用欧盟资源向马德里提供 1000 亿欧元用于资本重组。[31] 但是，为了阻止厄运循环，所需要的是一个单独的全欧洲的银行纾困基金，该基金拥有资源，能直接干预银行，并对银行进行资本重组。相反，如果向西班牙银行注入的资金被记入西班牙政府的账户，则有助推危机的风险。似乎是为了证明这一点，2012 年 6 月 14 日，穆迪将西班牙的评级下调至 Baa3，仅比垃圾级别高出一档。西班牙外长宣称，欧盟的未来将在接下来的几天内见分晓。而且，他提醒柏林，当泰坦尼克号沉没时，"所有人都跟着沉没了，即使是头等舱的乘客也不例外"。[32] 事实上，伤亡名单可能会延伸到欧洲以外。虽然西班牙和意大利不在同一个重量级，但这场危机很容易从西班牙蔓延开来。正如自 2010 年以来一再发生的那样，欧盟未能解决其内部问题，致使欧洲成为全世界的问题。

2012 年 5 月，美国财长蒂姆·盖特纳的电话日志显示，他给布鲁塞尔、国际货币基金组织和欧元区的财长们打了几十个电话，这表明情况出现了不祥的急剧变化。[33] 在 5 月 18 日至 19 日举行的八国集团戴维营峰会上，奥巴马把默克尔和蒙蒂拉到一边，进行了令人吃惊的两个半小时的双边小组会。2011 年 11 月，在戛纳举行的二十国集团峰会上，谈话主题以欧元区为主。九个月后*，当二十国集团峰会在墨西哥度假胜地洛斯卡沃斯的耀眼阳光下召开时，欧洲仍然是会议首要议题。全球政策专家、政治家和媒体必须接受这

---

* 这次会议即二十国集团领导人第七次峰会，召开时间是 2012 年 6 月 18 日到 19 日，这里说九个月后，有误。——编注

样一个事实：欧元区的问题不仅没有得到解决，而且日益恶化。显而易见，各方都已经不耐烦了。在 6 月 19 日的新闻发布会上，媒体向欧盟委员会主席巴罗佐提出的问题过于咄咄逼人，使他失去了冷静。当一位加拿大记者问及欧元区给北美带来的风险时，巴罗佐迅速做出回应："坦率地说，我们汇聚于此不是来接受与民主或如何处理经济有关的教训的……危机并非源于欧洲……鉴于你提到北美，这场危机起源于北美，怎么说呢，我们的大部分金融业，都受到了来自金融市场某些行业的非正统做法的污染。"[34] 巴罗佐以这种自以为是的态度继续说道，欧洲是一个民主国家共同体，找到正确的策略需要时间；二十国集团中有几个国家甚至不是民主国家，欧洲必须向它们学习什么呢？

很显然，旧的等级制度很难消亡。但同样明显的是，欧洲需要帮助。在戛纳，奥巴马曾试图通过萨科齐来改变德国的立场，但他失败了，因为萨科齐不会冒险与默克尔决裂。到 2012 年夏天，华盛顿有了更多的手段来施加压力。2012 年初，意大利总理马里奥·蒙蒂访问白宫，他被《时代》杂志誉为欧洲的潜在救世主。[35] 尽管蒙蒂是博科尼大学新古典经济学派的教父，是信奉经典的意大利自由市场理论的自由主义者，但他确信欧元区债券市场不再可信。投机者在评估意大利和西班牙债券的价格时，考虑的是系统性崩溃的可能性，而非这些国家的特定财政状况。此次会晤讨论的是"重新确定"风险，因此只能制定集体解决方案。但是，为了让欧元区做出改变并采取行动，蒙蒂需要盟友。华盛顿表示支持。不过，2012 年 5 月默科齐阵线的破裂才是决定性。不仅新当选的奥朗德迫切要求将重点放在刺激和增长上，法国财政部的官员们也开始接受建立银行业联盟的想法。2011 年秋，他们看到投机压力被释放出来，当时德克夏银行倒闭，法国自身的信用评级也遭到质疑，这让他们相信，如果没有风险分担，那么没有人会是安全的。[36] 对于第三个人选，蒙蒂和奥朗德可以指望西班牙基督教民主党人首相马里亚诺·拉霍伊。拉霍伊是一个没有远见的人。事实上，他经常给人留下的印象是，他几乎并不了解西班牙局势的极端状况。但是，毫无疑问，马德里迫切需要结束与欧元区解体有关的讨论。

在洛斯卡沃斯的第二天，奥巴马和蒙蒂设了一个圈套。在与默克尔的一对一会晤中，美国总统向德国总理提交了一份由意大利人起草的计划。[37] 该计划提出，对于实施适当负责任的财政政策的国家，欧洲央行或欧洲稳定机制应对债券市场的收益率设定上限。如果收益率升至可持续性的阈值以上，这将引发干预，以便恢复到更加正常的利率水平。这将是一种准自动化的机制，不需要三驾马车介入检查或监督。默克尔甚至愤怒地拒绝讨论这个想法，理由是，从程序上来讲，还没有事先和她的团队审核、理清这个想法。她不会接受模糊货币政策和财政政策之间界限的任何建议，无论这些建议由谁提出。对于德国人来说，欧洲央行的"自主权"仍然是神圣不可侵犯的。会谈的气氛很紧张，人们认为，最好还是取消应奥巴马请求而安排的餐后全体会议，因为在私下交谈中已经说得够多了，没人想要重演戛纳的一幕。

默克尔再一次阻止了跨大西洋的紧急行动。然而，此刻大西洋两岸的压力都在增加。6月17日，令所有人松了一口气的是，希腊大选让政治形势变得明朗起来，新政府得以组建。泛希腊社会主义运动党下台。现在，选民们聚集在右翼的新民主党和左翼的激进左翼联盟周围。[38] 对于那些反对三驾马车的人来说，激进左翼联盟目前是他们的主要选择。6月20日，萨马拉斯组建政府。有政府总比没有政府好，但鉴于当时萨马拉斯在危机期间的表现，很难预料将会发生什么。他会遵守承诺履行帕帕季莫斯政府达成的协议吗？答案并不明朗，而且与希腊退欧的可能性有关的计划仍在继续。不管怎么样，到2012年6月，希腊已不再是主要的担忧对象。如果未能采取一些协调一致的集体行动计划，那么西班牙将面临致命的危险，意大利很快也会步其后尘。

为了争夺筹码，6月22日，蒙蒂和奥朗德在罗马召开会议，就"欧洲增长公约"达成一致意见，这次救助计划理论上包括价值1300亿欧元的投资和税赋减免。他们知道默克尔是脆弱的，因为她的联盟伙伴自民党试图通过争取欧洲怀疑论者的投票、退出默克尔的欧洲政策来挽回颜面。这导致默克尔只能依靠反对派社民党，后者正在与法国社会党协调立场。[39] 社民党要求德国支持一项增长议程，以换取他们在德国联邦议院的支持。默克尔必须对抗的战线进一步扩大，6月26日，欧洲理事会主席范龙佩、欧洲央行行长马里奥·德拉吉、欧盟委员会主席巴罗佐和欧元集团主席让-克洛德·容克，所谓的四巨头，重提去年12月在柏林被否决的愿景。他们提议建立一个由欧元区内的存款保险和联合危机基金支持的银行业联盟。他们也没有对发行欧元债券的必要性避而不谈。[40] 很快，默克尔便做出了答复。在24小时内，她利用联盟伙伴自民党的会议宣布："只要我还活着，欧盟就不可能出现债务集体化的情况。"[41] 在德国，反对向欧元区提供额外救助的呼声越来越高。6月21日，德国联邦宪法法院裁定，政府同意法国提出的要求，将欧洲稳定机制的成立时间提前至2012年夏季，此举侵犯了德国联邦议院进行事先磋商的权利，让默克尔的回旋余地进一步收窄。为此，默克尔明确表态，任何纾困都绝不能走后门。

2012年6月28日，在"危机四伏"的气氛中，欧洲理事会在布鲁塞尔召开会议。[42] 显然，西班牙正在滑向深渊。三天前，马德里正式申请了1000亿欧元的外部援助，以对其银行进行资本重组和结构调整。为了阻止这场即将爆发的灾难，理事会除了批准建立一个银行业联盟，别无他法。一旦建立了有效的全面监督制度，银行就可以独立于本国政府，直接进行资本重组。最后，一个足以应对危机的结构性解决方案浮出水面。短期内，德国同意立即向西班牙银行提供救助，前提是须进行严格的压力测试。这是意义重大的一步。自 2008 年以来的四年中，欧洲终于认识到，欧元区需要的不仅仅是一个财政联盟，还需要对其金融业承担共同责任。

然而，这并没有解决政府债券市场高涨的不确定性。意大利和西班牙面临利率升至 7% 甚至更高的危险，这是一个生死攸关的问题。除非债券市场恢复平静，否则他们不可能指望其公共财政稳定。6 月 28 日晚，蒙蒂和拉霍伊强行摊牌。[43] 就在欧洲理事会主席范龙佩即将向媒体宣布欧洲令人欣喜的新增长公约时，他们宣称，除非就解决主权债券市场的新危机达成协议，否则他们将否决该公约。这是一次伏击。因为如果默克尔失去增长公约，那么她在联邦议院将处于弱势。可是，她也曾承诺在银行救助和债券购买方面保持立场，现在，她面临着在这两个方面都让步的风险。直到 6 月 29 日凌晨 4 点 20 分，德国总理才最终让步。经过长达 15 个小时的谈判会议后，巴罗佐和范龙佩向媒体宣布，他们不仅就增长公约达成了协议，还同意了一项计划，该计划将允许欧洲稳定机制向遵守 2011 年 12 月商定的财政治理规则的所有国家的政府债券提供支持。这将是欧元区所有成员国的权利，而不是通过向三驾马车提出羞辱性的申请才获得的紧急援助。在离开会场时，喜气洋洋的蒙蒂喊道，欧洲的“精神障碍”已经被克服了！[44]

这确实是一个突破。但在政治和金融方面，2012 年 7 月，欧元区仍处于动荡之中。默克尔的退让并没能安抚德国的保守派。新的希腊政府仍被视为一种负担。与此同时，西班牙正在加速走向灾难。为了启动债券市场支持机制，欧元区成员国必须遵守 3% 的赤字规则。西班牙距离这个目标还有很长的路要走。2012 年夏，它正努力将其预算赤字从 GDP 的 11.2% 降至 5.4%。欧元集团仍在研究西班牙银行资本重组的细节。由于西班牙的银行体系遭遇了无声的挤兑，

以及银行间拆借市场关闭，西班牙银行从欧洲央行那里获得了 3760
亿欧元的巨额资金。[45] 西班牙的地方政府陷入困境。7 月，瓦伦西
亚向马德里申请援助。加泰罗尼亚可能是下一个。7 月 23 日，西
班牙十年期债券的收益率飙升至 7.5%，其信用违约掉期上升至 633
个基点。就在同一天，西班牙经济部部长路易斯·德·金多斯（Luis
de Guindos）飞往柏林，希望能得到朔伊布勒的支持，这或许能安
抚市场，并为欧洲央行购买债券打开大门。德·金多斯警告说，西
班牙正面临"迫在眉睫的金融崩溃"。[46] 但是，对于支持同为基督
教民主党人的拉霍伊政府，朔伊布勒并不情愿。为了让德国批准即
刻进行债券购买，马德里需要改革养老金体系，并兑现保持预算平
衡的承诺。符合德国的欧洲社会交易理念，是获得柏林支持需付出
的代价。欧元区仍安危未定。

　　三天后，也就是 7 月 26 日星期四，马里奥·德拉吉在奥运会
开幕前飞往伦敦，参加旨在推动英国成为商业中心的全球投资会议。
伦敦的气氛并不友好。[47] 先于德拉吉在小组会议上发言的默文·金
表示，他并不认为欧洲政治联盟是一个可能的解决方案。德拉吉后
来向一位朋友吐露："我真的受够了！那些关于欧元瓦解的所有故
事都非常糟糕。"他在意大利语中使用的表达方式显然更加富有色
彩。[48] 因此，德拉吉决定改变剧本。市场需要了解欧洲正在经历的
质变。欧元区成立之初也许存在缺陷，但在危机的压力下，它正在
快速发展。全球市场需要认识到正在重塑欧洲的那些根本变化。继
2011 年 12 月的财政契约后，2012 年 6 月的峰会成为一个转折点，
因为自 2008 年以来，所有领导人第一次以强有力的声音重申："摆
脱当前危机的唯一出路是需要更多的欧洲一体化，而不是更少的欧
洲一体化。"[49] 欧盟一体化机器的前进运动已经恢复。德拉吉想要
全球市场明白，这一点是出于政治方面的考虑。他告诉伦敦金融城
持怀疑态度的人群："当人们谈论欧元的脆弱性以及欧元的日益脆

弱，也许还有欧元的危机时，非欧元区成员国政府或领导人往往低估了投入欧元的政治资本。"这些不是空话，因为"已经采取了行动，并且目前仍在采取行动，以使欧元不可逆转"。德拉吉还希望投资者听到"另一个消息"："在我们的授权范围内，欧洲央行准备不惜一切代价来保护欧元。"然后，他停顿了一下，补充说道："相信我，这就够了。"

四

回顾一下即可发现，德拉吉"不惜一切代价"的演讲已被视为欧元区危机的转折点。在此之后，市场立刻平静下来。最脆弱借款国的债券收益率下降。关于欧元区解体的讨论日渐沉寂。该演讲是一个极具感染力的解释。欧洲央行一直掌握着稳定局势的钥匙。最终，德拉吉扭转了局面。然而，这是一种后见之明式的叙述。在2010年围绕欧洲央行的政策方向展开的公开斗争，或多或少并没有因为德拉吉7月26日的演讲而结束。他最初的干预极其脆弱，可能很容易就会失败。德拉吉的演讲经历了很多周折才成为一个历史性的转折点，即使在那个时候，它也是极其不完整的。

在德拉吉发表演讲后的几个小时里，随着其重要性逐渐被人们领会，位于法兰克福的欧洲央行的总部一片混乱。欧洲央行的一位高级官员对路透社评论道："没有人知道会发生这种情况。没有人。"[50] 欧洲央行的媒体部门和网页编辑没有向媒体提供讲稿的预印本。德拉吉曾与执行董事会的几位同事含糊地讨论过他的计划。但是，考虑到这一决定可能产生的影响，他显然认为最好还是把这个决定压在心里，把既成事实告诉全世界。值得注意的是，德意志联邦银行行长延斯·魏德曼是通过新闻得知德拉吉这一信息的人士之一。欧洲各国首都事先都没有收到通知，欧洲金融稳定基金（其

不惜一切代价：2012年1月至10月西班牙和意大利的主权债券收益率

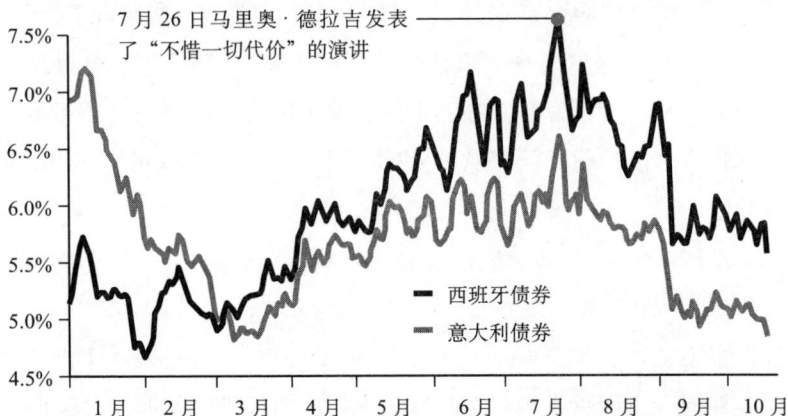

资料来源：Thomson Reuters, from Marcus Miller and Lei Zhang, "Saving the Euro: Self-Fulfilling Crisis and the 'Draghi Put,'" in *Life After Debt* (Basingstoken, UK: Palgrave Macmillan, 2014), 227–241.

将在德拉吉的计划中扮演关键角色）的负责人克劳斯·雷格林（Klaus Regling）也没有收到。位于法兰克福的欧洲央行总部的一名官员说道，德拉吉"脑子里根本就没谱"，"这是一场轻率鲁莽的演讲"。正如路透社所说，德拉吉的话"是一场赌博……他的演讲仅仅是个开始"。

　　如果德拉吉的演讲是一个号召，那么重要的是谁会紧随其后。前一周周末，欧元集团首席主席让－克洛德·容克力挺德拉吉，他宣称，"全世界都在谈论几个月后欧元区是否还会存在"，欧洲已经"到了一个决定性的时刻"。[51]容克警告德国政府，不要任由自己"在欧元问题上卷入国内政治"。与此同时，默克尔、蒙蒂和奥朗德发表联合声明，坚称他们决心保持欧元区的完整。为了凑成欧元区黄金四角，蒙蒂宣布他将飞往马德里与拉霍伊会面。

　　很快，华盛顿便加入德拉吉的行列。7月30日星期一上午，美国财长盖特纳飞往欧洲，与在叙尔特度假的朔伊布勒会面。媒体对发生的事情口径不一。一些报道称他们之间已达成协议，另一些则说德国顽固地拒绝妥协。[52]盖特纳担心德国仍在玩将希腊赶出欧元区的把戏。他在回忆录中写道："有人认为，让希腊焚毁，将使建立一个有着更可靠的防火墙的更强大的欧洲变得很容易。我觉得这个论点很可怕。"让希腊离开欧元区可能会造成"一场严重的信任危机"。资金逃离欧洲"可能会变得无法逆转"。盖特纳也不清楚"为什么德国选民觉得拯救西班牙、葡萄牙或其他国家要好得多"。[53]在会见朔伊布勒之后，盖特纳在法兰克福顺道拜访了德拉吉。正如盖特纳后来回忆的那样，结果远未达到令人放心的程度。德拉吉告诉盖特纳，他在对冲基金经理等受众中感受到深深的怀疑，促使他在伦敦发表上述演讲。他意识到他需要撼动市场。正如盖特纳所言："他只是，他对此感到震惊，并决定在发言中增加一些内容，然后即兴发表了一系列声明，比如'我们将不惜一切代价'。这太荒谬了……完全是即兴的……德拉吉当时没有任何计划。他说了这些赤裸裸的话。"[54]回到华盛顿后，盖特纳非常悲观："我告诉总统，我非常担心，他也一样……欧洲的内爆可能会使我们重新陷入衰退，甚至是另一场金融危机。正如无数权威人士指出的，我们不希望在大选年发生这种情况，但我们也不希望在任何一年发生这种情况。"[55]

　　事实上，德国强烈反对德拉吉的提议。[56]一些内部人士确信，直到 8 月 30 日德国政府与中国政府举行联席会议时，默克尔和朔伊布勒才最终承诺支持欧洲央行的提议，将希腊留在欧元区。[57]中国总理温家宝明确表示，他认为欧洲主要国家德国和法国对欧元区的命运负有责任，中国是否继续购买欧洲债券将取决于它们是否采取了有效行动。[58]也许在这一点上，奥巴马政府的立场已经让人耳熟能详，而且战线过于清晰，因而无法发挥更大的作用。像往常一样，德意志联邦银行的通胀鹰派人士对欧洲央行购买债券的想法感

到震惊。但在默克尔看来，这是两害相权取其轻。如果西班牙获得
来自欧洲稳定机制的资金支持，那么将会引发更为严重的政治和法
律问题。[59] 9 月 6 日，德意志联邦银行对德拉吉的计划投下了唯一
的反对票，以此表示不满。事实上，魏德曼非常愤慨，他要求与德
拉吉面谈，好让德拉吉明白，德意志联邦银行不应仅仅被视为支持
欧洲央行理事会的另一张投票。它必须拥有否决权。[60] 但是，在默
克尔和朔伊布勒的支持下，一切已成定局。欧洲央行以直接货币
交易（Outright Monetary Transactions，OMT）的名义，正式确立
了其附条件的最后贷款人的新角色。[61] 但是，这是一个严格的附条
件承诺。只有在相关国家同意欧洲稳定机制批准的紧缩和援助计划
后，欧洲央行才能采取行动。与欧洲央行在特里谢的领导下参与的
无条件购买债券相比，此举受到更多条件的限制。

　　即使在德拉吉发表"不惜一切代价"的演讲后，欧洲央行的货
币政策仍受到极大限制。而在美国，情况就并非如此了。2012 年，
美国经济复苏的步伐放缓。曾在 2011 年反对进一步推行货币激进
主义的保守主义风潮已经结束。2012 年 9 月 13 日，联邦公开市场
委员会投票通过了第三轮量化宽松。[62] 这将是美联储迄今规模最
大的一次扩张。最初，美联储承诺每月购买 400 亿美元的房利美和
房地美的机构债券。不同的是，美联储承诺，在看到"劳动力市场
的前景出现实质改善"之前，其将继续购买债券。此外，联邦公开
市场委员会宣布，只要失业率仍在 6.5% 以上，只要美联储的通胀
预测不超过 2.5%，那么联邦基金利率有可能维持在接近零的水平。
2012 年 12 月 12 日，联邦公开市场委员会宣布将债券购买规模从每
月 400 亿美元增加到 850 亿美元。由于其无限制性，第三轮量化宽
松获得了"无限量化宽松"的绰号。

　　在回忆录中，伯南克评论道："与马里奥·德拉吉一样，我们
也在宣称我们将不惜一切代价。"[63] 但是，这种说法显得对欧洲人

2004年至2015年美联储和欧洲央行的资产负债表

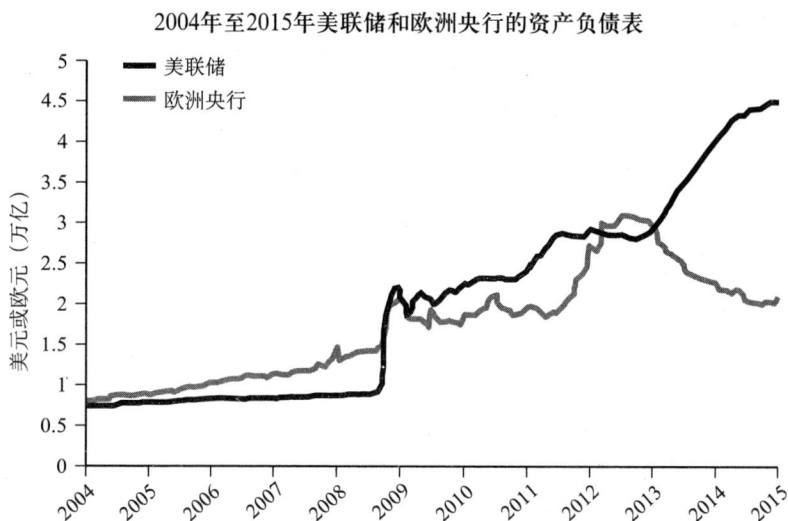

资料来源：美联储、欧洲央行。

过于宽容。德拉吉在 2012 年 9 月推出的"直接货币交易"是一项
附条件的信任建立措施。它通过平息市场和阻止恐慌来发挥作用。
但除此之外，它没有为欧元区经济带来任何刺激。事实上，欧洲央
行的潜力是有限的。面对怒气冲冲的德国保守派，欧洲的量化宽松
是不可想象的。[64] 随着欧元区经济停滞以及银行纷纷去杠杆化，长
期再融资计划的贷款逐步得到偿还。与美联储（伯南克正在积极扩
张资产负债表）不同，欧洲央行的资产负债表收缩回了 2011 年危
机重重的秋季时的水平。欧洲正进一步滑向第二次衰退。

五

　　如果有人问，欧元区危机的严重阶段最终是如何停止的，德拉
吉在 7 月 26 日的演讲中给出了两个答案。一个答案是德拉吉本人
给出的，即由于欧洲各国政府投入巨大政治资本，欧元区危机得以

停止。另一个说法是因为建立了一个新的政府运作方式而使危机停止：希腊重组、财政契约、银行业联盟、欧洲稳定机制和欧洲央行的直接货币交易计划。那些看空欧元区未来的人错判了欧洲各国政府的投资规模。这正是德拉吉想要传达的信息。正如德拉吉所说，这是一个与欧洲国家建设的严肃性有关的政治信息。拖延可能会给公民带来巨大的损失。另一方面，欧洲一如既往地像螃蟹一般爬行着，再次朝着"更加紧密的联盟"迈进。

然而，那天在伦敦金融城听到德拉吉演讲的大多数人得出了相当不同的回答。他们仍对欧盟持怀疑态度，对其政治细节不感兴趣。他们从德拉吉的演讲中了解到的不是它的具体内容，也不是使之成为可能的欧元区的政治巨变。他们只听到了一条简单的信息。这个信息来自一位有权势的央行行长，他说他会"不惜一切代价"。终于有欧洲政策制定者意识到需要什么了。他在伦敦金融城用英语对一群投资者大谈金融鲍威尔主义的理论。德拉吉发出的信号是，欧洲终于"明白了"。

在对 2012 年夏天发生的事情的铺陈描述中，隐含着另一种说法，与德拉吉的本意相左。这种说法认为，"不惜一切代价"实际上是一种投降。欧元区最终屈服于英语世界的经济评论人士一直以来的呼吁。如果欧洲央行早一点采取美联储的模式，就像奥巴马在戛纳峰会阐明的那样，那么欧元区危机最糟糕的情况本可以避免。德拉吉现在承诺的，正是盖特纳、伯南克和奥巴马自 2010 年以来一直向欧洲人宣扬的："按我们的方式行事。"作为曾在美国接受教育的经济学家、高盛的副总裁，德拉吉积极活跃于国际金融界，是"本·伯南克的朋友"，一位国际化、彬彬有礼的意大利人而非鄙俗的德国人，他在欧元区危机的痛苦故事中得出这一结论，并非巧合。德拉吉的处方，即美国的处方应验了。他说了那些神奇的话。市场稳定下来。欧元区因迟来的美国化而得以拯救。

回顾自 2007 年以来的事件发展，如果我们让历史的时钟停在 2012 年秋季，那么北大西洋金融危机的故事可能会因此被扭回熟悉的形状。面对一场历史性危机，奥巴马政府以自己的方式展示了 21 世纪的霸权领导。虽然不像马歇尔计划时代那样紧迫、喧闹，但结果具有决定性。美国不仅率先实施了国内刺激计划和货币政策，还通过谨慎的外交和美联储的大规模流动性计划，帮助欧洲度过了自第二次世界大战结束以来最严重的危机。美国化就是答案。美国经济政策的倡导者也不会羞于宣扬自己的成就。《行动的勇气》（*The Courage to Act*）是伯南克回忆录的书名。这些惊险的事件让他那些比较羞怯的欧洲同行战栗畏缩。这本书的语言与众不同，不会让人想到是一位担任央行行长的学院派经济学家的回忆。在 2012 年经济趋于稳定后，更多学术书籍问世，这些书籍与普遍的乐观情绪相呼应，例如《现状危机》（*Status Quo Crisis*）[65] 和《体系运转》（*The System Worked*）[66]。全球经济幸免于难，美国重申了一种新的自由主义霸权。欧洲恢复 1947 年在美国指导下开始的迈向欧洲合众国的前进步伐。在大西洋两岸，学术评论界有越来越多的人投入研究，以美国历史为参照评估欧洲最近在一体化方面的努力。欧洲仍处于费城阶段，还是汉密尔顿*时代即将到来？[67]

应该补充一点，这是一个合理的评估，当然，前提是有人在 2012 年 11 月停止了时钟，以及有人忽略了 2010 年美国在支持第一轮"拖延塞责和装聋作哑"策略时扮演的不幸角色。即便就美国而言，这种叙述也具有彻头彻尾的政治性。正如盖特纳承认的那样，2012 年是选举年。如果金融危机及其在欧洲引发的余震最终得

---

* 费城，《独立宣言》和美国宪法的诞生地。汉密尔顿（Alexander Hamilton），美国开国元勋、第一任财政部长，美国政党制度的创建者之一。他在任财政部长期间提出了关于整顿财政与发展经济的纲领，建立和健全了美国的财政管理制度和金融体系。——译注

到控制，那么民主党应得到该有的赞誉。自 2008 年以来，只要不
会造成彻底的危险，共和党主导的国会便一直横加阻挠。2012 年，
奥巴马竞选连任总统并成功连任。在布什于执政期间陷入尴尬之后，
奥巴马在 2008 年至 2009 年的演讲始终谦逊克制。现在这些都已不
复存在，奥巴马毫无保留地鼓吹美国例外主义*："无论我走到哪里，
从伦敦和布拉格，到东京和首尔，再到里约和雅加达，我都能感受
到。"2012 年夏，他对一群空军学员说道："人们对我们的领导能力
有了新的信心……［美国仍然］是全球事务中不可或缺的国家……
我看到了一个美国世纪，因为没有任何其他国家寻求施展我们在全
球事务中发挥的作用，也没有任何其他国家能够施展我们在全球
事务中发挥的作用。"[68] 就国际经济政策而言，奥巴马在 2012 年
11 月的胜利、伯南克的第三轮量化宽松和德拉吉的演讲，共同为
上述说法打上了印记。中间派自由主义的危机管理占了上风。在
美国领导的新世纪，多元化、世界开放和技术官僚的实用主义将
携手并进。

　　但是，这种危机解决方案的调和式叙述模糊了大西洋两岸的紧
张局势。在欧洲，欧元区幸免于难。德拉吉是正确的。从危机中涌
现出一个重要的国家建设阶段，但它付出了令人震惊的经济和政治
代价。意大利和希腊政府已被推翻，爱尔兰和葡萄牙被置于三驾马
车的监护之下，西班牙侥幸脱险。尽管严重的主权债券危机已经结
束，但在经历两年紧张的焦虑之后，消费者和企业的信心都受到了
打击。失业对欧元区的需求造成巨大损失。德国推动预算平衡的努
力限制了财政政策。反常的是，在整个欧洲大陆的总需求大幅下降
的情况下，德国的贸易顺差却在飙升。那是一个推行积极货币政策

---

* 21 世纪以来的"美国例外主义"（American Exceptionalism）或"美国例外论"主要带有
　美国的爱国主义色彩，强调美国的优越性、独特性。——译注

的时期（如果曾有过这样的时期）。然而，阻止债券市场恐慌是一回事，重振欧元区经济又是另一回事。与美联储不同，德拉吉没有任何授权。随着社会苦难的加深，随着羞辱感的产生，整个欧洲会做何反应？不满意的不仅仅是"受害者"，德国保守派对默克尔没完没了的妥协感到愤怒。在德国媒体上，欧元区的救星德拉吉面临敌意和质疑。除非德国能够克服这种欧洲怀疑主义，否则，德拉吉在其伦敦演讲中鼓吹的雄心勃勃的一体化和制度建设议程，实际上是不太可能实现的。

在美国，奥巴马的连任可能会激励他的追随者。但他的新美国世纪究竟是由什么组成的呢？它的优先事项又是什么呢？在他的第一个任期内，奥巴马一直专注于克服因布什的错误而留下的后遗症，同时应对危机。但是，危机真的结束了吗？即使结束了，这是否意味着美国可以没有负担地面对未来？或者，在从危机中幸存下来之后，美国现在是否面临奥巴马在2006年启动汉密尔顿项目时曾面临的挑战？当时奥巴马还是一名资历较浅的参议员，自那以后，挑战只会不断扩大和加剧。在外交政策领域，从奥巴马的第二任期伊始，人们就美国的收缩战略及其国际力量基础展开了激烈争论。[69] 在经济政策领域，也有人持怀疑态度。是否真的发生了足够大的变化，从而降低了再次发生危机的可能性？金融体系内的紧张局势是否已经解决，还是仅仅得到控制？如果已避免另一场大萧条，那么这是否产生了一种反常的效果，消除了对进行真正深入改革的刺激？[70] 极具讽刺意味的是，在卡珊德拉们*中，最响亮和最引人注目的声音之一正是克林顿的财政部部长、奥巴马的首席经济顾问（一直担任到2010年12月）拉里·萨默斯。奥巴马赢得第二次大选的

---

* Cassandra，希腊神话中的特洛伊的公主，因阿波罗的赐予而有预言能力，又因抗拒阿波罗，受到诅咒，预言不再被人相信。指代不为人所信的吉凶预言者，在有的地方也被用来指代批判现代性的知识分子。——译注

12 个月后，在 2013 年 11 月举办的国际货币基金组织的活动中，萨默斯警告说："我从这场危机中得到的教训，也是最重要的教训是，我认为危机还没有结束，而且结束的时间肯定不是现在。我不得不说，我认为这个世界没有认真对待这个教训。"[71] 他可能不知道自己的话有多么正确。

第四部分

余　震

第19章

美国哥特 *

在 2008 年的银行业危机中，美国汽车工业受到间接损害。随着销量萎缩，通用汽车和克莱斯勒都遭到沉重打击。2008 年 12 月，争斗不休的国会否决了一项紧急援助计划，但布什和奥巴马都认为他们不能让通用和克莱斯勒倒闭。这些公司曾经是美国工业化的强大发电站，通过挪用原本拨给银行的救助资金而获救。到 2013 年，通用汽车和克莱斯勒都恢复了盈利。与其他美国大企业一样，它们安然度过了这场风暴。克莱斯勒也以美国企业惯用的方式庆祝自己的复苏，在 2014 年 2 月的超级碗 † 期间，它预订了一个插播广告的位置，来播放吸引眼球的广告。它们想要·些能引起轰动的东西，于是委托一个人去做。消瘦的、标新立异的美国吟游诗人鲍勃·迪伦（Bob Dylan）成为这则广告的编剧、导演和演员。在霍珀式风

---

* 哥特（Gothic），一种源自法国的艺术风格，其特征为充斥着神秘、阴森和恐怖的气氛。——译注

† Super Bowl，美国国家美式足球联盟（也称为国家橄榄球联盟，NFL）的年度冠军赛，胜者被称为"世界冠军"。——译注

格 *的黑色背景下,迪伦吟唱了一首引人注目的高水准民族主义媚俗之歌:

> 还有什么东西比美国更美式吗? 因为你无法进口原汁原味。你无法伪装真正的冷酷。
>
> 你无法复制遗产。因为底特律创造的是先驱,并成为鼓舞世界的动力。
>
> 是的……底特律制造汽车,汽车成就了美国。要做到最好最棒,需要坚定的信念。
>
> 你无法引进在流水线上工作的男男女女的全心全意。
>
> 你可以搜遍世界,寻找更好的事物,但你找不到比美国更好的道路了,以及在道路上行驶的汽车。
>
> 因为我们相信嘀嘀声、轰鸣声和推力。在这里制造,就使用了一样无法从其他地方引进的东西。那就是美国骄傲。让德国人酿造啤酒,让瑞士人制造钟表,让亚洲人组装手机。
>
> 我们来制造你的车。[1]

他的歌词更能引起共鸣,因为观众可能会对拍摄地底特律有所了解。如果说美国汽车业是死而复生,那么对于这座汽车城来说,情况就不一样了。

经过战后的全盛时期,底特律长期处于衰落之中。在鼎盛时期,它拥有 180 万人口,其中 50 万是非洲裔美国人。在 1967 年的骚乱之后,由于去工业化和白人迁移,2013 年,底特律市中心的人口已经减少到 68.8 万人,其中 55 万是非洲裔美国人。他们被遗弃在一

---

* Hopperesque,出自美国绘画大师爱德华·霍珀 (Edward Hopper),他以描绘寂寥的美国当代生活风景闻名。该词专门用于形容荒凉、冷清得让人难以忍受的美国情景。——译注

个城市里，这个城市日渐破败不堪，背负着数百亿美元的债务。随着支撑底特律成为全球工业中心区之一的大多数主要工厂纷纷关闭，底特律陷入失业、种族劣势、不安全和掠夺性融资的死亡漩涡。[2] 到 2013 年，底特律 36% 的人口被划定为生活在密歇根州的贫困线以下，而这一贫困线本就远远谈不上富足。失业率为 18%。这座城市是厄运循环的一个极端例子，在这个循环中，公共财政和私人财政的困境相互冲击。2005 年，在底特律所有的抵押贷款中，68% 是次级抵押贷款。[3] 随着危机席卷美国，底特律的 6.5 万套房被止赎。在这些房产中，有 3.64 万套被认为没有什么价值，因此干脆被遗弃了，成为 14 万套维修不良或破败房产的一部分。为了控制污染造成的影响，该市拆毁了整片区域。尽管州政府和联邦政府为这项房屋拆迁计划提供补贴，但底特律还是为此付出了 1.95 亿美元的代价。此外，底特律还损失了 3 亿美元的税收收入。[4] 这一切都不是这座城市能够承受的。2013 年 6 月，底特律为申请破产任命了一位紧急事务经理，底特律的债务总额在 180 亿至 200 亿美元之间。这是美国历史上最大的城市破产案。[5]

　　正如迪伦的克莱斯勒广告的观众了解到的，底特律是一个极端的例子，但它并非孤例。美国各地的老工业城市和城镇都在苦苦挣扎。一些市镇已经破产。2011 年，亚拉巴马州的杰斐逊县（该县下辖钢铁城市伯明翰）申请破产。2012 年，轮到加利福尼亚州的斯托克顿市和圣贝纳迪诺县了。这些县市管理不善，承受着美国这个摇摇欲坠的福利国家带来的副作用，它们的经济正在努力应对长期衰退或房地产泡沫破灭的直接影响。它们远非北方后工业时代的底特律的翻版。但是，它们共同象征着从美国梦到美国噩梦的令人困惑的转变。

　　这些都不是什么新鲜事了。早在 20 世纪 70 年代末，布鲁斯·斯普林斯汀（Bruce Springsteen）就曾为后工业时代的美国创作了一张哀伤惋惜的专辑。[6] 2006 年，奥巴马发出提醒，让汉密尔顿项目的大佬们留意"伊利诺伊州的迪凯特、盖尔斯堡等地的人们面对的严酷现实……这不会是一个不流血的进程"。然而，在奥巴马第一个任期的大部分时间里，经济政策的重点并不是担忧这些地方，而是拯救华尔街和全球金融的战斗。2011 年的抗议活动及其将不平等问题政治化的做法已经开始改变人们的话题，但是，在奥巴马于 2012 年 11 月连任总统后的 18 个月里，美国人的不安感才达到一个新的高度。[7] 随着危机不再占据头版头条，对美国长期发展走向的担忧，也就是感觉事情"不正常"的担忧卷土重来，而这种担忧早在 21 世纪初就已令自由派中间人士忧心忡忡。

一

2013 年 11 月，拉里·萨默斯在国际货币基金组织发表了一番威胁性的演讲，这是一个出人意料但有迹可循的举动。[8] 他的主题是经济复苏及其令人极度失望的速度。美国的政策制定者或许会庆幸自己正在带领欧洲走出衰退，并认为自己这样做是正确的。自 2010 年以来，欧洲的经济成绩愈发糟糕，但美国自身也经历了有史以来最缓慢的一次复苏。就商业周期的"摆动模式"而言，在经历 2008 年那样严重的下行冲击之后，人们或许曾希望经济会强劲反弹。在 2009 年至 2010 年，经济开始强劲复苏，但自那以后，经济增长再度陷入低迷。反弹在哪里？什么地方出了问题？

传统观点认为，美国正在遭受一场极其严重的金融危机带来的余震。没有常规的商业周期可以遵循。市场和资产负债表需要一段时间才能恢复。[9] 正是为了避免这些遗留下来的弊病，诸如莱因哈特和罗戈夫等经济学家才主张实行财政约束。如果能避免信贷泡沫和过度上涨，或许就能避免破产。像克鲁格曼这样的凯恩斯主义者

增长令人失望：2007年和2013年的潜在GDP估值与
实际GDP的比较（2013年美元）

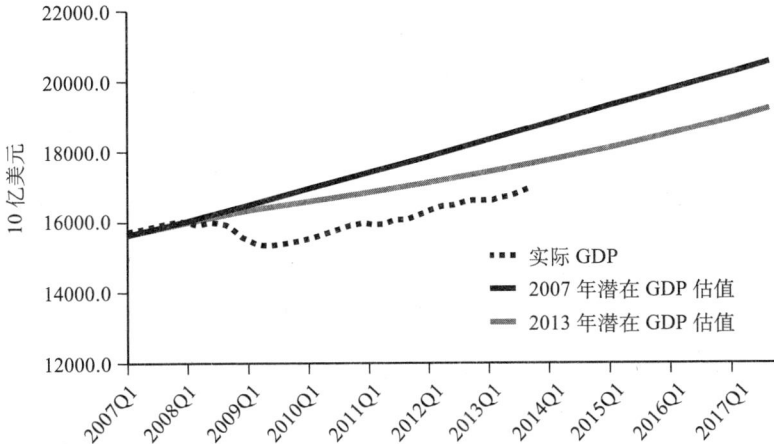

资料来源：L. H. Summers, "U.S. Economic Prospects: Secular Stagnation, Hysteresis, and the Zero Lower Bound," *Business Economics* 49, no. 2 (2014): 65–74. Data: CBO.

坚称，一切都很好，但由于过早转向紧缩政策，导致经济复苏出现了不必要的放缓。克鲁格曼言简意赅地说道："2010 年，所有的一切都出现了问题。"[10] 莱因哈特和罗戈夫一直以来都是紧缩政策的鼓吹者，但全球转向紧缩政策，使复苏进程减缓到了令人痛苦的爬行速度。虽然伯南克的量化宽松政策可以在一定程度上起到弥补作用，但无法弥补总需求的不足。

　　这些都是自 2009 年以来和很久以前人们已经熟悉的经济政策辩论的议题范围。他们没有意识到，一个更深层次、更严重的问题正在困扰着美国经济和建立在经济之上的社会。2013 年 11 月，萨默斯在国际货币基金组织向听众提出的假设既令人不安，又让人感到生疏；事实上，形势如此令人不安，以致一向骄傲且从不自我怀疑的萨默斯承认，"这一切可能都是疯狂的，我可能根本没有这个权利"。但是，根据这些数据，我们必须提出问题：如果不充分的复苏不仅仅是政策失败所致，那该怎么办？如果存在更深层次的问题，即投资需求相对于储蓄供给存在长期匮乏，导致持续的"长期停滞"状况，那将会怎样？

为了阐明这一论点的确切意义，萨默斯邀请他那些惊讶的听众回顾一下崩盘前的那段时期。回想起来，所有人都认为，2008 年以前的货币政策"过于宽松……有大量轻率的贷款。几乎所有人都认为，财富超过了实际拥有的情况，就像许多家庭曾经历的那样。太宽松的货币，太大量的借贷，太多的财富"。但如果是这样的话，人们会认为美国经济已经进入戏剧性的牛市。然而，实际上并非如此。尽管房地产市场繁荣过度，但到 2008 年为止，经济增长一直处于平均水平。实际上，与 20 世纪五六十年代相比，美国经济增长缓慢，这就是像底特律这样的城市会处于如此危险境地的原因。"失业率并没有处于非常低的水平。通货膨胀完全静止了。因此，即便是一个巨大的泡沫，也不足以产生总需求的过剩。"所以，请设想一下，萨默斯继续思忖着说道，"如果没有房地产泡沫，并维持强有力的信贷标准"，那么美国经济在 21 世纪初的表现将会"多么令人满意"。然而，现实情况却是和目前的经济复苏结果一样令人失望，而且可能会更糟。

在对美国近代经济史进行的一次惊人改造中，萨默斯提出，至少二十年来，美国经济增长的根基一直都很薄弱。为了仅达到"正常"的增长率，它都要依赖"异常"的金融泡沫。回顾过去几十年，萨默斯在随后的演讲中问道："在财政上可持续的条件下，我们能否找出经济出现令人满意的增长的持续时期？或许可以找到一些这样的时期，但从历史经验来看，这样的时期只是极少数，而不是大多数。"[11] 这是对政策共识提出的引人注意的控诉，而萨默斯本人就是政策共识的决定性人物。[12] 这对当前的政策产生了显著影响。如果美国只是等待，那么期待已久的 2008 年危机后的复苏可能永远不会到来。

为了解决投资长期匮乏的问题，萨默斯倡导的是打造一个政府发挥作为的新时代。当然，在这方面美国无法与中国匹敌，这么比也不妥当。但是，政府发挥作为对于公共投资的大规模激增来说是合适的。这将重建美国的基础设施，从而解决底特律提出的更为根本的问题。物理重建将是恢复民族凝聚力和民族自豪感的一种手段。正如萨默斯在另一场合所说："看看肯尼迪机场。作为进入全球领先国家的领先城市的入口，这个机场让人感到尴尬。最富有的人乘坐私人飞机出行，可以在很大程度上逃脱这个机场对他们的蹂躏。修缮机场将雇用大量工人，他们用双手工作，为就业和经济增长提供了重大刺激……当美国人可以用低于 3% 的利率借到我们自己印刷的货币时，当建筑工人的失业率高于 10% 时，如果这都不是一个绝好的时机，那么什么时候才是呢？"[13]

萨默斯在姗姗来迟的呼吁中倡导的正是奥巴马政府未能实现的目标，即齐心协力推动美国社会围绕一个可持续计划团结起来，该计划将以投资驱动增长并全面实现现代化。2009 年和 2010 年的刺激措施并非微不足道。但是，它们为当时的焦虑、国会的抵抗和来自右翼舆论的声势浩大且咄咄逼人的动员所左右，拉里·萨默斯担心失去在理性政客中的地位的紧张情绪也产生了影响。结果，复苏不仅缓慢，而且极不公平。如果底特律和美国其他后工业化城市破败不堪的骇人景象还不够的话，那么灾难性的统计数据将呈现出这一图景的全貌。

2013 年 10 月，两位法国经济学家（一位在加利福尼亚工作，另一位在巴黎工作）发表了一份最新的关于美国不平等的长期研究项目报告。[14] 在这一领域，伊曼纽尔·赛斯（Emmanuel Saez）和托马斯·皮凯蒂（Thomas Piketty）并非默默无闻。在早些时候的一篇论文中，他们绘制了长期以来美国最高收入的图表，得出了"我们是 99%"的口号，"占领华尔街"运动曾经使用过这个口号，取

巨大落差：劳动生产率与薪酬

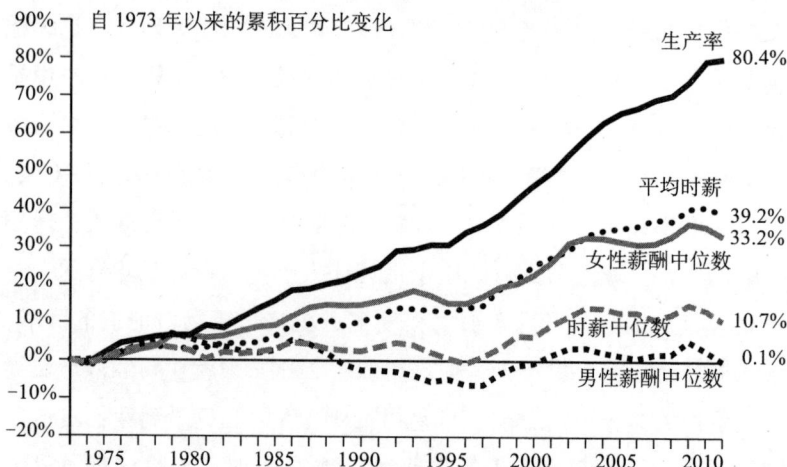

资料来源：Lawrence Mishel, "The Wedges Between Productivity and Median Compensation Growth," *EPI Issue Brief* 330 (2012): 1–7, http://www.epi.org/publication/ib330-productivity-vs-compensation/.

得了非常好的效果。[15] 然而，他们在 2013 年 10 月发布的数据令人震惊。根据最新一轮的税收减免，他们计算出，在 2009 年以来经济复苏带来的增长中，95% 的收入被最富有的 1% 的人垄断。只有一小部分人的收入从经济衰退的低谷反弹了 31.4%。[16] 与此同时，99% 的美国人自金融危机以来收入几乎没有增加。为了让比例失衡的情况显得不那么极端，随后他们对数据进行了修正。[17] 但在 2013 年，这个数据引起了轰动。事实上，令萨默斯担忧的 GDP 增长缓慢的情况掩盖了两个截然不同的现实。尽管有一小部分精英表现不俗，但对于普通美国人来说，萨默斯尝试提出的学术假设，长期停滞理论，正是过去四十年活生生的现实。自美国于 1976 年庆祝建国两百周年以来，推动整体经济增长的生产率增长，与以家庭收入形式体现的劳动回报之间出现了明显分歧。以 GDP 统计数据衡量，普通美国人因国民经济增长获得的收益仅占很小的比重。增长的几乎所有收益都被那些收入最高和拥有大量金融资产的富人垄断。2008 年的金融危机表明，在极端情况下，国家经济政策是如何从属于一群大型跨国银行的需求的。现在，面对惨淡的经济复苏，经济增长与国家社会进步之间的相互关系正受到自下而上的挑战。国民经济是否还能被振振有词地称作所有美国人共有的一个事业呢？

二

　　自初任参议员以来，美国梦的衰落一直是巴拉克·奥巴马政治演讲的主题。这是汉密尔顿项目议程中的一条主线。2013 年 12 月，在其第二个总统任期刚过去一年，奥巴马访问了沃德八区的一个社区中心，该区位于华盛顿特区的非裔美国人区，就美国正在发生的社会危机发表重要讲话。[18] 他描述了普通美国人的"日常战争"，他们正在反抗"持续数十年的滑向危险和日益不平等的无情趋势"。他宣称，"我们经济核心的基本条件已经遭到破坏"。当然，不平等日益加剧的趋势并非只局限于美国。但是，奥巴马坚持认为，不能再逃避了，"这种日益加剧的不平等在我们国家最为明显……［统计数据］显示 ……我们的收入不平等程度接近牙买加和阿根廷等国"。具有可比性的"富裕盟友，例如加拿大、德国或法国等国……拥有的社会流动性比我们更多，而不是更少"。一半的美国人在其一生中至少有一段时间会经历贫困。"不平等加剧和社会流动性下降的趋势结合在一起，对美国梦、我们的生活方式和我们在全球的立场构成了根本威胁。"奥巴马宣称，不平等是"我们这个时代的决定性挑战"。

　　底特律等城市的种族化困境显然令人震惊。但是，正如奥巴马强调的那样，美国的危机并不局限于以非洲裔美国人为主的社区。

纵观整个美国，阶级（而非种族）是美国人的人生机遇中最重要的决定因素，在他的第二个总统任期内，农村白人工人阶级的绝望是很重要的事件。位于西弗吉尼亚州和肯塔基州的阿巴拉契亚，正是因为结构变化、教育失败和停滞不前阻碍了发展，成为新闻头条。还有最极端的情况，毒瘾风靡成为上述致命混合的象征，而来自墨西哥的廉价海洛因和猖獗的阿片类药物滥用助长了这种状况。[19] 2007 年，因药物过量而死亡的人数已经超过交通事故，成为美国人死亡的主要原因。[20] 在美国白人中，仅 2010 年至 2014 年，因服药过量而死亡的人数就增加了 297%。与其他发达国家不同的是，自 2000 年以来，美国白人工薪阶层的预期寿命一直在下降。在近现代史上，唯一与此相类似的情况发生在苏联解体后陷入了绝望的俄罗斯。一篇又一篇的新闻报道和学术研究论文证实了这场灾难。2015 年安妮·凯斯（Anne Case）和安格斯·迪顿（Angus Deaton）关于"绝望的死亡"的著名论述，使得对这场灾难的描述达到顶峰。[21]

　　危机是不可否认的。问题是该怎么办。在克林顿执政的 20 世纪 90 年代，当民主党左翼开始处理不平等问题时，诊断标准是技术和经济。[22] 全球化使高收入者的收入不断增加，低收入者的收入持续减少。自 90 年代以来，这些因素的影响只增不减。北美自由贸易协定和中国加入世贸组织打开了向廉价制造商进口的大门，给消费者带来好处，但这压低工资，夺走了美国蓝领在制造业的稳定工作，以及相应的医疗和退休福利。据与美国劳工运动关系密切的专家估计，截至 2013 年，对华贸易逆差已造成 320 万个就业岗位流失，而工资低廉的外国劳工的竞争，已经使 1 亿名没有受过大学教育的美国工人的工资降低了 1800 亿美元。[23] 这些都是实质影响，但在一个劳动力超过 1.5 亿、工资支出超过 7 万亿美元的经济体中，这些影响远远不足以解释不平等现象的大幅加剧。因此，以技术为导向的技术变革理论对理解全球化造成的差距做了补充。[24] 该理论认为，不受全球化和对外贸易的影响，技术发展趋势为各行各业和整个美国经济中拥有更高技能的人提供了不成比例的好处，无论他们是否从事贸易。

标准的改革主义者的反应是提倡联邦政府和州政府在改善教育、提供人们能负担得起的社区大学入学机会和提供贸易调整援助 * 等方面发挥作用。因此，2006 年汉密尔顿项目的重点是确保贫困儿童充分利用他们的暑假。但二十年后，鉴于不平等加剧和社会流动性下降，这些措施很难说是成功的。对传统改革主义者的解决方案的幻灭，是 2011 年之后爆发的"新的"不平等辩论的一个标志。尽管政府机构采取了许多善意的措施来改变和改善普通美国人的生活状况，但从总体上看，至少可以这么说，它们的实际效果还是有限的。在 1977 年至 2014 年期间，美国最富有的 1% 的人口的税前收入和福利占国民收入的比例上升了 88.8%。在进行财政再分配后，该比例上升了 81.4%。美国的税收和福利政策仍无法阻止底层 50% 的人口占国民收入的比例从 25.6% 下降到 19.4%。[25] 出现这种情况并非偶然。每一个可以想象得到的杠杆和有影响力的资源，都被富人加以利用，以便最大限度地发挥他们的优势。正如亿万富翁投资者沃伦·巴菲特所说："事实上，在过去二十年里，阶级斗争一直都在进行，而我所在的阶级赢得了胜利。"[26] 巴菲特对这个结果感到非常震惊，以至于在 2011 年，他成为至少按照 35% 的税率对美国最高收入者进行征税这一提案的发言人。奥巴马支持该提案，但遭到国会中共和党人的阻挠。[27] 一个改善社会的计划应该由善意的亿万富翁组成，他们自愿为美国社会的更大利益多付出一些代价，

---

* 这是美国的一项联邦计划，目的是对在贸易自由化过程中因进口产品的冲击而受到损害的工人、农民、社区和企业提供资金、技术方面的补偿和援助。——编注

这既表明巴菲特个人的正派，也反映了 21 世纪美国力量对比的彻底失衡。

对于那些处于最底层的人来说，这些都不是新闻。长期以来，民意调查（尤其是那些受右翼委托进行的民意调查）一直都在记录美国民众的深刻不满，他们认为美国经济和政治的制度设计似乎都变得对他们不利。[28] 这些观点常常被斥为阴谋论，而且往往理当如此。在茶党运动的推动下声名鹊起的在线新闻网站，例如布赖特巴特（Breitbart），为极其有害的种族和反犹主义言论提供了平台。[29] 但是，如果我们从恶毒的语言和粗俗的逻辑中后退一步，那么那种认为不平等是"制度性"的，而"制度"是不利于美国普通工人阶级的假设就不是偏执妄想，而是现实。美国左翼总是从一个完全不同的角度、通过完全不同的意图来证明自己有道理。事实上，正是这种激进的怀疑主义，使他们有别于主导民主党的自由主义中间派。左翼并不信任这种制度。他们认为，选举在精英大学受过教育、有良好用意的政治人士来操纵一个旨在偏袒富人的（国家）机器，不会有希望产生任何根本性变革。正如 2011 年"占领华尔街"运动的口号所示："制度并没有崩溃，而是受到了操纵"。[30] 对于许多方面的情况，自由主义中间派都是后知后觉。在所有的政治观点中，他们最相信这样一个观点：美国的社会弊病是可以由技术官僚来医治的，国家是进行这种变革的合适工具。可是，当持有这种观点的评论人士转向更加激进的观点时，这就标志着危机感已变得多么沉重。[31]

在 2012 年的大选后，保罗·克鲁格曼在《纽约时报》发表了一系列引人注目的文章，对美国社会、经济和政治持有极为悲观的看法。"危机前后的共识有什么共同点？"克鲁格曼在 2013 年 12 月问道。[32] "两者都对经济造成了毁灭性影响：放松管制可能导致危机，过早转向财政紧缩政策阻碍经济复苏。然而，这两种共识都符合经济精英的利益和偏见，他们的政治影响力随着财富的增长而激增……一些权威人士［可能希望］将我们的经济论述去政治化，使之成为技术官僚和无党派层面的问题。但那只是个白日梦。即便是在看似纯粹属于技术官僚层面的问题上，阶级和不平等最终也塑造并扭曲了这场辩论。"以上言论出自这位诺贝尔奖得主，他的观点在 20 世纪八九十年代曾被视为绝对主流。

　　曾在克林顿时代任劳工部部长的罗伯特·莱克（Robert Reich）也在同一历史时刻经历了一次类似的幻灭。现在他承认："在过去的四分之一个世纪里，我在书籍和讲座中解释了为什么像美国这样的发达国家的普通劳动人民没能取得进展，并承受着越来越大的经济压力。"他把一个干涉主义国家与全球化和技术变革的力量对立起来。现在，莱克承认，如果没有"离题"，那么他当初的大部分解释都是"不充分的"，因为它忽略了一个"极其重要的现象"："政治权力日益集中于能够影响经济运行规则的企业和社会精英手中……问题不在于政府的规模，而在于政府是为谁服务的。"[33]

　　在经历了 2008 年至 2009 年的事件，还有极端不平衡的纾困之后，人们会严重怀疑政府是为谁服务的吗？在人员层面，连接财政部、美联储和顶级银行的旋转门继续以稳定的速度旋转。到 2014年，伯南克和盖特纳都已经从公共服务部门退下来，转向薪酬丰厚的金融界。盖特纳去了人脉广泛的投资银行华平投资集团。伯南克为 Citadel 对冲基金提供咨询服务，并在德国安联集团旗下的债券基金巨头太平洋投资管理公司担任咨询委员会的主席，该委员会的成员还包括特里谢和戈登·布朗，以及奥巴马外交政策团队的安妮–玛丽·斯洛特（Anne-Marie Slaughter）。[34] 这就像 2008 年危机斗士的一次小型聚会。他们有很多值得庆祝的事情。股价正在恢复到危机前的水平，甚至更高。银行正在重建资产负债表。随着银行对资本和储备金的积累，金融业的资本回报率下降了。但是，正如压力测试一直预期的那样，拨备前净收入正在反弹，额外的资本使银行变得更加安全。美国的金融巨头们正在扩张它们的业务，进军那些境况不佳的欧洲竞争对手撤出的市场。[35]

很显然，华尔街与政府之间存在着特权联系。在 2008 年之后，没有人怀疑这一点。但是，在金融危机后最引人注意的是，对美国政治经济的批判性评论如何扩展到了银行业之外。这一扩展，遵循了经济本身不断变化的轮廓。随着 2007 年智能手机的出现和社交媒体的蓬勃发展，科技行业重新焕发了在互联网泡沫破灭时失去的光彩。硅谷是美国资本主义的新前沿。大型制药公司继续攫取利润。随着油价从 2009 年的低点回升，石油巨头和新的水力压裂技术卷土重来。随着 2008 年至 2009 年经济危机的消退，一种远远超出华尔街的集中化和寡头垄断趋势日益凸显。伯南克的低利率量化宽松政策的副作用之一是，通过借贷收购竞争对手的做法对企业具有极大的吸引力。在 2000 年、2006 年和 2015 年的三次大型并购浪潮中，在反垄断机构的监视下，美国资本主义以一种更加集中和垄断的模式重塑了自己。[36]到 2013 年，利润激增到了几乎令人尴尬的程度。[37]甚至像航空公司这样长期亏损的企业也开始盈利。不过，真正重大的复苏发生在其他地方。正如彼得·奥尔扎克（曾任奥巴马白宫预算管理办公室主任，如今在花旗集团供职）和白宫经济顾问委员会主席贾森·弗曼（Jason Furman）在一份研究报告中所说，在 2010 年至 2014 年间，在投资资本回报率已达到 45% 或以上的非金融公司中，有三分之二的公司"要么在医疗保健领域，要么在信息技术领域"。[38]正是市场力量、知识产权保护和政府许可的定价，才使得如此巨大的利润和巨额薪酬都集中在这些领域。[39]

硅谷认为没有必要道歉。它们谱写了 20 世纪末和 21 世纪初的伟大技术和创业成功的故事。在苹果公司的蒂姆·库克（Tim Cook）看来，反托拉斯、数据保护和介入性税收调查纯属政治闹剧，是通往未来的高速公路上过时的路障。[40] 科技寡头彼得·泰尔（Peter Thiel）告诉观众和读者："创造价值是不够的——你还需要抓住一些你创造的价值。"这取决于市场力量。"美国人神话竞争，并认为是竞争将我们从社会主义等待救济的队伍中拯救出来。"但泰尔知道得更多，他认为："资本主义和竞争是对立的。资本主义是以资本积累为前提的，但在完全竞争下，所有的利润都被竞争走了。对企业家的教训是显而易见的……竞争是为失败者准备的。"[41]

　　如果说这是强盗式资本家的狂妄自大，那么再也没有比这更粗鲁的表述了。这里的言外之意令人绝望。美国收入和财富分配的严重失衡是继承资产的产物。这一失衡被无处不在的技术和经济变革以及沃伦·巴菲特的"阶级斗争"放大，扩展到政治对经济的管制与松绑的方方面面。如果是这样，那么需要采取什么措施来抵消这种不平衡，并纠正令人震惊的一边倒的结果呢？像托马斯·皮凯蒂这样彬彬有礼的欧洲社会民主党人从不平等数据中推断得出，世界需要的是一种全球财富税。这就是他那本举世瞩目的畅销书《21世纪资本论》传达的信息，该书在2014年重新定义了关于不平等的公开辩论。[42] 这肯定有助于抵消大规模不平等的趋势。但是，在美国这样一个两极分化明显且一边倒的体系中，这些善意的建议有什么意义呢？税收提案没有错。它只是回避了最初需要它的原因。几十年来，对特权和权力的残酷争夺使得权贵人士积累了巨额财富，而不受任何严肃认真的再分配的影响。如果有答案的话，很显然，答案不是技术层面的。因为这是一个具有最广泛意义的政治问题。能与权力对抗的，只有权力。

　　2014年1月，莱克前往国会作证。"我曾在华盛顿供职，知道做任何事情都是非常困难的，除非广大公众明白什么是利害攸关的，积极推动改革。这就是为什么我们需要一场反对经济不平等、支持共同增长的运动，这场运动的规模类似于20世纪初推动首个累进所得税和反垄断法的进步运动、使妇女获得了选举权的妇女投票权运动、有助于推动 30 年代的新政并促成了二战后第一个三十年的经济繁荣的劳工运动、实现了具有里程碑意义的《民权和投票权法案》的民权运动，还有催生《环境保护法》和其他关键立法的环境运动。"[43]

　　莱克的号召有力且令人信服。为了修复被操纵的制度，需要的是全面的社会流动性。但是，莱克非常清楚，进步的左翼并不是唯一一个能够得出这个结论的党派。事实上，美国右翼首先得出了这个结论。与自由派进步人士不同，美国的右翼自由主义者从来没有怀疑过政府会是一个问题。实际上，他们一直在大声疾呼，认为全面的流动性才是整个问题的症结所在。美国的经济下滑、长期的不平等和寡头政治趋势、2008 年的灾难，以及危机后不平衡的复苏，都因大政府的干预和政府为利益集团所控制导致的严重腐败而起。奥巴马的危机政治只是最新阶段。为了回应奥巴马在 2013 年 12 月发表的不平等演讲，福克斯新闻的发言人毫不犹豫地引述了杰出的皮凯蒂和赛斯有关经济复苏不平衡的数据，但只是为了以此反驳总统："他说他想消除不平等，并说他的政策从一开始就是平等的。"福克斯新闻的主播们想知道，在奥巴马政府执政期间，不平等到底发生了什么。"在 2009 年至 2012 年间，收入最高的那 1% 的人群收入增长了 31.4%。你知道其他人的收入增长了多少吗？ 0.4%。这些都是事实。95% 的收入增长都流向了最富有的 1% 的人群。所以，他说的这个制度，其实他就是这个制度。这是他的制度！"[44]

　　当然，按照低税率向最高收入者征税助长了这种极端差距的形成，而这个税率是由共和党控制的国会制定的，并且由他们维持。但是，这场争论很能说明问题。大部分美国右翼人士虽然同意奥巴马的观点，认为美国梦陷入了困境，但对他们来说，奥巴马是所有错误的化身。他在 2012 年击败了米特·罗姆尼（Mitt Romney），这只是证明了他们的观点是正确的，即共和党的现行政治已经到了无可救药的不合适的地步。由于罗姆尼是上层阶级银行家，拥有这样的候选人，共和党人永远无法实现他们渴望的变革。2013 年，正当民主党人还沉浸在奥巴马第二次胜利的愉快气氛中时，右翼发起了反击。他们的目标是奥巴马在第一个任期内发布的伟大的社会政策倡议——《平价医疗法案》。他们将以预算为要挟。

三

2011 年，茶党党团差点迫使美国陷入财政危机。在最后一刻，两党联合组成的一个"超级委员会"做出妥协，就削减赤字提出建议，从而避免了这场危机。当 2012 年 1 月未能达成协议时，这意味着自动减支将在 2013 年 1 月启动，影响范围涉及包括国防在内的整个政府机器。[45] 这种削减不可自由支配开支的做法受到鲁宾派财政改革人群的欢迎。[46] 在削减预算的呼声中，声音最高、最有影响力的是彼得·彼得森在"解决债务"运动中召集商业利益集团和华盛顿内部人士组成的联盟。[47] 他们强烈倾向于削减福利，并且考虑到他们对令商界人士和政策专家失望的那种"政治废话"的怀疑，在所有可能的方案中，自动减支远非最糟糕的一个。2011 年 10 月，奥巴马的前白宫预算管理办公室主任彼得·奥尔扎克在第一次与茶党就预算摊牌后说："为了解决我国面临的严重问题，我们需要尽量减少立法惰性的危害，更多地依靠自动政策和去政治化的委员会来做出某些政策决定。换句话说，尽管听起来很激进，但我们需要让我们的政治体制变得不那么民主，从而打破僵局……我们需要放弃关于纯粹的代议民主制的'Civics 101'*童话，而开始建立一

---

* 在国外大学课程中，101 表示"入门课程"，Civics 101 就是"公民学入门课"。——译注

套新的规则和制度，以减少立法惰性对我国的长期健康发展造成的危害。"[48]

除非采取措施，否则 2013 年即将到来的自动减支计划将是巨大的，将在一年内削减 5630 亿美元，这是一种收缩性的反刺激措施，很可能引发新一轮衰退。为避免这场灾难，紧张的谈判开始，以期能达成协议。2011 年，奥巴马和约翰·博纳达成的所谓"大妥协"是华盛顿在行动中操纵政治的不平衡的表现。它用大幅削减福利来换取一些精心且谨慎选择的增税，这些增税使高收入家庭蒙受损失，但对"创造就业"和"产生经济增长"的企业起到了缓冲作用。对左翼来说，这是不可接受的。[49]主流削减赤字运动充斥着利益冲突。许多最积极的福利削减倡导者是要求针对性免税的游说人士。一位愤世嫉俗的观察家说："在华盛顿，当赤字鹰派要比当企业黑客更容易获得露面的机会。"[50]与此同时，彼得森的游说人士试图打造一种印象，即紧缩运动是由草根阶层和年轻人推动的运动，结果却成为一个笑话。这场运动称为"罐头反击"，内容包括：乘坐一辆公共汽车参观大学校园，制作怪诞的 YouTube 视频，这些视频描绘了庄严可敬的参议员艾伦·辛普森（Alan Simpson）被劝说跳江南 style，还很笨拙地试图使国会被愤怒的青少年来信淹没，他们抗议祖父母威胁要把债务负担转嫁给他们。与其说它是草根运动，不如说它是"人造草坪"。[51]

反抗与主流紧缩运动有关的后真相，有助于带来高水准的新闻曝光。左翼将矛头对准彼得森、奥尔扎克、辛普森和鲍尔斯等人也是有道理的，这些人被认为是华盛顿真正的权力掮客。人们没有预料到的是极右翼令人震惊的攻击力和精力，他们对削减政府规模不像对完全阻止政府运作那样感兴趣。共和党内部的茶党党团是一个规模小、意志坚定和资金充足的团体。在削减赤字方面，他们只接受削减开支。他们尤其想要阻止的开支是奥巴马的医改，他们认为这对美国未来构成了致命的"社会主义"威胁。然而，共和党的领导层担心这些举措可能会失去中间派的选票。他们知道，在处理 2011 年的预算危机时，他们没能讨好选民。但是，茶党的核心成员们并不听这些领导层的意见。在极端右翼看来，很明显，罗姆尼输了，因为他是一个温和派，在移民和医疗问题上妥协了。因此，赢回选民（至少是共和党控制的"格里蝾螈"*式国会选区中的选民）的唯一办法，就是采取尽可能强硬的路线。

到了 2013 年 1 月，两党之间仍然没有达成协议。根据临时立法，自动减支计划将被推迟两个月。与此同时，美国国会提高了债务上限，以便足够支付 5 月份之前的政府开支。由于相当一部分共和党人同意适度对高收入者和大额遗产增税，一场危机似乎可以避免。然而，时间紧迫。3 月 1 日，减支计划全面生效，削减了军事、联邦应急管理局、联邦调查局、美国食品药品监督管理局和美国证券交易委员会的预算。美国的政府机构开始进入冬眠状态。[52] 2013 年，美国缓慢的经济复苏将因为财政紧缩而进一步放缓，紧缩规模相当于全球 GDP 的近 1%。在 2008 年至 2009 年，美国的财政扩张曾经远超欧盟，现在却成了财政更加紧缩的国家。

在此期间，为了维持政府的基本职能，美国国会批准了一项临时开支授权，为联邦政府提供运作资金至 2013 年 9 月。为 2014 年制定合适的预算超出了国会的能力范围。众议院、参议院和白宫先后于 3 月 21 日、3 月 23 日和 4 月 10 日发布了各自的预算提案。在削减赤字（十年内削减 1.8 万亿至 1.9 万亿美元）、削减开支和增税的平衡问题上，参议院和白宫的立场较为一致。[53] 众议院的共和党议员们则不然。他们呼吁通过削减开支来全面实现更大的削减（十年内削减 4.6 万亿美元）。众议院不会考虑参议院的预算，参议院

---

* 简言之，gerrymander 是指为了帮助某政党、发挥某政党的优势而进行的选区划分，通常也被称为"不公正的选区划分"。该名称来自马萨诸塞州州长埃尔布里奇·格里（Elbridge Gerry），他在 1812 年使用了这种方法。——译注

全球财政紧缩或宽松规模占全球GDP的百分比

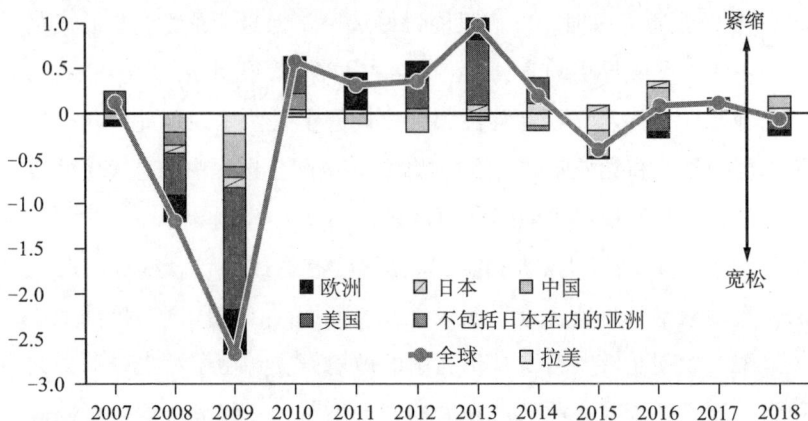

资料来源：瑞士信贷。

和众议院也不会就白宫的提案进行投票。美国财政政策的不连贯达
到了一个新高度。5月19日，债务上限恢复到自2月份暂停以来的
借款水平，但没有为任何新债务做出拨备。因此，美国财政部被迫
采取了它在2011年诉诸的应急手段：动用政府的备用现金，消耗
储备资金。到10月中旬，美国财政部的资金即将告罄，不得不确
定账单支付的优先顺序。这相当于选择性违约。为了应对这种意外
情况，主流共和党人在2013年5月提出了一项法案，以确保至少
政府债券的持有人得到偿付。[54]在众议院思想保守的共和党领袖约
翰·博纳看来，为避免破产，第一步是把联邦政府的事务安排好，
这似乎是明智的。但是，民主党人无意改进他们觉得不可想象的事
情，并且认为，提议中国债权人应先于服兵役者和社会保障受益者
得到偿付在政治上会有麻烦。于是，《完全信任与信用法案》*很快被

---

* Full Faith and Credit Act，即前面提到的确定受偿顺序和范围的法案，5月9日在共和党控
  制的众议院投票通过。——编注

称为"优先偿付中国法案",遭到民主党的否决。奥巴马宣布,就算该法案在议会获得通过,他也将行使否决权。

夏天过去了,还没有就达成协议取得任何进展。9 月 25 日,美国财政部宣布,资金将于 2013 年 10 月 17 日耗尽。南希·佩洛西(Nancy Pelosi)呼吁博纳铭记民主党为通过布什总统的不良资产救助计划而做出的牺牲。[55] 但是,这对共和党中的多数人来说丝毫不起作用,因为他们不会深情怀念布什执政的时期,还担心自己的右翼会遭到茶党党团的攻击,对茶党党团来说,不良资产救助计划和纾困计划是一个诅咒。由于共和党人要求巨额削减计划和对医疗补助进行私有化,因此,没能达成任何协议。美国东部时间 2013 年 10 月 1 日中午 12 点 1 分,美国政府部分停摆,多达 85 万名联邦雇员暂时无薪休假。[56] 白宫被迫暂停了总统的海外之行。美国总统将无法在印度尼西亚举行的亚太经合组织会议上与中国领导人会面。直到 10 月 16 日,也就是在美国财政部给出的最后期限前的几个小时,参议院才通过了一项持续决议,为政府提供资金到 2014 年 2 月,这是一个权宜之计,一旦共和党领导层意识到僵局可能造成的政治损害,他们就会采取这种权宜之计。

四

虽然避免了一场灾难,但重要的是不要使发生的事情常态化。在激进的共和党右翼和排外的民族主义者中,许多人都是狂热的福音派信徒,受到另类右翼塑造的世界观,或者帕特·布坎南(Pat Buchanan)极端的"美国优先"民族主义的影响,这个群体的核心成员占众议院的 10%,曾威胁要让全球系统中最重要的民族国家瘫痪。史蒂夫·班农(Steve Bannon)曾是布赖特巴特新闻网站的编辑、茶党的啦啦队队长,也是另类右翼的后起之秀,他在 2013 年

11 月对《每日野兽》(*Daily Beast*)的一名记者滔滔不绝地说道:"我是一个列宁主义者。列宁想要摧毁国家,这也正是我的目标。我要摧毁一切,摧毁现今所有建制派 *。"[57] 对班农这样的人来说,2008年的危机和纾困标志着美国历史上的一个至关重要的分界。2008 年9 月 18 日上午,伯南克和保尔森的危言耸听吓得布什总统批准了不良资产救助计划,这是一个根本的转折点。根据班农的说法,在那个时刻,系统性崩溃的威胁揭示了真正的权力结构:"我们混乱不堪,今天的工业民主国家面临着一个我们从未遇到过的问题;我们的杠杆率过高……我们已经建立了一个完全无法支撑的福利国家。"[58]只有全力以赴与自由派精英和他们按照自己的概念和想象建立起来的国家斗争,才能拯救美国。如果这还能让失败的共和党建制派感到不安的话,那就更好了。

　　为了挑战权力结构,罗伯特·莱克曾呼吁建立一个新的进步时代,进行一场新的民权运动,一场敢于质疑各级现状的运动。这个挑战已经到来,但它来自右翼,而非左翼。全世界都骇然了。在日本,《新闻周刊》(*Newsweek*)出现在报摊上,头号大标题是"毁灭美国——一个超级大国正在自我毁灭"。《华尔街日报》报道了在整个欧洲蔓延的"幸灾乐祸" †,这一次受到全球公众舆论审问的是美国,而不是欧元区。[59]《明镜》周刊悲观地评论道:"美国让自己在全球舞台上难堪……这就是超级大国的表现吗?"[60] 有人可能会回应说,只有超级大国才有可能如此表现。但是,如果美国内部的分歧如此之大,以致无法决定是偿还债务,还是支付士兵的工资,那么

---

* 大体上指比较传统的、温和的保守派,他们长期在美国两党中掌握着较大权力。出于政治上的考量,愿意做出较多的妥协和让步。——译注
† 原文为"shutdownfreude"。据作者所引《华尔街日报》文,这个词由奥地利《新闻报》(*Die Presse*)驻美国记者 Oliver Grimm 想出来,形容欧洲人在目睹美国政府受到债券市场冲击而停摆时的欣喜之情。——编注

美国还能坚持这个立场多久呢？不出所料，中国的官方通讯社新华社对此持悲观态度。社论作者刘畅写道："虽然现在美国两党政客正在内斗，但他们仍不断吹嘘自己的体制有多么完美，却拿不出一个切实的解决政府关门的方案，这可能是看戏看糊涂的世界开始好好考虑'去美国化'的好时机。"[61] 一位生活在中国的加拿大喜剧演员以较为轻松的口吻评论道："中国人一定在想：美国什么时候会接受真正的改革？这个制度能存活多久？美国的戈尔巴乔夫在哪里？"[62]

忧心忡忡的不仅仅是外国人。如果茶党将共和党变成攻击美国政府信誉的工具，那么什么才是安全的呢？到目前为止，茶党已经将奥巴马医改作为其主要目标。接下来会是什么？到 2014 年，共和党右翼将阻止移民改革，并拒绝为进出口银行提供资金，这两项都是事关美国商业发展的头等大事。在二十国集团峰会上，美国人尴尬地报告说，为国际货币基金组织提供的资金被反对堕胎的共和党人拿来作为要挟，他们希望借此将避孕措施排除在奥巴马医改之外。[63] 如果共和党的狂热分子下一步把矛头指向美联储的独立或贸易政策，那将会怎样？

当然，在税收和福利问题上，一些团体与茶党有着一致的商业利益。煤炭业游说团体希望取消环境监管。一群右翼寡头把这场运动视为文化和社会经济反革命的载体。[64] 但是，经过 2013 年的预算之争，美国商界领袖中的主流再也无法忽视这个问题了。在 2013 年冬至 2014 年冬，商会进行动员，不是为了打击工会，而是抵抗共和党的叛乱。"我们不会投票给傻瓜"是 2014 年中期选举时美国商会的口号，这是将茶党排除在外的委婉说法。[65] 美国商会的发言人这样说道："那些想要到华盛顿来，把这个地方炸了，并关闭这个地方的人，对于我们来说，那是一个容忍的极限……我们关心的是治理。"[66]

到了 2014 年,重新调整的迹象已经显而易见。当茶党抨击"主导我们政治文化"的"特殊利益"、"自私自利的政客"和"精英的强势干预"的时候,民主党候选人则在标榜自己"对商界的友好"。[67] 正如纽约州参议员查尔斯·舒默所说:"民主党和商界在一系列问题上立场一致……茶党将共和党拉向了极右翼,以至商界现在更亲近主流民主党而非共和党。"[68] 在 2008 年的银行纾困行动中,这种联盟首次变得清晰起来,现在变得更加稳固了。在民族主义和美国梦的名义下,右翼主张和要求进行系统性变革的事业,与此同时,民主党建制派则填补了共和党人退出的中间地带。为了争取更大的平等而进行的全面进步运动触及的问题仍然没有得到解决。

第20章

缩减量化宽松引发的恐慌

2013年美国国会发生的令人震惊的事件并未立即引发债券市场危机，这表明了美国国债作为全球首选的安全资产的韧性。尽管中国人和德国人可能会抱怨，市场也可能会出现突然而暂时的变化，但对美国国债的需求很快就恢复了。最终，向美国纳税人打的这些欠条是由美联储承销的。与欧洲央行不同，美国的中央银行毫无疑问地支持其政府债券。在第三轮量化宽松中，通过购买债券，美联储提供了即时支持，使价格上涨、利率下降，这至少为全球投资者提供了一个稳定点。但是，经过2013年的事件，问题再也无法回避。美联储为使政治摆脱市场的约束，从而促成了共和党的极端主义，这是美联储创造的稳定在无意中产生的一个副作用吗？美国安然度过像2011年和2013年那样的短期预算危机的能力，是否导致同时代人低估了美国民主的衰退将会带来的危险？美联储内部的技术官僚采取的干预措施能在多长时间内弥补美国经济复苏的乏力和立法部门的拖沓？美联储实施的第三轮量化宽松还能维持多久？美联储将在什么时候开始缩减量化宽松的规模？与财政政策的混乱相比，从表面上看，这些都是"正常"的货币政策问题，只是从2008年起就不再有正常的货币政策了。美联储资产负债表的大幅度扩张不仅支撑了美国的银行体系，也支撑了整个全球美元体系。此外，美联储不仅扩张了资产负债表，还改变了其构成。美联储大量购买长期证券以换取现金储备，在其账面上吸收了对影子银行体系造成破坏的期限错配负债。在连续几个阶段的量化宽松之后，是美联储持有了与美国和欧洲银行的现金和存款等短期负债相匹配的长期证券。

尽管通胀鹰派人士有些坐卧不安，但这并没有立即造成稳定性风险。银行很乐意将现金储备存放在美联储。如果利率上升，作为美国国债的最大持有者之一的美联储将遭受资本损失，而这些损失将超过美联储在2008年至2013年向美国财政部支付的3500亿美元的利润所能够弥补的范围。[1]当美联储改变立场时，金融市场和货币市场可能出现的后果便成为真正的问题。且不必说平仓，任何缓和美联储购债规模的举措，都意味着市场意愿的全面调整，不仅愿意吸收更多债券，还愿意吸收部分美联储持有的期限错配负债。而这必须与短期利率的上调同时发生。另一方面，如果美联储继续实施第三轮量化宽松，那么其资产负债表将进一步膨胀，债券价格会保持高位，利率维持在接近零的水平，失衡加剧。2008年，美联储开始走在钢丝之上，情况变幻莫测，再也没有办法回到充满确定性的"大缓和"时期。

一

无论是在国内还是在国外，美联储的低利率政策都创造了过热的投资环境。美联储通过其债券购买计划，推高债券价格，压低收益率，从而刺激投资者从债券中撤资，将资金投入风险更高、回报

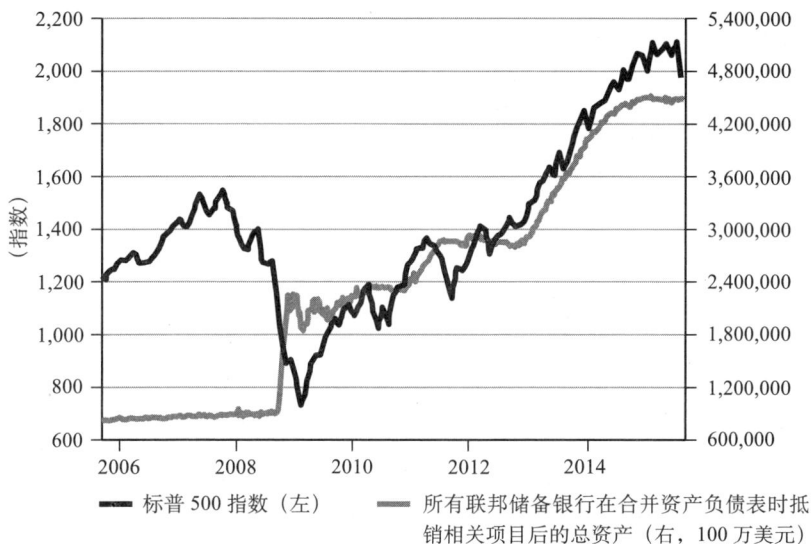

支撑市场？标准普尔500指数与美联储资产
负债表之间的关联（可能是伪相关）

资料来源：美联储经济数据库。

更高的资产。这种冲动究竟在多大程度上解释了股市的繁荣，仍有
待商榷。计量经济学的证据表明，第一轮量化宽松在启动 2009 年
第一阶段的股市复苏方面的影响是显而易见的。[2] 不过，在华尔街
的普通拥趸看来，美联储资产负债表与标准普尔 500 指数飙升之间
的直接关系足以说明问题。花旗集团的一位策略专家告诉英国《金
融时报》："一切都围绕着货币政策。推动事情发展的不是基本的经
济状况，而是央行的流动性。"[3] 2008 年，美联储曾出手干预，向
金融体系注入了数万亿美元，阻止市场崩盘。现在，市场全神贯注
地听着美联储说的每一句话。

投资者不仅在美国股市寻求更高的收益，也把目光投向了更远
的市场。对每个人来说，美元都是一种便宜的资产。任何愿意押注
汇率走势的投资者都可以借入廉价的美元，投资于高收益的新兴市

场。假设美元在债务到期前没有大幅升值,那么这将成为一种有利可图的套利交易。[4] 到 2015 年年中,美国以外的各国政府和企业将积累 9.8 万亿美元的美元债务。[5] 其中大部分都流向了全球富裕、发达的经济体。不过,新兴市场的借款人(无论是政府还是私人)也欠了 3.3 万亿美元。从追逐收益的投资者的角度来看,证券越具有国外背景,也就越好。2012 年 9 月,赞比亚发行了第一笔以美元计价的债券。这笔 7.5 亿美元的投资以 5.6% 的适度票面利率吸引了超过 110 亿美元的投标。[6] 一年后,莫桑比克的一家政府支持的金枪鱼捕捞企业筹集了 8.5 亿美元。2012 年至 2013 年,非洲主权借款人总共获得了 170 亿美元的债券融资。[7] 2013 年 5 月,随着巴西国家石油公司 Petrobas 发行价值 110 亿美元的十年期债券,这一热潮达到顶峰。这是新兴市场的企业进行的有史以来规模最大的债券发行。需求如此之大,以至 Petrobas 债券的收益率跌至 4.35%,低于许多主权借款人所发行债券的收益率。[8]

从借款人的角度来看,全球对新兴市场债券的兴趣令人兴奋。但是,这也让借款人们面临着严重风险。规模庞大、积极管理的基金涌入了拥挤的市场。国际货币基金组织指出,鉴于 500 强资产管理公司的投资组合超过了 70 万亿美元,每进行 1% 的重新分配,就意味着有 7000 亿美元的资产流进或流出,这足以淹没或饿死新兴市场。2008 年,在世界经济体系的外围国家造成如此巨大压力的资金撤出总额仅为 2460 亿美元。2012 年,改变这些经济体前景的史无前例的资金流入达到 3680 亿美元。[9] 这种比例失调给借款人带来了风险。但对投资者来说,这也可能是个坏消息。如果突然出现一波撤资潮,因为新兴金融市场的规模较小,踩踏影响将会被放大。[10] 如果美联储改变政策,大量资金回流美国,那么谁将是第一个抛售的人?谁会在没有致命损失的情况下离场?

根据国际清算银行的数据,在 2008 年至 2014 年间,专业管理基金在新兴市场的股票和债券投资从 9000 亿美元增加到了 1.4 万亿美元。[11] 与全球高达数十万亿美元的数额相比，这些数字并不算大。但是，它们与 2007 年至 2008 年造成严重破坏的有毒次贷资产的存量相当，也与 2010 年至 2012 年破坏欧元区稳定的希腊、西班牙和爱尔兰的债务水平相当。在次贷危机和欧元区主权债务危机之后，新兴市场将成为债务危机三部曲中的下一部吗？[12]

巴西等蓬勃发展的新兴市场的金融官员抱怨热钱从美国涌入，这也是有原因的。2010 年 11 月，在首尔举行的二十国集团峰会上，他们曾痛斥伯南克实施第二轮量化宽松，降低美元利率并放任美元下滑。到 2013 年，许多新兴市场已经超越了口水战的层面，采取了资本管制措施。巴西、韩国、泰国和印度尼西亚都采取措施，减缓资金流入，抑制本币升值。要是在十五年前，在"华盛顿共识"的鼎盛时期，它们的做法可能不被允许和接受。限制国际资本流动是对 20 世纪七八十年代推行的最基本的自由化政策的一种倒退。然而，市场革命的倡导者既没能预见 90 年代的新兴市场危机，也没能预见量化宽松的货币政策。面对全球信贷周期*的巨大波动（美联储抗击危机的外溢效应放大了这种波动），即便是国际货币基金组织也极不情愿地将控制资本流入视为一种务实的必要措施。[13]《经济学人》杂志评论说："这就如同梵蒂冈对控制生育给予了祝福一样。"[14]

二

就市场而言，一切都取决于美联储何时以及如何改变方向。第三轮量化宽松的大规模债券购买计划让世界沉浸在美元的流动性

---

* 简单来说，信贷周期是指信贷渠道的扩张和收缩过程。——译注

中，而早在 2013 年 9 月，伯南克就已使这一计划的实施与美国的劳动力市场挂钩。他曾承诺，在失业率降至 6.5% 以下之前，利率将保持在最低水平。2013 年春，随着美国经济开始逼近这一阈值，美联储开始给出一些暗示。美联储考虑放缓资产购买步伐的时刻即将到来。这是一个棘手、需要小心处理的游戏。美联储不想过于突然地"缩减购债规模"。劳动力市场尚未完全复苏。困扰着拉里·萨默斯的缓慢复苏或许无法承受利率的突然飙升。另一方面，对投资者来说，抢先下手是至关重要的。如果他们知道美联储将在可预见的未来加息，并且债券价格将下跌，那么他们会希望自己是第一个抛售的人。当然，没有人能确定美联储是否真的会开始缩减购债规模，也没有人确切地知道何时会开始。因此，抛售的另一个原因是试探美联储的决心。达拉斯联邦储备银行行长、曾任对冲基金经理的理查德·费舍尔（Richard Fisher）以其特有的生动措辞告诉英国《金融时报》："市场倾向于进行试探……我们没有忘记［当 1992 年 9 月乔治·索罗斯（George Soros）打破了欧洲稳定机制＊中英镑的汇率限度时］，英格兰银行发生了什么。我认为没有人能击垮美联储……但是，我认为巨额资金的投资者确实有点像野猪。如果它们发现了什么弱点或者嗅到了什么不好的气味，它们就会去搜寻。"[15]在费舍尔看来，考虑到这种随大流的倾向，美联储"向社会公众传达量化宽松并非单行道的观点是有道理的"。然而，考虑到大幅加息可能对脆弱的经济复苏造成的影响，费舍尔预计伯南克不会在一夜之间将"野火鸡变成'冷火鸡'†"。野猪应该当心自己太冒进了。

＊ 原文为如此，疑为欧洲汇率机制（ERM）或欧洲货币体系（EMS）之误。欧洲货币体系建立于 1979 年，这一体系的核心即欧洲汇率机制。因英镑遭遇汇率危机，英国在 1992 年 9 月退出了欧洲汇率机制。——编注

† 在经济学上，冷火鸡（cold turkey）喻指政府通过大幅紧缩货币供给来快速降低通货膨胀率的策略。这是一种激烈的策略，实质是以衰退克服通货膨胀。——译注

2013 年 5 月 22 日，伯南克决定冒险试一试。他告诉国会："如果我们看到持续改善，并且相信这种情况会持续下去，那么在接下来的几次会议中，我们可以逐步放慢购债速度。"[16] 市场为之一颤。而后，在 2013 年 6 月 19 日下午 2 点 15 分，伯南克发表了更具体的声明。在经济数据持续向好的前提下，联邦公开市场委员会将在 2013 年 9 月召开的政策会议上投票，决定是否将每月的购债规模从 850 亿美元缩减至 650 亿美元。购债计划可能会在 2014 年年中完全结束。尽管经过数周的准备，伯南克的声明还是引发了全面的"缩减恐慌"。在短短几秒钟内，收益率就从 2.17% 飙升至 2.3%。两天后，这一数字升至 2.55%，后达到 2.66% 的峰值。按绝对值计算，这些变化都很小，却导致利息成本增加近 25%，债券持有人因此蒙受严重的资本损失。受此影响，美国股市做出反应，几天内下跌了 4.3%。

在新兴市场，伯南克 5 月的声明已经足以引起激烈反应。如果美联储减少购买量，债券价格开始下降，收益率小幅上升，那么新兴市场将面临双重压力。它们不仅必须调整利率，幅度至少与美国的相同，而且还将面临来自汇率的放大效应。正如《经济学人》解释的那样，"美元债务存量就像空头头寸"*，也就是说，假设美元汇率保持不变或下跌，那么这就是一种投机头寸。[17] 美联储加息不仅预示着借贷成本将上升，还预示着美元可能会走高。风险敞口较大的新兴市场的借款人将争相弥补其美元敞口，这将加大货币调整力度，增大其他美元借款人的压力。早在 2013 年春，当市场开始担心伯南克的下一步举措时，新兴市场就感受到了压力。对于新兴市场来说，融资热潮已经结束。土耳其、巴西、印度、南非和印度尼西亚被摩根士丹利称为"脆弱五国"，这些国家的汇率急剧下跌。西方投资者纷纷撤资。[18] 与美联储政策的"真空吸尘器"效应相对，

---

* 空头头寸是指一种因预料价格会下跌而卖出或使卖出大于买入的头寸。——译注

这些国家的利率上升。[19]为抑制资本过度流入而实施的资本管制并没能阻止外国资金流出，但它们限制了损失规模。正如一位巴西央行官员所说："我们知道会发生这种情况，我们做好了准备。"[20]

　　严厉的美国观察人士指出，全球信贷周期并非灾难。[21]对于允许本国货币升值的国家，流入这些国家的资金较少。当全球信贷周期逆转时，不是每个国家都以同样的速度失去资金。在新兴市场中，受冲击最大的是那些财政状况不那么健全的国家。美联储的缩减政策对每个国家来说都将是艰难的，但是，如果它们不能合理安排预算，那么就只能怪自己。[22]这种道德层面的说法合情合理，而且它让美国轻而易举地推卸掉了自己的责任。新兴市场需要自己照顾自己。然而，事实证明，这种说法并没有充分的证据支持。实际上，在新兴市场中，最大的输家往往是那些吸引了最多外资流入的国家，这些国家也拥有最可靠的财政记录。[23]无论如何，对于那些目前面临资金缩减的国家来说，与财政纪律有关的逆耳忠言来得太晚。尽管如此，一些国家开始认真对待美联储的缩减量化宽松。拉格拉迈·拉詹曾是金融市场狂热现象的批评者，也是国际货币基金组织的前首席经济学家，现在作为印度央行行长，他通过加息和稳定卢比闻名于世。[24]但是，"缩减恐慌"是对政治和财政应变和承受能力的考验，并非所有国家的政府都能沉着应对这种突如其来的外部压力。

　　2013年5月，当缩减量化宽松的言论袭击土耳其货币时，总统埃尔多安（Erdoğan）正在努力应对一场引人注目的国内挑战，因为抗议者在伊斯坦布尔的盖齐公园与防暴警察发生冲突。[25]埃尔多安很清楚应如何解释这一巧合。这根本不是巧合。他的政府受到的内部政治压力和外部财政压力，是"不明身份的外国势力、银行家、国际和地方媒体阴谋"的一部分，意在推动政权更迭。[26]在埃尔多安看来，所有敢于在全球舞台上为自己争取新地位的国家，例如巴西和土耳其都在承受着压力。"标志是一样的，海报是一样的，Twitter、Facebook 都是一样的，国际媒体的报道也是一样的。他们由同一个中心领导……玩了相同的游戏，设置了相同的陷阱，有着相同的目标。"硅谷的社交媒体大师、美国国务院和美联储中推崇改革的自由派都参与其中。在一场煽动性的演讲中，他谴责了土耳其私人银行、国际资本集团和以色列（至少在一份报告中提到）之间的关系。"在这场持续三周［原文如此］的示威中，谁赢了？"总统埃尔多安问道，"利益游说团体赢了。土耳其的敌人赢了。"[27]外国专家可能会坚持认为，土耳其只需整顿经济秩序就行了，但埃尔多安有其他想法。由于欧盟未能推进土耳其的入盟谈判，奥巴马政府也未能在叙利亚采取行动，失望的埃尔多安倒向了莫斯科。安卡拉向世人表明，土耳其愿意成为由俄罗斯和中国在上海建立的合作组织的成员。[28]与反复无常的西方相比，中俄轴心似乎预示着稳定。

2013 年 9 月 5 日至 6 日，在圣彼得堡举行的二十国集团峰会上，全世界都在等待美联储公开市场委员会的投票结果，会场气氛要比安卡拉的氛围更加庄重严肃，但传达出的信息响亮而清晰。美联储需要承认，包括美国在内的所有国家都生活在一个"相互依存的世界里"。巴西和印度尼西亚的财长都要求伯南克说得更清楚、更明确。中国也同样大声疾呼，该国不仅通过贸易，而且还通过其持有的巨额美元债券对美国具有风险敞口。正如一位官方发言人所说："鉴于美国的货币政策对新兴市场和全球经济有着巨大影响，我们希望美国的货币政策当局，无论是终止还是缩减刺激，不仅要考虑到美国自身的经济需求，也要考虑到新兴市场的经济环境。"[29]拉詹是新兴市场的发言人，在美国享有最高的知名度。在 2008 年危机期间，他提醒美国，新兴市场已经采取了"巨大的财政和货币刺激措施"来支持全球经济增长。现在，工业化国家不能"撒手不管……也不能说我们将做我们需要做的，你们负责进行调整……大家需要更好地合作，但遗憾的是，到目前为止还没有实现。"[30]

"相互依存"是全球化时代的"金科玉律"之一。呼吁加强合作是非常好的。但是，为什么美联储应该听取这样的要求呢？2008年，它为整个全球经济提供了流动性。现在，它正在尽最大的努力维持复苏。但它只在本国层面具有这种义务，只对美国经济负责，而不是更广泛的全球经济。在美联储看来，真正令人信服的论点是反作用力。这正是2008年最终敲定大规模互换额度行动的原因，也是国际货币基金组织的总裁克里斯蒂娜·拉加德在2013年秋提出的观点。她警告华盛顿，美联储巨大的货币冲击所产生的反响"很可能会回到它的起点"，也就是说回到美国。[31] 不过，对于美联储来说，承认欧洲的大型银行可能会造成毁灭性影响是一回事，对新兴市场持有同样的看法，则完全是另一回事。因为从数据的角度，还没有人能令人信服地论证印尼或印度的商业周期对美国的金融稳定产生了很大的影响。[32] 全球时代的相互依存是普遍存在的，但它显然不是对称的。一些国家受到冲击，而另一些国家则引发了冲击。

无论如何，鉴于共和党叛乱分子正在关闭联邦政府，还正盯着国际货币基金组织的预算，以将其作为一个潜在的要挟筹码，如果美联储承认它正在根据印尼的商业环境调整其最新的政策举措，那将是一场政治灾难。相反，来自新兴市场的抗议正好为美联储提供了一个适当的时机，让它可以充分展示美国式的爱国主义。亚特兰大联邦储备银行行长丹尼斯·洛克哈特（Dennis Lockhart）在2013年8月向彭博电视台保证："你必须记住，我们是国会的合法产物，我们只有一个使命，那就是关心美国的利益……其他国家只需将此视为现实，并适应我们，如果这对它们的经济至关重要的话。"圣路易斯联邦储备银行的詹姆斯·布拉德（James Bullard）强调了同样的观点："我们不会只根据新兴市场的波动来制定政策。"[33]

三

之后，在9月18日，美联储做出了人们期待已久的决定。联邦公开市场委员会宣布，自5月份起开始缩减量化宽松的规模后，在等待"更多证据表明经济将持续复苏"期间，其将维持利率不变，并继续以目前的利率购买债券。[34]自5月以来，缩减购债规模一直令市场感到不安，但现在缩减已经停止了。

不做任何改变的决定引发了一轮疯狂的解读，不是关于缩减的可能性，而是关于为什么它没有发生。美联储中的鸽派是否在抵制利率冲击？伯南克临阵退缩了吗？他把这个问题缓一缓，是想让继任者来处理吗？[35]或者美联储的政策是连贯的，但在预测方面做得不好？在2013年春季，当美联储开始考虑缩减购债规模时，以及在9月份当美联储决定推迟缩减时，其已经大幅下调了对经济增长的预测。[36]如果经济复苏不像预期的那样强劲，这将拯救美联储作为连贯的政策制定者的声誉，但代价是削弱了美联储预测的公信力，并突显预期的低迷。或者说，美联储既不是懦夫，也不是糟糕的预测者，它只是在玩一种微妙的战术游戏？因为，如果它决心确保美国经济不受过早和剧烈加息的影响，完成缓慢复苏，那么它需要知道，债券市场对货币刺激措施的减少将有怎样剧烈的反应。对于2013年6月发生的"缩减恐慌"就是一个明显的例证。市场失去了耐心。一旦美联储有任何行动的迹象，投资者将会迅速收紧信贷条件。如果美联储认为需要的是更加循序渐进的措施，那么在5月和6月首次宣布缩减购债规模后，美联储需要第三次以相反的方向震动市场，以便让市场知道尽管缩减购债规模即将到来，但这不是单向押注。[37]

对此，存在四种不同的解释：美联储的政治策略、美联储的弱点、美联储的预测失误和美联储的博弈。是哪一个呢？市场如何知道，又如何在不知道的情况下做出反应？鉴于美联储的犹豫不决，人们可能会认为债券市场义勇军将起来战斗。更为激进的投资者群体对伯南克怀有强烈的敌意。2013 年 10 月，最大的资产管理公司贝莱德集团的首席执行官拉里·芬克（Larry Fink）指责美联储助长了类似泡沫的市场环境。[38] 他的固定收益首席投资官抱怨说，利率存在"巨大的扭曲"。[39] 不过，市场对此形成了一致看法。安联－太平洋投资管理公司的比尔·格罗斯认为，投资者应该接受不可避免的结果。如果美联储的目标是逐步退出繁荣时期巨大的债务泡沫——桥水对冲基金的瑞·达利欧（Ray Dalio）称之为"美丽的去杠杆化"，那么，债券投资者必须接受，这是以他们的损失为代价的。[40] 他们应该放弃对即将加息的预期。"目前，市场（以及美联储的预测）预计，到 2015 年底，联邦基金将增长 1%，到 2016 年 12 月将进一步增长 1%。我打赌那不会发生……在押注政策利率将低于目前市场所反映的水平时，债券投资者应该预期未来几年会出现某种田园式的平静，我认为，就像放牛一样。没有那么激动人心，但时机嘛，是存在的！……自然之母和市场之母根本不在乎你的损失，也不在乎你希望从定价低得多的股票 / 债券投资组合中获得两位数的回报。做一只心满意足的母牛，而不是一只贪婪的乌鸦，明智地放牧，越来越确信美联储及其前瞻性指引，是你生存的最佳选择。"[41]

在数万亿美元面临风险、市场狂热地试图再次预言美联储的政策的情况下，比尔·格罗斯的田园景象难道不是痴心妄想吗？在英国《金融时报》看来，市场与美联储之间的关系似乎越来越像一出问题婚姻的扭曲心理剧，而非心满意足地放牧牛群的田园惬意生活。投资者可能会接受格罗斯的建议，并"怀着美联储是爱我的信念来开展行动"。但这种克制掩盖了深层次的紧张和不确定性。过去五年，在美联储大规模刺激措施的影响下，投资者的策略已经变得彼此相似，以至于他们对自己、彼此和央行进行猜测："你在想什么？你感觉怎么样？我们对彼此做了什么？我们将做什么？这种克制同样适用于像紧张的丈夫那样的政策制定者……这整件事就像是一个建立在不稳固的基础上的婚姻。"[42] 在任何特定时刻，政策的转变或市场情绪的波动都可能会打破这种平衡，并对整个全球经济造成"非常难以预测的"影响。[43]

四

"我将怀着美联储是爱我的信念来开展行动"，这是外国央行必须遵循的处方。继续维持第三轮量化宽松的决定缓解了新兴市场的压力。10月初，受缩减恐慌打击最严重的印度卢比兑美元的汇率从1美元兑68卢比反弹至1美元兑61.9卢比。[44] 印度尼西亚*的货币停止了急剧下滑。这是一种解脱。然而，尽管国会心怀嫉妒地监视着美联储获得的独家授权，美联储在做出决定的同时也刻意宣示自己对世界其他地区漠不关心，但拉詹和他的同事们不得不相信，美联储仍然没有忘记他们。更重要的是美联储在幕后做的事情。2013年10月31日，就在9月份停止缩减和国会预算陷入僵局后的几个星期，美联储、欧洲央行、日本银行、英格兰银行、加拿大银行和瑞士国家银行发表了低调的联合公告：

> 将现有的临时性双边流动性互换协议转为长期协议，也就是说，协议将一直保持效力直到另行通知。长期协议在6家央行间建立起了"双边互换额度网络"。一旦签订双边互换协议的两家央行认为当前市场状况可以保证互换发生，那么有流动性需求的央行就可以按照协议规定获得来自其他5家央行的五种

---

* 原书如此，结合语境，这里可能是"印度"之误。——编注

货币流动性。现有的临时性互换协议已帮助缓解了金融市场的紧张，并减轻其对经济状况的影响。这一长期协议将继续作为审慎的流动性后盾发挥作用。[45]

互换额度对于稳定全球金融市场而言至关重要，而且在 2008 年 10 月取消了上限，现在正在建立长期的互换协议。[46] 与 2008 年一样，这个网络有限制。最脆弱的新兴市场都没有被纳入美联储互换网络的内部核心，但它们也没有被冷落。最初形成的是区域子网络。这些子网络参差不齐。以欧洲央行为核心的各欧洲银行并没有开展值得一提的活动。相比之下，亚洲的央行表现更加活跃。2013 年 9 月，随着对美联储缩减规模的担忧加剧，印度与日本谈判，将与日本订立的现有互换额度协议从 100 亿美元增至 500 亿美元。12 月，日本把向印尼和菲律宾提供的互换额度增加一倍，并宣布将寻求与新加坡、泰国和马来西亚协商类似的交易。[47] 日本拥有庞大的美元资产储备，仅次于中国，这为其进行此类交易提供了工具。如果发生危机，日本央行可以随时利用美联储的资源。因此，美元的流动性将贯穿整个体系。

与 2008 年至 2009 年一样，在 2013 年，公众大声疾呼，认为有必要建立一个新的货币秩序和一个"去美国化的世界"，而这分散了人们对现实的关注，即一个强大的新的流动性供给网络正在全球经济中铺展开来。互换额度的故事仍然隐藏在英国《金融时报》和《华尔街日报》的内页上。[48] 但没有大张旗鼓，没有新的布雷顿森林会议，也没有得到国会或议会的批准。这是行政措施，但它们远不止这些。在危机爆发五年之后，市场仍然不稳定，美国的政治体系饱受分歧的折磨，但全球美元体系正获得一个新的、前所未有的扩张基础。

互换额度的技术效果是毋庸置疑的。不过，它们的政治正当性是另一回事。2013 年秋，人们不禁想到了该年早些时候曝光的美国的另一种权力的技术系统：美国国家安全局的电子监控网络。[49] 爱德华·斯诺登（Edward Snowden）在 6 月初曝光的这个网络，也是围绕美国的权力和技术能力展开的。它也不是一个单一而庞大的美国组织。与美联储一样，美国国家安全局也是通过当地机构开展工作的。它也承诺为美国及其盟国提供全面的安全保障。当然，间谍活动和兑换货币是两码事。但它们确实有一个共同点，即它们的职能权力和行政效能不能与类似于公共政治授权的任何机构组织相提并论。它们证明了美国全球力量经久不衰的重要性，也证明无论是在美国，还是在那些政府和商业利益被纳入了美国网络的国家，都难以公开为这种权力的正当性辩护。

第21章

"这个破欧盟"：乌克兰危机

在2008年之前，人们预料危机的驱动因素是美国和中国之间的金融恐怖平衡。人们担心，大规模解除以中国和美国为中心、由两国的严重国内失衡驱动的全球不均衡，可能会从根本上动摇美国的力量。2008年，面对俄罗斯的反对，欧盟和北约执意扩张，这增加了另一个维度的风险。格鲁吉亚和俄罗斯发生冲突，莫斯科与北京接触，以期对美国脆弱的金融发动一场联合攻击，但北京并未响应。美元没有遭到大幅抛售。这场危机的地缘经济进程朝着一个意想不到的新方向前进。美联储通过货币互换额度提供的美元流动性，稳定了以美元为基础的金融体系。2008年11月，二十国集团升级，增加了一个全球领导人峰会，这对于使2009年国际货币基金组织资源的大幅扩容合法化而言具有重要意义。这为国际货币基金组织在紧急情况下介入东欧事务提供了支持。值得注意的是，一年后，国际货币基金组织意识到自己将承诺投入数千亿美元来拯救欧元区。与此同时，美国正在积极推动通过平日行动迟缓的巴塞尔委员会建立一套新的全球银行业监管体系。

在 2008 年和 2009 年，在这场危机引发的地缘经济挑战中，华盛顿一直处于领先地位。它能继续保持这个节奏吗？2010 年 5 月，欧洲人被迫为欧元区达成了第一个解决方案，奥巴马政府和国际货币基金组织在这方面发挥了重要作用。然而，事情开始变得棘手。2010 年 11 月是一个转折点。民主党失去了国会控制权。经济复苏是如此糟糕，财政僵局如此具有威胁性，以致美联储谨慎地启动了第二轮量化宽松，却在首尔举行的二十国集团峰会上遭到强烈反对。不过，在二十国集团峰会上吹毛求疵是一回事。就陪伴欧洲人度过 2011 年和 2012 年即将到来的灾难而言，很明显，只有奥巴马政府才能起到制衡德国的作用。奥巴马是正确的。至少对欧洲来说，作为"内部和外部"仲裁者的美国是不可或缺的。然而，随着欧洲的稳定和奥巴马政府第二任期的开始，布什时代的问题又卷土重来。[1] 华盛顿应该保持其巨大的全球影响力吗？它能全身而退吗？内部制约或外部压力是否允许美国通过深思熟虑的选择来做出决定？这是一次确保了日后稳定性的有序抽身，还是一场无序的溃败？

一

受到源自 20 世纪 90 年代的干劲和使命感，以及竞选总统的雄心壮志的推动，身为国务卿的希拉里·克林顿（Hillary Clinton）站在了积极主动的阵营。2011 年秋，当美国最终决定从伊拉克撤军时，希拉里率领的国务院试图重新采取攻势。"轴心转向亚洲"是其新举措。[2] 在军事方面，这包括将一个航母战斗群重新部署到太平洋。在经济方面，其利用"跨太平洋伙伴关系协定"来满足私心。随着欧洲在 2011 年进一步陷入危机，美国财政部和贸易代表向加拿大和墨西哥施压，要求它们与亚洲的主要经济体（不包括中国）签署一项内容广泛的贸易和投资条约。其目的不是打压和击败中国，更不用说阻止中国的经济增长了。每个国家都有太多的利益。其目标是建立一个足够强大的集团，以抗衡中国不断增长的实力。正如希拉里·克林顿的一位言语轻率的联络员所说，这是一个"事实上的对华遏制联盟"。[3]

回到 1947 年，遏制政策是美国在西欧和东亚建立的强大联盟网络的黏合剂。这种联盟体系大大扩展了美国的影响力。正是基于这个理由，坚定的自由国际主义者为美国仍然是霸权国家的观点进行了辩护。[4] 但是，这也让美国面临风险。遏制政策可能会被赋予不同的阴影，而这既取决于华盛顿的决定，也取决于美国的盟友。盟友有它们自己的政治和经济问题。它们通过金融、贸易或安全政策加入美国的势力范围，这进一步激发了这几个方面的利益。在北京看来，随着 2012 年 12 月民族主义政治家安倍晋三当选日本首相，美国转向亚洲的战略染上了一层更加浓厚的色彩。安倍对中国的实力深感担忧。他支持建立一支更强大、更独立的日本军队，并对此毫不掩饰。为了同美国进行战略合作，他愿意将此凌驾于国内的经济利益之上。为了让日本成为跨太平洋伙伴关系协定的一个关键支柱，他甚至愿意牺牲日本的稻农。[5] 如果他连这些都愿意做了，那还有什么是他不能做的呢？到了 2014 年，有传言称日本和中国之间存在战争恐慌。

把韩国、澳大利亚、日本和越南纳入美国的地缘经济联盟体系很容易。它们对遏制中国的兴趣是显而易见的。风险在于，美国与亚洲的新接触将使各方立场变得强硬，并引发地区冲突，而这不符合美国的利益。欧洲的情况就不同了。然而，出于同样的原因，欧洲参与遏制中国计划的可能性较低。欧盟对中国的贸易和投资领域非常感兴趣。德国想要出售汽车和工程设备。当柏林的政策精英厌倦了欧元区无休止的争斗时，他们更愿意幻想与北京联手创造一个全球未来。[6] 伦敦金融城正在人民币的国际化进程中谋求特殊地位。[7]

美国也不是唯一奉行扩张性地缘经济战略的国家。

　　2013 年 10 月，在巴厘岛亚太经合组织会议期间，中国宣布了新投资银行计划。这是升级亚洲基础设施的一项大胆的多边倡议。每个国家都被邀请参加。这是效仿美国的做法，华盛顿并不喜欢。奥巴马政府向外界宣布，它不同意中国的提议，韩国、日本和澳大利亚立刻站到了华盛顿的一边。[8] 但是，当时正在尽一切可能吸引中国企业的英国，接受了北京的要约，成为亚洲基础设施投资银行（简称"亚投行"）的创始成员国。[9] 华盛顿勃然大怒。[10] 美国国务院的一名官员透露，伦敦在没有事先通气的情况下做出了这一决定。美国不赞成"这种不断迁就中国的趋势，这不是与一个崛起中的大国打交道的最佳方法"[11]。但伦敦没有听进去，其他欧洲国家也没有听进去，很快，它们便报名参加。当被问及美国的反对意见时，一位英国官员挖苦地评论道，在当前的政治条件下，奥巴马政府很难推行国际经济政策。如果美国国会不批准同意小幅提高中国在国际货币基金组织的份额，那么在贸易和投资方面又有什么可期待的呢？"即使他们想加入亚投行，也无法获得国会的批准。"[12] 事实上，由于国会无法就预算达成一致，政府停摆，奥巴马无法前往参加亚太经合组织的巴厘岛会议。美国国内的政治问题正蔓延到其全球战略的实施中，可世界不会等待。

　　鉴于美国明显受到的压力，扭转基辛格在 20 世纪 70 年代提出的著名举措 *，寻求与俄罗斯建立更紧密的关系，以此作为遏制中国的一部分，或许是合理的做法。然而，尚不清楚的是，华盛顿是否愿意认真对待俄罗斯，将其视为战略伙伴，甚至视作像日本或沙特阿拉伯那样的战略伙伴。[13] 2009 年，奥巴马政府的确开始着手建立更好的关系。在梅德韦杰夫担任总统后，"重启"美俄关系似乎

---

*　基辛格在尼克松时期担任国务卿，于 70 年代制定了"联中抗苏"政策。——译注

充满希望。为了推进其现代化议程，梅德韦杰夫应邀在施瓦辛格州长的陪同下参观了硅谷。[14] 俄罗斯企业急切地抓住了廉价美元融资带来的机遇。2011 年，梅德韦杰夫在北约干预利比亚问题上表现得非常顺从，以至于在莫斯科引发了一轮对抗。看着卡扎菲悲惨命运的录像，担任总理的二号人物普京感到毛骨悚然且心事重重。那些曾无耻地向利比亚独裁者献殷勤的西方国家开始攻击卡扎菲，轰炸他的军队，并将他送到复仇的暴民手中。傻子才相信他们。梅德韦杰夫的绥靖政策只会招致进一步的侵略。普京不得不夺回控制权。普京的这个决定在 2011 年冬至 2012 年冬得到印证，当时举行了存在舞弊行为的议会选举，之后，莫斯科爆发了抗议活动。希拉里几乎没有掩饰她对政权更迭的热情。2012 年，普京带着新的决心重返总统宝座，但不是重启和缓和关系。为了反对奥巴马政府的自由主义，克里姆林宫披上了保守的文化民族主义的外衣。同性恋权利、女权主义流行乐队煽动者，以及美国参加奥运会的运动员喝的希腊酸奶，都被卷入了一场冷战的后现代重演之中。[15]

这当然不是人们预期的针对中国的抗衡，但也不是美国人引发了俄罗斯与西方关系的公开危机。引发危机的是美国最重要的盟友欧洲。欧盟后来声称，它是如"梦游"般进入乌克兰危机的。欧盟的一贯主张是"不参加地缘政治活动"，不参与乌克兰危机是这一主张的一部分。[16] 这或许描述了布鲁塞尔一些官员的天真，但这听起来并不真实。更恰当的说法应该是，欧洲民族国家没有就它们依靠欧盟寻求的地缘政治达成一致。法国和德国热衷于与莫斯科缓和关系。波兰和瑞典却不是。在北约的积极支持下，"新欧洲人"拥护欧盟与原苏联国家建立的东部伙伴关系 *。与跨太平洋伙伴关系协

---

* 东部伙伴关系是一项由欧盟发起的处理欧盟国家与原苏联加盟共和国之间关系的计划，涉及乌克兰、白俄罗斯、格鲁吉亚、摩尔多瓦、亚美尼亚和阿塞拜疆。下文提到的维尔纽斯峰会即欧盟与东部伙伴关系国举行的第三次峰会。——译注

定一样，这是一种"事实上的遏制"政策，在华沙或里加，这已经不是什么秘密了。就波兰而言，首要任务是明确的。用总统布罗尼斯瓦夫·科莫罗夫斯基（Bronislaw Komorowski）的话来说："我们再也不想与俄罗斯拥有共同的边界了。"[17]

欧盟东部伙伴关系的运作依据是《欧盟联系国协定》。这是协调各项规章制度、贸易自由化和劳动力流动的复杂文件。欧盟与乌克兰在 2012 年草签的协定，被誉为有史以来与非欧盟成员国达成的最广泛的协议。它的技术细节长达 1200 页，这部"共同体法律总汇"被细分为 28 个独立的部分。[18] 贸易和商业条例是联系国协定的主要关注点，但也涉及了安全政策方面的内容。《乌克兰联系国协定》的第四条要求："在所有共同关心的领域进行政治对话……这将促进在外交和安全事务方面的逐步趋同，目的是使乌克兰更加深入地参与欧洲安全领域。"[19] 第七条对"欧盟-乌克兰在外交、安全和国防方面的趋同"做出了规定。根据涉及"预防冲突、危机管理和军事技术合作"的第十条，乌克兰和欧盟将"探讨军事和技术合作的潜力。乌克兰和欧洲防务局将建立密切联系，讨论包括技术问题在内的军事能力的改进提升"。[20]

2013 年，欧盟与乌克兰的谈判进展飞快。但欧盟的东部伙伴关系谈判是在一个广泛战线上展开的。2013 年 11 月 29 日至 30 日，在维尔纽斯举行的峰会上，布鲁塞尔不仅希望与乌克兰签署联系国协定，还希望与摩尔多瓦、格鲁吉亚和亚美尼亚草签协定。布鲁塞尔也一直在与白俄罗斯谈判。[21] 在 20 世纪初纳入波罗的海国家和华沙条约组织的东欧国家之后，欧盟目前正寻求加深和转变与其他原苏联西部国家的关系。不可否认，这是国际关系的一次重大转变，而且更重要的是，它直接与俄罗斯在该地区的野心相冲突。自 2011 年以来，俄罗斯一直在把欧亚关税同盟发展成一个更全面的欧亚经济联盟（简称"欧亚联盟"）。很显然，俄罗斯将此作为欧盟东部伙伴关系的替代和竞争组织。其协议的细节远没有《欧盟联系国协定》要求的那么烦琐。但是，它们意味着与俄罗斯建立了一种一边倒的关系，并且关税同盟还包括制定共同的对外关税，这与《欧盟联系国协定》不相容。

只要怀着真诚善意，双方无疑就能在《欧盟联系国协定》和欧亚关税同盟之间达成妥协。然而，双方都没有这种心情。无论布鲁塞尔承认与否，与协调两个不同经济集团有关的技术和经济问题都被地缘政治的紧张局势所掩盖。可是，必须做出选择：东欧各国政府是想和西方携手，还是想和东方并肩？布鲁塞尔向外界宣布，普京的欧亚联盟成员国身份与《欧盟联系国协定》不兼容。欧盟委员会主席巴罗佐拒绝了克里姆林宫提出的在这两个集团之间进行谈判的邀请。[22] 布鲁塞尔不认为二者是对等的。在双方没有达成任何协议的情况下，莫斯科通知乌克兰和亚美尼亚，如果继续与欧盟合作，那么它们将会受到俄罗斯的制裁，签署联系国协定将是"自杀行动"。[23] 于是，一个脆弱的地区贴着联合、合作和融合的止痛标签，在相当大的经济和政治压力下，正承受着沉重的地缘政治压力。

二

在 2008 年的冲击后，原苏联国家的经济和政治复苏是不均衡的。在北部，波罗的海诸国继续向西方国家靠拢。2011 年 1 月 1 日，爱沙尼亚加入欧元区。2014 年 1 月 1 日，2009 年危机中的关键国家拉脱维亚加入欧元区，一年后立陶宛也加入了进来。按照 2004 年加入欧盟的条款，其他东欧国家也应该在适当的时候加入欧元区，但这方面的进展受到了欧元区危机的严重阻碍。2011 年 12 月，波兰外长西科尔斯基宣布，他期望波兰在 2016 年之前加入欧元区，但前提是改革货币联盟，很显然，这样做符合波兰的国家利益。[24]

波兰总理唐纳德·图斯克（Donald Tusk）承诺就加入欧元区展开一场全国辩论。但是，主张民族主义的法律与公正党这个主要反对党迅速做出回应，谴责任何进一步的欧洲一体化措施都是"服从于德国"。[25]

在波兰，民族主义者是反对派；而在匈牙利，他们却是执政党。在 2010 年 4 月的大选中，执政的社会党人*为其腐败、在经济政策方面耍两面派和 2008 年的金融灾难付出了代价。凭借承诺保护匈牙利和匈牙利的养老金领取者免受国际货币基金组织的掠夺，由民族主义政党青民盟和基督教民主党人†组成的竞选联盟赢得了 53% 的选票。更令人吃惊的是，公开玩弄新法西斯主义的"尤比克为了更好的匈牙利运动"‡获得了 17% 的选票，使民族主义政党的总得票率达到 70%。青民盟离经叛道的言论之一是，它拒绝将政治主权和财政依赖问题分开。它无视国际货币基金组织和欧盟的抗议，从严峻的历史必要性角度出发，为其对外国银行征税和动用私人养老基金的行为开脱。[26] 从苏联的枷锁中解放出来后，在过去的二十年里，匈牙利"不得不痛苦地体验到古老智慧的可信和真实，即可以用剑或者债务这两种方式征服一个国家"。[27] 当希腊在 2010 年 4 月屈服于三驾马车时，不愿屈服的匈牙利总理欧尔班（Viktor Orban）在新闻发布会上说："在我看来，无论是国际货币基金组织还是欧盟的金融机构，都不是我们的老板。我们不会屈从于它们。"匈牙利愿意谈判，但不会接受"强制命令"。[28]

欧尔班激进的民族主义，以及青民盟限制公民自由和政治多元化的运动，扭转了自共产主义结束以来匈牙利政治文化的自由化。不过，在按照他们的方式实践后，欧尔班激进的增收措施和民族主

---

*　即指匈牙利社会党。——编注

†　即基督教民主人民党。——编注

‡　即尤比克党，是匈牙利民族主义政党，也是反对党。——译注

义者的紧缩政策奏效了。通胀率降到了 2% 以下。2011 年 12 月，匈牙利与外国银行达成协议，共同承担重组家庭债务的成本。随着匈牙利实现了将预算赤字占 GDP 的比值降至 3% 以内的目标，欧盟取消了该国自加入欧盟以来一直遵循的令人羞辱的超额赤字程序 *。在新兴市场繁荣的背景下，外国放贷人对欧尔班的民族主义实验表现得很宽容。由于资金充足，2013 年夏，匈牙利向国际货币基金组织偿还了款项，并要求该组织关闭在布达佩斯的办事处。[29] 为了进一步巩固自己的地位，2013 年初，欧尔班开始缓和与莫斯科的关系。对匈牙利民族主义者来说，与俄罗斯结盟绝不是一个理想的选择，但欧尔班在克里姆林宫受到了热烈欢迎。普京对欧尔班的非自由主义的民主实验大加赞赏，并以核反应堆技术和天然气补贴的形式提供物质援助，这些都受到了青民盟选民的欢迎。[30]

由于匈牙利稳妥地嵌入了欧盟和北约之中，因此，它可以承担得起平衡东西方的风险。像《欧盟联系国协定》候选名单中的小国亚美尼亚，遭遇就大不相同了，它受到了来自俄罗斯的制裁威胁。面对来自莫斯科的明显威胁，2013 年 9 月，亚美尼亚政府打了退堂鼓。它宣布打算加入普京的欧亚关税同盟，促使布鲁塞尔关闭了联系国协定的大门。[31] 欧盟东扩政策遭遇的这一挫折，让乌克兰变得愈发重要。考虑到乌克兰的规模和在地缘政治上的重要性，基辅的姿态将决定该地区影响力的平衡。欧盟对自己的合法性深信不疑，它提供了法治和繁荣，它的承诺就是未来。显而易见，乌克兰的经济过于薄弱，政治动荡不安，地缘政治环境也很危险，无法承受来自俄罗斯和西方的压力，但布鲁塞尔却无视这些风险，继续推进乌克兰的入欧进程。

---

* 当欧盟成员国的赤字超过 GDP 的 3% 时，"超额赤字程序"即告启动。大体来说，欧盟会向这些成员国发出通知，要求其改善财政状况。若不改善，将对其处以最高不超过该国 GDP 的 0.5% 的罚款。——译注

　　乌克兰需要变革，这是不可否认的。官方数据显示，即使在弥补了 2008 年至 2009 年的损失之后，2013 年的平均收入也仅略高于 1989 年。与西部的邻国不同，乌克兰的后共产主义过渡导致了一代人的停滞。虽然有一小部分人变得超级有钱，但最低收入者的生活只有靠养老金和能源补贴体系才能维持在一个勉强的水平，而这个体系消耗了 GDP 的 17%。2008 年，国际货币基金组织向乌克兰提供了紧急援助。但是，援助计划要求改革税收和福利，这使得政府无法维持其合法性。到 2010 年 2 月选举时，很多人已经彻底失望。乌克兰不仅越来越落后于西方邻国，也越来越落后于普京的俄罗斯。乌克兰总统尤先科实际上退出了总统竞选，让总理季莫申科与亚努科维奇正面交锋。亚努科维奇曾因选举舞弊而引发了 2004 年的革命。由于乌克兰选民在东西方问题上存在分歧，2010 年，亚努科维奇公开正当地以微弱优势获胜。

　　亚努科维奇是一个腐败的操纵者，在西方和俄罗斯之间周旋。他接受了国际货币基金组织的资金，继续与欧盟谈判。[32] 他以腐败指控监禁了季莫申科，并把她当作政治筹码。与此同时，他还玩弄普京及其欧亚经济同盟。他的派系不断壮大，但他的声望却逐渐下降，外汇储备也不断减少。面对下一次选举，几乎没有希望获胜的他似乎开始筹备卫队，以迎接最后的较量。[33] 但是，2014 年的大选并不是乌克兰当局唯一的最后期限。早在 2013 年，乌克兰与欧盟和俄罗斯的谈判就已经到了紧要关头，基辅不得不根据不断变化的国际金融环境等因素做出决定。

　　到了 2013 年春，在美联储量化宽松政策的推动下，美元甚至流向了乌克兰。2013 年 4 月 10 日，基辅拒绝了国际货币基金组织的最新提议，即为其不断扩大的经常账户赤字提供融资，转而发行了 12.5 亿的欧洲美元债券，这些债券以 7.5% 的相对适度的利率受到市场的热烈追捧。[34] 但随后，5 月 22 日，伯南克宣布缩减购债

乌克兰：七年期政府债券收益率

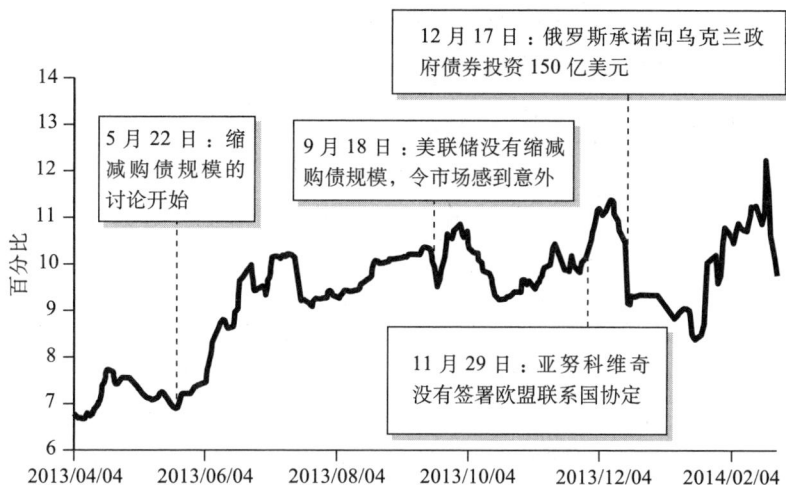

资料来源：Benn Steil and Dinah Walker, "Was Ukraine Tapered?" February 25, 2014, Geo-Graphics Blog CFR, https://www.cfr.org/blog/was-ukraine-tapered.

规模的消息冲击了市场，利率飙升至 10%。在寻找其他资金来源和私人财富的同时，亚努科维奇还在世界各地寻求其他方案。他与壳牌和雪佛龙共同探索页岩气的开发。2013 年秋，一项交易被提上了日程，该交易将把 750 万英亩（约 3 万平方公里）的优质农田租给中国，占乌克兰国土面积的 5%，占耕地面积的 10%，相当于一个比利时。中国不仅仅在寻找生存空间，还提议向克里米亚的港口设施投资 100 亿美元。[35] 不过，最关键的还是与欧盟的谈判。亚努科维奇向乌克兰人民做出的承诺，也正是欧洲的承诺。乌克兰官方支持的媒体大肆宣扬联系国协定，称其是正式成为欧盟成员国的前奏。欧盟没有明说有这种可能，但也没有采取任何行动来打击乌克兰的期望。西方媒体人士公开宣称，维尔纽斯峰会是"一场耗时六年的运动的高潮，目的是诱使乌克兰加入欧盟，脱离克里姆林宫的轨道"。[36]

来自俄罗斯的威胁并没有消失，而且此类制裁威胁造成了重大影响：乌克兰对欧盟的出口占其出口总额的 25%，但对俄出口占到了 26%，其余大部分是出口到普京触手可及的独联体国家。9 月初，亚努科维奇仍在威逼党内不情愿的亲俄派成员接受西方的协议。[37] 在基辅收到国际货币基金组织于 2013 年 11 月 20 日发送的信件之前，人们并不清楚西方的条件将是如此不具吸引力。国际货币基金组织只向乌克兰提供 50 亿美元，并指出其期望乌克兰将使用其中的 37 亿美元来偿还该组织于 2008 年提供的、将于 2014 年到期的贷款。在基辅，没有人有理由指望国际货币基金组织慷慨解囊，但欧盟的要约确实令人震惊。一个由德国专家组成的委员会曾估计，由于制裁，乌克兰每年将在与俄罗斯的贸易中损失至少 30 亿美元。在基辅，估计的损失被夸大到了接近 500 亿美元。然而，布鲁塞尔对所有这些数字都不予理睬。[38] 根据联系国协定，欧盟愿意提供的资金仅为 6.1 亿欧元。作为交换，国际货币基金组织要求乌克兰大幅削减预算，天然气价格上涨 40%，货币贬值 25%。[39] 这根本不是亚努科维奇承诺的一罐金子。一些乌克兰寡头拥有的个人财富都要比这些数额大。即使不考虑俄罗斯可能实施的制裁，接受这样一项协议也将是一场政治灾难。[40] 在基辅，人们义愤填膺。乌克兰常驻北约代表告诉路透社，"我们无法控制自己的情绪，这是不可接受的"。当他的国家向欧洲寻求帮助时，他们"向我们吐口水……很显然，我们不是波兰，我们与波兰不是一个级别的……实际上，他们并不想让我们加入，我们只能站在门外。虽然我们很好，但我们不是波兰人"。[41] 对基辅来说，幸运的是，至少看起来莫斯科有另一个方案。2013 年 11 月 21 日，普京提出以优惠条款签订天然气合同，并提供 150 亿美元的贷款，亚努科维奇接受了这一提议。不过，条件跟亚美尼亚一样，乌克兰加入欧亚关税同盟。

鉴于随后发生的事件，亚努科维奇的决定被视为亲莫斯科的傀偏做出的巴甫洛夫*反应。他很可能遭到了俄国人的敲诈。但是，抛开这些谣言不谈，他的选择也能解释得通。正如乌克兰总理米科拉·阿扎罗夫（Mykola Azarov）解释的那样，正是欧盟和国际货币基金组织"条件极端苛刻"的一揽子计划，才造成了这种局面。[42]其实，在乌克兰暂缓入欧后不久，欧洲人便明白了来龙去脉。2013年11月28日，欧洲议会议长马丁·舒尔茨（Martin Schulz）在接受《明镜》周刊采访时承认，欧盟官员在与乌克兰的谈判中犯了错误。"我认为我们低估了乌克兰国内政治局势的戏剧性。"[43]他说，自从引入民主制度以来，乌克兰"一直处于严重的经济和金融危机之中"。"他们迫切需要资金，迫切需要稳定可靠的天然气供应。"舒尔茨说，他能理解乌克兰向俄罗斯靠拢的原因。"在欧洲，帮助陷入危机的国家并不是一个特别受欢迎的选择……如果你看看莫斯科的提议，你会发现他们将向乌克兰提供短期援助，而这正是我们欧洲人无法且不想提供的援助。"

乌克兰民众中少数直言胆大的人的反应，是任何人都没有预料到的（亚努科维奇、俄罗斯或欧盟都没有预料到）。民意调查显示，绝大多数人并不赞成坚定地转向欧盟。基辅国际社会学研究所的数据显示，2013年11月，只有39%的受访者支持与欧盟建立联系，仅比支持加入俄罗斯主导的关税联盟的37%多了两个点。[44]这些数字是基于一个假设，而不是基于国际货币基金组织和欧盟提出的苛刻条件。但是，2013年乌克兰发生的事件，并不是基于明确估算了利害的备选方案，由公投决定的。该事件受到热情高涨的少数群体的推动，他们被俄罗斯和西欧的希望和恐惧所鼓舞，并受到各个政治派别描绘的各种政治图景的影响。

在11月和12月，数十万人聚集在基辅冰冷的街道上，抗议亚

---

* 巴甫洛夫（1849—1936），俄罗斯和苏联生理学家，经典条件反射学说的创立者。——译注

努科维奇突然决定拒绝联系国协定。但是，他们并没有试图推翻亚努科维奇，而且，要不是莫斯科鼓励亚努科维奇做出了不明智的镇压决定，他本可以安然地度过这场风暴。亚努科维奇利用自己在议会中的多数席位强行推动修宪，此举在 2014 年 1 月 16 日引发了乌克兰各地的第二波大规模抗议活动，政府大楼被占领。在这个节骨眼上，欧盟和美国公开介入。美国负责欧洲和欧亚事务的助理国务卿维多利亚·纽兰（Victoria Nuland）与美驻乌克兰大使之间的通话遭到窃听，这段不光彩对话显示了华盛顿参与的程度之深，也透露出美欧关系的实质，乌克兰政客一样完全成了工具。2014 年 1 月 28 日，当纽兰与大使派亚特（Geoffrey Pyatt）讨论各种方案时，她漫不经心地说道："这太好了，我觉得，这样有助于集中解决这个问题，让联合国来做吧，你知道的，去他妈的欧盟。"在纽兰看来，欧盟行动过于迟缓，而且非常乐意与亚努科维奇总统妥协，就在几个月前，欧盟还在热切地寻求与亚努科维奇达成一项全面的联系国协定。大使派亚特毫不畏惧地回答说："我们必须采取措施，以便让联合国团结一致，因为可以非常肯定的是，一旦联合国开始取得进展，俄罗斯人将会在背后搞破坏。"[45]

两周后，基辅街头绝望的最后一次对峙终结了亚努科维奇的总统任期。2 月 21 日，德国、法国和波兰外长展开斡旋，在普京的代表的现场见证下，举行了一次会谈，亚努科维奇的总统任期得到保障，将一直持续到 2014 年底举行新的总统选举时为止。但是，随着党内和安全部队的支持逐渐消失，他选择铤而走险。[46] 他也没有忘记卡扎菲的命运。2 月 22 日凌晨，他逃跑了，给乌克兰留下了权力真空。在简化了宪法程序后，一个新的临时政府接管了政权，直到于 5 月 25 日举行大选。欧盟原本预计会有一场旷日持久的过渡，结果却演变成了一场革命性的颠覆。由季莫申科的祖国党和少数独立广场活动人士领导的临时政府并没有等待选举结果，而是迅速采取行动, 巩固新的权力分配。他们将推翻亚努科维奇在去年 11 月做出的临时决定, 与俄罗斯划清界限, 除了签署欧洲联系国协定, 还将与国际货币基金组织和欧盟(而非俄罗斯)签署新的财政协议。

莫斯科对此有何反应? 2013 年 11 月在维尔纽斯做出的选择, 被双方视为一个战略转折点。由于国际货币基金组织和欧盟的提议太小气, 莫斯科赢得了一场重大胜利, 却不料被民众抗议和政权更迭推翻, 尽管推翻行动得到了相当大一部分乌克兰人民的支持, 但其合法性令人怀疑, 而且无疑受到了西方的鼓动。对于俄罗斯而言, 温顺地接受这一结果, 将比亚努科维奇一开始就签署联系国协定还要糟糕。2 月 22 日至 23 日晚, 克里姆林宫决定采取行动。2014 年 2 月 27 日, 俄罗斯军队利用当地的抗议活动, 同时启动了在 2008 年为应对北约的快速入盟申请举措而制定的计划, 以敷衍的借口夺取了克里米亚半岛的控制权。[47] 几天后, 为了进一步向基辅施加压力, 俄罗斯全力支持分离主义分子在乌克兰东部的顿涅茨克[*]发动起义。

三

西方和俄罗斯在经济、政治和外交方面爆发的全面冲突, 曾在 2008 年的格鲁吉亚代理人战争中初露端倪, 如今进入了一个更加重要的阶段。2014 年 4 月 13 日, 乌克兰的领土完整处于危险之中, 基辅临时政府发动"反恐"行动, 夺回了顿巴斯的控制权。在华盛顿和北约总部, 人们呼吁立即向基辅提供军事援助, 并高声叫嚣要重返冷战。麦凯恩和共和党的其他鹰派人士本想集结一个战争党,

---

* 顿涅兹克州是乌克兰东南部省级行政区, 首府为顿涅兹克。顿巴斯是主要位于顿涅兹克州的顿涅兹煤田的简称。作者偶用顿巴斯代指顿涅兹克及附近地区。——编注

这样做或许有助于恢复他们陷入困境的政党的凝聚力。但是，与 2013 年在叙利亚所做的一样，奥巴马拒绝了让局势升级的呼吁。[48] 在欧洲，没有人支持军事行动。这并不是说西方拒绝向乌克兰提供武器，而是跟叙利亚的情况一样，暗地里，西方将通过秘密渠道提供武器；明面上，西方将对俄罗斯进行经济制裁。

　　一直以来，普京的路线都是将地缘经济和地缘政治视为一码事。在乌克兰，围绕贸易谈判和关税条约展开的斗争已经升级为一场没有公开宣布的战争。现在，经济本身将被拿来当作武器。或者说，经济最终将会被用作武器？为了向伊朗施压，美国制定了一套极其有效的制裁方案。随着全球经济一体化，俄罗斯更加容易受到影响。俄罗斯企业不仅需要出口，而且还在廉价美元信贷的低谷中吃了不少苦头。到 2014 年初，它们负债 7280 亿美元。[49] 然而，出于同样的原因，西方重大的既得利益者也处于危险中。撇开别的不说，俄罗斯是全球市场石油和天然气的第二大供应国。在新兴市场经济体极度脆弱之际，美国不想加剧大宗商品市场的紧张局势。令强硬派感到沮丧的是，美国就此罢手，从未动用其制裁武器的全部威力。相反，其制裁针对的是与普京关系密切的私人圈子，其中最突出的是石油巨头、俄罗斯石油公司的老板伊戈尔·谢欣。[50] 此外，华盛顿限制了俄罗斯一些关键企业进入市场融资的渠道，包括俄罗斯石油公司、诺瓦泰克公司、俄罗斯天然气工业银行和俄罗斯对外经济银行等。[51] 这个举措令人痛苦，但鉴于美俄经济关系的规模有限，它远非致命一击。

　　关键的问题是，欧洲是否会支持美国的制裁。俄欧贸易额是俄美贸易额的 10 倍。对欧出口占俄罗斯出口总额的 41%。这使欧盟拥有相当大的影响力，但也意味着它将损失更多。即使在俄罗斯军队入侵乌克兰之际，德国企业的领导和政界高层人士（例如前总理格哈德·施罗德）仍继续与普京友好往来。法国有两艘大型航空母舰的订单来自俄罗斯。意大利的能源公司深度卷入了黑海项目。寡头们的游乐场伦敦是让制裁产生效果的好地方。卡梅伦政府嘴上说得挺好听的，但行动不够迅速。当然，制裁牵扯到的不仅仅是经济利益。在德国，人们对过于草率地与美国结盟深表怀疑。[52] 自 2013 年夏天以来，美国国家安全局的间谍丑闻给德美关系蒙上了一层阴影。一年后，在德国人中，认为美国是"值得信赖的伙伴"的人数降至 38%，这个数字上一次出现是在布什时代。[53] 68% 的美国人支持将北约扩展到乌克兰，而 67% 的德国人表示反对。同样，63% 的德国人拒绝让乌克兰加入欧盟。

令美国国会的右翼人士愤怒的是，欧盟所能达成的只是针对 18 名俄罗斯主要人物实施制裁。参议员约翰·麦凯恩动容地宣布："如果欧洲人认为经济因素太重要，以至于不能严厉制裁普京……那他们是在忽视历史的教训。"[54] 1938 年，对希特勒的绥靖政策以失败告终，而这种做法也会导致对抗普京的行动失败。5 月，大西洋两岸的紧张局势升级，以致默克尔和奥巴马匆忙在白宫举行会谈。默克尔对采取行动的必要性毫不怀疑，但她不能忽视欧洲的公众舆论，麦凯恩的动情呼吁无济于事。两人一致约定，奥巴马将抑制美国的鹰派，而默克尔将采取行动，在欧洲范围内就更严厉的措施达成共识。

在此期间，假如不提供军事援助，并且只对俄罗斯实施最低限度的制裁，那么西方至少还会向乌克兰提供慷慨的财政支持吗？基辅新政府估计，仅仅为了支付尚未偿还的债务，乌克兰在两年内就需要 350 亿美元。这与 6 个月前亚努科维奇政权的估值相差不远，该估值在提出时立刻遭到了拒绝。2014 年 3 月，基辅向国际货币基金组织申请 150 亿美元。奥巴马政府支持这一申请，试图利用它来打破国会在国际货币基金组织改革问题上的僵局。美国将向乌克兰提供 10 亿美元的贷款担保的计划颇受共和党右翼势力的欢迎，而奥巴马政府把这一援助计划与解除国际货币基金组织的融资限制捆绑在了一起。[55] 白宫坚称，乌克兰危机清楚地表明了国际货币基金组织对美国的战略重要性。该基金组织中支持全球主义的批评人士抨击了这个说法[56]，因为这个说法使国际货币基金组织作为美国政策工具的恭顺媚态暴露无遗。只是国会中的共和党人并不同意，他们停止了国际货币基金组织的拨款提案。

　　拉加德和国际货币基金组织在没有美国全力支持的情况下迎难而上。[57] 如果乌克兰是一个运转良好的国家，那么在和平时期，在其政府机构充分利用充裕的援助资金的情况下，其债务负担将远远不会过度。然而，这些乌克兰都没有。考虑到巨大的政治不确定性、俄罗斯干预造成的动荡和乌克兰政府机构的脆弱，实际上，有充分理由表明乌克兰的债务已经到了无法承受的地步。乌克兰资不抵债，其债务应该被减记。这本应是国际货币基金组织的议定书中的内容，但乌克兰的情况非比寻常。2010 年，希腊根据"系统性豁免"获得资助。金融危机传染的风险证明了向希腊提供不可持续的纾困是正当合理的。2014 年 4 月，在乌克兰，地缘政治重塑了系统性风险。国际货币基金组织的主要股东不希望看到四面楚歌的亲西方基辅政权在反普京革命爆发后的几周内宣布破产。因此，尽管存在明显的风险，尽管乌克兰在遵守计划方面有着令人震惊的记录，国际货币基金组织还是再次介入。出于对改革的热烈讨论和对经济复苏过于乐观的假设，国际货币基金组织制定了一个方案，承诺在两年内向乌克兰提供 170 亿美元的贷款。另外的 110 亿欧元将来自欧盟，还有美国提供的 10 亿美元的贷款担保。日本也参与其中。此外，欧盟同意免除乌克兰 98% 的出口关税。2015 年，乌克兰公民有望实现免签入境欧盟。在冬季时，欧盟承诺通过斯洛伐克、波兰和匈牙利输送天然气，以支持乌克兰的能源供应。

　　这是一项重大承诺，但它远远未能满足乌克兰的需求。来自欧洲的援助将延长七年。国际货币基金组织的贷款一如既往地附带苛刻的条件。天然气价格将上涨 56%，政府工资将削减 10%。[58] 外汇市场将实行自由化，以允许汇率调整到具有竞争力的水平，这是一项高风险的操作，可能会给乌克兰的银行带来巨大压力。其中，最大的风险是乌克兰东部的军事行动。国际货币基金组织此前从未向处于战争状态的国家提供过贷款。因此，在制定 2014 年 4 月的一揽子计划时，该组织完全忽视了冲突升级的事实。拉加德在一份新闻声明中承认，这使整个计划从一开始就处于危险之中。[59] 很显然，在一揽子财政方案达成后的几天内，乌克兰确实面临着最坏的情况。乌克兰东部的冲突非但没有平息下来，反而愈发激烈。[60] 5 月初，为了匆忙组建一支军队，基辅被迫再度征兵。2014 年 5 月的最后一周，寡头彼得·波罗申科（Petro Poroshenko）就任乌克兰总统，他面临着一项不可能完成的挑战：一边打仗，一边执行国际货币基金组织的紧缩计划；此外，俄罗斯不会让乌克兰赢得这场战争。基辅唯一的希望是，虽然军事升级给乌克兰脆弱的经济带来了越来越大的压力，但它也将表明这场冲突的政治风险，并将西方卷入其中。

7 月，在乌克兰军队发起的猛烈进攻下，顿巴斯叛军岌岌可危。莫斯科的应对措施是再向分离势力的民兵提供重型武器。一场小规模冲突正在升级为一场几乎公开宣战的战争，数万人参战，造成了大规模的流离失所和数千人的伤亡。7 月 17 日，叛军中一个装备有俄罗斯新型导弹的高射炮连兴高采烈地报告说，他们击落了一架重型运输机。结果是马航 MH17 航班，机上载有 298 名乘客和机组人员。正是那次暴行后的道德义愤，使得默克尔能够推行一项更加严厉的制裁制度。欧盟禁止向俄罗斯出口任何军事装备、石油工业设备，并禁止俄罗斯国有银行和能源公司在欧盟发行长期债券。美国限制俄罗斯联邦储蓄银行进入资本市场，并向埃克森美孚和英国石油施加压力，要求它们放弃与其俄罗斯能源合作伙伴合作，加大了制裁力度。但是，21 世纪制裁的真正重点是金融领域。到 2014 年 9 月，俄罗斯石油公司、俄罗斯国家石油管道运输公司、俄罗斯天然气工业股份公司、诺瓦泰克公司、俄罗斯联邦储蓄银行、俄罗斯外贸银行、俄罗斯天然气工业银行和莫斯科银行，还有武器制造商联合航空制造公司和卡拉什尼科夫集团，都被西方金融市场拒之门外。两家与普京及其亲信关系最密切的银行在美国的账户遭到冻结，金额达数亿美元。[61]

莫斯科则采取了更典型的报复行动。它没有切断天然气供应。但是，它颁布了一项全面禁止从欧洲进口农产品的禁令，同时增加了对顿巴斯叛军的军事支持，后者于 8 月 23 日至 24 日发动了血腥反攻。由于前线陷入僵局，基辅被迫接受在德国和法国的斡旋下于 9 月 5 日在明斯克达成的停火协议。俄罗斯和西方之间的新冷战已经升级为全面的暴力对抗，现在到了考验实力的时候了。

四

自 2008 年的金融危机以来，俄罗斯的官方财政状况得到了重建。2014 年初，莫斯科的外汇储备为 5100 亿美元。与 2008 年一样，容易受到攻击的不是俄罗斯，而是其全球化私营部门。虽然寡头们不折不扣地遵循了普京的路线，但是，市场没有撒谎。乌克兰紧张局势升级导致了资本即刻发生外流。2014 年 3 月 1 日星期六，当俄罗斯联邦委员会投了爱国票以批准在乌克兰境内部署俄军时，就在紧随其后的 3 月 3 日 "黑色星期一"，市场暴跌了 11% 至 12%。[62]俄罗斯联邦储蓄银行是控制着 28% 的俄罗斯银行资产的巨头，对于这样的跨国银行来说，制裁造成了真正矛盾和错乱的局面。该银行首席执行官赫尔曼·格里夫（Herman Gref）谨慎地说道，在俄罗斯联邦储蓄银行可自由流通的股份中,有 50% 是由美国和英国的投资者持有,但该银行现在被禁止在西方国家募资。[63] 2014 年,俄罗斯公司有能力即时付清的外债从 7290 亿美元下跌至 5990 亿美元,俄罗斯央行不得不动用外汇储备来偿还债务。[64] 紧张局势正在加剧,不过,直到秋天危机才爆发。

在马航 MH17 航班被击落后实施的第三轮制裁的力度不小。与此同时,珍妮特·耶伦(Janet Yellen)领导的美联储最终结束了第三轮量化宽松,收紧了全球信贷环境。之后,俄罗斯与欧佩克的合作告吹。沙特阿拉伯结束了对生产的限制,油价暴跌。不管有没有制裁,到 2014 年秋,俄罗斯都会陷入严重的财政困境。制裁、美联储收紧货币政策和大宗商品价格暴跌同时袭来,这种打击极具破坏力。事实上,它的破坏力如此之大,以致引发了这样一个问题:这种结合完全是一个巧合,还是美国和沙特阿拉伯在联合对俄罗斯发动攻击? [65]

在石油政治领域,有关共谋论的讨论始终存在。华盛顿和利雅得之间肯定进行了秘密会谈。2014 年秋,美国国务卿克里访问了海湾地区。沙特阿拉伯完全有理由采取行动,如果不是在乌克兰问题上,那么就是在叙利亚问题上。[66] 与伊朗一样,俄罗斯也是阿萨德(Bashar Al-Assad)顽固政权的主要支持者。沙特阿拉伯是它的死敌。对于这些同时发生的事件,没有确凿的证据表明它们之间的关系,也未必可以从共谋的角度来解释。石油市场也面临压力。美国新的水力压裂技术开辟了一个新的供应来源,既便宜又富有弹性。不管怎样,从俄罗斯经济的角度来看,这些事件的最终动机似乎无关紧要。油价从 2014 年 6 月份的每桶 112 美元暴跌至 12 月的每桶 60 美元左右,而且还在继续下跌。除了制裁和紧缩的信贷条件之外,这也是一个沉重的打击。

10 月,俄罗斯央行大举干预,以防止卢布立即崩盘。但是,由

卢布兑美元的汇率和油价

俄罗斯军队控制克里米亚议会

马航 MH17 航班在乌克兰上空被击落

美国、欧盟和日本宣布实施更多制裁

美国和欧盟宣布制裁

七国集团国家将制裁再延长 6 个月

欧盟将制裁再延长 6 个月

欧盟和加拿大加强制裁

欧盟将制裁延长至 2016 年 7 月

布伦特原油每桶价格（左轴）   俄罗斯卢布（右轴）

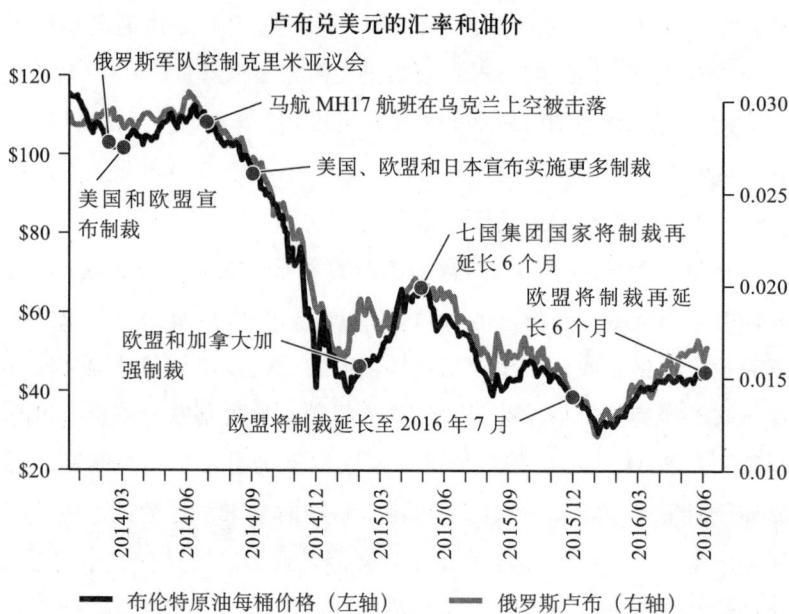

资料来源：Bloomberg, Global Investors.

于需要节约外汇储备，它在 11 月退出了市场。2014 年 12 月 1 日，卢布兑美元的汇率已从乌克兰危机爆发前的 33 卢布兑 1 美元，跌到了 49 卢布兑 1 美元。对俄罗斯的企业借款人来说，这是吓人的，截至年底，它们的债务偿还额已达 350 亿美元。这是一场生存之战。俄罗斯石油公司因为有 100 亿美元要偿还，所以在市场上大量吸收欧元和美元。[67] 实力较弱的俄罗斯企业背负着无法承受的压力。12 月，从事零售贷款业务的信托银行和俄罗斯第三大航空公司优梯航空公司倒闭，俄罗斯央行被迫为整个银行业提供担保。[68] 12 月 15 日星期一上午，卢布开始暴跌，当天收盘时下跌了 8%。当天晚上，在经过了普京亲自参与的漫长辩论之夜后，俄罗斯央行决定将利率从 6.5% 上调至 17%。这项声明是在凌晨 1 点宣布的。此举旨在安抚投资者和惩罚投机者，但它没有奏效。它并没有被认为是一种安慰，反而被视作恐慌的征兆。12 月 16 日上午开盘时，俄罗斯迎来了"黑色星期二"，外汇市场出现自由落体式下跌。当天收盘时，卢布兑美元的汇率已跌至 80 卢布兑 1 美元。第二天，俄罗斯联邦储蓄银行遭到了联合攻击。其 100 万客户收到了来自俄罗斯境外地址的短信，警告称该银行与外部融资市场的联系将被完全切断。12 月 18 日，有 60 亿美元被取出来。在接下来的一周，这一数字达到了 200 亿美元。[69], [70] 即使以 2007 年至 2008 年的标准来衡量，这也是一场壮观的银行挤兑。

寡头们再次暴露于风险之中。虽然估算的数字存在差异，但乌克兰的混乱、油价冲击和 2014 年 12 月的动荡，让排名前 20 的俄罗斯富豪损失了 620 亿至 734 亿美元。[71] 普京再次呼吁人民给予支持，并要求采取行动。政府采纳了一些措施，要求停止在海外囤积财富的行为，并对那些让资金回流俄罗斯的人给予大赦。与此同时，俄罗斯央行试图通过增加存款保险和对境况不佳的银行进行资本重组来控制局面。总统普京呼吁当局放弃常规性政策原则。他们需要借助"手动调控"帮助这个国家渡过难关。但是，有一个普遍原则是不会被抛弃的。俄罗斯不想通过诉诸资本管制来破坏自己在外国投资者中的声誉。相反，为了提供必要的外汇，央行降低了其外汇储备。12 月 26 日，外汇储备曾一度低至 3885 亿美元。这缓冲了卢布的崩盘，但压力仍未消失。西方评级机构最先下调了俄罗斯天然气工业股份公司的评级。2015 年 1 月，它们又下调了俄罗斯石油公司、俄罗斯国家石油管道运输公司和卢克石油公司的评级。随后，卢布暴跌 7%，未能保持住自 2014 年底以来恢复好转的局面。[72] 这反过来又引发了与央行储备有关的问题。俄罗斯试图竭力遏制的，正类似于在 2012 年之前威胁欧元区的银行－主权厄运循环。但现在，不仅俄罗斯的财务偿付能力面临危险，地缘政治拉锯战的胜利也危如累卵。

在普京担任俄罗斯第二任总统期间，他的合法性主要是建立在生活水平持续恢复的基础上。2008 年的危机打破了这种简单叙述。从 2014 年起，经济预期进一步下降。在 2014 年冬至 2015 年冬期间，GDP 年均下滑超过 10%，直到 2015 年下半年才稳定下来。对于俄罗斯民众来说，2014 年至 2015 年的危机比 2008 年至 2009 年的要严重得多。实际工资显著下降，回升也不那么强劲。在乌克兰冲突中浮现的俄罗斯，首先是一个民族主义政权，它号召公民为自己的国家在全球舞台上重新崛起付出一切必要的代价。推动俄罗斯重新崛起是一个艰巨的任务，但也是一个容易扮演的角色。事实上，在某些方面，甚至可以说这样做很方便。[73] 在 2008 年危机期间，作为总理的普京投身于国内危机的战斗之中。[74] 自从他于 2012 年重返总统宝座以来，克里姆林宫便一直在鼓励民族主义情绪，以抵销令人失望的经济增长和民调支持率。鉴于 2014 年至 2015 年的油价暴跌，出现煽动民族主义情绪的运动也在意料之中。乌克兰危机来得正是时候。即使经济不景气，普京的个人支持率也从 2013 年在中游 40% 左右的低点飙升至 2015 年 6 月创纪录的 89%。[75]

俄罗斯遭受了损失，但如果经济是一种武器的话，那么它将是一把双刃剑。不可能只伤害俄罗斯而不伤及它的邻国。令人尤其担忧的新兴市场危机对原苏联世界造成了猛烈冲击。[76] 从 2013 年底到 2015 年初，哈萨克斯坦、阿塞拜疆和白俄罗斯的货币对美元贬值了 50%。吉尔吉斯、摩尔多瓦和塔吉克的货币贬值了 30% 到 35%。在整个中亚地区，货币贬值迫使利率突然急剧上升，并对那些向海外借款的跨国银行和企业的资产负债表造成了巨大压力。[77] 与此同时，由于移民工人从俄罗斯汇出的款项大幅减少，家庭收入缩水。[78] 塔吉克斯坦是全球最依赖汇款的国家，大约有一半处于就业年龄的男子在俄罗斯谋生，这有可能导致家庭收入和外汇收入出现灾难性的下降。紧随其后的是吉尔吉斯斯坦，该国也受到了严重影响。[79]

但是，如果说这场危机对整个地区都造成了损失，那么危机的震中就是乌克兰。在 2014 年 4 月的紧急救助中，国际货币基金组织从 12.5 格里夫纳兑 1 美元的汇率着手，对乌克兰的经济形势进行评估。国际货币基金组织曾呼吁基辅实施货币管制，以防止资本外逃，同时允许本国货币浮动，允许将国内物价调整至任何水平，以确保国有天然气公司的生存能力。如果这个计划被采纳，乌克兰普通民众和乌克兰富人都会受到挤压，他们将看到自己的资金被困在不断贬值的货币中。但是，乌克兰央行却反其道而行之。[80] 它允许数十亿美元逃离乌克兰银行体系，同时利用其宝贵的外汇储备来阻止汇率下跌。尽管物价飙升了 50%，但结果是最富有的乌克兰人受益，他们按照优惠的汇率将资产兑换成美元。总共有 80 亿美元从外汇储备中流出。无论向乌克兰注入多少资金，都只会因血流不止而被榨干。到 2015 年 2 月，随着外汇储备减少至 47 亿美元，乌克兰央行最终放弃了汇率。在欧洲大国竭力通过外交工作发挥作用的同时，华盛顿和北约总部的鹰派人士则在敦促加强军事支持，从 2 月 5 日到 2 月 6 日，格里夫纳在 24 小时内暴跌了 50%。[81] 乌克兰每天都在调整物价，为了防止囤积生活必需品，事实上还实行了配给制，限制每位消费者购买面粉、油、大米和荞麦的数量。与此同时，GDP 同比下跌近 18%，使得乌克兰的债务越来越难以持续。

随着顿巴斯战争的继续，2014 年的革命政府与其前身 2004 年的政府一样，在面对无法克服的经济问题时，其合法性正在消失。为了使乌克兰的新政权活下来，在 2015 年春，除了进一步的外国援助，别无他法。2015 年 3 月 11 日，国际货币基金组织再次承诺向乌克兰提供援助，重新启动了前一年的协议，协议金额为 175 亿美元。这将是欧盟支持的 400 亿美元的四年期协议的基石。不过这一次，国际货币基金组织终于承认必须进行债务重组。

五

2014 年，一场曾在 2008 年威胁原苏联国家的地缘政治和财政金融的全面危机卷土重来；至少可以说，经过这场危机，美国的霸权地位及其同盟体系所受到的影响还很难说清。一场民众动乱把乌克兰强行推向了欧洲。总统波罗申科于 2014 年 6 月签署的联系国协定最终于 2017 年 7 月获得批准。西方没有让乌克兰沉没，但也没有将其从危机中拯救出来。乌克兰的财政状况仍然不稳定。最终于 2015 年 8 月达成的债务重组协议，满足了国际货币基金组织就私营部门正式参与所提出的要求。但事实上，它让那些吞噬了乌克兰不良债务的对冲基金承担的损失极小。乌克兰获得的债务减免微乎其微，仅从 710 亿美元削减到 670 亿美元，而乌克兰的 GDP 继续大幅下降。[82] 一揽子计划的可行性取决于无法预测的国内改革进程和与俄罗斯对抗的激烈程度，美国和欧洲都没有拿出资源或政治意愿来果断地击退俄罗斯。就俄罗斯而言，加上油价冲击，制裁将是痛苦的，但即便如此，这也并非决定性的。到 2015 年春，普京政权恢复了对俄罗斯的掌控。如果油价开始企稳，那么莫斯科的状况将会恢复。很快，制裁就会在欧盟内部被证明是极不受欢迎的。让很多人惊讶的是，即使在美国，俄罗斯也能找到身份显赫的同情者。在等待时机的同时，莫斯科可能会在中东制造麻烦，在美国浑水摸鱼，也可能在更远的地方寻找新的战略伙伴。

在冷战时期，华盛顿、北京和莫斯科之间的相互影响，在改变力量平衡方面发挥了至关重要的作用。原则上，一个复兴的中国可以挑选伙伴，它没有特别的理由偏向普京。但是，在 2014 年春的东亚舞台上，日本和中国之间的紧张关系上升到了一个危险的水平。华盛顿警告称，它打算支持它的战略中心伙伴，不赞成中国在中国南海的权利主张。然而，对美国来说，一边在亚洲采取强硬路线，一边还要在欧洲对抗俄罗斯，这是要付出代价的。这给了俄罗斯机会，而普京抓住了。2014 年春，随着俄罗斯与西方之间的对峙愈发严峻，莫斯科领导层决定与中国进行战略性接洽。[83] 中国将向俄罗斯提供支持以应对西方。如果美国和欧盟决定在经济上反对俄罗斯，那么俄罗斯将在中国找到市场，并在上海和香港找到资金来源。面对在中国南海遭遇的阻力，中国可以通过俄罗斯和中欧建立一条欧亚陆路通道。欧盟对加入美国在亚洲的"事实上的对华遏制联盟"毫无兴趣。俄罗斯将为中国提供桥梁。2014 年 5 月，两国签署了一项价值 4000 亿美元、为期三十年的中俄天然气供应协议，开启了两国关系的新篇章。[84]

虽然这个方案在战略上相当合乎逻辑，但在实践中，莫斯科发现与中国做生意困难重重。中国人是很难对付的谈判对手。如果经济窘迫的俄罗斯寡头们无法在谈判中取得优势，他们就不愿意承诺长期协议。向东铺设必要的基础设施耗资巨大，而且俄罗斯的精英阶层对开放西伯利亚、使中国具有更大的影响力心存疑虑。在化石燃料价格不断波动的时代，天然气外交并不稳定。但对莫斯科和北京来说，经济问题不是重点，这事关重新定义权力平衡，坚持主张多极化。塑造 21 世纪秩序的不是现任霸主，而是亚洲的新兴力量和它的盟友。就这样，莫斯科和北京也为 20 世纪画下了新的句点。[85]参加 2015 年庆祝第二次世界大战胜利纪念日的宾客名单的象征意义不容忽视。在那场中国、俄罗斯、美国、英国和法国联合起来反对轴心国的斗争胜利七十年后，中国和俄罗斯之间正在建立一种新的关系，这种关系有可能重塑欧亚大陆。5 月 9 日，中国领导人作为贵宾出席了在莫斯科举行的隆重纪念仪式；9 月 3 日，普京作为贵宾出席了在北京举行的隆重纪念仪式。奥巴马、卡梅伦、奥朗德和默克尔都找借口没有参加。[86] 在 2015 年春，有一位西方领导人指望二战的前盟友能提供支持，他就是陷入困境的希腊左翼总理。

第22章

这是一场政变

在 2013 年冬至 2014 年冬的独立广场示威活动中，乌克兰人民热情地挥舞着欧盟的蓝色旗帜。在欧元区经历了痛苦的挣扎之后，任何人在任何地方的歌颂，对欧洲来说都是一种宽慰。基辅亲欧盟的示威者将欧洲赞誉为他们的未来。对于他们来说，欧盟提供了民主、自由、繁荣、法治和"美好欧洲"的承诺。这个形象源自 20 世纪 90 年代和本世纪初，当时欧洲正在庆祝冷战结束、经济增长和"更紧密联盟"的前景。对于欧洲和美国的一些权威人士来说，与普京的冲突是重申反对外部威胁这一愿景的绝佳机会。[1] 然而，在 2008 年至 2012 年的欧元区危机之后，问题在于对美好欧洲的主要威胁究竟是来自外部，还是来自内部。在全世界焦虑不安的关切下，由于担心危机升级将相继摧毁西班牙和意大利，德国、意大利、西班牙、法国和其他国家达成妥协，2012 年欧元区的稳定即以此为基础。一年后，危机最严重的阶段已经过去。但是，随着欧洲在短时间内接连遭遇的第二次经济衰退开始充分显现出来，欧盟进入了一个新的充斥着不满的时期。

一

2012 年，继续往前迈进的期望是欧元区稳定的条件。这就是 6 月 28 日至 29 日欧洲理事会处理西班牙危机的计划，也正是德拉吉在伦敦传递出的信息。财政契约、银行业联盟、欧洲稳定机制的发展和欧洲央行的直接货币交易是整固欧元区的重要步骤。与以往一样，问题在于这些措施是否足够，以及欧盟是否有意愿以必要的速度采取行动。在银行业联盟问题上，所有的工作仍有待完成，而且在南欧受到的损害完全暴露之前，德国政府并不急于签署一项共同解决基金。[2] 对于 2013 年塞浦路斯爆发的银行业危机，德国和法国存在巨大分歧。[3] 与此同时，默克尔也制定了自己的改革议程。她并不满足于将债务刹车推广到欧洲，她还想在欧洲层面推动实现德国劳动力市场改革的愿景。[4] 2013 年，她总把竞争力和单位劳动力成本挂在嘴边。为此，在预算纪律方面，德国也需要契约和规则。

默克尔的权威在欧元区危机后水涨船高，而且德国是欧洲经济体中境况最宽裕的国家。德国的劳动力市场趋紧，全球对德国出口产品的需求激增。[5] 虽然德国对欧洲其他国家的出口不景气，但德国人没有理由怀疑自己国家的成功叙事。然而，即便是包裹在繁荣之下，德国政治也仍然面临压力，而薄弱环节是自 2009 年以来默克尔选择的联盟伙伴自民党。[6] 在德国情况最好的时候，自民党的亲商和减税议程在国内的吸引力也很有限。在欧元区危机期间，德国自民党的国家主权立场面临的压力日益增大。这为反对派提供了一个很好的理由。在一个不断被迫做出妥协以保持欧元区完整的政府内部，自民党正在玩一场没有胜算的游戏。2012 年，与欧洲债券有关的讨论、对希腊的新一轮援助和德拉吉的行动主义在德国激起了愤怒，加剧了该党的政治困境。2013 年春，随着德国现代政治中第一个公开的欧洲怀疑论政党的出现，这些情况变得尖锐起来。这个政党就是德国选择党。[7] 虽然德国选择党在 2015 年继续领导反对默克尔难民政策的运动，聚集了一批排外主义选民，但该党最初是由一群保守派教授创立的，他们反对默克尔对欧元区采取的妥协政策。在 2013 年 9 月的德国大选中，让主流社会感到宽慰的是，德国选择党未能突破进入联邦议院所需的 5% 门槛＊。但它分走了大量自民党的选票，足以让自民党自 1949 年以来首次退出议会。由于基民盟的选票大幅增加，默克尔将第三次担任总理，再次与社民党组成联合政府。尽管得票率位居第二，社民党还是进行了艰苦的讨价还价，在关键的内阁组合中占据了相当可观的席位。但是，大联合政府让默克尔在议会中取得了广泛支持，而沃尔夫冈·朔伊布勒继续担任财长，这对保持政策的连续性至为关键。2014 年 9 月，朔伊布勒向德国联邦议院宣布了一个好消息，自 1969 年以来，他将首次为零新债编制预算。他宣称，在一个因乌克兰、叙利亚和伊拉克的暴力事件而动荡不安，被埃博拉疫情吓坏的世界里，德国强劲的财政状况将给大家带来信心。[8] 德国于 2009 年启动的债务刹车计划正在提前实现。

然而，欧元区其他国家的忧虑近在眼前。无论是在经济上还是政治上，压力都在持续。2012 年应对危机的努力阻止了这场迫在眉睫的灾难。但是，在 2011 年至 2012 年期间，市场信心受到冲击，拖累了欧元区经济，财政整固的"紧箍咒"越来越紧。严重衰退直到 2013 年下半年才开始得到缓解。那时，希腊和西班牙的失业率已经达到了 26% 至 27% 的峰值。当复苏到来时，速度缓慢得令人痛苦，而且因来自新兴市场日益令人担忧的消息而蒙上了一层阴影。2014 年，随着全球各地的物价下跌，欧盟被通缩的恐惧所困扰。欧

＊ 在德国，政党必须至少获得 5% 的选票（或 3 个直选议席）才可以进入联邦议院。——译注

盟是否正滑向自 20 世纪 90 年代以来日本曾深陷其中的经济流沙？这种经济流沙表现为坏账拖累了日本经济的复苏，需求不足导致恶性循环。[9] 欧洲将如何应对？财政契约甚至限制了政府在急需的投资上的支出。西班牙正在经历最严厉的调整，基础设施和教育方面的公共支出大幅削减。[10] 但除去货币贬值，德国是欧洲公共投资水平最低的国家之一。欧洲央行最终会兑现"不惜一切代价"的承诺吗？德拉吉下调了利率，但欧洲央行会不会更进一步，开始实行量化宽松？[11] 随着通胀滑向零，预期值变为负值，欧洲央行采取行动所面临的经济形势变得严峻。但是，随着德国民族主义者的不满情绪高涨，以及德意志联邦银行仍然为 2012 年的失败感到痛心，因而政治风险同样很大。

当经济学家和政客们围绕着政策选择争论不休时，欧洲很大一部分人已经受够了。民意调查显示，在欧洲各国，即使是一直以来都非常支持欧盟的国家，对欧盟的支持率也大幅下降。[12] 接着是 2014 年 5 月的欧洲议会选举。选举结果震惊了欧洲政界。持欧洲怀疑论的民族主义政党取得了巨大进展。在英国，英国独立党获胜。更重要的是，国民阵线在法国取得胜利，获得了 25% 的选票，相比之下，走中间路线的保守派人民运动联盟党 * 的得票率为 20%，执政的社会党仅获得 14.7% 的选票。国民阵线利用了法国根深蒂固的民族主义、反犹主义和后殖民种族主义。但是，自 2011 年 1 月以来，玛丽娜·勒庞（Marine Le Pen）发起了一场为该党"去妖魔化"的运动，将其重新塑造为反对全球化和反对欧盟的民粹性民族主义的工具。在其小资产阶级的基础上，国民阵线增加了很大一部分原本被认为是左翼支持者的选民——蓝领阶层和失业人群。[13] 在

---

* 国民阵线在 2018 年 6 月更名为国民联盟，人民运动联盟党在 2015 年更名为共和国人党。——编注

2014 年 5 月的大选之前，当国民阵线的选民被问及什么对他们重要时，他们提到了三件事。63% 的人认为移民问题是头等大事，同样比例的人提到了经济问题。不过，排在首位的是对欧盟的敌意：83% 的国民阵线的选民认为，从属于欧盟加剧了经济危机对法国的影响；81% 的选民认为，当前政府遵循紧缩要求的经济政策可能会失败。鉴于欧洲自 2008 年以来的经验，很难说这些观点没有道理。三分之二的国民阵线的选民认为法国应该退出欧元区。

　　由于各国对危机处理不当且造成了惨重损失，右翼民族主义者获得了新的追随者和更大的可信度，但是它们在欧洲政坛边缘堆积起来怨愤情绪却并不新鲜。新鲜的是左翼的组成群体发生了变化。与国民阵线中愤怒、阶层较低和受教育程度较低的群体形成鲜明对比的是，左翼的新政党充满活力，是自 20 世纪 60 年代末以来欧洲反复出现的进步的社会运动力量的更新。在西班牙，"我们能"党是"5·15"运动的产物。"5·15"运动是一场由一名大学老师领导的、具有想象力和基础相当广泛的社会运动，选民中大学毕业生的比例高于西班牙的任何其他政治力量。[14] 在希腊的任何一个党派中，激进左翼联盟的高中低三个收入群体的比例是最均衡的。自 2008 年以来，推动左翼支持率飙升的原因，与其说是原教旨主义的反对，不如说是人们认识到欧盟背叛了自己的承诺。

　　主流媒体对 2014 年 5 月的选举结果的直接反应是，将批判现状的左翼和右翼人士都斥为"民粹主义者"。[15] 抗议党派表现出来的不耐烦和非理性，将使 2010 年以来整固财政的各项努力付诸东流。当欧洲需要团结起来对抗边境上的新威胁时，他们却在分裂欧洲。[16] 一直以来都有关于俄罗斯渗透的邪恶传言，这无疑让人感到惊慌。不过，在 2014 年，一场新的冷战向人们展现了一幅更令人放心的场景。如果欧洲不是回到 20 世纪 50 年代，而是回到 30 年代，那将会怎样？这个剧本是不是具有挥之不去的熟悉感？一场金融危机遭遇了顽固的财政紧缩，导致了大规模失业和政治激进化。当对普京干涉的担心与激进伊斯兰主义者的恐怖袭击交织在一起时，欧洲黑暗历史的记忆很容易变成一个新的黑暗大陆的可怕景象。2015年3月，广受读者欢迎的美国《大西洋月刊》提出了这样一个问题，这或许是此类末日警告式的欧洲怀疑论最具戏剧性的表现："现在是犹太人离开欧洲的时候了吗？"[17]有影响力的记者杰弗里·戈德堡（Jeffrey Goldberg）为他的美国听众创作了这样一个故事：失业伊斯兰青年在欧洲破旧的住房项目和内城区中苦苦挣扎，他的愤愤不平与欧洲大陆根深蒂固的反犹主义历史和新右翼势力的崛起交织在一起。在附随的视频中，当被问及最后一个欧洲犹太人在离开"旧世界"时应该做些什么时，莱昂·维塞尔蒂尔（Leon Wieseltier）简单地说："吐口水！"话中的恐惧和刻薄使人们回想起大屠杀和很久以前的记忆。令人震惊的是，这种危言耸听的说法本应在其出现时就引起人们的注意。

在2012年明显摆脱危机的两年后，欧洲再次陷入僵局。为了确保其职能得以为继，欧元区需要朝着进一步的一体化迈出大胆的步伐。然而，考虑到民众日益强烈的反对和持续的经济不确定性，政治动力从何而来？2014年5月，经由欧洲选民做出裁决后，谁会愿意为了批准条约变更而甘冒引发全民公投的风险呢？与此同时，除了繁荣的北欧核心国家，欧洲大部分地区都在艰难地恢复正常的经济增长。假以时日，德国的紧缩和改革方案会奏效吗？西班牙和爱尔兰正在艰难缓慢地回归。但是，在南欧大部分地区，失业危机仍然严重。2014年，这些问题变得越来越尖锐。针对欧盟的日益高涨的政治反弹会压倒欧洲停滞不前的经济复苏吗？这种复苏还会继续吗？到2014年，通缩的风险是不可否认的。德国经济增长所依赖的新兴市场正在摇摇欲坠。如果德国受到经济停滞的威胁，那么政治压力将进一步加剧。欧洲央行会被迫放弃防御姿态，转而采取更为积极的政策吗？与以往一样，欧元区内局势最严峻的地方仍是希腊。

二

在经历了六年的经济衰退之后，希腊的社会危机显露无遗。2014 年，失业率接近 27%。希腊一半以上的年轻人没有工作，尽管他们曾经可能依靠家人来维持生计，但养家糊口的主要人群也常常失去收入来源。到 2015 年，半数人口依靠老年人的养老金收入过活，这是一个令人震惊的数据，因为支付给老年人的养老金有一半低于贫困水平。根据欧盟统计局的数据，如果贫困标准稳定在危机前的水平，那么到 2015 年，几乎一半的希腊人口将处于危险之中。[18]经济合作与发展组织报告称，六分之一的希腊人每天都在挨饿。[19]雅典到处都是无家可归的人。那些有幸保住了工作的人，实际工资下降了 25%。与此同时，税收急剧增加。这个由小业主组成的国家对新的土地税感到愤怒。最贫困的人群负担着最大的增值税，税率从 13% 上升到 24%。与北欧的人们普遍持有的看法相反，希腊的福利安全网远远谈不上财力雄厚，医疗体系在削减开支的压力下崩溃。为了逃离劳动力市场危机，自 2008 年以来，每 1000 万希腊人中就有 40 万移居国外。离开的大多是受过良好教育的年轻人，包括成千上万的医生。[20]

希腊不仅经历着一场社会危机，而且是在三驾马车的要求下发生的。由于大多数希腊人非常希望保住希腊在欧洲的地位，泛希腊社会主义运动党和新民主党别无选择，只能先后服从债权人三驾马车的要求。但是，毫不奇怪的是，这场危机引发了广泛的抗议情绪，这种情绪由对社会团结和民族自强的渴望所推动。在右翼，受益者是种族主义政党金色黎明党，一个真正具有新法西斯主义运动色彩的政党。不过，到目前为止，激进左翼联盟获得了更广泛的响应。在 2014 年 5 月的欧洲选举中，该党轻而易举地超过了执政的新民主党。

意识到自己的支持率正在下降，萨马拉斯的联合政府呼吁欧盟和柏林让步。如果希腊能够效仿爱尔兰和葡萄牙，提前退出三驾马车的救助计划，这将是欧洲的伟大胜利，并可能给欧元集团的合作者在选举中提供可能性。但柏林拒绝了这个建议。他们从来都不相信萨马拉斯，也不会让步。萨马拉斯希望获得新的授权，于是要求进行选举。就像现在司空见惯的那样，亲紧缩的欧洲各国政府和国际货币基金组织也参与进来。希腊选民相信，就"欧洲"而言，新民主党、泛希腊社会主义运动党和中间派的河流党都是可以接受的选择。西班牙保守派首相拉霍伊在雅典为萨马拉斯助选。鉴于"我们能"党的崛起，西班牙保守派不顾一切地避免让左翼取得胜利。然而，在 2015 年 1 月 25 日，希腊选民做出的裁决就是让左翼获胜。由年轻的激进主义分子阿莱克西斯·齐普拉斯领导的激进左翼联盟组建了一个政府，并回绝了柏林和布鲁塞尔的温和派社会民主党人的期望，选择信奉极端民族主义的独立希腊人党（而非亲欧洲的中间派河流党）作为联盟伙伴。虽然两党的宗教观和文化价值观念并不一致，但在与欧盟的对抗中，激进左翼联盟可以自始至终信赖独立希腊人党。[21]

对抗将会很艰难。激进左翼联盟面临的挑战是，迫使开启希腊偿债能力这个痛苦且尚未解决的问题。通过买下私人债券持有人的债券，2012 年的债务重组消除了雅典方面的市场压力。但是，考虑到希腊经济的衰退，希腊的债务负担仍然过大。2012 年的协议使用欧盟和国际货币基金组织的公共贷款来取代私人债务，如果说有什么影响的话，那就是增加了政治风险。让那些押注希腊高收益债券的私人债权人烧钱是一回事；向保守的欧洲北部国家纳税人提议说，他们应该对希腊反叛的左翼政府做出更大的让步，则完全是另一回事。2015 年的事态发展导致了一场新的政治对抗，在这场对抗中，战线出现了令人昏乱的反转，至少在希腊新任财长雅尼斯·瓦鲁法克斯（Yanis Varoufakis）对希腊局势的描述中是如此。[22]

　　瓦鲁法克斯是一名非正统的左翼人士，其职业生涯的大部分时间都在希腊境外的英语世界院校中度过，他从来都不是激进左翼联盟的圈内人。他与旧的左翼政客或正统的马克思主义者没有利害关系。由于希腊的债务不再是市场贷款，而是欠三驾马车的债务，他的策略变成了动员市场的实用精神，以反对欧元区的金融正统学说。他得到了伦敦金融城、英国《金融时报》和拉里·萨默斯等权威人物的支持，也得到了包括被证明是左翼分子的加尔布雷斯（Jamie K. Galbraith）和杰弗里·萨克斯（Jeffrey Sachs）在内的一群美国经济顾问的支持。萨克斯一度倡导对后共产主义国家采用"休克疗法"。瓦鲁法克斯认为，希腊债务问题的空想家不是那些坚称债务还不了就是还不了的人士，而是欧元集团中严格遵循纪律的保守人士，他们坚称，无论代价如何，原则上都必须偿还债务。瓦鲁法克斯抨击的"体系"不是资本主义，而是欧洲停滞不前、功能失调的紧缩政策，以及这一政策在希腊和其他国家的合作者。

　　在瓦鲁法克斯看来，将理性的经济学与保守意识形态相提并论，是一个有效的政治论点。这将为他赢得相当多的国际追随者。但是，此举低估了他的对手。在德国领导下强加给欧洲的财政整固计划，其目的无疑是政治性的。但不仅如此，它还是一个长期规划欧洲社会和经济秩序的愿景。默克尔喜用"欧洲如果不改革，就会走上印加文明的道路"这句话来吓唬毫无戒心的访德人士。[23] 为了在十年内实现这一目标，柏林不惜在短期内付出沉重代价。这正是对失败的社会和经济模式进行改革所需承担的，也是欧洲共产主义的结束、为推动德国统一实行的经济计划，以及东欧国家并入欧盟所带来的教训。在推行这项工程时，人们既不能向市场的短期前景让步，也不能对激进左翼联盟式的抗议政治妥协。为了确保欧洲继续走下去，遏制"政治传染"至关重要。在危机期间，东欧、爱尔兰、西班牙和葡萄牙的政府并没有获得让步，如果现在向希腊妥协，后果将是灾难性的。无论希腊人民有多痛苦，这对在欧元区实现更广泛的经济平衡来说几乎是无关紧要的。这场斗争关乎更广泛的政治纪律和权威问题，正如柏林的保守派全球主义者所看到的那样，它是取得长期经济成功的基础。

这场斗争愈发激烈，因为欧元集团中支持紧缩的鹰派知道，法国和意大利的中间派政府很容易受到影响。2012 年，法国的奥朗德政府曾希望推行一项更广泛的政策。在奥朗德当选后，对政治运作能力至关重要的经济增长议程几乎没有取得任何进展。现在，由深受欢迎的中间派马泰奥·伦齐（Matteo Renzi）领导的罗马新政府也受到了类似的诱惑。[24] 这让坚持反对激进左翼联盟的立场变得更加重要。德国是主力军，但在最关键的谈判中，财长朔伊布勒几乎不需要说话。荷兰人杰伦·迪塞尔布洛姆（Jeroen Dijsselbloem）主持了欧元集团会议，反对激进左翼联盟的主张将由西班牙的路易斯·德·金多斯和葡萄牙的玛丽亚·路易斯·阿尔武凯克（Maria Luis Albuquerque）等支持紧缩的坚定分子提出。他们知道，在阻止激进左翼联盟时，他们是在为自己的政治生涯，以及他们在 2011 年签署紧缩议程时自己国家献身的项目而战。

具有讽刺意味的是，在表达对希腊建制派政党的偏爱时，欧元集团和国际货币基金组织正与那些造成希腊可悲财政状况的政治力量和社会利益集团保持一致。这些纠葛并不局限于政治。商业寡头集团及其载体网络的核心是希腊的银行。作为重组协议的一部分，希腊银行在 2012 年进行了资本重组，为此买单的是希腊的纳税人。但是，它们仍然严重依赖希腊央行和欧洲央行的资金。自 2014 年 6

月以来，希腊央行一直由扬尼斯·斯托纳拉斯（Yannis Stournaras）领导，他是一位颇具说服力的希腊经济学教授，是希腊最初加入欧元区的设计师之一，也是任期即将结束的萨马拉斯政府的财政部部长。[25] 2014 年 12 月，当激进左翼联盟在民调中领先、可能很快就会执政的形势变得明朗时，斯托纳拉斯没有采取任何措施来遏制缓慢流血的银行挤兑。在选举之前，较为富裕的希腊人已经从银行中取出了 160 亿欧元。在齐普拉斯上任后，仅在短短三周内，又有 80 亿欧元被取出来。[26] 这场资本大战的结果是，银行对欧洲央行的依赖越来越深。

如果激进左翼联盟领导的政府拒绝与三驾马车合作，那么欧洲央行可能会像之前在爱尔兰和希腊做的那样，威胁削减向银行提供的紧急贷款。这将是一个毁灭性的打击。但是，三驾马车真的想冒欧元区再次爆发危机的风险吗？金融危机的传染威胁是希腊政府进行讨价还价的主要筹码。如果欧盟、欧洲央行和德国把希腊推向悬崖边缘，那么希腊可能把其他国家也带上。然而，在这方面，就在激进左翼联盟上台前的三天，形势发生了决定性变化。2015 年 1 月 22 日，马里奥·德拉吉宣布，欧洲央行最终将采取全面量化宽松政策。在德拉吉发表"不惜一切代价"演讲两年半之后，欧洲央行并没有满怀热情地兑现这个承诺。在 2012 年至 2014 年间，德拉吉曾允许欧洲央行收缩资产负债表。迫使他在 2015 年出手的，是通缩的严重威胁。为了对抗物价下跌，德拉吉尝试了所有的替代方案。这一次，新一轮的长期再融资计划没有找到买家。欧洲的银行正专注于去杠杆化。直到 2014 年 9 月，德拉吉才开始通过购买私人资产担保的证券来启动"简化的量化宽松"。[27] 不出所料，此举即刻引发了德国的愤怒。促使德拉吉采取更大胆行动的导火索，是欧洲法院在 2015 年 1 月 14 日发表的初步意见，欧洲法院在德国最高法院向其提交的案件中裁定，德拉吉 2012 年的债券购买计划并没有初步违反货币融资禁令。[28]欧洲央行没有等待最终裁决,它采取了行动。2015 年 1 月 22 日,德拉吉宣布,在欧元区的通胀稳定在安全的正区间之前,欧洲央行将以每月 600 亿欧元的速度购买主权债券。[29]

　　在欧洲央行转向积极的货币政策时,激进左翼联盟在 2015 年 1 月的大选中获胜,在这样一个巧合中,欧元区危机的经济后果和政治后果最终交织在一起。这一结合将产生具有重大影响的后果。具有讽刺意味的是,让欧洲保守派能够不受约束地使用任何必要手段为进行政治遏制而战的,正是他们长期反对的欧洲央行的债券购买计划。然而,有了欧洲央行的参与,就不存在希腊危机将像金融危机那样传染的危险。随着欧洲央行开始购债行动,从市场上吸走主权债券,西班牙、葡萄牙和意大利债券的收益率随之下降。这正是 2010 年国际货币基金组织提倡的做法,以便让爱尔兰的银行业危机以公平的方式——通过私营部门参与,而不是完全牺牲纳税人——得到解决。当时,特里谢拒绝这么做。如今,德拉吉实施量化宽松政策,使得欧元集团中占多数的保守派得以围攻希腊左翼政府,而不必担心会引发一场全面危机。

　　这是否意味着结局是预先注定的?激进左翼联盟是否了解自己所处困境的危急程度?从当时的资料来源和可公开获得的信息来看,形势并不明朗。不过,瓦鲁法克斯的回忆录揭示,在齐普拉斯的内阁中,至少有一些人了解挑战的规模。作为一名经济理论家,瓦鲁法克斯的专长是博弈论。他知道德拉吉转向量化宽松是将希腊给困住了。如果激进左翼联盟领导的政府希望在债务谈判中占据有利位置,那么它需要的是一个能够再次引燃金融危机传染风险的威胁。瓦鲁法克斯认为,2012 年救助协议出现的小问题,加上德国民族主义者高涨的不满情绪,给了希腊所需的筹码。[30]在欧洲央行的账面上,有 300 亿欧元的债券是根据特里谢的证券市场计划购买的。2012 年的债务重组没有触及这些债券,它们是根据希腊法律发行的。

如果希腊就这些债券单方面违约，这将给欧洲央行带来严重损失，凸显出购买债券的风险，并且将或多或少迫使德国右翼重新讨论量化宽松的合法性。如果量化宽松的法律基础受到质疑，市场信心将会崩溃。防火墙将倒塌。整个欧元区外围国家会再次陷入危险，欧元集团将不得不认真对待希腊的要求，以免恐慌情绪在市场上蔓延。

　　鉴于希腊自身也存在弱点，如果将此举描述为核武器，未免会有些夸张。但是，瓦鲁法克斯准备的肯定是一枚脏弹。为了迫使欧元集团认真谈判，希腊将威胁破坏德拉吉稳定整个欧元区所依赖的脆弱的政治平衡。它将故意在欧元区引发内战。由于法律层面的技术性细节问题，实际上，我们并不清楚希腊违约将会直接冲击欧洲央行，还是仅仅冲击希腊自己的央行。但是，这一威胁无疑在法兰克福和布鲁塞尔引起了警觉。瓦鲁法克斯为违约起草了法律命令，并将其保存在财政部。问题是，齐普拉斯政府是否有勇气在关键时刻部署威慑力量。

三

　　希腊新政府与其债权人在布鲁塞尔举行的第一轮会议非常不顺利，差点儿导致谈判即刻"破裂"。2015 年 2 月 12 日，在刚刚结束就"明斯克 2 号停火协议"与普京在顿巴斯进行的艰苦谈判后，默克尔、德国外长弗兰克-瓦尔特·施泰因迈尔（Frank-Walter Steinmeier）和法国同行乘专机抵达布鲁塞尔，参加欧洲理事会会议。排在议程首位的是乌克兰，而不是希腊，新任希腊外长威胁要否决针对普京的进一步制裁，此举使他未能赢得与会同行们的欢迎。[31] 瓦鲁法克斯于 2 月 11 日首次参加了欧元集团会议，他的语气和缓，坚持主张激进左翼联盟在欧洲的合法性，承诺真诚合作。他坚称，他们不是"民粹主义者，并未向所有人承诺一切"。但朔伊布勒的回答很干脆：激进左翼联盟没有参与 2012 年与希腊各政党达成的协议。不过，就欧元区的基本原则而言，瓦鲁法克斯必须明白，"不允许进行改变经济政策的选举"。[32] 乍看之下，这是一份令人震惊的声明，但它概括了欧元区所处的困境。由于这场危机，国家经济政策日益成为国际协议的议题。就欧元集团而言，希腊债务备忘录是路线图。无论希腊政府的情况如何，人们都希望希腊能坚持这份备忘录。尽管备忘录的形式得以保留，但仍激起了怒火，有传言称，瓦鲁法克斯和迪塞尔布洛姆几乎要打起来了。[33] 毫无疑问，朔伊布勒很乐意看到希腊当场遭到抛弃。但是，2 月 20 日，默克尔进行了个人干预，同意延缓执行备忘录，允许希腊新政府在获得债权人的批准后，提出自己的改革方案清单，以取代备忘录。[34] 尚未偿还的 72 亿欧元债务，偿还时间被推迟到协议达成和实施改革之后。

在接下来的几个月，双方在极其熟悉的问题上痛苦地来回折腾。雅典能否通过其紧缩方案让债权人满意？债权人是否愿意讨论激进左翼联盟要求的第二轮债务重组？这是消耗战。随着谈判的拖延，希腊的银行耗尽了储备，变得越来越依赖欧洲央行，而激进左翼联盟领导的政府也失去了动力。在激进左翼联盟中的许多左翼人士看来，2 月 20 日达成的让希腊留在欧元区的妥协，似乎是个错误。齐普拉斯的政府白白浪费了取得胜利的政治势头，错失了与布鲁塞尔决裂的机会，而决裂广受民众欢迎，从此以后，谈判就处于弱势地位。可是，齐普拉斯并不想在谈判开始之前就挑起分歧。而瓦鲁法克斯倒是挺想看看筹码是否有效。他知道，每当他提到证券市场计划涉及的债务有可能发生违约时，欧洲央行立时就会心惊胆战。[35]

有没有可能达成妥协？就债务而言，希腊的资不抵债是显而易见的。但是，没有证据表明债权人曾经愿意让步。瓦鲁法克斯身边的团队奉行大西洋主义战略，他们希望谈判中的摇摆因素会是国际货币基金组织。该组织的多数分析师都对多米尼克·斯特劳斯-卡恩让国际货币基金组织参与第一轮的"拖延塞责和装聋作哑"策略感到遗憾。自 2010 年以来的五年，希腊的债务仍然是不可持续的。重组必不可少。然而，拉加德不愿与其欧洲伙伴决裂。考虑到她自己的政治背景，她对激进左翼联盟没有多少同情。国际货币基金组织驻希腊团队与三驾马车关系密切，致力于实施其艰难的计划。似乎是为了强化国际货币基金组织的承诺，其驻希腊代表团的前负责人保尔·汤姆森(Poul Thomsen)被提拔为欧洲部门主管。[36] 私下里，汤姆森与该基金组织的大多数同事一致认为，希腊债务是不可持续的。但是，雅典很快会发现，喋喋不休地谈论可持续性问题是一把双刃剑。可持续性不仅取决于债务水平，还取决于希腊未来的增长道路。尽管在财政乘数等问题上，国际货币基金组织已转为更加"自由"的观点，但在长期经济增长的问题上，该基金组织仍坚持旧的观点。它们认为，为了提高经济增长率，希腊必须解除劳动力市场的管制，放开限制性的商业许可。这需要详细和高度介入的"供给侧改革"。[37] 此外，希腊政府可以不断地通过对国有资产进行私有化出售来筹集资金。实施这些措施对任何政府来说都是痛苦的。对于像激进左翼联盟这样的左翼联盟来说，这无异于政治自杀。

如果国际货币基金组织犹豫不决，它的主要股东美国会改变这一平衡吗？五年前，当危机爆发时，由泛希腊社会主义运动党领导的四面楚歌的帕潘德里欧政府在华盛顿找到了慰藉。在激进左翼联盟获胜后不久，奥巴马再次发出了鼓舞人心的声音。[38] 这位美国总统认为，对一个已经屈膝的民族不应该要求太多。他说："你不能继续压榨那些正处于经济萧条中的国家。"[39] 与此同时，美国著名的中间偏左派经济学家们，为首的是保罗·克鲁格曼和约瑟夫·斯蒂格利茨，他们支持瓦鲁法克斯提出的为希腊制定一个"理性"债务计划的呼吁。但是，在柏林，这一切都进展得不太顺利。雅典也没有从奥巴马的新财长杰克·卢（Jack Lew）那里得到多少同情。卢曾是一名律师、对冲基金经理，也曾在花旗集团任职，属于奥巴马政府的鹰派。卢指出，新的希腊危机"对刚刚从深度衰退中复苏的全球经济来说不是一件好事"。希腊政府必须尽最大努力赢得债权人的信任。[40] 4月，随着紧张局势升级，奥巴马白宫经济顾问委员会的新任主席贾森·弗曼发表了评论，称希腊危机不是"我们想进行的实验"。但当他被要求"以雷曼破产为10分，从1到10"为希腊无序退出欧元区的情况打分时，弗曼认为，"希腊违约很可能被打为6分，这一数字低于2012年的8分"。[41] 在风险变高时，华盛顿曾毫不犹豫地介入了欧元区的政治事务。然而，为了一场在满分10分中高达6分的危机，华盛顿并不打算破坏与柏林的关系。一位美国官员告诉瓦鲁法克斯："在我们看来，你们属于柏林的势力范围，这一点毫无疑问。"[42]

　　如果不能指望华盛顿提供任何帮助，那么作为全球经济新力量的中国呢？北京将东地中海视为欧亚"一带一路"物流网络的自然延伸。中国已经高调收购了比雷埃夫斯港颇有争议的股份。[43] 瓦鲁法克斯急切地探讨过吸引更多中国资本，甚至是中国介入希腊国债市场的可能性。北京似乎很感兴趣，但北京承诺的债券购买从未兑现。当瓦鲁法克斯询问原因时，他从北京方面收到了直截了当的答复。北京之所以没有介入，是因为柏林让中国人知道，它不欢迎他们干预希腊危机。[44]

　　把中国和美国视为合作伙伴，吸引了像瓦鲁法克斯这样的希腊人，这些人自认为是"现代化主义者"，在希腊的共产主义环境中没有很深的根基。对于激进左翼联盟的保守势力来说，很显然，俄罗斯是不二之选。[45] 2015年，默克尔和奥朗德仍在努力控制乌克兰危机。普京对叙利亚采取了越来越多的干预行动。希腊能否利用其在东地中海的战略地位获得筹码？4月8日，齐普拉斯前往莫斯科会见普京。在克里姆林宫，他听到了同样的回答。普京的意思很简单："你必须与德国人达成协议。"[46]

但是，希腊应该与德国的哪位人士打交道呢？金融政策方面的权力由财长朔伊布勒掌握，但他越来越明确地表示，希腊在欧元区没有未来。[47]默克尔也持同样的观点吗？她是一位比朔伊布勒更务实的政治家，当然不会希望看到欧元崩溃。齐普拉斯认为自己可以通过个人外交说服她。另一方面，瓦鲁法克斯认为，默克尔需要知道的是希腊可能会对德拉吉为稳定欧元区做出的努力构成威胁。默克尔利用了他们之间的分歧。为了离间这位希腊总理与他的左翼内阁成员的关系，她和齐普拉斯进行了一系列私人会晤，让他相信她最终会达成妥协。问题是什么时候、以什么条件。默克尔耽搁的时间越长，希腊就变得越绝望。

4月，由于有传闻说希腊将违约，少数仍在公开市场交易的流通在外的希腊债券的收益率飙升至26.2%。[48]回到2012年，这可能会在罗马、马德里和里斯本引发焦虑。但现在情况没有蔓延开来。欧洲央行对此并不担心。正如德拉吉所说："目前我们拥有足够的工具……尽管它们是为其他目的设计的，但如果有必要，肯定会在危机时刻使用……我们的准备比2012年、2011年和2010年都要好。"[49]由于欧洲央行的购债行动不仅吸收了欧元区所有新发行的政府债券，而且还使私人投资者可获得的主权债券的总存量减少了2650亿欧元，因此欧洲央行没有什么理由担心债券市场义勇军的涌入。瓦鲁法克斯计划的对欧洲央行持有的债券的故意违约，本来可以挫败这种自满情绪。然而，越来越清楚的是，齐普拉斯不敢使用这一威胁。

如果无法达成妥协，并且齐普拉斯不愿使用希腊唯一的真正武器，那么有没有办法打破僵局？对债权人来说，如果齐普拉斯和他那群古怪的团队成员干脆从现场消失，事情可能会变得简单些。但是，他们不久前才在选举中打了漂亮的胜仗，这时让他们下台简直是一个奢望。欧盟曾被 2011 年的幽灵所困扰。英国《金融时报》指出，布鲁塞尔对"欧盟共谋参与了结束希腊总理帕潘德里欧和贝卢斯科尼的任期"的指控"很敏感"。[50] 但是，欧元集团毫不掩饰地说，他们希望齐普拉斯抛弃瓦鲁法克斯及其党内的左翼人士。[51] 这样的历史先例比比皆是。欧洲在遏制激进的左翼政府方面一直很有成绩。1998 年秋，在经历了几个"疯狂的月份"后，格哈德·施罗德领导的德国红绿政府撤销了奥斯卡·拉方丹（Oskar Lafontaine）的财政部部长一职。[52] 1983 年，密特朗转向严厉的货币政策，这预示着共产党将被驱逐出他的联合政府。再往前看，英国《金融时报》也热心地建议将"1931 年的英国国民政府"作为一个先例。[53] 齐普拉斯会成为希腊的拉姆齐·麦克唐纳*吗？在欧元集团的又一次恃强凌弱后，在 4 月 25 日的里加峰会上，得到默克尔积极鼓励的齐普拉斯将瓦鲁法克斯晾到了一边。瓦鲁法克斯仍然担任财长，但国际经济关系部部长欧几里得·察卡洛托斯（Euclid Tsakalotos）将担任首席债务谈判代表。部署希腊威慑力量的另一个机会被浪费掉了。

雅典屈服了。但数月的围攻战让双方都付出了代价。或许默克尔和朔伊布勒很容易就能进入梦乡，可是布鲁塞尔对"美好欧洲"的理念投入了更多。5 月，三驾马车似乎在摇摆不定。该委员会对勇敢的齐普拉斯有了好感。法国政府不希望看到希腊蒙羞受辱。国际货币基金组织对债权人的要求的可持续性持怀疑态度。6 月 1 日，柏林召开了会议，以便让三驾马车坚定决心，并最终把激进左翼联

---

* 拉姆齐·麦克唐纳（Ramsay MacDonald），英国工党创始人之一。在大萧条期间，由于内阁在经济政策上出现重大分歧，他在 1931 年 8 月提出辞呈，并获乔治五世授意与保守党和自由党联合组阁，成立国民政府。这一举动被工党视为背叛，麦克唐纳也随即被开除出工党。——译注

2015年欧洲央行购买债券的影响（单元：10亿欧元）

	2015 年债券发行总额	赎回	2015 年债券发行净额	2015 年量化宽松购债规模	净供应量减去量化宽松购债数量
德国	159	155	4	113	−109
法国	187	118	69	89	−20
意大利	185	196	−11	77	−88
西班牙	142	92	50	56	−6
荷兰	48	37	12	25	−14
比利时	33	21	11	16	−5
奥地利	17	13	4	12	−8
芬兰	10	5	5	8	−3
爱尔兰	14	2	11	7	4
葡萄牙	13	6	7	11	−4
希腊	7	7	0	13	−13
总计	815	652	162	427	−266

资料来源：Morgan Stanley Research, National Treasuries.

盟逼至绝境。[54] 国际货币基金组织和欧元区"弥合了分歧"。国际货币基金组织要求希腊强行对其劳动力市场和商业法规进行艰难的改革，由此缓解了对可持续性的担忧。这将使债权人能够对未来的增长持乐观假设，并使他们不必立刻承诺免除未来的债务。[55] 对雅典来说，这是最糟糕的结果。[56] 伦敦金融城的经济学家估计，根据债权人的计划，到 2019 年，希腊经济将进一步下滑 12.6%，希腊债务比率将飙升至惊人的 200%。正如沃尔夫冈·明肖（Wolfgang Munchau）在英国《金融时报》上所说，如果说"不"的话，希腊并不会有什么损失。"接受三驾马车的计划将会是双重自杀——对希腊经济和希腊总理的政治生涯来说都是如此。"[57]

是自杀还是暗杀？当雅典拒绝屈服时，欧洲公开试图让激进左翼联盟领导的政府在民众中失去权威和合法性。让—克洛德·容克和斯洛伐克财长佩特尔·卡日米尔（Peter Kažimír）公开宣称，他们只是与齐普拉斯的政府有分歧，而不是与希腊人民。[58]在心领神会后，6月18日，亲欧洲的反对激进左翼联盟的希腊人在Facebook上发起了一场集会。政府下令防暴警察撤离，避免与亲欧派人群发生公开对抗。但是，激进左翼联盟的信心受到了冲击。这次示威表明，能够动员议会权力以外力量的，并非只有左翼。当激进左翼联盟在执政的头几个月里经历了令人沮丧的重击后，哪一方可以指望得到更积极的民众支持，目前已不再明显。[59]6月初，齐普拉斯和察卡洛托斯再次寻求妥协。雅典将通过提高退休年龄、大幅增加税收和社会保障缴款来实现债权人的紧缩目标。谈判持续了48小时，燃起了达成协议的希望，但也存在一些症结。尽管同意维持巨额的基本预算盈余，但激进左翼联盟仍坚持"政治要义"，调整重点主要是对希腊富人增税而非福利削减。这满足了对社会公平的需求，但债权人坚称，此举"最终可能扼杀经济"。[60]此外，激进左翼联盟想要的回报是欧元集团对债务重组做出预先承诺。在这一点上，德国不会让步。

　　由于无法获得2012年纾困计划的最后一笔资金，雅典距离违约仅剩几天的时间。为了不顾一切地争取支持，齐普拉斯突然发布了一个令人惊讶的新消息。[61]6月27日凌晨1点，他在电视上宣布将举行全民公投，将由希腊人民决定是接受还是拒绝债权人的备忘录。齐普拉斯宣布，他将发起反对接受备忘录的运动，呼吁希腊人民拒绝"勒索的最后通牒"。[62]欧元集团感到震惊。默克尔明确表示，由于雅典政府反对达成协议，不可能再有任何妥协。[63]第二天，也就是6月28日星期天，欧洲央行扣动了扳机，它把为希腊银行提供的紧急流动性支持冻结在当前的水平。这将在次日引发灾难性的银行挤兑。欧洲央行本可以走得更远。它本可以完全终止紧急流动性援助，并要求偿还贷款。在欧洲央行理事会的危机会议上，肯定会有人投票赞成如此极端的做法。而欧洲央行拥有压倒性的权力，这将德拉吉推到了一个棘手的位置。[64] 作为三驾马车的成员和为希腊银行体系的金融生命提供支持的主要机构，欧洲央行是"法官、陪审团和刽子手"。[65] 但德拉吉不想表现得好像是他在进一步加剧紧张局势，或者"故意恶化希腊的财政困境"[66]。限制希腊获得流动性援助的力度已经够大了。为了避免立即出现崩溃，希腊政府率先关闭了希腊银行，将每天提取的现金限制在 60 欧元以内，并实行资本管制，以限制资本外逃。为了取钱，中产阶级储户不耐烦地排起了长队。希腊的私营媒体一片哗然。它们告诉听众，激进左翼联盟中不负责任的激进分子已经把这个国家逼到了悬崖边缘。

由于债权人拒绝在公投结果公布前谈判或让步，6 月 30 日，雅典宣布将推迟偿还应向国际货币基金组织支付的款项。这就不仅仅是行政问题了。国际货币基金组织被公认为国际贷款方面的超级优先债权人。由于拖欠国际货币基金组织的债务，希腊被列入了一份名单，其中曾包括苏丹、索马里、津巴布韦、阿富汗和红色高棉统治下的柬埔寨。[67] 希腊的债务规模也达到了前所未有的程度。在未来十年里，希腊应向国际货币基金组织偿还的债务高达 260 亿美元。

然而，在这个关键时刻，国际货币基金组织的反应却出人意料。在 2015 年的夏天，该组织内部对欧洲应对希腊债务危机的做法的不满情绪终于爆发了。从首席经济学家奥利维尔·布兰查德（Olivier Blanchard）于 6 月中旬发表第一篇博客文章，到 7 月中旬正式发布一篇关于希腊债务可持续性的论文，这家全球重要的金融权威机构宣布，自 2010 年以来实行的"拖延塞责和装聋作哑"的策略，在经济上和政治上都是不可持续的。毫无疑问，希腊将不得不做出更艰难的决定，但三驾马车和欧元集团需要停止装聋作哑，以为它们提供的援助已经足够了。债务重组必须提上日程。[68] 在美国董事会成员的支持下，国际货币基金组织不顾欧洲代表的反对，于 7 月 2 日发布初步报告，概述了迄今为止这些计划的全部荒谬之处。按原定计划，希腊应在 2012 年获得 500 亿欧元的私有化资金，但现在只获得了 32 亿欧元。自激进左翼联盟上台以来，当前的计划安排和所有争论不休的替代方案都是不切实际的。任何一个严谨的人都不会以 4% 的基本盈余、大规模的结构性改革和每年 2% 的 GDP 增长为基准推进工作的开展，这是很现实的。[69]自希腊经历了 2010 年以来的一切之后，不可能指望希腊的政党会"出台"如此严厉的政策组合。而不出台此类政策组合，人们就不能期望承诺得到兑现。现在，国际货币基金组织呼吁至少减免 500 亿欧元的债务，将偿还时间延长一倍，并提供 360 亿欧元的短期融资，以使希腊能够撑到 2018 年。[70]

美国人竟然允许这种情况发生，这让欧洲人又惊又恼。早在 6 月初，在巴伐利亚举行的七国集团会议气氛友好，奥巴马扮演的是一个忠实盟友的角色。但是，让冲突公开化可以衡量欧洲目前实现的稳定程度。国际货币基金组织之所以在 2010 年 5 月参与希腊纾困，唯一的理由是担心系统性传染的风险。多亏了马里奥·德拉吉的债券购买计划，这种风险已不复存在。现在，国际货币基金组织可以在不用担心实际后果的情况下，有原则地发表反对意见。面对着欧元区的自欺欺人，国际货币基金组织将不会做出新的承诺。不过，它也没有做让柏林面临严重压力的事情：退出三驾马车。

对于希腊民众来说，该如何选择更是不言自明了。他们敢挑战债权人吗？投反对票是否意味着希腊退出欧元区，甚至退出欧盟？尽管遭到了公开和大规模的恐吓，7 月 5 日，仍有 61.31% 的人投票反对接受三驾马车的提议。鉴于该计划在当时就已经被国际货币基金组织斥为不可持续，此次投票与其说是一种因政治绝望而产生的疯狂行为，不如说是对常识的主张，这一主张勇敢且迫切。但是，来自债权方的反应也很坚决。在 7 月 12 日之前，雅典必须拿出一项更加紧缩、更加不可持续的提议，否则将面临被逐出欧元区的风险。7 月 9 日，在法国财政部的帮助下，激进左翼联盟领导的政府拼凑出了一项新计划，就欧盟委员会提出的削减福利和增加税收达成妥协，并呼吁适度减记债务和新增 530 亿欧元的贷款。对激进左翼联盟中的左翼人士来说，这是可耻的投降。瓦鲁法克斯在公投后辞职，加入了党内反对派。与此同时，齐普拉斯启程前往斯特拉斯堡 *，以期争取到整个欧洲的支持。7 月 10 日，他在欧洲议会露面，左翼和极右翼都向他发出了赞许的口哨声，但中间派那里却嘘声一片。[71] 欧洲政见存在分歧，一些人拥护维持现状，另一些背景各异的人则谴责欧元区是德国的监狱。

　　7 月 11 日星期六，由于各国首脑定于第二天会晤，欧洲各国财长在布鲁塞尔召开了会前会议。很快人们就清楚地意识到，柏林的立场非但没有软化，反而变得强硬起来。朔伊布勒坚称，如果希腊想留在欧元区，就必须同意设立一个由债权人直接控制、由希腊国家资产组成的 500 亿欧元的担保基金，以此证明自己的信誉。倘若落实了这些措施，那么希腊可以获得更多贷款，并且欧盟可以开展另一项努力，以便使“拖延塞责和装聋作哑”的策略可行。另外，如果希腊更愿意走主权之路，那么朔伊布勒提出让希腊“暂时退出”欧元区五年，这可能伴随着债务重组和“人道主义”救助。[72] 会议讨论了向希腊医院提供紧急药品的问题。不过，谈判桌上没有讨论的是重演 2012 年的一幕，即让希腊留在欧元区，并进行深度的债务重组。银行减记债务是一回事，德国纳税人减记债务则完全是另一回事。希腊将不得不退出欧元区。但如果真的发生了呢？如果希

---

* 法国西北部城市，欧洲议会所在地，与布鲁塞尔一样驻有众多欧盟重要机构和组织。——编注

腊选择暂时退出，又该怎么办？这将意味着欧元区成员国的资格授予将会有附加条件。朔伊布勒又会在此后多久提出让意大利或西班牙暂时退出欧元区呢？对法国人来说，这是无法接受的。[73] 德国人摆出一副欧洲出纳负责人的姿态，但一旦欧元区因希腊出现分裂，法国也将背上沉重的负担。法国曾与雅典密切合作，起草了最新的妥协方案，而朔伊布勒对此干脆置之不理。

为了澄清事实，法国财政部部长米歇尔·萨潘（Michel Sapin）提议，他们应该"把一切都说出来，告诉对方真相，以便宣泄不满"。[74] 然而，集体治疗进展不顺。随后的对话被一位参与者描述为"极其艰难，甚至出现了暴力"。值得注意的是，这场战斗已经超越了国家利益。用法国年轻的经济部部长埃马纽埃尔·马克龙（Emmanuel Macron）的话来说，希腊正在挑起一场名副其实的欧洲内战，一场"宗教之战"，北欧、东欧、德国和荷兰属于一个阵营，法国、意大利、西班牙和其他国家则属于另一个阵营。[75] 朔伊布勒和德拉吉争吵不休，德国财长最终愤怒地辩称自己"不是白痴"，这让会议达到了一个痛苦的高潮。在这个节骨眼上，迪塞尔布洛姆认为最好叫停会议，这笔交易不得不在第二天由政府首脑们达成。

2015 年 7 月 12 日（星期日）下午，进入讨论高潮的峰会开始，虽然欧盟的全体成员国都出席了会议，但谈判只涉及四个角色：默克尔、齐普拉斯（由新任财长为他提供意见）、欧洲理事会主席唐纳德·图斯克，以及有效地代表了其他成员国更广泛利益的奥朗德。谈判是艰苦的，也是痛苦的。默克尔放弃了朔伊布勒令人担忧的暂时退欧建议，但仍坚持让希腊设立担保基金。齐普拉斯同意设立基金，但不能接受由布鲁塞尔或卢森堡来运行该基金。该基金将控制希腊的资产，其总部必须设在雅典。正如奥朗德所坚称的那样，"这是一个'主权'问题"。[76] 默克尔让步了。该基金将设在希腊，必要时可用于对希腊银行进行资本重组，并用于其他国内投资目的。

但是，即使达成了妥协，一直到 7 月 13 日星期一凌晨，各方仍未达成任何协议。上午 7 点，在经过一整晚的谈判后，默克尔和齐普拉斯的分歧数额达到了 25 亿欧元。两人似乎想要带着筋疲力尽的沮丧离开。在这个决定命运的时刻，图斯克介入了。双方可以放弃谈判，但如果他们放弃，他将毫不犹豫地告诉全世界，他们让"欧洲失败"了，而这归根结底只是因为微不足道的一笔钱。让默克尔清醒过来的，不是经济灾难的景象，而是放任希腊不管可能带来的政治后果。在做决定的那一刻，她觉得没有义务受到金融逻辑的约束。她不想成为"破坏欧洲"的总理。这比最终解决希腊债务问题更为重要。对于分歧，她采取了折中做法。德国将同意另一项救助计划。希腊将从欧洲获得总计 860 亿欧元的新贷款。作为交换，雅典接受了对其主权的严重侵犯。它必须在 48 小时内迅速完成更多的削减。议会主权[*]沦为了橡皮图章。

欧元区没有分裂。希腊仍然留在欧元区。欧洲已经恢复了采取相当严酷的集体行动的能力。欧洲央行已经展示了央行干预措施的安抚力量。希腊走上了三驾马车要求的"改革"道路。但是，正如国际货币基金组织的行动方针表明的那样，这既是政治问题，也是金融危机管理问题。欧洲债权人固执地拒绝讨论债务重组这个唯一重要的问题。成败的关键不是宏观经济表现，而是对一个任性的欧元区成员国实施纪律。由于避免了金融危机的传染，一项保守的财政解决方案被明显强加给了一个具有强大民主授权的左翼政府。欧洲央行"释放"量化宽松的举措产生了消极的影响，那就是它允许"拖延塞责和装聋作哑"以及随之而来的无情紧缩继续进行。

---

* 议会主权是一些议会制国家宪法中的一个概念。这一概念认为，立法机构拥有绝对主权，地位凌驾于行政、司法等其他所有政府机构之上。——译注

四

　　7月12日至13日晚，激进左翼联盟的同情者在巴塞罗那发起了"# 这是一场政变"的话题，该话题在 Twitter 上迅速散播，短短几个小时内，全球就有37.7万名用户疯传，几天内就产生了10亿次点击量。[77] 在距离事件更近的雅典，由前能源与环境部部长帕纳约蒂斯·拉法扎尼斯（Panagiotis Lafazanis）领导的"左翼平台"的成员于7月14日晚在奥斯卡酒店会面，讨论他们能如何应对朔伊布勒提出的，但默克尔、图斯克、奥朗德和齐普拉斯都竭尽全力避免的希腊退出欧元区的问题。他们认为，希腊政府到了2月还没有与布鲁塞尔决裂，那真是大错特错了。现在，在监狱的大门再次关闭之前，他们应该造成决裂，必要的话还须采取激进手段。他们的目标是国家造币厂，他们相信那里有220亿欧元的储备，在他们推出一种新的本国货币之前，这些储备足以支付养老金和其他必要的政府支出。如果央行行长扬尼斯·斯托纳拉斯像他们预料的那样抗拒，他们就会逮捕他。这次会面早已不是什么秘密。酒店外面挤满了记者。对于他们会如何认真地对待这次会谈，我们已无从得知。但是，一位参与者回忆："很显然，那是一个高度紧张的时刻……你意识到房间里有一种真正的革命精神。"[78] 不过，事态最终没有发展到那个地步。齐普拉斯和激进左翼联盟的主流迫使议会通过了必要措施。虽然这些左派从激进左翼联盟中分离出来，但在9月的大选中蒙羞受辱，这证明和维护了齐普拉斯的领导地位，因此，齐普拉斯依旧赢得了多数票，新的贷款协议也落实了。事实证明，大多数希腊人希望留在欧元区，即使代价是继续受到三驾马车的监督。

　　在整个欧洲，让中间派感到震惊的是7月的暴力冲突事件。唐纳德·图斯克曾近距离目睹了最后一轮谈判，他同意希腊激进分子的观点。空气中弥漫着一种不耐烦的革命情绪。图斯克是一个经历过冷战的自由派和团结工会的资深成员，对他来说，这一切都是非常令人震惊的。他对一群困惑的金融记者说道："卢梭太多，孟德斯鸠却不够。"[79] 于尔根·哈贝马斯是最有资格成为21世纪欧洲启蒙思想家的人物，他对此感到惊诧不已。他告诉《卫报》，默克尔对希腊左翼政府"采取了惩罚行动"。"我担心，德国政府，包括它的社会民主派，在一夜之间就把一个更好的德国半个世纪以来积累的所有政治资本都赌光了。"德国"厚颜无耻地表明自己是欧洲主要的维持纪律者，并首次公开宣称德国在欧洲拥有霸权"。[80]

毫无疑问，默克尔和朔伊布勒的确发挥了强有力的作用。但他们究竟要展示什么呢？让德国右翼人士感到烦乱的，不是与希腊冲突的激烈性质，而是德国几乎没有获得多少好处。那么，在2015年7月12日至13日的决定性一战中，究竟谁才是胜利者？当然不是朔伊布勒，他被自己的总理抛弃了。当时占据上风的是"保护欧洲"的决心，而代价是另一项不可持续的纾困协议。在德国右翼看来，默克尔在希腊危机中的背叛，是她在该年秋季叙利亚难民危机中对德意志民族的灾难性背叛的前奏。受益的是右翼且亲市场的政党德国选择党，该党最初于2013年4月公开亮相，旨在抗议柏林在欧元区危机中无休止的让步。正如朔伊布勒可能会恶毒嘲讽的那样，德国选择党的崛起，一半要拜德拉吉所赐，而另一半原因可能归功于他的老板总理默克尔和她在叙利亚问题上的自由主义姿态。[81]朔伊布勒不是仇外主义者。历来仇外都具有很高的风险。默克尔犹豫不决的让步危及的是基民盟的历史使命：驯服德国的民族主义，并让德国与欧洲紧密结合。

德国右翼看清楚了一些事情。他们明白，尽管德国很强大，但即便是在最好的情况下，它也没有占据绝对的支配地位。2012年稳定了欧元区的，是心不在焉地朝着更深层次一体化迈进的趋势，不过，市场上盛传的德拉吉最终要让欧洲央行"美国化"的看法掩盖

了这种趋势。2015 年欧元区再次实现了稳定，这不仅仅归因于获得
了胜利的德国保守主义，还在于对激进左翼联盟的紧缩政策进行了
必要补充的量化宽松。正如美国的量化宽松那样，这是一个反常的
互补方案。如果没有量化宽松，那么紧缩政策将使经济陷入瘫痪。
如果没有紧缩，那么量化宽松在政治上将让保守派无法接受。[82]
2015 年下半年，随着欧元区危机遗留下来的紧张局势继续折磨着欧
洲政治，二者将更加紧密地耦合在一起。欧元集团中反对激进左翼
联盟的阵营有理由感到担忧。因为首先在 2015 年 10 月的葡萄牙，
然后在 2015 年 12 月的西班牙，选举都给保守派和中间派政党带来
了沉重打击。自 2010 年以来，这些政党一直在走紧缩的道路。

　　在 2015 年 12 月的西班牙大选中，以保守政党 * 和西班牙工人
社会党（工社党）为基础的两党制瓦解了。自 1975 年佛朗哥将军
去世以来，这种两党制一直在推动西班牙向民主过渡。随着人民党
和工社党的支持率分别跌至 28% 和 22%，他们只赢得了半数选民
的忠诚。[83] 多数席位的剩余部分将由两个全新的政党——"我们
能"党和公民党——分享。"我们能"党的得票率为 20.7%，与它
在 2014 年成立后不久的民调中超过 30% 的得票率相比，这令人失
望。2015 年，该党失去了支持，部分原因是激进左翼联盟遭受了打
击，另外的原因是新兴政党公民党的崛起。公民党自称是一个支持
社会、文化和经济自由主义计划的"进步"政党。"我们能"党和
公民党都承诺要用一双干净的手来解决腐败问题。这两个政党都表
现得非常出色。但是，选举结果并不具有决定性。任何一个政党都
未能获得单独执政所需的绝对多数席位。工社党和"我们能"党
之间的分歧太大，无法成立左翼政府。2016 年，在第二轮投票之后，
顽固的保守派政治家拉霍伊再度出任西班牙首相。随着经济蹒跚

---

* 即人民党。——译注

着走出死胡同，与爱尔兰一样，西班牙也将被誉为紧缩调整政策的典范。

葡萄牙的经济复苏较慢。与西班牙不同，它承受了全面的"三驾马车"计划的冲击。2015年，葡萄牙年轻人的失业率接近60%，长期失业率徘徊在40%左右。2011年6月上任的佩德罗·帕索斯·科埃略领导的中右翼联盟——葡萄牙阵线*——为欧元区的稳定进行了长期斗争。当竞选活动开始时，葡萄牙阵线看上去有可能会被彻底击败。但是，希腊的动荡和欧洲央行量化宽松政策提供的保护，使结果发生了逆转。2015年10月4日，科埃略和葡萄牙阵线的选票相对于2011年的结果下降了12%。但是，他们获得了38.6%的支持率，这仍然远高于社会党获得的32.3%的支持率。令人宽慰的是，保守派金融经济学家、总统卡瓦科·席尔瓦（Cavaco Silva）求助于科埃略，首次尝试组建一个新政府。可是，尽管葡萄牙阵线获得了最高的支持率，但距离执政所需的多数席位仍然有很大差距。虽然社会党在选举中的表现令人失望，但他们仍有其他选择。如果他们愿意与激进的左翼集团（相当于希腊的激进左翼联盟）和前共产主义的团结民主联盟†联合，那么他们将获得多数席位。要实现这一结盟，就需要打破冷战的禁忌，以及自20世纪70年代独裁统治结束以来葡萄牙民主的传统。正如德国社民党和左翼党一样，迄今为止，葡萄牙社会党都拒绝与前共产主义政党打交道。但是，经过多年的财政紧缩，葡萄牙社会党的领导人安东尼奥·科斯塔（António Costa）决定冒险尝试，并进行谈判，成立一个由三党组成的左翼政府。[84]

总统席尔瓦将如何回应？对他来说，这是一个极大的困境。他非常坦率地指出，"在四十年的民主进程中"，葡萄牙政府从来没有

---

* 科埃略所属的社会民主党（简称"社民党"）与人民党的组成的执政联盟。——编注

† "团结民主联盟"即葡萄牙共产党与葡萄牙的绿党联合组成的竞选联盟。——编注

依赖过激进的左翼政党，而它们质疑《里斯本条约》、欧盟预算条约、银行业联盟、《稳定与增长公约》和欧元区与北约的成员国资格。[85]在他看来，葡萄牙的执政合法性取决于对这些机构及其体现的价值观所做出的承诺。在 2015 年，又出现了更深层次的关联。葡萄牙必须具备加入欧洲央行的量化宽松计划的资格。正是德拉吉的债券购买让葡萄牙免受希腊风暴的冲击。反过来，欧洲央行的法令规定，是否有资格被纳入欧洲央行的计划，取决于国际信贷机构的评级。2011 年，最著名的评级机构——惠誉、穆迪和标准普尔——都将葡萄牙的债券评级降至垃圾级。唯一的例外是多美年债券评级服务机构，它是国际评级机构中知名度最低的。葡萄牙之所以能成为欧洲"受人尊敬的俱乐部"的成员，靠的就是 DBRS 的债券评级。[86]如果葡萄牙退出欧洲央行的计划，其财政后果将是灾难性的，而对总统席尔瓦来说，影响显而易见。席尔瓦认为："现在是彻底变革我们民主基础的最糟糕时刻……在我们执行了一项繁重的财政援助方案，做出了巨大牺牲之后，我有责任在宪法赋予的权力范围内，尽一切可能防止向金融机构、投资者和市场发出错误信号。"[87]而允许获得多数席位的左翼政党联盟掌权本身将是一个错误信号。

在希腊事件过后，安格拉·默克尔毫不顾忌让外界知道她的赞成态度，这并不令人吃惊。在里斯本，这个反紧缩的左翼联盟的前景"不容乐观"。[88]但是，总统席尔瓦又有什么选择呢？在这个替代政府已经做好准备、蓄势待发的情况下，他无法要求进行新的选举。11 月 24 日，面对不可避免的命运，席尔瓦任命科斯塔为葡萄牙总理。不过，他也没有轻易地以多数决定原则为准。相反，在一项根据宪法来看不太可靠的安排中，席尔瓦对科斯塔的任命是有条件的。[89]政府必须遵守葡萄牙对欧盟稳定公约的承诺，该公约要求欧元区的所有成员国将预算赤字降到 GDP 的 3% 以下，必须坚持对北约的承诺，必须按照原计划继续对葡萄牙境况不佳的银行体系进行重组，必须限制工会在决定政府政策方面的作用，并维持雇主和劳工之间现有的平衡。朔伊布勒曾宣布，选举不应当改变经济政策。葡萄牙总统明确表示同意。在总统、欧盟债权国政府、欧洲央行、债券评级机构和债券市场的监督下，左翼联盟上台了。它能利用政治力量做什么？在欧元区的框架内，葡萄牙的民主是否不仅仅是"拖延塞责和装聋作哑"，取决于它有没有能力改变强加给它的限制。至少，与希腊不同，对葡萄牙债务的计算和评估，并没有从一开始就宣告其民主无效。

五

在实力较弱、依赖性较强的欧元区成员国中，针对左翼政府的财政压力策略奏效了。欧元集团的政治和经济纪律计划占了上风。尽管齐普拉斯和科斯塔领导的政府虚张声势，并在国内外激起了真正的骚动，但他们并没有承诺要进行革命。他们承诺的是民族自治和自尊，尤其是社会进步。这使他们容易受到即刻发生的经济窒息的威胁。毕竟，如果对欧洲央行的流动性援助设定上限，导致你无法从银行取出现金，那么即便是小幅增加你的养老金，或者缩短你获得保障性住房的等待时间，又有什么意义呢？

然而，对欧盟现状的挑战不仅仅来自左翼。在与希腊的斗争中被掩盖的、在 2014 年 5 月的欧洲议会选举中让人感受到的民族主义浪潮正在积聚力量。2014 年，法国国民阵线、英国独立党和丹麦人民党都成了头条新闻。第二年，英国保守党出人意料地在 2015 年 5 月的大选中赢得绝对多数席位。英国的保守派阵营是一个很宽泛的组织。沿着文化现代化的道路，戴维·卡梅伦带领保守党走出了反对党的荒野。但是，该党的右翼完全属于民族主义阵营——专注于主权和移民问题，并挥舞着传统主义的大旗。[90] 在极右翼政党中，潜藏着反欧盟的英国独立党的特立独行者，他们虽然被排除在英国议会之外，却赢得了 2014 年的欧洲议会选举。就在英国保守党获胜几周后，波兰的法律与公正党凭借公开的民族主义和文化保守主义赢得了波兰总统大选。[91] 他们也是民族主义者，对布鲁塞尔的干涉和德国"支配地位"的威胁怀有敌意。2015 年夏秋两季，叙利亚难民危机的戏剧性场面，以及安格拉·默克尔善意但笨拙的回应，助长了民族主义者的气焰。德国不仅傲慢，它还为外族涌入打开了大门。对民族主义的煽动者来说，这是一份双重大礼。到 2015 年秋，法律与公正党不仅占据了波兰议会和政府，还赢得了总统选举。

波兰和英国的欧盟公民加起来总共 1 亿人，占欧盟总人口的20%，两国政府都在迎合那些持强烈怀疑态度的仇视欧盟分子。这让布鲁塞尔感到不安，但也产生了更广泛的影响。从历史上看，无论是在北约，还是作为跨大西洋欧洲美元体系的支柱，英国都是美国在欧洲最卓越的盟友。自 21 世纪初以来，在唐纳德·拉姆斯菲尔德的"新欧洲"中，波兰一直是前锋，这个东欧国家与美国的地缘政治计划的关联最为密切。2015 年早些时候，激进左翼联盟曾试图在困境中吸引全球参与者，以此在欧洲获得筹码，但没有成功。美国、中国和俄罗斯都拒绝了。它们不会干涉德国的势力范围。如此一来，波兰和英国对欧盟的现状就构成了更加难以遏制的挑战。

第23章

恐惧计划

2016 年伊始，华沙的民族主义政府与布鲁塞尔在新闻自由、司法独立和堕胎权问题上发生争执。在向欧盟发起挑战的过程中，他们可以指望从在匈牙利宣称"非自由民主"*的维克托·欧尔班那里获得掌声。与此同时，英国政府要求就退出欧盟进行谈判。英国首相让布鲁塞尔知道，他很乐意采取亲欧洲的立场。但是，从一开始，卡梅伦的做法就具有令人不安的交易性质。如果得不到他所要求的让步，他就将在 2016 年夏天举行的全民公投中领导一场反对欧盟成员国身份的运动。

民族主义和仇外心理是右翼挑战者的共同特征。但是，与法律与公正党的领导人不同，卡梅伦处于一个尴尬的境地。他正在努力挣扎，既不能忽视保守党宣传机器煽动起来的高涨的民粹主义情绪，又要顾及更大范围的受商业驱动的全球主义议题。自 20 世纪 70 年

---

* 非自由民主（illiberal democracy）是由美国记者扎卡利亚（Fareed Zakaria）于 1997 年在学术期刊《外交事务》上提出。——译注

代以来，欧盟成员国身份塑造了具有竞争力的现代化的英国经济。与任何政党一样，保守党也参与了这一进程。21 世纪的伦敦金融城已成为英欧关系中最重要的组成部分之一。英国与欧元区的离岸关系，不仅定义了英国和欧洲在金融全球化网络中的地位，也定义了它们与美国的关系。如今，引导和管理民粹性民族主义政治的企图具有极高的风险，保守党领导的政府正在使伦敦发挥其在全球经济网络中的关键节点作用。

一

　　不到十年前，伦敦金融城还是形势一片大好。它是镶嵌在新工党经济皇冠上的珍贵宝石，是英国获取全球影响力的门票，是华尔街的放松管制者向往的标准，也是快速发展的全球高端金融公司的首选之地。然而，2008 年的冲击令人震惊。伦敦金融城变成了危机和失败之地。[1] 数以万计的人失去了工作。英国最具抗逆能力的两家银行——巴克莱和汇丰——躲过了布朗大肆宣扬的资本重组计划，但危机使政府不仅将北岩银行收归国有，还将劳埃德–苏格兰哈里法克斯银行和苏格兰皇家银行国有化。危机过后，"再平衡"成为工党和取代它的联合政府的共同议程。[2] 英国银行业的立法远远超出了《多德–弗兰克法案》的范畴。曾经广受吹捧的金融服务管理局被废除了。银行监管部门重新并入英格兰银行。依照宏观审慎主义的新概念，在监管职能和经济政策职能之间不允许有明确划分。2013 年的《银行业改革法案》将划分银行职能，限制零售活动。金融服务不再是英国成功故事的一部分。

　　但与华尔街不同的是，收紧对英国银行的监管并不等同于限制伦敦金融城。金融城首先不是一个国家金融中心。它的主要业务是全球业务。2012 年 7 月 26 日，伦敦举行了一场会议，这是一场面向全球投资者的活动，旨在展示和推销金融城，德拉吉在会上发表了著名演讲。在奥运会前夕，英格兰银行行长默文·金一直对体育念念不忘。他说，伦敦金融城就像温布尔顿网球锦标赛的举办方——全英草地网球和槌球俱乐部。[3] 虽然背景是典型的英国风，但赛事却是全球锦标赛。尽管默文·金没有详细说明，但他的言外之意是，英国的银行支持配合伦敦金融城，就像英国一直在苦苦努力的国家网球项目支持温网一样。英国的银行或网球项目是国家层面的主要关注点。它们可能会偶尔产生优胜者，但无论是它们，还是英国其他地区的经济，都不是最引人关注的地方。

现代伦敦金融城建立在欧洲美元体系之上。多亏了美联储，它才在危机中幸存下来。但是，美国的监管机构明白，对于美国银行积累的一些最极端的风险，伦敦提供了一个平台。2012 年，美国的一位高级监管人员向国会的一个委员会说道，美国允许将其风险转移到伦敦，结果它们"又回到这里，撞上了我们的海岸"。[4] 在《多德-弗兰克法案》的庞大框架内，美国的监管机构目前正在大幅收紧对在美外资银行和美国海外银行业务的监管。[5] 体现了伦敦金融城与华尔街之间联系的欧洲银行，如巴克莱银行、德意志银行、瑞银集团和瑞士信贷，正承受着巨大的压力。到 2015 年，在曾经挑战过华尔街顶级银行排名榜的所有欧洲银行中，只有德意志银行仍在争夺全球投行业务的头把交椅，绝大多数人认为这是孤注一掷。[6] 德意志银行没有其他可靠的业务线可以依靠。总体上，交易路线是从美国通向欧洲。所有美国大银行仍然在伦敦维持着重要业务。但是，2014 年，在广受关注的 Z/Yen 集团发布的报告中，华尔街首次超越伦敦金融城，成为全球银行的中心，这成了一个新时代的征兆。[7]

伦敦如何才能重获优势？危机爆发之后，美国全球银行的主要竞争对手不是欧洲的银行，而是亚洲的银行。在化险为夷方面表现

最好的"英国"银行是汇丰银行。在竞争压力的驱使下,伦敦开始
了一场不同寻常的 21 世纪的赌博。正如伦敦金融城之前为美国所
做的那样,它将自己重塑为中国通往世界的金融门户。[8] 它避开了
中美竞争的地缘政治因素,与中国建立了特殊关系,这将恢复伦敦
的竞争优势。2012 年春,伦敦金融城政府启动了一个项目,将金
融城打造成人民币交易的重要中心。结果创造了一系列引人注目的
第一。早在 2012 年,汇丰银行就发行了首只以人民币计价的债券;
伦敦同时声称,中国境外人民币支付业务的 62% 都是在伦敦完成的。
2013 年 6 月,为支持不断扩大的人民币业务,英格兰银行与中国人
民银行达成了互换协议。北京向总部位于伦敦的资产管理公司授予
特权,使它们成为首批获准直接投资人民币计价股票的西方公司。
2014 年 10 月,英国财政部发行了 30 亿元人民币债券。[9] 长期以来,
美国一直都在向中国借钱。现在,英国也将借入人民币。

在采取这些行动时,英格兰银行明确引用了 20 世纪 70 年代欧
洲美元市场 * 的模式。当然,不同之处在于,在推动欧洲美元市场出
现的过程中,伦敦使全球金融得以逃脱政府监管。与之相对的是,
在推动人民币国际化方面,伦敦金融城和英国政府正与北京当局携
手合作。伦敦坚持要使这种关系正常化。中国是一个至关重要的新
兴市场,在实现国际化后,随之而来的会是自由化。美国和中国都
在争夺地缘经济地位,伦敦对此视而不见。中国提议成立亚洲基础
设施投资银行,让中美之间的争夺公开化。华盛顿对伦敦渴望加入
这家由中国牵头的银行的愤怒反应,就很能说明问题。

考虑到伦敦身处的更广阔舞台,它的大胆之举变得更加引人
注意。在 20 世纪 80 年代,英国将自己定位为日本投资(无论是银

---

* 欧洲美元市场是经营美国以外美元存款交易的国际资金借贷市场,其优势在于不受任何
国家法令限制。"欧洲美元"的清算中心在英国伦敦。——译注

行投资，还是制造商投资）的转口港。作为全球外商直接投资的门户，英国在欧盟内部发出了市场自由化的呼声。进入 21 世纪，在金融服务领域，英国分别与美国和中国成为合作伙伴，这也许会被拿来与德国高科技制造业全球出口国的市场定位进行类比。2013 年，在卡梅伦访问北京时，这似乎是他的愿景。他提出让英国作为"在深化欧盟与中国的贸易和投资关系方面拥有独特地位"的合作伙伴，并提出了在中欧之间促成一项"雄心勃勃、综合全面的欧盟－中国自由贸易协议"的设想。[10] 然而，此举让一个问题变得更加紧迫：英国在欧盟的地位有多稳固？

　　2008 年的危机标志着英国与欧盟关系破裂。随着英国经济陷入衰退，民众对欧洲感到失望。反对党保守党也没有采取任何措施来平息这种不满。受到布莱尔和布朗政府欢迎的东欧移民大量涌入，成为打击工党的绝佳把柄。一旦保守党领导的联合政府开始强行通过其紧缩议程，移民对国民医疗保健服务和社会服务造成的压力就成了一根导火索。英国经济的不平衡增长进一步加剧了这种挫败感。尽管英国经济的生产领域如制造业、建筑业等停滞不前，但在 2010 年至 2014 年间，金融服务业飞速增长了 12.4%。[11] 在伦敦及其近郊，受金融城财富的推动，从 2013 年至 2016 年，伦敦房价飙升了 50%，远远超过英国其他地区的增速。伦敦是一个出类拔萃的国际化大都市，是寡头们的首选之地。从经济的角度来看，"再平衡"是一个神话。但从政治的角度来看，情况就并非如此了。在英国的大部分地区，伦敦因国际化产生的富裕引起了深深的反感。在对英国独立党友好的保守派评论员看来，"'伦敦'已经变成了对英国问题一无所知的陌生人的简称"[12]。伦敦是精英阶层的首都，布鲁塞尔则是另一个。民粹主义小报《每日快报》（ *Daily Express* ）于 2010 年 11 月开始为英国脱欧造势，并成为第一家与英国独立党结盟的报纸。[13] 2011 年 10 月，随着欧元区危机达到高峰，80 名保

守党的后座议员 * 与政府决裂，要求就《里斯本条约》和进一步的欧盟宪法修改进行公投。[14] 2011 年秋的民意调查显示，仅有三分之一的英国选民赞成继续留在欧盟，超过 50% 的人反对。[15]

如果保守党中主张发展现代化大企业的一翼想要保持对局势的控制，很显然，它需要一劳永逸地解决欧洲问题，而压力来自两个方面——英国内部和外部。[16] 欧洲对这场危机做出的反应，对伦敦来说，是一个不祥之兆。与往常一样，法国是敌人。萨科齐和特里谢似乎执意要取代伦敦金融城作为以欧元计价的金融交易中心的地位，因为他们认为伦敦金融城是金融不稳定的根源之一。在欧洲各国政府竭力遏制欧元区危机之际，多数欧元交易和多数以欧元计价的衍生品交易都发生在伦敦，这不禁显得有些反常。许多成员国都喜欢征收金融交易税的想法。在反对派中，法国社会党和德国社民党都在推动实现这一想法。考虑到联盟伙伴在政治上的弱点，默克尔无法承受忽视这一想法的代价。欧盟委员会的一项研究得出了一个必然的结论：任何此类税收都会在伦敦金融城产生 62% 或更多的收入。

2011 年 12 月，英国与欧盟其他国家围绕财政契约爆发的灾难性冲突使这一紧张局势浮出水面。值得注意的是，为了保护伦敦金融城，卡梅伦带着一个关键的议程来到布鲁塞尔，参加了欧元区生死攸关的谈判。[17] 范龙佩鼓吹的深度一体化计划，甚至是欧元债券计划，对于柏林和伦敦来说，都是不可接受的。不过，卡梅伦相信他有达成协议的基础。为换取卡梅伦对阻止联邦主义者的议程给予支持，默克尔将向卡梅伦承诺使伦敦金融城免受任何烦琐的监管。事实证明，那是一个误会。为了应对欧元区危机，默克尔需要萨科

---

* 英国下议院中的普通议员。后座议员按惯例在后排议席就坐，并非执政党内阁成员，亦不是政党议会党团的领袖或影子内阁成员。——译注

齐和德国联邦议院中的社民党的支持，这远远超过了她对卡梅伦的需要。卡梅伦觉得自己遭到了背叛，于是否决了这项协议，使得他看起来像是一个狭隘的伦敦金融城游说者。[18] 与此同时，默克尔和萨科齐的宏伟财政契约被简化为一项政府间协议。

卡梅伦对这场冲突的处理糟糕得令人震惊，但是，这也不是毫无道理的。为了控制欧元区危机，很显然，柏林和巴黎确实需要朝着进一步的财政和金融一体化迈进。在欧洲理事会、二十国集团、八国集团公开和私下举行的每次会议上，英国政府都在敦促欧元区遵循这种逻辑。[19] 对英语世界的经济学家来说，这是欧元区各国的职责所在，无法推卸。德拉吉的"不惜一切代价"让人松了一口气。可是，尽管对欧元区进行整固是非做不可的事情，但对英国保守党领导人来说，这具有严重的政治影响。银行业联盟和财政联盟不被接受——不仅仅仇视欧盟分子反对，英国的大批人士也认为这是不可接受的。如果更深层次的欧元区一体化不是要不要进行而是何时进行的问题，那么伦敦将必须迫使布鲁塞尔公开接受一个多速度和多层次的欧洲一体化模式。

然而，在回顾历史的时候，人们可能很容易就会忘记，英国脱欧公投并不是"按现状"对英国是否留在欧盟做出的决定，也不仅仅是获取微小让步的一种手段。伦敦的运作来自英国可以改变欧盟的进程这一傲慢假设。当欧元区国家继续朝着更深层次的一体化迈进时，英国将迫使布鲁塞尔正式承认这种一体化不仅是一个多速度的，而且是一个多方向的模式。英国迈向更紧密联盟的步伐并没有放缓。如果保守党按自己的想法行事，它根本就不会往这个方向迈进。必须让布鲁塞尔接受这一事实及其对欧洲政治经济的影响。作为国内外的金融中心，伦敦金融城的离岸交易枢纽地位必须得到永久性的承认。这种对抗不仅是不可避免的，而且现在也到了伦敦强迫解决这个问题的时候了。为了从 2010 年至 2012 年的危机中走出来，巩固欧元区的制度结构，其成员国将不得不面对修改条约的艰巨任务。一旦欧元区稳定下来，这些复杂的谈判就必须在 2013 年开始，并且最迟在 2016 年完成。正是在这些微妙的谈判中，英国才会拥有最大的筹码。欧元区为进行整固做出的令人痛苦的努力，将为卡梅伦开启一扇战略机遇之窗，让他通过谈判就一个新的管理体制达成协议。

2013 年 1 月 23 日，保守党中主张都市化的领导人为维护对其政党基础的控制做出的努力，伦敦有足够的影响力把结构性问题强加给欧盟这一傲慢假设，认为现在是采取行动的时机的判断，这三方面考量淋漓尽致地展现在卡梅伦在彭博社伦敦金融城新总部发表的重要演讲中。[20] 这并不是公开反对欧洲的言论，但卡梅伦坚持认为，有必要重新定义欧盟在欧元区范围外的目标。他曾承诺将控制来自欧盟国家的移民。为此，他希望限制欧盟公民在英国获取福利的权利。他希望为欧盟的非欧元区成员国提供安全保障，防止欧元区核心国家在欧洲一体化问题上做出进一步决定。他希望，至少就英国而言，与对欧洲建立更紧密联盟的基本承诺划清界限。他呼吁进行谈判，并在此基础上承诺最迟在 2017 年举行公投。

这是一个连贯的策略，但也是一个有风险的策略。2013 年，随着春去夏来，英国人想象着欧元区将从 2010 年至 2012 年的危机转向对条约进行全面的重新谈判，很显然，这个想象过于乐观。从经济治理的角度来看，这或许是合理的，但柏林、巴黎和布鲁塞尔都非常清楚，条约谈判将使它们变得多么脆弱。在 2014 年 5 月的欧洲（议会）选举得出令人震惊的结果后，重新开始条约谈判的时间被推迟到不久的将来。卡梅伦的机会之窗从未打开。关于在英国、荷兰和德国之间进行重大谈判，以便就共同市场的新的自由愿景进行协商的想法胎死腹中。[21] 2014 年夏，面对英国反对派的激烈运动，容克被选为新一届的欧盟委员会主席，这表明伦敦的筹码正在迅速减少。[22] 在 2014 年至 2015 年，欧洲受到乌克兰危机的打击，在希腊危机和难民危机上苦苦挣扎，这一切都让欧盟看起来很糟糕，而英国看起来极其不合作，卡梅伦的改革议程又显得微不足道。卡梅伦堂而皇之地谈论他对欧洲未来的新设想。但是，这一切不都归结于不负责任和一味仇外的迎合举措，以及伦敦金融城的自私自利吗？[23]

可是，卡梅伦没有退路，尤其是在 2015 年 5 月保守党出人意料地赢得了绝对多数席位的时候。承诺的全民公投已经进入倒计时。即使没有条约谈判，卡梅伦也能通过协商从布鲁塞尔获得任何重大让步吗？柏林想帮忙。默克尔迫切地希望避免因英国脱欧而给欧洲权力平衡造成突如其来的动荡。但是，在 2011 年 12 月的溃败和伦敦发起反对容克的粗俗运动之后，英国已被打上了有毒的烙印。[24] 即使是华沙的民族主义者，也很难说服波兰民众赞同限制迁徙自由的要求。毕竟，它针对的是波兰人。作为欧洲理事会主席，图斯克能够向卡梅伦提供的帮助并不多。欧盟不允许让英国主导未来的一体化进程。迁徙自由和欧盟公民的平等待遇是不容谈判的。卡梅伦不顾一切地想要向英国选民展示某种协议，2016 年 2 月 20 日，他同意了"紧急刹车"令*，使得英国可以在七年的期限内限制向移民支付福利。[25] 此外，图斯克同意，欧盟应该承认"英国……并不致力于进一步推进欧盟的政治一体化……凡提及日益紧密联盟的，都不适用于英国"。欧洲议会中一位经验丰富的英国议员评论道："尽管如此，这些话并没有什么实质意义。事实上，一切都不会改变。所有条约条款都可以继续适用于英国。"[26] 这将取决于伦敦如何维护自己的地位。"紧急刹车"令与卡梅伦在 2013 年 1 月的承诺有

---

* 简言之，即暂停为新到来的欧盟移民签发社会保险卡。此举会限制其他欧盟国家移民在英国工作和享受社会福利的权利。——编注

着天壤之别，当时卡梅伦承诺英国可以从根本上重新考虑欧盟的宗旨。为了团结保守党，英国首相做得还远远不够。紧接着，在定于2016年6月23日举行的公投中，伦敦市长鲍里斯·约翰逊（Boris Johnson）和教育大臣迈克尔·戈夫（Michael Gove）与卡梅伦分道扬镳，这两位保守党的重量级人物发起成立了英国脱欧运动的"主流"保守党阵营。

二

　　一年前，德国财长朔伊布勒在对抗激进左翼联盟时曾宣称，他不允许选举对经济政策的基本面进行干预。希腊的经济体量占欧盟GDP的1%。而在英国脱欧公投中，这个经济体量占欧盟经济总量17%的国家的未来，将通过简单多数的原则决定。对英国来说，风险是巨大的。英国贸易的一半，也就是大约2000亿美元，流向了欧盟。在英国1.2万亿美元的外国直接投资存量中，有一半来自欧盟。欧洲和非欧洲投资者都青睐英国，因为它是欧盟成员国。日本汽车业已将英国作为其向欧洲其他国家出口汽车的主要基地。到2015年，320万欧盟公民生活在英国，其中230万人有工作，占劳动力总数的7%；120万英国公民在其他欧盟国家获得永久居留权。当然，无论英国是不是欧盟成员国，英国与欧洲之间都会有贸易、投资和移民往来。但数量是多少？根据经济学家的最适当的猜测，英国同其他欧盟成员国实现的贸易额预计比退出欧盟后高出55%。[27]对于伦敦金融城来说，问题更加尖锐。数以万计的工作岗位和数十亿英镑的业务都依赖于所谓的通行证安排，这种安排使得伦敦的银行能够像在欧元区内部一样运作。对于欧洲其他国家、英国、美国和亚洲国家的金融公司来说，这是一个方便之举。如果英国不再是欧盟成员国，那么它也无法指望维持这种特权。

　　民众是否支持欧盟，目前尚不确定。对于右翼的民族主义者来说，布鲁塞尔是一块斗牛用的红布。银行家和伦敦的"精英阶层"不受欢迎。"留欧"阵营的回应则是更加努力，继续坚持和重申自己的主张。它在伦敦金融城建立了大本营。它的策略从来都不是为欧盟赢得选民的支持。策略分析师们认为，以欧盟为噱头并无吸引力。欧洲政界人士被要求不要在英国露面。他们只会让事情变得更糟。在自由党和工党的支持下，由保守党的顶级公关团队领导的留欧阵营发出了一个信息："英国选民永远都不会喜欢欧盟。但是，也许他们可能因为恐惧而投票支持留欧。"[28] 该策略被恰如其分地称为"恐惧计划"——这个词最早用于描述 2014 年的苏格兰独立公投。它的设计师是澳大利亚公关大师林顿·克罗斯比（Lynton Crosby）和受雇于奥巴马政府的吉姆·梅西纳（Jim Messina）。梅西纳表示，其中的利害关系显而易见："鉴于当前严峻的经济形势，我们最不应该做的事情，就是让英国和欧盟经济冒险采取［退出欧盟］这一危险举措。"[29] 梅西纳及其同僚所说的"经济"指的是企业。因此，他们的团队提出了一个简单而又无须解释的主张，即如果欧盟对英国企业有利，那么留欧对英国是有利的，从而为自己赢得了多数选民的支持。

　　50 家英国龙头企业被说服签署一份声明，表明在"改革后的欧盟"中，英国将"更强大、更安全和更富裕"。[30] 英国工业联合会在幕后努力说服其主要成员在年度报告中对英国脱欧提出警告。[31] 伦敦金融城政府顶住了英国脱欧阵营的反对，公开表示支持留欧。[32] 一些企业领导人过于拘谨，担心如果详细阐明英国脱欧后可能会出现的失业和投资项目取消，会有要挟的意味。相比之下，至少工会不必有这方面的顾虑。工党国会议员帕特·麦克法登（Pat McFadden）曾是前政府部长，也是工党留欧派的联合主席，他坚称："我认为企业在辩论中拥有合法的发言权，如果它们想让外界知道它们的观点,它们完全有权这么做。"[33] 联合工会是英国最大的工会,也是工党的主要捐款人,拥有大约 50 万名成员。它发出了一个明确的信息:"向我们的成员宝马、空客等公司传达的信息非常明确,那就是工作、权利和留欧。"[34]

全球各地也发出了同样的信息。4 月 12 日,国际货币基金组织宣布,如果英国投票脱欧,"对地区和全球造成的严重损害"可能会接踵而至。据国际货币基金组织的说法,仅仅举行公投就对投资者的信心造成了极大损害,以致该基金组织不得不把对英国经济增长的预期从 2.2% 下调至 1.9%,下跌 15%。拉加德警告称,英国实际脱欧的影响将介于"相当糟糕与极其糟糕"之间。[35] 在东京举行的七国集团峰会意图表明:"英国退出欧盟将扭转全球贸易和投资扩大的趋势,以及由此创造的就业机会,对经济增长构成进一步的严重威胁。"正如安格拉·默克尔所说,七国集团峰会想要发出"一个信号,即在座的所有人都希望英国留在欧盟"。[36] 而在英国国内,财政部发布了一份冗长的报告,声称每个家庭每年的损失将在 2600 英镑至 5200 英镑之间。到 2030 年,英国的 GDP 可能会下降多达 6%,给政府造成 200 亿至 450 亿英镑的税收损失,对公共服务造成严重损害,或者将迫使税率大幅提高。[37]

留欧阵营使用了克林顿时代的传奇口号"问题在于经济,笨蛋",该口号以最直白和最宏大的形式出现。这与撒切尔和默克尔"别无选择"的决定相呼应。从这一口号可以看出,留欧阵营的关注点和专业判断完全一致,着实让人觉得不可思议。英国财政大臣奥斯本一如既往地表达了不安,这种不安许多人都感受到了,但多数人没有公开表达。他告诉记者,留欧派背后的权威意见完全一致,"不是一个阴谋。这叫作共识……经济论据是毋庸置疑的"。[38]

然而,各方意见从来都不像留欧阵营希望的那样铁板一块。鉴于结果不确定,而且很大一部分人明显倾向于脱欧,因此,对于那些过于公开认同留欧的公司来说，是有风险的。[39]在伦敦金融城内，各方的意见也不一致。与布鲁塞尔决裂的想法吸引了自由派。然而，更值得一提的是伦敦金融城中主要外国投资者的立场。其中最响亮的，对留欧事业最坚定的，是美国的投资银行。考虑到它们在伦敦金融城的角色，英国在欧盟的地位与它们休戚相关，而且它们不惮表明自己的看法。伦敦是它们进入欧洲经济和开展欧元区业务的门户。高盛的经济学家指出，国际清算银行的统计数据显示，截至2015年年底，美国银行对英国借款人持有的债权（资产）为4240亿美元，其中包括向英国银行发放的460亿美元的贷款。加上衍生品、担保和信贷承诺，总额达到了9190亿美元。英国银行对美国的风险敞口更大，其对美国的债权达到1.4万亿美元。[40]因此，高盛、摩根大通和摩根士丹利在早期活动中为留欧阵营提供了大量捐款，这也就不足为奇了。[41]摩根大通的杰米·戴蒙公开表示与奥斯本一同支持留欧。[42]

应卡梅伦个人的请求，奥巴马总统前往伦敦访问。他在2016年4月22日亲自传达了一个信息：美国对英国在欧洲的地位并非漠不关心。奥巴马在英国公众中非常受欢迎，他没有退缩。用BBC的话来说，美国总统做出了"充分、不顾一切的努力来劝说英国留在欧盟"。两国的特殊关系、第二次世界大战和当前的挑战都需要英国仍然作为欧洲不可分割的一部分。[43]奥巴马明白，一个局外人在这样一个微妙的时刻向英国发表讲话可能是敏感的，但是"我要像朋友一样坦诚地说，美国高度关注你们的决定的结果"。此外，英国公众需要知道的是，脱欧阵营希望能够迅速在"独立"的英国和美国之间达成一项新的贸易条约，但这种希望的前提是错误的。美国在贸易谈判中的关注重点是大型的区域国家集团。美国和欧盟之间的跨大西洋贸易与投资伙伴关系协定——在亚洲对应的是跨太平洋伙伴关系协定——是未来的关键。"也许在将来的某个时候，英国和美国可能会达成一项贸易协定"，但"这不会很快发生……英国将排在队伍的最后"。[44]

美国的实力和资金都清楚地表明了它希望英国站在哪一边。华尔街通过伦敦金融城向欧洲延伸，界定了自 20 世纪 70 年代以来的国际金融，现在华尔街的这一操作正处于危险之中。难怪一份杰出且理智的左翼杂志对这一选择做出了如下描述："投票留欧，不管出于何种动机，在这种背景下都将起到投票支持英国建制派的作用，长期以来，英国建制派一直在将华盛顿的要求传达至布鲁塞尔的谈判大厅，从而扼杀了自 1986 年通过《单一欧洲法案》以来建立一个'社会欧洲'的希望。"[45]

三

留欧阵营共同关注的核心目标，不仅是"拥有经济，拥有企业，并［通过投票留欧］拥有更好的生活"；在这样做时，他们开始在合理和不合理的政治之间划出一条界线。如果不对经济问题进行争论，那么脱欧派将被引至更加边缘的话题，尤其是移民和"将英国与世界隔绝起来"。[46]留欧阵营希望，借此能使脱欧阵营中更古怪、更令人不安的因素浮出水面，尤其是奈杰尔·法拉奇（Nigel Farage）和英国独立党，他们的煽动性言论会赶跑那些犹豫不决的中间派选民。作为一种策略，它达到了预期效果。脱欧阵营确实把移民问题摆到了显著位置。然而，留欧阵营低估了他们所冒的风险。他们没有意识到，移民和仇外情绪，连同对建制派的指责，实际上是增加了脱欧派的胜算。

即使是在美国总统个人身上，种族政治也没有停止。鲍里斯·约翰逊想要知道，奥巴马有什么权利向英国提出美国自己永远不会接受的主权让步？为什么英国要相信一位把丘吉尔半身像从椭圆形办

公室*移走的总统？ "有人说这是对英国的冷落。一些人说,这象征
着这位有着一半肯尼亚血统的总统祖祖辈辈对大英帝国的厌恶——
丘吉尔一直都是大英帝国的狂热捍卫者。有些人说,也许丘吉尔被
认为不像以前那么重要了,或许他的想法守旧过时了。"约翰逊巧
妙地围绕"有一半肯尼亚血统的总统"采取的狗哨政治†起了作用。
约翰逊吹了一声口哨,法拉奇走了过来。当约翰逊还在支支吾吾的
时候,法拉奇的种族主义咆哮却毫不含糊。很明显,在这位英国独
立党的领袖看来,"因为他的祖辈、肯尼亚和殖民统治,奥巴马对
这个国家怀有怨恨"。[47]

　　5 月,随着英国的脱欧阵营加快步伐,移民问题越来越凸显出来。
卡梅伦自己已经听天由命。五年前,他曾承诺削减"数万"移民。[48]
2016 年 5 月下旬,英国国家统计局报告称,去年进入英国的净移民
人数实际上达到了 33.3 万人,这是有记录以来第二高的数字。6 月
16 日,英国脱欧阵营的法拉奇派发布了最引人注目的海报,标题是
"崩溃临界点";海报中,一群衣衫褴褛的叙利亚难民向斯洛文尼亚
的边境涌来。它与英国脱欧本身没有多大关系,但是,它向"取
回控制权"这一口号赋予了新的含义。欧洲的混乱是英国必须防
范的。[49]就在同一天的晚些时候,一名支持英国脱欧的疯狂的新纳
粹拥护者在大庭广众之下刺杀了留欧派议员乔·考克斯(Jo Cox)。
留欧阵营的恐惧计划遇到了对手。

　　公投当天,留欧派还比较自信。不过,到了 6 月 24 日凌晨,
很显然,脱欧派已经以微弱优势获胜。回过头来看,一段时间以来,

---

*　椭圆形办公室是指坐落在白宫西翼的办公室,是美国总统权力的象征。奥巴马上台后,换
　上了马丁·路德·金的半身胸像,这让许多英国人很不满。——译注
†　"狗哨"是澳大利亚牧羊人呼唤和指挥牧羊犬时使用的口哨,它能发出只有牧羊犬能听到
　的高频率声音。因此,引申出"狗哨政治"一词,指政客用特定的政治口号或隐语表达
　极端诉求,引起目标选民的共鸣;这些言词的含义往往不易被一般听众察觉。——译注

民意调查都表明可能会得出这样的结果。英国脱欧派的获胜领域与2014 年英国独立党的获胜领域相同，也赢得了同一批人的支持。保守党的核心选民——老年人、地方中产阶级——集体投票支持英国脱欧。他们可能会一直这么做。不过，也有一大批收入较低、受教育程度较低的选民加入了他们的行列。自 20 世纪 90 年代以来，这些选民一直在向右翼靠拢。一项民意调查显示，在中上阶层和中产阶级等社会经济群体（那些从事专业和管理工作的人群）中，有60% 的人支持英国留欧；而在失业和非技术工人中，这一比例正好相反。[50] 有 60% 的工党选民支持留欧。但是，这只是表明，在英国的大部分地区，工党在很大程度上脱离了贫穷和受教育程度较低的选民。除了教育之外，另一个对平衡产生很大影响的社会经济变量是自 2010 年以来财政紧缩造成的痛苦，在经济长期下滑的地方，这种痛苦最为严重。[51] 然而，脱欧公投与威权主义的关联，甚至超过了较低的教育程度和较低的收入等因素。在营销专家绘制的文化地图上，脱欧公投与强调安全、支持死刑和支持公开鞭打性犯罪者等价值观很密切。[52]

不管动机如何，脱欧公投都助长了民族主义者的气焰。现在还不太清楚的是，投票支持英国脱欧，是否就是投票反对全球化。这是全世界评论家的假设。[53] 基于对英国脱欧可能产生的影响的常规理解，做出这样的假设也有道理。但是，这误解了脱欧派人士的心态。事实上，他们认为退出欧盟是恢复英国伟大和自由的一种方式。作为一场民族主义者就反对欧洲进行的投票，脱欧公投并不是为了让英国在全球扮演更小的角色。恰恰相反，这是一种诉求，希望英国能够在独立于欧盟的基础上在全球发挥作用，而不是淹没在欧盟的洪流中。正如保守党内政大臣、未来的首相特雷莎·梅（Theresa May）所说，英国在 6 月 23 日投票支持的是"脱离欧盟，拥抱世界……这是我们选择建设一个真正全球化的英国的时刻"。[54]

脱欧公投是一次针对自治权的投票。或者用一种不那么婉转但更真实地体现了投票精神的话来说，这是针对国家冒险主义的一次投票，而英国也确实是在冒险。

四

随着公投结果的宣布，英镑遭遇了有史以来最大的单日跌幅。[55] 房地产投资基金出现了短暂的恐慌。英镑暴跌会使伦敦的国际投资崩溃吗？6 月 24 日星期五，全球股市市值蒸发了 2 万亿美元。[56] 到下周一，损失已经增加到 3 万亿美元。尽管投资者此前一直预计利率会随着美联储逐渐退出量化宽松而小幅提升，因此重新平衡投资组合，减少了对固定收益债券的投资，但现在，资金大量涌入美国国债等安全资产，推低了收益率。[57] 这是 2008 年危机重演的前奏吗？

对经济数据进行研判，本身就是一个政治问题。留欧派曾预测，英国脱欧将是一场灾难。他们展示了一个世界末日的场景。在此之后，英格兰银行行长马克·卡尼*便按照这个剧本在走。7 月，他对记者表示，经济正在遭受"家庭和企业以及金融市场的创伤后应激障碍"。[58] 英格兰银行已经准备好重新激活互换额度。虽然英镑暴跌，但不会出现美元流动性短缺。可是，在 8 月 4 日，卡尼强迫英格兰银行的董事会通过了一项紧急刺激方案，即购买债券。从一个失败的留欧倡导者的悲观角度来看，这是完全合理的。卡尼正在尽最大努力防止最坏的情况发生。但是，现在掌握主导权的是英国脱欧的倡导者，而卡尼的行为激怒了他们。对于英格兰银行来说，启动互

---

* 马克·卡尼曾于 2008—2013 年担任加拿大央行行长，2013 年接替默文·金担任英国央行行长，任期至 2020 年 3 月。他拥有加拿大、英国和爱尔兰三国国籍。——编注

换额度和蹒跚进入另一轮量化宽松，预示着一场危机的到来，而最顽固的脱欧支持者并不承认这一现实。在他们看来，英格兰银行的过度反应非但没有安抚市场，反而加剧了不确定性，引发了留欧派曾预言要发生却没有出现的恐慌。[59] 对于阿索卡·莫迪（Ashoka Mody）来说，这种做法再熟悉不过了。莫迪曾经是国际货币基金组织中不墨守成规的经济学家，他曾近距离目睹了 2010 年的爱尔兰危机。尽管卡尼的手段不同——实施量化宽松，而不是予以拒绝——但这是一种紧张战略，类似于欧洲央行在欧元区危机期间的做法。如果英格兰银行保持冷静，允许英镑贬值，并让英国经济实现再平衡，那么就没有理由担心会发生危机。支持英国脱欧的经济学家露丝·李（Ruth Lea）宣称："英格兰银行于 8 月 4 日出台的一揽子计划为时过早，如果此举并非多余的话，那么实际上很可能会适得其反……我倒希望它能保持沉默，直到它获得一些确凿的数据时再出台。"[60] 因为一旦最初的冲击消退，无论物价上涨的趋势如何，英国家庭都试图抢在前面，所以消费需求非但不会崩溃，反而会在一波廉价信贷浪潮的推动下飙升。[61] 支持英国脱欧的少数经济学家要求留欧派经济学家向公众道歉，因为他们错误估计了脱欧后果，误导了公众。[62]

没有发生内爆，这是真的。但是，英国也没有脱欧。事实证明，英国脱欧是一个过程，而不是某个决定时刻。这是一个极其复杂且旷日持久的过程。脱欧派曾承诺自由和取回控制权，他们还承诺了政权更迭。亚当·波森（Adam Posen）是华盛顿颇具影响力的智库彼得森国际经济研究所的所长，曾任职于英格兰银行货币政策委员会，如他所说："政权更迭不是中立的。宪法反映了当时占支配地位的人的利益。"[63] 但是，谁在脱欧后的英国占据支配地位呢？这正是问题所在。

在英国近代史上，很难想象还有哪个时刻会像英国脱欧后这样，权力的中心更加不明显。留欧联盟包括两个主要政党的领导层，还有大多数人认为的建制派。他们以微弱劣势输掉了一场关键公投，并将权力拱手让给了对手；很显然，他们的对手对胜利毫无准备。左翼曾经多少次幻想能有这样一个剥夺权力的时刻？但是，这并不是一个新的黎明。在保守党阵营经历了几周的混乱之后，特雷莎·梅成为新首相。这符合逻辑。她因推行限制移民的保护性议程而享有严厉的内政大臣的美誉。[64] 尽管特雷莎·梅谨慎地争取留欧，但她却很适合代表这个被孤立国家中的大多数人。她勇敢地面对一切。英国民众投票支持英国脱欧，这就是她将要实现的结果。

对于伦敦金融城和英国大企业来说，投票结果令人震惊。而对一些评论人士来说，正是这一重大打击提供了实现大规模再平衡的可能。现在是打破自 20 世纪 70 年代以来围绕伦敦金融城巩固起来的权力和财富结构的时刻吗？莫迪对这一结果表示欢迎，因为它打破了"规模越来越大的金融业与强势英镑之间的联系……因英镑贬值而真正蒙受损失的，只有那些借入短期美元、投资于长期房地产资产的人。这个'精英'群体继续掌握着决策的话语权，他们的言论在金融媒体上引起了反响"。[65] 长期以来，英国其他地区的经济都受到伦敦财富的排挤；现在，随着英镑贬值，或许英国的制造业可以恢复其竞争力。[66] 当然，英国最大的制造业出口商们事实上已经坚定地支持留欧运动，而且具有充分的理由。鉴于全球竞争的激烈程度，他们最不需要的就是多年来市场准入的不确定性。像大型汽车工业这样的产业都是外国所有——主要是德国和日本。这些投资者很可能将英国脱欧视为一个退出市场的信号。货币贬值给他们带来的好处不大，因为英国大多数出口产品的价格弹性都比较低，而进口材料成本的上涨在很大程度上抵消了竞争力的提升。[67]

不可否认，英国的现状遭到了打击。在可预见的未来，它是否会让位于更平衡、更繁荣的局面，则是一个截然不同的问题。几十年来，反欧盟情绪的海啸一直在积聚力量。不过，这是一种充满怨恨和抗议的政治斗争。它没有提出一种积极的可替代愿景。现在，特雷莎·梅和她的私人顾问不得不拿出一个议程。令许多人惊讶的是，他们似乎决心要进行一次彻底的转向。一夜之间，他们将用夹杂着软威权主义*的国家福利主义，来取代戴维·卡梅伦提出的上层阶级现代化议程。[68]梅在2016年10月保守党会议上的一次定调演讲中说："今天，太多有权有势的人表现得好像他们与国际精英有着更多的共同点，而不是与普通民众……但是，如果你幻想自己是世界公民，那么你就不属于任何一个国家。你不明白公民身份意味着什么。"[69]梅跳过了保守党自2010年以来的政策，将话题转到2008年的危机。"在金融危机后，牺牲最大的群体不是富人，而是普通的工薪阶层家庭。如果你是那些丢掉了工作、继续工作但工作时间减少、在家庭账单猛增的情况下减薪，或者发现自己因为低技能移民的涌入而失业或收入减少的人群中的一员，那么你会觉得生活实在是太不公平了。"尽管梅以第三人称谈论了2008年的受害者和保守党的紧缩政策，但回顾雷曼时刻却为进行根本性的重新定位提供了一个合理的理由。故此，她将让"政府的权力完全为普通工人阶级服务"。她嘲弄了那些冷漠的老板、逃税的国际公司、拒绝合作打击恐怖主义的互联网公司，以及"明知公司养老金即将耗尽，却拿着巨额股息"的公司董事。用更像是普京或拉美煽动者使用的语言，她警告说："我是在警告你：这种情况不能再继续下去了。"[70]

取回控制权、限制移民和实现公平将优先于绝对增长。这不是一个自由主义的愿景。它意味着一种全新的调控机制。一位批评人

---

* 简言之，软威权主义（soft authoritarianism）被定义为一种政治控制，它允许竞争，但又通过各种正式和非正式的制度安排确保某一政党或统治集团占据主导地位或优势。学术界一般以新加坡为软威权主义的典型。——编注

士指出，梅将外国人排除在劳动力市场之外的做法，需要"政府对劳动力市场进行一定程度的干预，即便是最忠实的社会主义者也会为此感到羞愧。玛格丽特·撒切尔在九泉之下也无法安宁"。[71] 对于梅这样一个具有内政部（可以委婉地称之为政府的"保护部门"）工作背景的人来说，这只是一个很小的代价。但是，它回避了以下问题：梅究竟愿意在多大程度上遏制大企业的过度行为？对外国工人和不受欢迎的难民设置壁垒是一回事，与外国主要投资者打交道则完全是另一回事。当日产汽车威胁要重新考虑在桑德兰的投资时，"强势的英国"迅速邀请这家汽车公司到唐宁街谈判。[72] 政府后来否认曾承诺补偿日产汽车公司因糟糕的脱欧协议蒙受的损失。然而，日产汽车的事件是一个早期征兆，表明"取回控制权"可能并不是一些人想象的那种为了获得自治权而采取的大胆行为。这很有可能是一个相当昂贵和屈辱的谈判过程。

　　那么伦敦金融城呢？在英国脱欧后，它能否继续充当全球金融和欧元区之间的枢纽？它能否继续作为欧元结算和欧元衍生品的主要中心？银行家们不会轻易放弃的。伦敦金融城曾大力游说政府优先考虑现有的通行证协议，根据该协议，在伦敦运营的银行实际上被视为在欧元区运营。[73] 伦敦金融城委托进行的研究威胁称，如果没有达成这样的协议，与欧元区的业务的崩溃可能导致高达 320 亿至 380 亿英镑的收入损失，6.5 万到 7.5 万个工作岗位流失，每年损失的税收申报数额可能高达 100 亿英镑。[74] 当然，这些正是留欧派先前鼓吹的估计数字，但收效甚微。它们现在又会产生什么影响呢？

　　公投刚刚结束，唐宁街似乎就乐于达成一项妥协协议。但是，到了 2017 年 1 月，英国的态度已经变得强硬起来。英国坚称其有权限制迁徙自由，拥有司法主权，这意味着伦敦并没有指望布鲁塞尔会让步。英国脱欧不仅意味着英国退出欧盟，而且意味着英国可能会"硬脱欧"*。这是梅在一次又一次的演讲中传达的信息，也是她在与主要国家财长的直接对话中传达的信息。高盛的劳尔德·贝兰克梵是留欧阵营最大的企业捐赠者之一，当他要求将伦敦金融城列为英国政府的优先考虑事项时，梅回避了这个问题。[75]银行家们满怀疑虑地意识到，在梅的名单上，他们不再排在优先位置了。与重新获得对波兰管道工†的"控制权"相比，伦敦金融城的通行证安排就没那么重要了。[76]

　　然而，实际上，谁将决定英国脱欧的结果呢？在2016年冬至2017年冬，人们开始意识到，为自己争取的自由和取回的控制权也适用于其所脱离的组织。英国以怎样的代价获得什么样的自由，将取决于欧盟在摆脱麻烦不断的英国时，愿意提供什么样的谈判条件。支持英国脱欧的人士坚称，考虑到出口利益，德国和其他国家将被迫向英国提供一笔不错的交易。英国不断扩大的贸易逆差将是其主要的谈判筹码。但是，依据这种简单化的逻辑远远无法理解欧盟这样一个复杂组织的运作，在这个组织中，各种利益和担忧交织在一起，对英国脱欧问题造成了影响。[77]

　　在柏林的明确领导下，欧盟其他成员国以异乎寻常的速度达成了一个强硬的谈判立场。它们坚称，在确定"离婚"协议的条款之前，不会与英国进行贸易谈判。英国将不得不同意履行其对欧盟的财政义务，支付数百亿欧元的费用。如果没有迁徙自由，那么英国不得进入共同市场。只要涉及欧盟公民，那么欧洲法院的令状将继续有效。一旦英国触发《里斯本条约》第五十条，启动英国脱欧进程，那么就会有一个两年的谈判期。无协议脱欧意味着英国将退出欧盟，

---

* 即彻底退出欧盟，在边界、移民和司法等政策方面完全独立自主。详细阐述见下文。——编注

† 在2004年后不久，有很多波兰管道工涌入英国。脱欧支持者的一大理由是，脱欧就是为了保证英国人的就业环境。——译注

陷入前途未卜的境地。英国甚至必须重新就其在世界贸易组织中的地位进行谈判。2017 年 5 月，容克在伦敦与梅共进晚餐时解释，如果英国人认为脱欧会有"好结果"，那他们是在自欺欺人。[78]

与以往一样，随着伦敦开始明白局势的真正复杂性和艰难，梅的政府发出了激烈、粗暴和相互矛盾的威胁。2016 年 10 月，在保守党的大会上发表演讲时，梅将对主权的要求与国家团结的愿景联系起来。但是，随着谈判立场变得强硬，英国很明显还有另一种选择。次年 1 月中旬，一次精心安排的会议在兰开斯特宫举行，梅在会上对欧盟的大使们说：如果英国不能从欧盟那里获得一项可接受的贸易协议，那么英国将无协议脱欧；如果欧盟采取"惩罚性"措施，那么英国将放弃"欧洲模式"，制定"具有竞争力的税率和政策，吸引全球最好的公司和最大的投资者"。据记者报道，英国将把自己重新塑造成"西方低税负的新加坡"。[79] 几天后，英国财政大臣菲利普·哈蒙德（Philip Hammond）重申了这一威胁。他个人希望英国能够"继续留在欧洲经济和社会思想的主流当中。但是，如果我们被迫变得不同，那么我们将不得不做出改变"。为了重新获得竞争力，英国可能必须重新考虑自己的"经济模式……可以确定的是，我们将采取一切必要的措施"。[80] 留欧阵营一直坚称，英国脱欧的决定会让整个经济都牵扯进来。2017 年 1 月，在即将与欧盟进行谈判时，哈蒙德和梅发出的威胁，实际上明确承认了留欧立场的说服力。这个强势的国家非但不会抑制英国资本主义，反而会把伦敦金融城和英国的离岸地位变成一个"攻城利器"。

这种虚张声势可能有助于温暖脱欧支持者的心。但是，这让全球商界的重要参与者感到困惑。伦敦金融城并没有要求英国放弃"主流的欧洲经济和社会思想"。欧洲主流正好符合银行家的利益，因为他们在很大程度上参与了定义主流。曾在 2011 年让保守党担忧的提议，尤其是金融交易税问题，已经不复存在。欧洲央行或法国很可能会就欧元计价业务向伦敦金融城发起挑战。然而，这不是脱欧的理由，这是维护自己利益的理由。伦敦的跨国商业界在欧盟最高层建立了关系网。欧洲央行行长就是他们中的一员。[81] 2016年夏，当欧盟委员会前主席巴罗佐四处寻找新工作时，结果表明，他的"欧洲模式"是加入高盛的伦敦业务。[82]认为欧洲在某种程度上不利于总部设在英国的全球企业的运作，属于已故撒切尔夫人的支持者所怀有的胡思乱想。另一方面，英国通过脱欧获得的"自由"意味着极端的不确定性。没有一家美国主要银行愿意制定应急计划，将其欧元业务迁出伦敦，但除此之外，还有什么选择呢？尽管伦敦具有巨大的吸引力，但英国的国家政治已变得反应迟钝。巴黎、都柏林和法兰克福在挥手召唤，它们是跨大西洋金融网络的次要节点。如果不这样，这或许表明跨大西洋离岸美元的时代已经时日无多了。伦敦金融城已经感觉到了风在吹向何方。亚洲是新的金融前沿。

五

　　面对英国脱欧公投，欧盟以惊人的速度协调了其立场。虽然布鲁塞尔擅长谈判复杂的条约，但不可否认的是，布鲁塞尔对此感到震惊。欧盟在其历史上经历了许多危机。"对欧洲来说，这是变相前进"，富有传奇色彩的单一市场和欧元之父雅克·德洛尔喜欢这样说。然而，这种乐观的目标论遭到连续不断的挫折的挑战，挑战最终演变成了英国脱欧。芬兰财长亚历克斯·斯塔布（Alex Stubb）想知道，这是欧洲的"雷曼兄弟时刻"吗？[83]在遏制激进左翼联盟的过程中，欧元集团中保守派的主要担忧是政治危机的传染，而英国脱欧再次引发了这种担忧。穆迪的一位女发言人评论说："全球经济增长面临的下行风险，不是来自英国经济发生衰退的可能性，而是来自英国的事态发展可能导致欧盟其他国家的政治风险增加。"[84] 玛丽娜·勒庞称赞英国脱欧公投是"在民主方面给人上了印象至深的一课"。[85] 荷兰右翼民族主义者基尔特·威尔德斯（Geert Wilders）呼吁进行"荷兰脱欧"公投。民族主义和仇视欧盟的浪潮会从英国、波兰和匈牙利蔓延到欧洲其他国家吗？在英国脱欧公投近一年后，发生这种危险的可能性似乎很大，而且风险也很高。欧洲经济的稳定有赖于债券市场的平静。一位分析师评论道："如果政治危机从英国传染至欧洲大陆的迹象变得愈发明显，那么我们无法保证投资者的情绪不会再次失控。"[86]

欧洲各国的选举来得又快又密集。2016 年 12 月，意大利一项宪法修正案遭到否决，导致中左翼总理伦齐辞职。在奥地利，极右翼人士激烈地争夺总统选举。在荷兰，基尔特·威尔德斯和他的右翼政党正在崛起。在英国，特雷莎·梅宣布将举行大选，以期确保英国脱欧获得多数支持。不过，真正的问题与法国有关。鉴于玛丽娜·勒庞积累的选民基础，以及国民阵线在 2014 年 5 月欧洲议会选举中的表现，毫无疑问，在 2017 年 5 月即将进行的总统大选中，勒庞将进入最后一轮决选。问题是谁会与她竞争：是传统的保守派？是以埃马纽埃尔·马克龙为代表的中间派现代主义者？还是建制派真正令人恐怖的人士——左翼的梅朗雄（Jean-Luc Mélenchon）？如果勒庞与梅朗雄对决，那将是市场的噩梦。[87] 不管他们之间有什么分歧，他们对德国的反感却是一致的。

2017 年春，全世界都屏住了呼吸。欧元大幅波动。欧洲政治的不确定性是基金经理面临的关键"尾部风险"*。欧洲央行的债券购买是一个主要的稳定源。如果勒庞在法国取得突破（不管发生这种情况的可能性有多低），那么即便是欧洲央行规模最大的计划也很难

---

* 尾部风险（tail risk）指不太可能发生，但一旦发生则代价相当高的风险。——译注

避免另一场主权债务危机。最后的结果是中间派掌控了大局。在欧洲各国，选民都选择反对右翼民粹主义者。在法国，奥朗德政府中颇具魅力的前部长埃马纽埃尔·马克龙赢得了中右翼和中左翼的选票，他先是赢得了总统选举，然后又赢得了国民议会选举。这限制了民粹主义的恐慌。[88] 2017 年 6 月，欧洲领导人带着一种乐观情绪出席了欧洲理事会会议。欧盟幸存了下来。它驯服了希腊和葡萄牙的左翼，也击退了右翼势力的崛起。与英国的谈判尽管将是痛苦的，但却是一边倒的谈判。欧洲回来了。然而，到了 2017 年夏天，欧洲的身份认同和它在国际事务中扮演的角色面临着新的挑战，这个挑战不是来自内部，而是来自外部。一年前，就在英国脱欧公投后的第二天，在苏格兰的一个高尔夫球场上，这个挑战就已经出现了。

那个阳光明媚的周五早晨，在艾尔郡的特恩贝里高尔夫球场的俱乐部外，摄像机对准了一名美国商人，他热情地对公投结果发表了看法，他对持怀疑态度的苏格兰观众宣称："他们基本上夺回了自己的国家。"他认为奥巴马不应该插手此事："这不是他的国家，也不是他的世界的一部分，他不应该这样做，实际上，我认为，他的建议可能导致了英国留欧失败。"这位发表演说的人毫无保留地赞同英国脱欧。"英国人想要夺回自己的国家，从某种意义上说，他们想要独立，你可以在欧洲、整个欧洲看到这一点……你将会遇到许多其他类似的情况，例如，人们想要夺回他们的边界，想要夺回他们的货币［原文如此］，想要夺回很多东西，想要能够再次拥有一个自己的国家……人们很愤怒，全世界的人都很愤怒……他们对边界感到愤怒，他们对进入这个国家并接管这个国家的人感到愤怒，甚至没有人知道这些人是谁。他们对很多很多事情都感到很愤怒。"[89]

这个演讲者不善于表达，而且非常不了解情况。他似乎没有意识到，他的苏格兰听众以压倒性的票数支持留欧。在令人震惊的结果公布后的第二天，欧盟当然还有其他的事情要担心。但是，需要关注的是，这番话之所以有新闻价值，是因为这名男子是共和党将提名出来，去取代奥巴马担任美国总统的人。

第24章

特朗普

2016年7月21日，一位身材魁梧的人大步走过讲台，他的着装似乎是为了唤起人们对《美国队长》《公民凯恩》或20世纪30年代法西斯分子集会的回忆。聚光灯下的这个人是来发表演讲的，他想用这场演讲来改变美国历史。[1] 他的演讲强烈谴责了奥巴马政府。他让人们的脑海中浮现出美国被恐怖主义、暴力和混乱所困扰的骇人画面。他告诉听众，就在当晚，18万有犯罪记录的非法移民"自由游荡"，恐吓和谋害无辜的美国人。与此同时，生活变得越来越艰难。"自2000年以来，家庭收入减少超过4000美元。我们制造业的贸易赤字在一年内达到了历史最高水平，将近8000亿美元。预算也好不到哪里去。奥巴马总统将我们国家的债务翻了一番……但是，我们用什么来对此进行证明呢？我们的道路和桥梁在坍塌，我们的机场处于第三世界的水平，4300万美国人正在领取食品券。"为什么事情变得如此糟糕？因为几十年来，"大企业、精英媒体和主要捐赠者"都在密谋操纵整个体系。此刻，他的对手身后也站着同样的队伍。"她是他们的提线木偶，他们在幕后进行操纵。"就在这时，人群齐声欢呼，要求将她投进监狱。针对精英阶层操纵的阴谋，聚光灯下的这个男人承诺为"被忽略、忽视和抛弃的人……下岗的工人、被我们可怕和不公平的贸易协议压垮的社区……我们国家中被遗忘的男男女女而战，为努力工作但不再有发言权的人而战……历史在看着我们"。"等着看我们是否会迎难而上，是否能向全世界表明美国仍然是自由、独立和强大的。"他的回答响彻大厅。他承诺一件事："把美国放在第一位。我们的信条是美国主义，而不是全球主义。"

如果有人写了一个剧本，说经济危机和民主衰落将如何在美国引发民族主义者的激烈反应，那么这个结局看起来可能有点滑稽。然而，这不是剧本，这是真实的，或者至少是"现实"。发表演讲的人正是一个月前乘直升机来到苏格兰特恩贝里高尔夫球场庆祝英国脱欧的地产大亨和电视名人唐纳德·特朗普，他正在以共和党人的身份与希拉里·克林顿角逐美国总统。特朗普最亲密的知己是他的女儿伊万卡（Ivanka Trump）。如果你喜欢她的会议着装，梅西百货公司正在推特上推销她的服装系列。[2]

第二天，在白宫玫瑰园举行的新闻发布会上，奥巴马总统试图为人们找回正常生活的感觉。"美国正处于崩溃的边缘，到处都是暴力和混乱的景象，"总统告诉媒体，"这种看法与大多数人的经历并不一致。我希望第二天早上人们出去散步时，鸟儿啁啾，阳光灿烂。下午，人们看着自己的孩子在运动队中玩耍、去游泳池游泳。大家都会去工作，为周末做准备。我认为特别重要的一点是，在这里我要明确说清楚的是，本周某位人士表达的一些担忧与事实不符。"[3]

在许多人看来，奥巴马在 2016 年 7 月的回击从普通生活经验的角度来看似乎很受欢迎。但事后看来，总统的台词中提到了"啁啾"的小鸟和享受着漫长而炎热的美国夏天的孩子们，这些台词可以从不同的角度解读。它提醒我们，自满会让民主党人为选举付出代价。希拉里的团队没有认真对待其对手提出的对于现代美国的看法。11

月 8 日，特朗普迫使他们接受现实。尽管希拉里在纽约州和加利福尼亚州获得大量选票，赢得了普选，但特朗普在选举人团中以微弱的多数票胜出，并将成为第 45 任美国总统。

这是美国政界不同代际的人经历的最令人困惑的事件。不可思议的事情已经发生。民主党建制派对 2016 年充满信心。诚然，自 2008 年以来，他们在国会的选举并不顺利，但 2012 年的形势坚定了民主党人的信念，即总统宝座已是囊中之物。[4] 在他们的管理下，美国安然度过了危机。随着美国人在危机后回归正常生活，更加现代化和多元化的民主党感觉到自己必然占据主导地位。毫无疑问，美国社会存在着深层次的问题。经济并没有按照他们希望的速度发展。但是，一旦希拉里和最新一代民主党的技术官僚重新走上正轨，就没有什么事情是不能解决的。奥巴马的《平价医疗法案》和《多德－弗兰克法案》都是第一步。美国需要的是更多的此类措施。对此，共和党人又能提供什么呢？不仅特朗普本人不适合担任要职，而且他对美国危机的悲观看法也与现实脱节。

事实证明，2012 年的形势一直都具有误导性。奥巴马作为一个比较受欢迎的现任总统参选，他的共和党对手米特·罗姆尼是马萨诸塞州的州长，是一个摩门教徒，在风险投资方面有着备受赞誉的履历。在利用民众的不满情绪方面，罗姆尼再合适不过了。四年后，奥巴马卸任，共和党的竞选领域也变得十分宽阔。然而，与 2012 年相比，2016 年的总统大选更多地涉及了 2008 年的金融危机。因此，其结局是爆炸性的，也是出人意料的。

一

对于 2016 年的大选，2008 年金融危机导致的最显著的标志事件是，伯尼·桑德斯（Bernie Sanders）成为民主党总统候选人提名的有力竞争者。桑德斯甚至不是民主党成员。自称是民主社会主义者的他是华尔街的死敌。2008 年，他曾投票反对不良资产救助计划。他呼吁拆分大银行，希望银行家入狱，并回归罗斯福新政时代的银行业监管。占领运动的精神鼓舞了他的队伍。在独立人士和年轻选民中，他广受欢迎。[5] 桑德斯能够成为候选人反映了民意调查专家的调查结果，即在 30 岁以下的美国选民中，对社会主义持积极看法的人要多于对资本主义持积极看法的人。[6] 人们仍然对 2008 年怀有强烈的愤怒，桑德斯煽动了这种愤怒。几乎每一场集会都会有人群对救助计划表示愤慨。普通美国人仍在努力摆脱经济衰退。针对 2015 年 9 月出现的一次有代表性的股市繁荣，桑德斯称赞美联储不加息的决定："在实际失业率超过 10% 的时候，我们需要尽一切可能创造数百万个高薪工作岗位，提高美国人民的工资。现在，是美联储采取行动的时候了，要像七年前救助华尔街银行那样，以同样的紧迫感重建正在消失的中产阶级。"[7]

喋喋不休地谈论 2008 年历史性的不公事件，不仅迎合了伯尼的基层选民的喜好，也是击败领先者希拉里·克林顿的绝佳武器。希拉里是一位老练的局内人。她是前国务卿和纽约州参议员，因此不可避免地与华尔街纠缠在一起。[8] 到 2016 年春，希拉里和桑德斯围绕《多德-弗兰克法案》展开争论。桑德斯希望回到 2009 年的决定性时刻，做正确的事情——拆分银行。希拉里的回答是，《多德-弗兰克法案》应得到严格执行。这让桑德斯忍不住问道，希拉里的沉默是否与她为高盛演讲收取的 60 万美元有关。她会公布演讲的文字稿吗？[9]

对左翼来说，希拉里的高盛演讲就像她的利比亚电子邮件＊给

＊　希拉里任职国务卿期间曾使用私人信箱发送大量电子邮件，后被曝光，引起轩然大波。其中涉及策划推翻利比亚卡扎菲的邮件，透露美国发动战争的真实目的以及相关内情。——编注

右翼对手造成的印象一样：进一步表明她不可信。希拉里与这家如今以"吸血乌贼"闻名的银行之间到底有多深的纠葛？[10] 甚至《纽约时报》也呼吁希拉里公布演讲的文本。在权衡这个问题后，她的竞选经理认为，希拉里的话实际上并不适合公众消费。她对银行太友好了。[11] 我们之所以知道这一点，那是因为从 7 月份开始，当她接近赢得党内提名时，希拉里竞选团队的内部备忘录开始大量出现在维基解密的文件夹中。究竟是谁破坏了民主党设备的安全，这成为一个复杂的技术和法律纠纷。[12] 但在当时，人们很快就认定，这是与俄罗斯有关的黑客所为。[13] 与普京的对抗不断升级，使乌克兰和叙利亚问题的紧张局势达到了一个新高度，这是对美国的报复，尤其是对希拉里的报复吗？美国情报机构争先恐后地秘密揭露俄罗斯对美国总统选举的干预程度。克里姆林宫的内部消息来源促使它们得出这样的结论：众所周知，希拉里对普京政权怀有敌意，因此，莫斯科正在尽一切努力破坏她的竞选活动。即使俄罗斯无法改变结果，他们也会竭尽全力破坏美国本已脆弱的政治体系的合法性。莫斯科发出通知说，二人可以玩政权更迭的游戏。到了秋天，奥巴马开始认真权衡他可以采取的措施，包括制裁，用一位不愿透露姓名的政府消息人士的话来说，这些制裁将"摧毁"俄罗斯经济。[14] 由于普京退缩，这种情况没有发生。但是，很明显这将不是一次普通的选举。共和党一方也正意识到这次大选有多么非同寻常。

民主党的内部斗争有着明显的左右翼之争的特点，并且建制派仍在掌权，而发生在共和党人身上的事情却更加令人困惑了。共和党已经失控了。事实上，该党从未从布什总统任期末的灾难、2008年的冲击和金融危机引发的茶党运动中恢复过来。导致 2011 年和 2013 年国会预算危机的党内分歧比以往任何时候都要严重。2013年，随着违约的迫近，政府停摆得以终止，但右翼已经尝到了血腥的滋味。首先，在 2014 年 6 月，他们在初选中击败了共和党众议

院领袖埃里克·坎特。随后，在 2015 年 10 月，在右翼自由党团*
的动员下，不幸的约翰·博纳被赶下了众议院议长的宝座。[15] 随着
共和党陷入动荡，原本被认为将在总统初选中占据主导地位的建制
派候选人，比如杰布·布什（Jeb Bush），迅速淡出了人们的视线。
脱颖而出的正是右翼的宠儿们。以科赫兄弟为首的亿万富翁捐赠者
提供的"黑钱"，成为得克萨斯州参议员特德·克鲁兹（Ted Cruz）
的大后方。[16] 但是，特朗普以近 2 比 1 的多数票赢得了共和党选民
的支持。[17]

　　杰米·戴蒙打趣道，如果为了弄明白《多德-弗兰克法案》需
要律师和精神病学家的服务，那么对唐纳德·特朗普进行解密的工
作无疑也是如此。不过，历史学家们也可以出力。[18] 特朗普带来的
是一份让人迷惑不解的礼物，这需要追溯到更早的年月。特朗普生
于 1946 年，与比尔·克林顿同年，他将在 70 岁时就任总统，重复
婴儿潮一代令人作呕的陈词滥调。在 20 世纪 90 年代，这些陈词滥
调似乎还很新鲜。特朗普对待种族问题的态度反映了以民权、取消
种族隔离和 70 年代的纽约为特征的那个时代的仇恨。他粗野的举
止和性别歧视与 80 年代曼哈顿的派对场景遥相呼应，当时，债券
交易员们互相敬酒，称对方为"大老二"†。推动特朗普参与竞选的民
族危机感来自一股逆流，这股逆流与其说是近期才出现的，还不如
说是在现代美国人第一次感觉到周围世界变化的时刻就已出现了，
即 70 年代末 80 年代初。越南战争失败的创伤、美国的城市危机和
对日本的愤怒打压——三十年过去了，特朗普仍在喋喋不休地重提
这些担忧，但现在却转向了新的敌人：中国、伊斯兰国家和拉美裔
非法移民。

---

* 自由党团是共和党在国会内立场偏向右翼民粹主义和保守主义的议员团体。——编注
† 华尔街经典行话，指经手大手笔交易的业内人士。——译注

他的主要特点是，他是一个商人，一个做交易的人。因为他的生意是房地产，特朗普近距离体验了美国的商业周期。金融危机的传奇分析师海曼·明斯基（Hyman Minsky）早在 1990 年就已经观察到，唐纳德·特朗普就是庞氏骗局资本家的缩影，做着预期资产升值的投机买卖，靠借贷度日。[19] 结果，危机打断了特朗普的职业生涯。他在 20 世纪 90 年代初的经济衰退中遭到重创，几乎失去了他的生意。到 2008 年，他已经不那么脆弱了，他的业务多元，开始涉足媒体和品牌运作。但是，他在房地产方面的风险敞口仍然很大。事实上，他一直在寻求增加这一领域的投资额。2006 年，他创办了一家抵押贷款经纪公司，并宣布了开设抵押贷款业务的计划。对特朗普来说，幸运的是这两项都没有成功。到 2008 年，他的赌场生意再次失败，最终关门大吉。然而，特朗普真正的弱点是芝加哥的一个巨大的共管公寓开发项目。[20] 这是一个宏大的项目，是自西尔斯大厦 * 以来美国将要建造的最高建筑，而且最初的销售情况非常好。但在 2008 年，芝加哥的公寓销售突然停止不前。到了秋天，特朗普和他的商业伙伴显然陷入了困境。自 90 年代破产以来，特朗普与美国各大银行的关系不再融洽，因此芝加哥项目的资金主要来自德意志银行的北美房地产部门。2008 年 11 月的第一周，当巴拉克·奥巴马在他钟爱的芝加哥基地庆祝自己赢得大选时，德意志银行和特朗普开战了。德意志银行提起诉讼，要求特朗普偿还银行担保的 4000 万美元的贷款。特朗普对此采取了令人吃惊的大胆的法律行动。他声称，自 1929 年以来最严重的金融危机构成了类似于自然灾害的不可抗力事件。因此，他要求给予更多的时间来偿还这个项目。德意志银行的诉讼带有掠夺特征，它也是危险贷款人，

---

* 西尔斯大厦（Sears Tower）是芝加哥的摩天大楼，2009 年已改名为威利斯大厦（Willis Tower）。——编注

这进一步促成了这场危机。特朗普在反诉中要求赔偿 30 亿美元，以弥补其声誉受到的损害。这纯粹是法律上的唇枪舌剑，但却为他赢得了所需的时间。

在这样的紧要关头，特朗普极其务实，而且他肯定不是那种对自由市场经济理论缩手缩脚的人。面对 2008 年的危机，他知道美国企业需要一切可以得到的帮助。在利用美国政府提供的补贴方面，他拥有几十年的经验。他喜欢奥巴马的仪表；2009 年，他还没有加入反对奥巴马的阵营。在评论奥巴马的早期亮相时，他对福克斯新闻一位困惑的主持人说："我认为他［奥巴马］做得很好……这是一个坚强的人，知道自己想要什么，这也正是我们所需要的……看起来我们有了一位终于知道自己在做什么的总统了，他确实继承了一个巨大的问题。他真的陷入了困境。"在谈到奥巴马的刺激计划时，特朗普同样毫不掩饰地说："是的，必须做点什么，不管它是否完美，也没有什么会是完美的。这是一个反复尝试和犯错的过程……这是一个非常、非常艰难的过程——我们正在……我们正在经历自大萧条以来最糟糕的一年，最糟糕的几年。你提到了 20 世纪 80 年代初。我认为，80 年代初的情况与这桩交易比起来是小巫见大巫……你看看银行，如果没有将数万亿美元注入银行，就会出现一个资不抵债的银行体系，那么 1929 年的一幕肯定会重演。他们做了正确的事情。"[21] 尽管在支持银行救助计划方面，特朗普显得很不情愿，但当谈及帮助底特律时，他表现出了极大的热情："我认为政府应该百分之百地支持它们。你不能失去汽车公司。它们很棒。它们生产出了非常棒的产品。"当保守派采访者试图把话题转向减税时，很容易就为特朗普所接受。特朗普不喜欢纳税。但他在刺激支出方面坚持己见。"建造基础设施，建设伟大的工程，让人们得到工作"是正确的做法。[22]

危机过去六年后，特朗普对这个积极、忙碌和"强势"的总统职位的热情依旧不减。改变的是他对奥巴马的态度，从赞赏变成了充斥着谩骂的憎恶。促使特朗普走向右翼的，不是纲领或者智识上的相似性，而是《国家询问报》（*National Enquirer*）爆料的荒谬行为和"出生地"阴谋。尽管在早期的电视生涯中特朗普培养了少数族裔观众，但现在他打出了种族牌。[23] 2013 年，在罗姆尼的失败使右翼激进化之后，特朗普把自己定位为比以往任何时候都要激进的、共和党反移民派的发言人。到 2014 年，他已经在打造和鼓吹建造一堵"墙"的想法，并将"让美国再次伟大"这句口号注册为商标。仇外情绪、民族主义和对美国形势的末日诊断架起了一座桥梁。右翼喜欢特朗普的口号，不仅是因为它是对现状的认识，也因为它是对未来的承诺：美国，他们的美国，陷入了困境。

如果说在共和党初选中，正是特朗普对白人男性选民的公然讨好和吸引改变了选举结果，那么让共和党建制派感到担忧的，是这种吸引力与他对经济民族主义者的吸引力之间的关系。自 20 世纪 80 年代以来，共和党领导层就明确宣示了其支持全球化的立场。北美自由贸易协定的想法是由里根政府提出的。它是老布什精心设计的，但在 1993 年，克林顿让这份协定越线了。在 90 年代，"全球化"是共和党和民主党鲁宾派的一个两党合作项目。他们的努力不仅延伸到了商品和资本，也延伸到了劳动力。商业游说团体支持移民改革，这将把居住权给予大量廉价的非法移民劳动力。反对任何形式的监管，为劳动力、商品和资本提供"自由"，是一个意识形态上的支架，从小型承包商到参加达沃斯论坛的那类企业，它将美国的商业利益纳入了一个整体。然而，在某些行业，或许最明显的是煤炭行业，这种一致性并不成立。在化石燃料等污染行业，反对全球主义、抵制气候变化政治，以及美国民族主义蓝领阶层的诉求，都过于巧妙地组合在一起。[24] 不过，这些都是特例。总的来说，共和党在民族主义阵营和全球主义领导人之间维持了一种不稳定的休战状态。20 世纪 90 年代，右翼民族主义活动人士帕特·布坎南曾两次威胁要打破这种脆弱的平衡。但是，真正让它分崩离析的，是 2008 年后共和党内凝聚力的逐步瓦解。2015 年，特朗普开始亮相，另类右翼人士鼎力支持，改变了辩论的格局。他丝毫没有受到经济理论问题的影响，重演了 70 年代对日本的打压，这激励了共和党，他还承诺将"非法移民"拒之门外，并将蓝领工作归还给美国。共和党人跟随着他们新的部落领袖的步伐，集体放弃了自由贸易。在共和党人中，认为自由贸易协定对美国不利的比例从 2014 年的 36% 飙升至两年后的 68%。到了这个时候，只有 24% 的共和党人仍然愿意支持和拥护自由贸易。[25]

对于共和党精英来说，特朗普力争提名，这令人困惑。"共和党经济议程的支柱已经完全坍塌，化为尘土，"美国企业研究所的一名成员承认，"他们已经无望了，至少在这次选举中是这样。"[26] 美国商会没有俯首称臣，它们在贸易问题上公开挑战这位共和党总统候选人，但徒劳无果。[27] 特朗普和保护主义议程取得了胜利。

2016 年夏天的结果是一个惊人的反转。尽管寡头政治大腕们在幕后努力煽动右翼激进主义的火焰，但美国的知名企业并不希望与共和党人再有任何联系。2012 年罗姆尼赢得共和党总统候选人提名时，有钱人纷纷涌向了共和党。美国企业排队为在坦帕市举行的共和党全国代表大会提供赞助。2016 年，美国金融界的大人物都不愿意与让特朗普发表末日警告般提名演讲的平台扯上关系。即使忠于共和党的一些华尔街高层也无法容忍特朗普，他们也不想冒损害客户或员工的风险。这是商业文化的问题。正如一位公关顾问评论的那样："任何企业都会从这样一个角度来看待这件事，那就是，它们是否希望自己的首席执行官与共和党总统候选人在达沃斯、阿斯彭或太阳谷同台亮相。如果答案是否定的，那么他们就不会去克利夫兰*。"值得注意的是,这位顾问认为有必要解释一下:"在大会上",特朗普的支持者和反对者"发生暴力事件的风险是次要的,因为周边的安保措施会很严密"。与美国刚刚发端的内战氛围相比,人们更担心的是"特朗普以及他的……想法是否与公司的品牌和业务计划相吻合"等问题。[28] 没有人想要看到"邦联旗†在企业品牌上飘扬"的景象。[29]

2008 年的金融危机不仅仅盘旋在桑德斯支持者的脑海中。美国前财长汉克·保尔森也在《华盛顿邮报》(Washington Post) 上撰文问道:"如果在 2008 年金融危机期间担任总统的是像特朗普这样的分裂人物,那么将会发生什么?……我们避免了另一场大萧条,唯一的原因是,共和党人和民主党人联手投票支持不良资产救助计划。"[30] 事实上,正如保尔森通过亲身经历了解的那样,2008 年的两党合作来之不易。共和党内部的分歧几乎破坏了布什政府遏制全球银行挤兑的努力,因此,被迫实施这项不受欢迎的危机应对措施的,是布什政府和民主党,而不是国会中的共和党同僚。现在,保尔森警告说:"我们正在目睹民粹主义者劫持美国伟大的政党之一。通过把特朗普推上了总统候选人的位置,共和党正在支持一种植根于无知、偏见、恐惧和孤立主义的民粹主义。"[31] 美国执政党之一的脱轨所造成的威胁不亚于系统性威胁。在保尔森看来,只剩下一个选择了。他呼吁他的美国同胞们支持希拉里。

公平地说,特朗普可能会通过他的过往经历进行反驳。2008 年,他曾对救助计划大加赞赏。但在 2016 年,特朗普无意提醒他

---

* 共和党于 2016 年 7 月 18 日到 21 日在俄亥俄州克利夫兰市举行代表大会,正式确定角逐 2016 年总统大选的共和党正副总统候选人。——译注

† 美利坚联盟国(内战期间由南方蓄奴州宣布建立的政权)的国旗。在南方白人心目中,尤其是对受教育程度较低的蓝领群体而言,邦联旗已成为一种文化认同的标志,而蓝领群体正是共和党的关键票仓。——译注

的支持者，他曾支持过救助计划。"候选人特朗普"已不再是 2008
年肆意挥霍的纽约投机钻营者，他已经变成了一个完全阴暗的人物。
负责总统竞选活动的是史蒂夫·班农，他是布赖特巴特新闻网的经
理，脾气火爆，在 2013 年的政府停摆事件中自称是"列宁主义者"。
他非常乐意接受保尔森的挑战。在班农对美国历史的黑暗叙述中，
2008 年 9 月 18 日上午，保尔森和伯南克向布什总统提出了大规模
纾困的必要性，标志着一个新纪元的到来，班农将其称为"第四次
转折"，一场战斗的灾难性阶段由此开启。[32] 2008 年 9 月 18 日上
午，美国几乎要失去它的灵魂了。在班农看来，特朗普在总统任期
内的使命是从支持全球主义的精英手中夺回控制权。特朗普竞选团
队制作的最后一个非同寻常的电视宣传片宣称："这是一个全球权
力结构，它要对经济决策负责，这些经济决策掠夺了我们的工人阶
级，剥夺了我们国家的财富，把钱放进少数几家大公司和政治实体
的口袋里。"[33] 这些配有画外音的图像展示了全球权力结构的面貌：
乔治·索罗斯、美联储主席珍妮特·耶伦和高盛的劳尔德·贝兰克梵。
有史以来最富有的商人竞选总统，很明显，它传达的是反商业的信
息。这也是近代以来上最明显的反犹活动。无论人们是否同意班农
的观点，不可否认的是，自危机爆发以来的十年里，美国政治走过
了一段漫长的道路。

早在 2007 年，苏黎世《每日导报》(*Tages-Anzeiger*）就曾问
美联储前主席艾伦·格林斯潘在即将到来的总统大选中支持哪位
候选人。他的回答给人留下了深刻印象。格林斯潘宣称，他如何
投票并不重要，因为"（我们）很幸运，得益于全球化，美国的政
策决定在很大程度上已被全球市场力量所取代。撇开国家安全不
谈，谁将成为下一任总统几乎没有任何区别。世界是由市场力量
支配的"。[34] 这是一个没有其他替代方案的全球化时代的颂歌。当
然，格林斯潘不仅仅赞同建立一个由市场力量支配的世界，与其他

人一样，他也为创造这个世界做出了很多贡献。作为美联储主席，
他让市场成为美国经济政策的最终仲裁者。在克林顿执政初期，他
曾帮助引导民主党人与华尔街结成新的伙伴关系，从而进一步限制
了可供选择的政治方案。全球化不是一个与政治对立的自然过程。
自 20 世纪 40 年代以来，由美国政治家、商界精英和诸如格林斯
潘这样的政策专家组成的联盟塑造了全球化。2016 年的大选表明，
2008 年的危机严重动摇了这个联盟及其孕育的世界。最根本的是，
这场危机暴露出格林斯潘关于市场支配世界的设想是非常不符合现
实的。从这场危机中可以看到，市场力量主导的政府充其量只是一
个脆弱的政府。随着全球金融体系的崩溃，市场本身需要政府采取
大规模的行动来治理。这意味着，谁执政以及他们在哪里获得政治
支持都不是偶然的。选举和政党政治确实非常重要。的确，在 2016
年面临这些选择时，就连艾伦·格林斯潘也不再漠不关心。与保尔
森不同，他无法让自己支持希拉里。但面对记者，他确实警告说，"经
济和政治环境"已处于他"从未接触过的"最糟糕的状况。他深信"疯
子"有破坏美国的危险。与他十年前的自信相反，此时，他承认"从
政治上讲，我不知道这是怎么发生的"。[35]

　　特朗普的竞选活动可能看起来很疯狂，但它并没有心不在焉。
网络媒体立即予以回击。"格林斯潘说谁疯了？"支持特朗普的网
站要求知道格林斯潘说的是谁。然后，他们对这位美联储前主席和
他的继任者进行了反击。特朗普的政策立场"比负利率还要疯狂吗？
比付钱给银行，让它们把可贷资金存在美联储的无息储蓄账户里还
要疯狂吗？比让美联储购买数万亿美元的政府债券，将利息汇回财
政部，然后将其计入联邦预算收入还要疯狂吗？"[36] 如果所有这些
现在都被认为是正常的货币政策，那么他们的候选人谴责美联储助
长了"虚假经济"和"人为股市"，这也是疯狂的举动吗？为了实
现吉米·卡特（Jimmy Carter）时代通过的立法规定的充分就业目标，

美联储的资产负债表扩张到了 4.4 万亿美元，有人敢郑重否认经济被政治化了吗？[37] 特朗普和桑德斯的竞选活动是疯了，还是仅仅陈述了本来就显而易见的事实：格林斯潘那一代人的计划失败了？格林斯潘和他的同僚们如此努力地对金融全球化进行制度化，使之成为一种准自然的过程，但这种金融全球化却暴露出来，它是经过深思熟虑的政治和法制建设的产物，对财富和权力的分配产生了明显的后果。

二

尽管他们对现状感到不安，但在 2016 年的夏天，对于特朗普和桑德斯的竞选活动，最常见的反应是把它们当作路过的幽灵而不予理会。一旦希拉里击败了桑德斯，她将以压倒性优势战胜特朗普。在另类右翼继续高举旗帜的同时，共和党捐款人把他们的钱从总统竞选转向了参众两院的竞选，目的是确保届时当选总统的希拉里·克林顿将面对一个充满敌意的国会。只有特朗普竞选团队的核心人物和福克斯新闻的观众仍然相信他们会取得胜利，他们被主流媒体谴责为"另类现实"。在大选之夜，随着结果倒向特朗普的一边，主流媒体难以掩饰它们的怀疑和沮丧。[38] 几个小时内，相互揭丑和指责开始了。支持特朗普的是白人工人阶级和种族主义者。女性和少数族裔未能投票支持希拉里。或许，这是由于俄罗斯的干预，使得反对自由主义的力量在全球结成了联盟。奥巴马总统本人也发表声明称，特朗普当选和英国脱欧一样，都是对全球化的抗议。[39]

事实上，对民调数据的深入研究表明，特朗普的选民比普通美国人更富有。[40] 收入最低的选民继续投票给民主党，他们绝大多数是少数族裔。但是，一份详细的选举统计数字显示，在没有受过大学教育的白人男性选民中，共和党人的支持率发生了重大转变。促使他们投票给特朗普的，不是迫在眉睫的痛苦，而是对未来的担忧，白人的担忧与对拉美裔和美国黑人的敌意有关，而男性的担忧则与对社会地位上升的女性的敌意有关。[41]特朗普在位于"铁锈地带"*的几个州的支持率超过了罗姆尼。他利用狗哨政治煽动种族主义和民族主义，巩固了这些选区。甚至像贸易这样的问题也充斥着种族的标记。[42]在一个又一个的广告中，展现了一张张戴着安全帽的魁梧白人男子的脸，他们是因外国进口而失业的美国工人。竞选活动很重要。共和党人把精力集中在重要的地方，在民主党人认为按理说应是他们地盘的中西部关键州孜孜不倦地跑腿和宣传。民主党人极度自满，拒绝接受特朗普具有吸引力这一现实。他们未能对特朗普的制造业"货物崇拜"†提出任何反对方案。[43]在回应特朗普向白人男性民族主义者发出的粗野呼吁时，希拉里提供的回应相当乏味，无非是遵循企业全球主义的场面上的惯例。但是，这并没有对曾投票给奥巴马、现在转向特朗普的700万美国人起作用。他们正在寻找一位似乎不代表建制派的候选人。尽管他们只占选民总数的4%，但他们的选票足以让共和党赢得密歇根州、宾夕法尼亚州和威斯康星州，这使得希拉里在纽约州和加州获得的巨大选票领先优势变得无关紧要。民主党成员不明白，这场竞选是他们要赢的，不该输。[44]希拉里是在竞选接替两届民主党总统任期。改变是有必要的。经济或许不是特朗普所表明的那种灾难，但是也没有蓬勃发展。为了克服这些障碍，希拉里需要激励民主党的支持者。可是，她完全没有做到。

---

* 最初指的是美国东北部–五大湖附近，传统工业衰退的地区，现可泛指工业衰退的地区。——译注

† 简言之,货物崇拜（cargo cult）指太平洋原始部落把外来的先进科技和器物当作神祇崇拜，期待获得渴望之物的行为，起源于二战时期美军的物资投送。这里大意指绝望的白人工人阶级对特朗普一系列许诺（驱逐墨西哥人、夺回流往海外的工作机会和精英腐败论等）的崇拜和幻想。——编注

之后，特朗普竞选总统带来的冲击引发了混乱局面，令人困惑，让人联想到英国脱欧。如果唐纳德·特朗普当选总统，真正统治美国的是谁？建制派的某些分支肯定会介入，以限制或重新引导这一反常的民众选择。[45]"深层政府"*的概念不再属于边缘化的阴谋论或激进批判的范畴；这是主流媒体的言论，也影响了特朗普的团队，他们分发了备忘录，上面写着他们首先要与哪些深层政府做斗争。[46]由于联邦调查局和中央情报局正在筛查俄罗斯干预的证据，而且特朗普似乎执意要挑起一场战斗，因此，特朗普遭到安全机构和执法部门的抵制也是预料之中的。然而，事实上，美国的建制派已经团结起来，共同反对这位当选总统。2016年8月，《华尔街日报》联系了自尼克松（Richard Nixon）时代以来白宫经济顾问委员会的所有在世成员，总共45人。尽管有23人是共和党任命的，但没有人支持特朗普。[47]

特朗普没有打退堂鼓。如果说选他当总统就是为了做一件事，那就是挑起事端。这意味着冲突越多、越吵闹，效果也就越好。他决心要把经济民族主义提上议程，这甚至不是一个选择，因为他根本不知道任何别的事情。2016年12月，他干预印第安纳波利斯的冷暖空调制造商开利公司，说服他们在美国保留1000个工作岗位。特朗普的副总统迈克·彭斯（Mike Pence）曾在印第安纳州担任州长，该州拿出了数百万美元的退税。公司发言人非常得力地宣布，他们对特朗普改革公司税法、改善美国商业环境的承诺有信心。随后，这位当选总统飞往印第安纳波利斯，赞颂自己的第一项经济政策成就，并透露了开利公司的母公司联合技术公司可能希望合作的另一个原因。"企业不可能在不承担任何后果的情况下离开美国，"特朗

---

* 指非经民选，由政府官僚、公务员、军事工业复合体、金融界、财团和情报机构所组成的，为保护其既得利益，幕后实际控制国家的集团。——译注

普用威胁的口吻宣称，"离开美国的情况将来不会发生……离开这个国家将是一件非常非常困难的事情。"[48]或者正如他那个周末晚些时候在推特上所说："任何企业离开我们的国家，搬迁到其他国家，在其他国家雇用员工、建造新工厂或厂房，然后认为它可以把产品卖回美国，而不会受到任何惩罚或承担任何后果，这样的想法都是错误的！"

在传统的评论家看来，这种做法令人瞠目结舌。难道这位当选总统不明白，美国企业的成功恰恰取决于它们在全球部署劳动力和资本的能力吗？正如一些评论人士所说，他的威胁口吻"更像是乌戈·查韦斯（Hugo Chavez）那样的民粹主义者，而不像是伯尼·桑德斯会说的话。这种威胁最终将在货币管制（这是全球经济独裁者青睐的工具）中得到体现"。[49]如果左翼分子参与了这样的挑衅，除非财政部和美联储进行干预，否则市场肯定会暴跌。但是，在特朗普当选后，这类事情并没有发生。特朗普是一位挑战者，但并不是所有挑战者都一样。深切的政治悲痛和伴随而来的经济低迷冲击着民主党选民。不过，另一边的反应同样引人注意。从普通选民到小企业和金融市场的交易员，各种各样的共和党支持者都爆发了新的乐观情绪。[50]银行类股成为涨幅最大的股票之一，这让华尔街的权贵们有些尴尬，因为他们认为新总统与他们的"品牌价值"不相容。特朗普喜欢大谈特谈废除《多德–弗兰克法案》。如果发生这种情况，至少在短期内对银行是有利的。由于市场预期奥巴马医改及其削减成本的项目将会被取消，医疗保健类股大幅上涨。基础设施类股也大幅上涨。与此同时，由于特朗普通胀*的前景使得美联储更有可能加息，债券遭到了抛售。[51]

而这种"特朗普冲击"只是在总统开始招募团队时才被证实。他把忠实的拥护者和理论家留在身边。他在政策的实质内容上没有

---

* 不少交易员将特朗普当选是否会导致通货膨胀的预期称为"特朗普通胀"。——译注

做出任何让步，但通过在内阁中安排富有的企业经理和将军，他扩大了自己的联盟。虽然他在最后一个充满攻击性的竞选广告中发表了威胁性的言辞，但华尔街仍然回归了，这是最令人感到震惊的事情。据称，特朗普先是游说摩根大通的杰米·戴蒙担任财政部部长，之后才选择了来自高盛的人人皆知的替代人选。财政部的一把手和二把手都将由出身高盛的人担任——史蒂文·姆努钦（Steven Mnuchin）和吉姆·多诺万（Jim Donovan）。迪娜·鲍威尔（Dina Powell）被调到白宫担任有影响力的助理职位，此前她负责高盛这家投行的慈善工作。美国国家经济委员会的主任加里·科恩（Gary Cohn）曾是高盛的总裁。与此同时，为了领导证券交易委员会，特朗普的团队提名了高盛的主要律师事务所沙利文–克伦威尔律师事务所的一位合伙人。白宫办公厅主任对这种安排有些担忧，但在多诺万退出时，这种担忧得到了缓解。[52]

　　在遵循传统的程序化政治思维的人看来，这是一个不能容忍的矛盾，并表明建制派正在重新主张控制权。但是，尚不清楚特朗普是否了解传统意义上的程序化政策辩论。特朗普真正了解的，或者至少说他身处的地方，是一个更原始的权力世界，一个由单一逻辑主导的世界：要么恃强凌弱，要么受尽欺凌。正如一位评论人士所说，特朗普把这个世界看作"一个被放大了的曼哈顿房地产市场，一个弱肉强食的恶毒蛇坑"。[53] 从这个角度来看，特朗普曾批评华尔街的领导人，然后把他们雇为自己的下属，但这并不表示自相矛盾或自我颠覆。这象征着他取得了胜利。特朗普的民粹主义与其说是围绕着政策旋转，不如说是围绕着纯粹的权力实现而旋转。他，特朗普，不仅是一名成功的商人，也很有名气，拥有很高的电视收视率。他可以在竞选活动中挑战建制派，嘲弄美联储主席，妖魔化高盛的首席执行官，然后获胜。在获胜后，他可以让摩根大通的杰米·戴蒙参加财政部部长的面试，然后拒绝他，转而选择一位更符合他喜好的资历较浅的高盛职员。如果你能做到所有这些事情，很显然你就是山中之王，当然，成为众人鼓掌欢呼的国王就更好了。这就是特朗普所需要的一切，这是一个令他着迷的故事。

供养美国政府的旋转门经常在公共服务部门和企业界之间旋转。在高盛等公司，高管人员轮换是一种惯例。对于一个爱国的美国人来说，拒绝白宫的服务邀请是不容易的。但是，人们不得不问，为什么一位高级商业人士愿意与这样的政府打交道？答案很简单，特朗普的胜利改变了一切。即使他的个性令人反感、政策建议稀奇古怪，但现在，这些人士不得不在更基本的政治问题上进行权衡，那就是谁会为谁做什么。

三

说到执政，要从这样一个混合的联盟中制定出一个连贯的计划并非易事。但是，特朗普政府和国会中的共和党人可以就一件事达成共识：推翻奥巴马的政治遗产。从这个意义上来说，在 2008 年危机的余震塑造了竞选活动之后，2008 年的遗产也塑造了特朗普执政的第一阶段，但都是负面的。在特朗普就任总统后的最初 12 个月，自危机以来民主党人推行的国家建设项目的稳健性遭到了审核。面对共和党总统和共和党国会的猛烈抨击，它能经受住多大的检验？2008 年，在思考乔治·W. 布什政府的财政记录时，布拉德·德隆曾想知道，对民主党人来说，"在不能保证共和党的继任者将永远是'正常'的时候"，什么才是正确的战略和战术路线。[54] 九年过去了，这个问题比以往任何时候都更加紧迫。自 2009 年以来，国会中的共和党人一直在发动无情的政治战争，先是反对经济刺激计划，然后是《平价医疗法案》（也称为"奥巴马医改"）。2011 年和 2013 年，他们两次将债务上限作为筹码。现在，他们控制了总统和国会，他们将会做什么呢？

　　取消奥巴马医改是他们最想要的战利品，而且应该很容易。
2010 年 3 月，当《平价医疗法案》在经历国会的折磨后问世时，它
是残破的，有缺陷的。然而，尽管共和党人有着斩钉截铁的决心，
但在特朗普就任总统后关键的最初 6 个月里，他们既不能取代它，
也不能废除它。阻碍他们前进的是这个问题的内在复杂性和党内的
深刻分歧。不过，他们的失败也反映出，就像任何真正重要的社会
或经济立法一样，《平价医疗法案》已经在社会上引来了自己的支
持者。即使是像《平价医疗法案》这样令人深感失望的制度，一旦
数千万人开始依赖它，数千亿美元开始通过它的渠道流动，要更改
也是很难的。事实上，根据奥巴马医改，从扩大医保覆盖范围中获
益最大的州是肯塔基州和西弗吉尼亚州，这两个州都是特朗普的铁
杆支持者。[55] 特朗普上任后，最重要的选民群体（独立选民）对《平
价医疗法案》的支持率从 2010 年的 36% 上升到了 53%。[56] 到了
夏季，当绝望的共和党国会领导人最后一次争取废除而不是取代奥
巴马医改时，他们只得到了 13% 的美国人的支持。[57] 毫不奇怪，
有足够多的共和党温和派人士拒绝同意。

　　如果他们不能废除和取代奥巴马医改，那他们能做什么呢？到
了 2017 年夏天，面对现代政府的复杂现实，共和党人的前后矛盾似
乎可能会妨碍他们采取任何有效的行动。[58] 在立法议程上，《平价医
疗法案》的争斗已经没有留下多少空间。特朗普承诺的基础设施项
目只是一堆空话。税改问题讨论得很多，但没有明显行动。与此同
时，基本的财务问题也不能回避。债务上限仍然存在，当 2017 年
春美国财政部达到债务上限时，它被迫诉诸人们熟悉的权宜之计。[59]
财政部部长姆努钦徒劳地呼吁国会提高债务上限。但在夏天，众议
院没有表决就休会了。在此期间，白宫预算管理办公室的新任主任
是米克·马尔瓦尼（Mick Mulvaney），他是自由党团的创始成员之

一。2011 年和 2013 年，自由党团曾冒险以违约相赌。[60] 马尔瓦尼不想向中间派或民主党人让步。他在自由党团中的老朋友们提出的极端削减开支的要求没有得到多数支持。在特朗普的预算主管看来，政府关门并不是最糟糕的选择。如果美国突然撞到债务上限，并被迫清偿优先债权，也就是发生未公开声明的违约，那就关门吧。[61]令人吃惊的是，总统似乎同意这一观点。2017 年 5 月，特朗普在推特上愉快地说，这是一次"不错的关门"。[62]

随着夏天的结束，尽管共和党控制着白宫和国会，但他们似乎无法解决预算问题。真正的问题是，民主党人是否会允许他们将美国推下财政悬崖。在奥巴马担任总统时，民主党人曾抨击共和党人没有承担起他们应负的政府责任。他们会拒绝支持总统吗，即使总统是特朗普？在这种进退两难的局面真正产生影响之前，自然灾害降临了。飓风"哈维"摧毁了得克萨斯州的大部分地区，另一场飓风呼啸着冲进佛罗里达州，特朗普和民主党人都不想让自己看起来无所作为。[63] 9 月 6 日，在白宫椭圆形办公室召开的一次会议上，总统做出了彻底的大转变。他不仅抛弃了国会中的共和党领导层，还在中途打断他自己的财政部部长，与民主党人达成了协议。这是一个令人昏乱的转变，导致专家们争相寻找美国历史上超越政党制度的"独立"总统的例子。[64] 然而，现实要比这残酷多了。由于查尔斯·舒默和南希·佩洛西使政府免遭关门，特朗普非常高兴地为共和党人重新发起攻击而欢呼。[65] 废除奥巴马医改可能不会被作为一个政治主张兜售，但减税肯定可以。于是，参众两院的共和党人紧锣密鼓地开始了"税改"工作。

2017 年 12 月，国会参众两院通过了由此产生的税收法案，该法案引起了巨大争议。其中，那些不过如此的"糖衣"包括全面削减个人所得税和取消个人免税额的减免额度，主要针对的是投票支持民主党的那些州的高收入本地纳税人。但这些措施是有时间限制的。在几年内，许多低收入的美国人将缴纳更高的税。对非常富有的人来说，更持久的一项好处是将遗产税的起征点提高到了1100万美元。真正重要的是企业税率降低了40%，这意味着利润可以保留用于企业增长，也可以用于支付给股东。考虑到财富持有上的巨大不平等，尤其是在股权方面的巨大不平等——美国收入最高的那20%的人群拥有90%的公司股票——这些好处都流向了更富裕的人。作为额外的补充措施，参议院还取消了要求所有美国人购买医疗保险的规定。据大多数人估计，如果没有这项规定，1300万美国人将退出医保。随着许多低风险的个人退出保险计划，那些留下来的人的保费将会飙升。德隆的担心得到了充分证实。2017年税改的再分配影响和税收减免规模，可以与1981年里根的大幅减税以及2001年和2003年布什的减税相提并论。[66]

为了使他们的税收措施能够更容易地在国会通过，同时缓和共和党财政保守派的紧张情绪，财政部和一起共事的共和党经济学家淡化了赤字的影响。[67]他们诉诸里根时代的旧论点，即降低税率将促进经济增长，从而增加政府收入。甚至臭名昭著的"拉菲尔曲线"也被重新提了出来。该曲线声称，较低的税率与政府收入之间存在积极关系。[68]但是，绝大多数经济学家对这些回避行为都不屑一顾。毫无疑问，减税将会增加赤字。曾领导奥巴马国家财政责任和改革委员会的辛普森和鲍尔斯谴责这项税收计划是回到了"否认赤字"的时代。[69]事实上，与其说是否认，不如说是政治上的精明考量。虽然没有办法在不产生赤字的情况下将企业税率降至21%[70]，但这并没有吓到激进的共和党人。在他们看来，赤字越大，就越迫切需要进入计划的第二阶段。[71]由于减税有可能使国家债务增加1.5万亿美元，因此必须削减开支。除了将在法律允许的范围内削减医疗补助，联邦政府的其他开支也会被削减到最低限度。这些不是共和党在20世纪80年代实施的策略，而是90年代的策略。国会中的共和党人正在让野兽挨饿。

　　自由主义者对这项税收提案的严重不公平感到愤怒，这是可以理解的。恰巧在美国访问的联合国赤贫问题特别报告员，拜访了生活在极度贫困条件下的 4000 万美国人中的一部分，他谴责这项税收计划是"为了让美国成为极端不平等的世界冠军"。[72] 但是，即使抛开对公平的担忧，让这头野兽挨饿也是一个失败的财政策略。从历史的角度来看，本应在减税之后进行的削减开支并没有落实。反对减税比废除减税要容易得多。甚至在共和党的队伍中，也有人反对削减关键领域的福利支出。与此同时，共和党计划在到 2027 年的十年中把陆军的规模扩大 10%，将海军的舰队规模增至 355 艘战舰，这将使军费开支（可自由支配支出中的大头）增加 6830 亿美元，增幅 12%。[73] 共和党财政策略的主要影响不是缩减大政府，而是很可能进一步削减了美国本已严重不足的税基。减税之后，联邦政府收入占 GDP 的比值将下降到 17%，与这个数字更加相称的是新兴市场国家，而不是发达经济体的政府。[74]

　　2009 年，当美国经济陷入了 20 世纪 30 年代以来最严重的危机时，一位民主党人在白宫呼吁国会为美国经济提供刺激方案，这时，共和党人已经把投票给了一男一女*，反对经济刺激。他们谴责奥巴马的《复苏与再投资法案》是财政不负责任的表现，将产生毁灭性的影响。现在，失业率处于自 2007 年繁荣时期以来的最低水平，但随着特朗普入主白宫，他们正努力实施一项为期十年的 1.4 万亿美元的刺激计划。在他们的辩护中，人们可能会说，考虑到复苏乏力以及危机期间大量人群退出劳动力市场，有理由让经济升温。[75] 但是，即使是那些主张这种冒险政策的人，也发现很难证明共和党的税收计划是正确的。[76] 美国最富有的人不需要进一步的福利。投

---

* 这里应该指 2008 年大选中共和党的总统和副总统候选人麦凯恩和佩林。——编注

资确实受到了抑制，但这并不是因为缺乏资金。美国企业的手里拥有数万亿美元的现金。很显然，早就应该做的事情是出台一项公共投资计划，以弥补美国基础设施方面令人尴尬的赤字。然而，国会对此没有多少热情。共和党人需要在特朗普任期的第一年结束时获得成功的快感，需要为捐赠者谋取好处[77]，而 2017 年的"税收改革"做到了这两点。

当克林顿和奥巴马政府内部的预算鹰派担忧赤字时，他们脑海中盘旋的是市场信心。市场对共和党最新一轮挥霍无度的政策将做何反应？在未来十年里，债务可能会增加多达 1.5 万亿美元，这肯定会引起反应。在出人意料的选举结果公布后，债券市场一直动荡不安。[78] 由于预期特朗普政府将启动一项重大基础设施建设计划，并通过税改进一步刺激经济，因此，市场预计美联储将提前加息。在 2016 年冬至 2017 年冬，这促使债券遭到抛售，收益率上升。由于欧洲央行和日本银行都在实施量化宽松，美元大幅升值，给全球美元借款人带来了一波不确定性。他们的偿债成本在增加。但后来，随着特朗普政府的混乱不堪，以及国会中共和党人继续自我麻痹的情况日益明显，市场的焦躁开始消退。在科技股强烈反弹的推动下，股市继续繁荣。美联储坚称，其将继续逐步加息。但是，债券市场几乎没有出现恐慌的迹象。[79] 共和党人以减税政策结束了这一年，但债券市场对此却不屑一顾。一位分析师评论道："无论你对最终结果给予何种评级，债券市场和经济学家都会给这个评级加上一个额外的'−'号。因此，如果你认为这是'B'，那么市场的评级将是'−B'。"[80] 市场没有欢呼，不过，特朗普政府也没有跟着有所警觉。

国会在奥巴马医改和共和党减税问题上的混战折射的是残酷的美国政治。但是，美国国债市场保持相对平静的一个线索可以从一系列相同的影响因素中找到，这些因素使市场在 20 世纪初布什时

全球安全资产供应：从发行区域和持有人看发达经济体主权债务
存量的变化（自2010年以来的累计变化，单位：1万亿美元）

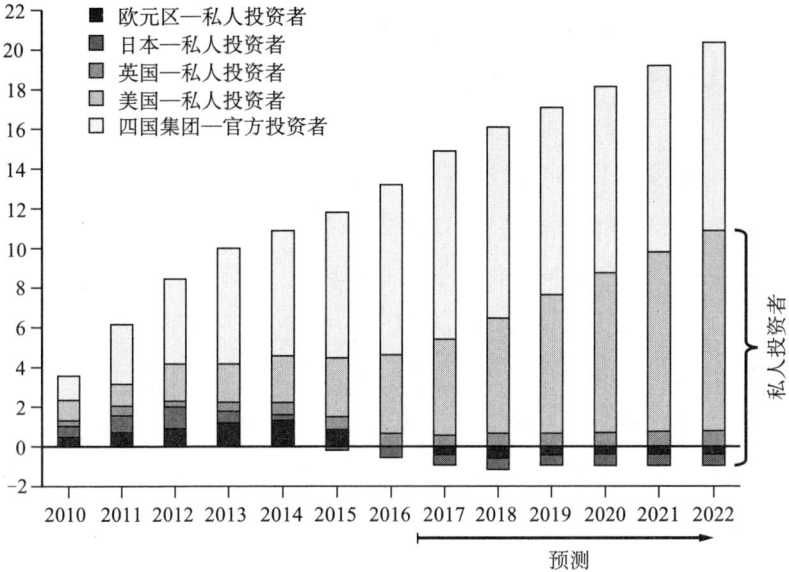

资料来源：IMF, *Global Financial Stability Report*, Ocober 2017, 19, figure 1.13, panel 4.

代的赤字面前也保持了平静，那就是全球安全资产的需求和供应。
2017 年秋，国际货币基金组织发布了一份引人注目的表格，反映了
自 2010 年以来的债券发行情况。[81] 这些数据显示，紧缩和量化宽
松导致证券投资组合出现重大调整。鉴于欧洲采取预算控制措施、
欧洲央行积极购买债券，以及日本银行也实施了更为激进的举措，
在可预见的未来，它们不会是为全球投资者提供安全资产的主要力
量。欧洲央行不仅在吸收欧元区债券，而且欧洲安全资产的主要供
应国德国也出现了预算盈余。未来五年，在全球范围内，美国将是
全球投资者获得安全、国债级资产的唯一来源。无论你对特朗普政
府有何看法，如果你需要将大量资金投资于安全的政府债券，那么
除了美国国债，你没有其他选择。

四

共和党人取消奥巴马医改和削减税负的运动由来已久。特朗普在竞选中把矛头对准华尔街的做法非常新奇，但这样做在选举中是有意义的。金融危机已经过去了近十年，银行仍然极度不受欢迎。2017年夏天的一项民意调查显示，60%的美国人仍然认为华尔街"对我们的经济构成威胁"，只有27%的人认为监管力度已经足够，或者监管"给创新或经济增长带来威胁"。在特朗普的选民中，足足有47%的人希望"保留或扩大"《多德-弗兰克法案》，而只有27%的人支持废除或缩减该法案。在谈到金融产品和服务时，87%的共和党人和90%的独立人士支持监管。[82]虽然华尔街的说客们可能会抱怨《多德-弗兰克法案》，但正如奥巴马政府的内部人士所知，正是这些说客阻止了大众反对银行的浪潮。事实证明，特朗普并没有什么不同。

特朗普在竞选中攻击华尔街纯粹是出于政治目的。华尔街的领导人从来都不喜欢特朗普。很显然，他们更喜欢希拉里这块招牌。特朗普以牙还牙、以眼还眼，结果他赢了。谁是老板的问题已经得到了回答。上任后，特朗普的大转变是完全不加掩饰的。他会做一个称职的老板兼总统，他将会烧毁一堆法规，尤其是前任总统的法规。一想到要"大规模"修改《多德-弗兰克法案》，这位美国总统就非常高兴。另外，他也乐于向强大的利益集团给予恩惠，并得到他们的掌声，甚至是那些他此前曾对他们摆出攻击姿态的人。正如他在2017年4月的一次首席执行官会议上所说："对于在座的银行家来说，他们将会非常高兴。"[83]之前在做巡回演说时曾嘲笑他们的人，现在向他们提供慷慨的恩惠，这似乎有些颠倒错乱。但是，银行家们并没有抱怨。英国《金融时报》评论道："想象自己去参加选举，将98%的赌注押在最受欢迎的［希拉里］（她在最后阶段输了）身上，而后带着巨额奖金回家。"[84] 事实证明，就华尔街而言，政治游戏的结果就像掷硬币：正面我赢，反面你输。对于实际上让特朗普入主白宫的愤怒选民，无论是政界人士还是华尔街，都没有把他们当回事。

为了就废除《多德－弗兰克法案》获得支持，找到银行游说者和对商业友好的经济学家实在是太容易了。众议院的共和党人对此也充满了热情。杰布·亨萨林曾在 2008 年带头反对救助计划，现在，他是众议院金融服务委员会的主席。在他的领导下，众议院迅速通过了所谓的《金融选择法案》——其中，"CHOICE"*是指为投资者、消费者和企业家创造希望和机会。该法案不仅削弱了《多德－弗兰克法案》，它还是自由主义的纯粹体现。它将废除沃尔克规则，将压力测试改为一年两次，而不是一年一次。它取消了有序清算机制，坚持认为对于倒闭的银行，只需将它们提交给破产法庭即可。[85] 令人吃惊的是，《金融选择法案》甚至以自由选择的名义，承诺要废除伊丽莎白·沃伦的消费者金融保护局。[86]

值得注意的是，对于一个向来被斥为民粹派的政府来说，这样的立法将会多么不受欢迎。就像废除《平价医疗法案》一样，《金融选择法案》几乎或根本不可能在民主党持阻挠立场的参议院中获得通过。与反对奥巴马医改的斗争一样，这场斗争最好是在聚光灯之外进行。虽然《多德－弗兰克法案》继续生效，但监管制度被当作了理所当然的抨击对象。这个制度是构成《多德－弗兰克法案》框架的金融治理自由裁量权理念的遗产。为最大限度地避免国会干预，盖特纳领导的财政部为相关机构在监管方面争取了尽可能广泛的自由。如今，这种自由裁量权可以被用来从根本上改变银行监管

---

* CHOICE 是 "Creating Hope and Opportunity for Investors, Consumers and Entrepreneurs" 的英文缩写。——译注

体制，而不需要颁布立法。姆努钦领导的财政部开始编写一系列有关金融监管方式的报告，为银行游说团体打开了大门。[87] 根据一项统计，在银行家们的建议中，有 75% 被纳入了财政部新的监管蓝图。[88], [89] 沃尔克规则花了近四年的时间才制定出来，要想对它进行调整，首先需要问银行，它们希望如何改变该规则。[90] 2017 年 11 月，美国财政部没有像《金融选择法案》所提议的那样废除有序清算机制、恢复破产法院的作用，而是倾向于保留对陷入危机的大型银行的清算控制权。[91] 即使不会再有更多的救助，出现另一个雷曼的可能性也不是众人想要的。特朗普政府暴露了盖特纳监管设计的基本弱点。它依赖于那些执行法律的人对系统稳定做出有计划的承诺。没有这一点，立法本身基本上是空洞的。

可以说，《金融选择法案》中最激进的部分是与美联储有关的条款。它们全面攻击了本·伯南克践行的美联储激进主义。《金融选择法案》要求，在将来，美联储的所有会议都要近乎完全透明。该法案要求联邦公开市场委员会宣布一项数学般精确的政策规则，以证明其利率选择的合理性。该法案默认了所谓的泰勒规则，该规则以斯坦福大学的约翰·泰勒（John B. Taylor）的名字命名。泰勒是右翼人士的最爱，也是本·伯南克在学术上的老对手。他的规则要求将利率设定为以下数值之和：

> 过去 4 个季度的通货膨胀率；
> 实际 GDP 与潜在 GDP 估值之差的二分之一；
> 过去 4 个季度的通货膨胀率与 2% 之差的二分之一；
> 假设实际利率为 2%。

这是一个机械的公式，要求在通货膨胀率高、失业率低的情况下上调利率，反之，则下调利率。《金融选择法案》规定，如果美联储倾向于不同的规则，那么它必须用同样机械的术语阐明自己的公式，并在计量经济学上证明其规则要优于泰勒模型。

该法案的作者心知肚明，将这一公式写入法律，意味着美国货币政策的整个交替历史要回到危机期间和之前。泰勒和他的信徒们将此次危机归咎于这样一个事实：在 21 世纪初，格林斯潘领导的美联储维持了过低的利率。[92]另一方面，在危机期间，如果采用泰勒公式，利率应该会被推到负值。因此，假如在 2008 年秋严格实施泰勒规则，那么需要利率低于零，此举实际上是在对储蓄存款征税。正是因为他认为伯南克采取量化宽松政策是不切实际的，所以《金融选择法案》将禁止任何此类一时兴起的行为。一旦严重危机过去，根据泰勒的公式，此时就需要加息，而不是进行第二轮和第三轮的量化宽松。无论是在国内还是在国外，都无须担心缩减恐慌。事实上，除非美联储敢于将其更广泛的全球担忧作为一个变量纳入其自身的利率方程，否则，美国以外的其他任何地方的情况都不会受到关注。

《金融选择法案》首先是一个政治姿态。在承诺限制美联储的自由裁量权方面，共和党人下了一招好棋。但就政策的实质而言，实际上不存在任何意见分歧。不管是否采用泰勒规则，2017 年显然是收紧政策、提高利率，开始试探性地解除量化宽松时期积累的巨额资产负债表的大好时候。[93]在 2014 年 10 月结束根据第三轮量化宽松进行的购债活动后，美联储于 2015 年 12 月首次加息。之后它停了下来，直到 2016 年 12 月、2017 年 3 月和 2017 年 6 月才恢复小幅加息。在 2017 年结束时，联邦公开市场委员会铺设了一条在2018 年至少再加息三次的道路。

像往常一样，联邦公开市场委员会和市场之间进行了一场微妙的博弈。珍妮特·耶伦证明了自己是这场游戏的高手，她设法在不引发恐慌的情况下，将加息的想法推向社会大众。但是，她的任期几乎没有可能延长到特朗普的总统任期结束。[94]有传言称，约翰·泰

实际联邦基金利率和泰勒规则指示利率

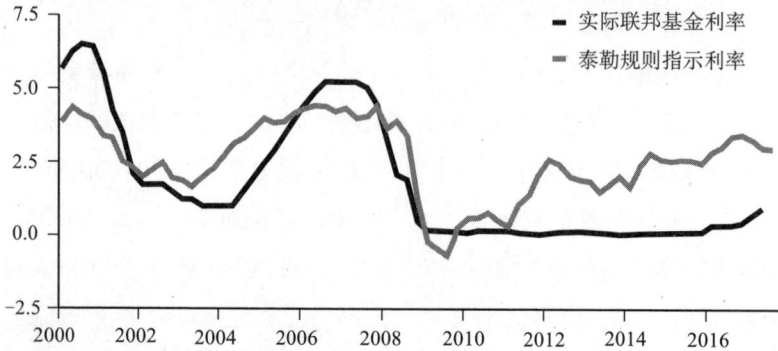

资料来源：亚特兰大联邦储备银行。

勒可能会接替耶伦的位置。特朗普喜欢凯文·沃什（Kevin Warsh）的仪表。沃什是一名不够格的纽约权贵子弟，2006 年被布什政府空降到美联储委员会。不过，特朗普最后选择了杰罗姆·鲍威尔（Jerome Powell）。这是一个非常符合惯例的选择。鲍威尔是共和党人，也是像米特·罗姆尼、汉克·保尔森那样的投资银行家。2011 年，他在共和党内部发起反对政府关门的运动，赢得了奥巴马政府的信任。[95] 这使他在 2011 年 12 月被提名进入美联储委员会，在那里，他以忠于伯南克和耶伦而扬名。他还被认为是《多德—弗兰克法案》框架的支持者。[96] 但是，鲍威尔之所以受到特朗普的青睐，最有可能的原因是他的个人特质。他不是一个学院派经济学家，而是一个富有的商人。鲍威尔的个人净资产估计超过 1 亿美元，是自 20 世纪 30 年代以来担任美联储主席的人中最富有的一位。与泰勒教授不同，鲍威尔在政策问题上并不教条。在他的领导下，白宫将不必担心让人极其痛苦的加息。

五

组建新政府和制定国内政策议程是一项旷日持久且复杂的工作，特朗普和他的小集团对此准备不足。在白宫和行政部门拥有更大回旋余地的外交关系上，他们的做法更加强硬。在于2017年1月20日（星期五）宣誓就职后的48小时内，特朗普就宣布有意重新就北美自由贸易协定进行谈判。两天后，也就是1月23日星期一，他宣布美国退出跨太平洋伙伴关系协定。多年来与欧盟艰苦谈判的跨大西洋贸易与投资伙伴关系协定也被束之高阁。

这是对奥巴马时代外交经济政策的核心议题的一次惊人颠覆。跨太平洋伙伴关系协定是多极时代美国宏大战略的一个重头戏。美国的退出对其盟友来说是一个打击。许多亚洲国家，尤其是日本，为加入跨太平洋伙伴关系协定付出了沉重的政治资本。它也引出了一个问题：如果没有大的区域联盟，奥巴马和希拉里重返亚洲的战略，以及遏制中国的实质性政策将何去何从？事实上，放弃跨太平洋伙伴关系协定和跨大西洋贸易与投资伙伴关系协定，不仅是与奥巴马时代的一次决裂，也彻底改变了自20世纪40年代起美国支持多边贸易政策的做法。[97] 2008年3月*，姆努钦首次作为美国财长参加了在巴登巴登举行的二十国集团峰会，在这次会议上，即使是仅仅承诺"抵制一切形式的保护主义"，各方也无法达成协议。[98]沃尔夫冈·朔伊布勒以他一贯的毫不妥协的方式指出，这次会议陷入了"僵局"。[99]姆努钦需要澄清的是，新政府"对贸易问题有不同的看法"。英国财政大臣菲利普·哈蒙德建议他的同僚们，最好给特朗普政府更多时间："如果我们现在要求一个强硬的答案，

---

*　原文为"in March 2008"，似乎有误。这次会议于2017年3月17日至18日在德国巴登巴登举行。——译注

我敢肯定我们不会喜欢所得到的答案。"[100]

与此同时，在华盛顿，一场围绕北美自由贸易协定展开的战斗正在激烈进行。在特朗普看来，这是"有史以来最糟糕的交易之一"。[101] 正如他在上任三个月后对记者所说，他"真的准备好了，而且很想终止"这项协定。[102] 他的兴奋溢于言表。班农和经济顾问、民族主义贸易经济学家彼得·纳瓦罗（Peter Navarro）敦促他跟随自己的直觉。为了宣布这一消息，2017 年 4 月 29 日，他们在宾夕法尼亚州的哈里斯堡举行集会，庆祝他上任 100 天。对墨西哥和加拿大来说，这将是一个残酷的打击。它们意识到形势的严峻性，迅速协调了各自的立场。数百名美国商界领袖不顾一切地向白宫游说，希望能阻止突然终止协定的做法。农业部部长、商务部部长和国务卿都请求暂缓终止协定。最后，决定性的论据似乎是一幅地图，显示了退出协定将在多大程度上对"特朗普统治的国家"造成伤害。总统真的想让得克萨斯州参与其中吗？特朗普后来告诉记者，这张地图"显示我确实拥有一个非常庞大的农民群体，这很好"，"他们喜欢特朗普，而我也喜欢他们，我会帮助他们的"。[103] 这是否意味着不会取消北美自由贸易协定？恰恰相反，华盛顿将重新进行谈判。但是，它将在不利的条件下进行谈判。多年来，奥巴马政府一直在为增加进入加拿大农业市场的机会、金融服务的跨境许可和改善与墨西哥的劳工标准讨价还价。为了达到这一目的，谈判时没有使用粗野的威胁手段，而是以达成更大的贸易协定（跨太平洋伙伴关系协定）作为诱饵。2012 年，美国曾在洛斯卡沃斯召开的二十国集团峰会上诱骗墨西哥和加拿大加入跨太平洋伙伴关系协定。如果退出跨太平洋伙伴关系协定，那么就北美自由贸易协定达成的所有让步都会被扔进历史垃圾箱。[104] 特朗普的重新谈判将使一切从头开始，除了造成威胁，什么好处也没带来。

北美自由贸易协定、跨太平洋伙伴关系协定和跨大西洋贸易与投资伙伴关系协定都是地区性条约。真正的全球贸易政策论坛是世贸组织。它是 20 世纪 40 年代美国全球主义创立时期的产物。[105]长期以来，美国一直都是世贸组织最强劲有力的支持者。特朗普总统没有出席 2017 年 11 月在华盛顿特区罗纳德·里根大厦举行的世贸组织成立七十周年庆祝活动，但他通过福克斯新闻传达了恶言恶语的祝福："世贸组织是为了所有人（除了我们以外）的利益而设立……他们以你无法相信的方式利用了这个国家。"[106]特朗普任命经验丰富的贸易斗士罗伯特·莱特希泽（Robert Lighthizer）担任贸易代表。莱特希泽在 80 年代曾负责推动美国的主要竞争对手达成协议，自愿限制它们对美国的钢铁出口。莱特希泽猛烈抨击世贸组织。他反对世贸组织贸易仲裁小组的司法能动主义，反对它迎合像印度这样的大型发展中国家的特殊请求，质疑它未能解决钢铁等长期产能过剩领域的问题，最重要的是，它无力应对中国的崛起给经济自由主义带来的前所未有的挑战。[107]华盛顿认为，世贸组织应将自身限定为供主要贸易大国进行谈判的论坛。对于那些对美国采取歧视举动的经济体，美国进行报复的能力曾经受到限制，现在美国应该摆脱这些限制。但是，特朗普政府没有将这一愿景转化为针对世贸组织的积极建议，而是采用了共和党人在国会上为达到这一效果而使用的策略。美国拒绝向世贸组织的仲裁机构任命新的仲裁员，这有可能使世贸组织空心化，使其越来越无法正常运作，也越来越缺乏正当性。要是没能在 2017 年12 月的世贸组织会议上取得实际成果，那么贸易自由化的任何领域的停滞不前都会令人沮丧。[108]莱特希泽甚至不屑于等到会议结束。

新政府给全球经济机构带来的冲击是强烈的。自 20 世纪 30 年代以来，还没有出现过这样的情况，欧洲感受到的冲击最为强烈，超过其他地方。早些时候，欧洲还不太清楚特朗普团队是否真的承认欧盟是合作伙伴，或者是否了解美国不再与单个欧洲国家维持双边贸易关系。在上任前几天接受采访时，特朗普将欧盟斥责为"德国的工具"。据内部消息人士透露，他的随从正在给欧洲领导人打电话，以探明哪些国家可能是"下一个离开欧盟的国家"。[109]特朗普团队的成员认为英国脱欧是一种炒作。在欧洲，人们担心特朗普的胡话会传播开来。伦敦即将启动《里斯本条约》的第五十条，并开启正式的退出程序。奥地利、荷兰和法国的选举都在进行中。白宫的一些势力不仅公开支持英国脱欧，而且还公开支持玛丽娜·勒庞和国民阵线。[110]

在最初的冲击过去后，国际力量开始团结起来。墨西哥和加拿大密切合作，尽一切可能挽救北美自由贸易协定。跨太平洋伙伴关系协定的其他缔约方决定在没有美国参与的情况下继续推进。到了5月底，当特朗普首次访问欧洲时，"民粹主义"恐慌已经过去。马克龙已在巴黎掌权。当美国总统公开拒绝重申美国对《北大西洋公约》第五条*的承诺，并宣布有意退出巴黎气候协定时，默克尔已经看够了这种情况。当时德国正处于大选阶段，欧洲公众舆论对特朗普的强烈反对让默克尔有充分理由采取行动。2017年5月28日，也就是特朗普离开欧洲后的第二天，德国总理在慕尼黑向热情的人群发表讲话，宣布欧洲必须适应一个新的现实。[111]在特朗普上台和英国脱欧之后，很明显，欧洲再也不能完全依赖其长期盟友美国和英国了。"正如我在过去几天所经历的那样，我们完全依赖他人的时代已经结束。我们欧洲人必须真正掌握自己的命运。当然，我们需要与美国、英国以及包括俄罗斯在内的其他邻国建立友好关系。但是，我们必须为自己的未来而战。"[112]

这无疑是一个非凡的时刻。美国对外关系委员会的主席理查

---

* 主要涉及对受到攻击的缔约国的援助义务。——译注

德·哈斯（Richard Haass）在推特上说："默克尔说，欧洲不能依赖其他国家，需要靠自己去解决问题，这是一个分水岭——是美国自二战以来一直试图避免的。"[113] 但是，这实际上意味着什么呢？在危机过后，欧洲的一体化进程似乎陷入了停滞。在巴黎索邦大学的一次重要演讲中，法国总统马克龙对欧洲的未来提出了一个大胆的设想。[114] 但是，这个设想是向谁提出的呢？在 2017 年 9 月德国尚无定论的大选之后，柏林只有一个看守政府。意大利在多年经济衰退的重压下摇摇欲坠。西班牙因加泰罗尼亚争取独立而陷入了混乱。此外，欧洲大陆为进一步一体化和自决权采取的任何行动必然会引起抵制。如果英国要离开，那么难应付的东欧人就会留下来。2017 年 7 月，特朗普第二次前往欧洲，参加在汉堡举行的二十国集团峰会，中途在波兰停留。面对法律与公正党领导的政府的支持者，特朗普找到了一群喜爱他的欧洲观众。当他宣布美国对北约的承诺时，人们挥舞着旗帜。他承诺，北约是文明的堡垒，是"仍然呼喊着'我们需要上帝'的西方人民"的阵地。[115] 特朗普已经从"美国优先"转向了"文明的冲突"，但对于在二十国集团峰会等候美国的多元文化的人群来说，这两种说法都不会受到欢迎。英国财政大臣哈蒙德指出：在要求特朗普政府澄清立场时，有时候，最好不要向其施加太大的压力。因为我们有理由担心，得到的答案可能不是人们喜欢的。

很显然，默克尔提出的缔造一个团结的欧洲、为自己的未来而战的愿景，其实现的前提是必须解决欧洲内部的深层分歧。右翼民族主义的崛起并不是欧洲唯一的分歧。特朗普的保护主义不仅针对亚洲竞争对手，德国也处在风口浪尖之上。德国财长朔伊布勒一如既往地迅速做出回应。他不会接受来自特朗普和姆努钦的批评，就像他不会接受来自奥巴马、盖特纳和国际货币基金组织或其他欧洲国家的批评一样。[116] 在德国看来，贸易顺差是对出口竞争力的最重要的奖励。但是,美国的巨额赤字也表明,宏观经济的失衡在加剧。考虑到德国的预算盈余和美国庞大且不断增长的政府赤字,两国的贸易账户本就应该存在差异,这并不令人意外。在就跨大西洋贸易展开争论时,这是一个经常使用的论据。不过,这一次,朔伊布勒增加了一招。他承认,德国的出口确实享有竞争优势。欧元被低估了。但是,设定利率或欧元价值的不是德国,而是欧洲央行。令德国储户感到恐惧的是,马里奥·德拉吉的扩张性量化宽松政策正在将欧洲债券的收益率推至负值,并在压低欧元的价值。2017 年 4 月,朔伊布勒在访问华盛顿时告诉美国听众,他曾警告德拉吉,欧洲央行的扩张性货币政策将会使德国的贸易顺差膨胀。[117] 它造成了与美国的紧张关系,这也是可以预见的。虽然欧洲央行立场坚定,国际货币基金组织也支持继续在欧洲实施量化宽松,但是,朔伊布勒已经告诫过,在围绕欧元区经济政策开展的长期争论中,特朗普的攻击可能会被利用。对特朗普产生的愤怒不应让人们忘记,在"美好"的奥巴马时代,欧洲人和美国人在经济政策上争吵得多么激烈。

在美联储收紧货币政策时,欧洲央行姗姗来迟的货币扩张是大西洋两岸失衡的真正根源,它提醒人们,自危机爆发以来,全球经济在货币政策上出现了不协调;而德国保守派的呼声对造成这一不协调出力很大,不亚于任何人。[118] 德国、荷兰和中国的长期盈余也不是特朗普凭空想象出来的。它们表明,全球经济存在着真实且持续的不平衡。与其他许多领域一样,在全球贸易政策中,特朗普政府粗野的好战态度引发的愤怒,很容易掩盖它所指向的问题的真相。一种自鸣得意的气氛弥漫在二十国集团峰会上。世贸组织赢得了掌声,因为它帮助全球经济度过了 2008 年的金融危机,全球经济体系的表现比 20 世纪 30 年代的大萧条时期要好得多。在高关税和贸易保护主义方面没有带来灾难性后果。[119] 没有重演 1930 年的

《斯姆特—霍利关税法案》*。21 世纪的全球治理体系或许不受欢迎，但它确实发挥了作用，至少故事是这样发展的。因此可以说，在危机后的十年里，民粹主义者极度不负责，他们沉溺于在背后诽谤的经济民族主义。对于维持现状的人来说，特朗普成了一个特别滑稽可笑的敌人，人们要对这个敌人重申自由主义的灵丹妙药。但是，这转移了人们对更为复杂和模棱两可的现实的注意力。有人认为，特朗普突然而又令人震惊地打破了当时盛行的自由派的成功故事，这一认识来自对全球背景过于乐观的看法。就贸易而言，这是事实；就货币政策而言，这也是事实。实际上，为谈判达成全球贸易协议而做出的最后一项重大努力，即多哈回合，已于 2008 年的夏天戛然而止。全球贸易已从 2008 年至 2009 年的灾难中恢复过来。但是自 2010 年以来，贸易额一直停滞不前，并在 2015 年出现了下降。[120] 这在一定程度上受到了商业周期的推动，"缩减恐慌"和大宗商品价格下跌冲击了新兴市场。然而，它也反映出世界各国采取了一波保护主义措施，这些措施的重点不是关税，而是各种各样的非关税壁垒。[121] 没有人能预料到，特朗普个人对贸易的看法反映了他对新型保护主义具有不可思议的认知。他在重现最初于 20 世纪 70 年代和 80 年代形成的观点。但是，如果莱特希泽周围的专家找到了美国出口受到歧视的证据，那么他们已准备好采取行动。通过税收减免、补贴和出口信贷体系，世界贸易不仅日益受到企业价值链的影响，而且还受到国家干预的影响。美国巨额贸易逆差中的很大一部分不仅归因于中国的贸易歧视，而且还归因于通过位于加勒比海和欧盟的离岸避税天堂流失的出口收入。[122] 在这方面，曾一度强有力的假设（全球化是不可避免的自然进程）也正在失去说服力。

---

* 美国总统赫伯特·胡佛（Herbert Clark Hoover）在 1930 年签署贸易保护主义法案即《斯姆特—霍利关税法案》，对众多进口商品征收高额关税。这一举动引发了贸易战。——译注

特朗普政府的贸易鹰派人士不主张回到 20 世纪 30 年代，但他们也不愿继续假装 1989 年那种天真的必胜主义，及其民主资本主义必然会胜利的简单假设是"符合事实的"。2017 年 12 月发布的"国家安全战略"悲观地宣称："历史的弧线不能确保美国自由的政治经济体系能够自动获胜。"[123]

六

毫无疑问，这样的言论暗示着一种深刻的现实主义智慧。但事实上，与其说这是一种大胆或连贯的全新世界观，不如说这反映了华盛顿相当绝望的情绪。政府中尤其充斥着这种绝望情绪，这个政府在国会中的支持者以上帝赋予的美国价值观的名义，多次试图破坏抗击危机的努力，现在他们要求美联储遵循一条不可自由裁量的、自动的政策规则，以确保实现一个尽善尽美的世界。当然，特朗普的安全政策鹰派强烈反对曾被奥巴马总统援引过的"历史的弧线"这一说法。[124] 但是，在使用这一修辞时，他引用的不是宿命论的新保守主义历史哲学，而是美国最伟大的自由斗争之一的预言。确实没有宿命论。问题是如何击败"弧线"说法。即使有人接受特朗普阵营对世界经济幻灭的描述，问题也在于如何回应。即便对美国来说，"美国优先"也是一个恰当的回答吗？不管这个问题的答案是什么，全球其他国家必须面对的现实是，美国选民已经让一个反复无常、自恋的民族主义者上台，他不再承诺维护国际秩序，除非这个秩序直接并即刻与美国的国家利益相关，不管这些国家利益如何界定。考虑到美国民族国家及其经济的规模和影响，这对全球产生了深远的影响。

2008 年，美国一直都处于这场危机的震中。布什政府和奥巴马政府都曾面临这样一个严峻的事实：全球金融体系的运作几乎没有或根本没有自动机制。为了稳定"美国自由的政治和经济体系"以及全球经济，美国和二十国集团的其他国家采取了前所未有的行动。2017 年，美国再次成为全球关注的焦点，但这一次，美国反复无常的新政府带来的不确定性成了关键。[125] 一旦美国以这种方式发展，那么保尔森在 2016 年夏天提出的问题就无法回避。在未来的金融危机中，特朗普总统领导下的美国将如何应对？他能召集众人得到一个协调一致的应对措施吗？如果 2017 年需要围绕债务上限讨价还价，那么这将再次归为务实的中间派共和党人和国会中民主党人之间的讨价还价。

　　当然，我们只能模糊地窥视未来。那么，我们可以从过去中学到什么呢？如果说有一个问题可能会给我们未来的前景带来一些启示的话，那么这个问题不是特朗普在 2008 年可能如何应对危机，也不是他可能如何应对未来的一些突发事件，而是为什么特朗普在 2017 年上任时没有面临全球经济内爆。这似乎是个有悖常理的问题。2017 年，美国经济增长平稳，失业率下降到危机前的水平，市场一片繁荣。在欧洲，经济终于开始反弹。一场迫在眉睫的危机似乎不会发生了。因此，如果我们不把注意力集中在美欧这个旧的跨大西洋的全球化中心，而是集中在决定世界经济未来的中国和新兴市场，那么这个问题折射出的真实力量就会变得明显起来。在 2017 年之前的几年里，那些地区一点儿也不平静。

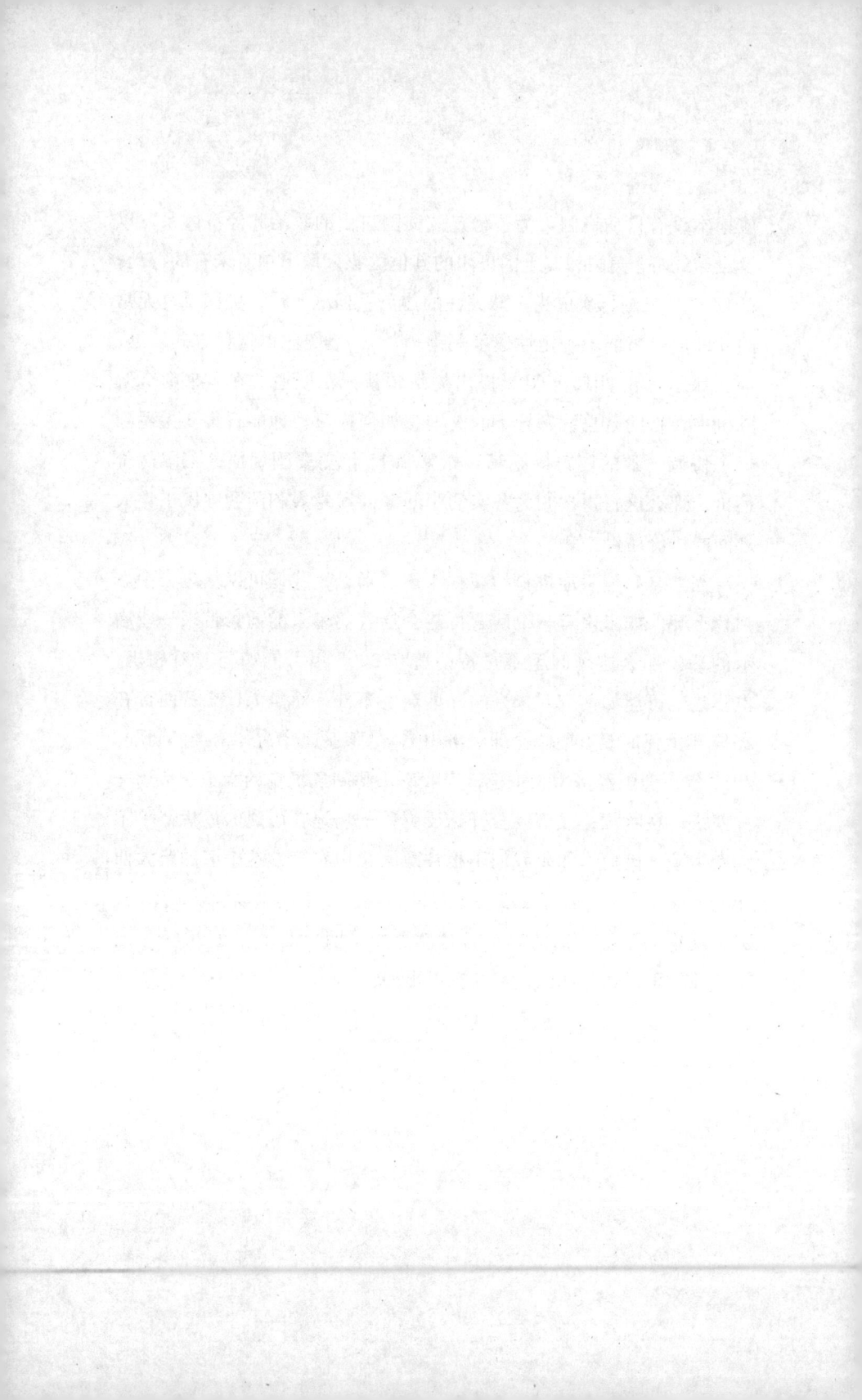

第25章

未来的走向

2017 年 1 月 17 日，世界经济论坛在达沃斯召开，讨论英国脱欧和特朗普的影响。中国国家主席习近平走上讲台，发表了开幕致辞。这篇演讲被广泛认为是在宣布中国作为"全球化稳定之锚"的新角色。[1] 八年前，中国人民银行行长提议建立一个新的布雷顿森林体系，这个消息登上了世界各国媒体的头条。当时的介入举动关系到中国在全球经济治理中的话语权。与安格拉·默克尔不同的是，习近平不需要说服任何人相信他有能力和意愿采取与中国在全球事务中的地位相称的行动。中国不仅已经成为一个主要经济体，而且已经成为一个超级大国。在全球各地的许多人（特别是欧洲人）看来，中国已经是经济超级大国。

一

自 2013 年的"缩减恐慌"以来，新兴市场经济体一直处于困境之中。步入新千年以后，在经济上取得了伟大成功的两个国家——

巴西和南非——都已经崩溃。2014年秋，大宗商品价格暴跌，沉重打击了石油、天然气、铁矿石和其他原材料的出口商。在制裁和乌克兰危机的影响下，俄罗斯和中亚的大部分地区步履维艰。鉴于欧洲和美国经济增长乏力，全球经济中唯一的支撑力量是中国的持续增长，而在2015年，就连这一点似乎也突然受到了质疑。

2015年6月12日，当西方因希腊和乌克兰事件而分散注意力时，中国股市开始下跌。三周内，上海证券综合指数从5166点的高位下跌了30%。随着国家指导的"国家队"投资者——企业和基金——向市场注入数十亿元，股票价格暂时企稳。但在8月中旬，由于担心人民币贬值，市场再次下跌，9月份跌至略高于3000点的新低。政府的干预措施暂时从这一水平推高了该指数。但在2016年1月4日，股市再度崩盘。到2月份，进一步的抛售浪潮将该指数拉低至2737点，仅略高于六个月前水平的一半。

2015年9月3日的胜利日阅兵将是一个具有纪念意义的事件，它兑现了"永不忘记国耻"的口号，并以庆祝胜利的方式来回应这一口号。普京是贵宾。与此同时，似乎为了呼应这一场合，人民币作为一种国际货币正在获得认可。2015年秋，国际货币基金组织即将把人民币纳入特别提款权货币篮子。达成这一进展的一个条件是，北京应允许人民币更加自由地浮动。几十年来，人民币一直是单向押注。由于美元汇率被高估，唯一的办法就是让人民币升值。但是，当2015年8月初北京放开货币交易时，人民币迅速暴跌。

很显然，某些方面出了很大的问题。在爆炸性增长的那些年里，受2008年以来信贷大规模激增的推动，中国重工业积累了巨大的产能过剩。房地产行业因过度建设而不堪重负。股市被"非理性繁荣"和一波危险的保证金贷款浪潮推高。中国的影子银行业过度膨胀，让人想起2007年至2008年欧洲和美国出现的可怕的崩溃情景。[2]但是，最令研究中国的观察家感到担忧的是，为寻找避风港，一些

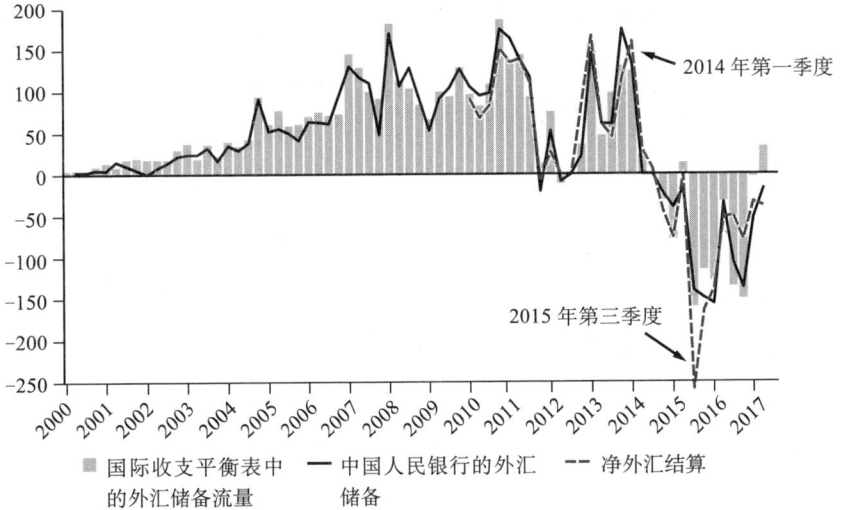

2015年的人民币恐慌：中国的季度资金流入和流出（单位：10亿美元）

资料来源：Brad Setser, "Asia Is Adding to Its FX Reserves in 2017 (China Included?)," *Follow the Money* (blog), August 21, 2017, https://www.cfr.org/blog/asia-adding-its-fx-reserves-2017-china-included.

投资者每月以数千亿美元的速度将巨额资金撤离中国。[3] 他们是否知道一些世界上其他人不知道的事情？

　　二十年来，人民币被低估一直是全球经济事务中的常事。现在，形势似乎发生了逆转。中国是否即将成为另一个由盛而衰的新兴市场，尽管它是世界上规模最大的新兴市场？这是一个可怕的想法，它提出了一个问题。一个拥有强大贸易平衡和巨额外汇储备的国家怎么会滑向货币危机呢？这让人联想起可怕的 2008 年，当时韩国和俄罗斯等出口大国发现自己的银行陷入困境，拼命地争取美元融资。而且，在 2015 年对情况的解释，与 2008 年如出一辙。全球化在不同层面上通过不同的渠道运行。韩国和中国等国占据主导地位的有形货物贸易渠道，只是引发金融危机的一个途径，而不是最具决定性的那个。一个拥有强劲的贸易顺差、充足的外汇储备和升值中的人民币的经济体，很可能会让银行、企业和个人以外币积累债务。2008年，韩国、俄罗斯和欧洲银行的一个共同点是都需要美元融资。这使它们极易受到利差变化或汇率走势逆转的影响。它们之所以脆弱，不在于贸易差额，而在于它们的企业资产负债表。中国在2008年时还没有完全融入这一逻辑。它的全球化仍然采用"经典"的做法——由其贸易账户主导。正是这种熟悉的中国特色发展模式，以及美国的"双赤字"，分散了西方分析人士对北大西洋资产负债表上日益严重的金融紧张局势的注意力。但是，自2008年以来，随着中国速度惊人的现代化进程的持续推进，中国在金融领域与世界的一体化程度越来越高。

在当时，推动中国金融一体化的商业逻辑是合理的。中国企业的投资活动前所未有。中国的利率很低。但是，由于伯南克的量化宽松政策，美元区的利率甚至更低。人民币唯一可能的走势是升值。将两者结合起来，就具备了进行有利可图的"套利交易"的要素：借入美元；投资于人民币；用中国经济繁荣带来的收益，按照不断升值的人民币汇率来偿还美元贷款。[4] 如果中国的外汇监管使得难以直接用美元投资，那么可以增加一两个步骤：借入美元；购买商品；将销售商品的预期收入作为抵押，借入人民币；使用人民币在中国进行投资。利润可以通过三种方式实现：中国的投资回报与美元融资成本之间的利差，美元对人民币的贬值，还有大宗商品价格受中国旺盛需求的推动而可能出现的上涨。

据国际清算银行估计，到2014年底，虽然中国的官方外汇储备达到了4万亿美元的峰值，但针对中国企业的跨境债权已飙升至1.1万亿美元，其中大部分以美元计价，有8000多亿美元的债权由西方大型银行持有。[5] 总计25%的中国企业债务是美元债务，但只有8%的企业收益是以美元计价。这种不匹配是有利可图的，但也有风险。如果任何一项基本条件——利率、汇率或大宗商品价格——

发生变化，那么头寸就可能出现亏损。2015 年，这三个条件都发生了变化。美联储退出量化宽松，预示着利差将很快转向错误的方向。2014 年，中国经济增长放缓和油价突然暴跌，扭转了大宗商品价格的走势。资金外流给人民币带来了下行压力。对于那些在 11 亿美元 * 的债务敞口中持有部分债权的投资者来说，这些因素的一齐发生是一个非常糟糕的消息，而且众所周知，这种情况可能会引发投资者竞相逃离。[6]

　　用《经济学人》的话来说，2015 年冬至 2016 年冬，世界经济面临的威胁不亚于一场"灾难"。[7] 长期以来，新兴市场的繁荣曾为全球化的故事注入了活力，但现在却停了下来，让人不寒而栗。俄罗斯、中亚、巴西和南非已经陷入衰退。中国经济的内爆，伴随着人民币暴跌和投资者竞相退出市场，很容易将世界经济推入衰退。《经济学人》描绘了一幅可怕的情景：中国资金外流和巨大的产能过剩放大了全球通缩周期，而通缩的势头比 2008 年更加不可阻挡。工业和大宗商品生产商将陷入资不抵债的境地。与此同时，如果人民币与美元脱钩，那么人民币将不是唯一贬值的货币。新兴市场的美元套利交易将会瓦解，由此引发一场全面的金融危机。西方银行也无法幸免。

　　上述情景很可怕，哪怕它只是有可能发生也足以引发恐慌。大宗商品市场极度紧张。在 2014 年 11 月发生暴跌后，油价于 2015 年春稳定在每桶 60 美元。但是，中国现在是全球最大的原油进口国。中国爆发危机的可能性，加上美国充足的页岩油供应以及沙特政府的顽固立场，再一次把市场推到了悬崖边。[8] 从 2015 年夏天到 2016 年 1 月，油价从每桶 60 美元下跌了一半，至 29 美元。毫

---

* 原文为"$1.1 billion"，似乎有误。结合前文内容"针对中国企业的跨境债权已飙升至 1.1 万亿美元"，应该为 1.1 万亿美元。——译注

无疑问，正如沙特预料的那样，这对杠杆率很高的美国页岩油行业造成了沉重打击，并在美国金融市场掀起一阵焦虑的涟漪。即使在由量化宽松支撑的发达经济体，通缩压力也在逼近。2016年1月，达沃斯论坛上讨论的问题不是中国将如何领导，而是中国将如何应对。北京能否阻止经济崩溃？中国经济的内爆会不会让新兴市场不和谐的厄运转变为一场全面崩盘？但一年后，这场全球危机并没有延续到特朗普政府上台。问题是，为什么呢？

任何答案都必须从北京采取的行动入手。由于对2008年的危机做出了引人注目的反应，中国政府在实施有效的经济政策方面令人钦佩。但在2015年，中国对这场危机的最初反应未能让人放心。[9]具有中国特色的量化宽松政策没有取得成功。2015年8月的外汇交易自由化也处理不当。但是，北京方面保持了冷静。中国人民银行没有让人民币继续下滑，而是通过实施一种新的钉住汇率制*稳定了人民币。中国人民银行加强了资本管制，但在其他方面，该行允许解除美元暴露头寸。如果这是对资产负债表进行的调整，而不是一场普遍的恐慌，那么这是正确的做法。中国的外汇储备从2014年夏天4万亿美元的峰值下降到2017年初的3万亿美元。眼睁睁地看着每月数百亿美元的外汇储备流失，确实让人坐立不安，不过，外汇储备最终在较低水平稳定下来。为了在2016年初重振需求，北京启动了新一轮的信贷繁荣和财政刺激，同时着手清理扩张过度和产能过剩的重工业。北京恢复了对局面的掌控，向来以倡导市场自由闻名的西方媒体也无法掩饰它们的欣慰之情。《经济学人》评论道："随着资金外流被堵住，大部分资金都流入了当地的房地产市场：房价飙升，先是在大城市，然后是其他地方。小型汽车的销

---

* 人民币不再紧盯美元，而是逐步转向参考一篮子货币。这是2015年8月11日实施的汇改的内容。——译注

售税降低了一半。由此可见，这些控制和刺激措施奏效了。"[10] 受此影响，亚洲的大宗商品价格反弹，制造业大幅增长，将中国庞大的制造业从崩溃边缘拉了回来。全球通缩的威胁逐渐消退。

这就是必胜主义者的故事的来龙去脉。中国不只是又一个容易发生危机的新兴市场。北京在掌控着一切。中国遏制住了一场可能威胁全球经济稳定的危机。有人可能会说，到目前为止一切还不错。但是，2015 年的形势不仅表明，中国既不是坚不可摧的，也不是无所不能的。更重要的是，它还证明了这一次中国并非完全自主。2008 年的问题是，中国是否会抛售其持有的美元资产，并破坏美国的稳定。八年后，由于中国金融融入世界的程度加深，这个问题发生了反转。在北京努力控制股市和外汇流失之际，问题不在于中国是否会抛售美元，而在于美联储是否会配合中国稳定人民币汇率的努力。

对珍妮特·耶伦和美联储委员会来说，这是一个深深的两难境地。2015 年伊始，联邦公开市场委员会预计将延续他们于 2014 年 12 月结束量化宽松时启动的进程。他们打算加息。问题是加息的幅度有多大，在多久后开始。在 2013 年的缩减恐慌之后，美联储敏锐地意识到了新兴市场可能受到的影响。[11] 但是，随着美国经济慢慢走向充分就业，他们希望摆脱零利率，此举仅仅是为了在下一次挫折来临时给自己留出回旋余地。更普遍的是，人们强烈渴望回归"正常化"。尽管都在谈论长期停滞，但人们难以接受将零利率或美联储大幅膨胀的资产负债表作为全球经济的一个永久性特征。2013 年，美联储曾标榜自己将全部的重点都放在美国的国民经济状况上。它们会转向中国吗？

2015 年夏天，美联储仍然闪烁其词，但在 9 月的联邦公开市场委员会会议上，这个问题再也无法回避。多数分析师预计美联储将把利率提高一个等级。但随后，人民币出现了令人震惊的贬值，上海证券交易所出现了第二次下跌。无论美联储的授权受到了怎样的限制，市场是全球性的。它们不能忽视这一威胁。8 月 24 日，美国道琼斯指数下跌了 1000 点，美联储退缩了。美国货币政策正常化被搁置，珍妮特·耶伦公开了美联储董事会这么做的理由。中国的不稳定是关键。在 2015 年 9 月 18 日的新闻发布会上，当耶伦解释联邦公开市场委员会的决定时，记者们统计发现，耶伦 6 次提到了中国因素，10 次提到了"全球"因素。与 2013 年印度和土耳其承受压力的情况不同，中国向美国回溢的风险过于重大，不容忽视。事实上，中国通缩对全球经济的影响是如此之大，以致美联储没有必要继续加息。[12]

美联储放弃加息让北京松了一口气。中国乐见美联储承认相互依赖的说法。2015 年 10 月，中国财政部部长楼继伟在国际货币基金组织的一次会议上大胆表示，美联储不能加息，因为中国正处于危险之中。他说："美联储的加息时点还没有到，美联储肩负对全球经济的责任，因此不能加息。"他认为，基于美元的世界货币地位，美国"应该承担全球责任"。[13] 在美国，各方对此反应不一。正如不安的美国市场观察人士即刻指出的那样，耶伦基于中国的情况对美国的政策做出的调整，使解读美联储下一步举措的工作变得极为复杂。市场已经能准确地对美联储做出预测。但在西方，没有人确切知道该如何读懂北京。[14]

2015 年 12 月，基于美国自身就业市场的改善，联邦公开市场委员会开始加息。这是自 2006 年以来的首次加息。[15] 耶伦明确宣布，美联储打算发出一个信号，表明经济复苏已经得到了巩固。但是，美国政坛的两翼都对此举提出了强烈质疑。伯尼·桑德斯的支持者在纽约联邦储备银行大楼外集会，要求告知"哪些方面复苏了？"数百万美国人远远没有恢复到 2008 年的生活水平。另一方面，保守派对耶伦没有更早采取行动感到愤怒，唐纳德·特朗普最

终也认同了保守派的观点。来自市场的信息也是喜忧参半。最初在
2015 年 12 月，投资者对美联储终于开始正常化感到欣慰。然后，
中国和新兴市场的不确定性与油价暴跌再次成为人们关注的焦点。
2016 年伊始，主要市场出现了抛售。到 2 月中旬，标准普尔 500 指
数已经下跌了 11%。美联储又一次停了下来，该年夏天，市场因为
英国脱欧出现了大规模抛售，这证明美联储的决定是正确的。对于
那些难以理解希拉里·克林顿在 2016 年 11 月大选中的落败的人来
说，一个经常被忽视的事实是，人们对美国经济的局势感到极度紧
张。自 2008 年起已经过去八年了，桑德斯、希拉里和特朗普之间
的竞争并不是在繁荣的背景下进行的。市场情绪的不确定性如此之
大，以至于美联储直到该年年底才认为加息是安全的，当时正值特
朗普全面展开反击、全球通缩的幽灵终于消除之际。

二

2015 年至 2016 年，世界经济躲过了全球危机的第三波浪潮。
新兴市场的衰退仍然局限于个别经济体（俄罗斯、巴西和南非），
尤其局限于大宗商品（特别是石油）。经济衰退并没有成为普遍现
象，没有蔓延到发达经济体。欧元区、英国和美国的缓慢复苏仍在
继续。这一事实很容易被遗忘，但它应该成为我们了解自 2013 年
以来非同寻常的政治和地缘政治动荡的一个框架。在乌克兰危机中，
大宗商品价格暴跌甚至有利于西方加大对俄罗斯的制裁力度。与此
同时，2015 年的希腊闹剧、英国脱欧和特朗普当选，都是在看似平静、
实则紧张不安的背景下发生的。2017 年，我们没有遭遇保尔森提出
的问题中描述的情况：如果特朗普在就职典礼上遇到了 2009 年奥
巴马面临的那种挑战，美国和世界将如何应对？

尽管危机在 2015 年至 2016 年间得以避免，但风险正在上升。

如果我们回到 2008 年以前，当时"中国危机"似乎很可能发生。然而，令观察人士担忧的是，中国外汇储备管理机构可能会大规模抛售以美元计价的资产。当乌云密布时，稳住中国是保尔森领导的财政部的首要任务。保尔森愿意为此付出高昂的政治代价。布拉德·塞策说了一句切中要害的俏皮话：房利美和房地美的"中国投资太多了，不会倒闭"。[16] 将两房收归国有有助于防止大西洋和中国同时爆发危机，此类危机后果的可怕程度是难以想象的。但是，保尔森的金融外交也突显出一个事实：2008 年，管理中美金融关系在很大程度上仍然是一个政府间关系的问题。相比而言，在 2015 年至 2016 年，不仅中国方面存在风险，而且私营企业和投资者也在转移资金。在不到十年的时间里，中国的商业和金融一体化已经取得了惊人的进展。正如本书所述，这有着令人震惊的影响。

本书探讨了在私人金融深度一体化的三个相互关联的领域——以美元为基础的跨大西洋金融体系、欧元区和后苏联时代的东欧国家——遏制这场危机的斗争。挑战是巨大的。经济内爆将公共和私人金融卷入了一个厄运循环。银行倒闭迫使颜面尽失的政府出手干预，以拯救私人寡头。美联储跨国采取行动，向其他国家的银行提供流动性。这场危机演变成了一个国际关系问题：德国和希腊的关系、英国和欧元区的关系，以及美国和欧盟的关系。这些问题并不是在权力政治真空中提出来的，而是产生于一个地缘政治的势力范围内，就格鲁吉亚和乌克兰的命运问题而与俄罗斯发生的冲突生动地说明了这一点。挑战存在着令人难以置信的技术性和复杂性，它们的规模很大，瞬息万变。在 2007 年到 2012 年间，压力是持续不断的。

美国财政部和美联储联手做出的反应，就其本身而言，是资本主义国家为稳定付出的努力，是非常成功的。它们的目的是恢复银行的生存能力。它们不仅做到了这一点，还为以美元为基础的整个金融体系、欧洲和其他新兴市场提供了大规模的流动性和货币刺激。

更值得一提的是，民主党未能将以上努力转化为政治方面的资本，却要承担其不利后果。事实上，不良资产救助计划和纾困计划变成了令人生厌的字眼，美联储的合法性遭受了严重损失。在 2008 年记忆的阴影下，2016 年的大选做出了一个严酷的裁决。随着特朗普担任总统、共和党控制国会，美国的政治体系是否会支持全球化的基本机制，都成了一个尚无定论的问题，更不用说在国家或全球层面上开展对抗危机的任何冒险行动了。

面对美国的退位，有人可能曾经暗示欧元区可以取而代之。但是，由于欧洲央行、德国和法国未能制定出行之有效的危机应对策略，欧元在 2010 年至 2015 年间成为给全球经济带来危险和不稳定的根源。如果欧元获救，那么很大程度上应归功于外界的压力和援助。让人不放心的是，长期以来，欧元区最强大的成员国德国一直都在强烈地抵制必要的措施。中国和二十国集团的其他成员国，非但没有将欧洲视为全球经济治理的一个充满希望的合作伙伴，反而一再地想知道欧洲人究竟在搞什么鬼。[17] 德国人可能会回答说，他们在传授纪律，迫使欧洲为未来的全球竞争做好准备。但是，如果不仅希腊，甚至爱尔兰、葡萄牙、西班牙和意大利也被眼前的危机压垮，那么传授纪律又有什么用呢？蒙蒂委婉地称之为"精神障碍"的问题最终在 2012 年被克服了。欧洲央行新近的积极行动稳定了债券市场。银行业联盟的成立需要一些配套的基础金融措施，但这方面的进展极其缓慢，而且柏林仍在阻止欧洲发行共同的安全资产，即欧元债券。[18] 与以往一样，法德轴心是关键。2017 年，投票支持马克龙，就是投票支持欧洲。不是为了现在的欧洲，而是为了一条新的道路。[19] 这取决于德国。2017 年 5 月，面对特朗普的外交政策灾难，默克尔宣称欧洲需要开辟自己的道路。然而，在 2017 年的德国大选之后，柏林是否会成为上述欧洲新计划的合作伙伴，仍是一个悬而未决的问题。德国选择党的崛起是个不祥之兆。该党现在被广泛认为是一个反移民、反难民的种族主义政党，但它的出现源于 2013 年右翼对德拉吉和欧洲央行的强烈不满。此外，对欧洲同样重要的还有大联合政府的终结。2010 年至 2012 年，在默克尔处理欧元区危机方面，自民党发挥了恶劣影响，巴伐利亚的右翼基社盟也是如此。在撰写本书时，欧洲正在等待德国组建新的政府。*

当然，跨大西洋关系并不仅仅建立在金钱上，它与深厚的文化、政治、外交和军事关系交织在一起。而这种情况也延伸到了东欧国家（或者至少看起来如此），它们在 21 世纪初急切地融入了欧盟和北约。在东亚，美国的同盟体系一直都是松散的。西方在冷战中的胜利还远未达到圆满的程度。与韩国、日本或欧洲不同，中国并不隶属于美国的全球网络。当美国在 2008 年扩大货币互换额度时，它行动的领域是经济活动的非政治化领域，而这个领域同时又由深层次的权力关系所框定。由于中国对外投资的政治背景，以及美国对中国国有企业所扮演角色的怀疑，两国将更加难以实现深层次的经济利益共享，就像美联储为欧洲提供互换额度那样的经济利益。而且，鉴于西方国家在东欧开拓方面的经验，华盛顿或欧洲在地缘政治真正紧张的地区进行金融外交的能力并不乐观。尽管在 2008 年 8 月危机爆发前的几周，有关北约扩张的讨论导致了格鲁吉亚与俄罗斯的战争，但是坦率地说，在 2008 年至 2009 年危机最严重的时候，西方忽视了东欧。值得注意的是，2009 年，老布什政府的资深人士警告称，东欧和西欧再次面临分裂的风险。接着，在 2013 年，欧盟在乌克兰问题上梦游般地与普京发生了冲突。所有这一切都发生在奥巴马政府推动跨太平洋伙伴关系协定之际，在北京看来，该协议是一种咄咄逼人的遏制措施，而日本和中国也在中国东海的岩石岛屿问题上针锋相对。毫无疑问，特朗普政府是不可预测的，但

---

*　默克尔领导的基民盟与社民党于 2018 年 3 月达成协议，组建联合政府。——编注

正是在希拉里·克林顿担任国务卿期间，奥巴马目睹了美国与俄罗斯和中国的关系升级到了这一程度。俄罗斯凭借其外汇储备而躲过了制裁。中国的资源要雄厚得多。或许正因为如此，人们才不需要设想一个美联储和中国人民银行真正密切合作的世界。但是，中国的外汇储备是金融监管和外汇管制体系的结果，这个体系长期以来遭到西方的批评。中国要想阻止外汇储备外流，就必须重新收紧这些控制措施。从经济角度来看，它只取得了部分成功。巨大的金融风险依然存在。伟大的经济学家阿巴·勒纳（Abba Lerner）曾经语带挖苦地说过：“经济学通过选择已解决的政治问题作为其研究领域，获得了社会科学女王的称号。”[20] 中国政治经济的未来以及它与西方的关系不在这个范畴之内。

三

2015 年至 2016 年在中国发生的事件让人想起本书的另一个主题。即使对于一个像中国这样有能力且信息掌握充分的政府来说，经济挫折也来得突然，令人措手不及。对此，我们有各种各样的说法，恐慌、危机、冻结、内爆、挤兑、突然抑制、突然停止和极端不确定性，所有这些说法描述了自 2007 年以来全球金融体系发生了什么或者将会发生什么的威胁，它们都指向了一个事实：除了全球一体化可能产生的结构性、缓慢变化的紧张局势，它还会造成突然的断裂，这些事件无法完全归结于结构性的关系，或者无法受到法律的规范。这些危机很难事先预测或定义。它们是预料不到的，往往非常复杂，而且还十分紧急。这样的时刻需要采取有针对性的干预措施，需要采取行动。上述关于危机的诸种描述构成了本书的叙述框架：一方面是大型组织、结构和过程；另一方面是决定、辩论、论证和行动。

使用突发事件或消防救火之类的隐喻，是描述这种时刻的一种方法。在美国的危机斗士中，军事词汇是司空见惯的：最大力量、鲍威尔主义、震慑和大型火箭筒。但是，也有人可能会说，我们需要的是无形的、变化无常的东西，需要政治领导和行动。这取决于制定计划和方案、争取支持和抵御反对力量。

2008年，当金融危机在布什政府落幕的最后几天升级时，人们对美国的领导能力产生了普遍怀疑。就共和党而言，这是完全有道理的。在那个关键时刻，由于未能在维持民众基础和确保系统稳定之间充当支架，最终共和党以失败告终。正是这种经历让保尔森在2016年看到了以更加极端的形式重演的一幕：共和党精英被剥夺了权力，特朗普被选为总统候选人。2008年，显而易见，纾困计划存在影响全局的利害关系。它跨越了大西洋。但从政治本质的角度来讲，需要一个由共和党精英和民主党领导层组成的脆弱的跨党派联盟来团结美国，为美联储和财政部稳定全球的努力提供支撑。美国随后的政治两极化以及特朗普在2016年的当选，再次凸显了这个联盟的历史意义。

这是美国在这出戏中的戏份。正因为如此，美国的情况具有全球意义。但是，全球各地都出现了类似的情况，也都受到了危机的影响。这在欧洲和亚洲也是如此。欧元区危机一次又一次地提出了如下问题：如何为不受欢迎但至关重要的行动组建联盟？谁的意志、毅力、耐力、利益和妥协意愿将占上风？或许令人震惊的是，这种不确定性竟然刻画了全球秩序最重要的支点之一。然而，在民主条件下，建立这种临时的、不平衡的政治联盟，是资本主义治理的必然要求。在20世纪，正是它使《凡尔赛和约》与马歇尔计划存在不同，或者使赫伯特·胡佛与罗斯福对大萧条的反应截然不同。"政治经济"中的政治问题需要认真对待。

自2007年以来，金融危机的规模使民主政治与资本主义治理要求之间的关系面临巨大压力。最重要的是，这种压力并没有表现在民众受到波及的危机中，也没有表现在民选领导人对政策的最终控制上，而是表现在历史上调解过这两者的政党的危机中。金融危机的压力考验了他们的方案、连贯性和动员支持的能力，结果发现存在不足。在许多国家，左翼温和派政党已经被扫地出门，这在希腊和法国表现尤甚。因为他们无力建设性地应对欧元区危机的压力，并为此付出了代价。在德国（这个被普遍认为受危机影响最小的国家），在 2017 年的联邦议院选举中，德国两大主要政党的支持率都跌至历史低点。在美国和英国，右翼的主流政党遭受了严重分裂，其造成的戏剧性后果是英国脱欧，而美国共和党人的分歧和冲突日渐加深，这可能带来更深远的影响。共和党拥有一个给人留下深刻印象的赢取选票的组织，一个为达目的不择手段的媒体机器，以及大量的筹款资源。但是，从过去十年的记录来看，它没有能力在政府中有效地立法或开展合作。

考虑到曾经流行的观点，即我们生活在一个后民主时代，甚至是后政治时代，这些严肃的政治发展的重要意义令人惊讶。凭借其巨大的影响力，复杂的社会体系（例如金融市场），以及现代政府及其所在的政府间体系这样的机器，创造了一种稳固感。它们使我们怀疑它们是否可能服从政治机构、决定或辩论。我们往往有充分的理由怀疑技术官僚的先发制人和篡权无处不在。有一些方法可以描述这些体系的运作，而它们却不考虑政治的存在。然而，如果说这样一段历史有什么目的的话，那就是表明这些描述的贫乏。政治选择、意识形态和专业行政机构在这段叙述中无处不在，并产生了非常重要的结果，它们不仅是令人不安的因素，而且是对巨大的"体系""机器"和金融工程设备失灵所产生的巨大波动性和偶然性做出的重要反应。成功与失败、稳定与危机，的确可以取决于特定的选择时刻。我们所说的"雷曼时刻"并非毫无意义。当然还有其他时刻：多维尔会见，2011年戛纳峰会，"不惜一切代价"，更不用说英国脱欧公投或令人瞠目结舌的2016年11月的美国大选。

追溯至16世纪，回到资本主义和现代国家制度同时诞生之际，做出决定的时刻、偶然事件发生的时刻、选择的时刻和伴随而来的戏剧性时刻，共同构成了我们的现代历史感。尽管这种历史感在1989年之后可能暂时处于停顿状态，但随着一声巨响，它又回来了。这样的时刻是记忆和纪念的坐标。它们激励着人们采取行动：2008年9月15日之后，避免再次出现雷曼事件，成为全球危机管理者坚定不移的想法。它们构成了叙事和历史的时间轴。它们定义了周年纪念，引发了辩论和反省与审视。20世纪初充斥着动荡，而21世纪初充满了百年庆典。其中规模最大的庆典发生在2014年：1914年事件的百年纪念。世界各国对纪念和讨论第一次世界大战的爆发有着浓厚的兴趣。历史学家们回顾了20世纪的创伤。[21]他们以乌克兰和东亚的冲突为参照，这使得1914年的教训显得尤为重要。从一种间接的角度来看，考察1914年的事件或许也是思考2008年金融危机所折射出的那种历史问题的好方法。

我们对1914年和2008年提出了问题，这些问题有着惊人的相似之处。[22]大缓和是如何结束的？人们知之甚少且几乎无法控制的巨大风险是如何积累起来的？在突发的地震中，全球秩序是怎样发生巨大的结构性变化的？大型技术系统的"铁路时刻表"是如何参与进来并造成灾难的？不合时宜和过时的参照系如何让我们无法理解周围正在发生的事情？我们是在梦游中陷入危机，还是受到了黑暗力量的推动？谁应该为随之而来的人为灾难负责？全球资本主义发展的不平衡和联动性是所有不稳定的驱动因素吗？民众参与政治的激情是如何塑造精英决策的？政客们又是如何利用这些激情的？还有方法去建立国际和国内秩序吗？我们能不能实现永久的稳定与和平？法律能回答这个问题吗？还是我们必须依靠恐怖平衡以及技术人员和将军们的判断?

　　这些都是我们在过去的一百年里就 1914 年提出的问题。我们针对 2008 年及其余波也提出了类似的问题,这并非偶然,因为它们是笼罩在现代性重大危机上空的问题。

致 谢

这本书是在非常紧迫的情况下撰写的，因此我非常感谢促成本书的诸位。与萨拉·查尔方特（Sarah Chalfant）和 Wylie Agency 的合作一如既往地顺利。我的编辑西蒙·温德尔（Simon Winder）和温迪·沃尔夫（Wendy Wolf）在这个项目中与我进行了热情的合作。梅来涅·托尔托洛里（Melanie Tortoroli）给早期草稿提出了无比宝贵的建议。正是各位的努力工作，以及 Viking and Penguin 出版团队的努力，才让这本书成功完成。

在草稿成形的过程中，我很依赖尼克·莫纳科（Nick Monaco）、凯文·詹姆斯·席林（Kevin James Schilling）和埃拉·普劳特·塔兰托（Ella Plaut Taranto）细致入微的编辑工作。

这本书来自耶鲁大学和哥伦比亚大学的本科生课程，教授这门课程的同事有特德·费蒂克（Ted Fertik）、盖布·温纳特（Gabe Winnant）、尼克·马尔德（Nick Mulder）、马德琳·沃克尔（Madeline Woker）、大卫·莱雷尔（David Lerer）和诺埃尔·图图尔（Noelle Tutur）。非常感谢各位。

此外，项目早期，特德·费蒂克、盖瑞·安德森（Grey Anderson）、斯特凡·艾希（Stefan Eich）、阿努沙尔·法鲁基（Anusar Farooqui）、尼克·马尔德、汉斯·克努恩丹尼（Hans Knundani）和尼古拉斯·莫纳科（Nicholas Monaco）阅读手稿并给出了建议。沃尔夫冈·普罗伊塞尔（Wolfgang Proissel）、巴纳比·雷恩（Barnaby Raine）和达娜·康利（Dana Conley）给特定章节增加了他们的观点。我非常感谢这些朋友和谈话对象。

我与斯特凡·艾希和达尼洛·肖尔茨（Danilo Scholz）合作的部分有助于进一步推动讨论。

在写作本书的过程中，我与多位同事、金融危机的见证者和参与者对话，受益匪浅。

作为研究的一部分，我非常荣幸地采访了马里奥·蒙蒂、朱利亚诺·阿马托（Giuliano Amato）、蒂姆·盖特纳和朱利奥·特雷蒙蒂。非常感谢他们拿出宝贵的时间参与对话。

得益于我本人担任哥伦比亚的欧洲研究院主任，我有幸与弗朗斯·蒂默曼斯（Frans Timmermans）、皮埃尔·莫斯科维奇（Pierre Moscovici）、皮埃尔·维蒙（Pierre Vimont）、马尔科·布蒂（Marco Buti）和莫雷诺·贝托尔迪（Moreno Bertoldi）尝试了新的论点。

弗朗索瓦·卡雷尔－比亚尔（François Carrel-Billiard）是我在研究院不可或缺的协调者，非常荣幸能够与他共事。

内森·希茨和帕特里夏·莫瑟（Patricia Mosser）是美联储的资深成员，他们慷慨地为本书付出了大量时间。

埃里克·贝格尔沃夫（Erik Berglof）帮助我深入思考了东欧危机。

彼得·加伯（Peter Garber）安排了我与默文·金共进晚餐，对于本书颇有助益。

佩里·梅赫林（Perry Mehrling）、布拉德·塞策、迈克·派尔（Mike Pyle）、克拉拉·马泰（Clara Mattei）、马丁·桑德布、尼古拉·韦龙

（Nicolas Véron）、科尔内尔·班恩（Cornel Ban）、加布里埃拉·加博尔（Gabriella Gabor）、沙欣·瓦莱（Shahin Vallée）和埃里克·蒙内特（Eric Monnet）都为本书提供了宝贵见解。

我的老朋友大卫·埃杰顿（David Edgerton）和克里斯·克拉克（Chris Clark）一如既往地为我提供了不可或缺的支持。

我非常有幸在多个座谈会、会议和研讨会上阐述了本书的一些观点，包括德国柏林（承汉堡社会历史基金会好意）、海德堡美国研究中心、柏林美国学院、布朗大学、斯坦福大学、密歇根大学艾森伯格研究院、欧洲大学学院、纽约大学佛罗伦萨校区、新学院大学、加州大学洛杉矶分校、MaxPo会议、巴黎德国历史研究院、伦敦FPLH研讨会、巴黎政治大学公共债务项目和纽约大学坎德斯泰格研讨会等。感谢各主办方和其他参会方。

在伯明翰举行的弗兰切斯卡·卡尔内瓦利（Francesca Carnevali）纪念会议上，我听到了有关欧洲银行的争论。

在克努特·博尔夏特（Knut Borchardt）主持和于尔根·哈贝马斯参加的西门子基金会座谈会上陈述观点，荣幸之至。

除了正式学术活动，我格外有幸在Twitter和Facebook上结识了一群才华横溢、睿智渊博的人，他们改变了我对21世纪当下的激烈讨论走向的理解。

在我的工作过程中，本书让我进行了两种旅行，一方面，我前进到了当代历史的领域，另一方面，我回顾了年轻时代的经济学知识。在这两方面，我要感谢我的两位老师。

阿兰·米尔沃德（Alan Milward）是我的博士生导师，是一位杰出而且严格的人物。就我而言，与他的交流是高风险的。但是我坚持了下来，他仍然是现代欧洲历史领域的重要人物。我不确定他是否同意我对欧元区危机的看法，但是我受他的影响很大。

韦恩·戈德利（Wynne Godley）是与众不同的导师和老师。

他和蔼、慷慨，我在国王学院的第一年里，他一直照顾我，使我和同学们认识了当时自成一派的经济学家。他让我体会了智识的温暖和活力。他肯定我心中对 IS-LM 模型的疑惑，让我对经济学燃起最初的热情。韦恩让我了解到"跳出流动"和坚持宏观模型的流动关系一致性的重要。我相信，如果没有近三十年前韦恩对我的影响，现在这本书将会是另一番模样。

写书是一项情感、智力和体力工作。这本书在家中完成，一切都要归功于我的伴侣达娜·康利，她的爱和支持自始至终支撑我完成这本书。她如此投入、聪颖、勇敢、活泼和深情，始终对我敞开胸怀，接纳我的世界，拥有她是语言无法形容的幸福。

小狗 Ruby 是达娜给我的神奇礼物，它给我带来了快乐与温暖，还有散步和享受不尽的消遣。

在家庭的餐桌谈话中，我的女儿伊迪（Edie）也发表了很多激进的政治观点和尖锐的见解。当我在当前的事件中感官钝化时，她为我带来了超出她年纪的成熟智慧。她对这个世界的看法充满活力，又有理有据，我从中获得了灵感和鼓励。

毫无疑问，这三种支持是我现在情感稳定的关键。事实上，本书没有让我们产生分歧，反而让我们更亲近，还给我们提供了共同的话题，这也是最让我满意的。

事实上，我能在本书中表达自己的观点，很大程度上来自一位杰出的心理分析师的帮助。他希望匿名。但是每个人都应该和我一样幸运。

正如一天傍晚尼古拉·韦龙在华盛顿广场公园对我说的，弄清楚 2008 年以来的事情，这需要共同努力。作为一名历史学家，能够参与其中，我倍感荣幸。我希望这本书能对得起我在此过程中得到的帮助。

2018 年 1 月于纽约

注 释

引 言　全球化时代的第一场危机

1. http://www.un.org/en/ga/63/generaldebate/brazil.shtml.

2. http://www.un.org/en/ga/63/generaldebate/pdf/usa_en.pdf.

3. http://www.un.org/en/ga/63/generaldebate/pdf/philippines_en.pdf.

4. http://www.un.org/en/ga/63/generaldebate/argentina.shtml.

5. http://www.un.org/press/en/2008/080923_Sarkozy.doc.htm.

6. http://www.un.org/en/ga/63/generaldebate/pdf/uk_en.pdf.

7. P. H. Gordon and J. Shapiro, *Allies at War: America, Europe, and the Crisis over Iraq* (New York: McGraw-Hill, 2004).

8. J. Habermas and J. Derrida, "February 15, or What Binds Europe Together: Plea for a Common Foreign Policy, Beginning in Core Europe," Frankfurter Allgemeine Zeitung, May 31, 2003, in *Old Europe, New Europe, Core Europe*, ed. D. Levy, M. Pensky, and J. Torpey (London: Verso, 2005).

9. T. Purdum, "It Came from Wasilla," *Vanity Fair* 39 (2009).

10. G. Jarvie, D. Hwang and M. Brennan, *Sport, Revolution, and the Beijing Olympics*, (Oxford: Bloomsbury Academic, 2008); and M. E. Price and D. Dayan, *Owning the Olympics: Narratives of the New China* (Ann Arbor: University of Michigan Press, 2011).

11. G. Toal, *Near Abroad: Putin, the West and the Contest over Ukraine and the Caucasus* (New York: Oxford University Press, 2017).

12. D. Trump, "Remarks of President Donald J. Trump—As Prepared for Delivery, Inaugural Address" (speech, Washington, DC, January 20, 2017), https://www.whitehouse.gov /

inaugural-address; 视频资料请参见 http://www.cnn.com/videos/politics/2017/01/20/trump-speech-america-first-sot.cnn。

13. 如果从社会心理学途径衡量金融危机对美国和英国产生的后果，请参考 T. Clark, *Hard Times: Inequality, Recession, Aftermath* (New Haven, CT: Yale University Press, 2014)。

14. S. Blinder, *After the Music Stopped* (New York: Penguin, 2014), 同时也是经济学家对美国处于危机并具有排他性的最佳解释。And G. Packer, *The Unwinding: An Inner History of the New America* (New York: Farrar, Straus and Giroux, 2013).

15. 非常同意以下观点：L. Panitchin and S. Gindin, *The Making of Global Capitalism: The Political Economy of American Empire* (London: Verso, 2012); E. S. Prasad, *The Dollar Trap: How the US Dollar Tightened Its Grip on Global Finance* (Princeton, NJ: Princeton University Press, 2014); H. M. Schwartz, *Subprime Nation: American Power, Global Capital, and the Housing Bubble* (Ithaca, NY: Cornell University Press, 2009); and P. Gowan, "Crisis in the Heartland," *New Left Review* 55 (2009), 5–29。

16. Bremmer, "The Return of State Capitalism," *Survival* 50 (2008) 55–64; and J. Gyriel, "The Return of Europe's Nation-States: The Upside of the EU's Crisis," *Foreign Affairs* 95 (2016), 94.

17. 由 Douglas Adams 在 *Hitchhiker's Guide to the Galaxy* 中提出，"突然中止"的概念是由 G. A. Calvo, "Capital Flows and Capital-Market Crises: The Simple Economics of Sudden Stops," *Journal of Applied Economics* 1 (November 1998), 35–54 在国际经济学领域提出的。

18. A. Tooze, *Statistics and the German State: The Making of Modern Economic Knowledge* (Cambridge: Cambridge University Press, 2001); and T. Mitchell, *Rule of Experts* (Berkeley: University of California Press, 2001).

19. R. Skidelsky, *Keynes: The Return of the Master* (New York: PublicAffairs, 2010).

20. 保罗·克鲁格曼有力且令人信服地为 20 世纪 30 年代的 IS-LM 模型辩护，称其为了解衰退机制和缓慢复苏的关键，参考 P. Krugman, "IS-LMentary" (Conscience of a Liberal Blog), *New York Times*, October 9, 2011, and "Economics in the Crisis" (Conscience of a Liberal Blog), *New York Times*, March 5, 2012。

21. R. Baldwin, "Global Supply Chains: Why They Emerged, Why They Matter, and Where They Are Going," in *Global Value Chains in a Changing World*, ed. D. K. Elms and P. Low (Geneva: WTO, 2013), 13–60.

22. H. S. Shin, "Globalisation: Real and Financial," BIS 87th Annual General Meeting, https://www.bis.org/speeches/sp170625b slides.pdf.

23. M. Obstfeld and A. M. Taylor, "International Monetary Relations: Taking Finance Seriously" (CEPR Discussion Paper No. DP12079, June 2017), https://ssrn.com/abstract =2980858.

24. 部分重要文字来自 T. Adrian and H. S. Shin, "Liquidity and Leverage," *Journal of Financial Intermediation* 19 (July 2010), 418–437; C. Borio and P. Disyatat, "Global Imbalances and the Financial Crisis: Link or No Link?" (BIS Working Paper 346, 2011); and S. Avdjiev, R. N. McCauly and H. S. Shin, "Breaking Free of the Triple Coincidence in International Finance," *Economic Policy* 31 (2016), 409–451。

25. 很有范式意义的是，D. Yergin and J. Stanislaw, *The Commanding Heights: The Battle for the World Economy* (New York: Simon & Schuster, 2002)。

26．B. Bernanke, "The Great Moderation," Eastern Economic Association, Washington, DC, February 20, 2004.

27．其中包括 D. Harvey, *A Brief History of Neoliberalism* (New York: Oxford University Press, 2007)。

28．总结一个复杂的多线索文献：G. Ingham, *The Nature of Money* (Cambridge: Polity, 2004)。

29．其中包括 A. Roberts, *The Logic of Discipline: Global Capitalism and the Architecture of Government* (New York: Oxford University Press, 2011)。

30．"Re-Thinking the Lender of Last Resort" (BIS Working Paper 79, September 2014), available at SSRN: https://ssrn.com/abstract=2504682.

31．尽管涉及数万亿美元的互换额度仅被简单掠过，却有一整章用来描述了美国国际集团的事件：B. Bernanke, *The Courage to Act* (New York: W. W. Norton, 2015), 270–291。

32．D. Coyle, *GDP: A Brief but Affectionate History* (Princeton, NJ: Princeton University Press, 2015); P. Lepenies, *The Power of a Single Number: A Political History of GDP* (New York: Columbia University Press, 2016); and T. E. Shenk, "Inventing the American Economy," Columbia University Academic Commons (PhD, 2016), https://doi.org/10.7916/D8NZ87N1.

33．法国方面，参考 M. Roche, *Histoire secrète d'un krach qui dure* (Paris: Albin-Michel, 2016). 德国方面对危机的抑制，参考 L. Müller, *Bank-Räuber: Wie kriminelle Manager und unfähige Politiker uns in den Ruin treiben* (Berlin: Econ, 2010)。

34．2016 年 4 月 Marco Buti 在欧洲研究所的发言，参考 https://www.you tube.com/watch?v=7aGtNbmvmTs。

35．拒绝接受关于欧元的最优货币或趋异增长理论，重点关注金融领域，此处提供的解释同意 M. Sandbu, *Europe's Orphan: The Future of the Euro and the Politics of Debt* (Princeton, NJ: Princeton University Press, 2015); E. Jones, "The Forgotten Financial Union: How You Can Have a Euro Crisis Without a Euro," in *The Future of the Euro*, ed. M. Matthijs and M. Blyth (New York: Oxford University Press, 2015); E. Jones, "Getting the Story Right: How You Should Choose Between Different Interpretations of the Eu-ropean Crisis (and Why You Should Care)," *Journal of European Integration* 37.7 (2015), 817–832; and W. Schelkle, *The Political Economy of Monetary Solidarity: Understanding the Euro Experiment* (Oxford: Oxford University Press, 2017)。

36．T. Wieser quoted in C. Gammelin and R. Löw, *Europas Strippenzieher: Wer in Brüssel Wirklich Regiert* (Berlin: Econ, 2014), 65.

37．M. Blyth, *Austerity: The History of a Dangerous Idea* (Oxford: Oxford University Press, 2013), 73.

38．T. F. Geithner, *Stress Test: Reflections on Financial Crises* (New York: Crown, 2015).

39．对于凯恩斯自由主义来说，"混乱"的至关重要性，参考 G. Mann, *In the Long Run We Are All Dead: Keynesianism, Political Economy, and Revolution* (London: Verso, 2017)。

40．"From Clout to Rout: Why European Companies Have Become a Fading Force in Global Business," *Economist*, June 30, 2016.

41．M. Fratzscher, *Die Deutschland-Illusion: Warum wir unsere Wirtschaft überschätzenund Europa brauchen* (München: Carl Hanser, 2014); J. Bibow, "The Euro Debt Crisis and

Germany's Euro Trilemma," *Levy Economics Institute* (Working Paper 721, May 2012); and S. Dullien, "A German Model for Europe?," *European Council on Foreign Relations*, July 2013.

42. "CSU für Apple, Linke gegen Steuerdeals," *Neues Deutschland*, September 1, 2016.

43. J. B. Stewart, "Deutsche Bank as Next Lehman Brothers: Far-Fetched but Not Unthink-able," *New York Times*, October 6, 2016.

44. C. Goodhart and D. Schoenmaker, "The United States Dominates Global Investment Banking: Does It Matter for Europe?" *Bruegel Policy Contribution* (2016).

45. "Special Report: How Mario Draghi Is Reshaping Europe's Central Bank," *Reuters*, Jan-uary 9, 2013; and L. Elliott, "Take a Bow Mario Draghi—Has the ECB Chief Saved the Eurozone?" *Guardian*, June 8, 2017.

46. Z. Micah, "The Myth of the Indispensable Nation," *Foreign Policy*, November 6, 2014.

47. D. W. Drexner, *The System Worked: How the World Stopped Another Great Depression* (Oxford: Oxford University Press, 2014).

48. E. Helleiner, *The Status Quo Crisis: Global Financial Governance After the 2008 Meltdown* (Oxford: Oxford University Press, 2014).

49. B. Eichengreen, *Hall of Mirrors: The Great Depression, the Great Recession, and the Uses and Misuses of History* (Oxford: Oxford University Press, 2015).

50. T. Frank, *Listen, Liberal: Or, Whatever Happened to the Party of the People?* (New York: Macmillan, 2016).

51. 其中两篇别有深度的文章：W. Davies, "The Age of Post-Truth Politics," *New York Times*, August 24, 2016; and A. M. Rondón, "Donald Trump's Fictional America," Politico, April 2, 2017, https://www.politico.com/magazine/story/2017/04 /donald-trumps-fictional-america-post-fact-venezuela-214973。

52. C. Forelle, "Luxembourg Lies on Secret Meeting," *Wall Street Journal*, May 9, 2011.

第1章 "错误的危机"

1. P. Orszag 主 持 的 会 议, "Restoring America's Promise of Opportunity, Prosperity and Growth," Brookings Institution, Washington, DC, 2006, http://www.hamiltonproject.org/assets/legacy/files/downloads_and_links/Restoring_Americas_Promise_of_Opportunity_Prosperity_and_Growth_Transcript.pdf.

2. R. Rubin, *In an Uncertain World: Tough Choices from Wall Street to Washington* (New York: Random House, 2003); and N. Prins, *All the Presidents' Bankers: The Hidden Alliances That Drive American Power* (New York: Nation Books, 2014).

3. R. Altman, P. Orszag, J. Bordoff and R. Rubin, "An Economic Strategy to Advance Opportunity, Prosperity, and Growth," The Hamilton Project, April 2006, http://www.hamiltonproject.org/assets/legacy/files/downloads and links/An Economic_Strat egy_to_Advance_Opportunity_Prosperity and Growth.pdf.

4. 奥巴马演讲的一部分视频，请参考 https://www.nakedcapi talism.com/2013/04/obama-at-

the-hamilton-project-2006-this-is-not-a-bloodless-process.html。

5．Orszag, "Restoring America's Promise."

6．Joint Committee on Taxation Estimated Budget Effects of the Conference Agreement for H.R. 1836, May 26, 2001, JCX-51-01.

7．P. Blustein, "Reagan's Record," *Wall Street Journal*, October 21, 1985.

8．S. M. Kosiak, *Cost of the Wars in Iraq and Afghanistan, and Other Military Operations Through 2008 and Beyond*, CSBA, December 15, 2008; and J. Stiglitz and L. Bilmes, *The Three Trillion Dollar War* (New York: W. W. Norton, 2008).

9．T. Oatley, *A Political Economy of American Hegemony: Buildups, Booms, and Busts* (New York: CUP, 2015).

10．数据来自 https://www.cbo.gov/about/products/budget-economic-data#2。

11．A. Sinai, P. Orszag and R. Rubin, "Sustained Budget Deficits: Longer-Run US Economic Performance and the Risk of Financial and Fiscal Disarray," Brookings Institution, January 5, 2004.

12．参考颇有影响力的叙述：B. Woodward, *The Agenda: Inside the Clinton White House* (New York: Simon & Schuster, 1994)。

13．D. Wessel and T. T. Vogel Jr., "Arcane World of Bonds Is Guide and Beacon to a Populist President," *Wall Street Journal*, February 25, 1993, A1.

14．"The Long-Term Budget Outlook," CBO, Washington, DC, 2005, 26. 对于共和党观点，请参阅 L. Ball and N. G. Mankiw, "What Do Budget Deficits Do?" NBER Working Paper 5263, September 1995。

15．这是一个普遍的说法，参考 P. Anderson, *American Foreign Policy and Its Thinkers* (London: Verso, 2015); and A. Negri and M. Hardt, *Empire* (Cambridge, MA: Harvard University Press, 2000)。

16．当时的副国务卿 Robert Zoellick 提出了这个说法，参考 R. Zoellick, "Whither China? From Membership to Responsibility," New York, September 21, 2005 (New York: NCUSCR, 2005), https://2001-2009.state.gov/s/d/former/zoellick/rem /53682.htm。

17．M. J. Dunne, American Wheels, *Chinese Roads: The Story of General Motors in China* (Singapore: Wiley, 2011).

18．Z. Wang, *Never Forget National Humiliation: Historical Memory in Chinese Politics and Foreign Relations* (New York: Columbia University Press, 2012).

19．M. Mandelbaum, *Mission Failure: America and the World in the Post–Cold War Era* (Oxford: Oxford University Press, 2016).

20．将其阶梯型货币本质视角的独特的途径和影子银行、"货币观点"联系起来，参考 Perry Mehrling, "Shadow Banking, Central Banking, and the Future of Global Finance," City University London, February 2, 2013, https://www.city.ac.uk/__data/assets/pdf_file/0018/163440/Mehrling_Future-Global-Finance-126sn0t.pdf。

21．E. Ilzetkzi, C. M. Reinhart and K. S. Rogoff, "Exchange Arrangements Entering the 21st Century: Which Anchor Will Hold?" (NBER Working Paper 23134, 2017).

22．M. Pettis, *The Volatility Machine: Emerging Economies and the Threat of Financial Collapse*

(New York: Oxford University Press, 2001).

23. Time (cover), February 1999; and Rubin and Weisberg, *In an Uncertain World*.

24. G. A. Calvo, "Sudden Stop, Financial Factors and Economic Collapse in Latin America" (NBER Working Paper 11153, 2005).

25. "The Argentine Crisis, 2001–2002," Rabobank, August 23, 2013, https://economics. rabobank.com/publications/2013/august/the-argentine-crisis-20012002-/.

26. M. Wolf, *Fixing Global Finance* (Baltimore: Johns Hopkins University Press, 2008).

27. M. P. Dooley, D. Folkerts Landau and P. Garber, "The Revived Bretton Woods System," *International Journal of Finance & Economics* 9 (2004), 307–313.

28. D. A. Steinberg, "Why Has China Accumulated Such Large Foreign Reserves?" in *The Great Wall of Money: Power and Politics in China's International Monetary Relations*, ed. E. Helleiner and J. Kirshner (Ithaca, NY: Cornell University Press, 2014), 71.

29. E. M. Truman, "Sovereign Wealth Funds: The Need for Greater Transparency and Accountability," *Peterson Institute for International Economics*, August 2007, https://piie. com/publications/pb/pb07-6.pdf.

30. P. G. Peterson, "Riding for a Fall," *Foreign Affairs* (September/October 2004), https:// www.foreignaffairs.com/articles/united-states/2004-09-01/riding-fall.

31. N. Roubini, "The US as a Net Debtor: The Sustainability of the US External Imbal-ances," November 2004, http://people.stern.nyu.edu/nroubini/papers/Roubini-Setser-US-External-Imbalances.pdf.

32. S. Edwards, "Is the US Current Account Deficit Sustainable? And If Not, How Costly Is Adjustment Likely to Be?" (NBER Working Paper 11541, August 2005).

33. N. Ferguson and M. Schularick, " 'Chimerica' and the Global Asset Market Boom," *International Finance* 10 (2007), 215–239, http://onlinelibrary.wiley.com/doi/10.1111/ j.1468-2362.2007.00210.x/abstract.

34. Ferguson and Schularick, " 'Chimerica.' "

35. L. H. Summers, "The United States and the Global Adjustment Process" (speech, Stavros S. Niarchos Lecture Institute, Washington, DC, 2004).

36. R. Suskind, *The Price of Loyalty: George W. Bush, the White House, and the Education of Paul O'Neill* (New York: Simon & Schuster, 2004), 291–292.

37. B. Delong, "I Belong to No Organized Political Party," *Grasping Reality with Both Hands* (blog), November 2006, http://www.bradford-delong.com/2006/11/index.html.

38. A. Berman, *Herding Donkeys: The Fight to Rebuild the Democratic Party and Reshape American Politics* (New York: Picador, 2010).

39. 这个问题来自 Matthew Yglesias in B. Delong, "I Belong to No Organized Polit-ical Party"。

40. "Brad Delong: The Democrats' Line in the Sand," *Economist's View*, June 30, 2008, http://economistsview.typepad.com/economistsview/2008/06/brad-delong-the.html.

41. L R. Jacobs and D. King, *Fed Power: How Finance Wins* (Oxford: Oxford University Press, 2016).

42. 2004 年 6 月 29 至 30 日联邦公开市场委员会会议纪要, https://www.federalreserve.gov/

fomc/minutes/20040630.htm。

43. 所谓的蒙代尔—弗莱明开放经济体宏观经济模型始于 20 世纪 60 年代，参考 J. M. Boughton, "On the Origins of the Fleming-Mundell Model" (*IMF Staff Papers* 50, 2003), 1–9。

44. B. Bernanke, "The Global Saving Glut and the US Current Account Deficit," No. 77, Board of Governors of the Federal Reserve System (US), 2005.

45. B. Bernanke, "On Milton Friedman's Ninetieth Birthday" (conference to honor Milton Friedman, November 8, 2002).

46. M. Friedman and A. J. Schwartz, *A Monetary History of the United States, 1867–1960* (Princeton, NJ: Princeton University Press, 2008), 407–414.

47. Ben S. Bernanke, "Constrained Discretion and Monetary Policy," remarks before the Money Marketeers of New York (New York: New York University, 2003).

48. B. Applebaum, "Bernanke, as Professor, Tries to Buff Fed's Image," *New York Times*, March 20, 2012, and B. Bernanke, "The Federal Reserve and the Financial Crisis Origins and Mission of the Federal Reserve," Lecture 1, George Washington University School of Business, March 20, 2012.

49. T. Adams, "The US View on IMF Reform" (Conference on IMF reform, September 23, 2005), https://piie.com/commentary/speeches-papers/us-view-imf-reform.

50. P. Blustein, *Off Balance: The Travails of Institutions That Govern the Global Financial System* (Waterloo, Ontario: CIGI, 2013), 51–66.

51. "Paulson May Be Bringing Heft to China Currency Drive," *Taipei Times*, June 1, 2006.

52. 强烈呼吁 G2 的一位人士是 Fred Bergsten，参考 "A Partnership of Equals: How Washington Should Respond to China's Economic Chal-lenge," *Foreign Affairs* 87 (July/ August, 2008): 57–69。

53. "Fact Sheet Creation of the US-China Strategic Economic Dialogue," US Department of the Treasury, September 20, 2006, https://www.treasury.gov/press-center/press-releases / Pages/hp107.aspx. H. M. Paulson Jr., "A Strategic Economic Engagement: Strengthening US-Chinese Ties," *Foreign Affairs* 87 (September/October 2008), 59–77.

54. 下方引用内容来自 "The Panic About the Dollar," *Economist*, November 29, 2007; G. Steingart, "A Pearl Harbor Without War," *Der Spiegel*, November 13, 2007; "Supermodel 'Rejects Dollar Pay,' " *BBC News*, November 6, 2007; M. Nizza, "Heads Turn over Model's Disputed Dollar," *New York Times*, November 6, 2007; "Gisele Bundchen Doesn't Want to Be Paid in Dollars," *Fox News*, November 5, 2007; C. Giles, "Adjustment or Affliction?," *Financial Times*, December 10, 2007; and D. Usborne, "Rappers Join Models in Insisting on Euros as Greenbacks Fall Further Out of Fashion," *Independent*, November 17, 2007。

55. P. Krugman, "Will There Be a Dollar Crisis?" *Economic Policy* 22 (2007), 436–467.

56. W. Drezner, "Bad Debts: Assessing China's Financial Influence in Great Power Poli-tics," *International Security* 34 (Fall 2009), 7–45.

57. J. B. DeLong, "The Wrong Financial Crisis," *Vox*, October 10, 2008.

第2章 次级抵押贷款

1. Y. Barnes, "Around the World in Dollars and Cents," *Savills World Research*, 2016, http://pdf. euro.savills.co.uk/global-research/around-the-world-in-dollars-and-cents-2016.pdf.

2. Congressional Budget Office, "Housing Wealth and Consumer Spending Report," 110th Cong., January 2007.

3. UNCTAD, *Trade and Development Report 2010*, New York, 44.

4. O. Jordà, M. Schularick and A. M. Taylor, "Betting the House," Federal Reserve Bank of San Francisco, June 2014.

5. O. Jordà, M. Schularick and A. M. Taylor, "The Great Mortgaging: Housing Finance, Crises and Business Cycles," *Economic Policy* 31 (September 2014), 107–152.

6. W. L. Silber, *Volcker: The Triumph of Persistence* (New York: Bloomsbury Press, 2012), 125–215.

7. L. Silk, "The Interest Rate Issue," *New York Times*, July 21, 1981.

8. 关于此时的政治，参考 S. Eich and A. Tooze, "The Great Inflation," in *Vorgeschichte der Gegenwart: Dimensionen des Strukturbruchs nach dem Boom*, ed. A. Doering-Manteuffel, L. Raphael and T. Schlemmer (Göttingen: Vandenhoek & Ruprecht, 2015)。

9. 本·伯南克在 2004 年 2 月 20 日在华盛顿东方经济协会的发言,《大缓和》(The Great Inflation)。伯南克当时引用的文献,参考 James H. Stock and Mark W. Watson, "Has the Business Cycle Changed and Why?" *NBER Macroeconomics Annual* 17 (2002), 159–218。

10. R. K. Green and S. M. Wachter, "The American Mortgage in Historical and International Context," *Journal of Economic Perspectives* 19 (2005), 93–114.

11. 把复杂的情况简单化,参考 W. H. Starbuck and P. N. Pant, "Trying to Help S&Ls: How Organizations with Good Intentions Jointly Enacted Disaster," in *Organizational Decision Making*, ed. Z. Shapira (Cambridge: Cambridge University Press, 1996), 35–60。

12. T. Curry and L. Shibut, "The Costs of the Savings and Loan Crisis: Truth and Consequences," *FDIC Banking Review*, https://www.fdic.gov/bank/analytical/banking/2000dec / brv13n2_2.pdf.

13. Schwartz, *Subprime Nation*, 96–101.

14. R. K. Green and A. B. Schnare, "The Rise and Fall of Fannie Mae and Freddie Mac: Lessons Learned and Options for Reform," No. 8521, USC Lusk Center for Real Estate, 2009.

15. R. Rothstein, *The Color of Law: A Forgotten History of How Our Government Segregated America* (New York: W. W. Norton, 2017).

16. J. B. Judis and R. Teixeira, *The Emerging Democratic Majority* (New York: Macmillan, 2002).

17. 对此最有影响力的声明来自 C. W. Calomiris and S. H. Haber, *Fragile by Design: The Political Origins of Banking Crises and Scarce Credit* (Princeton, NJ: Princeton University Press, 2014). 想了解对此的批判性观点, 请参考 M. Konzcal, "Guest Post: A Review of *Fragile by Design*," Roosevelt Institute, November 3, 2017。

18. D. Jaffee and J. M. Quigley, "The Future of the Government Sponsored Enterprises:

The Role for Government in the US Mortgage Market" (NBER Working Paper 17685, Cambridge, MA, 2011).

19. N. Fligstein and A. Goldstein, "A Long Strange Trip: The State and Mortgage Securitization, 1968–2010," in *The Oxford Handbook of the Sociology of Finance*, ed. A. Preda and K. Knorr-Cetina (Oxford: Oxford University Press, 2012), 339–356.

20. 这个故事被很好地讲述，见 M. Lewis, *Liar's Poker* (New York: W. W. Norton, 2010); and B. McLean and J. Nocera, *All the Devils Are Here: The Hidden History of the Financial Crisis* (New York: Penguin, 2010)。

21. K. Dennis, "The Ratings Game," *University of Miami Law Review* 63 (2008–2009); and L. J. White, "The Credit-Rating Agencies and the Subprime Debacle," *Critical Review* 21 (2009), 2–3, 389–399.

22. N. Fligstein and A. Goldstein, "The Anatomy of the Mortgage Securitization Crisis," in *Markets on Trial: The Economic Sociology of the US Financial Crisis*, Part A, ed. M. Lounsbury and P. M. Hirsch (Bingley: Emerald Group, 2010), 29–70.

23. Jaffee and Quigley, "The Future of the Government Sponsored Enterprises."

24. A. B. Ashcraft and T. Schuermann, "Understanding the Securitization of Subprime Mortgage Credit," *Federal Reserve Bank of New York Staff Reports* 318 (March 2008).

25. A. Goldstein and N. Fligstein, "The Transformation of Mortgage Finance and the In-dustrial Roots of the Mortgage Meltdown," *Mimeo*, 2014.

26. P. Gowan, *The Global Gamble: Washington's Faustian Bid for World Dominance* (London: Verso, 1999).

27. P. Augar, *The Greed Merchants: How the Investment Banks Played the Free Market Game* (London: Penguin, 2005).

28. G. Tett, *Fool's Gold: The Inside Story of J.P. Morgan and How Wall St. Greed Corrupted Its Bold Dream and Created Financial Catastrophe* (New York: Free Press, 2009).

29. G. Krippner, *Capitalizing on Crisis: The Political Origins of the Rise of Finance* (Cambridge, MA: Harvard University Press, 2011).

30. Z. Pozsar, "Institutional Cash Pools and the Triffin Dilemma of the US Banking System" (IMF Working Paper 11/109, August 2011).

31. P. Gowan, "Crisis in the Heartland," *New Left Review* 55 (January/February 2009).

32. Augar, *Greed Merchants*, 34.

33. Tobias T. Adrian and H. S. Shin, "Liquidity and Lleverage," *Journal of Financial Intermediation* 19 (2010), 418–437.

34. D. MacKenzie, *An Engine, Not a Camera: How Financial Models Shape Markets* (Cambridge, MA: MIT Press, 2006), 211–242.

35. G. F. Davis and M. S. Mizruchi, "The Money Center Cannot Hold: Commercial Banks in the US System of Corporate Governance," *Administrative Science Quarterly* 44 (June 1999), 215–239.

36. 以下观点基于 Goldstein and Fligstein, "The Transformation of Mortgage Finance"。

37. K. Grind, *The Lost Bank: The Story of Washington Mutual—the Biggest Bank Failure in*

American History (New York: Simon & Schuster, 2012).

38. A. Blundell-Wignall, P. Atkinson and S. H. Lee, "The Current Financial Crisis: Causes and Policy Issues," *OECD Financial Market Trends* (2008). 正如作者强调的，"2004 年是思考因果关系的关键时刻"。

39. W. Poole, "The GSEs: Where Do We Stand?" *Federal Reserve Bank of St. Louis Review* 95 (November/December 2013), 601–611.

40. 对结构化融资的经济学和危机的出色阐述，参考 A. Milne, *The Fall of the House of Credit: What Went Wrong in Banking and What Can Be Done to Repair the Damage?* (Cambridge: Cambridge University Press, 2009)。

41. 总结安全资产短缺的文献，参考 R. J. Caballero, E. Farhi and P. Gourinchas, "The Safe Assets Shortage Conundrum," *Journal of Economic Perspectives* 31 (Summer 2017), 29–46。

42. D. Clement, "Interview with Gary Gorton," Federal Reserve Bank of Minneapolis, December 1, 2010.

43. G. Gorton, "The History and Economics of Safe Assets" (NBER Working Paper 22210, April 2016).

44. Goldstein and Fligstein, "Transformation"; V. V. Acharya, P. Schnabl and G. Suarez, "Securitization Without Risk Transfer," *Journal of Financial Economics* 107 (2013), 515–536; and E. Engelen et al., *After the Great Complacence: Financial Crisis and the Politics of Reform* (Oxford: Oxford University Press, 2011), 61.

45. Tett, *Fool's Gold*, 124–143.

46. V. V. Acharya, P. Schnabl and G. Suarez, "Securitization Without Risk Transfer."

47. T. Adrian and H. S. Shin, "Financial Intermediaries and Monetary Economics," *Federal Reserve Bank of New York Staff Reports* 398 (revised May 2010).

48. T. Adrian et al., "Repo and Securities Lending," *Federal Reserve Bank of New York Staff Reports* 529 (revised February 2013).

49. G. B. Gorton and A. Metrick, "Who Ran on Repo?" (NBER Working Paper 18455, Octo-ber 2012).

50. E. Callan, "Lehman Brothers—Leverage Analysis," Lehman Brothers, April 7, 2008, https://web.stanford.edu/~jbulow/Lehmandocs/docs/DEBTORS/LBEX-DOCID %201401225.pdf.

51. S. Olster, "How the Roof Fell In on Countrywide," *Fortune*, December 23, 2010.

52. Ibid.

53. Engelen et al., After the Great Complacence, 56.

54. https://web.archive.org/web/20090226105739/http://oversight.house.gov/documents/20081022112154.pdf.

55. "Ker-ching: The Thorny Issue of Bankers' Bonuses," Economist, January 26, 2008.

56. A. Haughwout et al., " 'Flip This House' : Investor Speculation and the Housing Bubble," Liberty Street Economics (blog), Federal Reserve Bank of New York, December 5, 2011.

57. R. G. Rajan, "Has Financial Development Made the World Riskier?" (NBER Working Paper

11728, November 2005).

58. M. D. Knight, "General Discussion: Has Financial Development Made the World Riskier?" Kansas City Federal Reserve, 2005, https://www.kansascityfed.org/publicat/sym pos/2005/pdf/GD5_2005.pdf.

59. E. Helleiner, *States and the Reemergence of Global Finance: From Bretton Woods to the 1990s* (Ithaca, NY: Cornell University Press, 1996).

60. D. Rosato, "Confessions of a Former Real Estate Bull," *CNN Money*, January 6, 2009.

61. D. Lereah, *Why the Real Estate Boom Will Not Bust* (New York: Crown, 2005).

62. L. Kudlow, "The Housing Bears Are Wrong Again," *National Review*, June 20, 2005.

63. Acharya, Schnabl and Suarez, "Securitization Without Risk Transfer."

64. E. R. Morrison and J. Riegel, "Financial Contracts and the New Bankruptcy Code: Insulating Markets from Bankrupt Debtors and Bankruptcy Judges," *American Bankruptcy Institute Law Review* 13 (2005), 641–644.

65. H. M. Schwartz, *Subprime Nation*, 180.

66. "Shorting Home Equity Mezzanine Tranches: A Strategy to Cash In on a Slowing Housing Market," Deutsche Bank, February 2007, http://www.valuewalk.com/wp-content/uploads/2015/05/2007_Subprime_Shorting-Home-Equity-Mezzanine-Tranches-1.pdf.

67. M. Nakomoto and D. Wighton, "Citigroup Chief Stays Bullish on Buy-outs," *Financial Times*, July 9, 2007.

第3章 跨大西洋金融

1. "布什的联邦资本主义"一词来自英国首相托尼·布莱尔的前外交大臣罗宾·库克（Robin Cook）；参阅 R. Cook, "A Strong Europe—Or Bush's Feral US Capitalism," *Guardian*, October 28, 2004。

2. "Lessons from a Crisis," *Economist*, October 2, 2008.

3. "Le discours de Nicolas Sarkozy à Toulon," *Le Monde*, September 25, 2008.

4. S. Zedda, "Italian Banks' Paths Through the Crisis," *Scientific Research*, March 2016.

5. B. Setser, "Too Chinese (and Russian) to Fail?" *Follow the Money* (blog), Council on Foreign Relations, July 12, 2008; and Schwartz, *Subprime Nation*, 101–104.

6. C. Bertaut, L. P. DeMarco, S. Kamin and R. Tryon, "ABS Inflows to the United States and the Global Financial Crisis," *Journal of International Economics* 99 (2012), 219–234; and B. Bernanke, C. Bertaut, L. DeMarco and S. Kamin, "International Capital Flows and the Returns to Safe Assets in the United States, 2003–2007" (International Finance Discussion Papers, 2011).

7. D. O. Beltran, L. Pounder and C. Thomas, "Foreign Exposure to Asset-Backed Securities of US Origin" (International Finance Discussion Papers 939, August 2008, table 6, line 6).

8. Bank of England, *Financial Stability Report* (October 22, 2007), table 2.14.

9. M. Lewis, *The Big Short: Inside the Doomsday Machine* (New York: W. W. Norton, 2010);

and United States Senate Permanent Subcommittee of Investigations, "Wall Street and the Financial Crisis: Anatomy of a Financial Collapse," April 13, 2011.

10. HSBC, "Fact Sheet," April 2005,http://www.banking.us.hsbc.com/personal/pdf/fact_sheet_4-05.pdf.

11. M. Zaki, UBS, *les dessous d'un scandale: Comment l'empire aux trois clés a perdu son pari* (Lausanne: Favre Sa, 2008), 121.

12. "Deutsche Bank to Acquire MortgageIT Holdings, Inc.," Deutsche Bank, July 12, 2006.

13. V. Acharya and P. Schnabl, "Do Global Banks Spread Global Imbalances? The Case of Asset-Backed Commercial Paper During the Financial Crisis of 2007–09," *Jacques Polak Annual Research Conference*, November 5–6, 2009.

14. N. Baba, R. N. McCauley and S. Ramaswamy, "US Dollar Money Market Funds and Non-US Banks," *BIS Quarterly Review*, March 2009.

15. H. S. Shin, "Global Banking Glut and Loan Risk Premium," Jacques Polak Annual Research Conference, November 10–11, 2011.

16. Bertaut et al., "ABS Inflows to the United States and the Global Financial Crisis."

17. T. Norfield, *The City: London and the Global Power of Finance* (London: Verso, 2017); D. Kynaston, *City of London: The History*, vol. 4 (London: Penguin, 2002); and N. Shaxson, *Treasure Islands: Uncovering the Damage of Offshore Banking and Tax Havens* (New York: St. Martin's Press, 2012).

18. E. Helleiner, *States and the Reemergence of Global Finance: From Bretton Woods to the 1990s* (Ithaca, NY: Cornell University Press, 1996).

19. J. Green, "Anglo-American Development, the Euromarkets, and the Deeper Origins of Neoliberal Deregulation," *Review of International Studies* 42 (2016), 425–449.

20. P. Augar, *The Death of Gentlemanly Capitalism: The Rise and Fall of London's Investment Banks* (London: Penguin, 2000).

21. 雷曼兄弟 2001 年从安然公司接管了这些办公室, https://en.wikipedia.org/wiki /25_Bank_Street。

22. "Triennial Central Bank Survey: Report on Global Foreign Exchange Market Activity in 2010," Monetary and Economic Department, Bank for International Settlements, December 2010, http://www.bis.org/publ/rpfxf10t.pdf.

23. L. Jones, "Current Issues Affecting the OTC Derivatives Market and Its Importance to London," City of London, April 2009, https://www.cityoflondon.gov.uk/business/economic-research-and-information/research-publications/Documents/research %202009/Current%20issues%20affecting%20the%20OTC%20derivatives%20market %20and%20its%20importance%20to%20London.pdf.

24. G. Morgan, "Supporting the City: Economic Patriotism in Financial Markets," *Journal of European Public Policy* 19 (2012), 373–387.

25. R. Wade, "Financial Regime Change?" New Left Review 53 (September/October 2008).

26. "Financial Regulation: Industry Changes Prompt Need to Reconsider US Regulatory Structure," US Government Accountability Office, GAO-05-61, October 6, 2004.

27. A. Baker, "Restraining Regulatory Capture? Angloamerica, Crisis Politics and Trajectories of Change in Global Financial Governance," *International Affairs* 86 (2010), 647–663.

28. Wade, "Financial Regime Change?"

29. M. Singh and J. Aitken, "The (Sizable) Role of Rehypothecation in the Shadow Banking System" (IMF Working Paper WP/10/172, July 2010).

30. Green, "Anglo-American Development."

31. M. Hirsch, *Capital Offense: How Washington's Wise Men Turned America's Future Over to Wall Street* (Hoboken, NJ: Wiley, 2010), 200.

32. Zaki, *UBS*, 75.

33. L. S. Talani, "The Impact of the Global Financial Crisis on the City of London: Towards the End of Hegemony?," *Competition and Change* 15 (February 2011), 11–30.

34. D. K. Tarullo, "Regulating Large Foreign Banking Organizations," *Harvard Law School Symposium on Building the Financial System of the Twenty-first Century: An Agenda for Europe and the United States*, March 27, 2014.

35. "Rating Action: Moody's Downgrades Depfa Entities to A2, BFSR at D+," Moody's Investors Service, September 30, 2008.

36. G. Robinson, "Hypo to Buy Depfa Bank for € 5.7bn," *Financial Times*, July 23, 2007.

37. W. Munchau, *The Meltdown Years* (Munich: McGraw-Hill, 2010), 19–28.

38. D. K. Tarullo, "Banking on Basel," Peterson Institute for International Economics, 2008.

39. R. Abdelal, *Capital Rules: The Construction of Global Finance* (Cambridge, MA: Harvard University Press, 2007), 88.

40. Abdelal, *Capital Rules*, 193–194.

41. A. Blundell-Wignall, P. Atkinson and S. H. Lee, "The Current Financial Crisis: Causes and Policy Issues," *OECD Financial Markets Trends* (2008).

42. A. Blundell-Wignall and P. Atkinson, "The Subprime Crisis: Causal Distortions and Regulatory Reform" (2008), in P. Bloxham and C. Kent, *Lessons from the Financial Turmoil of 2007 and 2008*, 会议公报 , Reserve Bank of Australia, Sydney。

43. "The AIG Rescue, Its Impact on Markets, and the Government's Exit Strategy," 111th Cong., US Government Printing Office, June 10, 2010; and R. Peston, "How Banks Depend on AIG," *BBC News*, September 16, 2008.

44. "The AIG Rescue, Its Impact on Markets," 111th Cong.

45. A. Baker, "Restraining Regulatory Capture? Anglo-America, Crisis Politics and Trajectories of Change in Global Financial Governance," *International Affairs* 86 (2010), 647–663.

46. M. Thiemann, "In the Shadow of Basel: How Competitive Politics Bred the Crisis," *Review of International Political Economy* (February 5, 2014), 1203–1239.

47. M. Berlin, "New Rules for Foreign Banks: What's at Stake?" *Business Review*, Federal Reserve of Philadelphia, 2015; and "Letter SR 01-1: Application of the Board's Capital Adequacy Guidelines to Bank Holding Companies Owned by Foreign Banking Organizations," Board of Governors of the Federal Reserve System, January 5, 2001,

https://www.federalreserve.gov/boarddocs/srletters/2001/sr0101.htm.

48. S. Bair (speech, Risk Management and Allocation Conference, July 25, 2007).

49. S. Bair, *Bull by the Horns: Fighting to Save Main Street from Wall Street and Wall Street from Itself* (New York: Free Press, 2012), 38–39.

50. S. G. Cecchetti, "Five Years in the Tower" (speech, BIS Annual Conference, 2013). In 2008 Deutsche's leverage would soar to 70:1. On UBS, 参考 Zaki, UBS, 117。

51. C. Hughes and J. Grant, "City Limits: London Counts the Cost of Six Stormy Months for Banks," *Financial Times*, January 20, 2008.

52. J. R. Dearie and G. J. Vojta, "Reform and Modernization of Financial Supervision in the United States: A Competitive and Prudential Imperative," *Mimeo*, 2007.

53. A. Appadurai, *Banking on Words: The Failure of Language in the Age of Derivative Finance* (Chicago: University of Chicago Press, 2015).

54. P. Blustein, *The Chastening: Inside the Crisis That Rocked the Global Financial System and Humbled the IMF* (New York: PublicAffairs, 2003).

55. Roche, *Histoire secrete d'un krach qui dure*, 99–100; and P. Blustein, Off Balance, 113–114.

56. M. Obstfeld, J. C. Shambaugh and A. M. Taylor, "Financial Instability, Reserves, and Central Bank Swap Lines in the Panic of 2008" (NBER Working Paper 14826, 2009).

57. P. McGuire and G. von Peter, "The US Dollar Shortage in Global Banking," *BIS Quarterly Review*, March 2009.

58. 关于这些争论的评论见 J. Aizenman and L. Jaewoo, "Financial Versus Mon-etary Mercantilism: Long-Run View of Large International Reserves Hoarding," *World Economy* 31 (2008), 593–611。

第4章　欧元区

1. 最权威的历史，参考 H. James, *Making the European Monetary Union* (Cambridge, MA: Harvard University Press, 2012); 经济学家提供的有用的介绍，参考 J. Pisani-Ferry, *The Euro Crisis and Its Aftermath* (Oxford: Oxford University Press, 2014). 政治方面，参考 D. Marsh, *The Euro: Battle for the New Global Currency* (New Haven, CT: Yale University Press, 2009)。

2. R. Abdelal, *Capital Rules: The Construction of Global Finance* (Cambridge, MA: Harvard University Press, 2007).

3. M. E. Sarotte, *1989: The Struggle to Create Post-Cold War Europe* (Princeton, NJ: Princeton University Press, 2009).

4. 其中，T. Mayer, *Europe's Unfinished Currency: The Political Economics of the Euro* (New York: Anthem Press, 2012)。作者在 2009 年至 2012 年担任德意志银行首席经济学家。

5. D. Gros 早期表达的担忧见 "Will EMU Survive 2010?" Center for European Policy Studies, January 17, 2006。

6. T. Bayoumi and B. Eichengreen, "Shocking Aspects of European Monetary Unification" (NBER Working Paper 3949, 1992).

7. M. Feldstein, "The Political Economy of the European Economic and Monetary Union: Political Sources of an Economic Liability," *Journal of Economic Perspectives* 11 (1997), 23–42.

8. U. G. Silveri, "Italy 1990–2014: The Transition That Never Happened," *Journal of Modern Italian Studies* 20 (2015), 171–175.

9. K. Dyson and K. Featherstone, "Italy and EMU as a 'Vincolo Esterno': Empowering the Technocrats, Transforming the State," *South European Society and Politics* 1.2 (1996), 272–299.

10. "The Sick Man of the Euro," *Economist*, June 3, 1999.

11. R. R. G. Heinze, *Blockierte Gesellschaft* (Opladen: VS Verlag, 1998); and K. v. Hammerstein et al., "Die blockierte Republik," *Der Spiegel*, September 21, 2002.

12. A. Hassel and C. Schiller, *Der Fall Hartz IV* (Frankfurt: Campus, 2010); and S. Beck and C. Scherrer, "Der rot-grüne Einstieg in den Abschied vom 'Modell Deutschland': Ein Erklärungsversuch," *Prokla* 35 (2005), 111–130.

13. S. Dullien, "A German Model for Europe?" European Council on Foreign Relations, July 1, 2013.

14. M. Fratzscher, *Verteilungskampf: Warum Deutschland immer ungleicher wird* (Munich: Carl Hanser, 2016); 以及 C. Odendahl, "The Hartz Myth: A Closer Look at Germany's Labour Market Reforms," Center for European Reform, June 2017。

15. H. Geiling, ed., *Die Krise der SPD: autoritäre oder partizipatorische Demokratie* (Münster: LIT, 2010).

16. A. Crawford, *Angela Merkel: A Chancellorship Forged in Crisis* (Sussex: Bloomberg Press, 2013); and M. Qvortrup, *Angela Merkel: Europe's Most Influential Leader* (New York: Overlook Press, 2016).

17. "The Merkel Plan," *Economist*, June 15, 2013.

18. Rede von Bundeskanzlerin, "Dr. Angela Merkel beim Weltwirtschaftsforum am," January25,2006inDavos, https://www.bundesregierung.de/Content/DE/Bulletin/2001_2007/2006/01/07-1-Merkel.html.

19. C. Egle and R. Zohlnhöfer, eds., *Die zweite Große Koalition: eine Bilanz der Regierung Merkel 2005–2009* (Wiesbaden: VS Verlag für Sozialwissenschaften, 2010).

20. Peer Steinbrück, *Unterm strich* (Hamburg: Hoffmann und Campe, 2010).

21. Colin Crouch 在 2000 年提出的术语，在德国比在英语国家引起了更深刻的影响。C. Crouch, "Coping with Post-Democracy," *Fabian Ideas*, no. 598 (2000); C. Crouch, Post-Democracy (Cambridge: Polity, 2004); and "Postdemokratie?" *Aus Politik und Zeitgeschichte*, February 1, 2011.

22. S. Lessenich, "Die Kosten der Einheit," Bundeszentrale für politische Bildung, March 30, 2010.

23. "Steinbrück setzt auf schwarze Null," *Der Tagesspiegel*, July 4, 2007.

24. W. Wolfrum, *Rot-Grün an der Macht: Deutschland 1998–2005* (Munich: C. H. Beck, 2013).

25. 富有见地却不加批判的描述，参考 N. Irwin, *The Alchemists: Three Central Bankers and a*

World on Fire (New York: Penguin, 2013)。

26. C. Ban, *Ruling Ideas: How Global Neoliberalism Goes Local* (Oxford: Oxford University Press, 2016).

27. D. Gabor and C. Ban, "Banking on Bonds: The New Links Between States and Markets," *Journal of Common Market Studies* 54 (2015), 617–635.

28. S. Cheun, I. von Köppen-Mertes, and B. Weller, "The Collateral Frameworks of the Eurosystem, the Federal Reserve System and the Bank of England and the Financial Market Turmoil," Occasional Paper No. 107, European Central Bank, 2009; and D. Gabor, "The Power of Collateral: The ECB and Bank Funding Strategies in Crisis," (May 18, 2012), available at SSRN: https://ssrn.com/abstract=2062315 or http://dx.doi.org /10.2139/ ssrn.2062315.

29. W. Buiter and A. Sibert, "How the Eurosystem's Treatment of Collateral in Its Open Market Operations Weakens Fiscal Discipline in the Eurozone (and What to Do About It)," CEPR Discussion Papers No. 5387, 2005; and the discussion in Schelkle, *Political Economy of Monetary Solidarity*, 145–148.

30. 两个例子：Bernanke, *The Courage to Act*, 477；M. Lewis 对希腊、欧元区和不明确的德国担保方面的文献，参考 "How the Financial Crisis Created a 'New Third World,' " *NPR Fresh Air*, September 30, 2011, http://www.npr.org/templates/tran script/transcript. php?storyId=140948138。

31. S. Storm and C. W. Naastepad, "Myths, Mix-ups and Mishandlings: What Caused the Eurozone Crisis?" Institute for New Economic Thinking Annual Conference, April 11, 2015, table 2.

32. P. Lourtie, "Understanding Portugal in the Context of the Euro Crisis," in *Resolving the European Debt Crisis*, ed. W. R. Cline and G. Wolff (Washington, DC: PIIE, 2012).

33. C. Wyplosz and S. Sgherri, "The IMF's Role in Greece in the Context of the 2010 Stand-By Arrangement," Independent Evaluation Office of the IMF, BP/16-02/11, 2016.

34. S. Kalyvas, *Modern Greece: What Everyone Needs to Know* (Oxford: Oxford University Press, 2015); and M. Husson, "The Greek Public Debt Before the Crisis," March 2015, http://hussonet.free.fr/graudite.pdf.

35. Sandbu, *Europe's Orphan*, 24.

36. P. R. Lane, "Capital Flows in the Euro Area," *Economic Papers* 497 (April 2013).

37. G. Gorton and A. Metrick, "Securitization" (2011), in *Handbook of the Economics of Finance*, ed. G. Constantinides, M. Harris and R. Stulz (North Holland: Elsevier, 2012); and T. Santos, "Antes del Diluvio: The Spanish Banking System in the First Decade of the Euro," in *After the Flood: How the Great Recession Changed Economic Thought*, Edward L. Glaeser, Tano Santos and Glenn Weyl, eds. (Chicago: University of Chicago Press, 2017).

38. Schelkle, *Political Economy of Monetary Solidarity*, 180–185.

39. Storm and Naastepad, "Myths, Mix-ups and Mishandlings."

40. P. R. Lane, "The Funding of the Irish Domestic Banking System During the Boom," Journal of the Statistical and Social Inquiry Society of Ireland 44 (2014), 40–71.

41. S. Royo, "How Did the Spanish Financial System Survive the First Stage of the Global

Crisis?" *Governance* 26 (October 2013), 631–656; Santos, "Antes del Diluvio."

42. A. Cárdenas, "The Spanish Savings Bank Crisis: History, Causes and Responses" (Work-ing Paper 13-003, Universitat Oberta de Catalunya, 2013); and Santos, "Antes del Di-luvio."

43. T. Santos, "El Diluvio: The Spanish Banking Crisis, 2008–2012," manuscript, Columbia Business School, Columbia University (2017).

44. Santos, "Antes del Diluvio."

45. I. Jack, "Ireland: The Rise and the Crash," *New York Review of Books*, November 11, 2010, reviewing F. O'Toole, *Ship of Fools: How Stupidity and Corruption Sank the Celtic Tiger* (London: Faber and Faber, 2009).

46. P. De Grauwe, "How to Embed the Eurozone in a Political Union," *Vox*, June 17, 2010. 全面回顾传统最优货币理论的盲点及其对财政整合的坚持，参考 Schelkle, *Political Economy of Monetary Solidarity*, 174–179. 回顾 1992 年《马斯特里赫特条约》之后关于金融稳定性的讨论，参考 M. Obstfeld, "Finance at Center Stage: Some Lessons of the Euro Crisis," Directorate General Economic and Financial Affairs No. 493 (DG ECFIN), European Commission, 2013。

47. 对欧洲慎重的政策的非常温和的总结，参考 ECB, "The EU Arrangements for Financial Crisis Management," *ECB Monthly Bulletin*, February 2007. 从危机刚爆发就强调可能产生的庞大影响，参考 N. Veron, "Is Europe Ready for a Major Banking Crisis?" *Bruegel Policy Brief* (August 9, 2007)。

48. D. K. Tarullo, "Regulating Large Foreign Banking Organizations" (speech, Harvard Law School Symposium on Building the Financial System of the Twenty-first Century: An Agenda for Europe and the United States, March 27, 2014)。

49. A. Milward, *European Rescue of the Nation State* (London: Routledge, 1992).

50. L. H. Summers, "Summers Speaks," *Magazine of International Economic Policy* (Fall 2007), http://www.international-economy.com/TIE_F07_Summers.pdf.

51. G. Majone, *Europe as the Would-Be World Power* (Cambridge: Cambridge University Press, 2009).

52. M. Bernard, *Valéry Giscard d'Estaing: Les ambitions déçues* (Paris: Armand-Colin, 2014).

53. M. O'Neill, *The Struggle for the European Constitution: A Past and Future History* (Basingstoke, UK: Routledge, 2009).

54. M. K. Davis Cross, *The Politics of Crisis in Europe* (Cambridge: Cambridge University Press, 2017).

55. S. Kornelius, *Angela Merkel: The Chancellor and Her World* (London: Alma Books, 2014).

56. 对此的一次卓越讨论，请参考 H. Kundnani, *The Paradox of German Power* (Oxford: Oxford University Press, 2015)。

57. S. Fabbrini, *Which European Union? Europe After the Euro Crisis* (Cambridge: Cambridge University Press, 2015).

58. R. Kagan, "Americans Are from Mars, Europeans Are from Venus," *Sunday Times*, February 2, 2003, 产生了下面这本书：R. Kagan, *Paradise and Power: America and Europe in the New World Order* (London: Vintage, 2003)。

59. Habermas and Derrida, "February 15, or What Binds Europeans Together."

60. 非常赞同以下观点，参考 P. Anderson, *The New Old World* (London: Verso, 2009); and P. Baldwin, *The Narcissism of Minor Differences: How America and Europe Are Alike* (Oxford: Oxford University Press, 2009)。

61. J. Herf, *War by Other Means: Soviet Power, West German Resistance, and the Battle of the Euromissiles* (New York: Free Press, 1991); and L. Nuti, F. Bozo, M. Rey and B. Rother, eds., *The Euromissile Crisis and the End of the Cold War* (Washington, DC: Woodrow Wilson Center Press, 2015).

第5章 多极世界

1. M. E. Sarotte, *1989: The Struggle to Create Post-Cold War Europe* (Princeton, NJ: Princeton University Press, 2010).

2. G. Soros, "Not Without US Aid," *Wall Street Journal*, December 7, 1989.

3. M. G. Gilman, *No Precedent, No Plan: Inside Russia's 1998 Default* (Boston: MIT Press, 2010).

4. P. Blustein, *The Chastening: Inside the Crisis That Rocked the Global Financial System and Humbled the IMF* (New York: PublicAffairs, 2003), 235–277.

5. J. Johnson, "Forbidden Fruit: Russia's Uneasy Relationship with the US Dollar," *Review of International Political Economy* 15 (2008), 379–398.

6. P. Ther, *Europe Since 1989: A History* (Princeton, NJ: Princeton University Press, 2016).

7. J. M. Goldgeier, *Not Whether but When: The US Decision to Enlarge NATO* (Washington, DC: Brookings, 1999).

8. S. F. Szabo, *Parting Ways: The Crisis in German-American Relations* (Washington, DC: Brookings, 2004).

9. "Outrage at 'Old Europe' Remarks," *BBC News*, January 23, 2003.

10. R. Prodi, "Europe and Peace" (speech, University of Ulster, April 1, 2004).

11. J. Becker, "Europe's Other Periphery," *New Left Review* 99 (May/June 2016).

12. R. Martin, *Constructing Capitalisms: Transforming Business Systems in Central and Eastern Europe* (Oxford: Oxford University Press, 2013).

13. J. Hardy, *Poland's New Capitalism* (London: Pluto Press, 2009).

14. M. Ferry and I. McMaster, "Cohesion Policy and the Evolution of Regional Policy in Central and Eastern Europe," *Europe-Asia Studies* 65 (2013), 1502–1528.

15. K. Wolczuk, "Integration Without Europeanisation: Ukraine and Its Policy Towards the European Union" (EUI working paper 15, Robert Schuman Centre of Advanced Studies, 2004).

16. A. Polese, "Ukraine 2004: Informal Networks, Transformation of Social Capital and Coloured Revolutions," *Journal of Communist Studies and Transition Politics* 25 (2009), 255–277.

17.　"Doing Business 2006," World Bank (September 13, 2005), http://www.doingbusiness.org/reports/global-reports/doing-business-2006.

18.　"Classif ication of Exchange Rate Arrangements and Monetary Policy Frameworks," IMF, June 30, 2004.

19.　对罗马尼亚事件的突出应对措施，参考 D. Gabor, *Central Banking and Financialization: A Romanian Account of How Eastern Europe Became Subprime* (Basingstoke, UK: Routledge, 2010)。

20.　J. Johnson, *Priests of Prosperity: How Central Bankers Transformed the Postcommunist World* (Ithaca, NY: Cornell University Press, 2016).

21.　Blustein, Off Balance, 1–12.

22.　"Simulating Financial Instability," Conference on Stress Testing and Financial Crisis Simulation Exercises, European Central Bank, July 12–13, 2007, https://www.ecb.europa.eu/pub/pdf/other/simulatingfinancialinstability200809en.pdf?f6427026bcf400e849ff88415b1386ba.

23.　Blustein, *Off Balance*, 67–92.

24.　"Minister Rinkēvičs: The Foreign Ministry Building Is a Touchstone for the Nation's History," Ministry of Foreign Affairs of the Republic of Latvia, November 15, 2013.

25.　T. Rostoks, "Latvia's Foreign Policy—Living Through Hard Times," *Diplomaatia* (blog) (April 2010), https://www.diplomaatia.ee/en/article/latvias-foreign-policy-living-through-hard-times/.

26.　R. Sakwa, *The Crisis of Russian Democracy: The Dual State, Factionalism and the Medvedev Succession* (Cambridge: Cambridge University Press, 2010); and R. Sakwa, Putin and the Oligarchs: The Khodorkovsky-Yukos Affair (London: I. B. Tauris, 2014).

27.　P. Hanson, "The Economic Development of Russia: Between State Control and Liberalization" (ISPI Working Paper 32, October 2008).

28.　Johnson, "Forbidden Fruit."

29.　F. Hill and C. G. Gaddy, *Mr. Putin: Operative in the Kremlin* (Washington, DC: Brookings, 2013), chapter 5.

30.　P. Anderson, "Incommensurate Russia," *New Left Review* 94 (July–August 2015).

31.　World Bank in Russia, *Russia Economic Report* 17 (November 2008), table 1.9.

32.　A. E. Stent, *The Limits of Partnership* (Princeton, NJ: Princeton University Press, 2014); and Hill and Gaddy, Mr. Putin.

33.　P. Gallis, NATO and Energy Security, CRS Report for Congress (August 15, 2007).

34.　"Kudrin Has Reservations on Dollar," Moscow Times, April 24, 2006.

35.　Johnson, "Forbidden Fruit."

36.　普京演讲稿，参考 "Putin's Prepared Remarks at 43rd Munich Conference on Security Policy," *Washington Post*, February 12, 2007。

37.　"At $US250 a Barrel, We're Headed for Meltdown," *Sydney Morning Herald*, June 21, 2008.

38.　A. E. Kramer, "As Gazprom Goes, So Goes Russia," *New York Times*, May 11, 2008.

39. "Putin's Prepared Remarks."

40. D. Trenin, "Russia Leaves the West," *Foreign Affairs* 85 (July/August 2006), 87.

41. "Gates Dismisses Putin Remarks as Blunt Spy Talk," *Reuters*, February 12, 2007.

42. "Migration in Europe: Case Studies: Bulgaria and Romania," CRCE 2010 Colloquium, 2010.

43. "Country Report: Lugoj, Romania," Ungersteel, http://www.ungersteel.com/unger/down load/UngerSteelGroup_Lugoj-property_Exposee.pdf.

44. *Europe Real Estate Yearbook* (The Hague: Europe Real Estate Publishers, 2008), 362.

45. "ING Real Estate Buys in Germany and Romania," *PropertyEU* (October 9, 2007).

46. G. Toal, *Near Abroad: Putin, the West and the Contest over Ukraine and the Caucasus* (Oxford: Oxford University Press, 2017).

47. "The President's News Conference with President Viktor Yushchenko of Ukraine in Kiev, Ukraine," The American Presidency Project (April 1, 2008), http://www.presidency.ucsb. edu/ws/?pid=76910.

48. S. Erlanger and S. L. Myers, "NATO Allies Oppose Bush on Georgia and Ukraine," *New York Times*, April 3, 2008.

49. Ibid.

50. C. Rice, *No Higher Honor: A Memoir of My Years in Washington* (New York: Broadway Books, 2011), 422.

51. J. Mearsheimer, "How the West Caused the Ukraine Crisis," *Foreign Affairs* (August 2014).

52. R. Youngs, *Europe's Eastern Crisis* (Cambridge: Cambridge University Press, 2017), 50–64.

53. R. Peston, "Russia 'Planned Wall Street Bear Raid'," *BBC News*, March 17, 2014.

54. T. Vorobyova, "Russia Will Not Dump Fannie, Freddie Debt: FinMin," *Reuters*, August 20, 2008.

55. Peston, "Russia 'Planned Wall Street Bear Raid'."

56. 对于这一系列事件，参考 *Independent International Fact-Finding Mission on the Conflict in Georgia Report* (September 2009)。

57. Varvara, "President Medvedev: Events in South Ossieta Show That Russia Is a Force to Be Reckoned With," *Voices from Russia* (September 6, 2008), https://02varvara.wordpress. com/2008/09/06/president-medvedev-events-in-south-ossetia-show-that-russia-is-a-force-to-be-reckoned-with/.

58. "Georgian War Exposes Rift with Russians," *Deutsche Welle*, August 15, 2008.

59. A. Rahr, *Putin nach Putin* (Munich: Universitas-Verlag, 2008), 269.

60. "Press Conference by President of France Nicolas Sarkozy" (United Nations press conference, September 23, 2008),http://www.un.org/press/en/2008/080923_Sarkozy.doc.htm.

第6章 史上最严重的金融危机

1. 对美国机制的精彩描述，参考 A. Mian and A. Sufi, *House of Debt: How They (and You)*

Caused the Great Recession, and How We Can Prevent It from Happening Again (Chicago: University of Chicago Press, 2014), 基本适用。

2. 对于重要银行的破产的描述，参考 Milne, *Fall of the House of Credit*, 195–256.

3. DealBook, "UBS's Hedge Fund: A Post-Mortem," *New York Times*, June 4, 2007.

4. T. Buck, "National Reputation Hangs on IKB Rescue," *Financial Times*, August 2, 2007.

5. Roche, *Histoire Secrète*.

6. "BNP Paribas Suspends Funds Because of Subprime Problems," *New York Times*, August 9, 2007.

7. Munchau, *The Meltdown Years*, 102.

8. Irwin, *The Alchemists*, 2.

9. L. Elliott, "Credit Crisis—How It All Began," *Guardian*, August 4, 2008.

10. H. S. Scott, *Connectedness and Contagion: Protecting the Financial System from Panics* (Cambridge, MA: MIT Press, 2016).

11. H. S. Shin, "Reflections on Northern Rock: The Bank Run That Heralded the Global Financial Crisis," *Jounal of Economic Perspectives* 23 (2009), 101–119.

12. "Lessons of the Fall," *Economist*, October 18, 2007.

13. United States Financial Crisis Inquiry Commission, *The Financial Crisis Inquiry Report* (New York: PublicAffairs, 2011), 283.

14. 三方回购、双边回购和资产担保商业票据市场的逃逸的重要性，参考 G. Gorton and A. Metrick, "Securitized Banking and the Run on Repo," *Journal of Financial Economics* 104, no. 3 (2012), 425–451; G. B. Gorton, *Misunderstanding Financial Crises: Why We Don't See Them Coming* (Oxford: Oxford University Press, 2012), 39–40; and A. Krishnamurthy, S. Nagel and D. Orlov, "Sizing Up Repo," *Journal of Finance* 69, no. 6 (December 2014), 2381–2417。

15. G. B. Gorton and A. Metrick, "Who Ran on Repo?" (NBER Working Paper 18455, 2012); T. Adrian and H. Y. Shin, "The Shadow Banking System: Implications for Financial Regulation," *Federal Reserve Bank of New York Staff Reports* 382 (July 1, 2009).

16. Gordon and Metrick, "Securitized Banking and the Run on Repo."

17. L. Ball, "The Fed and Lehman Brothers: Introduction and Summary" (NBER Working Paper 22410, 2016).

18. "Liquidity Management at Lehman Brothers," Lehman Brothers, July 2008.

19. A. Copeland, A. Martin and M. Walker, "Repo Runs: Evidence from the Tri-Party Repo Market," Federal Reserve Bank of New York Staff Reports 506 (July 2011).

20. T. V. Dang, G. Gorton and B. Holmstrom, "Haircuts and Repo Chains," Working Paper, October 17, 2013.

21. Ball, "The Fed and Lehman Brothers," 37.

22. 关于 AIG 集团灾难的权威描述见 Congressional Oversight Panel, "The AIG Rescue, Its Impact on Markets, and the Government's Exit Strategy," *June Oversight Report* (June 10, 2010)。

23. G. Morgenson and L. Story, "Testy Conflict with Goldman Helped Push A.I.G. to Edge," *New York Times*, February 6, 2010.

24. Ibid.; https://fcic-static.law.stanford.edu/cdn_media/fcic-testimony/2010-0701-Goldman-AIG-Collateral-Call-timeline.pdf.

25. P. E. McCabe, "The Cross Section of Money Market Fund Risks and Financial Crises" (FEDS Working Paper 2010-51, September 12, 2010).

26. M. T. Kacperczyk and P. Schnabl, "How Safe Are Money Market Funds?," *Quarterly Journal of Economics* 128 (2013), 1073–1122.

27. Board of Trustees of the Primary Fund-In Liquidation, "Additional Information Regarding Primary Fund-In Liquidation," September 23, 2014.

28. Gorton and Metrick, "Securitized Banking and the Run on Repo."

29. 高盛自我辩护的官方叙事紧接着补充说，这是自我施加的新会计规则的人工产物。第二天，资产重新回到 890 亿美元，即便如此，与前几天相比仍然降低了 20%。http://www.goldmansachs.com/media-relations/in-the-news/archive/response-to-fcic-folder/gs-liquidity.pdf。

30. P. Krugman, *End This Depression Now!* (New York: W. W. Norton, 2012), 115.

31. V. Ivashina and E. Scharfstein, "Bank Lending During the Financial Crisis of 2008," *Journal of Financial Economics* 97 (2010), 319–338.

32. P. McGuire and G. von Peter, "The US Dollar Shortage in Global Banking and the International Policy Response" (BIS Working Paper 291, October 2009).

33. Transcript of the FMOC meeting, September 16, 2008.

34. A. R. Sorkin, *Too Big to Fail: The Inside Story of How Wall Street and Washington Fought to Save the Financial System—and Themselves* (New York: Penguin, 2010), 1–2.

35. https://www.juliusbaer.com/files/user_upload/your-private-bank/investment-excellence/research/european-wealth-report/documents/Wealth_Report_Europe.pdf.

36. ING Economic and Financial Analysis, "Household Wealth in Europe: Post-Crisis Recovery Leaves Big Differences Between Countries and Households," January 18, 2016.

37. R. Lydon and T. McIndoe-Calder, "The Great Irish (De)Leveraging 2005–14," Irish Economic Analysis Division Central Bank of Ireland, March 2017.

38. P. K. Brooks, "IMF Survey: Households Hit Hard by Wealth Losses," *World Economic Outlook: IMF Research Department*, June 24, 2009.

39. US Department of Treasury, "The Financial Crisis Response: In Charts," April 2012.

40. "The Cost of the Crisis: $20 Trillion and Counting," *Better Markets*, July 2015.

41. A. Bangalore, "US Housing Market: Share of Underwater Homes Trending Down," *Market Oracle*, July 13, 2012, http://www.marketoracle.co.uk/Article35579.html.

42. E. Wolff, "The Asset Price Meltdown and the Wealth of the Middle Class," *US2010: Discover America in a New Century*, May 2013.

43. State of Working America, "African Americans," Economic Policy Institute (ND), http://www.stateofworkingamerica.org/fact-sheets/african-americans./

44. D. G. Bocian, W. Li and K. Ernst, "Foreclosures by Race and Ethnicity: The Demographics of a Crisis," Center for Responsible Lending Research, June 18, 2010.

45. M. Hall, K. Crowder and A. Spring, "Neighborhood Foreclosures, Racial/Ethnic Transitions, and Residential Segregation," *American Sociological Review* 80.3 (2015), 526–549.

46. Mian and Sufi, *House of Debt*, 38.

47. Brooks, "IMF Survey."

48. "The Bankruptcy of General Motors: A Giant Falls," *Economist*, June 4, 2009.

49. K. Hill, D. Menk, J. Cregger and M. Schultz, *Contribution of the Automotive Industry to the Economies of All Fifty States and the United States* (Ann Arbor, MI: Center for Automotive Research, 2015).

50. "The Crisis in the Car Industry: No Opel, No Hope," *Economist*, March 5, 2009.

51. B. Deilus, "Economic Performance of Mexico and South Korea After 2008 Crisis" (2015), http://www.boeckler.de/pdf/v 2015 10 23 desilus.pdf; M. A. Villarreal, *The Mexican Economy After the Global Financial Crisis*, Congressional Research Service, September 16, 2010.

52. J. Sidaoui, M. Ramos-Francia and G. Cuadra, "The Global Financial Crisis and Policy Response in Mexico," (BIS Papers 54, 2010).

53. "75 Years of Toyota," http://www.toyota-global.com/company/history_of_toyota/75years/index.html.

54. M. Fackler, "Toyota Expects Its First Loss in 70 Years," *New York Times*, December 22, 2008.

55. M. Sommer, "Why Has Japan Been Hit So Hard by the Global Recession?," IMF Staff Position Note, March 18, 2009.

56. K. Otsuka, "Resurgent Hitachi Goes Global After Painful Reforms," *Japan Times*, May 28, 2015.

57. "Japan's Electronics Giants: Unplugged," *Economist*, February 5, 2009.

58. R. Baldwin, ed., *The Great Trade Collapse: Causes, Consequences and Prospects* (VoxEU, 2009), 58, http://voxeu.org/content/great-trade-collapse-causes-consequences-and-prospects.

59. K. Hopkins, "German Economy Suffered Worst Postwar Slump in 2009," *Guardian*, January 13, 2010.

60. H. Comert and S. Colak, "The Impacts of the Global Crisis on the Turkish Economy and Policy Responses," *Economic Research Center*, December 2014.

61. M. Yalçin, "Evaluation of the 2008 Global Financial Crisis' Effects on Turkish Economy: Is It Tangential?" May 15, 2012, https://www.academia.edu/1564330/Effect_of_2008 _Global_Financial_Crisis_over_Turkey.

62. Baldwin, *Great Trade Collapse*.

63. H. Hakimian and N. Dhillon, "Global Economic Crisis: A Catalyst for Change in Saudi Arabia?" Brookings Institution, February 25, 2009.

64. R. Wigglesworth, "Gulf Bank Chief Quits as Kuwait Crisis Deepens," *Financial Times*, October 28, 2008.

65. A. Hanieh, Capitalism and Class in the Gulf Arab States (New York: Palgrave Macmillan, 2011).

66. P. Lewis, "Dubai's Six-Year Building Boom Grinds to Halt as Financial Crisis Takes Hold," *Guardian*, February 13, 2009.

67. International Labour Office, "Global Employment Trends 2011: The Challenge of a Jobs Recovery."

68. Clark, *Hard Times*, 41–67.

69. International Labour Office, "Global Employment Trends 2011."

70. M. Holder, "Unemployment in New York City During the Recession and Early Recovery: Young Black Men Hit the Hardest," Community Service Society, December 2010.

71. F. Cai and K. W. Chan, "The Global Economic Crisis and Unemployment in China," *Eurasian Geography and Economics* 50, no. 5 (2009), 513–531. 对于估算全球失业的对比，请参见 International Labour Office, "Global Employ-ment Trends 2011" (Geneva: ILO, 2011)。

72. P. Krugman, "The Great Recession Versus the Great Depression," *New York Times*, March 20, 2009.

73. B. Eichengreen and K. O'Rourke, "Tale of Two Depressions: What Do the New Data Tell Us?" *CEPR*, March 8, 2010.

74. Sorkin, *Too Big to Fail*, 417.

75. M. Taibbi, "Secrets and Lies of the Bailout," *Rolling Stone*, January 4, 2013.

76. A. Sorkin, D. Henriques, E. Andrews and J. Nocera, "As Credit Crisis Spiraled, Alarm Led to Action," *New York Times*, October 1, 2008.

77. C. Borio, "Capital Flows and the Current Account: Taking Financing (More) Seriously," (BIS Working Paper 525, 2015).

78. Bernanke, *The Courage to Act*, 386.

79. M. Egan, "2008: Worse Than the Great Depression?" *CNN Money*, August 27, 2014.

80. Bernanke, *The Courage to Act*, 386, 561.

81. Ibid., 561.

82. Geithner, *Stress Test*, 200.

83. "证券化" 作为政府战略是由所谓的哥本哈根的安全研究学派引领的，尤其是 B. 巴尔赞（B. Barzun）和 O. 韦夫（O. Waeve）。批评性回顾，参考 H. Stritzel, "Towards a Theory of Securitization: Copenhagen and Beyond," *European Journal of International Relations* 13.3 (2007), 357–383; and M. McDonald, "Securitization and the Construction of Security," *European Journal of International Relations* 14.4 (2008), 563–587。

84. Sorkin, *Too Big to Fail*, 417.

85. J. Gerth, "Paulson Book: Behind the Scenes, GE's Top Exec Confided Credit Woes," *ProPublica*, February 5, 2010; and B. Condon and N. Vardi, "Harvard: The Inside Story of Its Finance Meltdown," *Forbes*, February 26, 2009.

86. 下面两位最有力地提出了这个问题，见 Mian and Sufi, *House of Debt.*

第7章　政府救市

1. M. Wolf, "The Rescue of Bear Sterns Marks Liberalisation's Limit," *Financial Times*, March 25, 2008.

2. 显著对比，参考 P. Culpepper and R. Raphael, "Structural Power and Bank Bailouts in the United Kingdom and the United States," *Politics and Society* 42 (2014), 427–454; C. Woll, *The Power of Inaction: Bank Bailouts in Comparison* (Ithaca, NY: Cornell University Press, 2014); 关于金融权力的研讨会论文集见 *Accounting, Economics and Law* 6, no. 1 (2016)。

3. Swiss National Bank, *Financial Stability Report* (2009); and Zaki, UBS, 184–190.

4. T. Geithner, "Reflections on the Asian Financial Crises," Trends in Asian Financial Sectors Conference, Federal Reserve Bank of San Francisco, June 20, 2007.

5. J. Schildbach, "Bank Performance in the US and Europe: An Ocean Apart," Deutsche Bank, September 26, 2013.

6. US Department of the Treasury, "The Financial Crisis Response: In Charts," April 2012.

7. 关于民主的合法性和非法性，请参考 P. A. Wallach, *To the Edge: Legality, Legitimacy, and the Responses to the 2008 Financial Crisis* (Washington, DC: Brookings, 2015)。

8. Bernanke, *The Courage to Act*, 432.

9. F. Norris, "3 Major Banks Offer Plan to Calm Debts in Housing," *New York Times*, October 16, 2007.

10. D. Berman, "A Bailout for Citigroup?" *Deal Journal* (blog), *Wall Street Journal*, October 14, 2007.

11. A. Barr, "HSBC's Bailout Puts Pressure on Citi, 'Superfund'," *MarketWatch*, November 26, 2007; D. Wilchin, "HSBC Is Not Interested in SIV Bailout Fund," Reuters, November 26, 2007; and S. Jones, "SIV Watch: Superfund Not So Super," *Financial Times*, December 6, 2007.

12. I. Fallon, *Black Horse Ride: The Inside Story of Lloyds and the Banking Crisis* (London: Robson Press, 2015).

13. A. Nolting, "German Banking Gets Boost from Mega-Merger," *Der Spiegel*, September 1, 2008.

14. K. Kelly, *Street Fighters: The Last 72 Hours of Bear Stearns, the Toughest Firm on Wall Street* (New York: Portfolio, 2009). 从内部角度描述保尔森的财政部，请参考 Swagel, "The Financial Crisis: An Inside View," *Brookings Papers on Economic Activity* (Spring 2009), 1–63。

15. 关于第 13（3）特权的行使，参考 Wallach, *To the Edge*, 46–49。

16. P. Coy, "Volcker Shuns the Blame Game," Bloomberg Businessweek, April 10, 2008, https://www.bloomberg.com/news/articles/2008-04-10/volcker-shuns-the-blame-gamebusinessweek-business-news-stock-market-and-financial-advice.

17. W. Poole, "Moral Hazard: The Long-Lasting Legacy of Bailouts," *Financial Analysts Journal* 65, no. 6 (2009), 17–23; J. H. Cochrane, "Lessons from the Financial Crisis," Hoover Institution, January 11, 2010; and V. Reinhart, "A Year of Living Dangerously: The Management of the Financial Crisis in 2008," *Journal of Economic Perspectives* 25 (2011), 71–90.

18. W. S. Frame, "The 2008 Federal Intervention to Stabilize Fannie Mae and Freddie Mac" (Federal Reserve Bank of Atlanta Working Paper 2009-13, April 2009); and W. S. Frame, A. Fuster, J. Tracy and J. Vickery, "The Rescue of Fannie Mae and Freddie Mac," *Federal Reserve Bank of New York Staff Reports* 719 (March 2015).

19. B. Setser, "Too Chinese (and Russian) to Fail?"

20. T. Ferguson and R. Johnson, "Too Big to Bail: The 'Paulson Put,' Presidential Politics, and the Global Financial Meltdown: Part 1: From Shadow Financial System to Shadow Bailout," *International Journal of Political Economy* 38 (2009), 3–34.

21. Swagel, "The Financial Crisis."

22. Paulson, *On the Brink*, 151.

23. D. W. Drezner, "Bad Debts: Assessing China's Financial Influence in Great Power Politics," *International Security* 34 (2009), 34.

24. Peston, "Russia 'Planned Wall Street Bear Raid.' "

25. Paulson, *On the Brink*, 152.

26. Ibid., 153.

27. C. Hulse, "Behind a G.O.P. Revolt, Ideology and Politics," *New York Times*, July 26, 2008.

28. G. Farrell, *Crash of the Titans: Greed, Hubris, the Fall of Merrill Lynch, and the Near-Collapse of Bank of America* (New York: Crown Business, 2010).

29. Sorkin, *Too Big to Fail*, 348.

30. Ball, "The Fed and Lehman Brothers."

31. Geithner, *Stress Test*, 190. 对保尔森—盖特纳—伯南克立场的最佳学术辩护是 W. Cline and J. Gagnon, "Lehman Died, Bagehot Lives: Why Did the Fed and Treasury Let a Major Wall Street Bank Fail?" Peterson Institute for International Economics No. PB13-21, 2013。

32. Bernanke, *The Courage to Act*, 288.

33. Wall Street Journal staff, "Barney Frank Celebrates Free Market Day," *Wall Street Journal*, September 17, 2008.

34. Swagel, "Financial Crisis," 41.

35. Editorial, "Wall Street Casualties," *New York Times*, September 15, 2008.

36. Editorial, "Wall Street Reckoning," *Wall Street Journal*, September 15, 2008.

37. Geithner, *Stress Test*, 190.

38. T. Ferguson and R. Johnson, "Too Big to Bail," 5–45; and Ball, "The Fed and Lehman Brothers."

39. A. Darling, *Back from the Brink: 1000 Days at Number 11* (London: Atlantic Books, 2011), 121–122.

40. 关于此处及下方论述，参考 Congressional Oversight Panel, "The AIG Rescue, Its Impact

on the Markets and the Government's Exit Strategy"。

41. Swagel, "The Financial Crisis," 1–63.

42. R. Sidel, D. Enrich and D. Fitzpatrick, "WaMu Is Seized, Sold Off to J.P. Morgan, in Largest Failure in US Banking History," *Wall Street Journal*, September 26, 2008.

43. "Text of Draft Proposal for Bailout Plan," *New York Times*, September 20, 2008.

44. 关于备忘录，见 N. Kashkari and P. Swagel, "'Break the Glass' Bank Recapitaliza-tion Plan," US Treasury Department; and Sorkin, *Too Big to Fail*, chapter 5, http://www.andrewrosssorkin.com/?p=368。

45. Swagel, "The Financial Crisis."

46. P. Mason, *Meltdown: The End of the Age of Greed* (London: Verso, 2009), 22.

47. M. Landler and S. L. Myers, "Buyout Plan for Wall Street Is a Hard Sell on Capitol Hill," *New York Times*, September 23, 2008.

48. C. Isidore, "Bailout Plan Under Fire," *CNN Money*, September 23, 2008.

49. G. Robinson, "Never Underestimate the Power of Populist Scare-Mongering," *Financial Times*, September 30, 2008.

50. "Bernanke, Paulson Face Skeptics on the Hill Despite Dire Warnings," *Wall Street Journal*, September 24, 2008.

51. 引自 Wallach, *To the Edge*, 85.

52. W. Buiter, "The Paulson Plan: A Useful First Step but Nowhere Near Enough," CEPR, September 25, 2008, http://voxeu.org/article/paulson-plan-useful-first-step-nowhere-near-enough.

53. Mason, *Meltdown*, 33.

54. 从相反的政治角度而言，参考 R. Suskind, *Confidence Men: Wall Street, Washington, and the Education of a President* (New York: HarperPerennial, 2011); C. Gasparino, *Bought and Paid For: The Unholy Alliance Be-tween Barack Obama and Wall Street* (New York: Portfolio, 2010); and R. Kuttner, *A Presidency in Peril* (White River Junction, VT: Chelsea Green Publishing, 2010)。

55. C. Hulse, "Conservatives Viewed Bailout Plan as Last Straw," *New York Times*, September 26, 2008.

56. Paulson, On the Brink, 288; and Bernanke, *The Courage to Act*, 320.

57. M. Langley, "As Economic Crisis Peaked, Tide Turned Against McCain," *Wall Street Journal*, November 5, 2008.

58. H. M. Paulson, "When Mr. McCain Came to Washington," *Wall Street Journal*, February 6, 2010.

59. C. Hulse and D. Herszenhorn, "Defiant House Rejects Huge Bailout; Next Step Is Un-certain," *New York Times*, September 29, 2008.

60. A. Twin, "Stocks Crushed," *CNN Money*, September 29, 2008.

61. L. Elliot, J. Treanor, P. Wintour and S. Goldenberg, "Bradford & Bingley: Another Day, Another Bail-out," *Guardian*, September 28, 2008.

62. Y. Melin and P. Billiet, "Le scandale Fortis, une histoire belge," *La Revue*, January 16, 2009.

63. C. Schömann-Finc, "Skandalbank HRE: Wie Ackermann Merkel in der Rettungsnacht über den Tisch zog," *Focus Money*, September 16, 2013.

64. F. O'Toole, *Ship of Fools: How Stupidity and Corruption Sank the Celtic Tiger* (London: Faber & Faber, 2009).

65. S. Carswell, *Anglo Republic: Inside the Bank That Broke Ireland* (London: Penguin, 2011).

66. Darling, *Back from the Brink*, 143.

67. Ibid., 144.

68. Gammelin and Löw, *Europas Strippenzieher*, 59.

69. L. Phillips, "France and Germany at Odds over EU 'Paulson Plan'," *EU Observer*, October 2, 2008.

70. E. Cody and K. Sullivan, "European Leaders Split on Rescue Strategy," *Washington Post*, October 3, 2008.

71. Munchau, *Meltdown Years*, 136.

72. DPA, "Banken fordern Hilfe von der EU: Deutsche Banker warnen vor einem eu-ropäischen 'Flickenteppich'," *Zeit Online*, October 2, 2008.

73. D. Gow, "Greece's Deposit Guarantee Deepens EU Financial Rift," *Guardian*, October 2, 2008.

74. G. Brown, *Beyond the Crash* (New York: Free Press, 2010), Kindle location 924.

75. A. Seldon and G. Lodge, *Brown at 10* (London: Biteback Publishing, 2011), footnote 148, Kindle locations 5686–5688

76. C. Bastasin, *Saving Europe: Anatomy of a Dream* (Washington, DC: Brookings, 2015), 15.

77. Gammelin and Löw, *Europas Strippenzieher*.

78. Deutscher Bundestag 16. Wahlperiode, Beschlussempfehlung und Bericht des 2. Unter-suchungsausschusses nach Artikel 44 des Grundgesetzes Drucksache 16/14000 (Berlin, 2009).

79. D. Goffart, *Steinbrück—Die Biografie* (Munich: Heyne, 2012), 191.

80. Seldon, *Brown at 10*, Kindle locations 5706–5710.

81. Paulson, *On the Brink*, 332–333.

82. A. Smith and M. Arnold, "Here Is the Big Reason Banks Are Safer Than a Decade Ago," *Financial Times*, August 22, 2017.

83. R. Perman and A. Darling, *Hubris: How HBOS Wrecked the Best Bank in Britain* (Edinburgh: Birlinn, 2012).

84. Seldon, *Brown at 10*, Kindle locations 6856–6861.

85. FSA, "The Failure of the Royal Bank of Scotland," *Financial Services Board Report* (December 2011). 最终提供给苏格兰皇家银行的现金是 1150 亿英镑（1380 亿欧元），成为救市措施的最高纪录。Schelkle, The Political Economy of Monetary Solidarity, 171。

86. D. Lin, "Bank Recapitalizations: A Comparative Perspective," *Harvard Journal on Legislation*

50 (2013), 513–544.

87. C. Binham, "Barclays and Former Executives Charged with Crisis-Era Fraud," *Financial Times*, June 20, 2017.

88. P. Krugman, "Gordon Does Good," *New York Times*, October 12, 2008.

89. D. Wessel, *In Fed We Trust, Ben Bernanke's War on the Great Panic* (New York: Crown, 2009), 235.

90. Darling, *Back from the Brink*, 192 (Kindle edition).

91. Seldon, *Brown at 10*, Kindle location 5946.

92. A. Sutton, K. Lannoo and C. Napoli, *Bank State Aid in the Financial Crisis: Fragmentation or Level Playing Field?* (Brussels: CEPS, 2010).

93. G. Brown, *Beyond the Crash: Overcoming the First Crisis of Globalization* (New York: Free Press, 2010), Kindle locations 1125–1128.

94. N. Clark and D. Jolly, "French Bank Says Rogue Trader Lost $7 Billion," *New York Times*, January 25, 2008.

95. C. Woll, *The Power of Inaction*. 也可参考 E. Grossman and C. Woll, "Saving the banks: The political economy of bailouts," *Comparative Political Studies* 47.4 (2014): 574–600。

96. 关于德国救市的政治性，参考 L. Müller, *Bank-Räuber: Wie kriminelle Manager und unfähige Politiker uns in den Ruin treiben* (Berlin: Econ Verlag, 2010)。

97. T. Braithwaite, K. Scannell and M. Mackenzie, "Deutsche Bank Whistleblower Spurns Share of $16.5m SEC Award," *Financial Times*, August 18, 2016.

98. *Spiegel* staff, "Germany's Faltering Bank Bailout Program: The Bottomless Pit—Part II: A Waste of Taxpayers' Money," *Der Spiegel*, December 23, 2008.

99. Taibbi, "Secrets and Lies of the Bailout."

100. Paulson, *On the Brink*,333.

101. Reuters staff, "Paulson Gave Banks No Choice on Government Stakes: Memos," *Reuters*, May 13, 2009.

102. Wessel, *In Fed We Trust*, 240; and Paulson, *On the Brink*, 365.

103. Kuttner, *Presidency in Peril*, 121.

104. Gammelin and Löw, *Europas Strippenzieher*,57.

105. 关于卡尔·施密特（Carl Schmitt）不加掩饰的庆祝，参考 E. Posner and A. Vermeule, *The Execu-tive Unbound: After the Madisonian Republic* (Oxford: Oxford University Press, 2011). 关于 Schmitt 对经济紧急情况的看法，参考 W. E. Scheuerman, "The Economic State of Emergency," *Cardozo Law Review* 21 (1999), 1869。

106. 即使宣布例外，也难以明确主权，参阅 J. White, "Emergency Europe," *Political Studies* 63.2 (2015), 300–318。

107. P. Swagel, "The Financial Crisis," 1–78.

108. S. M. Davidoff Solomon, "Uncomfortable Embrace: Federal Corporate Ownership in the Midst of the Financial Crisis," *Minnesota Law Review* 95 (2011), 1733–1778.

109. 即使在英国，对新型的、政府所有的银行资产的管理也被交给非政治机构，即英国金融投资公司（UK Financial Investments Ltd），借此与财政部保持距离。参考 P. Burnham, "Depoliticisation: Economic Crisis and Political Management," *Policy & Politics* 42.2 (2014), 189–206。

110. P. Veronesi and L. Zingales, "Paulson's Gift" (NBER Working Paper 15458, October 2009).

111. Lin, "Bank Recapitalizations," 513–544.

112. Bair, *Bull by the Horns*, Kindle locations 142–143.

113. Special Inspector General for the Troubled Asset Relief Program, "Extraordinary Financial Assistance Provided to Citigroup, Inc.," Washington, DC: Office of SIGTARP, January 13, 2011.

114. B. Bernanke, "Acquisition of Merrill Lynch by Bank of America," Congressional Committee on Oversight and Government Reform, June 25, 2009. BofA did not in the event activate the ring-fence loss protection agreement. Kuttner, *Presidency in Peril*, 144–146.

115. D. Dayen, "The Most Important WikiLeaks Revelation Isn't About Hillary Clinton," New Republic, October 14, 2016. J. Podesta, "Fw: Huffpost: The Obama Test: Personnel Is Policy," WikiLeaks, *Podesta Emails*, October 25, 2008.

116. C. Rampell, "Christina D. Romer," *New York Times*, November 25, 2008.

117. 这个令人印象深刻的报道见 M. Taibbi, "Obama's Big Sellout: The President Has Packed His Economic Team with Wall Street Insiders," *Common Dreams*, December 13, 2009。

第8章 "最重要的"全球流动性

1. Gillian Tett, "ECB injects €95bn to Help Markets," *Financial Times*, August 9, 2007.

2. Irwin, *The Alchemists*, 43–73.

3. McGuire and von Peter. "The US Dollar Shortage."

4. N. Baba and F. Packer, "From Turmoil to Crisis: Dislocations in the FX Swap Market Before and After the Failure of Lehman Brothers" (BIS Working Paper 285, July 2009).

5. 2008 年 9 月 16 日联邦公开市场委员会会议记录。

6. W. A. Allen and R. Moessner, "Central Bank Co-operation and International Liquidity in the Financial Crisis of 2008–9" (BIS Working Paper 310, May 2010).

7. M. Obstfeld, J. C. Shambaugh and A. M. Taylor, "Financial Instability, Reserves, and Central Bank Swap Lines in the Panic of 2008" (NBER Working Paper No. 14826, January 2009).

8. R. Marino and U. Volz, "A Critical Review of the IMF's Tools for Crisis Prevention" (DIE Discussion Paper, April 2012).

9. 2008 年 10 月 28 日至 29 日联邦公开市场委员会会议记录。

10. Wessel, *In Fed We Trust*, 140.

11. J. L. Broz, "The Federal Reserve as Global Lender of Last Resort, 2007–2010," International Political Economy Society, University of Virginia, November 9–10, 2012.

12. T. Adrian and H. S. Shin, "Prices and Quantities in the Monetary Policy Transmission Mechanism," *International Journal of Central Banking* 5, no. 4 (2009), 131–142.

13. L. Randall Wray, "Bernanke's Obfuscation Continues: The Fed's $29 Trillion Bail-Out Of Wall Street," *Huffington Post*, December 14, 2011.

14. 一个有用的参考，James Felkerson, "$29,000,000,000,000: A Detailed Look at the Fed's Bailout by Funding Facility and Recipient," Levy Economics Institute (Working Paper 698, December 2011)。

15. A. Berger, L. K. Black, C. H. Bouwman and J. Dlugosz, "Bank Loan Supply Responses to Federal Reserve Emergency Liquidity Facilities," *Journal of Financial Intermediation* 32 (October 2017), 1–15.

16. E. Benmelech, "An Empirical Analysis of the Fed's Term Auction Facility" (CATO Papers on Public Policy, Working Paper 18304, 2012): 57–91.

17. T. Adrian, C. R. Burke and J. J. McAndrews, "The Federal Reserve's Primary Dealer Credit Facility," *Current Issues in Economics and Finance* 15, no. 4 (2009), 1.

18. M. D. Bordo, O. F. Humpage and A. J. Schwartz, "The Evolution of the Federal Re-serve Swap Lines Since 1962," *IMF Economic Review* 63, no. 2 (2015), 353–372. 关于美国发展成为 20 世纪 60 年代以后全球的最后贷款人，参考 D. McDowell, *Brother Can You Spare a Billion? The United States, the IMF, and the International Lender of Last Resort* (Oxford: Oxford University Press, 2016)。

19. 2008 年 10 月 28 日至 29 日联邦公开市场委员会会议,https://www.federalreserve.gov/monetarypolicy/files/FOMC20081029meeting.pdf。

20. 也许最先意识到问题严重性的外部评论员，是 P. Mehrling, "Understanding the Fed's Swap Line," *Financial Times*, November 18, 2008, http:// blogs.ft.com/economistsforum/2008/11/254/. 之后是 M. Obstfeld, J. C. Shambaugh and A. M. Taylor, "Financial Instability, Reserves, and Central Bank Swap Lines in the Panic of 2008," *American Economic Review* 99 (2009): 480–486; D. McDowell, "The US as 'Sovereign International Last-Resort Lender': The Fed's Currency Swap Programme During the Great Panic of 2007–09," *New Political Economy* 17.2 (2012), 157–178; J. L. Broz, "The Politics of Rescuing the World's Financial System: The Federal Reserve as a Global Lender of Last Resort" (November 20, 2014), *Korean Journal of International Studies* 13 (August 2015), 323–351。

21. 近期案例，参考 "US Dollar-British pounds swap agreement," January 16, 2014, https://www.newyorkfed.org/medialibrary/media/markets/USD_Pound_swap_agreement.pdf。

22. Wessel, *In Fed We Trust*, 141.

23. 2009 年 10 月 7 日联邦公开市场委员会电话会议，https://www.federalreserve.gov/monetarypolicy/files/FOMC20081007confcall.pdf。

24. 2007 年 12 月 6 日联邦公开市场委员会电话会议，https://www.federalreserve.gov/monetarypolicy/files/FOMC20071206confcall.pdf。

25. Helleiner, *Status Quo Crisis*, 36.

26. 2008 年 10 月 28—29 日联邦公开市场委员会会议。

27. 这十四家银行是，欧洲央行、瑞士国家银行、日本银行、英格兰银行、加拿大银行、澳大利亚储备银行、瑞典中央银行、挪威银行、丹麦国家银行、新西兰储备银行、巴西央行、墨西哥银行、韩国银行和新加坡金融管理局。参考 M. J. Fleming and N. J. Klagge, "The

Federal Reserve's Foreign Exchange Swap Lines," *Current Issues in Economics and Finance* 16 no. 4 (2010), 1。

28. Irwin, *The Alchemists*, 169.

29. "No One Telling Who Took $586 Billion in Swaps with Fed Condoning Anonymity," Bloomberg, December 11, 2011; and "Alan Grayson & Ben Bernanke," CSPAN, July 21, 2009, https://www.youtube.com/watch?v=n0NYBTkE1yQ.

30. 2008 年 10 月 28 日至 29 日联邦公开市场委员会会议。

31. Irwin, *The Alchemists*, 154.

32. K. Karlson, "Checks and Balances: Using the Freedom of Information Act to Evaluate the Federal Reserve Banks," *American University Law Review* 60 (2010), 213.

33. J. Anderlini, "China Calls for a New Reserve Currency," Financial Times, March 23, 2009; and UN, "Report of the Commission of Experts of the President of the United Nations General Assembly on Reforms of the International Monetary and Financial System," New York, 2009.

34. J. Steele, "I'm a Young President, Don't Try to Label Me," *Guardian*, July 2, 2008.

35. B. Benoit, "Germany Sees an End to US Hegemony," *Financial Times*, September 26, 2008.

36. L. Phillips, "US Laissez-Faire to Battle European 'Social Market' at G20," *EUObserver*, November 14, 2008, https://euobserver.com/foreign/27114.

37. 作者访谈。

第9章 被遗忘的欧洲危机：东欧

1. B. Setser, "Where Is My Swap Line? And Will the Diffusion of Financial Power Balkanize the Global Response to a Broadening Crisis?," October 18, 2008, https://www.cfr.org/blog/where-my-swap-line-and-will-diffusion-financial-power-balkanize-global-response-broadening.

2. 2008 年 10 月 28 日至 29 日联邦公开市场委员会会议。

3. M. J. Burrows and J. Harris, "Revisiting the Future: Geopolitical Effects of the Financial Crisis," *Washington Quarterly* 32, no. 2 (2009), 27–38.

4. Conférence de presse, November 14, 2008, http://discours.vie-publique.fr/notices /087003590.html.

5. V. Feklyunina and S. White, "Discourses of 'Krizis': Economic Crisis in Russia and Regime Legitimacy," *Journal of Communist Studies and Transition Politics* 27 (2011), 385–406.

6. N. Robinson, "Russia's Response to Crisis: The Paradox of Success," https://www.academia.edu/2125038/Russia_s_Response_to_Crisis_The_Paradox_of_Success?auto=download.

7. S. Guriev and A. Tsyvinski, "Challenges Facing the Russian Economy After the Crisis," in A. Åslund, S. Guriev and A. Kuchins, eds., *Russia After the Global Economic Crisis* (New York: Columbia University, 2010), 9–38.

8. L. Harding, "Russia's Oligarchs Lose 70% of Their Wealth in a Year," *Guardian*, April 17, 2009.

9. World Bank in Russia, *Russia Economic Report* 18 (March 2009).

10. A. E. Kramer, "A $50 Billion Bailout in Russia Favors the Rich and Connected," *New York Times*, October 30, 2008.

11. S. Johnson, "The Quiet Coup," *Atlantic*, May 1, 2009, 1.

12. C. G. Gaddy and B. W. Ickes, "Russia After the Global Financial Crisis," *Eurasian Geography and Economics* 51, no. 3 (2010), 281–311.

13. J. Conrad, "Russia in the Financial Crisis and Beyond," Deutsche Bank Research, December 11, 2009.

14. "The Financial Crisis in Russia," Stratfor, October 28, 2008, https://www.stratfor.com / analysis/financial-crisis-russia.

15. World Bank in Russia, *Russian Economic Report* 17 (November 2008).

16. S. Crowley, "Monotowns and the Political Economy of Industrial Restructuring in Russia," *Post-Soviet Affairs* 32, no. 5 (2016), 397–422.

17. J. Jungmann and B. Sagemann, eds., *Financial Crisis in Eastern Europe: Road to Recovery* (Wiesbaden: Gabler, 2011), 433.

18. M. Korostikov, "Russia and China: Against the Storm," *Journal of Communist Studies and Transition Politics* 27, no. 3-4 (2011), 605–631.

19. Gaddy and Ickes, "Russia After the Global Financial Crisis," 281–311.

20. *Russian Analytical Digest* 63 (July 7, 2009), http://www.laender-analysen.de/russland/rad/ pdf/Russian_Analytical_Digest 63.pdf.

21. S. Fortescue, "Putin in Pikalevo: PR or Watershed?" *Australian Slavonic and East European Studies* 23, nos. 1–2 (2010), 19–38.

22. Sakwa, *The Crisis of Russian Democracy*, 332–341.

23. D. Medvedev, "Go Russia!" September 10, 2009, http://en.kremlin.ru/events/president/ news/5413.

24. D. Medvedev, "Speech at Meeting of Council of Legislators," December 28, 2009, http:// en.kremlin.ru/events/president/transcripts/6497.

25. P. P. Pan, "Medvedev Calls for Economic Changes," *Washington Post*, November 13, 2009.

26. 关于该地区有益的多样性压力，参考 E. Berglöf, Y. Korniyenko, J. Zettelmeyer and A. Plekhanov, "Understanding the Crisis in Emerging Europe," (European Bank for Reconstruction and Development, Working Paper No. 109, 2009)。

27. Danske Bank Research, "Euro Area: Exposure to the Crisis in Central and Eastern Europe," February 24, 2009.

28. EBRD Transition Report 2015–2016 (London: EBRD, 2016), 12.

29. I. Kaminska, "The EE Mortgage," *Financial Times*, October 24, 2008.

30. L. Thomas Jr., "Politics Add to Economic Turmoil in Hungary," *New York Times*, April 1, 2009.

31. 2008 年 10 月 28 日至 29 日联邦公开市场委员会会议。

32. Ibid.

33. S. Vallée, "Behind Closed Doors at the ECB," *Financial Times*, March 30, 2010.

34. R. A. Auer, S. Kraenzlin and D. Liebeg, "How Do Austrian Banks Fund Their Swiss Franc Exposure?" *Austrian National Bank Financial Stability Report* (2012), 54–61.

35. L. Andor, "Hungary in the Financial Crisis: A (Basket) Case Study," *Journal of Contemporary Central and Eastern Europe* 17, no. 3 (2009): 285–296; L. Calmfors et al., "The Hungarian Crisis," *EEAG Report on the European Economy* (2012), 115–130; and T. Egedy, "The Effects of Global Economic Crisis in Hungary," *Hungarian Geographical Bulletin* 61, no. 2 (2012), 155–173.

36. S. Lütz and M. Kranke, "The European Rescue of the Washington Consensus? EU and IMF Lending to Central and Eastern European Countries," *Review of International Political Economy* 21, no. 2 (2014), 310–338.

37. "Days of New Flats, Cars and Generous State Benefits Over as Currency Collapses," *Guardian*, October 28, 2008.

38. J. A. Cordero, "The IMF's Stand-by Arrangements and the Economic Downturn in Eastern Europe: The Cases of Hungary, Latvia, and Ukraine," CEPR, September 2009.

39. IMF, "Review of Recent Crisis Programs," September 14, 2009.

40. L. Barber, C. Giles, S. Wagstyl and T. Barber, "Zoellick Urges EU to Help East Europe," *Financial Times*, February 18, 2009.

41. "Keep Calm and Carry On," *Economist*, February 19, 2009.

42. A. Evans-Pritchard, "Failure to Save East Europe Will Lead to Worldwide Meltdown," *Telegraph*, February 14, 2009. Z. Kudrna and D. Gabor, "The Return of Political Risk: Foreign-Owned Banks in Emerging Europe," *Europe-Asia Studies* 65(3) (2013), 548–66.

43. Z. Darvas, "The EU's Role in Supporting Crisis-Hit Countries in Central and Eastern Europe," *Bruegel Policy Contribution* No. 2009/17 2009.

44. E. Hugh, "Let the East into the Eurozone Now!" February 20, 2009, http://fistfulofeuros. net/afoe/let-the-east-into-the-eurozone-now/.

45. S. Wagstyl, "IMF Urges Eastern EU to Adopt Euro," *Financial Times*, April 5, 2009.

46. R. De Haas et al., "Foreign Banks and the Vienna Initiative: Turning Sinners into Saints?" (IMF Working Paper 12-117, 2012). 该计划的有效性见 Berglöf, Korniyenko, Zettelmeyer and Plekhanov, "Understanding the Crisis," 他们发现跨境银行所有权有助于稳定贷款。

47. EBRD, EIB and World Bank, *Final Report on the Joint IFI Action Plan* (March 2011). 根据德国财政部官员的说法，他们在国家层面采取行动，要求德国银行保持一致。

48. Blustein, *Off Balance*, Kindle location 1816.

49. C. Dougherty, "Sweden Aids Bailout of Baltic Nations," *New York Times*, March 12, 2009.

50. "Latvia: Will It Start a Dangerous Domino Effect?" May 6, 2009, http://www.econo monitor. com/analysts/author/mstokes/.

51. L. Nyberg, "The Baltic Region in the Shadow of the Financial Crisis," *BIS Review* 105 (2009); and Y. Koyama, "Economic Crisis in the Baltic States: Focusing on Latvia," *Economic Annals* 55, no. 186 (2010), 89–114.

52. A. Evans-Pritchard, "Latvian Debt Crisis Shakes Eastern Europe," *Telegraph*, June 3, 2009.

53. O. J. Blanchard, M. Griffiths and B. Gruss, "Boom, Bust, Recovery: Forensics of the Latvia Crisis," *Brookings Papers on Economic Activity* 2 (2013), 325–388.

54. Darvas, "The EU's Role."

55. J. Sommers and C. Woolfson, *The Contradictions of Austerity: The Socio-Economic Costs of the Neoliberal Baltic Model* (New York: Routledge, 2014).

56. J. Brundsen, "Brexit Gives Valdis Dombrovskis Big Sway over Banks," *Financial Times*, June 30, 2016.

57. D. Arel, "Ukraine Since the War in Georgia," *Survival* 50, no. 6 (2008), 15–25.

58. A. Mayhew, "The Economic and Financial Crisis: Impacts on an Emerging Economy-Ukraine" (SEI Working Paper 115, 2010).

59. A. Åslund, "Ukraine: Worst Hit by the Financial Crisis," George Washington University, February 23, 2009, https://www2.gwu.edu/~iiep/assets/docs/aslund_ukraine_23feb09.pdf.

60. A. Åslund, "Ukraine's Financial Crisis, 2009," *Eurasian Geography and Economics* 50, no. 4 (2009), 371–386.

61. R. Connolly and N. Copsey, "The Great Slump of 2008–9 and Ukraine's Integration with the European Union," *Journal of Communist Studies and Transition Politics* 27, no. 3-4 (2011), 541–565.

62. K. Westphal, "Russian Gas, Ukrainian Pipelines, and European Supply Security: Lessons of the 2009 Controversies," SWP research paper, September 11, 2009.

63. T. Alloway, "Domino Theory, Eastern Europe Edition," *Financial Times*, February 16, 2009.

第10章　风起东方：中国

1. A. Tsygankov, "What Is China to Us? Westernizers and Sinophiles in Russian Foreign Policy," *Russia.Nei.Visions* 45 December 2009.

2. D. W. Drezner, "Bad Debts: Assessing China's Financial Influence in Great Power Politics," *International Security* 34, no. 2 (2009), 7–45.

3. "Fannie, Freddie Failure Would Be World 'Catastrophe'," Bloomberg, August 22, 2008, reportedbyhttps://mises.org/blog/fannie-freddie-failure-would-be-world-catastrophe.

4. J. Fallows, "Be Nice to the Countries That Lend You Money," Atlantic, December 2008, https://www.theatlantic.com/magazine/archive/2008/12/be-nice-to-the-countries-that-lend-you-money/307148/.

5. Drezner, "Bad Debts."

6. W. M. Morrison and M. Labonte, "China's Holdings of US Securities: Implications for the US Economy," *Current Politics and Economics of Northern and Western Asia* 20, no. 3 (2011), 507.

7. "A Truer Picture of China's Export Machine," McKinsey Quarterly (September 2010), http://www.mckinsey.com/business-functions/strategy-and-corporate-finance/our-insights/a-truer-picture-of-chinas-export-machine.

8. "The Decoupling Debate," *Economist*, March 6, 2008.

9. J. Yardley, "China to Streamline Government into 'Super Ministries'," *New York Times*, March 11, 2008.

10. S. Minggao and H. Yin, "Macroreview: Crisis Tests Strength of China's Export Muscle," http://english.caijing.com.cn/2009-08-19/110227250.html.

11. 这个数字，参考 S. Fardoust, J. Yifu and L. X. Luo, "Demystifying China's Fiscal Stimulus," World Bank (Policy Research Working Paper 6221, 2012). 有关更详细的处理，请参阅 C. Fang and K. Wing Chan, "The Global Economic Crisis and Unem-ployment in China," *Eurasian Geography and Economics* 50, no, 5 (2009), 513–531。

12. B. Naughton, "Understanding the Chinese Stimulus Package," *China Leadership Monitor 28*, no. 2 (2009), 1–12.

13. D. Schmidt and S. Heilmann, "Dealing with Economic Crisis in 2008–2009," *China Analysis* 77 (January 2010), www.chinapolitik.de; 还可参阅 http://knowledge.ckgsb.edu. cn/2015/12/14/china/the-party-planners-five-year-plans-in-china/。

14. 此处及下方引用，参考 Naughton, "Understanding the Chinese Stimulus Package," 1–12。

15. C. Sorace, "China's Vision for Developing Sichuan's Post-Earthquake Countryside: Turning Unruly Peasants into Grateful Urban Citizens," *China Quarterly* 218 (2014), 404–427.

16. J. Kirkegaard, "China's Experimental Pragmatics of 'Scientific Development' in Wind Power: Algorithmic Struggles over Software in Wind Turbines," *Copenhagen Journal of Asian Studies* 34, no. 1 (2016), 5–24.

17. H. Yu, "Universal Health Insurance Coverage for 1.3 Billion People: What Accounts for China's Success?" *Health Policy* 119, no. 9 (September 2015): 1145–1152.

18. Naughton, "Understanding," 8.

19. G. Ollivier, J. Sondhi and N. Zhou, "High-Speed Railways in China: A Look at Con-struction Costs," *World Bank China Transport Topics* 9 (July 2014).

20. 奥巴马的热情吸引了批评人士的注意。"Obama Needs to Get Over His China Envy," *Baltimore Sun*, November 5, 2011, http://www.baltimoresun.com /news/opinion/bal-obama-needs-to-get-over-his-china-envy-20111104-story.html。

21. S. Breslin, "China and the Crisis: Global Power, Domestic Caution and Local Initiative," *Contemporary Politics* 17, no. 2 (2011), 185–200.

22. IMF, "Survey: China's Difficult Rebalancing Act," September 2007, http://www.imf.org / en/News/Articles/2015/09/28/04/53/socar0912a.

23. A. Wheatley, "Calculating the Coming Slowdown in China," *New York Times*, May 23, 2011.

24. "China Seeks Stimulation," *Economist*, November 10, 2008.

25. Fardoust, Yifu and Luo, "Demystifying China's Fiscal Stimulus."

26. Naughton, "Understanding," 10.

27. Fardoust, Yifu and Luo, "Demystifying China's Fiscal Stimulus," figure 2.

28. B. Naughton, "Reading the NPC: Post-Crisis Economic Dilemmas of the Chinese Leadership," *China Leadership Monitor* 32 (2010), 1–10.

29. Naughton, "Understanding," 3.

30. A. Szamosszegi and C. Kyle, *An Analysis of State-Owned Enterprises and State Capitalism in China*, US-China Economic and Security Review Commission (October 2011), 1–116.

31. C. E. Walter and F. J. T. Howie, *Red Capitalism* (Singapore: Wiley, 2012).

32. N. Lardy, *Sustaining China's Economic Growth* (New York: Columbia University Press, 2012).

33. A. Collier, *Shadow Banking and the Rise of Capitalism in China* (Singapore: Palgrave Macmillan, 2017).

34. N.-L. Sum, "A Cultural Political Economy of Crisis Recovery: (Trans-) National Imaginaries of 'BRIC' and Subaltern Groups in China," *Economy and Society* 42 no. 4 (2013), 543–570.

35. Schmidt and Heilmann, "Dealing with Economic Crisis in 2008–2009."

36. C. Wong, "The Fiscal Stimulus Program and Problems of Macroeconomic Management in China," 2011, https://www.oecd.org/gov/budgeting/48143862.pdf; and C. Wong, "The Fiscal Stimulus Programme and Public Governance Issues in China," *OECD Journal on Budgeting* 2011/3, https://www.oecd.org/gov/budgeting/49633058.pdf.

37. Fardoust, Yifu and Luo, "Demystifying China's Fiscal Stimulus."

38. D. Shambaugh, "Coping with a Conflicted China," *Washington Quarterly* 34, no. 1 (2011), 7–27.

39. G. Qian, "How Should We Read China's 'Discourse of Greatness'," *China Media Project*, http://cmp.hku. hk/2010/02/23/4565/ (accessed December 8, 2010).

40. "In Wake of Stronger Growth, More Americans and Europeans Say US Is Top Economic Power," July 2, 2015, http://www.pewresearch.org/fact-tank/2015/07/02/in-wake-of-stronger-growth-more-americans-and-europeans-say-u-s-is-top-economic-power/.

41. T. M. Cheung, "Dragon on the Horizon: China's Defense Industrial Renaissance," *Journal of Strategic Studies* 32, no. 1 (2009): 29–66.

42. "What Does China Really Spend on Its Military?" http://chinapower.csis.org/military-spending/.

43. T. Shanker and M. Mazzetti, "China and US Clash on Naval Fracas," *New York Times*, March 10, 2009.

44. "UPDATE 3-Geithner Tells China Its Dollar Assets Are Safe," *Reuters*, May 31, 2009.

45. Shambaugh, "Coping with a Conflicted China."

46. National Intelligence Council Global Trends 2025 (Washington, DC, 2008); and K. Liao, "The Pentagon and the Pivot," *Survival* 55, no. 3 (2013), 95–114.

47. J. Fallows, "Be Nice to the Countries That Lend You Money."

第11章 二十国集团

1. C. Pereira and J. A. de Castro Neves, "Brazil and China: South-South Partnership or North-South Competition?" Brookings Policy Paper Number 26, March 2011.

2. A. Ahuja and M. S. Nabar, "Investment-Led Growth in China: Global Spillovers" (IMF

Working Paper 12/267, 2012).

3. OECD, Maddison Project database, http://www.ggdc.net/maddison/maddison-project/data. htm.

4. J. R. Blöndal, I. Hawkesworth and H.-D. Choi, "Budgeting in Indonesia," *OECD Journal on Budgeting* 9, no. 2 (2009), 49.

5. A. Doraisami, "Macro-Economic Policy Responses to Financial Crises in Malaysia, Indonesia and Thailand," *Journal of Contemporary Asia* 44, no. 4 (2014), 581–598.

6. M. Fackler, "South Koreans Reliving Nightmare of Last Financial Crisis," *New York Times*, October 24, 2008.

7. H. Cho, *South Korea's Experience with Banking Sector Liberalisation* (research report, Amsterdam, 2010); and T. Kalinowski and H. Cho, "The Political Economy of Financial Liberalization in South Korea: State, Big Business, and Foreign Investors," *Asian Survey* 49, no. 2 (2009), 221–242.

8. H. Cho, *South Korea's Experience with Global Financial Crisis* (Ontario: North-South Institute, 2012), 10.

9. J. Ree, K. Yoon and H. Park, "FX Funding Risks and Exchange Rate Volatility–Korea's Case" (IMF Working Paper 12-268, 2012).

10. B. Eichengreen, *Exorbitant Privilege: The Rise and Fall of the Dollar and the Future of the International Monetary System* (Oxford: Oxford University Press, 2010), 168.

11. H. C. Chung, "The Bank of Korea's Policy Response to the Global Financial Crisis," *Bank for International Settlements Paper* 54 (2010), 257.

12. J. Chomthongdi, "Thailand and the World Financial Crisis: How Will Civil Unrest Further Damage Thailand's Economic Position?" April 20, 2009, http://www.theglobalist.com/ thailand-and-the-world-financial-crisis/; and S. Chirathivat and S. Mallikamas. "Thailand's Economic Performance and Responses to the Global Crisis," Proceedings of Asia After the Crisis Conference, 2010.

13. M. Z. Abidin and R. Rasiah, "The Global Financial Crisis and the Malaysian Economy: Impact and Responses" (Kuala Lumpur: UNDP Malaysia, 2009).

14. K. Sangsubhan and M. C. Basri, "Global Financial Crisis and ASEAN: Fiscal Policy Response in the Case of Thailand and Indonesia," *Asian Economic Policy Review* 7, no. 2 (2012), 248–269.

15. M. C. Basri and S. Rahardja, "Mild Crisis, Half Hearted Fiscal Stimulus: Indonesia During the GFC," *Assessment on the Impact of Stimulus, Fiscal Transparency and Fiscal Risk* (ERIA Research Project Report 1,2010), 169–211.

16. E. Chew, "Malaysia Stimulus Tops $16 Billion," *Wall Street Journal*, March 11, 2009.

17. A. Maierbrugger, "1MDB Scandal: Next Suspect Goldman Sachs Banker," February 15, 2016, http://investvine.com/1mdb-scandal-next-suspect-goldman-sachs-banker/.

18. "Chronology of Korean Responses to the Financial Crisis," *New York Times*, October 19, 2008.

19. N. Baba and I. Shim, "Policy Responses to Dislocations in the FX Swap Market: The

Experience of Korea," *BIS Quarterly Review*, June 2010.

20. T. Kalinowski, "The Politics of Market Reforms: Korea's Path from Chaebol Republic to Market Democracy and Back," *Contemporary Politics* 15, no. 3 (2009), 287–304.

21. T. Kalinowski, "Crisis Management and the Diversity of Capitalism: Fiscal Stimulus Packages and the East Asian (Neo-)Developmental State," *Economy and Society* 44, no. 2 (2015), 244–270.

22. 2008 年 10 月 28 日至 29 日联邦公开市场委员会会议。

23. R. H. Wade, "Emerging World Order? From Multipolarity to Multilateralism in the G20, the World Bank, and the IMF," *Politics & Society* 39, no. 3 (2011), 347–378.

24. J. Kirton, *G20 Governance for a Globalized World* (Farnham, UK: Ashgate, 2013).

25. "Norway Takes Aim at G20," *Spiegel Online*, June 22, 2010.

26. 在 2009 年 6 月，联合国的"世界金融和经济危机及其对发展的影响"最高级别会议达到高潮，http://www.un.org/ga /president/63/interactive/uneconference.shtml。

27. Darling, *Back from the Brink*, 193.

28. Seldon, *Brown at 10*, 45.

29. 戈登·布朗和阿利斯泰尔·达林在的华盛顿新闻发布会 ,Saturday, November 15, 2008, http://webarchive.nationalarchives.gov.uk/20090330160949; http:// www.number10.gov.uk/ Page17514。

30. Seldon, *Brown at 10*, Kindle locations 7411–7417.

31. J. Beale, "Lofty Ambitions for Obama's Visit," *BBC News*, March 31, 2009.

32. Seldon, *Brown at 10*, Kindle locations 7660–7663.

33. 关于讨论，参考 E. Helleiner and J. Kirschner, eds, *The Great Wall of Money* (Ithaca, NY: Cornell University Press, 2014). 关于原文，参考 "Zhou Xiaochuan: Reform the International Monetary System," March 23, 2009, http://www.pbc.gov.cn/english/130724 /2842945/ index.html。

34. J. Zhongxia, "The Chinese Delegation at the 1944 Bretton Woods Conference: Reflections for 2015," https://www.omfif.org/media/1067515/chinese-reflections-on-bretton-woods-by-jin-zhongxia.pdf.

35. M. P. Dooley, D. Folkerts-Landau and P. Garber, "The Revived Bretton Woods System," *International Journal of Finance and Economics* 9, no. 4 (October 2004), 307–313.

36. 关于中国对再平衡的努力，参考 B. Setser, "The Balance of Financial Terror, Circa August 9, 2007," https://www.cfr.org/blog/balance-financial-terror-circa-august-9-2007。

37. UN, "Report of the Commission of Experts of the President of the United Nations General Assembly on Reforms of the International Monetary and Financial System," New York, September 2009.

38. G. C. Chang, "China's Assault on the Dollar," March 26, 2009, https://www.forbes.com /2009/03/26/zhou-xiaochuan-geithner-renminbi-currency-opinions-columnists-dollar.html.

39. J. Kollewe, "Global Currency Flies with Push from Russia and Slip from Timothy Geithner," *Guardian*, March 26, 2009.

40. A. Lane, "In Defending US Currency, Bachmann Distorts Geithner's Comments About Dollar," April 1, 2009, http://www.politifact.com/truth-o-meter/statements/2009/apr /01/ michele-bachmann/defending-dollar-bachmann-distorts-geithners-comme/.

41. E. S. Prasad, *The Dollar Trap: How the US Dollar Tightened Its Grip on Global Finance* (Princeton, NJ: Princeton University Press, 2014).

42. H. Cooper, "On the World Stage, Obama Issues an Overture," *New York Times*, April 2, 2009.

43. 默克尔和萨科齐的联合新闻发布会, April 1, 2009, https:// ca.ambafrance.org/Joint-press-conference-with-Angela。

44. 关于下方内容，参考 A. Rawnsley, *The End of the Party* (London: Penguin, 2010)。

45. P. Blustein, Laid Low: *Inside the Crisis That Overwhelmed Europe and the IMF* (Waterloo, Ontario: CIGI, 2016), 75.

46. N. Woods, "Global Governance After the Financial Crisis: A New Multilateralism or the Last Gasp of the Great Powers?" *Global Policy* 1, no. 1 (2010), 51–63.

47. 关于下方内容，参考 A.Rawnsley, *The End of the Party*, ibook location 4218–4351。

48. "Transcript: Obama's G20 Press Conference," April 2, 2009, https://www.cbsnews.com / news/transcript-obamas-g20-press-conference/.

49. A. Sparrow, K. Baldwin and H. Stewart, "Today's G20 Deal Will Solve Financial Crisis, Claims Gordon Brown," *Guardian*, April 2, 2009.

50. M. Rosie and H. Gorringe, "What a Difference a Death Makes: Protest, Policing and the Press at the G20," *Sociological Research Online* 14, no. 5 (2009), 4.

51. "King Warns Against More Spending," *BBC News*, March 24, 2009.

52. P. Aldrick, "Failed Gilt Auction Stokes Fears over UK Economy," *Telegraph*, March 25, 2009.

53. M. Gove, "Coyote Ugly: G20 Finally Pushes Prudence into the Abyss," *Scotsman*, March 28, 2009.

54. P. Wintour and N. Watt, "Gordon Brown: A Statesman Abroad, Under Fire Back Home," *Guardian*, March 25, 2009.

55. "London Summit—Leaders' Statement," April 2, 2009, https://www.imf.org/external /np/ sec/pr/2009/pdf/g20_040209.pdf.

56. N.-L. Sum, "A Cultural Political Economy of Crisis Recovery."

57. 2009 年初德国温和谨慎的刺激政策，后来不得不在 2009 年 9 月大选后因为减税而加强。

第12章 经济刺激政策

1. S. Erlanger and S. Castle, "European Leader Assails American Stimulus Plan," *New York Times*, March 25, 2009.

2. A. White, "EU Presidency: US Stimulus Is 'The Road to Hell' , " *San Diego Tribune*, March 25, 2009.

3. Rawnsley, *End of the Party*, ibook location 4309.

4. N. Sheiber, *The Escape Artists: How Obama's Team Fumbled the Recovery* (New York: Simon & Schuster, 2012), 96.

5. R. Lizza, "The Obama Memos," *New Yorker*, January 30, 2012, http://www.newyorker.com/magazine/2012/01/30/the-obama-memos.

6. M. Grunwald, *The New New Deal: The Hidden Story of Change in the Obama Era* (New York: Simon & Schuster, 2012).

7. D. Loewe, "Obama's Blues Agenda," *Guardian*, February 13, 2009.

8. J. Green, "The Elusive Green Economy," *Atlantic*, July/August 2009, https://www.theatlantic.com/magazine/archive/2009/07/the-elusive-green-economy/307554/.

9. M. Grabell, *Money Well Spent? The Truth Behind the Trillion-Dollar Stimulus, the Biggest Economic Recovery Plan in History* (New York: PublicAffairs, 2012).

10. B. Dupor, "The Recovery Act of 2009 vs. FDR's New Deal: Which Was Bigger?" https://www.stlouisfed.org/publications/regional-economist/first quarter_2017/the-recovery-act-of-2009-vs-fdrs-new-deal-which-was-bigger.

11. F. Reichling, "Estimated Impact of the American Recovery and Reinvestment Act on Employment and Economic Output from October 2011 Through December 2011," Congressional Budget Office, Washington, DC, 2012. 这基本对以下文章表示赞同：T. G. Conley and B. Dupor, "The American Recovery and Reinvestment Act: Solely a Government Jobs Program?" *Journal of Monetary Economics* 60.5 (2013), 535–549。

12. Council of Economic Advisers, "The Economic Impact of the American Recovery and Reinvestment Act Five Years Later" (final report to Congress, February 2014).

13. P. Krugman, *End This Depression Now; and Eichengreen, Hall of Mirrors*, 297–301.

14. C. Romer and J. Bernstein, "The Job Impact of the American Recovery and Reinvestment Plan," January 9, 2009, https://www.economy.com/mark-zandi/documents/The_Job_ImpactoftheAmerican_Recovery_and_Reinvestment_Plan.pdf.

15. N. Barofksy, *Bailout: An Inside Account of How Washington Abandoned Main Street While Rescuing Wall Street* (New York: Free Press, 2012).

16. 930 万这个数字来自 L. Kusisto, "Many Who Lost Homes to Foreclosure in Last Decade Won't Return," *Wall Street Journal*, April 20, 2015. 还可参阅 "The End Is in Sight for the US Foreclo-sure Crisis," December 3, 2016, https://www.stlouisfed.org/publications/housing-market-perspectives/issue-3-dec-2016/the-end-is-in-sight-for-the-us-foreclosure-crisis。

17. "Lawrence Summers on 'House of Debt'," *Financial Times*, June 6, 2014.

18. R. Suskind, *Confidence Men*.

19. R. E. Rubin, P. R. Orszag and A. Sinai, "Sustained Budget Deficits: The Risk of Financial and Fiscal Disarray," AEA-NAEFA Joint Session, Allied Social Science Associations Annual Meetings, 2004.

20. P. Mauro, M. A. Horton and M. S. Kumar, "The State of Public Finances: A Cross-Country Fiscal Monitor," IMF, 2009.

21. "Budget of the US Government Fiscal Year 2011," https://www.gpo.gov/fdsys/pkg/BUD

GET-2011-BUD/pdf/BUDGET-2011-BUD.pdf.

22. IMF, *Fiscal Monitor*, Washington, DC, May 2010.

23. Editorial, "The Bond Vigilantes," *Wall Street Journal*, May 29, 2009.

24. Scheiber, *Escape Artists*, 151; and Suskind, *Confidence Men*, 516.

25. Scheiber, *Escape Artists*, 150.

26. A. P. Lerner, "Functional Finance and the Federal Debt," *Social Research* (1943), 38–51.

27. D. Gabor and C. Ban, "Banking on Bonds: The New Links Between States and Markets," *Journal of Common Market Studies* 54, no. 3 (2016), 617–635.

28. Bastasin, *Saving Europe*, 110–111.

29. D. Gabor, "The ECB and the Eurozone Debt Crisis" (ND), https://www.academia.edu/868218/The_ECB_and_the_European_Debt_Crisis, and D. Gabor, "The Power of Collateral: The ECB and Bank Funding Strategies in Crisis," May 18, 2012, 来自 SSRN: https://ssrn.com/abstract=2062315 或 http://dx.doi.org/10.2139/ssrn.2062315. 作为长期再融资计划的补充，欧洲央行还执行了一个更小型的计划，用以支持被涵盖的债券市场。

30. IIF, "Interim Report on the Cumulative Impact on the Global Economy of Proposed Changes in the Banking Regulatory Framework," June 2010, 26.

31. M. Dettmer, D. Kurbjuweit, R. Nelles, R. Neukirch und C. Reiermann, "Diebische Freude," *Spiegel*, January 12, 2009.

32. OECD, *Public Debt Markets: Trends and Recent Structural Trends* (Paris: OECD, 2002).

33. "Konjunkturpaket II," *Spiegel*, January 27, 2009.

34. "Konjunkturpaket," *Spiegel*, January 6, 2009.

35. C. Reiermann, "Goldener Zuegel," *Spiegel*, February 9, 2009.

36. F. Gathmann, "Einigung zur Schuldenbremse," *Spiegel*, February 6, 2009; and "Finanzhilfen für ärmere Länder," *Spiegel*, February 13, 2009.

37. "Foederalismusreform," *Spiegel*, March 27, 2009.

38. "Fuehrende Oekonomen verteufeln die Schuldenbremse," *Handelsblatt*, February 13, 2009; and S. Dullien, "Kommentar," *Spiegel*, February 9, 2009.

39. "Schlacht um die Schuldenbremse," *Manager Magazin*, January 16, 2009.

40. D. Hawranek, et al., "Gipfel am Abgrund," *Spiegel*, March 30, 2009.

41. Kuttner, *Presidency in Peril*, 78–79.

42. Suskind, *Confidence Men*, 656.

43. Scheiber, *Escape Artists*, 150.

44. IMF, *Fiscal Monitor*, Washington, DC, November 2010.

第13章　修复金融业

1. OECD, *Economic Outlook* No. 85 (June 2009).

2. "Acquisition of Merrill Lynch by Bank of America," June 5, 2009, https://www.federal reserve.gov/newsevents/testimony/bernanke20090625a.htm.

3. "Citigroup Stock Sinks to an All-Time Low of 97 Cents," May 4, 2009, http://www.huffing tonpost.com/2009/03/05/citigroup-stock-sinks-to_n_172167.html.

4. P. Wintour and J. Treanor, "RBS Bonuses to Reach £775m Despite Treasury Tough Talk," *Guardian*, February 17, 2009,

5. B. White, "What Red Ink? Wall Street Paid Hefty Bonuses," *New York Times*, January 28, 2009.

6. G. Farrell and J. Macintosh, "Merrill Delivered Bonuses Before BofA Deal," *Financial Times*, January 21, 2009.

7. "Obama's Statement on AIG," *New York Times*, March 16, 2009.

8. K. Guha and E. Luce, "Greenspan Backs Bank Nationalization," *Financial Times*, February 17, 2009.

9. "Nationalization: Is It the Only Answer to Save Banks?" February 15, 2009, http:// abcnews. go.com/WN/Economy/story?id=6885587.

10. "Obama: Swedish Model Would Be Impossible Here," February 11, 2009, http://www.businessinsider. com/obama-swedish-model-would-be-impossible-here-2009-2.

11. J. Cassidy, "No Credit Timothy Geithner's Financial Plan Is Working—And Mak-ing Him Very Unpopular," New Yorker, March 15, 2010, http://www.newyorker.com / magazine/2010/03/15/no-credit-2#ixzz0haHEOfV7.

12. Suskind, *Confidence Men*, 397–464.

13. Bair, *Bull by the Horns*, Kindle location 3032.

14. S. Johnson and J. Kwak, *13 Bankers: The Wall Street Takeover and the Next Financial Meltdown* (New York: Pantheon Books, 2010).

15. Suskind, *Confidence Men*, 455–460, 695. 盖特纳发表了公开否认, "Press Briefing by Press Secretary Jay Carney, Treasury Secretary Tim Geithner, and OMB Director Jack Lew," September 19, 2011, https://obamawhitehouse.archives.gov/the-press-office/2011/09/19/ press-briefing-press-secretary-jay-carney-treasury-secretary-tim-geithne。

16. E. Javers, "Inside Obama's Bank CEOs Meeting," *Politico*, March 4, 2009, http://www. politico.com/story/2009/04/inside-obamas-bank-ceos-meeting-020871.

17. Geithner, *Stress Test*, 376.

18. DealBook, "Geithner Haunted by a Goldman Past He Never Had," *New York Times*, August 19, 2010.

19. Geithner's calendar: https://www.nytimes.com/interactive/projects/documents/geithner-schedule-new-york-fed.

20. A. Clark, "Diary Shows Geithner-Darling Contact During Crisis," *Guardian*, October 11, 2009.

21. Scheiber, *Escape Artists*, 38.

22. J. Anderson, "Calm Before and During a Storm," *New York Times*, February 9, 2007.

23. Suskind, *Confidence Men*, 455.

24. Federal Reserve, "The Supervisory Capital Assessment Program: Design and Implementation," April 24, 2009, https://www.federalreserve.gov/newsevents/press/bcreg/bcreg20090424a1.pdf. Kuttner 在 *Presidency in Peril*, 151 指出，压力测试团队的权力很小，因为他们审查的业务非常复杂。

25. Geithner, *Stress Test*, 345–350.

26. D. Enrich, D. Fitzpatrick and M. Eckblad, "Banks Won Concessions on Tests," *Wall Street Journal,* May 9, 2009.

27. Bair, *Bull by the Horns*, Kindle location 2843; F. Guerrera and J. Eaglesham, "Citi Under Fire over Deferred Tax Assets," *Financial Times*, September 6, 2010.

28. Scheiber, *Escape Artists*, 128.

29. 关于花旗集团，见 Kuttner, *Presidency in Peril*, 129。

30. SIGTARP, "Exiting TARP: Repayments by the Largest Financial Institutions," September 29, 2011.

31. Bair, *Bull by the Horns*, Kindle location 3686.

32. D. Baker and T. McArthur, "The Value of the 'Too Big to Fail' Big Bank Subsidy," CEPR, 2009.

33. 了解《多德—弗兰克法案》的立法过程，参考 A. S. Blinder, *When the Music Stopped: The Financial Crisis, the Response and the Work Ahead* (New York: Penguin, 2013), 263–366. 了解政治叙述，参考 Geithner, *Stress Test*, 388–438; Bernanke, *The Courage to Act*, 435–466; and S. Bair, *Bull by the Horns*, Kindle location 3223–4339。

34. "Dodd-Frank Wall Street Reform and Consumer Protection Act," Public Law 111–203, July 21, 2010, https://www.gpo.gov/fdsys/pkg/PLAW-111publ203/pdf/PLAW-111publ203.pdf.

35. US Treasury, "Financial Regulatory Reform: A New Foundation," Washington, DC, 2009.

36. Geithner, *Stress Test*, 399.

37. Pew Research Center, "Americans' Views of Fed Depend on Their Politics," December 16, 2015, http://www.pewresearch.org/fact-tank/2015/12/16/americans-views-of-fed-depend-on-their-politics/.

38. "Ben Bernanke," *Time*, December 16, 2009.

39. Bernanke, *The Courage to Act*, 430–434.

40. S. A. Binder, "Ben Bernanke's Second Term as Chairman of the Federal Reserve," January 30, 2010, https://www.brookings.edu/opinions/ben-bernankes-second-term-as-chairman-of-the-federal-reserve/; and S. Chan, "Senate, Weakly, Backs New Term for Bernanke," *New York Times*, January 28, 2010.

41. Bernanke, *The Courage to Act*, 445–447.

42. Geithner, *Stress Test*, 404.

43. Ibid., 432.

44. Ibid., 398.

45. "The United States Residential Foreclosure Crisis: Ten Years Later," March 2017, http://

www.corelogic.com/research/foreclosure-report/national-foreclosure-report-10-year.pdf.

46. "Life After Lehman," September 13, 2013, http://www.institutionalinvestor.com/Article / 3254651/Life-After-Lehman-A-Look-at-How-6-Prominent-Players-Have-Fared.html# Wavm3ZOGN0s.

47. S. Grocer, "Banks Set Record for Pay," *Wall Street Journal*, January 14, 2010.

48. T. M. Tse, "Goldman Sachs Earns $13 bn in 2009," *Washington Post*, January 22, 2010.

49. Gasparino, *Bought and Paid For*, 6.

50. Bair, *Bull by the Horns*, Kindle location 3924–3971.

51. D. Polk, "Dodd-Frank Progress Report." July 2013, https://www.davispolk.com/files / Jul2013_Dodd.Frank_.Progress.Report.pdf.

52. Blinder, *After the Music Stopped*, 314–319.

53. B. Protess and P. Eavis, "At the Finish Line on the Volcker Rule," *New York Times*, December 10, 2013.

54. PWC, "Volcker Rule Clarity: Waiting for Godot," May 2014, http://www.pwc.com/us/en/ financial-services/regulatory-services/publications/volcker-rule-clarity-waiting-for-godot. html.

55. B. Protess, "Jamie Dimon Shows Some Love for Volcker Rule," *New York Times*, May 21, 2012.

56. P. Clement, "The Term 'Macroprudential': Origins and Evolution 1," *BIS Quarterly Review*, 2010, 59.

57. D. Skeel, *The New Financial Deal: Understanding the Dodd-Frank Act and Its (Unintended) Consequences* (Hoboken, NJ: Wiley, 2010).

58. Federal Reserve, "The Supervisory Capital Assessment Program, May 2009, https:// www. federalreserve.gov/newsevents/files/bcreg20090507a1.pdf.

59. Federal Reserve, "Dodd-Frank Act Stress Test 2013: Supervisory Stress Test Methodology and Results," March 28, 2013, https://www.federalreserve.gov/bankinforeg/stress-tests / appendix-b.htm.

60. "Rules and Regulations," *Federal Register* 76, no. 231 (December 1, 2011), https://www.gpo. gov/fdsys/pkg/FR-2011-12-01/pdf/2011-30665.pdf.

61. Federal Reserve, "Federal Reserve Board Issues Final Rule on Annual Capital Plans, Launches 2012 Review," https://www.federalreserve.gov/newsevents/pressreleases /bcreg20111122a. htm.

62. P. Jenkins and P. J. Davies, "Thirty Financial Groups on Systemic Risk List," *Financial Times*, November 30, 2009.

63. 见联名信 "Healthy Banking System Is the Goal, Not Profitable Banks," *Financial Times*, November 8, 2010; and A. Admati and M. Hellwig, *The Bankers' New Clothes* (Princeton, NJ: Princeton University Press, 2013)。

64. IIF, "Interim Report on the Cumulative Impact on the Global Economy of Proposed Changes in the Banking Regulatory Framework Institute of International Finance," June 2010.

65. Bair, *Bull by the Horns*, Kindle location 4731–4748.

66. FSB, "Policy Measures to Address Systemically Important Financial Institutions," November 4, 2011.

67. The High Level Group on Financial Supervision in the EU chaired by Jacques de Larosière, February 25, 2009, http://ec.europa.eu/internal_market/finances /docs/de_larosiere_report_en.pdf.

68. 这个观点归功于 Shahin Vallée。

69. M. Goldstein and N. Véron, "Too Big to Fail: The Transatlantic Debate" (Bruegel working paper 2011/03, 2011).

70. A. S. Posen and N. Véron, "A Solution for Europe's Banking Problem," *Bruegel Policy Brief* (2009).

71. IMF, *Global Financial Stability Report* (April 2009).

72. "Bafin beziffert Kreditrisiken auf 816 Milliarden Euro," *Spiegel*, April 24, 2009.

73. Eichengreen, *Hall of Mirrors*, 323.

74. Geithner, *Stress Test*, 425–426.

第14章　2010年的希腊：拖延塞责和装聋作哑

1. 完全同意以下观点 : Sandbu, *Europe's Orphan*; E. Jones, "The Forgotten Financial Union: How You Can Have a Euro Crisis Without a Euro," in M. Matthijs and M. Blyth ed., *The Future of the Euro* (New York: Oxford University Press, 2015) ; D. Mabbett and W. Schelkle, "What Difference Does Euro Membership Make to Stabilization? The Political Economy of International Monetary Systems Revisited," *Review of International Political Economy* 22.3 (2015), 508–534。

2. J. M. Brown, "Things Fall Apart," *Financial Times*, January 15, 2009; and C. Lapavitsas et al., *Crisis in the Eurozone* (London: Verso, 2012), 58.

3. Z. Darvas, "The EU's Role in Supporting Crisis-Hit Countries in Central and Eastern Europe," *Bruegel Policy Contribution* (December 17, 2009).

4. S. Kalyvas, *Modern Greece: What Everyone Needs to Know* (Oxford: Oxford University Press, 2015).

5. G. Papaconstantinou, *Game Over: The Inside Story of the Greek Crisis* (Athens: George Papaconstantinou, 2016).

6. 如需了解债权人（而非债务人）主导的违约的政治，请参阅 Lapavistas et al., *Crisis in the Eurozone*, 126–135。

7. M. Walker, C. Forelle and B. Blackstone, "On the Secret Committee to Save the Euro, a Dangerous Divide," *Wall Street Journal*, September 24, 2010.

8. Papaconstantinou, *Game Over*.

9. V. Acharya and S. Steffen, "The Banking Crisis as a Giant Carry Trade Gone Wrong," *VoxEU*, May 23, 2013.

10. S. Wagstyl, "Greeks Search for Hint of Daylight Between Schäuble and Merkel," *Financial*

Times, February 19, 2015.

11. 对于认为这是默克尔政府整个政策之关键的解释，请参阅 H. Thompson, "Germany and the Euro-Zone Crisis: e European Reformation of the German Banking Crisis and the Future of the Euro," New Political Economy 20, no. 6 (2015), 851–870。

12. B. Benoit and T. Barber, "Germany Ready to Help Eurozone Members," *Financial Times*, February 18, 2009.

13. T. Koukakis, "Josef Ackermann: The Secret 2010 Financial Support Plan for Greece and Why It Was Sunk," http://www.tovima.gr/en/article/?aid=639539.

14. R. Zohlnhöfer and T. Saalfeld, eds., *Politik im Schatten der Krise. Eine Bilanz der Regierung Merkel 2009–2013* (Wiesbaden: Springer VS, 2015).

15. A. Tooze, "After the Wars," review of *The Age of Catastrophe: A History of the West 1914–45*, by Heinrich August Winkler, *London Review of Books* 37.22 (2015), 15–17, December 7, 2017, https://www.lrb.co.uk/v37/n22/adam-tooze/after-the-wars.

16. 如需了解引述内容，请参阅 I. Traynor, "Angela Merkel Dashes Greek Hopes of Rescue Bid," *Guardian*, February 11, 2010。

17. BVerfG, Judgment of the Second Senate of June 30, 2009—2 BvE 2/08—paras. 1–421.

18. "Merkel sagt Griechenland Milliarden-Hilfe zu'," *Die Welt*, April 26, 2010; and "Union will Bankenbeteiligung prüfen," *Die Zeit*, April 27, 2010.

19. J. Schönenborn, "Griechenland-Hilfe nur mit Bankenbeteiligung," April 4, 2010, ARD-DeutschlandTrend Mai 2010, www.tagesschau.de.

20. Bund der Steuerzahler, "Keine Steuerzahlergarantien ohne Bankenbeteiligung," May 5, 2010, https://www.steuerzahler.de/.

21. W. Schäuble, "Why Europe's Monetary Union Faces Its Biggest Crisis," *Financial Times*, March 11, 2010; "Proposal for European Monetary Fund Wins EU Support," *Spiegel Online*, March 8, 2010; and "Why Is Germany Talking About a European Monetary Fund?" *Economist*, March 9, 2010.

22. 2010 年 5 月提案的第二版，可从以下网址获取：https://www.ceps.eu /system/files/ book/2010/02/Nopercent20202percent20EMFpercent20e-versionpercent20updatepercent2 017percent20May.pdf。

23. M. Feldenkirchen, C. Reiermann, M. Sauga and H.-J. Schlamp, "Merkel Takes On the EU and Her Own Finance Minister," *Spiegel Online*, March 22, 2010.

24. "Issing zur Lage Griechenlands: IWF-Hilfe ist die einzige Alternative," February 10, 2010, www.tagesschau.de; and "Man muss den Griechen auf die Finger schauen," March 2, 2010, www.deutschlandfunkkultur.de.

25. Blustein, *Laid Low*, 26–31.

26. IMF Country Report 13/156, May 20, 2013, 戏剧性的叙述见 A. Evans-Pritchar, "IMF Admits Disastrous Love Affair with the Euro, Apologises for the Immolation of Greece," *Telegraph*, July 28, 2016。

27. "EZB warnt vor IWF-Hilfen für Griechenland," *FAZ*, March 24, 2010.

28. Papaconstantinou, *Game Over*, Kindle locations 1465–1470.

29. C. Volkery, "Merkel's Risky Hand of Brussels Poker," Spiegel Online, March 26, 2010; and "Deutschland hilft den Griechen, wenn der IWF hilft," *FAZ*, March 25, 2010.

30. Gabor, "The Power of Collateral," 23.

31. D. Gabor and C. Ban, "Banking on Bonds: The New Links Between States and Markets," *Journal of Common Market Studies* 54.3 (2016), 617–635.

32. 如需了解该论点的摘要，请参阅 2015 年针对欧洲央行向德国最高法院提起的案件 "Verfassungsbeschwerde," October 22, 2015, https://www.jura.uni-freiburg.de/de/institute/ioeffr3/forschung/papers/murswiek/verfassungsbeschwerde-qe-anleihenkaeufe-gauweiler.pdf。

33. Gammelin and Löw, *Europas Strippenzieher*, 70.

34. Papaconstantinou, *Game Over*, Kindle locations 1529–1536.

35. J. White, "Emergency Europe," *Political Studies* 63.2 (2015), 300–318.

36. A. Evans-Pritchard, "Europe Agrees IMF-EU Rescue for Greece," *Telegraph*, March 25, 2010.

37. Papaconstantinou, *Game Over*, Kindle location 1677.

38. "Irish Deficit Balloons After New Bank Bail-Out," BBC News, September 30, 2010.

39. H. Smith, "Super-Wealthy Investors Move Billions out of Greece," *Guardian*, February 6, 2010; and F. Batzoglou, "Anxious Greeks Emptying Their Bank Accounts," *Spiegel Online*, December 6, 2011.

40. "Euro Zone Readies Giant Rescue Package for Greece," *Reuters*, April 11, 2010.

41. Evans-Pritchard, "Europe Agrees IMF-EU Rescue for Greece."

42. T. Barber, "Saving the Euro: Dinner on the Edge of the Abyss," *Financial Times*, April 22, 2010.

43. Bundes nanzministerium, "Chronology: Stabilisation of the Economic and Monetary Union," http://www.bundes nanzministerium.de/Content/EN/Standardartikel/Topics / Europe/Articles/2010-06-04-Chronologie-Euro-Stabilisierung.html? __act=render Pdf&__iDocId=199342.

44. K. Connolly, "Greek Debt Crisis: IMF Chief to Woo Germany over Bailout Deal," *Guardian*, April 28, 2010.

45. "Transcript of Statements to the Media by Angela Merkel and Strauss-Kahn in Berlin," April 28, 2010, https://www.imf.org/en/News/Articles/2015/09/28/04/54/tr042810.

46. Bastasin, *Saving Europe*, 203.

47. J. Pisani-Ferry, "Tim Geithner and Europe's Phone Number," *Bruegel* (blog), February 4, 2013.

48. Papaconstantinou, *Game Over*, Kindle locations 2186–2188.

49. "Regierungserklärung von Bundeskanzlerin Merkel zu den Hilfen für Griechenland," May 5, 2010, https://www.bundesregierung.de/ContentArchiv/DE/Archiv17/Regierungserklaerung/2010/2010-05-05-merkel-erklaerung-griechenland.html. 如需了解 TINA 的更广泛含义，请参阅 A. Séville, "There Is No Alternative," *Politik zwischen*

Demokratie und Sachzwang (Frankfurt: Campus, 2017)。

50. "Deaths Place Greece on 'Edge of Abyss,'" May 6, 2010, www.ekathimerini.com.

51. Gabor, "The Power of Collateral," 25.

52. "Findings Regarding the Market Events of May 6, 2010," 美国商品期货交易委员会和美国证券交易委员会的工作人员就新兴国家监管问题向联合咨询委员会提交的报告，http://www.sec.gov/news/studies/2010/marketevents-report.pdf。

53. "Preliminary Findings Regarding the Market Events of May 6, 2010," 美国商品期货交易委员会和美国证券交易委员会的工作人员就新兴国家监管问题向联合咨询委员会提交的报告，https://www.sec.gov/sec-cftc-prelimreport.pdf。

54. Bastasin, *Saving Europe*, 202.

55. 如需了解这段描述和之后的描述，请参阅 T. Barber, "Saving the Euro: Dinner on the Edge of the Abyss," *Financial Times*, April 22, 2010。

56. Barber, "Saving the Euro."

57. Bernanke, *The Courage to Act*, 481. 伯南克举行了参议院银行业委员会的非公开简报会，确保没有任何负面反应。

58. Gammelin and R. Löw, Europas Strippenzieher, 75–86.

59. Bastasin, *Saving Europe*, 214–215.

60. Bastasin, *Saving Europe*, 218；Papaconstantinou, *Game Over*, Kindle location 2707.

61. 对国际货币基金组织自身具有毁灭性的事后调查是由独立评估办公室开展的，*The IMF and the Crises in Greece, Ireland, and Portugal* (Washington, DC: IMF, 2016), 15–18。

62. Blustein, *Laid Low*, 136.

63. M. Blyth, *Austerity: The History of a Dangerous Idea* (Oxford: Oxford University Press, 2013), 73.

64. "John Lipsky Biographical Information," https://www.imf.org/external/np/omd/bios/jl.htm.

65. Blustein, *Laid Low*, 64.

66. Ibid.,139; 以及 IMF, *Greece: Staff Report on Request for Stand-By Arrangement* (IMF Country Report No. 10/110, 2010).

第15章 债务时代

1. 如需了解这段描述和之后的描述，请参阅 http://www.foxnews.com/story/2010/02/12/glenn-beck-is-us-doomed-to-follow-greece-into-crisis.html。

2. C. M. Reinhart and K. Rogoff, *This Time Is Different, Eight Centuries of Financial Folly* (Princeton, NJ: Princeton University Press, 2009); and C. M. Reinhart and K. S. Rogoff, "Growth in a Time of Debt" (NBER Working Paper 15639, 2010).

3. J. Cassidy, "The Reinhart and Rogoff Controversy: A Summing Up," *New Yorker*, April 26, 2013.

4. C. Reinhart and K. Rogoff, "Why We Should Expect Low Growth Amid Debt," *Financial Times*, January 28, 2010.

5. "Germans Say Euro Zone May Have to Expel Greece: Poll," *Reuters*, February 14, 2010.

6. Irwin, *The Alchemists*, 237–238.

7. G. Osborne, "The Threat of Rising Interest Rates Is a Greek Tragedy We Must Avoid," *Telegraph*, December 21, 2009.

8. P. Habbard, "The Return of the Bond Vigilantes," March 7, 2012, http://www.ituccsi.org/IMG/pdf/1203t_bond.pdf; and S. Johnson, "Bond Fund Managers Brave 'The Ring of Fire,'" *Financial Times*, February 7, 2010.

9. A. Stratton, "Top Economists Attack Labour Plan to Tackle Britain's Budget Deficit," *Guardian*, February 14, 2010.

10. Lord Skidelsky et al., "Letter: First Priority Must Be to Restore Robust Growth," *Financial Times*, February 18, 2010.

11. P. Wintour, "Mervyn King Shaped Tough De cit Policy—But Was It Political Bias?" *Guardian*, November 30, 2010.

12. D. Laws, 22 Days in May: *The Birth of the Lib Dem-Conservative Coalition* (London: Biteback Publishing, 2010); Irwin, *The Alchemists*, 237–238.

13. P. Wintour, "Mervyn King: I Gave Nick Clegg No New Information on Debt Crisis," *Guardian*, July 28, 2010.

14. S. Wren-Lewis, "The Austerity Con," *London Review of Books* 37, no. 4 (2015), 9–11.

15. Irwin, *The Alchemists*, 237–238.

16. P. Krugman, "More on Invisible Bond Vigilantes," *New York Times* (blog), November 10, 2012.

17. N. Watt, "David Cameron Makes Leaner State a Permanent Goal," *Guardian*, November 12, 2013.

18. ONS, "Statistical Bulletin: Public Sector Employment, UK: September 2016," https://www.ons.gov.uk/employmentandlabourmarket/peopleinwork/publicsectorpersonnel/bulletins/publicsectoremployment/september2016.

19. T. Crewe, "The Strange Death of Municipal England," *London Review of Books* 38, no. 24 (2016), 6–10. 关于紧缩对英国福利国家造成的影响的引人注意的总结，请参阅 V. Cooper and D. Whyte, eds., *The Violence of Austerity* (London: Pluto Press, 2017)。

20. Clark, *Hard Times*, 180–191.

21. 社论，"The Risks and Rewards of George Osborne's Austerity," *Financial Times*, July 21, 2015。

22. S. Stein, "Peter Orszag, Former Top Obama Adviser, Takes Issue with Portrayal in New Book," *Huffington Post*, February 24, 2012, www.hu ngtonpost.com.

23. Kuttner, *Presidency in Peril*, 207.

24. "Obama's State of the Union Transcript 2010: Full Text," *Politico*, January 27, 2010.

25. P. Krugman, "Obama Liquidates Himself," *New York Times*, January 26, 2010.

26. J.Geraghty's National Review blog，引述自 "How the Austerity Class Rules Washington," *Nation*, October 19, 2011。

27. H. Yeager, "Circling Back on the Orszag Story," *Columbia Journalism Review* 9 (January 2010).

28. Bernanke, *The Courage to Act*, 504; 以及 L. Elliott, "It's Too Soon for Austerity, Ben Bernanke Tells Congress," *Guardian*, July 22, 2010.

29. E. Luce, "US Deficit Key to Orszag Departure," *Financial Times*, June 25, 2010.

30. T. Skocpol and V. Williamson, *The Tea Party and the Remaking of Republican Conservatism* (Oxford: Oxford University Press, 2012).

31. G. C. Jacobson, "The Republican Resurgence in 2010," *Political Science Quarterly* 126, no. 1 (2011), 27–52.

32. S.-A. Mildner and J. Howald, "Jumping the Fiscal Cliff: The Political Economy of Fiscal Policy-Making under President Obama," *CESifo Forum* (June 2013).

33. T. E. Mann and N. J. Ornstein, *It's Even Worse Than It Looks: How the American Constitutional System Collided with the New Politics of Extremism* (New York: Basic Books, 2016), 9–10.

34. Q. Peel, "Merkel Spells Out € 80bn Spending Cuts," *Financial Times*, June 8, 2010.

35. OECD, "Budget Deficits: What Governments Are Doing" (2010), http://www.oecd.org/ germany/budgetde citswhatgovernmentsaredoing.htm.

36. "German Government Agrees on Historic Austerity Program," *Spiegel Online*, June 7, 2010.

37. Peel, "Merkel Spells Out € 80bn Spending Cuts."

38. D. Mara and A. Bowen, "German Government Unveils Unprecedented Austerity Plan," *Deutsche Welle*, June 7, 2010.

39. A. Beattie and Q. Peel, "Scene Set for G20 Battle over Fiscal Strategy," *Financial Times*, June 24, 2010.

40. W. Schäuble, "Maligned Germany Is Right to Cut Spending," *Financial Times*, June 23, 2010.

41. L. Summers and T. Geithner, "Our Agenda for the G-20," *Wall Street Journal*, June 23, 2010.

42. J. Calmes and S. Chan, "Leaders at Summit Turn Attention to Deficit Cuts," *New York Times*, June 26, 2010.

43. OECD, "Employment: Job Creation Must Be a Top Priority in Months Ahead, Says OECD's Gurria," July 7, 2010, http://www.oecd.org/newsroom/employmentjobcreationmustbeatopp riorityinmonthsaheadsaysoecdsgurria.htm.

44. H. Zimmermann, "A Grand Coalition for the Euro: The Second Merkel Cabinet, the Euro Crisis and the Elections of 2013," *German Politics* 23, no. 4 (2014): 322–336.

45. Bastasin, *Saving Europe*, 221–235.

46. Papaconstantinou, *Game Over*, Kindle locations 2352–2365.

47. IMF Country Report 11/68 (March 2011).

48. Bank of Greece, "The Chronicle of the Great Crisis: 2008–2013, http://www.bankofgreece. gr/BogEkdoseis/The%20Chronicle%20Of%20e%20Great%20Crisis.pdf.

49. CEBS, "EBA Aggregate Outcome of the 2010 EU Wide Stress Test," July 23, 2010, https://www.eba.europa.eu/documents/10180/15938/Summaryreport.pdf/95030af2-7b52-4530-afe1-f067a895d163.

50. A. Blundell-Wignall and P. Slovik, "The EU Stress Test and Sovereign Debt Exposures" (OECD Working Papers on Finance, Insurance and Private Pensions, no. 4, OECD Financial Affairs Division, 2010).

51. 欧洲的银行压力测试缺乏明确的资本重组工具的支持，下面这篇文章做了强调。T. Santos, "El Diluvio: The Spanish Banking Crisis, 2008–2012," manuscript (2017), Columbia Business School, Columbia University。

52. L. Thomas Jr., "Greek Bonds Lure Some, Despite Risk," *New York Times*, September 28, 2011.

53. Bastasin, *Saving Europe*, 259.

54. Acharya and Steffen, "The Banking Crisis as a Giant Carry Trade Gone Wrong."

55. B. H. Cohen, "How Have Banks Adjusted to Higher Capital Requirements?" *BIS Quarterly Review*, 2013, 25.

56. *Report of the Joint Committee of Inquiry into the Banking Crisis*, Houses of the Oireachtas (Inquiries, Privileges and Procedures) Act, 2016.

57. C. Gleeson, "Ireland's Austerity Budgets," *Irish Times*, December 13, 2013.

58. Blustein, *Laid Low*, 157.

59. G. Wiesmann, "Merkel Seeks to Pull Bondholders into Rescues," *Financial Times*, November 24, 2010.

60. K. Bennhold, "At Deauville, Europe Embraces Russia," *New York Times*, October 18, 2010.

61. C. Forelle, D. Gauthier-Villars, B. Blackstone and D. Enrich, "As Ireland Flails, Europe Lurches Across the Rubicon," *Wall Street Journal*, December 27, 2010.

62. Zimmermann, "A Grand Coalition for the Euro."

63. L. Barber and R. Atkins, FT interview transcript: Mario Draghi, *Financial Times*, December 18, 2011.

64. A. Mody, "The Ghost of Deauville," *VoxEU*, January 7, 2014.

65. *Report of the Joint Committee of Inquiry into the Banking Crisis* (Dublin: Houses of the Oireachtas, 2016), https://inquiries.oireachtas.ie/banking/.

66. L. O'Carroll, "Ireland's Central Bank Governor Confirms IMF Loan on Its Way," *Guardian*, November 18, 2010.

67. "Jean Claude Trichet Letter to Brian Lenihan," *Irish Times*, November 6, 2014.

68. 社论, "Was It for This?," *Irish Times*, November 18, 2010.

69. Sanbu, *Europe's Orphan*, 104.

70. A. Chopra, "Lessons from Ireland's Financial Crisis," 2015, https://www.youtube.com/watch?v=6XDomfai7DY.

71. P. Spiegel, "Draghi's ECB Management: The Leaked Geithner Files," *Financial Times*, November 11, 2014.

72. *Report of the Joint Committee of Inquiry into the Banking Crisis*, Houses of the Oireachtas.

73. M. Matthijs and M. Blyth, "When Is It Rational to Learn the Wrong Lessons? Technocratic Authority, Social Learning, and Euro Fragility," *Perspectives on Politics* (2017): 1–17.

74. Eichengreen, *Hall of Mirrors*, 302–311.

75. Bernanke, *The Courage to Act*, 482–496.

76. 请参阅明尼阿波利斯联邦储备银行的 N. 科切尔拉科塔（N. Kocherlakota）的回顾性分析，"The Fed's Unspoken Mandate: It Wants to Be 'Normal,' and That's Bad for Most Americans," June 13, 2017, https://www.bloomberg.com/view/articles/2017-06-13/the-fed-s-unspoken-mandate。

77. "Fed Doubted QE2 Impact, Worried over 'Currency War' Perception," *Reuters*, January 15, 2016.

78. G. Beck, transcript, Fox News, November 3, 2010; Irwin, *The Alchemists*, 409; and Blinder, *After the Music Stopped*, 248–256.

79. D. Morgan, "Palin Tells Bernanke to 'Cease and Desist,'" *Reuters*, November 8, 2010; and C. Asness et al., "Open Letter to Ben Bernanke," *Wall Street Journal*, November 15, 2010.

80. J. Wheatley and P. Garnham, "Brazil in 'Currency War' Alert," *Financial Times*, February 27, 2010.

81. Irwin, *The Alchemists*, 257.

82. "Interview with German Finance minister Schäuble, The US Has Lived on Borrowed Money for Too Long," *Spiegel Online*, November 8, 2010; and "Global Anger Swells at US Fed Actions," *Reuters*, November 5, 2010.

83. R. Atkins, "Germany Attacks US Economic Policy," *Financial Times*, November 7, 2010.

84. B. S. Bernanke, "Federal Reserve Policy in an International Context," *IMF Economic Review* 65, no. 1 (2017), 5–36.

85. "UPDATE 2-Geithner: Beijing Supportive of G20 Rebalancing Effort," *Reuters*, November 8, 2010.

86. Morgan, "Palin Tells Bernanke to 'Cease and Desist.'"

87. R. Neil, "Non-US Banks' Claims on the Federal Reserve," *BIS Quarterly Review*, March 2014; and C. Choulet, "QE and Bank Balance Sheets: The American Experience," BNP Paribas, *Conjoncture* 7 and 8 (July/August 2015), 3–19.

第16章　零国集团主导的世界

1. P. Krugman and R. Wells, "Where Do We Go from Here?" *New York Review of Books*, January 13, 2011; P. Krugman, "The Intimidated Fed," *New York Times*, April 28, 2011; and P. Krugman, "Against Learned Helplessness," *New York Times*, May 29, 2011.

2. P. Krugman, "The Mistake of 2010," *New York Times*, June 2, 2011.

3. "Playboy Interview: Paul Krugman," *Playboy*, February 15, 2012.

4. A. Etzioni, "No Marshall Plan for the Middle East," *Prism* 3, no. 1 (2011), 75–86.

5. T. Duncan, "The Federal Reserve Is Causing Turmoil Abroad," *Wall Street Journal*, February 23, 2011.

6. "Blood on Bernanke's Hands," *Mish's Global Economic Trend Analysis*, January 27, 2011, http://globaleconomicanalysis.blogspot.com/2011/01/blood-on-bernankes-hands-riots-in-egypt.html.

7. P. Krugman, "Droughts, Floods and Food," *New York Times*, February 6, 2011.

8. I. Bremmer and N. Roubini, "A G-Zero World: The New Economic Club Will Produce Conflict, Not Cooperation," *Foreign Affairs* 90 (2011), 2.

9. J. M. Magone, "Portugal Is Not Greece," *Perspectives on European Politics and Society* 15.3 (2014), 346–360.

10. S. Hessel, *Indignez-Vous!* (Paris: Indigène éditions, 2010).

11. E. Castañeda, "The Indignados of Spain: A Precedent to Occupy Wall Street," *Social Movement Studies* 11.3–4 (2012), 309–319.

12. "'We Are Not Goods on Politicians and Bankers' Hands'—A Letter from Spain," June 13, 2011, http://www.fondation-bourdieu.org/index.php?id=20&tx_ttnews%5Btt_news%5D=40&.

13. J. M. Antentas, "Spain: The Indignados Rebellion of 2011 in Perspective," *Labor History* 56.2 (2015), 136–160.

14. A. A. Ellinas, "The Rise of Golden Dawn: The New Face of the Far Right in Greece," *South European Society and Politics* 18, no. 4 (2013), 543–565.

15. N. Hughes, "'Young People Took to the Streets and All of a Sudden All of the Political Parties Got Old': The 15M Movement In Spain," *Social Movement Studies* 10, no. 4 (2011), 407–413 ; and M. Kaika and K. Lazaros, "The Spatialization of Democratic Politics: Insights from Indignant Squares," *European Urban and Regional Studies* 23, no. 4 (2016), 556–570.

16. E. Romanos, "Evictions, Petitions and Escraches: Contentious Housing in Austerity Spain," *Social Movement Studies* 13, no. 2 (2014), 296–302.

17. 借鉴阿根廷的抗议活动，旨在揭露军事政权的刽子手，S. Kaiser, "Escraches: Demonstrations, Communication and Political Memory in Post-Dictatorial Argentina," *Media, Culture & Society* 24, no. 4 (2002), 499–516。

18. W. Streeck, *Buying the Time: The Delayed Crisis of Democratic Capitalism* (London: Verso, 2014), 116.

19. M. Kaldor and S. Selchow, "The 'Bubbling Up' of Subterranean Politics in Europe," *Journal of Civil Society* 9, no. 1 (2013), 78–99.

20. 对齐普拉斯关于"人民"的措辞的敏锐分析，请参阅 J. B. Judis, *The Populist Explosion* (New York: Columbia Global Reports, 2016), Kindle location 1516–1517。关于极左翼的观点，请参阅 K. Ovenden, *Syriza: Inside the Labyrinth* (London: Pluto Press, 2015)。

21. C. Delclós, *Hope Is a Promise* (London: Zed Books, 2015).

22. D. Hancox, "Why Ernesto Laclau Is the Intellectual Figurehead for Syriza and Podemos," *Guardian*, February 9, 2015

23. P. Iglesias, *Politics in a Time of Crisis: Podemos and the Future of European Democracy* (London: Verso, 2015), 61.

24. Paul Krugman, "The Expansionary Austerity Zombie," *New York Times*, November 20, 2015.

25. C. Forelle and M. Walker, "Dithering at the Top Turned EU Crisis to Global Threat," *Wall Street Journal*, December 29, 2011.

26. Papaconstantinou, *Game Over*, Kindle locations 3083–3095.

27. Bastasin, *Saving Europe*, 223.

28. R. Atkins, "ECB Raises Rates for First Time Since 2008," *Financial Times*, April 7, 2011; and R. Atkins, "ECB Raises Interest Rates to 1.5%," *Financial Times*, July 7, 2011.

29. J. Stark, "ECB Must Favour No Nation," *Financial Times*, March 30, 2011.

30. Bastasin, Saving Europe, 268; Gabor, "Power of Collateral," 27; and D. M. Woodru, "Governing by Panic: The Politics of the Eurozone Crisis," *Politics & Society* 44.1 (2016), 81–116.

31. Bank of England, *Financial Stability Report* (December 2011).

32. P. Garheim, "Traders 'Short' Dollar as Currency Loses Attraction," *Financial Times*, March 7, 2011; and C. Comstock, "Check Out the Hedge Funds Profiting Off Big Europe Shorts," *Business Insider*, August 5, 2011.

33. 对该论点的清楚剖析，请参阅 Sandbu, *Europe's Orphan*, 118–122 ; Schelkle, Political Economy of Monetary Solidarity, 266–302。

34. 与该论点有关的全面和多语言的参考书目，请参阅辛恩教授的网站 http://www.hanswernersinn.de/en/controversies/TargetDebate。

35. W. Jacoby, "Germany and the Eurocrisis: The Timing of Politics and the Politics of Timing" (ACES Cases, no. 2014.3, 2014).

36. C. Forelle and M. Walker, "Dithering at the Top," *Wall Street Journal*, December 29, 2011.

37. C. Reiermann, "Greece Considers Exit from Euro Zone," *Spiegel Online*, May 6, 2011; and "Bailing Out the Bail-out," *Economist*, May 9, 2011.

38. C. Forelle, "Luxembourg Lies on Secret Meeting," *Wall Street Journal*, May 9, 2011; and V. Pop, "Eurogroup Chief: 'I'm for Secret, Dark Debates,'" April 21, 2011, https://euobserver.com/economic/32222.

39. Blustein, *Laid Low*, 201.

40. "No Country Is an Island: Ireland and the IMF," IMF (blog), July 14, 2011, https://blogs.imf.org/2011/07/14/no-country-is-an-island-ireland-and-the-imf/.

41. N. Véron, "The IMF's Role in the Euro Area Crisis: Financial Sector Aspects" (*IEO Background Paper* BP/16-02/10, IMF, 2016)

42. D. Strauss-Kahn, "Crisis Management Arrangements for a European Banking System" (speech, Brussels, March 19, 2010), https://www.imf.org/en/News/Articles/2015/09/28/04/53/sp031910.

43. P. J. Williams, "L'A aire DSK: Presumption of Innocence Lost," *Nation*, May 24, 2011.

44. P. Wilkinson, "Sarkozy Party Chief Denies DSK 'Plot Claim,'" *CNN*, November 28, 2011.

45. M. Naß, "USA wollen mehr deutsche Verlässlichkeit," *Die Zeit*, June 5, 2011.

46. IMF Country Report 11/175 (July 2011).

47. A. Faiola and H. Schneider, "Debt Crisis Threatens Italy, One of Euro Zone's Biggest Economies," *Washington Post*, July 12, 2011; and S. Castle, "Italian Debt Adds to Fears in Euro Zone," *New York Times*, July 10, 2011.

48. O. Helgadóttir, "The Bocconi Boys Go to Brussels: Italian Economic Ideas, Professional Networks and European Austerity," *Journal of European Public Policy* 23, no. 3 (2016), 392–409; and M. Blyth, *Austerity: The History of a Dangerous Idea* (Oxford: Oxford University Press, 2013), 170–171.

49. A. Friedman, *Berlusconi: The Epic Story of the Billionaire Who Took Over Italy* (New York: Hachette, 2015).

50. S. Braghiroli, "The Italian Local Elections of 2011: Four Ingredients for a Political Defeat," *Bulletin of Italian Politics* 3, no. 1 (2011), 137–157.

51. "Helmut Kohl rechnet mit Merkels Europapolitik ab," *Spiegel Online*, July 17, 2011.

52. T. Alloway, "Goldman Answers 10 Questions on Italy," *Financial Times*, July 18, 2011.

53. Bastasin, *Saving Europe*, 313.

54. ETF, "Market-Implied Default Probabilities and Credit Indexes," December 30, 2011, http://www.etf.com/publications/journalofindexes/joi-articles/10605-market-implied-default-probabilities-and-credit-indexes.html?nopaging=1.

55. L. Thomas Jr., "Pondering a Dire Day: Leaving the Euro," *New York Times*, December 12, 2011.

56. R. De Bock, "What Happens in Emerging Markets If Recent Bank and Portfolio In ows Reverse?" IMF, April 15, 2012.

57. J. Barthélémy, V. Bignon and B. Nguyen, "Illiquid Collateral and Bank Lending During the European Sovereign Debt Crisis," *Mimeo*, 2017.

58. Bastasin, *Saving Europe*, 293.

59. G. Wearden, "European Debt Crisis Meeting," *Guardian*, July 21, 2011.

60. Blustein, *Laid Low*, 227.

61. 经济分析证实这一吹嘘，削减幅度事实上是最小的，J. Zettelmeyer, C. Trebesch and M. Gulati, "The Greek Debt Restructuring: An Autopsy," *Economic Policy* 28, no. 75 (2013), 513–563.

62. 如需了解这段描述和后续描述，请参阅 "EU Leaders Must Now Persuade Investors That New Drive Can Work," July 22, 2011, http://business. nancialpost.com/news/economy/eu-leaders-must-now-persuade-investors-that-new-drive-can-work。

63. R. Milne and J. Wilson, "Deutsche Bank Hedges Italian Risk," *Financial Times*, July 26, 2011.

64. V. Damiani, "Italian Prosecutor Investigates Deutsche Bank over 2011 Bond Sale," *Reuters*, May 6, 2016.

65. T. E. Mann and N. J. Ornstein, It's Even Worse Than It Looks, 2nd ed. (New York: Basic Books, 2016).

66. US Treasury, "As US Reaches Debt Limit, Geithner Implements Additional Extraordinary

Measures," May 16, 2011, https://www.treasury.gov/connect/blog/Pages/Geithner-Implements-Additional-Extraordinary-Measures-to-Allow-Continued-Funding-of-Government-Obligations.aspx.

67. G. Sargent, "Nonstop Chatter About De cit Does Nothing to Reassure People About Economy," *Washington Post*, April 28, 2011.

68. P. Wallsten, L. Montgomery and S. Wilson, "Obama's Evolution: Behind the Failed 'Grand Bargain' on the Debt," *Washington Post*, March 17, 2012.

69. "Trillion Dollar Coin," https://en.wikipedia.org/wiki/Trillion_dollar_coin.

70. "Debt Limit Analysis," July 2011, http://cdn.bipartisanpolicy.org/wp-content/uploadssites/default/ les/DebtLimitAnalysis.pdf.

71. N. Krishnan, A. Martin and A. Sarkar, "Pick Your Poison: How Money Market Funds Reacted to Financial Stress in 2011," *Liberty Street Economics* (blog), 2013.

72. D. A. Austin and R. S. Miller, "Treasury Securities and the US Sovereign Credit Default Swap Market," *CRS Report for Congress*, no. 7-5700, 2011.

73. K. Drum, "Quote of the Day: Hostages and Ransom Demands," *Mother Jones*, August 3, 2011, http://www.motherjones.com/kevin-drum/2011/08/quote-day-hostage-and-ransom-notes.

74. *Washington Post* staff, "Origins of the Debt Showdown," *Washington Post*, August 6, 2011.

75. "US Credit Rating Downgraded," *Economist*, August 3, 2011.

76. "Research Update: United States of America Long-Term Rating Lowered to 'AA+,'" August 6, 2011, http://www.standardandpoors.com/en_AP/web/guest/article/-/view/sourceId/6802837.

77. US Treasury, "Just the Facts," August 6, 2011, https://www.treasury.gov/connect/blog/Pages/Just-the-Facts-SPs-2-Trillion-Mistake.aspx.

78. M. Walker, D. Paletta, and B. Blackstone, "Global Crisis of Con dence," *Wall Street Journal*, August 13, 2011.

79. "FBI Documents Reveal Secret Nationwide Occupy Monitoring," December 21, 2012, http://www.justiceonline.org/fbi_ les_ows.

80. "Media Coverage of Occupy vs. Tea Party," October 21, 2011, http://www.journalism.org/numbers/tale-two-protests/.

81. M. A. Gould-Wartofsky, *The Occupiers: The Making of the 99 Percent Movement* (Oxford: Oxford University Press, 2015).

82. E. Addly, "Occupy Movement: From Local Action to a Global Howl of Protest," *Guardian*, October 17, 2011.

83. J. Zeley and M. Thee-Brenan, "New Poll Finds a Deep Distrust of Government," *New York Times*, October 25, 2011; and "Americans' Approval of Congress Drops to Single Digits," *New York Times*, October 25, 2011.

第17章　厄运循环

1. "Pressestatements," September 1, 2011, https://www.bundesregierung.de/ContentAr chiv/ DE/Archiv17/Mitschrift/Pressekonferenzen/2011/09/2011-09-01-merkel-coelho.html.

2. V. A. Schmidt and M. Thatcher, "Why Are Neoliberal Ideas So Resilient in Europe's Political Economy?" *Critical Policy Studies* 8, no. 3 (2014): 340–347.

3. Q. Peel, "Germany and the Eurozone: Besieged in Berlin," *Financial Times*, September 26, 2011.

4. "Merkel im Bundestag: Die größte Belastungsprobe, die es je gab," *Die Zeit*, October 26, 2011.

5. 经典著作 F. Fukuyama, *The End of History and the Last Man* (New York: Free Press, 1992).

6. 正如 W. 施特雷克（W. Streeck）在 *Buying Time* 中极力主张的那样。

7. G. Dinmore and R. Atkins, "ECB Letter Shows Pressure on Berlusconi," *Financial Times*, September 29, 2011.

8. E. Lobina and R. Cavallo, "The Campaign Against Water Privatisation in Italy," 2011, https:// research.ncl.ac.uk/media/sites/researchwebsites/gobacit/Emanuele%20Lobina.pdf.

9. G. Angiulli, "The State of Emergency in Italy" (University of Trento, 2009) mimeo, http:// www.jus.unitn.it/cocoa/papers/PAPERS%204TH%20PDF%5CEmergency%20Italy%20 Angiulli.pdf.

10. G. Tremlett, "Spain Changes Constitution to Cap Budget De cit," *Guardian*, August 26, 2011.

11. 引述自 G. Hewitt, *The Lost Continent: The Inside Story of Europe's Darkest Hour Since World War Two* (London: Hodder & Stoughton, 2013), 184。

12. "Financial Markets in Early August 2011," ECB, *Monthly Bulletin*, September 2011.

13. Bastasin, *Saving Europe*, 306; and V. Constancio, "Contagion and the European Debt Crisis," *Financial Stability Review* 16 (2012), 109–121.

14. M. Schlieben and L. Caspari, "Merkels Mehrheit für einen Tag," *Die Zeit*, September 29, 2011.

15. J. Ewing and N. Kulish, "A Setback for the Euro Zone," *New York Times*, September 9, 2011.

16. S. Fidler, "EFSF Leverage: A Rundown," *Wall Street Journal*, September 27, 2011.

17. IMF, *Global Financial Stability Report* (Washington, DC: IMF, 2009).

18. C. Lagarde, "'Global Risks Are Rising, But There Is a Path to Recover,'" August 27, 2011, https://www.imf.org/en/News/Articles/2015/09/28/04/53/sp082711.

19. IIF, *The Cumulative Impact on the Global Economy of Changes in the Financial Regulatory Framework* (September 2011).

20. B. Masters and T. Braithwaite, "Tighter Rules on Capital: Bankers Versus Basel," *Financial Times*, October 2, 2011.

21. "Federal Reserve Aid to the Eurozone: Its Impact on the US and the Dollar," https:// archive.org/stream/gov.gpo.fdsys.CHRG-112hhrg75083/CHRG-112hhrg75083 _djvu.txt.

22. Bespoke Investment Group, "A Look at Bank and Broker Credit Default Swap Prices,"

seekingalpha.com, February 15, 2017

23. Geithner, *Stress Test*, 474.

24. M. Krupa and J. Riedl, "Ach, die Maria!" *Die Zeit*, June 21, 2012.

25. Geithner, *Stress Test*, 473.

26. "EFSF Leverage Explained," October 28, 2011, https://www.macrobusiness.com. au/2011/10/efsf-leverage-explained/.

27. J. Chaffin, A. Barker and K. Hope, "Geithner Warns EU of 'Catastrophic Risk,'" *Financial Times*, September 17, 2011.

28. S. Castle, L. Story, "Advice on Debt? Europe Suggests US Can Keep It," *New York Times*, September 16, 2011.

29. C. Giles, "Financial Institutions Stare into the Abyss," *Financial Times*, September 22, 2011.

30. L. Summers, "The World Must Insist That Europe Act," *Financial Times*, September 18, 2011.

31. H. Stewart, "Eurozone Ministers Under Pressure as Debt Crisis Dominates IMF Summit," *Financial Times*, September 24, 2011.

32. "IMF Survey: Lagarde Urges Collective Action to Restore Con dence," September 15, 2011, http://www.imf.org/external/pubs/ft/survey/so/2011/NEW091511A.htm.

33. N. Whitbeck, "Dexia—Rise and Fall of a Banking Giant," Les Etudes Du Club no. 100, 2013.

34. Acharya and Steffen, "The Banking Crisis as a Giant Carry Trade Gone Wrong."

35. M. Sparkes and A. Wilson, "Debt Crisis: As It Happened," *Telegraph*, October 5, 2011.

36. A. Lucchetti, "MF Global Told to Boost Capital," *Wall Street Journal*, October 17, 2011; and Cause of Action, "The Collapse of MF Global: Summary & Analysis," https://causeofaction.org/wp-content/uploads/2013/06/MF-Global-Summary-and-Analysis1.pdf.

37. "Regierungserklärung," October 26, 2011, https://www.bundesregierung.de/ContentArchiv/ DE/Archiv17/Regierungserklaerung/2011/2011-10-27-merkel-eu-gipfel.html.

38. Bastasin, *Saving Europe*, 332; the remarkable blow-by-blow blog "Debt Crisis as It Happened," *Telegraph*, October 26, 2011; and Papaconstantinou, *Game Over*, chapter 19.

39. R. Donadio and N. Kitsantoni, "Thousands in Greece Protest Austerity Bill," *New York Times*, October 19, 2011.

40. A. Visvizi, "The Crisis in Greece, Democracy, and the EU," December 10, 2012, https:// www.carnegiecouncil.org/publications/ethics_online/0076/:pf_printable.

41. 关于戛纳峰会的描述，请参阅 P. Spiegel, *How the Euro Was Saved* (London: Financial Times, 2014)。

42. "Lucas Papademos: A Man Who Tried to Rescue Greece," *BBC News*, May 25, 2017.

43. Blustein, *Laid Low*, 271–276.

44. P. Spiegel, "Draghi's ECB Management: The Leaked Geithner Files," *Financial Times*, November 11, 2014.

45. Geithner, *Stress Test*, 476.

46. 关于贝卢斯科尼自然结束总理任期，以及纳波利塔诺角色的合法性的描述，请参阅 A. Benvenuti, "Between Myth and Reality: The Euro Crisis and the Downfall of Silvio Berlusconi," *Journal of Modern Italian Studies* 22.4 (2017), 512–529。

47. M. Walker, C. Forelle and S. Meichtry, "Deepening Crisis over Euro Pits Leader Against Leader," *Wall Street Journal*, December 30, 2011; and "Kissinger: 'I Tell You What Napolitano Did in 2011 and 2014,'" November 26, 2015, http://www.ilgiornale.it/news/cronache/kissinger-vi-dico-cosa-ha-fatto-napolitano-2011-e-2014-1198786.html.

48. Friedman, *Berlusconi*, 207–237.

49. "Profile: Mario Monti," *BBC News*, February 18, 2013.

50. G. Pastorella, *Technocratic Governments: Power, Expertise and Crisis Politics in European Democracies* (Ph.D. thesis, London School of Economics and Political Science, 2016).

51. S. Foley, "What Price the New Democracy?" *Independent*, November 18, 2011.

52. 与汉斯·克鲁达尼（Hans Knundani）的访谈, September 2017。

53. P. Spiegel, "It Was the Point Where the Eurozone Could Have Exploded," *Financial Times*, May 11, 2014.

54. E. Kuehnen and A. Breidthardt, "ECB Should Stay Out of EFSF Leveraging: Buba Chief," *Reuters*, September 17, 2011.

55. *Spiegel*, "It Was the Point Where the Eurozone Could Have Exploded."

56. "Klare Umfragemehrheit für Rot-Grün," *Die Zeit*, December 16, 2011.

57. P. Spiegel, "If the Euro Falls, Europe Falls," *Financial Times*, May 15, 2014.

58. T. Durden, "Presenting Deutsche Bank's Pitchbook to the ECB to Go 'All In,'" *Zero Hedge* (blog), November 15, 2011.

59. *Spiegel* staff, "Germany's Central Bank Against the World," *Spiegel Online*, November 15, 2011.

60. "Germany Suffers 'Disaster' at Bond Auction," *Telegraph*, November 23, 2011.

61. R. Sikorski, "Poland and the Future of the European Union," November 28, 2011, http://www.mfa.gov.pl/resource/33ce6061-ec12-4da1-a145-01e2995c6302:JCR.

62. Bastasin, *Saving Europe* (2nd ed.), Kindle location 6847–7544.

63. C. Giles and G. Parker, "Osborne Urges Eurozone to 'Get a Grip,'" *Financial Times*, July 20, 2011; and A. Woodcock and D. Higgens, "Eurozone Crisis: David Cameron Calls for Action," *Independent*, December 2, 2011.

64. I. Traynor et al., "David Cameron Blocks EU Treaty with Veto, Casting Britain Adrift in Europe," *Guardian*, December 9, 2011.

65. Bastasin, *Saving Europe*, 342–351.

66. *Rapport Annuel de la Banque de France* (Paris, 2011), 37, 92.

67. J. Daley, "Eurozone Crisis: The US Has to Ride to the Rescue Once Again," *Telegraph*, December 3, 2011.

68. *Spiegel*, "If the Euro Falls, Europe Falls."

69. "FT Person of the Year: Mario Draghi," *Financial Times*, December 13, 2012; and A. Verdun,

"Political Leadership of the European Central Bank," *Journal of European Integration* 39, no. 2 (2017), 207–221.

70. L. Barber and R. Atkins, FT interview transcript: Mario Draghi, *Financial Times*, December 18, 2011.

71. ECB, "Introductory Statement by Mario Draghi," December 1, 2011, https://www.ecb. europa.eu/press/key/date/2011/html/sp111201.en.html.

72. B. Blackstone, M. Karnitschnig and R. Thomson, "Europe's Banker Talks Tough," *Wall Street Journal*, February 24, 2012; 德拉吉就失业问题发表的广泛意见，请参阅 M. Draghi, "Unemployment in the Euro Area," https://www.kansascity fed.org/publicat/ sympos/2014/2014Draghi.pdf。

73. 如需了解这段描述和后续描述，请参阅 Barber and Atkins, FT interview transcript: Mario Draghi。

74. Bastasin, *Saving Europe*, 343–345.

75. E. Kuehnen, "ECB Wall of Cash Averts Credit Crunch," *Reuters*, February 27, 2012, https://uk.reuters.com/article/us-ecb-m3/ecb-wall-of-cash-averts-credit-crunch-idUSTRE81Q0XP20120227.

76. J. Cotterill, "Keep On Carrying On LTROs," *Financial Times*, October 7, 2011; and "ECB Announces Details of Re nancing Operations from October 2011," http://www.ecb.europa. eu/press/pr/date/2011/html/pr111006_4.en.html.

77. R. Atkins and T. Alloway, "ECB Launches New Support for Banks," *Financial Times*, December 8, 2011.

78. Barber and Atkins, *FT* interview transcript: Mario Draghi.

79. P. Jenkins, M. Watkins, and R. Sanderson, "Draghi's Cash Tonic Makes Bank Smile," *Financial Times*, March 1, 2012.

80. J. Plender, "Beware Sovereign Stress If ECB Backdoor Bet Backfires," *Financial Times*, February 28, 2012.

81. G. Wiesmann, P. Spiegel and R. Wigglesworth, "S&P Downgrades France and Austria," *Financial Times*, January 14, 2012.

82. "Merkel: World Needs a Decade to Recover from the Crisis," November 7, 2011, https:// www.newsmax.com/t/ nance/article/417090.

第18章 不惜一切代价

1. K. Hughes and L. Rojas, "G20 Pushes for Extra Steps from Europe on Crisis," January 21, 2012, http://www.livemint.com/Politics/JVBm6ECtqt9oBlHCDcRZ2L/G20-pushes-for-extra-steps-from-Europe-on-crisis.html.

2. "IMF Note on Global Economic Prospects and Policy Changes," February 25, 2012, https:// www.imf.org/external/np/g20/022512.htm.

3. S. Böll et al., "European Politicians in Denial as Greece Unravels," *Spiegel Online*, January 30, 2012.

4. P. Spiegel, "Inside Europe's Plan Z," *Financial Times*, May 14, 2014.

5. B. McLannahan and K. Hille, "China and Japan Unite on IMF Resources," *Financial Times*, February 19, 2012.

6. S. Foxman, "European Firewall Capacity Raised to € 800 Billion," *Business Insider*, March 30, 2012, http://www.businessinsider.com/european- rewall-capacity-raised-to-800-billion-2012-3.

7. 对 2012 年初的希腊谈判的精彩剖析，请参阅 K. H. Roth, *Greece: What Is to Be Done?* (Winchester: Zero Books, 2013)。

8. G. Wiesmann and Q. Peel, "Berlin Split on Bail-out for Greece," *Financial Times*, February 16, 2012.

9. 以下内容是基于 J. Zettelmeyer, C. Trebesch and M. Gulati, "The Greek Debt Restructuring: An Autopsy," *Economic Policy* 28, no. 75 (2013), 513–563。

10. Y. Mouzakis, "Where Did All the Money Go?" *Macropolis*, January 5, 2015, http://www.macropolis.gr/?i=portal.en.the-agora.2080.

11. 关于下述内容，请参阅 J. Schumacher and B. Weder di Mauro, "Diagnosing Greek Debt Sustainability: Why Is It So Hard?" *Brookings Papers on Economic Activity* (2015)。

12. CADTM, "Evolution of the Greek Public Debt During 2010–2015," http://www.cadtm.org/Evolution-of-the-Greek-public-debt.

13. FRED, "Current Price Gross Domestic Product in Greece," https://fred.stlouisfed.org/series/GRCGDPNADSMEI.

14. Spiegel, "Inside Europe's Plan Z."

15. E. Dinas and L. Rori, "The 2012 Greek Parliamentary Elections: Fear and Loathing in the Polls," *West European Politics* 36, no. 1 (2013), 270–282.

16. P. Spiegel, "Greeks Urged to Run Poll as Vote on Euro," Financial Times, May 17, 2012.

17. B. Clift, "Le Changement? French Socialism, the 2012 Presidential Election and the Politics of Economic Credibility Amidst the Eurozone Crisis," *Parliamentary Affairs* 66, no. 1 (2013), 106–123; and N. Hewlett, "Voting in the Shadow of the Crisis: The French Presidential and Parliamentary Elections of 2012," *Modern & Contemporary France* 20, no. 4 (2012), 403–420.

18. F. Hollande, *Le Changement C'est Maintenant* (Paris: Libération, 2012).

19. S. Erlanger, "Socialists' Victory in France Buttresses Hollande's Power," *New York Times*, June 17, 2012.

20. C. Ban, "Austerity Versus Stimulus? Understanding Fiscal Policy Change at the International Monetary Fund Since the Great Recession," *Governance* 28, no. 2 (2015), 167–183.

21. D. Leigh and O. J. Blanchard, "Growth Forecast Errors and Fiscal Multipliers" (IMF Working Paper 13/1, Washington, DC, 2013).

22. C. Luther, "Mit Hollande wird es Merkel nicht leicht haben," *Die Zeit*, May 16, 2012.

23. S. Bajohr, "Die nordrhein-westfälische Landtagswahl vom 13. Mai 2012: Von der Minderheit zur Mehrheit," *Zeitschrift für Parlamentsfragen* (2012), 543–563.

24. "Landtag beschließt Neuwahlen in NRW," *Die Zeit*, March 14, 2012.

25. "Ein Sommer ohne Sonne," http://cicero.de/innenpolitik/ein-sommer-ohne-sonne/51299.

26. Economic Research St. Louis Fed, "Spain: Unemployment and the Crisis," https://research. stlouisfed.org/dashboard/770.

27. A. Cárdenas, "The Spanish Savings Bank Crisis: History, Causes and Responses" (*IN3 Working Paper Series*, 2013); Santos, "Antes del Diluvio" (2017) and above all the indispensable account in T. Santos, "El Diluvio: The Spanish Banking Crisis, 2008–2012," manuscript (2017), Columbia Business School, Columbia University.

28. F. Ortiz, "Newsmaker Rajoy Leans on Abrasive Economist in Spanish Crisis," CNBC, October 25, 2012, https://www.cnbc.com/id/100046357.

29. V. Mallet and M. Johnson, "The Bank That Broke Spain," *Financial Times*, June 21, 2012.

30. IMF, "Global Economic Prospects and Policy Changes," February 25–26, 2012, https:// www.imf.org/external/np/g20/pdf/022512.pdf.

31. R. Minder, N. Kulish and P. Geitner, "Spain to Accept Rescue from Europe for Its Ailing Banks," *New York Times*, June 9, 2012.

32. G. Tremlett, "Spain Issues Dramatic Messages of Impending Eurozone Doom," *Guardian*, June 14, 2012.

33. J. Pisani-Ferry, "Tim Geithner and Europe's Phone Number," *Bruegel*, February 4, 2013.

34. "G20 Summit: Leaders Alarmed over Eurozone Crisis," *BBC News*, June 19, 2012.

35. "Can This Man Save Europe?" *Time*, February 20, 2012.

36. N. Véron, "Tectonic Shifts," *Finance & Development* 51, no. 1 (March 2014).

37. Spiegel, "If the Euro Falls, Europe Falls."

38. Dinas and Rori, "The 2012 Greek Parliamentary Elections."

39. Michael Kaczmarek, "SPD-Troika: Fiskalpakt nicht antasten, aber ergänzen," May 15, 2012, http://www.euractiv.de/section/wahlen-und-macht/news/spd-troika- skalpakt-nicht-antasten-aber-erganzen/.

40. Bastasin, *Saving Europe*, Kindle location 8460.

41. D. G. Smith, "Merkel's Hard Line 'Could Kill the Euro,'" *Spiegel Online*, June 28, 2012.

42. J. A. Emmanouilidis, "The Prospects of Ambitious Muddling Through," July 2, 2012, http:// www.epc.eu/documents/uploads/pub_2765_post-summit_analysis_-_2_july_2012.pdf.

43. *Spiegel* staff, "German Dominance in Doubt After Summit Defeat," *Spiegel Online*, July 2, 2012.

44. C. Volkery, "Monti's Uprising," *Spiegel Online*, June 29, 2012.

45. "Spanish Bank Borrowings from ECB Continue Parabolic Rise," August 14, 2012, http:// www.zerohedge.com/news/spanish-bank-borrowings-ecb-continue-parabolic-rise.

46. S. P. Chan and R. Cooper, "Debt Crisis: As It Happened," *Telegraph*, July 24, 2012.

47. A. Monaghan, "Sir Mervyn King Admits Policymakers Made 'Major Mistakes' in Financial Crisis," *Telegraph*, July 27, 2012.

48. 德拉吉向一位朋友透露，他使用了更有趣的意大利表述方式。请参阅 Bastasin, *Saving*

Europe, Kindle location 8731。在德拉吉参加伦敦峰会前的几周，英语世界的评论人士也对于尔根·阿斯穆森提出的欧元计划表现出敌意和不理解。请参阅 J. Asmussen, "Building Trust in a World of Unknown Unknowns—Central Bank Communication Between Markets and Politics in the Crisis," 2012 年 7 月 6 日在布鲁塞尔举办的 2012 年欧洲通信峰会上的演讲。

49. ECB, "Verbatim of the Remarks Made by Mario Draghi," July 26, 2012, https://www.ecb.europa.eu/press/key/date/2012/html/sp120726.en.html.

50. 如需了解这段描述和后续描述，请参阅 P. Carrel, N. Barkin and A. Breidthardt, "Special Report: Inside Mario Draghi's Euro Rescue Plan," *Reuters*, September 25, 2012。

51. "No Time to Lose," *Spiegel Online*, July 30, 2012.

52. 'Schäuble Unmoved by Geithner's Pleas," *Deutsche Welle*, July 31, 2012; and G. Heller, "Geithner, Schaeuble Discuss Euro on Windy German Island," *Reuters*, July 30, 2012.

53. Geithner, *Stress Test*, 483.

54. "Draghi's ECB Management: The Leaked Geithner Files."

55. Geithner, *Stress Test*, 483.

56. P. Carrel, N. Barkin and A. Breidthardt, "Special Report: Inside Mario Draghi's Euro Rescue Plan," *Reuters*, September 25, 2012.

57. Gammelin and Löw, *Europas Strippenzieher*, 96–97.

58. Gammelin and Löw, *Europas* V. Pop, "China Urges Germany and France to Solve Euro-Crisis," August 30, 2012, https://euobserver.com/china/117376.

59. D. Lombardi, "The European Central Bank's Bond Buying Program," September 25, 2012, https://www.brookings.edu/opinions/the-european-central-banks-bond-buying-program-is-berlin-the-greatest-bene ciary/amp/.

60. Bastasin, *Saving Europe*, Kindle locations 8910–8912.

61. ECB, "Technical Features of Outright Monetary Transactions," September 6, 2012, https://www.ecb.europa.eu/press/pr/date/2012/html/pr120906_1.en.html.

62. FOMC press conference, September 13, 2012, https://www.federalreserve.gov/monetarypolicy/fomcpresconf20120913.htm.

63. Bernanke, *The Courage to Act*, 532.

64. A. Hall, "EU Summit: How Germany Reacted to Merkel's 'Defeat,'" *Telegraph*, June 30, 2012.

65. E. Helleiner, *The Status Quo Crisis: Global Financial Governance After the 2008 Meltdown* (Oxford: Oxford University Press, 2014).

66. D. W. Drezner, *The System Worked: How the World Stopped Another Great Depression* (Oxford: Oxford University Press, 2014).

67. 来自 T. J. 萨金特（T. J. Sargent）于 2011 年 11 月的诺贝尔奖演讲。T. J. Sargent, "Nobel Lecture: United States Then, Europe Now," *Journal of Political Economy* 120, no. 1 (2012), 1–40。另请参阅 H. James and H.-W. Sinn, "Mutualisation and Constitutionalisation," *Vox EU*, February 26, 2013。

68. "Obama: US 'The One Indispensable Nation in World Affairs,'" May 23, 2012, http://www.voanews.com/a/obama_tells_air_force_academy_us_is_one_indispensable _country_world_a airs/940158.html.

69. S. G. Brooks, G. J. Ikenberry and W. C. Wohlforth, "Don't Come Home, America: The Case Against Retrenchment," *Quarterly Journal: International Security* 37, no. 3 (Winter 2012–2013), 7–51; and S. M. Walt, "More or Less," http://foreignpolicy.com/2013/01/02 /more-or-less-the-debate-on-u-s-grand-strategy/.

70. B. Eichengreen, *Hall of Mirrors*.

71. https://www.facebook.com/notes/randy-fellmy/transcript-of-larry-summers-speech-at-the-imf-economic-forum-nov-8-2013/585630634864563/.

第19章　美国哥特式

1. https://www.youtube.com/watch?v=nY_T-JIDJ-c.

2. T. J. Sugrue, *the Origins of the Urban Crisis: Race and Inequality in Postwar Detroit*, 2nd ed. (Princeton, NJ: Princeton University Press, 2014).

3. L. Deng, E. Seymour, M. Dewar and J. Manning Thomas, "Saving Strong Neighborhoods from the Destruction of Mortgage Foreclosures: The Impact of Community-Based Efforts in Detroit, Michigan," *Housing Policy Debate* (2017), 1–27.

4. C. MacDonald and J. Kurth, "Foreclosures Fuel Detroit Blight, Cost City $500 Million: Risky Loans Contribute to Swaths of Empty Homes, Lost Tax Revenue," *Detroit News*, June 2015.

5. C. S. Chung, "Zombieland/The Detroit Bankruptcy: Why Debts Associated with Pensions, Benefits, and Municipal Securities Never Die and How They Are Killing Cities Like Detroit," *Fordham Urban Law Journal* 41 (2014): 771–848.

6. J. Zeitz, "Born to Run and the Decline of the American Dream," *Atlantic*, August 24, 2015.

7. S. Lemke, *Inequality, Poverty and Precarity in Contemporary American Culture* (New York: Palgrave, 2016).

8. 关于萨默斯的这段描述和后续描述，请参阅手稿，D. Vinik, "Larry Summers Gave an Amazing Speech on the Biggest Economic Problem of Our Time," *Business Insider*, November 17, 2013。

9. Reinhart and Rogoff, *This Time Is Different*.

10. P. Krugman, "The Big Fail," *New York Times*, January 6, 2013.

11. L. H. Summers, "US Economic Prospects: Secular Stagnation, Hysteresis, and the Zero Lower Bound," *Business Economics* 49, no. 2 (2014): 65–74.

12. 关于与萨默斯论点的广度的精彩描述，请参阅 B. DeLong, "Three, Four... Many Secular Stagnations," *Grasping Reality with Both Hands* (blog), January 7, 2017, http://www.bradford-delong.com/2017/01/three-four-many-secular-stagnations.html。

13. L. H. Summers, "The Inequality Puzzle: Piketty Book Review," *DEMOCRACY: A Journal of Ideas* 32 (Spring 2014).

14. E. Saez, "Striking It Richer: The Evolution of Top Incomes in the United States (Updated

with 2012 Preliminary Estimates)," UC Berkeley, September 3, 2013 http://eml.berkeley. edu//~saez/saez-UStopincomes-2012.pdf.

15. T. Piketty and E. Saez, "Income Inequality in the United States, 1913–1998," *Quarterly Journal of Economics* 118 (2003): 1–39.

16. Saez, "Striking It Richer."

17. 造成这种扭曲的原因是，2012 年，超级富豪利用布什时代的税收漏洞来申报自己的收入。到 2015 年，最富有的那 1% 的人群因经济复苏所带来的收入增长占国民收入的比例下降到了 52%。Gary Burtless, "Income Growth Has Been Negligible But (Surprise!) Inequality Has Narrowed Since 2007," *Brookings*, July 22, 2016。

18. *Politico* staff, "President Obama on Inequality (Transcript)," *Politico*, December 4, 2013.

19. G. Beauchamp and L. Nelson, "The Opioid Epidemic: A Brief History," June 2017, PainandPSA.org.

20. Centers for Disease Control and Prevention, "Vital Signs: Overdoses of Prescription Opioid Pain Relievers—United States, 1999–2008," *Morbidity and Mortality Weekly Report* 60 (2011): 1487–1492.

21. A. Case and A. Deaton, "Rising Morbidity and Mortality in Midlife Among White Non-Hispanic Americans in the 21st Century," *Proceedings of the National Academy of Sciences* 112, no. 49 (2015), 15078–15083.

22. 请参阅 R. Reich, *The Work of Nations: Preparing Ourselves for 21st Century Capitalism* (New York: Vintage, 2010)。

23. W. Kimball and R. Scott, "China Trade, Outsourcing and Jobs," Economic Policy Institute, briefing paper 385, December 11, 2014. 最近的估计数字显示，失业人数接近 200 万。请参阅 David H. Autor, David Dorn and Gordon H. Hanson, "The China Shock: Learning from Labor-Market Adjustment to Large Changes in Trade," *Annual Review of Economics* 8 (2016), 205–240。

24. D. Card and J. E. DiNardo, "Skill-Biased Technological Change and Rising Wage Inequality: Some Problems and Puzzles," *Journal of Labor Economics* 20.4 (2002), 733–783.

25. R. Shapiro, "The Politics of Widening Income Inequality in the United States, 1977 to 2014," CBPP, Georgetown University, October 2017.

26. G. Sargent, "'There's Been Class Warfare for the Last 20 Years, and My Class Has Won,'" *Washington Post*, September 30, 2011.

27. M. J. Lee, "Buffett: My Plan to Tax the Rich," *Politico*, November 15, 2011.

28. J. Hayward, "The Smith Project," *Breitbart*, February 3, 2016, http://www.breitbart.com/big-government/2016/02/03/the-smith-project-a-look-at-the-new-american-insurgency/.

29. M. Phelan, "Building the House of Breitbart," *Jacobin*, November 5, 2016.

30. "The Corruption in Academic Economics: INET's Interview with Charles Ferguson," StopForeclosureFraud.com, November 25, 2012.

31. P. Krugman, "Challenging the Oligarchy," *New York Review of Books*, December 17, 2015.

32. P. Krugman, "Why Inequality Matters," *New York Times*, December 15, 2013.

33. 节选自 R. B. Reich, *Saving Capitalism: For the Many, Not the Few* (New York: Vintage, 2015), 19.

34. "Bernanke, Trichet, Brown Join Pimco Advisory Board," *Reuters*, December 7, 2015.

35. C. Goodhart and D. Schoenmaker, "The United States Dominates Global Investment Banking: Does It Matter for Europe?" *Bruegel*, March 7, 2016.

36. A. Schechter, "Market Power and Inequality: How Big Should Antitrust's Role Be in Reducing Inequality?" *ProMarket*, July 14, 2016; and E. Porter, "With Competition in Tatters, the Rip of Inequality Widens," July 12, 2016. 小组讨论记录, A. Schechter, "Is There a Connection Between Market Concentration and the Rise in Inequality?," 5 May, 2017, https://promarket.org/connection-market-concentration-rise-inequality/。

37. "Too Much of a Good Thing," *Economist*, March 26, 2016.

38. J. Furman and P. Orszag, "A Firm-Level Perspective on the Role of Rents in the Rise of Inequality" (presentation at "A Just Society" Centennial Event in Honor of Joseph Stiglitz at Columbia University, October 16, 2015), http://gabriel-zucman.eu/ les/teaching/FurmanOrszag15.pdf.

39. H. M. Schwartz, "Wealth and Secular Stagnation: The Role of Industrial Organization and Intellectual Property Rights," *Russell Sage Foundation Journal* 2.6 (2016): 226–249.

40. J. Kollewe, "'Political Crap': Tim Cook Condemns Apple Tax Ruling," *Guardian*, September 1, 2016.

41. P. Thiel, "Competition Is for Losers," *Wall Street Journal*, September 12, 2014.

42. Piketty, *Capital in the Twenty-First Century* (Cambridge, MA: Harvard University Press, 2014).

43. R. Reich, "Income Inequality in the United States" (testimony before the Joint Economic Committee, US Congress, January 16, 2014).

44. E. McMurry, "Fox's Hasselbeck Knocks Obama's 'Class Warfare' Speech: 'He Is the System' He Criticizes," *MEDIAite*, December 5, 2013.

45. Mildner and Howald, "Jumping the Fiscal Cliff."

46. R. T. Meyers, "The Implosion of the Federal Budget Process: Triggers, Commissions, Cliffs, Sequesters, Debt Ceilings, and Shutdown," *Public Budgeting & Finance* 34.4 (2014), 1–23.

47. http://www. xthedebt.org/.

48. P. Orszag, "Too Much of a Good Thing," *New Republic*, September 14, 2011.

49. R. Kuttner, "Destroying the Economy and the Democrats," *American Prospect*, April 5, 2013.

50. "Public Goals, Private Interests in Debt Campaign," *New York Times*, January 9, 2013.

51. "Stacking the Deck: The Phony 'Fix the Debt' Campaign," *Nation*, February 20, 2013.

52. "To Understand the Budget Debate, You Need to Understand the Sequester: Here's a Quick Primer," *New Republic*, September 29, 2013; and Mildner and Howald, "Jumping the Fiscal Cliff."

53. N. Confessore, "Senate Passes First Budget in Four Years," *Washington Post*, March 23, 2013.

54. J. Bendery, "John Boehner on Debt Ceiling: Let's Pay China First, Then US Troops,"

Huffington Post, May 8, 2013.

55. J. Cohn, "Don't Blame the Tea Party for the Shutdown. Blame Boehner," *New Republic*, September 30, 2013.

56. S. M. Burwell, "Impacts and Costs of the Government Shutdown," White House archives, November 7, 2013.

57. R. Radosh, "Steve Bannon, Trump's Top Guy, Told Me He Was 'a Leninist,'" *Daily Beast*, August 22, 2016.

58. A. Crooke, "Steve Bannon's Apocalyptic 'Unravelling,'" *Consortium News*, March 9, 2017.

59. G. Steinhauser, "Europe Enjoys 'Shutdownfreude' over US Debt Troubles," *Wall Street Journal*, October 16, 2013.

60. M. Hujer and D. Sander, "US Fumbling Puts China at Risk," *Der Spiegel*, October 22, 2013.

61. D. Roberts, "China's State Press Calls for 'Building a de-Americanized World,'" *Bloomberg Businessweek*, October 14, 2013.

62. M. Park, "US Shutdown: How the World Reacted," *CNN*, October 1, 2013.

63. R. McGregor, "Congressional Impasse on IMF Shows the Tight Spot Obama Is In," *Financial Times*, January 27, 2014.

64. J. Mayer, *Dark Money* (New York: Doubleday, 2016).

65. N. Hemmer, "The Chamber of Commerce Is Fed Up with the Tea Party," *U.S. News & World Report*, December 31, 2013.

66. P. Hamby, "Company Men: The US Chamber Flexes Its New Political Muscle," *CNN*, July 22, 2014, http://cnn.it/1tMAhvT.

67. E. Eichelberger, "How the Tea Party Is Causing Big Business to Back Democrats," *Mother Jones*, September 15, 2014.

68. A. Altman, "The US Chamber of Commerce Is Saving the GOP Establishment at Ballot Box," *Time*, July 14, 2014.

第20章　缩减量化宽松引发的恐慌

1. "Federal Reserve Board Announces Reserve Bank Income and Expense Data and Transfers to the Treasury for 2015" (press release, Board of Governors of the Federal Reserve System, January 11, 2016).

2. 使用全球数据进行的细致的计量经济学分析，请参阅 M. Fratzscher, M. Lo Duca and R. Straub, "On the International Spillovers of US Quantitative Easing," *Economic Journal* (2016), doi:10.1111/ecoj.12435。

3. "A Marriage of Convenience Comes to an End," *Financial Times*, October 17, 2014.

4. 关于利率和汇率变动的相互作用的重要性，请参阅 B. S. Bernanke, "Federal Reserve Policy in an International Context," *IMF Economic Review* 65.1 (2017), 5–36。

5. R. N. McCauley, P. McGuire and V. Sushko, "Dollar Credit to Emerging Market Economies 1,"

BIS Quarterly Review (2015), 27.

6. "Zambia Raises $750 mln in Debut 10-Year Eurobond," *Reuters*, September 13, 2012.

7. R. Wigglesworth, "Zambia Makes Bond Market Return," *Financial Times*, April 7, 2014.

8. "The Dollar's Strength Is a Problem for the World," *Economist*, December 3, 2016.

9. K. Miyajima and I. Shim, "Asset Managers in Emerging Market Economies," *BIS Quarterly Review*, September 14, 2014.

10. IMF, "The Asset Management Industry and Financial Stability: Chapter 3," *Global Financial Stability Report: Navigating Monetary Policy Challenges and Managing Risks*, April 2015.

11. IMF, *Global Financial Stability Report*, April 2015.

12. "The Never-Ending Story," *Economist*, November 14, 2015.

13. 关于全球信贷周期，请参阅埃莱娜·雷伊（Hélène Rey）最初于 2013 年 8 月在杰克逊霍尔发表的非常有影响力的论文，"Dilemma Not Trilemma: The Global Financial Cycle and Monetary Policy Independence" (NBER Working Paper 21162, May 2015). 国际货币基金组织对资本管制观点的演变，请参阅国际货币基金组织的调查，"IMF Adopts Institutional View on Capital Flows," December 3, 2012, http://www.imf.org /en/News/ Articles/2015/09/28/04/53/sopol120312a。

14. "Just in Case: Capital Controls Are Back as Part of Many Countries' Financial Armoury," *Economist*, October 13, 2013.

15. C. Jones, R. Wigglesworth and J. Politi, "Fed Fights Back Against 'Feral Hogs,'" *Financial Times*, June 24, 2013.

16. P. da Costa and A. Bull, "Bernanke Says More Progress Needed Before Stimulus Pullback," *Reuters*, May 22, 2013.

17. "The Dollar's Strength Is a Problem for the World."

18. Miyajima and Shim, "Asset Managers in Emerging Market Economies."

19. K. Forbes, "Don't Rush to Blame the Fed," *New York Times*, February 5, 2014.

20. "Just in Case."

21. 对美联储政策进行的有力的回顾性辩护，参阅 B. S. Bernanke "Federal Reserve Policy in an International Context," *IMF Economic Review* 65.1 (2017), 5–36。

22. J. Frankel, C. Reinhart and B. Zoellick, "The Fed and Emerging Markets: Another Crash?" Belfer Center, Harvard Kennedy School, May 15, 2014.

23. B. Eichengreen and P. Gupta, "Tapering Talk: The Impact of Expectations of Reduced Federal Reserve Security Purchases on Emerging Markets," CEPR's Policy Portal, December 19, 2013.

24. "Raghu's Reality Check," *Economist*, September 20, 2013.

25. C. Tugal, *The Fall of the Turkish Model: How the Arab Uprisings Brought Down Islamic Liberalism* (New York: Verso, 2016), Kindle locations 3–5.

26. "Turkish Police Use Water Cannon to Disperse Remembrance Gathering," *Guardian*, June 22, 2013; and D. Dombey, "Erdogan Hits at Financiers in E ort to Quell Turkey Protests," *Financial Times*, June 10, 2013.

27．D. Dombey, "Erdogan Says Same Forces Behind Brazil and Turkey Protests," *Financial Times*, June 23, 2013.

28．M. Champion, "Is Erdogan's Turkey the Next Putin's Russia?" *Bloomberg*, June 5, 2013.

29．"Fed Officials Rebuff Coordination Calls as QE Taper Looms," *Livemint*, August 26, 2013.

30．R. Harding et al., "India's Raghuram Rajan Hits Out at Unco-ordinated Global Policy," *Financial Times*, January 30, 2014.

31．"Fed Officials Rebuff Coordination Calls as QE Taper Looms."

32．R. Harding, "Why Emerging Markets Are Unlikely to Sway the Fed," *Financial Times*, February 2, 2014.

33．"Federal Reserve Won't Consider Problems Abroad," *Boston Globe*, August 26, 2013.

34．P. da Costa, A. Bull, "Fed Surprises, Sticks to Stimulus as It Cuts Growth Outlook," *Reuters*, September 18, 2013.

35．A. Fontevecchia, "Bernanke Keeps the Printing Press at Full Speed as Taper Decision Likely to Fall on Yellen," *Forbes*, October 30, 2013.

36．K. Lansing and B. Pyle, "Persistent Overoptimism About Economic Growth," *Federal Reserve Bank of San Francisco Economic Letter,* February 2, 2015.

37．A. Kaletsky, "The Markets and Bernanke's 'Taper Tantrums,'" *Reuters*, September 19, 2013.

38．"BlackRock's Fink Says There Are 'Bubble-Like Markets' Again," October 29, 2013, http://www.pionline.com/article/20131029/ONLINE/131029857/blackrocks- nk-says-there-are-bubble-like-markets-again.

39．"BlackRock Admits the Fed Is Causing 'Tremendous Distortions,'" *ZeroHedge* (blog), August 19, 2013.

40．W. Gross, "Survival of the Fittest?" *Investment Outlook*, Pimco, October 2013.

41．Gross, "Survival of the Fittest?"

42．T. Alloway, "A Marriage of Convenience Comes to an End," *Financial Times*, October 17, 2014.

43．Ibid.

44．D. Ranasinghe, "Best Performing Currency in September? India's Rupee," *CNBC*, October 8, 2013.

45．"Federal Reserve and Other Central Banks Convert Temporary Bilateral Liquidity Swap Arrangements to Standing Arrangements," Board of Governors of the Federal Reserve System, October 31, 2013.

46．对其逻辑最深刻的探索，P. Mehrling, "Elasticity and Discipline in the Global Swap Network," *International Journal of Political Economy* 44.4 (2015), 311–324。

47．T. Nakamichi, "Japan to Double Indonesia, Philippines Swap Lines," *Wall Street Journal*, December 6, 2013.

48．"Fed Officials Rebuff Coordination Calls as QE Taper Looms," *Livemint*, August 26, 2013.

49．E. Macaskill and G. Dance, "The NSA Files," *Guardian*, November 1, 2013.

第21章 "这个破欧盟"：乌克兰危机

1. S. G. Brooks, G. J. Ikenberry and W. C. Wohlforth, "Don't Come Home, America: The Case Against Retrenchment," *International Security* 37, no. 3 (Winter 2012–2013), 7–51; and S. M. Walt, "More or Less: The Debate on US Grand Strategy," *Foreign Policy*, January 2, 2013.

2. M. Landler, *Alter Egos: Hillary Clinton, Barack Obama, and the Twilight Struggle over American Power* (New York: Random House, 2016); and K. Campbell, *The Pivot: The Future of American Statecraft in Asia* (New York: Twelve, 2016).

3. G. Resnick, "Inside the New Hillary Clinton Emails: All the Secretary's Yes Men," *Daily Beast*, September 1, 2015.

4. G. J. Ikenberry, "The Illusion of Geopolitics," *Foreign Affairs* (May/June 2014).

5. "Political Staple," *Economist*, December 2, 2013. 关于东亚战略竞争的背景，请参阅 G. Rachman, *Easternization: Asia's Rise and America's Decline* (New York: Other Press, 2016)。

6. J. Xi, "Gut für China, Europa und die Welt," *Frankfurter Allgemeine*, March 28, 2014.

7. S. Farrell, "City of London Boosted by China Currency Trading Move," *Guardian*, June 18, 2014.

8. N. Watt, P. Lewis and T. Branigan, "US Anger at Britain Joining Chinese-Led Investment Bank AIIB," *Guardian*, March 12, 2015.

9. G. Rachman, "China's Money Magnet Pulls in US Allies," *Financial Times*, March 16, 2015.

10. G. Dyer and G. Parker, "US Attacks UK's 'Constant Accommodation' with China," *Financial Times*, March 12, 2015.

11. Ibid.

12. G. Parker, A.-S. Chassany and G. Dyer, "Europeans Defy US to Join China-Led Development Bank," *Financial Times*, March 16, 2015.

13. A. Stent, *The Limits of Partnership: U.S.-Russian Relations in the Twenty-First Century* (Princeton, NJ: Princeton University Press, 2014).

14. A. Clark, "Dmitry Medvedev Picks Silicon Valley's Brains," *Guardian*, June 23, 2010.

15. T. Kaplan, "Russia Blocks Yogurt Bound for US Athletes," *New York Times*, February 5, 2014.

16. R. Korteweg, "Mogherini's Mission: Four Steps to Make EU Foreign Policy More Strategic," Centre for European Reform, January 19, 2015.

17. *Spiegel* staff, "How the EU Lost Russia over Ukraine: Four Thousand Deaths and an Eastern Ukraine Gripped by War," *Der Spiegel*, November 24, 2014.

18. A. Åslund, "Ukraine's Choice: European Association Agreement or Eurasian Union?" *Policy Brief* (2013), 13–26.

19. R. Sakwa, *Frontline Ukraine: Crisis in the Borderlands* (New York: I. B. Tauris, 2015), 76

20. Ibid.

21. R. Youngs, *Europe's Eastern Crisis: The Geopolitics of Asymmetry* (Cambridge: Cambridge University Press, 2017), 54.

22. "How the EU Lost Russia over Ukraine"；and "The Eu-Ukraine Association Agreement and Deep and Comprehensive Free Trade Area: What's It All About?" http://eeas.europa.eu/archives/delegations/ukraine/documents/virtual_library/vademecum _en.pdf.

23. Åslund, "Ukraine's Choice."

24. "'We Want to See the Euro Zone Flourish,'" *Der Spiegel*, May 16, 2012; and K. Gebert and U. Guerot, "Why Poland Is the New France for Germany," European Council on Foreign Relations, October 19, 2012.

. 25. K. Gebert, "Reinventing Europe: Poland and the Euro Crisis," European Council on Foreign Relations, February 7, 2012.

26. Kudrna and Gabor, "The Return of Political Risk."

27. S. Lambert, "The Orban Government and Public Debt," *The Orange Files: Notes on Illiberal Democracy in Hungary*, https://theorange les.hu/the-orban-government-and-public-debt/.

28. "Hungary's Orban Wants Deal with IMF, Cbank Cuts Rates," *Reuters*, April 26, 2010.

29. J. Johnson and A. Barnes, "Financial Nationalism and Its International Enablers: The Hungarian Experience," *Review of International Political Economy* 22 (2014): 535–569.

30. A. Deak, "The Putin-Orban Nuclear Deal: A Short Assessment," *Green Political Foundation*, January 27, 2014.

31. O. Sushko, "A Fork in the Road? Ukraine Between EU Association and the Eurasian Customs Union," *PONARS Eurasia*, September 2013.

32. "How the EU Lost Russia over Ukraine."

33. A. Wilson, *Ukraine Crisis: What It Means for the West* (New Haven, CT: Yale University Press, 2014).

34. B. Steil, "Taper Trouble," *Foreign Affairs* (July/August 2014).

35. Wilson, *Ukraine Crisis*, 16.

36. I. Traynor and O. Grytsenko, "Ukraine Aligns with Moscow as EU Summit Fails," *Guardian*, November 28, 2013.

37. E. Piper, "Special Report: Why Ukraine Spurned the Eu and Embraced Russia," *Reuters*, December 19, 2013.

38. "How the EU Lost Russia over Ukraine."

39. "Press Release: Statement by IMF Mission to Ukraine" (IMF press release no. 13/419, October 31, 2013), https://www.imf.org/en/News/Articles/2015/09/14/01/49/pr13419.

40. Wilson, *Ukraine Crisis*, 64–65.

41. Piper, "Special Report: Why Ukraine Spurned the Eu and Embraced Russia."

42. D. M. Herszenhorn, "Ukraine Blames IMF for Halt to Agreements with Europe," *New York Times*, November 22, 2013; and A. Evans-Pritchard, "Historic Defeat for EU asUkraine Returns to Kremlin Control," *Telegraph*, November 22, 2013.

43. "Merkel Still Open to Ukraine Cooperation," *Der Spiegel*, November 28, 2013.

44. "Poll: Ukrainian Public Split over EU, Customs Union Options," *Kyiv Post*, November 26, 2013.

45. "Ukraine Crisis: Transcript of Leaked Nuland-Pyatt Call," *BBC*, February 7, 2014.

46. A. Higgins and A. E. Kramer, "Ukraine Leader Was Defeated Even Before He Was Ousted," *New York Times*, January 3, 2015.

47. 计划最初是在 2008 年格鲁吉亚战争后制定的，Wilson, *Ukraine Crisis*, 108。

48. D. Chollet, *The Long Game: How Obama Defied Washington and Redefined America's Role in the World* (New York: Hachette, 2016).

49. K. Rogov, "What Will Be the Consequences of the Russian Currency Crisis?" European Council on Foreign Relations, December 23, 2014.

50. A. Evans-Pritchard, "US Hits Russia's Oil Kingpin Igor Sechin with First Energy Sanctions," *Telegraph*, April 28, 2014.

51. Wilson, *Ukraine Crisis*, 202.

52. M. Feldenkirchen, C. Hoffmann and R. P ster, "Will It Be America or Russia?" *Der Spiegel*, July 10, 2014.

53. 13-26, "Deutsche trauen den USA nicht mehr," July 18, 2014, https://www.tagesschau.de/inland/deutschlandtrend-116.html.

54. I. Traynor et al., "Ukraine Crisis: US-Europe Rifts Surfacing as Putin Tightens Crimea Grip," *Guardian*, March 4, 2014.

55. A. Yukhananov, "Ukraine Could Borrow More If IMF Reforms Passed—US," *Reuters*, March 4, 2014.

56. Y. Kwon, "The IMF, Ukraine, and the Asian Financial Crisis Hangover," *Diplomat*, March 17, 2014.

57. S. Schadler, "Ukraine: Stress at the IMF," CIGI policy brief no. 49, October 2014.

58. D. Tolksdorf, "The European Union to Ukraine's Rescue," *Politique Etrangere* 3 (2014): 109–119; and S. Erlanger and D. M. Herszenhorn, "IMF Prepares $18 Billion in Loans for Ukraine," *New York Times*, March 27, 2014.

59. A. Yukhananov, "IMF Approves $17 Billion Bailout for Ukraine amid Big Risks," *Reuters*, April 30, 2014.

60. "IMF Survey: Ukraine Unveils Reform Program with IMF Support," IMF, April 30, 2014.

61. P. Shishkin, "US Sanctions over Ukraine Hit Two Russian Banks Hardest," *Wall Street Journal*, March 5, 2015.

62. OSW Report, "The Economic and Financial Crisis in Russia—Background, Symptoms and Prospects for the Future," Centre for Eastern Studies, June 2, 2015.

63. N. Buckley and M. Arnold, "Herman Gref, Sberbank's Modernising Sanctions Survivor," *Financial Times*, January 31, 2016.

64. K. Rogov, "Can Putinomics Survive?" ECFR policy memo, June 5, 2015.

65. Dmitry Zhdannikov and Alex Lawler, "Saudi Oil Policy Uncertainty Unleashes the Conspiracy Theorists," November 18, 2014, https://www.reuters.com/article/opec/ refile-saudi-oil-policy-uncertainty-unleashes-the-conspiracy-theorists-idUSL6N0T73VG20141118.

66. M. Mazzetti, E. Schmitt and D. D. Kirkpatrick, "Saudi Oil Is Seen as Lever to Pry Russian

Support from Syria's Assad," *New York Times*, February 3, 2015.

67. Rogov, "Can Putinomics Survive?"

68. Courtney Weaver and Jack Farchy, "Russian Economy: An Asset to the State," *Financial Times*, June 15, 2015.

69. A. Mercouris, "Sberbank CEO Confirms Russia Came Under Financial Attack in December—Was US Involved?" *Russia Insider*, May 29, 2015.

70. Buckley and Arnold, "Herman Gref, Sberbank's Modernising Sanctions Survivor."

71. OSW Report, "The Economic and Financial Crisis in Russia—Background, Symptoms and Prospects for the Future."

72. A. E. Kramer, "S&P Cuts Russian Debt One Notch to Junk Level," *New York Times*, January 26, 2015.

73. Rogov, "Can Putinomics Survive?"

74. 2008 年至 2014 年国内 "战争联盟" 期间的延续情况，请参阅 K. Gaaze, "The Accidental Formation of Russia's War Coalition," Carnegie Moscow Center, June 22, 2017, http://carnegie.ru/commentary/71340。

75. M. Birnbaum, "Putin's Approval Ratings Hit 89 Percent, the Highest They've Ever Been," *Washington Post*, June 24, 2015.

76. A. Stepanyan, A. Roitman, G. Minasyan, D. Ostojic and N. Epstein, "The Spillover Effects of Russia's Economic Slowdown on Neighboring Countries," IMF, 2015.

77. M. Dabrowski, "Currency Crises in Post-Soviet Economies—A Never Ending Story?" *Russian Journal of Economics* 2 (2016), 302–326; and M. Dabrowski, "It's Not Just Russia: Currency Crises in the Commonwealth of Independent States," *Bruegel*, February 2015.

78. "Contagion," *Economist*, January 15, 2015.

79. D. Trilling, "Remittances to Central Asia Fall Sharply, as Expected," *Eurasia Net*, April 21, 2015.

80. S. Schadler, "Ukraine and the IMF's Evolving Debt Crisis Narrative," CIGI policy brief no. 68, November 2015.

81. R. Olearchyk, "War-Torn Ukraine's Currency Collapses," *Financial Times*, February 5, 2015; and L. Kinstler, "Ukraine Is Heading for a Total Economic Collapse," *Quartz*, February 12, 2015.

82. "Tinkering Around the Edges," *Economist*, August 29, 2015.

83. A. Gabuev, "A 'Soft Alliance'? Russia-China Relations After the Ukraine Crisis," ECFR policy brief, 2015.

84. I. Koch-Weser and C. Murray, "The China-Russia Gas Deal: Background and Implications for the Broader Relationship," US-China Economic and Security Review Commission Staff Research Backgrounder, June 9, 2014.

85. "America's Seven-Decade History as Asia's Indispensable Power," *Economist*, April 20, 2017.

86. M. Sie, "Why Is the US Failing to Honor Russia's Victory Day Anniversary?," *Nation*, May 7, 2015.

第22章 这是一场政变

1. "Russia's Friends in Black," *Economist*, April 19, 2014; and B.-H. Lévy and G. Soros, "Save the New Ukraine," *New York Times*, January 27, 2015.

2. N. Véron, "Tectonic Shifts," IMF, *Finance & Development*, March 2014; and A. Posen and N. Véron, "Europe's Half a Banking Union," Bruegel, *Europe's World* 15, September 2014.

3. H. Thompson, "The Crisis of the Euro: The Problem of German Power Revisited," SPERI paper 8 (2013).

4. "The Merkel Plan," *Economist*, June 15, 2013.

5. "Germany's Current Account and Global Adjustment," *General Theorist*, July 6, 2017.

6. U. Jun, "Der elektorale Verlierer der Regierung Merkel II: Gründe für den Absturz der FDP," *Politik im Schatten der Krise* (Wiesbaden: Springer Fachmedien, 2015), 113–135.

7. D. Bebnowski, *Die Alternative für Deutschland: Aufstieg und gesellschaftliche Repräsentanz einer rechten populistischen Partei* (Wiesbaden: Springer Fachmedien, 2015).

8. "Schäuble: Die Schwarze Null ist kein Selbstzweck," *FAZ*, September 9, 2014.

9. "Europe's Deflation Risk," OECD Observer, October 2014.

10. T. Winkelmann, "Infrastrukturpolitik im Zeitalter von Austerität," *Austerität als gesellschaftliches Projekt*, R. Sturm, T. Griebel and T. Winkelmann (eds.) (Wiesbaden: Springer Fachmedien, 2017), 155–179.

11. N. Kwasniewski, "ECB Rate Drop Shows Draghi's Resolve," *Der Spiegel*, November 8, 2013; and A. Evans-Pritchard, "Dam Breaks in Europe as De ation Fears Wash Over ECB Rhetoric," *Telegraph*, October 10, 2014.

12. "Public Opinion in the European Union," European Commission, December 2014.

13. "Européennes 2014: Comprendre le Vote Des Français," *Ipsos*, May 25, 2014.

14. J. Pavia, A. Bodoque and J. Martin, "The Birth of a New Party: Podemos, a Hurricane in the Spanish Crisis of Trust," *Open Journal of Social Sciences* 4 (2016): 67–86.

15. A. Higgins, "Populists' Rise in Europe Vote Shakes Leaders," *New York Times*, May 26, 2014; C. Mudde, "Jean-Claude Juncker and the Populist Zeitgeist in European Politics," *Washington Post*, December 30, 2014; and T. Barber, "European Democracy Must Keep Rightwing Populism at Bay," *Financial Times*, September 16, 2014.

16. F. Wesslau, "Putin's Friends in Europe," European Council on Foreign Relations, October 19, 2016.

17. J. Goldberg, "Is It Time for the Jews to Leave Europe?" *Atlantic*, April 2015.

18. Eurostat, "At-Risk-of Poverty Rate Anchored at a Fixed Moment in Time (2008), 2014 and 2015," http://ec.europa.eu/eurostat/statistics-explained/index.php/File:At-risk-of_poverty_rate_anchored_at_a_xed_moment_in_time_(2008),_2014_and_2015_(% 25).png.

19. "Society at a Glance 2014 Highlights: Greece The Crisis and Its Aftermath," OECD, March 2014.

20. H. Smith, "Young, Gifted and Greek: Generation G—the World's Biggest Brain Drain,"

Guardian, January 19, 2015.

21. V. Petsinis, "Syriza and ANEL: A Match Made in Greece," *OpenDemocracy*, January 25, 2017.

22. Y. Varoufakis, *Adults in the Room: My Battle with Europe's Deep Establishment* (New York: Vintage, 2017).

23. S. Kornelius, "Six Things You Didn't Know About Angela Merkel," *Guardian*, September 10, 2013.

24. "The Plan for Italy," *Economist*, November 13, 2014.

25. "Yiannis Stournaras: A Brief Bio of the New Finance Chief," *Ekathimerini*, June 26, 2012.

26. P. Mason, "The Inside Story of Syriza's Struggle to Save Greece," *Nation*, December 18, 2015; and Tyler Durden, "Greece Suffers Biggest Bank Run in History: January Deposits Plunge to 2005 Levels," *ZeroHedge* (blog), February 26, 2015.

27. S. Nixon, "ECB's Draghi Takes a Gamble on QE-lite," *Wall Street Journal*, September 7, 2014.

28. "Opinion of Advocate General Cruz Cillalon," January 14, 2015, http://curia.europa.eu/juris/document/document.jsf;jsessionid=9ea7d0f130ded7290bd15b9341dcab77800765633 6d9.e34KaxiLc3eQc40LaxqMbN4ObhiRe0?text=&docid=161370&pageIndex=0&doclang= en&mode=req&dir=&occ=first&part=1&cid=205645.

29. "ECB Announces Expanded Asset Purchase Programme," European Central Bank, January 22, 2015.

30. 2012 年，这一想法已经在该计划的基本框架中得到了阐明。Y. Varoufakis, "An Emergency Program for Greece," *Yanis Varoufakis: Thoughts for the Post-2008 World* (blog), November 5, 2012, https://www.yanisvaroufakis.eu/2012/11/05/an-emergency-program-for-greece/。

31. A. Higgins, "Greece Steps Back into Line with European Union Policy on Russia Sanctions," *New York Times*, January 29, 2015.

32. Varoufakis, *Adults*, 237.

33. A. Evans-Pritchard, "Europe's Manhandling of Greece Is a Strategic Gift to Russia's Vladimir Putin," *Telegraph*, April 8, 2015.

34. Varoufakis, *Adults*, 274.

35. Ibid., 185–187.

36. Blustein, *Laid Low*, 384.

37. 国际货币基金组织特别关注希腊的药房。IMF Country Report 14/151 (June 2014)。

38. M. Walker and G. Steinhauser, "Germany's Merkel Intervenes in Greek Rift with Creditors," *Wall Street Journal*, March 19, 2015.

39. "Barack Obama Signals Support for Greece's Call to Loosen Austerity Programme," *Telegraph*, February 2, 2015.

40. C. Giles et al., "IMF Knocks Greek Debt Rescheduling Hopes," *Financial Times*, April 16, 2015.

41. S. Nixon, "Can US Bring an End to Greek Drama?" *Wall Street Journal*, May 31, 2015; and I.

Talley and G. Steinhauser, "IMF Official Sees Greek Bailout Needing Several More Weeks of Talks," *Wall Street Journal*, April 17, 2015.

42. ThePressProject, "Clinton Emails Give Away Schäuble Plans in 2012—Exclusive Commentary by Varoufakis," https://www.thepressproject.gr/article/91399/Clinton-Emails-Give-Away-Schauble-Plans-in-2012—-Exclusive-Commentary-by-Varoufakis.

43. S. Meunier, "A Tale of Two Ports: The Epic Story of Chinese Direct Investment in the Greek Port of Piraeus," Council for European Studies, December 14, 2015.

44. Varoufakis, *Adults*, 321.

45. S. Jones, K. Hope and C. Weaver, "Alarm Bells Ring over Syriza's Russian Links," *Financial Times*, January 28, 2015.

46. Varoufakis, *Adults*, 348.

47. M. Gilbert, "Bond Markets Bet on Grexit," *Bloomberg*, March 20, 2015, http://www.greekcrisis.net/2015/03/bond-markets-bet-on-grexit.html.

48. J. Cox, "Greek Government Bonds Plunge," *Wall Street Journal*, April 16, 2015; and C. Giles, S. Fleming and P. Spiegel, "Christine Lagarde Dashes Greek Hopes on Loan Respite," *Financial Times*, April 16, 2015.

49. S. Fleming and C. Giles, "Draghi Says Eurozone Has Tools to Deal with Greece Crisis," *Financial Times*, April 18, 2015.

50. P. Spiegel and K. Hope, "Frustrated Officials Want Greek Premier to Ditch Syriza Far Left," *Financial Times*, April 5, 2015.

51. Ibid.

52. "One Economist Just Delivered a Scathing Indictment of the New Greek Government," *Bloomberg*, April 1, 2015, http://www.greekcrisis.net/2015/04/one-economist-just-delivered-scathing.html.

53. T. Barber, "Don't Bank on Tsipras Dumping Syriza's Leftwing Diehards," *Financial Times*, April 14, 2015.

54. S. Wagstyl, P. Spiegel and C. Jones, "Greek Bailout Monitors Hold Emergency Summit," *Financial Times*, June 1, 2015.

55. M. Walker, "Greece's Creditors Draft Final Offer for Bailout Aid in Bid to Break Stalemate," *Wall Street Journal*, June 2, 2015.

56. Y. Palaiologos, "Running Out of Options on a Deal with Greece," *Wall Street Journal*, June 4, 2015.

57. W. Munchau, "Greece Has Nothing to Lose by Saying No to Creditors," *Financial Times*, June 14, 2015.

58. P. Spiegel and K. Hope, "Greece Central Ban Warns of 'Painful' EU Exit If No Deal Reached," *Financial Times*, June 17, 2015.

59. P. Mason, "The Inside Story of Syriza's Struggle to Save Greece," *Nation*, December 18, 2015.

60. K. Hope, "Knives Out for Tsipras as Syriza Hardliners Threaten Mutiny," *Financial Times*,

June 23, 2015.

61. "Sorry, No Extensions," *Economist*, April 16, 2015; and G. Steinhauser and M. Dalton, "Germany Signals It's Open to a Greek Referendum on Bailout Program," *Wall Street Journal*, May 11, 2015.

62. P. Spiegel, S. Wagstyl and H. Foy, "Tsipras Announces Referendum on Creditors' Bailout Demands," *Financial Times*, June 27, 2015.

63. 如需了解更多，请参阅 P. Mason, "Greece Referendum: Did The Euro Just Die at 4pm?" *Channel4*, June 28, 2015.

64. R. Christie, C. Ruhe and J. Stearns, "Euro Area Pushes Greece to Open Books as Talks Resume," *Bloomberg*, March 9, 2015。

65. M. Gilbert, "Greece's True Deadline May Be May 29," *Bloomberg*, May 19, 2015.

66. J. Black, K. S. Navarra and N. Chrysoloras, "ECB Said to Reject Supervisory Move on Greek Banks," *Bloomberg*, March 19, 2015.

67. Blustein, *Laid Low*, 429.

68. O. Blanchard, "Greece: A Credible Deal Will Require Difficult Decisions by All Sides," *IMFBlog*, June 14, 2015.

69. 如需了解更多，请参阅 P. Mason, "Greece Crisis: A Failure of Economics in the Face of Politics," *Channel4*, July 3, 2015, https://www.channel4.com/news/by/paul-mason/blogs/greece-crisis-failure-economics-face-politics。

70. P. Taylor, "Exclusive: Europeans Tried to Block IMF Debt Report on Greece: Sources," *Reuters*, July 3, 2015.

71. H. Mahoney, "The EU Parliament's Big, Fat Greek Moment," *EUObserver*, July 10, 2015; and "Greece: MEPs Debate the Country's Situation with Prime Minister Tsipras," *Europarl*, July 8, 2015.

72. "Schäuble's Push for Grexit Puts Merkel on Defensive," *Der Spiegel*, July 17, 2015.

73. G. Davet and F. Lhomme, *Un président ne devrait pas dire* ça (Paris: Stock, 2016).

74. A.-S. Chassany, A. Barker and D. Robinson, "Greece Talks: 'Sorry, But There Is No Way You Are Leaving This Room,'" *Financial Times*, July 13, 2015.

75. "Europe's Religious War Failure and Its Consequences," *Economist*, August 26, 2015.

76. Chassany, Barker and Robinson, "Greece Talks."

77. A. Kassam, "#ThisIsACoup: How a Hashtag Born in Barcelona Spread Across the Globe," *Guardian*, July 13, 2015; and W. Ahmed, "Amplified Messages: How Hashtag Activism and Twitter Diplomacy Converged at #ThisIsACoup—and Won," *Democratic Audit UK*, January 14, 2016.

78. K. Hope and T. Barber, "Syriza's Covert Plot During Crisis Talks to Return to Drachma," *Financial Times*, July 24, 2015.

79. P. Spiegel, "Donald Tusk Interview: The Annotated Transcript," *Financial Times*, July 16, 2015.

80. P. Oltermann, "Merkel 'Gambling Away' Germany's Reputation over Greece, says

Haberman," *Guardian*, July 16, 2015.

81. S. Wagstyl and C. Jones, "Germany Blames Mario Draghi for Rise of Rightwing AfD Party," *Financial Times*, April 10, 2016.

82. M. Matthijs and M. Blyth, "When Is It Rational to Learn the Wrong Lessons? Technocratic Authority, Social Learning, and Euro Fragility," *Perspectives on Politics* (2017), 1–17.

83. L. Orriols and G. Cordero, "The Breakdown of the Spanish Two-Party System: The Upsurge of Podemos and Ciudadanos in the 2015 General Election," *South European Society and Politics* 4 (2016), 469–492.

84. D. Finn, "Luso-Anomalies," and C. Martins, "The Portuguese Experiment," 都出自 *New Left Review* 106 (July-August 2017)。

85. A. Evans-Pritchard, "Eurozone Crosses Rubicon as Portugal's Anti-Euro Left Banned from Power," *Telegraph*, October 23, 2015.

86. "DBRS Confirms Portugal's BBB (Low) Rating, Stable Trend," *Reuters*, November 13, 2015.

87. "Eurozone Crosses Rubicon."

88. J. Henley, "Portugal Faces Political Crisis as Leftists Vow to Topple New Government," *Guardian*, October 26, 2015.

89. A. Khalip and A. Bugge, "Socialist Costa to head Portuguese Government with Uneasy Far-Left Backing," *Reuters*, November 24, 2015.

90. Katharine Dommett, "The Theory and Practice of Party Modernisation: The Conservative Party Under David Cameron, 2005–2015," *British Politics* 10.2 (2015), 249–266.

91. M. A. Orenstein, "Paranoid in Poland," *Foreign Affairs* (September 2017).

第23章　恐惧计划

1. G. Morgan, "Supporting the City: Economic Patriotism in Financial Markets," *Journal of European Public Policy* 19, no. 3 (2012), 373–387.

2. C. Berry and C. Hay, "The Great British 'Rebalancing' Act: The Construction and Implementation of an Economic Imperative for Exceptional Times," *British Journal of Politics and International Relations* 18, no. 1 (2016), 3–25.

3. https://www.youtube.com/watch?v=jS4ytmMDQME.

4. H. Jones, "London Stung by US Attack on Bank Regulation Record," *Reuters*, June 20, 2012.

5. "Deutsche Bank Capital Concerns in US Far from Over, According to UNITE HERE Report," *Business Wire*, September 5, 2012, https://www.businesswire.com/news/home/20120905005476/en/Deutsche-Bank-capital-concerns-UNITE-Report; T. Braithwaite and S. Nasiripour, "Deutsche Bank Avoids US Capital Rules," *Financial Times*, March 21, 2012; and "Balkanised Banking: The Great Unravelling," *Economist* 20, no. 4 (2013).

6. J. Gapper, "Europe Needs Deutsche Bank as Its Champion," *Financial Times*, April 22, 2015.

7. R. Florida, "According to at Least One Index, New York Has Overtaken London as the World's Leading Financial Center," *City Lab*, March 20, 2014.

8. J. Green, "The offshore city, Chinese finance and British capitalism," *The British Journal of Finance and International Relations*, October 2017.

9. G. Osborne, "Britain Issues Western World's First Sovereign RMB Bond, Largest Ever RMB Bond by Non-Chinese Issuer," HM Treasury, Gov.UK, October 14, 2014.

10. N. Watt and R. Mason, "David Cameron Calls for New EU-China Free Trade Agreement," *Guardian*, December 2, 2013.

11. "Why We Need to Question the Influence of the City on UK Plc," *The Conversation*, April 20, 2015.

12. G. Archer, "Local Elections: The Capital Fails to See the Heartache and Pain Beyond," *Telegraph*, May 23, 2014.

13. S. Hinde, "Brexit and the Media," *Hermès, La Revue* 77 (2017): 80–86.

14. P. Whyte, "Britain, Europe and the City of London: Can the Triangle Be Managed?" Centre for European Reform, July 2012.

15. H. Clarke, M. Goodwin and P. Whiteley, *Brexit: Why Britain Voted to Leave the European Union* (Cambridge: Cambridge University Press, 2017), 61–85.

16. H. Thompson, "Competing Political Logics: The Political Intractability of London and the EU" (ND), 取自 http://speri.dept.shef.ac.uk/wp-content/uploads/2016/04 / Thompson_DraftPaper_Workshop.pdf ; 关于重要的内部视角，另请参阅 I. Rogers, "The Inside Story of How David Cameron Drove Britain to Brexit," *Prospect* 25, November 2017。

17. H. Thompson, "How the City of London Lost at Brexit: A Historical Perspective," *Economy and Society* 46, no. 2 (2017): 211–228.

18. 《明镜》(*Spiegel*) 的反应，请参阅 "The Failure of a Forced Marriage," *Der Spiegel*, December 10, 2011。

19. A. Gamble, "Better Off Out? Britain and Europe," *Political Quarterly* 83, no. 3 (2012): 468–477.

20. N. Copsey and T. Haughton, "Farewell Britannia? 'Issue Capture' and the Politics of David Cameron's 2013 EU Referendum Pledge," *Journal of Common Market Studies* 52 (2014), 74–89.

21. "Could the Netherlands Provide the Beginnings of a Coalition for EU Reform?" *Open Europe* 11 (January 2013); R. Korteweg, "Will the Dutch Help Cameron to Reform the EU?" *CER Bulletin* 91 (August/September 2013); and R. Korteweg, "Why Cameron's Timing on EU Reform Is Off," CER, March 26, 2014.

22. J. Springford and S. Tilford, "Why the Push to Install Juncker Is So Damaging," CER, June 23, 2014.

23. A. Möller, "The British-German Misunderstanding," ECFR, November 4, 2015.

24. C. Grant, "A Five-Point Plan for Cameron to Win an EU Referendum," CER, May 8, 2015.

25. T. McTague, A. Spence and E.-I. Dovere, "How David Cameron Blew It," *Politico*, June 25, 2016.

26. G. Van Orden, "Britain's Departure from 'Ever Closer Union' Is of Great Significance," http://blogs.lse.ac.uk/brexit/2016/04/28/britians-departure-from-ever-closer-union-is-of-

great-signi cance/.

27. J. Springford and S. Tilford, "The Great British Trade-off: The Impact of Leaving the EU on the UK's Trade and Investment," CER, January 2014.

28. A. Spence, "David Cameron Unleashes 'Project Fear'," *Politico*, February 26, 2016.

29. N. Vinocur, "Jim Messina to Advise David Cameron's EU Referendum Campaign," *Politico*, February 24, 2016.

30. S. Swinford and B. Riley-Smith, "Military Leaders to Warn Against a Brexit," *Telegraph*, February 21, 2016.

31. V. Chadwick, "David Cameron to Nigel Farage: No 'Neverendums'," *Politico*, May 17, 2016.

32. L. Fedor, "EU Referendum: City of London Corporation Signs Off on Campaigning for the UK to Remain in the EU," *City A.M.*, March 3, 2016.

33. F. Guerrera and T. McTague, "City May Be Gagged in Brexit Vote," *Politico*, April 17, 2016.

34. "Breathe Easy Brussels, UK Will Stay in EU," *Politico*, May 4, 2016.

35. A. Mody, "EU Referendum: Why the Economic Consensus on Brexit Is Flawed," *Independent*, May 31, 2016; and K. Allen and A. Asthana, "IMF Says Brexit Would Cause 'Global Damage'," *Politico*, April 12, 2016

36. A. Asthana, "Brexit Would Pose 'Serious Risk' to Global Growth, Say G7 Leaders," *Guardian*, March 27, 2016.

37. T. McTague, "11 Things You Need to Know About George Osborne's Brexit Warning," *Politico*, April 18, 2016; and T. McTague, "George Osborne: Brexit Would Leave UK 'Permanently Poorer'," *Politico*, April 18, 2016.

38. "Remain Campaign 'Not Conspiracy, but Consensus,' says George Osborne," *Daily Mail*, May 16, 2016.

39. M. Arnold, "UK Banks Back Staying in EU but Remain Reluctant to Speak Out," *Financial Times*, March 24, 2016.

40. W. Watts, "'Financial Contagion' Biggest Risk to US from Brexit: Goldman," *Market-Watch*, June 29, 2016.

41. J. Treanor, "JPMorgan Backs Campaign to Keep Britain in the EU," *Guardian*, January 21, 2016.

42. S. Farrell, "JP Morgan Boss: Up to 4,000 Jobs Could Be Cut After Brexit," *Guardian*, June 3, 2016.

43. T. McTague, "Boris Johnson Slaps Down 'Part-Kenyan' Barack Obama over Brexit Push," *Politico*, April 22, 2016.

44. T. McTague, "9 Takeaways from Barack Obama's Brexit Intervention," *Politico*, April 22, 2016; and B. Gurciullo, "Obama to the British People: Just Say No to Brexit," *Politico*, April 22, 2016.

45. S. Watkins, "Oppositions," *New Left Review* 98 (2016).

46. T. McTague, A. Spence and E.-I. Dovere, "How David Cameron Blew It," *Politico*, June 25, 2016.

47. S. Chan, "Boris Johnson's Essay on Obama and Churchill Touches Nerve Online," *New York Times*, April 22, 2016.

48. McTague, Spence and Dovere, "How David Cameron Blew It."

49. G. Younge, "Brexit: A Disaster Decades in the Making," *Guardian*, June 30, 2016.

50. "Breathe Easy Brussels, UK Will Stay in EU."

51. S. Becker, T. Fetzer and D. Novy, "Who Voted for Brexit? A Comprehensive District-Level Analysis" (CESifo Working Paper 6438, April 24, 2017).

52. E. Kaufmann, "It's NOT the Economy, Stupid: Brexit as a Story of Personal Values," *LSE European Politics and Policy* (blog), July 9, 2016.

53. L. Elliott, "Brexit Is a Rejection of Globalization," *Guardian*, June 26, 2016; J. Tankersely, "Britain Just Killed Globalization as We Know It," *Washington Post*, June 25, 2016; *Deutsche Welle*, "Brexit—the End of Globalization?" June 30, 2016, http://www.dw.com/en /brexit-the-end-of-globalization/a-19369680; T. Guénolé, "La victoire du Brexit est un vote contre la mondialisation," Figaro, June 24, 2016.

54. "Theresa May's Brexit Speech in Full: Prime Minister Outlines Her 12 Objectives for Negotiations," *Independent*, January 17, 2017.

55. R. Blitz and L. Lewis, "Pound Tumbles to 30-Year Low as Britain Votes Brexit," *Financial Times*, June 24, 2016.

56. H. Lash and E. Krudy, "World Stocks Tumble as Britain Votes for EU Exit," *Reuters*, June 23, 2016.

57. Blitz and Lewis, "Pound Tumbles to 30-Year Low."

58. M. Carney, "Uncertainty, the Economy and Policy," Bank of England, June 30, 2016.

59. A. Mody, "Stop Being So Gloomy About Brexit," *Bloomberg*, July 13, 2016.

60. L. Meakin, "Carney's Stimulus Questioned as BoE Faces Pro-Brexit Lawmakers," *Bloomberg*, September 5, 2016.

61. C. Giles, "Brexit Experts, Confess to Your Errors and Carry On," *Financial Times*, January 4, 2017.

62. M. Hall, "WRONG! And WRONG Again— The Utterly Useless 'Forecasters' We Should Stop Listening To," *Express*, October 28, 2016.

63. A. Posen, "Dangers of Following the Path to an Offshore Britain," *Financial Times*, June 21, 2016.

64. W. Davies, "Home Office Rules," *London Review of Books* 38, no. 21 (2016), 3–6.

65. A. Mody, "Don't Believe What You've Read: The Plummeting Pound Sterling Is Good News for Britain," *Independent*, October 10, 2016.

66. "Brexit and the Pound" (speech given by Ben Broadbent, deputy governor of Monetary Policy, Imperial College, London, March 23, 2017).

67. R. Skidelsky, "Why Sterling's Collapse Is Not Good for the UK Economy," *Guardian*, October 21, 2016.

68. J. Kirkup, "Fiona Hill and Nick Timothy: The Story Being Told About Theresa May's Top

Advisers Is Inaccurate and Unfair," *Telegraph*, June 10, 2017.

69. M. Bearak, "Theresa May Criticized the Term 'Citizen of the World.' But Half the World Identifies," *Washington Post*, October 5, 2016.

70. J. Pickard and K. Allen, "Theresa May Sets Out Post-Brexit for a Fairer Britain," *Financial Times*, October 5, 2016.

71. "Theresa May Brexit Speech: Economic Experts React," *Independent*, January 17, 2017.

72. P. Campbell, "Nissan Boss 'Confident' After Downing Street Talks," *Financial Times*, October 14, 2016.

73. P. Jenkins and J. Ford, "City of London Lobby Group Wants 'No Change' Brexit Deal," *Financial Times*, November 7, 2016.

74. H. Sants, M. Austen, L. Naylor, P. Hunt and D. Kelly, "The Impact of the UK's Exit from the EU on the UK-Based Financial Services Sector," Oliver Wyman, 2016.

75. "Goldman Sachs' Chief Takes Theresa May to Task over Brexit," *Irish Times*, January 29, 2017.

76. J. Ford, "City of London Lobbying Group Drops Demand for EU 'Passports,'" *Financial Times*, January 11, 2017.

77. M. Savage, "Germany Industry Warns UK Not to Expect Help in Brexit Negotiations," *Guardian*, July 9, 2017.

78. T. Gutschker, " The Disastrous Brexit Dinner," *Frankfurter Allgemeine Zeitung*, May 3, 2017.

79. G. Parker, J. Ford and A. Barker, "Is Theresa May's Brexit Plan B an Elaborate Bluff?" *Financial Times*, January 19, 2017.

80. A. Withnall, "UK Could Become 'Tax Haven' of Europe If It Is Shut out of Single Market after Brexit, Chancellor Suggests," *Independent*, January 15, 2017.

81. "Professor Mario Draghi Joins Goldman Sachs," Goldman Sachs Press Release, 2002, http://www.goldmansachs.com/media-relations/press-releases/archived/2002/2002-01-28.html.

82. A. Monaghan, "Juncker Questions Barroso's Decision to Join Goldman Sachs," *Guardian*, September 15, 2016.

83. G. Steinhauser, "'Brexit' Would Be Europe's Lehman Brothers Moment, Finnish Minister Says," *Wall Street Journal*, June 16, 2016.

84. Z. Radionova, "Moody's: Political Contagion Across European Union Is Greatest Brexit Risk," Moody's Investors Service, July 8, 2016.

85. K. Forster, "Brexit Vote Met with Celebrations from Far-Right Groups Across Europe," *Independent*, June 24, 2016.

86. "Moody's: Political Contagion Across EU Is Greatest Brexit Risk, Moody's Says," *Independent*, July 8, 2016.

87. "What If the French Second Round Pits Melenchon Against Le Pen?," *Economist*, April 11, 2017.

88. P. Anderson, "The Center Can Hold," *New Left Review* 105 (May/June 2017).

89. A. Parker, "Donald Trump, in Scotland, Calls 'Brexit' Result 'a Great Thing', " *New York Times*, June 24, 2016.

第24章 特朗普

1. "Full Text: Donald Trump 2016 RNC Draft Speech Transcript," *Politico*, July 21, 2016.

2. D. Diaz, "Ivanka Trump Markets Her Look After RNC Speech," *CNN*, July 22, 2016.

3. K. Reilly, "Read President Obama's Remarks on Donald Trump's Convention Speech," *Time*, July 22, 2016.

4. D. W. Drezner, "My One Contribution to the Autopsies of the 2016 Presidential Election," *Washington Post*, May 2, 2017.

5. 年轻的白人男性，即所谓的伯尼兄弟，是否主导了桑德斯联盟，这个问题在大选后的很长一段时间里激起了左翼的热情。请参阅 T. Cahill, "A New Harvard Study Just Shattered the Biggest Myth About Bernie Supporters," April 19, 2017, http://resistancereport.com/politics/harvard-poll-bernie-supporters/。

6. M. Talbot, "The Populist Prophet," *New Yorker*, October 12, 2015.

7. J. Kasperkevic and G. Wearden, "Federal Reserve Puts Rate Rise on Hold—As It Happens," *Guardian*, September 17, 2015.

8. N. Confessore and S. Craig, "2008 Crisis Deepened the Ties Between Clintons and Goldman Sachs," *New York Times*, September 24, 2016.

9. T. Gabriel, "Hillary Clinton–Bernie Sanders Schism Grows on 'Too Big to Fail' Banks," *New York Times*, April 13, 2016.

10. M. Taibbi, "The Great American Bubble Machine," *Rolling Stone*, April 5, 2010.

11. L. Fang et al., "Excerpts of Hillary Clinton's Paid Speeches to Goldman Sachs Finally Leaked," *The Intercept*, October 7, 2016.

12. P. Lawrence, "A New Report Raises Big Questions About Last Year's DNC Hack," *Nation*, August 9, 2017.

13. H. Levintova, "Hacks, Leaks, and Tweets: Everything We Now Know About the Attack on the 2016 Election," *Mother Jones*, May 30, 2017.

14. G. Miller, E. Nakashima and A. Entous, "Obama's Secret Struggle to Punish Russia for Putin's Election Assault," *Washington Post*, June 23, 2017.

15. T. Dickinson, "Meet the Right-Wing Rebels Who Overthrew John Boehner," *Rolling Stone*, October 6, 2015.

16. Mayer, *Dark Money*.

17. 对初选动态的出色调查，请参阅 T. Ferguson and B. I. Page, "The Hinge of Fate? Economic and Social Populism in the 2016 Presidential Election, a Preliminary Exploration," prepared for delivery at the INET Conference, Edinburgh, UK, October 20–23, 2017, https://www.ineteconomics.org/uploads/ papers/Ferguson-and-Page-Scotland-Paper-revised-for-Conference.pdf。

18. C. Laderman and B. Simms, Donald Trump: *The Making of a Worldview* (London: Endeavour Press, 2017).

19. K. W. Capehart, "Hyman Minsky's Interpretation of Donald Trump," *Journal of Post Keynesian Economics* 38.3 (2015): 477–492

20. F. Norris, "Trump Sees Act of God in Recession," *New York Times*, December 4, 2008.

21. Soopermexican, "Trump on TARP and Stimulus Sounds More Like a Crony Capitalist Than a Conservative," *The Right Scoop* (blog), August 15, 2015, http://therightscoop.com/trump-on-tarp-and-stimulus-sounds-more-like-a-crony-capitalist-than-a-conservative/.

22. Southern constitutionalist, "Trump Has Supported Nearly All of Obama's Economic Policy Agenda," *RedState* (blog), August 27, 2015.

23. J. Green, *Devil's Bargain: Steve Bannon, Donald Trump, and the Storming of the President* (New York: Penguin Press, 2017), 96–103.

24. M. Grunwald, "Trump's Love Affair with Coal," *Politico*, October 15, 2017, https://www.politico.com/magazine/story/2017/10/15/trumps-love-affair-with-coal-215710.

25. Pew Research, "Clinton, Trump Supporters Have Starkly Di erent Views of a Changing Nation," August 18, 2016, http://www.people-press.org/2016/08/18/5-issues-and-the-2016-campaign/.

26. R. Rubin and N. Timiraos, "Donald Trump Shows GOP's Economic Pillars Are Loosening," *Wall Street Journal*, July 19, 2016.

27. J. Creswell, "Trump and US Chamber of Commerce Pull No Punches on Trade Policy," *New York Times*, July 11, 2016.

28. B. White, "Wall Street Shuns Trump's Cleveland Convention," *Politico*, July 13, 2016.

29. T. Mak, "Major Corporate Sponsors Are Scaling Back Support for GOP Convention," May 6, 2016, https://www.thedailybeast.com/major-corporate-sponsors-are-scaling-back-support-for-gop-convention.

30. H. Paulson, "When It Comes to Trump, a Republican Treasury Secretary Says: Choose Country Over Party," *Washington Post*, June 24, 2016.

31. Ibid.

32. S. Bannon, Generation Zero Film, https://www.youtube.com/watch?v=bsqu9gh6xhk.

33. D. Johnson, "Trump Nominates Goldman Sachs 'Alligator' Jay Clayton to Run SEC," *TruthOut*, March 29, 2017.

34. A. Greenspan, "Ich bin im falschen Jahrhundert geboren," *Zürcher Tages-Anzeiger*, September 19, 2007.

35. M. Adday, "Alan Greenspan Doesn't Want 'Crazies' to Undermine the U.S.," *Fortune*, September 15, 2016.

36. Editorial, "Who's Greenspan Calling Crazy?" *New York Sun*, September 14, 2016, http://www.nysun.com/editorials/who-is-greenspan-calling-crazy/89716/.

37. "Trump Says US Interest Rates Must Change as Fed Weighs Rate Hike," *Reuters*, September 5, 2016; "Trump Finally Got It Right on the Fed's 'False Economy'—but Will We Listen?"

Guardian, September 8, 2016; "Donald Trump Says Federal Reserve Chair Janet Yellen 'Should Be Ashamed of Herself,'" *Washington Post*, September 12, 2016.

38. *Esquire* editors, "The Untold Stories of Election Day 2016," *Esquire*, November 5, 2017, http://www.esquire.com/news-politics/a13266971/election-2016-behind-the-scenes/.

39. C. E. Lee and N. Stamouli, "Trump's Win, Brexit Vote Stem from Mishandling of Globalization, Obama Says," *Wall Street Journal*, November 16, 2016.

40. N. Carnes and N. Lupu, "It's Time to Bust the Myth: Most Trump Voters Were Not Working Class," *Washington Post*, June 5, 2017.

41. R. Blendon, L. Casey and J. Benson, "Public Opinion and Trump's Jobs and Trade Policies," *Challenge* 60 (2017), 228–244.

42. A. Guisinger, "Americans' Views of Trade Aren't Just About Economics. They're Also About Race," *Washington Post*, August 16, 2016.

43. M. Davis, "The Great God Trump and the White Working Class," Jacobin, February 7, 2017; and Ferguson and Page, "The Hinge of Fate?"

44. D. Drezner, "My One Contribution to the Autopsies of the 2016 Presidential Election," *Washington Post*, May 2, 2017.

45. M. Crowley, "The Deep State Is Real," *Politico*, September/October 2017; and T. Porter, "Deep State: How a Conspiracy Theory Went from Political Fringe to Mainstream," *Newsweek*, August 2, 2017.

46. J. Winter and E. Groll, "Here's the Memo That Blew Up the NSC," *Foreign Policy*, August 10, 2017.

47. B. Leubsdorf, E. Morath and J. Zumbrun, "Economists Who've Advised Presidents Are No Fans of Donald Trump," *Wall Street Journal*, August 25, 2016.

48. B. Casselman, "Why Trump's Carrier Deal Isn't the Way to Save US Jobs," *FiveThirtyEight* (blog), December 5, 2016, https://vethirtyeight.com/features/why-trumps-carrier-deal-isnt-the-way-to-save-u-s-jobs/.

49. D. Griswold, "Trump's Carrier 'Success' Signals a Retreat of US Business in Global Markets," *Mad About Trade*, December 2, 2016.

50. S. Liesman, "Optimism on Economy, Stocks Surges Since Trump Election: CNBC Survey," CNBC, December 9, 2016.

51. P. Domm, "How Donald Trump Blew Up the Bond Market and Changed Everyone's View of Interest Rates," CNBC, November 14, 2016.

52. D. Dayen, "Donald Trump Isn't Even Pretending to Oppose Goldman Sachs Anymore," *The Intercept*, March 15, 2017.

53. M. Grunwald, "The Trade Deal We Just Threw Overboard," *Politico Magazine*, March/ April 2017.

54. "Brad Delong: The Democrats' Line in the Sand," *Economist's View*, June 30, 2008, http://economistsview.typepad.com/economistsview/2008/06/brad-delong-the.html.

55. "Kentucky Residents Express Dissatisfaction with GOP Efforts to Dismantle Obamacare," *All Things Considered*, NPR, July 18, 2017, https://www.npr.org/2017/07/18/537948591/

kentucky-residents-express-dissatisfaction-with-gop-efforts-to-dismantle-obamaca.

56．H. Fingerhut, "Support for 2010 Health Care Law Reaches New High," Pew Research Center, February 23, 2017.

57．R. Savransky, "Poll: Support for ObamaCare Repeal-Only Plan at 13 Percent," *The Hill*, July 19, 2017.

58．R. Berman, "The Republican Majority in Congress Is an Illusion," *Atlantic*, March 31, 2017.

59．M. Sheetz, "Treasury Secretary Mnuchin Extends Measure to Hold Off Debt-Limit Default," CNBC, July 28, 2017.

60．M. Grunwald, "Mick the Knife," *Politico*, September/October 2017.

61．E. D. Kleinbard, "The Debt Ceiling Crisis Is Real," *New York Times*, August 7, 2017.

62．R. Savransky and J. Fabian, "Trump: US 'Needs a Good Shutdown,'" *The Hill*, May 2, 2017, http://thehill.com/homenews/administration/331512-trump-us-needs-a-good-shutdown.

63．R. Bade, B. Everett and J. Dawsey, "Trump Sides with Democrats in Debt Limit, Funding, Harvey Deal," *Politico*, September 6, 2017. 波多黎各发生的那场大得多的灾难，最终被证明对华盛顿来说是无关紧要的。

64．I. Millhiser, "Memo to the New York Times: Donald Trump Is a Republican," *Think Progress*, September 11, 2017.

65．M. Yglesias, "The Looming Debt Ceiling Fight, Explained," *Vox*, August 9, 2017.

66．"How the Republican Tax Bill Compares with Previous Reforms," *Economist*, December 9, 2017.

67．A. Rappeport, "Ahead of Vote, Promised Treasury Analysis of Tax Bill Proves Elusive," *New York Times*, November 30, 2017. 这份一页的备忘录总结了财政部关于减税对经济增长影响的主张，请参阅 "Analysis of Growth and Revenue Estimates Based on the U.S. Senate Committee on Finance Tax Reform Plan," December 11, 2017, https://www.treasury.gov/press-center/press-releases/Documents/TreasuryGrowthMemo12-11-17.pdf。

68．P. Baker, "Arthur Laffer's Theory on Tax Cuts Comes to Life Once More," *New York Times*, April 25, 2017.

69．A. Simpson and E. Bowles, "A Moment of Truth for Our Country's Financial Future," *Washington Post*, November 29, 2017.

70．R. Rubin, "Analysis: How Consensus for Corporate Rate Cut Turned into Partisan Tax Brawl," *Wall Street Journal*, December 22, 2017.

71．K. Zernike and A. Rappeport, "Heading Toward Tax Victory, Republicans Eye Next Step: Cut Spending," *New York Times*, December 2, 2017.

72．"Tax Reform Plan a 'Bid to Make US Inequality Champion'," Al Jazeera, December 16, 2017, https://www.aljazeera.com/news/2017/12/tax-reform-plan-bid-champion-inequality-171216105649640.html.

73．CBO, "Analysis of the Long-Term Costs of the Administration's Goals for the Military," December 2017, https://www.cbo.gov/publication/53350.

74．L. Summers, "Sugar High Is Right Diagnosis, Tax Cuts Are the Wrong Prescription," December 10, 2017, http://larrysummers.com/2017/12/10/sugar-high-is-right-diagnosistax-cuts-are-the-wrong-prescription/.

75. J. Hilsenrath and D. Harrison, "Yellen Cites Bene ts to Running Economy Hot for Some Time," *Wall Street Journal*, October 14, 2017.

76. L. Summers, "Three (Almost) Inexplicable Parts of the Republican Tax Plan," *Washington Post*, November 5, 2017.

77. C. Collins, "House Republican: My Donors Told Me to Pass the Tax Bill 'or Don't Ever Call Me Again', " November 7, 2017, https://www.vox.com/policy-and-politics/2017/11/7/16618038/house-republicans-tax-bill-donors-chris-collins.

78. "What Donald Trump's Election Means for Government-Bond Markets," *Economist*, December 3, 2016.

79. J. Sommer, "Clouds Are Forming over the Bond Market," *New York Times*, June 30, 2017.

80. S. Oh, "Treasury Yields Rise as Roadblock to Tax Bill Removed," December 15, 2017, https://www.marketwatch.com/story/treasury-yields-inch-higher-as-tax-bill-set-for-unveiling-2017-12-15.

81. IMF, *World Economic Outlook* (Washington, DC: IMF, 2017), 19, Figure 1.13, panel 4.

82. Americans for Financial Reform, "How Americans View Wall Street and Financial Regulation," August 2017, http://our nancialsecurity.org/americans-view-wall-street-financial-regulation-august-2017/.

83. J. Mason and S. N. Lynch, "Trump's Message to Bankers: Wall Street Reform Rules May Be Eliminated," *Reuters*, April 11, 2017.

84. J. Dizard, "The Trump Era of Light-Touch Regulation Dawns," *Financial Times*, July 2, 2017.

85. H. Levintova, "House Republicans Are Trying to Pass the Most Dangerous Wall Street Deregulation Bill Ever," *Mother Jones*, June 7, 2017.

86. G. Bennett, "House Passes Bill Aimed at Reversing Dodd-Frank Financial Regulations," *NPR*, June 8, 2017.

87. "A Financial System That Creates Economic Opportunities: Banks and Credit Unions— Core Principles for Regulating the United States Financial System," US Treasury report to President Donald J. Trump, Executive Order 13772 (June 2017).

88. J. Dizard, " The Trump Era of Light-Touch Regulation Dawns," *Financial Times*, July 2, 2017.

89. A. Scaggs, "Save the OFR," *Financial Times*, June 15, 2017.

90. B. Jopson, "US Regulator Moves to Loosen Volcker Rule," *Financial Times*, August 2, 2017.

91. R. Tracy, "Trump Team to Recommend Keeping Dodd-Frank Liquidation Power," *Wall Street Journal*, November 29, 2017.

92. 关于格林斯潘的辩解，请参阅 A. Greenspan, "The Crisis," *Brookings Papers on Economic Activity*, Spring 2010, 202–250。相关媒体报道，请参阅 Dealbook, "Greenspan: The Fed Failed to Gauge the Bubble," *New York Times*, March 18, 2010。

93. B. Bernanke, "Shrinking the Fed's Balance Sheet," *Brookings*, January 26, 2017.

94. V. Guida and B. White, "Trump Dumps Yellen, Picks Powell in Biggest Economic Move,"

Politico, November 2, 2017, https://www.politico.com/story/2017/11/02/trump-picks-powell-fed-chair-244475.

95. 请参阅鲍威尔在两党政策中心的个人简介, https://bipartisanpolicy.org/person/ jerome-powell-0/。

96. B. Applebaum, "In Choice of Fed Chairman, Trump Downgrades Deregulation," *New York Times*, October 29, 2017.

97. D. A. Irwin, "Mr. Trump's Trade War," *Wall Street Journal*, December 15, 2017.

98. D. Lawder, "G20 Ministers Give Mnuchin Space to De ne Trump Trade Agenda," *Reuters*, March 20, 2017.

99. C. Jones and S. Fleming, "G20 Drops Vow to Resist All Forms of Protectionism," *Financial Times*, March 18, 2017.

100. Ibid.

101. A. Parker, P. Rucker, D. Paletta and K. Deyoung, "Inside Donald Trump's Sudden Reversal on NAFTA," *Chicago Tribune*, April 27, 2017.

102. J. Mason and D. Lawder, "Trump Says Was 'Psyched to Terminate NAFTA' but Reconsidered," *Reuters*, April 26, 2017.

103. "Inside Donald Trump's Sudden Reversal on NAFTA."

104. M. Grunwald, "The Trade Deal We Just Threw Overboard," *Politico Magazine*, March/April 2017.

105. D. A. Irwin, *Clashing over Commerce: A History of US Trade Policy* (Chicago: Chicago University Press, 2017), Kindle location 9115–10214.

106. G. Shaffer, M. Elsig and M. Pollack, "The Slow Killing of the World Trade Organization," *Huffington Post*, November 17, 2017, https://www.hu ngtonpost.com/entry/the-slow-killing-of-the-world-trade-organization_us_5a0ccd1de4b03fe7403f82df.

107. P. Levy, "Robert Lighthizer's Global Trade Governance Critique," *Forbes*, December 12, 2017.

108. "US Broadside Leaves WTO Meeting in Tatters," *Deutsche Welle*, December 12, 2017.

109. K. McNamara, "Trump Takes Aim at the European Union: Why the EU Won't Unify in Response," *Foreign Affairs*, January 24, 2017.

110 E.-K. Symons, "Steve Bannon Loves France," *Politico*, March 22, 2017, and C. Alduy, "The Novel That Unites Marine Le Pen and Steve Bannon," *Politico*, April 23, 2017.

111. D. Frum, "Trump's Trip Was a Catastrophe for US-Europe Relations," *Atlantic*, May 28, 2017.

112. J. Henley, "Angela Merkel: EU Cannot Completely Rely on US and Britain Any More," *Guardian*, May 28, 2017.

113. R. Haass, Twitter, May 28, 2017.

114. 埃马纽埃尔·马克龙在索邦大学的演讲全文（英文版）, http://international.blogs.ouest-france.fr/archive/2017/09/29/macron-sorbonne-verbatim-europe-18583.html。

115. 2017 年 7 月 6 日特朗普总统对波兰人民发表的讲话, https://www.whitehouse.gov/

briefings-statements/remarks-president-trump-people-poland/。

116. "Schäuble Defends German Trade Surplus in the US," April 20, 2017, http://www.dw.com/en/sch%C3%A4uble-defends-german-trade-surplus-in-the-us/a-38525267.

117. T. Fairless, "Schäuble Defends Germany's Trade Surplus," *Wall Street Journal*, April 20, 2017.

118. B. W. Setser, "G-3 Coordination Failures of the Past Eight Years? (A Riff on Cœuré and Brainard)," *Follow the Money* (blog), August 23. 2017, https://www.cfr.org/blog/g-3-coordination-failures-past-eight-years-riff-coeure-and-brainard.

119. 请参阅世贸组织总干事的讲话, R. Azevedo, "Remarks: The Evolution of Trade, Technology, and Globalization: How to Foster Inclusive Growth," November 8, 2017, https://www.wto.org/english/news_e/spra_e/spra198_e.htm。

120. C. Constantinescu, A. Mattoo, and M. Ruta, "The Global Trade Slowdown: Cyclical or Structural?" IMF, No. 15–16, 2015.

121. 请参阅以下作者的严厉批评, S. J. Evenett and J. Fritz, *Will Awe Trump Rules? The 21st Global Trade Alert Report* (London: CEPR, 2017)。

122. B. W. Setser, "Dark Matter. Soon to Be Revealed?" *Follow the Money* (blog), February 2, 2017, https://www.cfr.org/blog/dark-matter-soon-be-revealed.

123. National Security Strategy of the United States (Washington, December 2017), 37, https://www.whitehouse.gov/wp-content/uploads/2017/12/NSS-Final-12-18-2017-0905.pdf.

124. D. A. Graham, "The Wrong Side of 'the Right Side of History', " *Atlantic*, December 21, 2015, https://www.theatlantic.com/politics/archive/2015/12/obama-right-side-of-history/420462/.

125. IMF, *World Economic Outlook*, October 2017, 23, 187, 204.

第25章　未来的走向

1. N. Barkin and E. Piper, "In Davos, Xi Makes Case for Chinese Leadership Role," *Reuters*, January 17, 2017.

2. C. Walter and F. Howie, Red Capitalism: *The Fragile Financial Foundation of China's Extraordinary Rise* (Singapore: Wiley, 2011).

3. "China Forex Reserves Fall $512.66 Billion in 2015, Biggest Drop on Record," *Reuters*, January 7, 2016.

4. "China's Yuan Carry Trade, an Anchor and a Risk for Asia," *Reuters*, January 30, 2014; and "Is the $1tn China Carry Trade Imploding?" *Financial Times*, February 5, 2015.

5. "Highlights of the BIS International Statistics," BIS, December 7, 2014.

6. R. N. McCauley, "Capital Flowed Out of China Through BIS Reporting Banks in Q1 2015," BIS, September 13, 2015.

7. "The World Economy Is Picking Up," *Economist*, March 18, 2017.

8. "China's Slowdown and Cheap Oil," BBC, August 26, 2015.

9. "Timeline of China's Attempts to Prevent Stock Market Meltdown," *Reuters*, August 28, 2015.

10. "The World Economy Is Picking Up."

11. S. Fischer, "The Federal Reserve and the Global Economy," Board of Governors of the Federal Reserve System, October 11, 2014.

12. "Janet Yellen Invokes China 16 Times in 1 Hour," *CNN*, September 18, 2015.

13. "Fed Should Not Raise Interest Rates Just Yet: China FinMin," *CNBC*, October 12, 2015.

14. "Fed's Focus on China Unnerves Some Investors," *Reuters*, September 18, 2015.

15. "Fed Raises Key Interest Rates for First Time in Almost a Decade," *New York Times*, December 16, 2015.

16. B. Setser, "Too Chinese (and Russian) to Fail?"

17. "The View of the Eurozone Crisis from China," *Chicago Policy Review*, April 16, 2012; and "China's Fears Grow over Eurozone Crisis," *Telegraph*, August 20, 2012.

18. V. Dombrovskis and P. Moscovici, "Re ection Paper on the Deepening of the Economic and Monetary Union" (Brusssels: European Commission, 2017).

19. "Initiative for Europe: A Sovereign, United, Democratic Europe" (speech by Emmanuel Macron, Sorbonne, Paris, September 26, 2017).

20. A. Lerner, "The Economics and Politics of Consumer Sovereignty," *American Economic Review* 62 (1972), 258–66.

21. 两位最重要的贡献者是 C. Clark, Sleepwalkers (London: Penguin Press, 2013); and J. Leonhard, Pandora's Box (Cambridge, MA: Harvard University Press, 2017)。

22. M. Mann, *Sources of Social Power*, vol. 2, 2nd ed. (Cambridge: Cambridge University Press, 2012), 这是一个引人注目的社会理论重建。

部分名词对照表

政党、派别

茶党 Tea Party
丹麦人民党 The Danish People's Party
德国社会民主党 SPD
德国基督教民主联盟 CDU
德国选择党 AfD
地区党 Party of Regions
独立希腊人党 ANEL
泛希腊社会主义运动党 PASOK
法律与公正党 Law and Justice
公民党 Ciudadanos
国民阵线 National Front (FN)
共和党研究委员会 Republican Study Committee
海盗党 Pirates
河流党 To Potami
基督教社会联盟 CSU
基督教民主人民党 KDNP
金色黎明党 Golden Dawn
激进左翼联盟 Syriza
绿党（德）Bündnis 90/Die Grünen
绿党（葡）Partido Ecologista "Os Verdes"
蓝狗联盟 Blue Dog Coalition

葡萄牙阵线 PàF
萄牙共产党 Partido Comunista Português
青年民主主义联盟 FIDESZ
人民力量党（泰）People's Power Party
人民运动联盟党 UMP
人民党（西）Partido Popular
人民党（葡）Partido Popular
社会党（法）Parti socialiste
社会党（葡）Partido Socialista
社会民主党（葡）Partido Social Democrata
团结民主联盟 Unitary Democratic Coalition
"我们能"党 Podemos
希腊共产党 Communist Party of Greece
西班牙工人社会党 Partido Socialista Obrero Español
新民主党人联盟 New Democrat Coalition
新民主党（希）New Democracy
匈牙利社会党 Magyar Szocialista Párt
尤比克党 JOBBIK Magyarországért Mozgalom
英国独立党 UKIP
意大利力量党 Forza Italia
自由民主党（英）Liberal Democrat Party
自由民主党（德）FDP

经济五贤人委员会 Wirtschaftsweisen

联邦公开市场委员会 Federal Open Market Committee

联邦住房管理局 Federal Housing Authority

联合工会 Unite

美国国家经济委员会 National Economic Council

美国国家安全委员会 National Security Council

美国国会预算办公室 Congressional Budget Office

美国联邦储备委员会 Federal Reserve Board

美国国家情报委员会 National Intelligence Council

美国国家财政责任和改革委员会 National Commission on Fiscal Responsibility and Reform

美国对外关系委员会 Council on Foreign Relations

美国银行家协会 American Bankers Association

美国证券交易委员会 SEC

美国联邦存款保险公司 FDIC

欧盟委员会 European Commission

欧洲理事会 European Council

欧元集团 Eurogroup

欧洲安全与合作组织 OSCE

欧洲银行业监管委员会 Committee of European Banking Supervisors

欧洲银行管理局 EBA

欧洲证券与市场管理局 ESMA

欧洲保险与职业养老金管理局 EIOPA

欧洲系统风险委员会 European Systemic Risk Board

欧盟统计局 Eurostat

欧洲防务局 EDA

欧洲煤钢共同体 European Coal and Steel Community

欧洲制宪大会 European Convention

欧洲法院 European Court of Justice

欧亚关税同盟 Eurasian Customs Union

欧亚经济联盟 Eurasian Economic Union

皮尤慈善基金会 Pew Charitable Trusts

全球金融稳定委员会 Financial Stability Board

全球金融稳定论坛 Financial Stability Forum

全国房地产商协会（美）National Association of Realtors

全英草地网球和槌球俱乐部 All England Lawn Tennis and Croquet Club

瑞士洛桑国际管理发展学院 International Institute for Management Development

沙特阿拉伯货币管理局 Saudi Arabian Monetary Authority

石油输出国组织 OPEC

苏联国家安全委员会 KGB

维谢格拉德集团 Visegrád group

瓦尔代国际辩论俱乐部 Valdai Discussion Club

稳定委员会（德）Stabilitatsrat

消费者金融保护局 Consumer Financial Protection Bureau

英国工业联合会 Confederation of British Industry

增长俱乐部 Club for Growth

中央银行

澳大利亚储备银行 Reserve Bank of Australia

巴西中央银行 Banco Central do Brasil

德意志联邦银行 Deutsche Budesbank

丹麦国家银行 Danmarks Nationalbank

法兰西银行 Banque de France

韩国银行 Bank of Korea

加拿大银行 Bank of Canada

美联储 The Fed

墨西哥银行 Banco de México

挪威银行 Norges Bank

欧洲中央银行 European Central Bank

日本银行 Bank of Japan

瑞士国家银行 Swiss National Bank

瑞典中央银行 Sveriges Riksbank
新加坡金融管理局 Monetary Authority of
　　Singapore
新西兰储备银行 Reserve Bank of New
　　Zealand
英格兰银行 Bank of England
意大利银行 Bank of Italy

银行（不含央行）和企业

阿尔法集团 Alfa Group
爱尔兰银行 Bank of Ireland
爱尔兰联合银行 Allied Irish Banks
埃克森美孚 ExxonMobil
安然 Enron
安联 Allianz
安达信 Arthur Andersen
盎格鲁爱尔兰银行 Anglo Irish Bank
奥纳西姆集团 Onexim Group
奥地利信贷银行 Creditanstalt
巴克莱银行 Barclays
巴克莱证券 BZW
巴伐利亚银行 Bayerische Landesbank
贝莱德 BlackRock
贝尔斯登 Bear Stearns
北欧联合银行 Nordea
北岩银行 Northern Rock
标准普尔 Standard & Poor's
布拉德福德宾利银行 Bradford & Bingley
布鲁盖尔 Bruegel
查普尔融资公司 Chapel Funding LLC
丹斯克银行 Danske
德意志银行 Deutsche Bank
德累斯顿银行 Dresdner Bank
德国商业银行 Commerzbank
德国工业银行 IKB of Düsseldorf
德崇证券 Drexel Burnham Lambert
德劭基金 D. E. Shaw
德威公司 Dillon, Read & Co.
德普发银行 Depfa

德克夏银行 Dexia
第一波士顿银行 First Boston
多美年债券评级服务机构 DBRS
俄罗斯秋明—英国石油控股公司 TNK-BP
俄罗斯联邦储蓄银行 Sberbank
俄罗斯外贸银行 VTB
俄罗斯对外经济银行 VEB
俄罗斯通信银行 Sviaz Bank
俄罗斯天然气工业股份公司 Gazprom
俄罗斯石油公司 Rosneft
俄罗斯国际控股集团 Interros Holding
俄罗斯辛特斯能源集团 Sintez Group
俄罗斯铝业联合公司 Rusal
俄罗斯耶弗拉兹集团 Evraz
俄罗斯诺里尔斯克镍业公司 Norilsk
俄罗斯国家石油管道运输公司 Transneft
俄罗斯天然气工业银行 Gazprombank
法国住宅信贷公司 Crédit Logement
法国巴黎银行 BNP Paribas
法国兴业银行 Société Générale
法国农业信贷银行 Crédit Agricole
法国经济融资公司 Société de Financement de
　　l'Économie Française
法罗里奥集团 Ferrovial
房利美 Fannie Mae
房地美 Freddie Mac
房地产投资信托公司 MortgageIT
瑞福森银行 Raieisen Bank
伏尔加汽车公司 AvtoVAZ
复兴信贷银行 KfW
富通银行 Fortis
富国银行 Wells Fargo
高盛集团 Goldman Sachs
国有金融控股公司（法）Société de Prise de
　　Participation de l'État
国库控股公司（马来）Khazanah Nasional
哈利法克斯苏格兰银行 HBOS
浩威证券 Hoare Govett
海湾银行 Gulf Bank
荷兰银行 ABN AMRO
荷兰国际集团 ING

黑石集团 The blackstone group
花旗集团 Citigroup
华盛顿互惠银行 Washington Mutual
华瑟史坦佩雷拉集团 Wasserstein Perella
华平投资集团 Warburg Pincus
华宝银行 S. G. Warburg
惠誉 Fitch
汇丰银行 HSBC
吉利美 Ginnie Mae
佳信投资银行 Kleinwort Benson
卡拉什尼科夫集团 Kalashnikov
开利公司 Carrier
劳埃德银行 Lloyds Bank
列诺瓦集团 Renova Group
联合商业银行 Banca Intesa
联合航空制造公司 United Aircraft
　　Corporation
联合技术公司 United Technologies
卢克石油公司 Lukoil
旅行者集团 Travelers Group
玛芬银行 Marfin Bank
麦肯锡公司 McKinsey & Company
美国国际集团 AIG
美国长期资本管理公司 Long-Term Capital
　　Management
美国国家金融服务公司 Countrywide
　　Financial
美国银行 Bank of America
美林 Merrill Lynch
美利凯斯特 AmeriQuest
摩根大通 J.P. Morgan
摩根士丹利 Morgan Stanley
摩根建富集团 Morgan Grenfell Group
莫斯科银行 Bank of Moscow
穆迪投资者服务公司 Moody's Investors
　　Service
纽约梅隆银行 Bank of New York Mellon
纽约清算所协会 New York Clearing House
　　Association

诺瓦泰克公司 Novatek
欧宝 Opel
普惠 PaineWebber
浦项钢铁集团 Posco
桥水对冲基金 Bridgewater hedge fund
全球商业银行 Globex
全球曼氏金融 MF Global
日本的三菱东京日联银行 MUFG Bank
瑞士信贷 Credit Suisse
瑞士信贷第一波士顿银行 CSFB
瑞银集团 UBS-SBC
瑞典银行 Swedbank
萨克森储蓄银行 Sachsen-Finanzgruppe
桑坦德银行 Banco Santander
斯卡德投资公司 Scudder Investments
苏格兰皇家银行 RBS
索宾银行 Sobinbank
所罗门兄弟 Salomon Brothers
太平洋投资管理公司 PIMCO
太平洋证券银行 Security Pacific
沃克斯豪尔 Vauxhall
维佩尔通讯 VimpelCom
西德意志银行 WestLB
西班牙电信公司 Telefónica
西伯利亚石油公司 Sibneft
新世纪金融公司 New Century Financial
信孚银行 Bankers Trust
信托银行（俄）Trust Bank
雪佛龙 Chevron
裕宝地产银行 Hypo Real Estate
裕信银行 UniCredit
尤科斯 Yukos
优梯航空公司 UTair
友利银行 Woori
一马发展有限公司 1Malaysia Development
　　Berhad
渣打银行 Standard Chartered

理想国译丛

imaginist [MIRROR]